U0526391

中国社会科学年鉴
YEARBOOK OF CHINESE SOCIAL SCIENCES

YEARBOOK OF CHINESE
LEGAL HISTORY STUDIES

张生 主编

中国法律史学年鉴
2024

中国社会科学出版社

图书在版编目（CIP）数据

中国法律史学年鉴.2024/张生主编.--北京：中国社会科学出版社,2024.10.--ISBN 978-7-5227-4367-7

Ⅰ.D929-54

中国国家版本馆 CIP 数据核字第 20244R38H2 号

出 版 人	赵剑英	
责任编辑	许 琳	姜雅雯
责任校对	苏 颖	
责任印制	张雪娇	

出　　版	中国社会科学出版社
社　　址	北京鼓楼西大街甲 158 号
邮　　编	100720
网　　址	http：//www.csspw.cn
发 行 部	010-84083685
门 市 部	010-84029450
经　　销	新华书店及其他书店

印刷装订	三河市东方印刷有限公司
版　　次	2024 年 10 月第 1 版
印　　次	2024 年 10 月第 1 次印刷

开　　本	787×1092　1/16
印　　张	36.25
插　　页	2
字　　数	882 千字
定　　价	298.00 元

凡购买中国社会科学出版社图书，如有质量问题请与本社营销中心联系调换
电话：010-84083683
版权所有　侵权必究

《中国法律史学年鉴 2024》编辑委员会

编　　委（以姓氏笔画为序）

　　王　沛　　华东政法大学法律古籍整理研究所所长、教授
　　王志强　　复旦大学法学院教授
　　龙大轩　　西南政法大学行政法学院教授
　　吕　丽　　吉林大学法学院教授
　　刘明昭　　中国人民大学书报资料中心法学学科执行主编
　　李　栋　　中南财经政法大学法学院教授
　　汪世荣　　西北政法大学中华法系与法治文明研究院院长、教授
　　张　生　　中国社会科学院法学研究所二级研究员
　　张仁善　　南京大学法学院教授
　　陈灵海　　上海师范大学哲学与法政学院教授
　　赵　晶　　中国政法大学法律古籍整理研究所教授
　　胡兴东　　云南大学法学院教授
　　顾　元　　中国政法大学法律史学研究院院长、教授
　　柴　荣　　北京师范大学法学院党委书记、教授

主　　编

　　张　生　　中国社会科学院法学研究所研究员

编委会秘书

　　孙　烁　　中国社会科学院大学法学院博士研究生

序

《中国法律史学年鉴2024》与各位读者见面了，这是我们第一次开展中国法律史学年度研究状况梳理总结所得的尝试成果。我们相信，编纂《中国法律史学年鉴》是一项具有重要学术意义的活动。我们深知，要开创《中国法律史学年鉴》这样一部书的编纂事业绝非易事。我们更由衷地期待，《中国法律史学年鉴》可以全面、客观地反映本年度海内外中国法律史学研究的基本状况、重要进展和前沿动态，为学界同人、法治一线工作者乃至海内外一切关心传承发展中华优秀传统法律文化事业的朋友提供一些便利，为促进中华优秀传统法律文化创造性转化、创新性发展，弘扬革命法律文化，发展社会主义先进法律文化略尽绵薄之力。

党的十八大以来，以习近平同志为核心的党中央高度重视传承和弘扬中华优秀传统法律文化。习近平总书记在中央全面依法治国工作会议上指出，历史和现实告诉我们，只有传承中华优秀传统法律文化，从我国革命、建设、改革的实践中探索适合自己的法治道路，同时借鉴国外法治有益成果，才能为全面建设社会主义现代化国家、实现中华民族伟大复兴夯实法治基础。习近平总书记在党的二十大报告中提出，弘扬社会主义法治精神，传承中华优秀传统法律文化，引导全体人民做社会主义法治的忠实崇尚者、自觉遵守者、坚定捍卫者。习近平总书记在中共中央政治局第十次集体学习时进一步指出，中华法系源远流长，中华优秀传统法律文化蕴含丰富法治思想和深邃政治智慧，是中华文化的瑰宝。要积极推动中华优秀传统法律文化创造性转化、创新性发展，赋予中华法治文明新的时代内涵，激发起蓬勃生机。习近平总书记的这些重要论述作为习近平新时代中国特色社会主义思想的重要组成部分，科学揭示了新时代传承弘扬中华优秀传统法律文化、以"第二个结合"为新时代全面依法治国凝心聚力的必然性和紧迫性。

习近平总书记在文化传承发展座谈会上指出，中国共产党既是马克思主义的坚定信仰者和践行者，又是中华优秀传统文化的忠实继承者和弘扬者。中国共产党自诞生之日起就把为中国人民谋幸福、为中华民族谋复兴确立为自己的初心使命，自艰苦卓绝的革命年代起就领导广大人民群众开展法治建设，为走中国特色社会主义法治道路积累了宝贵历史经验。2023年初，中共中央办公厅、国务院办公厅印发《关于加强新时代法学教育和法学理论研究的意见》，明确提出法律史等基础学科要更新学科内涵，更好融入全面依法治国实践，同时提出要加强对中国新民主主义革命法制史特别是革命根据地法制史的研究，传承红色法治基因，赓续红色法治血脉；推动中华优秀传统法律文化创造性转化、创新性发展，支持具有重要文化价值和传承意义的法学学科发展。灿烂的中华法治文明绵延数千载，中国传统法在法律理念、法典编纂、司法制度、裁判方法等方面都具有独到之处，而中国共产党领导亿万人民开展法治建设的伟大实践也已走过百年辉煌历程。中国法律史学是直接以中国法律思想、法律制度的发展历程及其史鉴价值为研究、阐释对象的学科，也是当前中国法学学科体系中在论域上最聚焦于中华法治文明发展历程的学科，更是《法学类教学质量国家标准》所确定的法学专业核心课程中唯一一门直接面向学生讲授中国法律思想和法制建设沿革史的基础理论课程，担负着守望初心、上下求索、以史为鉴、薪火相传的重要使命。

新时代的中国法律史学界响应时代号召，继承发扬本学科优良传统，对于一系列法律史料展开卓有成效的整理考订工作；将法律史学研究与中国自主法学知识体系构建事业联系起来，尝试灵活运用多种研究方法，探索更加立足"中国"、更加强调"自主"的法律史学乃至法学研究范式；奋发进取、锐意创新，努力做到古为今用、理论联系实际，为新时代法治中国建设贡献知识资源。然而，当前的中国法律史学研究虽然成果丰硕，但在真正实现中华优秀传统法律文化创造性转化、创新性发展，弘扬革命法律文化，发展社会主义先进法律文化方面还有很多工作要做。

要之，新时代既为中国法律史学开辟了大好局面，推动了学术研究的进步，也对法律史学界提出了更高、更严的新要求。通览法律史学研究历程，我们不难发现，中国法律史学总体上在论著发表、学人分布等方面的格局是较为分散的。诸多高质量的学术成果难以得到广泛传播，也难以被充分利用，给法律史学人在研究中彼此展开对话、论辩继而发微索隐、探求理论创新带来了严重阻碍。有鉴于此，我们组织编纂了这部《中国法律史学年鉴》，力求全面、客观地汇总展示中国法律史学科在相应年度取得的重要进展、关心的主要论域、开展的学术活动、推出的代表佳作，反映中国法律史学研究年度"基本盘"。

我们期待《中国法律史学年鉴》一书在以下方面发挥它应有的作用。

一是汇集学术资源。从地域来看，我们力求跨越山海阻隔，尽可能多地汇集中国（含我国港澳台地区）、日本、欧洲、北美等重要学术阵地的中国法律史学研究资讯。从标准来看，我们注意打通中外，兼收专文、专著、史料整理出版成果、会议资讯、立项信息、获奖成果等多方面内容，收录的首要标准是突出"代表性"，务求所集信息能够反映相应年度中国法律史研究的整体面貌、前沿尖端、最新动态。我们希望，将原本分散的各类中国法律史学术资源尽量汇于一处，形成便于参考、利用的年度学术资源库。

二是助力学术评价。我们希望《中国法律史学年鉴》在客观呈现年度学术研究总体面貌的同时，为评估法律史学年度发展状况、助推学科良性发展起到推动作用。在《中国法律史学年鉴》首次编纂过程中，我们探索通过三轮推荐遴选程序选出若干篇具有代表性的优秀论文，在征得作者同意的前提下全文转载，使《中国法律史学年鉴》真正体现所收录成果的"代表性"，从而提升全书学术质量。我们还努力提供较为全面的论著和关键词索引，便于学界同人、广大读者评价、选择。

三是促进学术创新。《中国法律史学年鉴》将相对分散的各类学术信息汇总起来，一方面为成熟的研究者提供了同既有成果对话、与广大同人论道的"指路标"，另一方面也为青年学者、学生提供了把握学界动态、展望个人研究的"导览图"。我们希望，我们的工作能够通过勾勒研究总貌、促进学术交流，为中国法律史学在既有研究基础上实现真正的、高水平的创新发展做出一定贡献。

四是厚植学术精神。《中国法律史学年鉴》秉持学术公器理念，面向海内外各大学、科研机构广泛邀请编辑委员会委员和各篇稿件作者。我们在保持全书编纂体例统一的前提下，原则上对各篇稿件不做修改，希望既充分尊重相应篇章撰写者个人的意见，又结合不同作者各异的兴趣与经历，彼此互见，为读者带来新的启示。现代语境下的中国法律史学自清末民初兴起，至今已历百年，众多学界前辈在发掘史料、考辨史实、开拓论域、构建理论等方面做出了不可磨灭的卓越贡献。我们在《中国法律史学年鉴》中设立专栏回顾已故前辈学人的生平业绩，希望以前辈榜样的高尚人格和辉煌成就激励学界奋勇前行。一个学科的持续发展进步，不但需要前辈学人艰苦创业、中坚力量开拓进取，更需要青年学人茁壮成长，以不断为法史研究补充力量。因此，我们不但注意延请著名资深学者参与《中国法律史学年鉴》编纂，也注意邀请中青年研究者参与此项工作，同时也择优安排部分青年学生参与本书编纂，尤其在资讯收集工作中，我们特别注意反映法律史学青年才俊和优秀学生的年度动态。我们希望通过这些工作，为培植更高境界的法律史学术精神起到促进作用。

五是积累学术留存。学术发展永无止境，学术留存则是加强学术积淀、梳理学科发展、展望学科进步的重要基础。在《中国法律史学年鉴》首次编纂工作中，我们将视野适当拓宽，将近十年的部分法史研究成果也纳入收录范围。我们希望通过此次首创性的工作，以及今后逐年的编纂工作，加强积累学术留存、努力汇纂珍贵史料，使新时代中国法律史学发展的轨迹脉络在数年乃至数十年之后仍然清晰可见，为加快构建中国特色哲学社会科学、构建中国自主法学知识体系积累必要的参考系和学术史资源。

我们计划从本卷起步，逐年连续编辑出版《中国法律史学年鉴》，为促进新时代中国法律史学迈向更高水准尽一份力。在编辑工作中，我们梳理总结既往《中国法律史学会通讯》等内部资料汇编工作的经验与教训，参照吸收历史学、考古学、文学、民族学等兄弟学科全国性年鉴编纂经验，力求全面、如实地反映海内外中国法律史研究的年度进展。但由于时间、能力所限，加之初次编纂，缺乏经验，《中国法律史学年鉴》在内容、体例等方面仍存在不足。我们真诚期待海内外学界同人、广大读者朋友提出宝贵意见，促使我们今后能够有针对性地改进编纂工作，让《中国法律史学年鉴》越办越好。我们也真挚欢迎海内外同人支持《中国法律史学年鉴》编纂工作，共同为《中国法律史学年鉴》这片学术园地添砖加瓦，通过年鉴使我们法史学界汇集共识、凝聚力量，共同促进新时代中国法律史学的发展进步。

《中国法律史学年鉴2024》的编辑出版工作得到中国社会科学院法学研究所、中国社会科学出版社、中国人民大学书报资料中心、北大法宝和海内外广大学术机构、法律史研究者的大力协助，谨此致谢！

《中国法律史学年鉴》编辑委员会
2024年3月21日

编辑说明

一、《中国法律史学年鉴》的定位是资料性的工具书暨通论式的"导览图",旨在尽量全面、客观地反映本年度中国法律史学研究的基本状况和重要进展。本书为《中国法律史学年鉴》2024卷,所收内容总体上以2023年为限。

二、全书分为7个部分,依次为重要文件、特辑、研究综述、研究动态、学人回眸、论文选刊、优秀论文提要荟萃。

(一)重要文件。本篇收录中共中央办公厅、国务院办公厅印发《关于加强新时代法学教育和法学理论研究的意见》。

(二)特辑。本篇收录近年来获得国家社科基金重大项目立项资助的法律史学人对项目总体状况、研究进展和代表性成果的简要介绍。

(三)研究综述。本篇对近十年中国法律史学核心期刊论文发表情况做了简要梳理,对2023年中国法律史学研究取得的总体进展进行简要回顾,使读者对本年度乃至更长时段内学科研究总体格局有一概括了解。本篇重在"综述",兼顾地域、论域与问题导向,在做好综述的同时,着重介绍有代表性、有影响力的学术成果,以利鉴往知来。

(四)研究动态。本篇分为以下三部分。1.年度书讯。对2023年出版的中国法律史学专书、整理出版的法律史料等进行简要梳理,录其题目、责任者、主要内容等基本信息。2.学术会议。收录2023年中国法律史学界的主要学术会议资讯。3.重要立项、奖项信息。收录本年度中国法律史学人、院所、团体、书刊等获得的重要研究立项,以及法律史学领域的重要奖项信息。

(五)学人回眸。本篇回顾近年辞世的法律史学前辈学人的生平、著作和主要贡献。根据地域、学缘、回顾文章作者等因素,综合确定每年回顾致敬的学人名录。本篇为常设栏目,本卷年鉴未及收录的前辈学人生平业绩,将留待以后各卷年鉴收录,尚请学界同人谅解。

(六)论文选刊。本篇由编委会在初评推荐、复评投票、终评投票的基础上选出11篇2023年发表的法律史学论文并全文转载,以反映本年度中国法律史学科总体取得的进展和达到的水平。

(七)优秀论文提要荟萃。本篇由编委会广泛邀请初评、复评、终评环节中相关入选论文作者撰写提要,介绍论文的主要内容、核心观点、著录信息,更加全面地反映本年度中国法律史学科的研究进展和前沿问题,共得38篇提要。

除此之外,本书卷首有序、编辑说明、目录,卷末有索引。

三、资料来源。《中国法律史学年鉴》特辑、研究综述、学人回眸等篇由各位作者收集资料、撰写稿件;研究动态部分综合汇总收集自报纸、网站、微信公众号等多种信息平台;论文选刊时均直接联系论文作者。

四、部分不规范或与年鉴体例不尽相合的表述,在收入年鉴时径改,恕不一一注明。

目 录

重要文件

关于加强新时代法学教育和法学理论研究的意见 ……………………………………（3）

特 辑

中国租界法制研究的进展与心得 …………………………………………王立民（11）
论传承中华优秀传统法律文化的基本思路与具体路径 ……………………周东平（26）
中国古代地方治理的理论与实践及借鉴 …………………………………李雪梅（41）
甲、金、简牍法制史料研究的新进展 …………………………………………王　沛（51）
秦汉至唐律令立法语言分类整理、谱系建构与数据库建设 ………………刘晓林（68）

研究综述

法律史学科 2013-2023 年法学核心期刊发文统计报告
　　——以北大法宝法学期刊库为例 ……………………北大法宝法学期刊研究组（83）
法律史学科 2023 年度法学核心期刊发文统计
　　——以北大法宝法学期刊库为例 ……………………北大法宝法学期刊研究组（91）
2023 年中国法律史研究综述 ……………………………………………………孙烁（103）
2023 年日本出版中国法制史研究成果回顾 …………………………………程实（121）
2023 年度欧洲视角下的中国法律史研究评述
　　……………………………李富鹏　罗桑德拉（Sandra Michelle Röseler）（131）
2023 年度英语学界中国法律史研究综述 …………………………吴景键　黄心瑜（139）
2023 年度"法律史大讲堂"系列学术讲座综述 ……………………………杜敏君（147）

1

研究动态

年度书讯 ……………………………………………………………………………………（163）

    传统与现代：法律文化与社会秩序构建 ………………………………………………（163）

    大清宪法案 ……………………………………………………………………………（163）

    口述中国海商法史 ……………………………………………………………………（163）

    中国历史上的腐败与反腐败·精读本 …………………………………………………（163）

    1903：上海苏报案与清末司法转型 ……………………………………………………（164）

    中国近代民法继受视野中的固有法衍化研究 …………………………………………（164）

    宋代诉讼惯例研究 ……………………………………………………………………（164）

    中华法治文明 …………………………………………………………………………（164）

    汉书刑法志考释 ………………………………………………………………………（165）

    婚姻自由的宪法研究 …………………………………………………………………（165）

    以山为业：东南山场的界址争讼与确权 ………………………………………………（165）

    情理法与中国人（新版） ………………………………………………………………（165）

    汉唐法制史研究 ………………………………………………………………………（165）

    清代民国民间法律文书选粹 …………………………………………………………（166）

    从二元到一元：清前期法制变革 ………………………………………………………（166）

    中国仁政司法传统及其现代转化 ……………………………………………………（166）

    唐法史源 ………………………………………………………………………………（166）

    中西之间：马克斯·韦伯的比较法律社会史 …………………………………………（167）

    中国法律思想史（第三版） ……………………………………………………………（167）

    简牍所见秦汉刑事法制的文本与实践研究 …………………………………………（167）

    中国法理学发展史 ……………………………………………………………………（168）

    法的回声：中国法律思想通识讲义 ……………………………………………………（168）

    早期中国的法律世界 …………………………………………………………………（168）

    民法社会化的中国图景：1927—1949 …………………………………………………（168）

    镜中观法：《中国评论》与十九世纪晚期西方视野中的中国法 ………………………（169）

    行政法史料汇编（1949—1965） ………………………………………………………（169）

    两汉经义法律化研究 …………………………………………………………………（169）

    近代中国公共图书馆法规研究（1910—1949年） ……………………………………（169）

    中国近代法制史料 ……………………………………………………………………（170）

法学教育现代化的地方实践：四川大学法学教育史略	(170)
民国时期全国司法会议记录汇编	(170)
重新认识中华法系	(170)
中国式人权文明概论	(171)
守常与变革：明清时期涉外贸易法制研究	(171)
中国古代法文明模式	(171)
法治、法律文化和法律语言研究的理论与实践	(172)
蒙古律例	(172)
唐宋时期的桥梁、法制与社会	(172)
唐律研究新思考	(172)
法治驿站上的那人那事	(172)
中国古代法文化散论	(173)
沈辑刑案汇览三编	(173)
礼法融合的当代超越	(173)
清代传统法秩序	(173)
中华帝国晚期的性、法律与社会	(173)
有法无天：从加藤弘之、霍姆斯到吴经熊的丛林宪法观	(174)
法科知识人：现代中国早期60位典型人物重述	(174)
清代的"会"与乡村秩序	(174)
明代市廛法制研究	(174)
中国行政法学说史	(175)
中国法制史学的演进与思考	(175)
虚拟的权利：中国古代容隐制度研究	(175)
清代地方档案的保存、整理与研究	(175)
制度与知识：明代官员通晓律意研究	(175)
中国法的源与流	(176)
唐代社会救济法律制度研究	(176)
秦律管窥	(176)
春秋战国法律思想与传统文化	(176)
远东国际军事法庭判决书	(176)
清代南陵司法档案选编	(177)
秦汉军法研究	(177)
民事纠纷解决模式变迁的图景与法理——以龙泉司法档案为中心的考察	(177)

中国民法史（全三卷） …………………………………………………………… (177)
　　中华法制文明史·古代卷 ………………………………………………………… (177)
　　《钦钦新书》研究 ………………………………………………………………… (177)
　　近代中国法律的多维观察 ………………………………………………………… (178)
　　南京大学法学院院史（1927—2021） …………………………………………… (178)
　　传统中国法叙事 …………………………………………………………………… (178)
　　寻道：先秦政法理论刍议 ………………………………………………………… (178)
　　中国传统法理法哲学论 …………………………………………………………… (179)
　　要命的地方：家庭、生育与法律 ………………………………………………… (179)
　　中国家事与商事法 ………………………………………………………………… (179)
　　法学知识的壮游：近代中法法学交流史 ………………………………………… (179)
　　六合为家：简牍所见秦县治理研究 ……………………………………………… (180)
　　清代中国的法与审判 ……………………………………………………………… (180)

学术会议 …………………………………………………………………………… (181)
　　"三晋法家与中华文明"学术研讨会暨中国先秦史学会法家研究会第五届年会 … (181)
　　中国法律史学会东方法律文化分会2023年学术年会 …………………………… (184)
　　玉汝于成：中国近现代法律人的培养之道——"中国法律教育史研讨会" …… (186)
　　中国法律史学会西方法律思想史专业委员会2023年年会 ……………………… (189)
　　革命根据地法律史研讨会 ………………………………………………………… (194)
　　"东西互观的法律世界"学术研讨会
　　　暨《镜中观法：〈中国评论〉与十九世纪晚期西方视野中的中国法》新书研讨会 … (205)
　　中国法律史学会儒学与法律文化分会2023年年会
　　　暨"传统中国的纠纷解决与近代转型"学术研讨会 …………………………… (210)
　　第十七届全国法律文化博士论坛 ………………………………………………… (213)
　　第七届法律史学青年论坛——"清代律典的传承与变革"学术研讨会 ………… (215)
　　首届平城法治论坛 ………………………………………………………………… (219)
　　第十三届"出土文献与法律史研究"学术研讨会 ………………………………… (221)
　　中华传统法律文化创造性转化创新性发展与中国自主法学知识体系
　　　建构学术研讨会 ………………………………………………………………… (225)
　　中华法系传统与创新性发展学术研讨会 ………………………………………… (228)
　　"稷下学与先秦法家"学术研讨会暨中国先秦史学会法家研究会第六届年会 … (231)
　　中国法律史学会2023年年会暨
　　　"中国法学知识体系的传统及其现代发展"学术研讨会 ……………………… (232)

汉唐法律与中国传统法律文化研讨会……………………………………………………（235）
第三届沈家本与中国法律文化国际学术研讨会…………………………………（237）
第三届"文化传统视野下的当代中国法治"学术研讨会………………………（239）
"中华法治文明与社会治理现代化"学术论坛……………………………………（245）
第十二届青年法史论坛
  暨"中华法治文明与中国自主法学知识体系的构建"学术研讨会………（247）
第二届全国法史本硕论坛……………………………………………………………（249）
"中华优秀法治文明与新时代法学教育、法学理论"研讨会…………………（252）
"简牍法学与中国式法治现代化"学术研讨会…………………………………（255）
第二届法治文化青年学者论坛………………………………………………………（257）
中国优秀传统法律文化传承发展暨"唐律研究双书"出版研讨会……………（261）
中国法律史学年度重要立项、奖项信息………………………………………………（265）
 重要立项信息…………………………………………………………………………（265）
 重要奖项信息…………………………………………………………………………（269）

学人回眸

高　恒……………………………………………………………………孙　烁（277）
方克勤……………………………………………………………………刘全娥（281）
怀念恩师郭成伟教授……………………………………………………姜晓敏（285）

论文选刊

官无悔判：往日遭际、古代语境及其现代意义挖掘…………………霍存福（297）
根据地政权国家机构的理念、立法和实践……………………………侯欣一（332）
近代中国统一法律适用的实践…………………………………………聂　鑫（347）
传统中国的异姓收养及其近代法律境遇………………………………蔡晓荣（366）
从保辜制到因果关系的承与变
  ——以民国大理院及最高法院判例为中心………………………黄源盛（384）
纸面上的统一：传统中国状纸的近代变革……………………………刘昕杰（412）
明清法律体系本相考辨
  ——论"律例法律体系"说的缺陷和"典例法律体系"说成立的理据……杨一凡（429）

认真地对待秋审
　　——传统中国司法"正当程序"的新诠释……………………………………陈新宇（444）
晚清礼法之争前后关于习惯的认识和争论……………………………………邓建鹏（459）
"天下无讼"价值追求的古今之变………………………………………………陈景良（475）
由律学检视明代商业法律的建构和运作………………………………………邱澎生（490）

优秀论文提要荟萃

"中华法系"辨正……………………………………………………………………………（517）
辛亥革命时期中国租界法制之变化与反思………………………………………………（517）
明清典例食货法律体系考论………………………………………………………………（518）
清代命案检验不实问题探析………………………………………………………………（519）
中国古代经济法溯源………………………………………………………………………（520）
徽州"健讼"现象的历史实态与文本书写…………………………………………………（522）
宋代"特许越诉法"：中华法系行政诉讼之独例…………………………………………（523）
清末变通新疆命盗案件章程探析…………………………………………………………（524）
《唐六典》的制度描述与礼乐文明新经典的建构…………………………………………（525）
延安时期少捕、慎押的历史考察及当代启示……………………………………………（526）
宋代流人量移考……………………………………………………………………………（527）
北洋政府时期中国传统社会家族制度的法律转型………………………………………（528）
唐律"义疏"中的"无罪"：表意、解释及其限度…………………………………………（529）
汉文帝刑期改革——《汉书·刑法志》所载规定刑期文本与胡家草场汉律对读……（530）
清代刑部说帖的撰写及司法权威的生成…………………………………………………（531）
唐前律典的历史书写与谱系制造…………………………………………………………（532）
秦汉法律规范下的家庭秩序………………………………………………………………（533）
唐律断罪引律令与罪刑法定的实现………………………………………………………（534）
宋代御史监察制度的运行机制与现代借鉴………………………………………………（535）
从受财枉法罪立法制度的嬗变看中国法律近代化………………………………………（536）
唐代"成案"概念史考………………………………………………………………………（538）
继承与变革——中华法系在日本近世的发展……………………………………………（538）
民国初年商事裁判的法源位阶考辨………………………………………………………（539）
明代廷杖的表达与实践……………………………………………………………………（540）
刚性—柔性宪法概念在中国的传播………………………………………………………（541）

中国传统死刑观探析 …………………………………………………………（542）
从明刑到隐刑：收所习艺与清季旧律刑罚改革 …………………………（543）
中国古代"老幼妇残"的刑事法保护及其当代传承 ………………………（544）
为中华法系"诸法合体"正名——基于对清代《户部则例》的考察 ……（545）
分司之后：宋代州级法官责任分等制度流变探析 …………………………（546）
礼法断层在近代的发生学——兼论礼与法的接轨 …………………………（547）
中国传统土地法律文化中的思想意蕴 ………………………………………（548）
清代都察院监察的常规与非常规：弹劾制度的程序、实践与权力关系 …（549）
爵刑之间：秦及汉初的二十等爵与刑罚特权 ………………………………（550）
清代法典编纂理念之沿革——以刑典为中心的考察 ………………………（551）
清律"财产犯罪"体系的比较法阐释 ………………………………………（552）
去官不原：中国传统法律行政终身问责制的宋代表达 ……………………（553）
敦煌契约文书担保责任制度论析 ……………………………………………（554）

索 引

……………………………………………………………………………………（559）

重要文件

关于加强新时代法学教育和法学理论研究的意见

法学教育和法学理论研究承担着为法治中国建设培养高素质法治人才、提供科学理论支撑的光荣使命，在推进全面依法治国中具有重要地位和作用。为加强新时代法学教育和法学理论研究，现提出如下意见。

一、总体要求

（一）指导思想。坚持以习近平新时代中国特色社会主义思想为指导，认真学习宣传贯彻党的二十大精神，深入学习贯彻习近平法治思想，弘扬伟大建党精神，深刻领悟"两个确立"的决定性意义，增强"四个意识"、坚定"四个自信"、做到"两个维护"，坚定不移走中国特色社会主义法治道路，坚持依法治国和以德治国相结合，坚持社会主义办学方向，提高法治人才培养质量，加强中国特色社会主义法治理论研究，提升法学研究能力和水平，加快构建中国特色法学学科体系、学术体系、话语体系，为建设中国特色社会主义法治体系、建设社会主义法治国家、推动在法治轨道上全面建设社会主义现代化国家提供有力人才保障和理论支撑。

（二）工作原则。坚持和加强党的全面领导，确保法学教育和法学理论研究始终沿着正确政治方向前进。坚持围绕中心、服务大局，把法学教育和法学理论研究放在党和国家工作大局中谋划和推进。坚持立德树人、德法兼修，努力培养造就更多具有坚定理想信念、强烈家国情怀、扎实法学根底的法治人才。坚持遵循法学学科发展规律和人才成长规律，分类建设和管理法学院校。坚持把马克思主义法治理论同中国具体实际相结合、同中华优秀传统法律文化相结合，总结中国特色社会主义法治实践规律，汲取世界法治文明有益成果，推动法学教育和法学理论研究高质量发展。

（三）主要目标。到2025年，法学院校区域布局与学科专业布局更加均衡，法学教育管理指导体制更加完善，人才培养质量稳步提升，重点领域人才短板加快补齐，法学理论研究领域不断拓展、研究能力持续提高，基础理论研究和应用对策研究更加繁荣，中国特色社会主义法治理论研究进一步创新发展。到2035年，与法治国家、法治政府、法治社会基本建成相适应，建成一批中国特色、世界一流法学院校，造就一批具有国际影响力的法学专家学者，持续培养大批德才兼备的高素质法治人才，构建起具有鲜明中国特色的法学学科体系、学术体系、话语体系，形成内容科学、结构合理、系统完备、协同高效的法学教育体系和法学理论研究体系。

二、坚持正确政治方向

（四）坚持以习近平法治思想为根本遵循。深入学习贯彻习近平法治思想，坚持用习近平法治思想全方位占领法学教育和法学理论研究阵地，教育引导广大法学院校师生和法学理论工作者做习近平法治思想的坚定信仰者、积极传播者、模范实践者。充分发挥习近平法治思想研究中心（院）及法治工作部门理论研究机构作用，深入研究阐释习近平法治思想的重大原创性贡献，不断丰富发展中国特色社会主义法治理论。深入推进习近平法治思想学理化阐释、学术化表达、体系化构建，推动理论研究成果向课程体系、教材体系、教学体系转化。统筹整合研究力量和资源，积极推出高质量研究成果，充分展现习近平法治思想鲜明的中国特色、实践特色、时代特色。全面推进习近平法治思想进教材、进课堂、进头脑，开设习近平法治思想概论法学专业核心必修课，鼓励有条件的高等学校开设相关必修、选修课程，与法治工作部门联合开设习近平法治思想的法治实践相关课程，打造习近平法治思想专门课程模块，开展好面向全体学生的习近平法治思想教育。加强习近平法治思想师资培训。用好《习近平法治思想学习纲要》、《习近平法治思想学习问答》、《中国共产党百年法治大事记》等读物。

（五）坚持和加强党的全面领导。牢牢把握党的领导是社会主义法治的根本保证，全面贯彻党的基本理论、基本路线、基本方略，引导广大法学院校师生和法学理论工作者自觉强化党的领导意识，健全党领导法学教育和法学理论研究的体制机制，将党的领导贯彻到法学教育和法学理论研究全过程各方面。坚定不移走中国特色社会主义法治道路，坚持党的领导、人民当家作主、依法治国有机统一，引导广大法学院校师生和法学理论工作者在原则问题和大是大非面前旗帜鲜明、立场坚定，坚决反对和抵制西方"宪政"、"三权鼎立"、"司法独立"等错误观点。全面贯彻党的教育方针，坚持为党育人、为国育才，着力培养社会主义法治事业的建设者和接班人。坚持用党的创新理论引领法学理论研究，深入学习把握党领导法治建设的百年光辉历程和历史经验，教育引导广大法学理论工作者努力做先进思想的倡导者、学术研究的开拓者、社会风尚的引领者、党执政的坚定支持者。法学院校和科研院所党组织要从严落实好管党治党主体责任，切实把好方向、管好阵地、建好队伍。

（六）加强思想政治建设。把讲政治作为根本要求，教育引导广大法学教师和理论工作者提高政治敏锐性和政治鉴别力，严守政治纪律和政治规矩，把政治标准和政治要求贯穿法学教育和法学理论研究工作始终。把思想政治工作贯穿法学教育教学全过程，加强理想信念教育和社会主义核心价值观教育，强化爱国主义、集体主义、社会主义教育，深入推进法学专业课程思政建设，将思想政治教育有机融入课程设置、课堂教学、教材建设、师资队伍建设、理论研究等人才培养各环节，教育引导广大师生做社会主义法治的忠实崇尚者、自觉遵守者、坚定捍卫者。深刻把握新时代法学理论研究的政治性，自觉围绕建设中国特色社会主义法治体系、建设社会主义法治国家，全面推进国家各方面工作法治化等重大理论和实践问题开展研究，建强马克思主义法治理论阵地。

三、改革完善法学院校体系

（七）优化法学院校发展布局。以服务国家发展大局、适应区域法治人才需求为根本，调整优化法学院校区域布局，统筹全国法学学科专业设置和学位授权点设置，推进法学教育区域均衡发展。完善法学教育准入制度，健全法学相关学科专业办学质量预警机制，对办学条件不足、师资水平持续低下、教育质量较差的院校畅通有序退出机制。建立法学教育质量评估制度，完善评估指标体系，在现有法学学科评估工作基础上，按计划开展高等学校法学本科教育教学评估，通过限期整改、撤销等措施，优化法学学科专业布局。加快"双一流"建设，鼓励法学院校突出特色，形成差异化发展格局。积极支持西部地区法学院校发展，进一步优化法学学位授权点布局，在招生规模、师资、经费、就业等方面加大政策倾斜力度，开展好全国法学教育东西对口支援，实现法学教育资源合理配置。

（八）完善法学院校管理指导体制。完善法学教育管理体制，加强中央依法治国办对法学教育工作的宏观指导，加强国务院教育主管部门和司法行政部门对高等学校法学教育工作的指导。推进法学院校改革发展，发挥好重点政法院校在法学教育和法学理论研究中的骨干示范作用。法治工作部门要加大对法学院校支持力度，积极提供优质实践教学资源，做好法律职业和法学教育之间的有机衔接。发挥好高等学校法学类专业教学指导委员会、国务院学位委员会法学学科评议组、全国法律专业学位研究生教育指导委员会、全国司法职业教育教学指导委员会等专家委员会作用，增加有法治实践经验的委员比例，优化人员组成，提高法学教育指导管理水平。

四、加快完善法学教育体系

（九）优化法学学科体系。完善法学学科专业体系，构建自主设置与引导设置相结合的学科专业建设新机制。立足中国实际，推进法理学、法律史等基础学科以及宪法学与行政法学、刑法学、民商法学、诉讼法学、经济法学、环境与资源保护法学、国际法学、军事法学等更新学科内涵，更好融入全面依法治国实践。适应法治建设新要求，加强立法学、文化法学、教育法学、国家安全法学、区际法学等学科建设，加快发展社会治理法学、科技法学、数字法学、气候法学、海洋法学等新兴学科。坚持依法治国和依规治党有机统一，加强纪检监察学、党内法规学学科建设。推进法学和经济学、社会学、政治学、心理学、统计学、管理学、人类学、网络工程以及自然科学等学科交叉融合发展，培养高质量复合型法治人才。完善涉外法学相关学科专业设置，支持能够开展学位授权自主审核工作的高等学校按程序设置国际法学相关一级学科或硕士专业学位类别，支持具有法学一级学科博士学位授权点的高等学校按程序自主设置国际法学相关二级学科，加快培养具有国际视野、精通国际法、国别法的涉外法治紧缺人才。

（十）健全法学教学体系。注重思想道德素养培育，结合社会实践，积极开展理想信念教育、中华优秀传统法律文化教育，大力弘扬社会主义法治精神，健全法律职业伦理和职业操守教育机制，培育学生崇尚法治、捍卫公正、恪守良知的职业品格。适应多层次多领域法治人才需求，扶持发展法律职业教育，夯实法学本科教育，提升法学研究生教育。完善法学一级学科博士、硕士学位基本要求，法律专业学位基本要求，法学类本科专业教学质量国家标准。更新职业教育法律相关专业教学标准。在法治工作部门支持下，建立法律专业学位研究生教育和法律职业资格衔接机制，研究探索法律专业学位研究生入学考试改革，开展法律专业学位研究生培养单位培养质量认证试点工作，提高培养质量。更新完善法学专业课程体系，一体推进法学专业理论教学课程和实践教学课程建设。适应"互联网＋教育"新形态新要求，创新教育教学方法手段。强化法学实践教学，深化协同育人，推动法学院校与法治工作部门在人才培养方案制定、课程建设、教材建设、学生实习实训等环节深度衔接。建立法治工作部门、法律服务机构等接收法学专业学生实习实训工作制度，探索法学专业学生担任实习法官检察官助理，积极拓宽法学专业学生到国际组织实习渠道。建设一批校外法学实践教学基地。根据民族地区实际需求，培养既掌握国家通用语言文字又懂少数民族语言文字的法治人才。

（十一）完善法学教材体系。坚持以习近平法治思想为统领，通过抓好核心教材、编好主干教材、开发新形态教材等，构建中国特色法学教材体系。用好《习近平法治思想概论》等教材，巩固法学类马克思主义理论研究和建设工程重点教材在法学教材体系中的核心地位，及时组织更新修订，拓展法学类马克思主义理论研究和建设工程重点教材建设的覆盖面，提升影响力。推进中国法学系列教材建设，充分反映全面依法治国发展成就。严格法学教材编写人员资质条件，加强教材分级分类审核，把好政治关、学术关。

（十二）加强法学教师队伍建设。突出政治标准，落实立德树人根本任务，推进法学教师队伍建设改革，打造一支政治立场坚定、法学根底深厚、熟悉中国国情、通晓国际规则的高水平专兼职教师队伍。坚持教育者先受教育，把师德师风作为评价教师队伍素质的第一标准，作为教师招聘引进、职称评审、岗位聘用、导师遴选、评优奖励、聘期考核、项目申报等的首要要求，加强日常教育管理督导，加强思想政治素质考察，强化法治和纪律教育，教育引导广大法学教师努力成为"四有"好老师。建立完善以教学科研工作业绩为主要导向的法学教师考核制度，提高法学教师教学业绩和教学研究在各类评审评价中的分值权重，建立符合法学学科特点的教师评价与职称晋升制度，着力破除唯分数、唯升学、唯文凭、唯论文、唯帽子倾向，弘扬"冷板凳精神"，激励引导法学教师专心治学、教书育人。推动法学院校、科研院所与法治工作部门人员双向交流，加大法学教师、研究人员和高等学校法务部门工作人员到法治工作部门挂职力度，在符合党政领导干部兼职等有关政策规定基础上，探索建立法治工作部门优秀实务专家到高等学校任教以及到智库开展研究制度，实施人员互聘计划。充分发挥全国法学教师培训基地作用。优化法学教师队伍结构，根据法学理论体系、学科体系、课程体系建设要求，形成梯次化法学教师队伍和学术创新团队。

五、创新发展法学理论研究体系

（十三）强化法学基础理论研究。加强马克思主义法学基本原理研究，以马克思主义经典著作为基础，加强法学理论提炼、阐释，不断完善马克思主义法治理论体系。坚持把习近平法治思想的研究阐释作为首要任务，加强对习近平法治思想的原创性概念、判断、范畴、理论的研究，加强对习近平法治思想重大意义、核心要义、丰富内涵和实践要求的研究。紧紧围绕新时代全面依法治国实践，切实加强扎根中国文化、立足中国国情、解决中国问题的法学理论研究，总结提炼中国特色社会主义法治具有主体性、原创性、标识性的概念、观点、理论，把论文写在祖国的大地上，不做西方理论的"搬运工"，构建中国自主的法学知识体系。把握党内法规研究跨学科特点，统筹基础研究和应用研究，为加强党内法规制度建设、依规治党提供有力学理支撑。加强对中国新民主主义革命法制史特别是革命根据地法制史的研究，传承红色法治基因，赓续红色法治血脉。推动中华优秀传统法律文化创造性转化、创新性发展，支持具有重要文化价值和传承意义的法学学科发展。加强外国法与比较法研究，合理借鉴国外有益经验，服务推进全面依法治国实践。强化国家社科基金和部级法学类科研项目导向作用，推进马克思主义法治理论中国化时代化。建设一批国家重点法学基础理论研究基地，加大对法学基础理论研究扶持力度，研究探索社会力量支持法学基础理论研究机制。

（十四）强化全面依法治国实践研究。立足建立健全国家治理急需、满足人民日益增长的美好生活需要必备的法律制度，围绕法治建设重大规划、重点改革、重要举措等，开展前瞻性、针对性、储备性法律政策研究，充分运用法治力量服务中国式现代化。积极回应人民群众新要求新期待，系统研究立法、执法、司法、守法等法治领域人民群众反映强烈的突出问题，提出对策建议。加强对基层立法联系点在发展全过程人民民主中的作用和发挥立法"直通车"功能的研究。围绕完整、准确、全面贯彻新发展理念，加快构建新发展格局，着力推动高质量发展，加强对国家重大发展战略法治保障研究，加强国家安全、科技创新、公共卫生、生物安全、生态文明、防范风险、大国外交等重点领域法治实践研究，加强新技术新业态新应用领域法律制度供给研究。建设国家亟需、特色鲜明、制度创新、引领发展的法治高端智库。建好用好国家级涉外法治研究基地。

（十五）完善科研考核评价制度。坚持鲜明的人才培养导向、潜心治学导向、服务党和人民导向，改进科研评价方式，构建符合法学学科特点的学术评价体系，以学术质量、社会影响、实际效果为衡量标准，建立健全教育、激励、规范、监督、奖惩一体化的科研诚信治理体系，坚持学术不端"零容忍"，健全学术规范监督机制，落实学术不端与师德失范处理处罚联动机制，引导教学研究人员潜心钻研、铸造精品，营造风清气正的科研环境。推动项目管理从重数量、重过程向重质量、重结果转变，实行绩效分类评价，推行科研成果代表作制度，完善将报刊理论文章、教学研究成果、决策咨询报告等纳入学术成果机制，把参与法治实践、咨政建言等纳入科研考核评价体系，提高科研考核评价工作科学性。完善法学研究成果评价评奖机制，组织好高等学校科学研究优秀成果奖（人文社会科学）、中国法学优秀成果奖、董必武青年法学成果奖、钱端升法学研究成果奖、全国法学教材与科研成果奖等评选活动。加强法学学术期刊管理，牢牢把握办刊正确方向和舆论导向，推动法学学术期刊多样化、差异化、高质量发展，支持外文法学学术期刊发展，构建法学学术期刊发展长效机制。完善法学期刊评价指标体系，科学合理设置实务类期刊评价指标，不唯引用率等学术化标准，综合考虑对法治实践的贡献进行评价。

（十六）推进对外学术交流与合作。加强习近平法治思想国际传播，全面展示新时代中国特色社会主义法治建设取得的历史性成就、发生的历史性变革，充分彰显习近平法治思想的理论伟力、真理伟力、实践伟力。加强法学对外交流，通过开展双边多边合作研究、共同举办学术论坛、互派访问学者等形式，拓展对外交流领域和渠道。发挥中国法治国际论坛等平台作用。加强我国优秀法学研究成果对外宣传，推动专家学者对外发声，创新对外话语表达方式，提升中国特色社会主义法学理论体系和话语体系的国际传播能力。认真总结我国法治体系建设和法治实践经验，阐发中华优秀传统法律文化，讲好中国法治故事，提升中国特色社会主义法治体系和法治理论的国际影响力和话语权。加强与共建"一带一路"国家法治学术交流合作。完善外国法查明机制，推进世界主要国家法律法规数据库建设，注重组织搜集筛选、翻译国外法律信息资料，加强世界法学名著的汉译工作和中国法学优秀成果的外译工作。

六、加强组织领导

（十七）强化组织实施。坚持党对法学教育和法学理论研究工作的全面领导，中央依法治国委加强统筹规划，国务院教育主管部门和司法行政部门会同有关法治工作部门密切协作、形成合力，推动各项任务落到实处。各级党委要加强组织领导，及时研究解决重大问题，统筹推进任务落地落实。法治工作部门要加强实践资源、实践平台和实践机会供给，推动法学教育与法治实务相互融合。中国法学会要充分发挥学术团体引领职能，吸引和团结广大法学法律工作者更好服务法治中国建设。组织人事、宣传、发展改革、财政等部门要完善政策保障机制，为加强法学教育和法学理论研究创造更好环境和条件。法学院校和科研院所党组织要履行好办学治校主体责任，切实将推进法学教育和法学理论研究各项工作举措落到实处。探索建立全国法学教育和法学理论研究资源信息网络平台，推进资源整合，实现系统集成、资源互联共享。

特　辑

中国租界法制研究的进展与心得*

王立民**

我的中国租界法制研究曾多次被立项。其中，最近一次立项是2019年12月投标的国家社科基金重大项目"中国租界法制文献整理与研究"（项目编号：19ZDA153）（以下简称"重大项目"），这标志对中国租界法制的研究进入了一个新的阶段。该项目计划于2025年底结项，至今时间已过大半。回忆以往的研究历程，虽然受到新冠疫情的干扰，但项目组成员克服重重困难，坚持研究，成果频出。我自己也有了一些体会，与大家分享。

一、中国租界法制的项目研究有其重要性

鸦片战争以后，9个西方列强国家通过不平等条约，在中国的10个城市，建立了27个租界及其法制。[1]中国租界是西方列强以不平等条约为依据，通过租地方式取得土地使用权，由外国侨民进行管理的近代城市自治区域。中国租界法制是租界制定、认可，并在本租界施行的城市区域法制。[2]对这一法制的项目研究，其重要性突出表现在以下一些方面。

（一）填补对中国租界法制全面、系统文献整理的空白

目前，国内外都没有全面、系统的中国租界法制文献整理的成果。缺少对中国租界法制做进一步研究所需的全面、系统的文献，是研究中的一个缺憾。有必要开展这种文献整理，填补国内外这一研究领域的空白。只有在全面、系统的中国租界法制文献整理的基础上，才能对这一法制做全面、系统的研究，产出客观、科学的研究成果。

（二）弥补对中国租界法制研究的不足

中国租界及其法制的产生都以中外不平等条约为基础，是中国主权受损的一种表现。中国租界法制对于中国租界具有决定性作用。中国租界的产生、发展与收回都离不开其法制。中国租界是个先有法制，后有租界的区域。没有法制，就没有租界的产生；没有法制，也没有租界的发展与收回。要认识中国租界，必须从认识其法制开始。目前关于中国租界的研究成果产出很早，研究成果数量也很多，仅著作就有不少。比如，《天津租界》（天津人民出版社1986年）、《中国租界史》（上海社会科学院出版社1991年）、《列强在中国的租界》（中国

---

* 本文原题为"中国租界法制的项目研究"。
** 作者系华东政法大学功勋教授。
[1] 王立民：《辛亥革命时期中国租界法制之变化与反思》，《当代法学》2023年第5期。
[2] 王立民：《中国租界法制性质论》，《华东政法大学学报》2021年第5期。

文史出版社 1992 年）、《近代租界》（中国华侨出版社 1992 年）、《租界里的上海》（上海社会科学院出版社 2003 年）、《上海租界百年》（文汇出版社 2008 年）、《上海的租界》（天津教育出版社 2009 年）、《上海公共租界城市管理研究》（中西书局 2011 年）等。可是，对中国租界法制的研究远不如对中国租界之研究，需要急追猛赶，弥补不足。

（三）进一步认识中国租界法制是中国近代持续时间最长的区域法制

中国近代是一个长期法制不统一的时代，其中的一个重要原因是中国租界法制的存在。这一法制导致了中国租界建有自己的立法、行政、司法机关，成了"国中之国"，而且存续百年时间，与其他区域法制存在明显差异。通过对中国租界法制的研究，可以对这一持续时间最长的区域有较为深刻的认识，从而正确理解这一法制对中国近代城市发展的影响。

（四）重新认识中国法制近代化的进程

现在，学界的研究成果大多把中国法制近代化的起点定位于 20 世纪初的清末法制改革。对中国租界法制进行研究后可以发现，这一进程实际上起始于鸦片战争后的 1845 年。1845 年施行的《上海土地章程》就是近代的法规。以后，中国租界法制更为近代化。而且，中国法制近代化进程还是一个从量变到质变的过程。中国租界近代法制是量变过程，20 世纪末的清末法制改革才开始质变过程。从这种意义上讲，要更新认识，把中国法制近代化进程的起始点定位于鸦片战争后的上海英租界近代法制，由此，将这一进程提前半个多世纪。

（五）为中国当代区域法治建设提供一些借鉴

通过对中国租界法制的研究，还可以发现，它的有些规定可以为当代区域法治建设提供借鉴，实现近为今用。事实也是如此。上海市人大在制定某些地方性法规时，就借鉴过上海租界的一些规定。比如，禁燃烟花爆竹、公共管理、养犬等规定。随着中国租界法制研究的不断推进，我们可以发现更多区域法治建设可兹借鉴的地方。

（六）有利于对外学术交流

中国租界法制是中国近代有相当影响力的区域法制，这已引起一些外国学者的关注，甚至已进行研究，并产生过一些研究成果。通过对中国租界法制文献的整理与研究，可以发表、出版更多高质量的研究成果，扩大对外学术交流，取得双赢。

对中国租界法制的研究，既具有重要的学术价值、应用价值，也具有重大社会意义，是一件具有多重价值、意义的工作。

二、在"重大项目"投标前已有一定的研究与积累

在"重大项目"投标前，我对中国租界法制已有一定的研究与学术积累，其过程大致可以分为以下三个阶段。

（一）把上海租界法制作为上海法制史的一部分加以研究与积累（1984—1998 年）

在华东政法学院攻读法学硕士期间（1982—1985年），我参加了一个关于上海近代法制史的研究课题，作为课题组的一名成员，被分配的任务之一是收集、整理上海租界法制的史料。为了完成这一任务，我到上海档案馆、上海图书馆、上海社会科学院图书馆、本校图书馆等单位，特别是到上海档案馆去收集上海租界法制资料。上海档案馆的相关资料特别多，涵盖了立法、行政执法、司法等各领域，而且档案中的文字都是中文繁体字、英文、法文，因此，阅读、抄录的速度比较慢，花去大量的时间。

在收集了大量上海租界法制资料之后，我一方面把这些资料上交课题组，另一方面开始了自己的研究。当时只是把这一法制作为上海法制史中的一个部分进行研究，目的是完善上海法制史的体系，不使其缺乏完整性，因为上海租界法制毕竟是上海法制史中的一个重要板块。然而，由于要完成毕业论文，毕业后又要应对教学、管理工作，我投入这一研究的时间不多、速度不快。

1990年，在考入华东师范大学史学所攻读博士以后，我有了大量属于自己的时间，投入研究上海租界法制的时间多了许多。而且，那时的《上海法制报》设立了"租界法制史话"栏目，我需要不停向此栏目供稿，这促使自己更努力地去研究上海租界法制。于是，我的一系列关于上海租界法制的文章得以发表，内容涉及立法、司法、案例、法文化等各方面，总数量超过60篇，以至在2001年能够被汇编成《上海租界法制史话》一书。[①]另外，在参与编写的《上海法制发展战略研究》（复旦大学出版社1993年版）一书中，我专章回顾了上海租界的法制，该书为确立当今的上海法制发展战略作了铺垫。

在完成博士研究生学业的同时，我还积极筹划自己的《上海法制史》一书，并努力撰写上海租界法制部分的书稿。至博士研究生毕业回到华东政法学院任教不久，《上海法制史》的初稿已经形成，并于1998年出版。[②]上海租界法制作为上海法制史中的一个重要组成部分，被安排进《上海法制史》里。此时，对作为中国租界法制重要组成部分的上海租界法制的基本情况，我已经心中有数了。

（二）把上海租界法制作为相对独立的部分加以研究与积累（1999—2007年）

《上海法制史》一书出版以后，我逐渐开始把上海租界法制作为一个相对独立的部分，进行深入研究，不仅继续从公开出版物中收集有关资料，还从理论上进行研究，提高研究的学术水平。在这一阶段，仍有一些文章涉及上海租界法制的内容，如《老上海的中外律师》（2007年）、《老上海的"护花律师"》（2007年）等。不过，这一阶段的代表性学术研究成果当数《上海租界与上海法制现代化》（《法学》2006年第4期）。

《上海租界与上海法制现代化》对上海租界现代法制产生的历史条件、主要表现及相关的一些侧面进行了论述，进一步展开学术的探索。此文认为，上海租界现代法制的产生有其一定的历史条件，其中主要是：有了移植西方现代法制的地域，有了建立租界现代法制的自

---

① 王立民：《上海租界法制史话》，上海教育出版社2001年版。
② 王立民：《上海法制史》，上海人民出版社1998年版。

治机关，有了建立租界现代法制的法律依据等。此文还认为，上海租界的现代法制突出体现在：现代的法律体系、法律语言、审判制度、律师制度、监狱制度等一些法制的重要领域，并且这些法制领域都与中国传统的法制有天壤之别。此文的最后部分还专门论述了上海租界现代法制的一些重要侧面，其中包括：上海租界与华界现代法制发展不平衡；上海租界的现代法制中有歧视华人的因素；有些上海租界的规定没有得到切实的实施等。

在对上海租界法制有一定的研究与积累的基础上，我开始把科研资源与培养研究生结合起来，以期教学相长。在这一阶段中，有些由自己指导的硕士、博士研究生的研究领域聚焦于上海租界法制，学位论文的选题也是上海租界法制。硕士研究生学位论文的题目有：《日伪时期上海公共租界法制变异》《1940年度上海公共租界特区法院涉外刑事案件研究》《上海法租界最后三年（1941—1943）的法制变异》等；博士研究生学位论文的题目有：《上海公共租界会审公廨研究》《上海英租界巡捕房制度及其运作研究（1854—1863）》《上海公共租界特区法院研究》等。随着研究生毕业，研究成果的发表与出版，一支研究上海租界法制的团队渐渐开始形成了。

（三）视野从上海租界法制拓展到中国租界法制，并加以研究与积累（2008—2019年）

在这十年多一点的时间里，我已把自己的视野从上海租界法制拓展到中国租界法制，并加以研究与积累。2008年发表的《中国的租界与法制现代化——以上海、天津和汉口的租界为例》是这一积累的开端。①此文的研究视角、运用的资料、形成的学术观点等，都已不再拘泥于上海租界法制，而是有明显拓展，涉足中国租界法制。

《中国的租界与法制现代化——以上海、天津和汉口的租界为例》一文发表后，我又发表的一系列研究成果，都以中国租界法制为主题，从《中国城市中的租界法与华界法——以近代上海为中心》②到《试论中国租界与租借地区域法制的差异——以上海租界与威海卫租借地区域法制的差异为例》，③都是如此。虽然，研究成果运用了上海租界法制的资料，但研究视角已拓展到中国租界法制，研究视野更为开阔，研究层次也提高了。上海租界法制扮演的只是一种切入点的角色，而不是全部。

在这一阶段中，我关于中国租界法制研究的学术积累在2011年以后迎来高涨期。自2011年以来，我在《法学》《比较法研究》《政法论坛》《现代法学》《政治与法律》《法学杂志》《学术月刊》《社会科学》《华东师范大学学报（哲学社会科学版）》《历史教学问题》等刊物上，共发表关于中国租界法制的论文13篇；在《中外法学》《法学》《社会科学》《探索与争鸣》《史林》《华东师范大学学报（哲学社会科学版）》等刊物上发表涉及中国租界法制内容的论文13篇；出版了《上海租界法制研究》（第一主编，法律出版社2011年版）和涉及上海租界法制内容的《上海法制与城市发展》（第一主编，上海人民出版社2012年版）等，

---

① 王立民：《中国的租界与法制现代化——以上海、天津和汉口的租界为例》，《中国法学》2008年第3期。
② 王立民：《中国城市中的租界法与华界法——以近代上海为中心》，《比较法研究》2011年第3期。
③ 王立民：《试论中国租界与租借地区域法制的差异——以上海租界与威海卫租借地区域法制的差异为例》，《现代法学》2017年第1期。

成果之多为其他时期所不可比。究其原因，非常重要的一点是 2011 年我从管理岗位上退下来，成了一名全职教师，有了较为充足的时间可以从事中国租界法制的研究，研究成果的数量也就增多了。

在这一阶段，指导的有些硕士、博士研究生继续进行上海租界法制的研究，学位论文也以其为主题。其中，硕士学位论文有《上海公共租界领事公堂研究》，博士学位论文有《上海法租界第二特区法院研究》等。由于这些硕士、博士研究生加入了上海租界法制研究的队伍，产出相关研究成果，这一领域的研究队伍也壮大了一些。

经过 1984 年以来在中国租界法制研究领域三个阶段的研究与积累，我掌握的资料比较丰富，研究成果已经比较丰硕，研究经验也比较丰富了。在此基础上，申报"重大项目"就有了信心与把握。

三、"重大项目"已经取得一些阶段性成果

在申报"重大项目"时，设计的最终成果是两个，即中国租界法制文献的数据库与著作《中国租界法制史》。围绕这两个最终成果，还有一些阶段性成果，其中包括：召开研讨会、发表论文、出版著作、开设讲座、智库报告等。它们都从不同角度为最终成果的完成打下基础，并扩大"重大项目"的影响力，方便与同行们交流与分享。

（一）"中国租界法制文献数据库"初步建成

"重大项目"的数据库名为"中国租界法制文献数据库"，由项目组与华东政法大学图书馆、上海熠朗信息科技有限公司共同建设。2020 年启动，2022 年初步建成。目前处在进一步调试阶段。文献总字数 1327 余万字，41590 余篇，都超过了申报书设计的数额。其中，报纸杂志文献约 1100 万字，史志文献约 100 万字，研究文献约 100 万字。往后，要进一步完善这一数据库，新增一些内容。

（二）召开学术研讨会

在"重大项目"开展以后，围绕一些共同关心的问题，课题组开展学术研讨，达成一些共识，推动项目的深入研究。截至 2023 年 10 月，已召开了主要的学术研讨会 4 次，分别是："与中国租界法制相关重要问题研究"（2021 年 6 月）；"中国租界法制与近代城市建设"（2021 年 11 月）；"中国租界法制与区域治理"（2022 年 9 月）；"中国租界法制与华界法制比较研究"（2023 年 10 月）。来自上海社会科学院、华东政法大学、上海政法学院、同济大学、华东理工大学、上海海事大学、上海商学院、国防大学政治学院、浦东新区司法局、《东方法学》、《探索与争鸣》、《上海法治报》、《档案春秋》等单位的专家、学者参加了研讨会。在研讨过程中，大家充分发表自己的看法，提出经过深思熟虑的想法，经过不同观点的碰撞，最后达成一些共识。比如，认为中国租界法制具有近代性与耻辱性的双重性；中国租界法制不仅仅是近代法制，更是折射了中国一些城市的变迁；中国租界法制对当代的城市法治建设具有借鉴意义；中国租界法制是中国近代城市法制化的标志；中国租界法制是中国近代城市区域治理的基石；中国租界法制与城市区域的政治、经济、文化、历史、公共管理等都有千丝万缕

的联系；中国租界法制在不同阶段与华界法制都有所不同等。学术研讨会为进一步深入研究中国租界法制开辟了道路。

（三）发表论文

发表关于中国租界法制的论文是进行"重大项目"研究的重要阶段性成果，集中反映了研究的进程与所取得的成绩，同时也扩大了项目的影响，是这一项目研究的重要一环。截至2023年10月，项目组成员发表了22篇相关论文，其中CSSCI期刊占9篇。它们是：《本土性与世界性之间：近代国人如何看上海租界法制》[①]《"再社会化"理念在中国罪犯改造历史中的演进——以新中国上海女犯改造实践为例》[②]《中国租界防控疫情立法与思考》[③]《租界里的中国巡捕与反思》[④]《中国租界法制性质论》[⑤]《中国近代租界歧视华人法制述评》[⑥]《领事公堂性质辨正》[⑦]《成文法：中国租界法制的一个共性》[⑧]《辛亥革命时期中国租界法制之变化与反思》[⑨]。这些论文从不同视角对中国租界法制进行考察、分析并进行了论述。另外，还有一篇论文发表在韩国，名为《中国租界适用〈中华民国民法〉论》。[⑩]在国外发表有关中国租界法制的论文，更便于与外国学者进行交流与研讨。

（四）出版专著

"重大项目"的阶段性成果除论文以外，还有一部专著《租界法制与中国法制近代化研究》。[⑪]此著作共10章，5个附录，共41万余字。在以往研究中国租界法制的基础上，课题组成员在"重大项目"研究的过程中，集中编写了这本专著。本书大致分为四大部分。第一部分专门总论了中国租界的一些基本问题，包括中国租界的产生、中国法制的影响与特点、中国租界法制的影响等。第二部分专门论述了中国租界的立法、行政执法、司法、法学教育与中国法制近代化中的一些重要问题，重点叙述了它们与中国法制近代化之间的一些关联之处。第三部分专门论述了中国租界法制与中国法制近代化中的一些相关侧面。其中包括：中国租界和租借地法制的差异及其与中国法制近代化的关系、中国租界法制与中国法制近代化

[①] 王立民：《本土性与世界性之间：近代国人如何看上海租界法制》，《探索与争鸣》2020年第8期。
[②] 陈珏：《"再社会化"理念在中国罪犯改造历史中的演进——以新中国上海女犯改造实践为例》，《学习与探索》2020年第9期。
[③] 王立民：《中国租界防控疫情立法与思考》，《法学杂志》2020年第11期。
[④] 王立民：《租界里的中国巡捕与反思》，《江海学刊》2021年第3期。
[⑤] 王立民：《中国租界法制性质论》，《华东政法大学学报》2021年第5期。
[⑥] 王立民：《中国近代租界歧视华人法制述评》，《法学》2022年第5期。
[⑦] 王立民：《领事公堂性质辨正》，《清华法学》2023年第2期。
[⑧] 王立民：《成文法：中国租界法制的一个共性》，《法学》2023年第4期。
[⑨] 王立民：《辛亥革命时期中国租界法制之变化与反思》，《当代法学》2023年第5期。
[⑩] 王立民：《中国租界适用〈中华民国民法〉论》，韩国：《中国法研究》2020年总第44期。
[⑪] 王立民主编：《租界法制与中国法制近代化研究》，上海人民出版社2022年版。

中的一些重要问题、近代国人笔下描述的中国租界法制与思考、中国租界的收回与租界法制的终结、从中国租界法制与中国法制近代化中得到的启示等。第四部分为附录。共有5个附录，内容是关于上海租界法制中的一些资料。其中包括一些婚姻家庭、涉毒犯罪、涉外民事案件、领事公堂审判的案例等。此专著的出版，既是对以往研究的展示，也是对"重大项目"往后研究的一种支持。

（五）开设讲座

在"重大项目"的在研过程中，本人在中国内地与澳门的一些高校开设了一些有关中国租界法制的学术讲座，介绍自己的研究成果，提出自己的学术观点，与大家分享并进一步磋商。其中，主要有4次，分别是2020年1月在海南师范大学讲授了"租界法制与中国法制近代化研究"，2021年11月在上海政法学院讲授了"中国租界法制研究"，2023年5月在华东政法大学讲授了"正确认识中国租界法制"，2023年11月在澳门大学讲授了"中国法制近代化进程中的租界法制"。听讲座的既有学生，也有老师，讲座深受他们的欢迎。

（六）完成智库报告

在"重大项目"的开展过程中，我发现中国租界法制还有可借鉴之处，并可为今天的区域法治建设助一臂之力，于是便撰写了一些智库报告，获得领导批示与落实。其中，主要是我与虞浔教授的4个报告。它们是：2020年2月的《上海公共租界应对疫情立法史鉴》，2020年4月的《东吴大学法学教育新鉴》，2020年7月的《加快推进长三角区域疫情防控法治建设——以上海租界疫情防控经验为启示》，2022年1月的《上海租界精细化城市管理立法借鉴》。《加快推进长三角区域疫情防控法治建设——以上海租界疫情防控经验为启示》为虞浔教授的报告，其余3个是我个人的报告。它们都得到部级领导的批示。这些智库报告都以前期研究为支撑，对当今的法治建设具有一定的借鉴意义，也得到领导的首肯。这是"重大项目"的另一种有价值的阶段性成果。

"重大项目"开展以来，已经取得了一些成绩，但离结项还有约2年时间，有更多的任务等待着项目组去完成。其中包括：不断完善数据库，增加一些较为薄弱的资料，比如档案资料、外文资料等；继续发表阶段性成果，出版相关专著，发表相关论文，充实阶段性成果；着手编写《中国租界法制史》一书，完成项目的另一个标志性成果；为了进一步扩大项目的影响并反映项目的进展情况，再开设一些讲座等。这些任务虽然不轻，不过我还是有信心，努力去完成。

四、"重大项目"开展以来发表的主要阶段性论文及其基本观点

"重大项目"开展以来，发表了一些阶段性论文。这些论文都有不同程度的创新，学术观点也有新意，为推动中国租界法制研究发挥了作用。

（一）关于《本土性与世界性之间：近代国人如何看上海租界法制》

上海租界是中国租界中产生最早、持续时间最长、面积最大、发展最快、影响最大的租

界，其法制也具有代表性。近代时期，国人对上海租界法制有过研究，也多有阐述。从中可以反映出当时他们研究这一法制的基本情况。全文共分4个部分。第一部分"近代国人笔下的上海租界法制史料"，重点是近代国人笔下的上海租界颁行的各种法规、建立的制度、司法情况等。第二部分"近代国人笔下的上海租界法制研究"，着重阐述了近代国人对上海租界的研究情况，并从著作与论文两大载体反映他们的研究成果。第三部分"近代国人笔下的上海租界法制传播"，主要研究了传播路径与内容，如通过沪游指南、报纸报道等路径传播上海租界的法制。第四部分"上海租界法制中的三大关系及启示"，是对上海租界法制一些重要问题的思考，其中包括上海租界法制与中外不平等条约之间的关系、与上海租界建立国与国的关系、与华界法制之间的关系等。此文的主要创新点在于：从学术史的视角专门考察中国人在近代对上海租界法制的研究，体现了对这一法制领域开展研究的时间长度；把上海租界法制放在世界近代法制中去探索，使其具有更广阔的学术视野。

（二）关于《中国租界防控疫情立法与思考》

从2020年开始，新冠病毒开始在中国肆虐。全国各界积极参与防疫、抗疫工作，各尽所能，以期尽快打赢抗疫之战。此文以法制的借鉴为出发点，专门论述了中国租界防控疫情立法并对其进行了思考。全文分4个部分。第一部分"中国租界立法规定专门防控疫情的机构及其成员的职责"，从中国租界设立的防控疫情的机构及成员的职责，来分析设立防控疫情专门的组织与制定成员职责的必要性。第二部分"中国租界立法规定平时防控疫情的多种要求"，包括对环境卫生、食品卫生、宠物与野生动物管理的要求，着重体现它们在平时防控疫情中的重要作用。第三部分"中国租界立法规定疫时防控疫情的各种要求"，包括对接种疫苗、报告疫情、疫情发生后的处理等要求，侧重显现疫情期间这些要求的重要性。第四部分"对中国租界防控疫情立法的思考"，主要内容是，中国租界防控疫情立法具有耻辱性与近代性两面性、中国租界防控疫情立法得到一定程度的实施、中国租界防控疫情立法与时俱进、中国当今对防控疫情立法的借鉴。此文的创新点在于：较为全面地论述了中国租界在防控疫情方面的立法；及时为中国抗击新冠疫情提供法制方面的借鉴，起以史为鉴的作用。

（三）关于《租界里的中国巡捕与反思》

中国租界建立了自己近代的警政制度。警政机关多称巡捕房，警政人员则称巡捕。巡捕是中国租界里的执法人员，负有执法职能，与租界居民的关系比较密切。从巡捕中可以反映出中国租界里的行政执法状况。此文以《英国巡捕眼中的上海滩》一书为基本史料，从4个部分展开论述。第一部分"中国巡捕的人数多、工资最低但工作表现不错"，集中凸显中国巡捕的基本情况。第二部分"中国巡捕也干违法之事"，比较突出的是受贿、刑讯逼供。第三部分"中国巡捕被杀害的两种情况"，即在抓捕犯罪嫌疑人过程中被杀害、因巡捕间的纠纷发生枪击而被杀害。第四部分"关于中国巡捕的三点反思"，重点反思中国租界巡捕的产生以牺牲中国的国家主权为代价、外国巡捕对中国巡捕存有偏见、上海租界的巡捕是中国近代法制史上最早的警政人员。此文的创新点在于：从一个小视角深入研究中国租界里的巡捕与行政执法，具体且深入，有血有肉；提出了上海租界里的巡捕是中国近代最早的警政人员等一些新观点。

（四）关于《中国租界法制性质论》

对中国租界法制性质的认识有一些误解。有的认为，中国租界法制是殖民地法制；有的认为中国租界法制是外国的法制。对于这些误解，此文作了澄清，并表明了自己的观点。此文主要分为4个部分。第一部分"中国租界法制是中国领土上的中国法制"，重点从空间上说明中国租界是中国领土，论述中国租界法制是中国的法制。第二部分"中国租界法制是在20世纪初清末法制改革前就建立起来的近代法制"，从时间上说明中国租界法制是中国最早的近代法制。第三部分"中国租界是中国特殊的近代法制"，即从法制的性质来判断中国租界性质的特殊性。第四部分"中国租界法制是中国近代的区域法制"，从法制层级来界定中国租界法制是一种城市中的区域法制。最后，此文对中国租界的性质作了界定，即是中国最早的、特殊的近代区域法制。此文的创新点十分明显，即第一次对中国法制的性质作了全面、专门表述，并作了充分论证。

（五）关于《中国近代租界歧视华人法制述评》

在中国租界里，歧视华人是一种普遍现象，其背后的一个重要原因是法制。中国租界法制中，有歧视华人的一面。此文共有4个部分。第一部分"中国租界的立法中有多个领域存在歧视华人的规定"，这些领域包括在租地与居住区域、参政议政领域、公共管理领域等。第二部分"中国租界的行政执法与司法中存在歧视华人的行为"，其中，执法时有公开侮辱、殴打与刑讯、害死、屠杀华人等歧视行为，司法时在审判、监狱管理等领域有歧视华人行为。第三部分"形成中国租界歧视华人法制的三大原因"，即中国近代是半殖民地半封建社会、中国租界的一些洋人法律人素质很低、洋人普遍存在抹黑华人的思维定式。第四部分"中国租界歧视华人法制的评析"，认为中国租界法制违背了西方公平正义的理念、践踏了华人的人权、遭到华人的强烈反对。此文的创新点在于：角度比较新，从法制的角度述评了中国租界歧视华人的法制，并深挖其原因，作出正确评析；学术视野比较宽，即联系到法制的方方面面，贯通中外法制史。

（六）关于《领事公堂性质辨正》

此文是一篇学术争鸣的论文，针对前人普遍认为建立于1871年的上海公共租界及以后的汉口租界和鼓浪屿公共租界设立的领事公堂是外国的行政审判机关，不是租界的审判机关，本文提出不同观点。此文认为，领事公堂就是上海租界设立的行政审判机关。全文分为3个部分。第一部分"领事公堂不是外国的审判机关"，通过与在中国设立的外国审判机关设置的法律依据、法官的组成、受理的案件、适用的法律等的比较，来审视领事公堂的不同之处，说明它不是外国的审判机关。第二部分"领事公堂是中国租界自己的审判机关"，从领事公堂设立的依据、审判的案件、适用的规定等侧面证实领事公堂是中国租界的产物，是租界内的行政审判机关，而不是外国的审判机关。第三部分"辨正领事公堂性质具有重要意义"，即此项研究有利于正确认识领事公堂的法律性质，正确认识中国租界的司法体系，正确认识中国司法近代化进程。此文的创新点十分明显,即通过辨正的方法,纠正了以往对领事公堂的错误定位,首次提出其是中国租界的审判机关的观点并加以有力论证。

(七)关于《成文法:中国租界法制的一个共性》

中国租界建立法制的情况复杂,涵盖了英美、大陆、斯拉夫法系,以至于有学者认为中国的英、美、公共租界适用的是判例法。其实不然,中国租界法制有个共性,即都是成文法,没有判例法,此文对此作了专门论述。全文共分5个部分。第一部分"中国租界设立的是成文法的立法体系",主要体现于领事、议政机构、行政管理机构等。第二部分"中国租界的法律渊源是成文法",主要体现于不平等条约、领事令、章程、条例、规则等。第三部分"中国租界实施的是成文法",主要体现于守法的依据、行政执法的依据、司法的依据等都是成文法。第四部分"中国租界采用成文法的原因",主要是4方面原因:中国租界的成文法是中外成文法不平等条约的延伸与具体化;中国租界的成文法符合中国的法制传统;英美法系国家建立的中国租界传承了其本国制定的成文法的做法。第五部分"中国租界采纳成文法的启示",主要是:中国租界成文法的内容都有的放矢,背后都有需解决的问题;中国租界成文法不断颁行,直接推进了中国城市的区域法制建设;中国租界成文法的颁行促进了城市建设,以至于有些租界享有"东方的巴黎""东方芝加哥"之称。此文的创新点在于:专门探索了中国租界法制的一个共性,化解了既往研究中的一些模糊认识,丰富了中国租界法制的研究园地。

(八)关于《辛亥革命时期中国租界法制之变化与反思》

以往对中国租界辛亥革命时期法制的研究,主要集中于司法领域,基本不涉及立法与行政执法。其实,这一时期立法与行政执法也有诸多变化,不容忽视。全文共分3个部分。第一部分"辛亥革命时期中国租界法制发生了前所未有的变化",主要包括:抵制辛亥革命的立法、破坏辛亥革命的行政执法、司法权快速膨胀。第二部分"辛亥革命时期中国租界法制发生变化的主要原因",包括:洋人普遍对辛亥革命怀有偏见、中国租界对权力的扩张怀有野心、清政府的腐败与辛亥革命时期出现的权力真空。第三部分"对辛亥革命时期中国租界法制变化的反思",包括:辛亥革命时期中国租界坚称"中立"的实质是支持清政府、辛亥革命对中国租界法制的变化具有普遍性、辛亥革命时期中国租界法制变化的影响等。此文的创新点在于:较为全面地反映了辛亥革命时期中国租界法制的变化,这种变化不只是停留在司法领域,从而弥补了以往研究的不足。

(九)关于《中国租界适用〈中华民国民法〉论》

对于中国租界适用中国法的阐述已有不少,但都局限于"面"上,缺少"点"上的深入研究。此文以中国租界适用《中华民国民法》为突破口,以小见大,把自1930年开始,中国租界全面适用中国法律的历史展现出来。全文共分3个部分。第一部分"《中华民国民法》适用于中国租界内的民事案件",特别强调适用于房屋欠租、房屋迁让、借款、离婚等案件。第二部分"《中华民国民法》适用于中国租界的条件",强调这是由中外条约中关于在中国租界设立中国法院的规定所决定。第三部分"与中国租界适用《中华民国民法》相关的重要问题",主要是:中国租界是中国近代"国中之国"的畸形区域、中国人民为收回中国租界的司法权做出了不懈的努力、中国租界适用中国法律经历了曲折的过程。此文的主要创新点在于:从中国租界适用《中华民国民法》这个点上,反映中国租界法制的变化,从而可以进一步认识中国法制近代化进程。

以上9篇论文从不同进路论述中国租界法制,弥补以往对中国租界法制研究的不足,使人们对中国租界法制的认识更为丰满一些、全面一些。

五、中国租界法制项目研究的心得

我研究中国租界法制前后算起来已有40年时间,其中大部分时间都有项目相伴。回忆起来,有了自己的心得,主要是以下几点。

(一)项目支持有利于研究的开展

有项目的支持,可以在项目研究中获得一些便利,有助于研究的开展,突出表现如下。首先,可以获得政策上的支持。学校在政策上支持项目的研究,尤其是重大项目的研究,这种支持体现在多方面。比如,延长退休年龄、配套经费的配置、奖励资金的发放等。这种支持会使研究人员受到鼓舞,有助于提高研究的积极性。我在中国租界法制的研究中,也同样得益于学校的政策。其次,可以集中精力研究项目。纳入项目研究之后,就有一种责任感,会有一种压力。这种压力可以转化为动力,集中精力研究项目,以期按时保质完成研究任务。到目前为止,除了没有完成在研的"重大项目"外,我以往所有的中国租界法制项目全都及时完成,顺利通过评审、结项。最后,可以便于研究成果的发表。现在,学术著作、论文等研究成果的发表,都可标注项目的名称、编号等,特别是在学术期刊上发表的学术论文。有这一标注,可以证明其研究得到项目的支持,往往是一种阶段性成果,质量比较有保障,利于论文的发表,尤其是一些重大项目的标注,更具有吸引力。我们项目组成员发表的论文都有"重大项目"的标注。当然,这也便于以后结项时,对阶段性成果的统计与认可。

(二)在中国租界法制项目的研究中取得进步

包括现在在研的"重大项目",我参与、主持有关中国租界法制的项目共有5个。每参与、完成一个项目,我的研究都会取得进步。归纳起来可以表述为:从参与、主持一直到任首席专家。

我参与中国租界法制的研究始于对上海近代法制史项目中上海租界法制的研究。在这个项目中,我还是个研究员,只是参与了这个项目,被分配的任务是收集上海租界法制的资料。在收集资料过程中,我开启了研究这一领域的历程,而且收到良好效果。把这些收集到的资料,运用到我的个人专著《上海法制史》中。[1]在这本著作中,上海租界法制出现在所有法制领域。在立法机构中,有租界的立法机构;在法律渊源中,有租界的法律渊源;在法

---

[1] 王立民:《上海法制史》,上海人民出版社1998年版。

律内容中，有租界的法律内容；在治安机关中，有租界的治安机关；在审判机关中，有租界的审判机关；在监狱中，有租界的监狱；在法律教育中，有租界的法律教育等。相隔21年后，此书又出版了第二版，从原来31万余字增加到60万字。①上海租界法制成为上海法制史中一个不可或缺的组成部分。这在很大程度上，得益于我参与了上海近代法制史的项目。

参与上海近代法制史项目还有一个副产品，即把收集到的部分资料分批发表在《上海法制报》（现为《上海法治报》）上，最后编成《上海租界法制史话》一书。②时隔16年后，我又增加、调整了内容，使其篇幅有了扩充，以新的面貌面世。③我参与这个项目收获满满，从此一发不可收拾，踏上了中国租界法制研究的征程。

我主持中国租界法制项目共有3个，分别是上海市教委的科研创新项目、司法部项目和国家社科基金一般项目。2009年的"上海租界法制研究"（项目编号：09ZS179）是个上海市教委的科研创新项目。该项目集中对上海租界法制中的一些重要问题，做了较为深入的研究，内容涉及上海租界法制在上海法制现代化过程中的地位与作用、上海租界的城市规划法、上海租界的巡捕房、上海租界的审判机关、上海租界最后三年的变异、上海租界法制的实施，等等。在我主持下还有10位成员参与，项目按时结项。2011年此项目成果《上海租界法制研究》由法律出版社出版。④全书共有19章，近49万字。此书成为中国租界法制研究的代表作之一。

2009年的"中国租界的现代法制研究——以上海现代法制为主要视角"（项目编号：09SFB5006）是司法部"国家法治与法学理论研究"的专项项目。此项目几乎与"上海租界法制研究"项目同时并进，但侧重点不同。一是其站位更高，着眼于中国租界法制，只是把上海租界法制作为一个视角，面向的是整个中国租界法制；二是成果为论文，以系列论文作为结项依据，其中包括《上海英租界与现代法制》⑤《上海租界的现代法制与现代社会》⑥《上海的澳门路与公共租界的现代法制》⑦《中国城市中的租界法与华界法——以近代上海为中心》⑧《论上海租界法制的差异》⑨等。这一项目在2011年按时结项。

2014年的"租界法制与中国法制现代化研究"（项目编号：14BFX019）是国家社科基金一般项目。它把中国租界法制与中国法制近代化联系起来研究，内容分为7章，分别是中国租界的设立与租界法制的产生、租界的立法与中国立法近代化、租界的行政执法与中国法制

---

① 王立民：《上海法制史》（第二版），上海人民出版社2019年版。

② 王立民：《上海租界法制史话》，上海教育出版社2001年版。

③ 王立民：《上海租界法制史话》（第二版），上海人民出版社2017年版。

④ 王立民、练育强主编：《上海租界法制研究》，法律出版社2011年版。

⑤ 王立民：《上海英租界与现代法制》，《法制日报》2009年1月21日。

⑥ 王立民：《上海租界的现代法制与现代社会》，《华东师范大学学报（哲学社会科学版）》2009年第5期。

⑦ 王立民：《上海的澳门路与公共租界的现代法制》，澳门：《澳门研究》2011年第1期。

⑧ 王立民：《中国城市中的租界法与华界法——以近代上海为中心》，《比较法研究》2011年第3期。

⑨ 王立民：《论上海租界法制的差异》，《法学》2011年第7期。

近代化、租界的司法与中国法制近代化、租界的法学教育与中国法制近代化、中国租界和租借地法制的差异与中国法制近代化、租界的收回与租界法制的终结等。最终成果有30万字左右。除了我本人以外，还有10位成员共同参与了项目研究。2017年该项目按时结项。

"重大项目"是以我为首席专家的项目，现在还在研究中。对中国租界法制的项目研究，我经历了从参与、主持到担任首席专家的过程。在这一过程中，研究范围不断扩大，研究经验不断积累，研究成果不断增多，研究的影响力也不断扩大。冀望"重大项目"能够与以往的研究项目一样，顺利开展，按时结项。总之，有项目的支持，中国租界法制研究如虎添翼，更胜一筹。

（三）项目研究以团队形式为宜

除了重大项目由子课题组成，需有团队以外，许多项目都可由项目负责人一个人来完成。不过，我的经验是以团队形式为宜。凡是我参与、主持、任首席专家的中国租界法制研究项目都是以团队面目出现。在上海近代法制史研究项目中，我是参与者，还有其他参与者，他们来自上海社会科学院、上海档案馆、上海图书馆等单位。大家既有分工又有合作，既各司其职又相互支持，为上海近代法制史项目的开展齐心协力、共同发力。这给我留下了最初的印象，也感受到了以团队形式从事项目研究、攻克项目的长处。

在我主持3个中国租界法制研究项目过程中，都由团队成员参与，共同完成，都不是我个人单枪匹马地干。在"租界法制与中国法制近代化研究"项目的10个成员中，5个成员参与撰写正文，其中有一人写了两章，另有5位成员撰写附录。大家合作得很愉快，项目的推进也很顺利。我深感以团队形式从事项目研究有多重好处。

首先，团队成员的参与，使项目易于及时完成、结项。除了重大项目以外的多数项目均在1—2年内完成，很少有超过3年的，时间上比较紧凑。由项目申报人个人来完成，就会有较大的时间压力，一旦出现意外，无法按时结项的概率就比较大。如果由团队成员来参与，大家分工负责，同时推进，每个人的压力就会小很多，项目也易于按时完成，及时交卷。

其次，团队成员参与项目，多了一次合作研究的机会。每个团队成员都是一个独立研究主体，平时可以独立进行研究，产出成果。但是，遇有较为大型的研究项目，往往一个人难以在规定的时间内完成，此时团队成员的参与就十分需要了。另外，团队成员参与项目研究，也是一次合作研究的机会，为以后合作研究预演。从中可以得到锻炼机会，积累项目研究的经验。这对任何研究者都有利而无害。从我个人的成长经历来看，也走过这样一段路程。

最后，团队成员参与项目，可以集思广益。俗话说，"三个臭皮匠顶个诸葛亮"，做项目研究也是如此。在项目研究中，总会遇到这样那样的问题。只有通过解决问题，才能使项目研究一步步向前推进。有团队成员参与，碰到问题，大家就可以一起讨论，集思广益，便于问题的及时解决。人多力量大在项目研究中也会得到验证。

不过，有团队参与后，项目组的成员就增加了，对项目主持人的要求就会高一些。主持人不仅要自己参加研究，还要带领成员们一起研究，这对项目主持人就提出多方面的要求。

第一，主持人要有驾驭全局的能力。由一个团队来完成研究项目时，项目主持人就是核心。主持人就要有驾驭全局的能力，否则，整个团队难免会变成一盘散沙，不利于项目的开展。这种能力在项目设计、开展、完成过程中，都不能缺少，一环扣一环。在项目设计中，要考虑项目成员的选定，以及他们的具体分工；在项目的开展中，要顾及项目的格式要求，把握项目的进度、需要解决的问题及其解决的路径；在项目的完成中，要照顾到整体效果、避免没有必要的重复，以及内容的协调、用词的统一等。主持人的工作十分重要，既有宏观也有微观，如同一个工程的总设计师，马虎不得。

第二，团队成员要具备一定的专业知识与研究能力。法律史的项目研究多是学术性研究、史论结合的研究，研究者需有一定专业知识和研究能力，否则难以胜任。在选择团队成员时，应考虑这一点，减少后遗症。我往往从比较熟悉的同行和高年级的研究生特别是博士生中选出团队成员，主要是对他们知根知底，又志同道合，有成功的把握。我主持的每个中国租界法制研究项目的成员都是如此。实践证明，这种选任也比较成功。

第三，主持人与团队成员要建立工作机制。主持人与团队成员所构成的是项目的工作班子，其运行起来，还需有工作机制来保障。缺少这一机制，主持人与成员之间就缺少工作纽带，大家各自行事，往往会影响项目成果的质量。这一工作机制要着重加强主持人与团队成员的经常性沟通、协商；掌控项目进展的速度与质量；互通相关的资料；交流研究的心得与体会；等等。总之，要使这一机制成为一种项目主持人与团队成员间的黏合剂，使大家成为一个整体，共同用力于研究项目，取得好的研究结果。

（四）项目研究的成果要为教学提供支持

目前，大量的项目研究工作者都在大学工作，包括我自己。教学是大学的一个基本功能，也是培养学生的主要途径。项目研究的成果应该转化为教学，为教学提供支持，使学生得益。这里的教学既包括本科生教学，也包含研究生教学。在这种支持中，项目也可以获得新生，提高价值。项目研究的成果包括阶段性成果与最终成果。我的主要做法是三种，即通过开设讲座、课程与指导研究生的方法支持教学。

通过开设讲座的方法支持教学。学术讲座对广大学生开放，任何层次的学生都可参与，受众面较宽。虽然，他们的专业不同，学习阶段不同，但都可从中学到新知识，开阔学术视野，进行新的思考。我自中国租界法制项目研究以后，就常把研究成果通过开设讲座的方法与学生们分享，特别是在"重大项目"开展以后。已先后在校内外开设了多个讲座。讲座的效果较好，受到学生的欢迎。

通过开设课程的方法支持教学。这一方法与开设讲座不同，受众面会窄一些，但可以系统讲授中国租界法制，而且持续时间较长，内容的含量也可更多。我与同事们曾为我们中国法制史硕士研究生开设过一门必选课"上海租界法制研究"。这门课既有总论，也有分论。分论包括上海租界的立法、行政执法、司法、法学教育，等等。据我所知，此课是中国的高校中，唯一开设的有关租界法制的课程，深受学生们的欢迎。

通过指导研究生的方法支持教学。我指导过72位博士生、58位硕士生。其中一些研究生接受我的指导去研究中国租界法制。由于学校地处上海，而且上海租界法制资料保存较多，自然就把上海租界法制作为研究重点。他们的学位论文也以上海租界法制为选题，最后都顺利通过答辩。通过指导研究生和研究生学习、实践，一支研究中国租界法制的队伍逐渐形成了。他们中的有些人还留校任教。"上海租界法制研究"课程的开设，在很大程度上，受益于这些教师的支持与参与。

结语

鸦片战争以后不久，中国领土上的租界便出现了近代法制，尽管只是一种城市的区域法制，但确实存在过，而且影响与地位也不容小觑。我深信，经过不断努力，这一法制的面目将会更加清晰，其在中国法制近代化过程中的地位也会得到更多的认可。目前，我对中国租界法制的项目研究还在进行，"重大项目"将迎来冲刺，期待该项目能够顺利结项。

论传承中华优秀传统法律文化的基本思路与具体路径[*]

周东平[**]

摘要：中华传统法律文化源远流长，主要包括法律思想、法律制度的静态规范及动态实践。遵循中华优秀传统法律文化的构成逻辑，可以围绕其基本思路并从中国传统法的理想性与现实性交织问题、中国传统法政关系的交互影响模式、中国传统法律体系的模式选择及其原理、中国传统法律发展历程中的文化冲突与融合方式、中国具体法律实践中的传统智慧等方面，探讨中华传统法律文化的具体传承路径与转换方式，进而阐明各论题之间的相互关系。

关键词：传统法律文化；法律体系；理想性与现实性；文化冲突与融合；法律实践

引言

党的十八大以来，弘扬中华优秀传统文化并对其进行创造性转化、创新性发展，逐渐成为党和国家治理的重要方略之一。中华优秀传统法律文化蕴含着中国古人对美好社会的期待、对理想政治的设想以及解决具体问题的实践智慧，是中国古代治国理政智慧的结晶，塑造了影响整个东亚的中华法系，具有鲜明的中国法治文明特色。汲取中华优秀传统法律文化是新时代中国特色社会主义法治建设的重要助力，也是习近平法治思想的历史基础之一。

20世纪以来，学界在传承中华优秀传统法律文化研究方面取得较好的积累。目前，中国法律史学界围绕着中华法系、中国传统法律体系发展、中华传统法律与外来文明的关系、中国传统法律的具体实践，以及借鉴中国传统法律古为今用等中国法律史的基本问题的相关研究，可谓成果丰硕。

在传承中华优秀传统法律文化并实现其创造性转换、创新性发展过程中，只有对既有相关代表性观点、成果做出科学、客观、切实的分析、评价，检讨、总结其存在的不足，才能进一步推进研究的深化。具体而言，中国传统法既有强烈的理想性又有鲜明的现实性，不同研究的关注点往往各有侧重，缺乏对这种复合性特征的统合解释，故在基本问题研究上往往

---

[*] 本文为研究阐释党的二十大精神国家社科基金重大项目"传承中华优秀传统法律文化研究"（项目编号：23ZDA079）的阶段性成果。

[**] 作者系厦门大学法学院教授。

表现为分而不统，缺乏对其内部关系的全面认识；虽然也有一些学者注意到中国传统的复合法特征影响法政关系，但此种现象并未得到全面的、更高层次的统合、解释；对中国传统法律体系模式更是认识不一，难识庐山面目；学界固然已关注文化冲突问题，但如何从更高层次上理解外来因素何以影响中国传统法律，并未得到全面深入的阐述，因而传统法在这方面的重要特征也因雾里观花而容易被忽视；对传统法律实践的研究仍有可拓展之处。凡此种种，需要我们超越断代研究的局限，重塑中国法律史学的宏观知识体系，塑造中华优秀传统法律文化运用于当代的知识范式，解决传统法律体系的形成历程、法律形式、法律儒家化等学科研究中的重大问题，将其转化为可供借鉴的智识资源，以助力解决新时代法治实践中所面临的具体问题。

一、传承中华传统法律文化的基本思路

中华传统法律文化是指中华民族在数千年间形成的、自成体系的法律思想和制度规范及其实践活动所取得的成果。它是在历史实践中不断变化、丰富与发展起来的，与中华民族的发展壮大紧密相连，是中华民族精神的载体，体现了中华民族的价值诉求，也承载着众多的法律实践，蕴含着丰富的历史经验和民族智慧，成为中国现代法治建设不可割舍的宝贵资源。尽管古今之间的社会环境、社会性质发生了重大的变化，但法治建设仍然具有贯通性。对其进行研究，不仅可以增强本民族的自豪感，也可以将其作为反观现代法治的参照物，创新法治文明的中国表达。

中华传统法律文化包括法律思想、法律制度的静态规范及动态实践。传统法律思想尤其反映在复合法观念下理想性与现实性的复合形态、法政关系的交互影响等方面，凝结着中国古代思想家和政治家对政治、社会、文化以及法律等多层次问题的深入思考，反映了中国古人对美好社会的想象与规划，也是传统中国政治法律理念的根本追求。传统法律制度的静态规范则是中国古代政治家和思想家为践行政治法律理念、解决现实政治法律问题而进行的相关制度设计，其原理及模式选择等充分反映了我们民族在解决政治、法律、社会等方面问题的智慧，也体现传统中国制度文明的发展脉络。传统法律动态实践则是中国古代为解决具体实际问题而提出的经验性、智慧性解答，不仅反映了大传统的制度弹性，也体现了小传统的灵活性。这些内容蕴含着中华民族为了创造更美好和谐的社会所进行的法律尝试，其中既有教训，也不乏直到今天仍有深刻价值的传统智慧和经验。

我们当今在推进国家治理体系和治理能力现代化时，面对传统法律与今日法律实践脱节时，如何解决古为今用的传承问题？首先，应从思想、制度和实践等方面多层次地梳理、分析、阐述中华优秀传统法律文化的内容和表现，识别、总结、凝练其优秀因素。其次，阐明着眼于农耕文明下的中华优秀传统法律文化与经过工业文明洗礼进入当今数字时代的中国式现代化之间的关系，对如何传承中华优秀传统法律文化的基本立场、路径和手段等进行分析和论证，并以连接古今相同或相似的法律问题实现古今对话的方式，达到融合古今，传承创新。最后，中国式现代化道路植根于中华优秀传统文化的沃土，具有深厚的历史和文化底蕴，对于中国古代的法制经验，要本着择其善者而从之、其不善者而改之的科学态度，同情地理解、审视，并"把马克思主义思想精髓同中华优秀传统文化精华贯通起来"，进行创造

性转换和创新性发展，使马克思主义真理之树在中国根深叶茂，实现马克思主义中国化、时代化的新飞跃。

总之，基于中华传统法律思想和制度的静态规范及动态实践的框架，按照"是什么—为什么—怎么办"的逻辑顺序展开研究。"是什么"要回答中华优秀传统法律文化的内涵、外延和核心要素；"为什么"是进而说明研究中华优秀传统法律文化有何学术价值和应用价值；"怎么办"则为如何联系古今、传承创新，即进一步探讨在当今中国式现代化的新时代如何借鉴之，传承之。

中国传统法律的每一步发展，都在相当程度上回应不同历史时期出现的现实问题。为解决这些问题所创造的中国智慧，成为中华传统法律文化的组成部分。由于不同时代所面临的问题各有差异，中国传统法律也呈现出多元特征。

且不说中国拥有五千多年的文明史，自夏商周以降，中国传统法律一直在处理根本理念与实践需求的关系、法律与政治的关系、法律体系模式选择、应对包括少数民族乃至外来文明的多元文化冲突、解决具体法律实践困境等诸多问题。今天，这类问题也是我国法治实践面临的现实问题。分析这些问题及其传统解决思路，并从中汲取中华优秀传统法律文化要素，对完善中国特色社会主义法律体系，加快建设法治社会有着重要意义。为此，遵循中华优秀传统法律文化的构成，按照法律思想、法律制度的静态规范及动态实践的逻辑，我们试图从中国传统法的理想性与现实性交织问题、中国传统法政关系的交互影响模式、中国传统法律体系的模式选择与原理、中国传统法律发展历程中的文化冲突与融合方式、中国具体法律实践中的传统智慧，以及它们对当代的启示等视角，分析这些问题及其传统应对方式，进而探讨传承的路径和具体的转换方式，并进行适当的总结。

二、中国传统法的理想性与现实性交织问题及其当代启示

与当代以实证法为主的法律理念有所不同，古今中外的传统法律思想都交织着先验性与实证性。中国传统法观念对被认为永恒的天道、礼的不懈追求所体现的理想性，与随时而变的制定法的持续实践所体现的现实性始终纠缠交错，即使在法典化程度相当高的唐律中也难以割断。它是一种融理想与现实于一体的复合法观念下的产物。中国古代农耕社会具有政治早熟性，传世文献与出土简牍资料等都证明战国以降的中国建立了以律令为主的相当完备的制定法系统。《汉书·刑法志》所谓的"圣人因天秩而制五礼，因天讨而作五刑"的观念，已透露传统法观念的多层次性。针对中国传统法律为律令法体制的观念，俞荣根、秦涛则归纳为礼法体制。[1]这种争论迄今尚无定论，但其本身凸显了如何认识礼在中国传统法观念与体制中的地位这一重要问题。作为高级法的天道、礼与作为人定法的律令，构成中国传统法观念的复合形态，并深刻地影响传统法观念，具有超越王朝的生命力，礼法观念、情理法裁判模式等都与之有着内在联系，它既有助于缓和法律的严酷性并解决纠纷，也使得传统法律制度在顺应时势变革中保持了相对稳定性，成为塑造中华法系的关键要素。这种复合法观念使

---

[1] 俞荣根、秦涛：《律令体制抑或礼法体制？——重新认识中国古代法》，《法律科学》2018年第2期。

得传统法律发展得以在稳定与变革之间达到某种相对的平衡，直到当今仍然颇具启发意义。例如，数字时代的很多算法走到极端之后没有可以遵循的技术标准，无法合理规制，故近年来数字立法越来越强调公序良俗、社会主义核心价值观等。当我们的技术领先于西方到没有可借鉴的经验时，更要回头向传统溯源，借助传统的理论。故在现代技术与公序良俗的平衡上，中国传统特色的高级法观念自然成为可资借鉴的路径。

第一，作为高级法的天道、礼的超越性。中国传统法观念在先验层次上以天道、礼为基础。首先，在先秦以降的法律思想发展中，天道逐渐被凝聚为具体的政治原则。先秦以德配天的观念奠定了天道与传统法律思想的关系；汉代的天人感应观念形成对政治运作的评价基准。因此，天道成为传统法的核心正当性基础。其次，自周公制礼以后，礼成为传统法观念的基本要素，不仅有一整套"文"的仪式性规则体系，更拥有稳定的精神理念即其"质"，由此派生出尊卑有序的宗法秩序、以家族为核心的礼教精神原则等。尽管礼制的具体内容在不同时代或有差别，但礼的精神原则却具有源远流长的延续性。最后，天道与礼等共同构成特有的中国式自然法观念。这种自然法观念较少个体主义要素，与西方自然法观念的相似性在形式层面大于实质层面，即在形式层面都承认存在着高于制定法的普遍精神和价值诉求。此外，中国式自然法观念的实质内容也要求政权应遵守普遍的政治准则，而诸如民本思想等，同样蕴含着东西方所共有的追求共同体的善的观念。这是一种具有中国传统特色的高级法观念，并在跨越朝代的发展中保持了相对的稳定性。

第二，作为人定法的礼制、律令的实践性。中国传统法观念在制定法或者国家法层面同样具有双重性。首先，礼制在政治、伦理实践中被转变为明确的规则要求。礼观念既具有鲜明的先验性色彩，强调某些政治、伦理准则具有亘古不变的特点，又能够转变为仪式化的行为准则。在传统法律实践中，礼制既可以作为对社会各阶层的具体规则要求，历代也多有官方的明确立法，魏晋以降成立的礼典[1]如《大唐开元礼》，建构起正向规范体系，成为解决纠纷的规范依据。其次，制定法从先秦开始成为主要法律形式，又逐渐实现与礼的融合。在普遍的礼制社会规则下制定和颁布国家法，成为春秋战国时期各国为解决现实问题的重要变法举措。秦汉时期制定法基本定型为以律令为主的形式。西汉中期以后，法律儒家化萌动，到魏晋律时遂成为制定法发展的主流趋势，隋唐律一准乎礼而集其大成。律典之外，令典等也颇受儒家影响，冨谷至认为西晋律令分野中，令典的成立与《周礼》的影响密不可分。[2]此期礼、令融合的趋势尤为明显。最后，作为具体规则的礼制和制定法等共同构成传统国家法的主体内容。传统中国也因此得以践行"失礼则入刑"[3]"德礼为政教之本、刑罚为政教之用"[4]"明礼以导民、定律以绳顽"[5]的治理理念。当然，这种法观念也催生了传统上惧法、

---

[1] 汤勤福：《秦晋之间：五礼制度的诞生研究》，《学术月刊》2019年第1期。
[2] ［日］冨谷至：《汉唐法制史研究》，周东平、薛夷风译，中华书局2023年版，第93—98页。
[3] 《后汉书·陈宠传》。
[4] 《唐律疏议·名例律》。
[5] 《大明律·序》。

耻讼的因素。尽管作为人定法的礼制和律令等也有表现为超越朝代性的精神、原则、制度，但相对更多的是表现为随着时代而变迁，以应对现实实践需求。

第三，复合法观念对传统法秩序稳定发展与扬弃变革的影响。复合法观念对中国传统法律秩序的形成具有极为重要的意义。首先，中国传统法秩序保持了相当的稳定性。由于先验法层面的稳定性，传统政治制度、社会制度以及主要法律制度虽在历代多有差异，但也保持了相对的稳定性。如在政体层面，西周的宗法封建制发展到秦汉的皇帝郡县制，嗣后保持相对稳定。而且，狭义的西周宗法制虽在春秋战国时期遭到破坏，但广义的宗法制或者说西周宗法制的精神仍然得到传承。综观先秦以至明清，很多社会和法律制度都有清晰的源流脉络。在金观涛等指出的中国传统（封建）社会具有的超稳定结构[①]下，这些都可以视为传统中国超稳定结构的体现。其次，中国传统法秩序在权变之中仍然保留应对时事的变革性。尤其是受提倡"法今王"的法家影响，中国传统法秩序在历代也多有不同。这固然是为了解决不同时代面临的现实问题，政治制度、社会制度以及法律制度必须针对现实需求而有变化。其中，历代政治制度的变化最为明显。同时，法律制度也有诸如汉唐间的法律儒家化，以及唐明律"轻其轻罪、重其重罪"之变，[②]即便《大明律》号称子孙务必恪守的祖宗成法，但官方到明代中后期也不得不借重于《问刑条例》；礼制上也存在孔子所谓的三代之礼的因革问题、汉礼与唐礼乃至宋礼的差别问题。最后，传统法秩序在稳定与变革之中得以演进，并塑造了数千年的中华法律文明。这种法观念也塑造了传统社会的多法源观念，以天理、国法、人情等共同作为法秩序要素，缓和了制度的僵化。

传统法观念的多层次性，不仅蕴含着中国古人对什么是法的认识，而且包含着古人应对时事变幻的法律智慧。从人类历史的长时段考察，任何价值或者制度追求想要维护自身的生存，往往需要在变与不变之间进行中和。我国当代法律制度发展也面临着时代挑战。如马克思主义中国化主题的提出，就是一种在稳定价值叙事下应当如何实践问题的政治智慧。马克思主义只有植根本国、本民族历史文化沃土，其真理之树才能根深叶茂。又如高级立法应当成为设定算法开发软件的基本道德需求。古今所面临的问题具有相似性。传统复合法观念的形成、发展及其内在结构，对于在法律层面贯彻落实马克思主义中国化的主题，乃至做好数字立法、平台立法等各项具体工作，具有十分重要的启示意义。

三、中国传统法政关系的交互影响及其当代启示

复合法形态是对中国传统法律内部体系的解释框架，这种内部关系使得具有外部性的传统法政关系也呈现多元性。一方面，作为高级法的天道、礼等为传统政治体制设定了基本政治伦理和理想追求，并保持稳定性。无论是西周以德配天的观念，还是春秋战国时期立君为民的思想，都为传统政治制度规定了基本的价值追求，从而导致无论政治体制如何变化，对何为良性政体的评价标准并未在价值层面产生根本性变化。可见传统法观念在高级法层面对

[①] 参见金观涛《在历史的表象背后——对中国封建社会超稳定结构的探索》，四川人民出版社1984年版。
[②] 周东平、李勤通：《唐明律"轻其轻罪、重其重罪"再辨析》，（台湾）《法制史研究》2015年第27期。

政治实践具有指导性，进而产生了自上而下的影响力。另一方面，在政治实践中，出于对历代治乱成败以及政权稳定性的反思，传统法政关系也走向实用性。尤其是在法家观念中，维护君权被视为首要政治目标。因此，国家法层面在传统法政关系中又呈现出工具性的一面。法律尤其律令具有鲜明的工具性，是维护政权稳定的工具。政治实践对传统法观念产生修正性要求，法律为迎合政治而不断变革。在这种意义上，传统法政关系呈现出交互影响的多面性，从而使得传统法政关系在解决理想与现实问题上体现出鲜明的中国特色，法律的多功能性也得以展现。这种稳定结构的方式、方法，即保持基本价值相对稳定的同时，又能应对社会现实，提供变化性或者具有相对时效性的规则体系，形成一种双层结构，对现代法政关系颇具参考、启发意义。

第一，德主刑辅、礼本刑用下高级法观念的指导性。传统法政理念以政治理念为基础。先秦以降的中国传统政治理念基本建立在君主制的基础上，这是大经大法，任何政治理念的践行都仰赖于这种政治制度。它既导致传统政治制度存在无法完全解决的内在缺陷，又使得传统君主制努力在政治理想与实践中达至平衡。首先，传统君主制下的国家功能有教化、治牧百姓之责，也要维护正义、公平等基本价值体系，仁政、德政等法政观念遂从中产生。其次，传统君主制也要维护自身的稳定，律令等承担了工具性职能。这种双重性是造就德主刑辅、礼本刑用等观念的深厚的制度和思想基础。法政之间不是单纯的利用关系，而是兼具规范与利用的特性。德礼是法对政的理想性要求，政治实践应当遵从德礼；刑罚等是政对法的工具性利用，律令等被视为维护政治秩序的工具。

第二，高级法观念影响民本思想对传统法律保障性功能的要求及其实践。在德礼的要求下，传统法政关系中法构成对政的基本要求。作为根本法理念的"民惟邦本、本固邦宁"的民本思想自先秦时期早已萌发，并成为传统的主流政治理念。西周已出现"天听自我民听，天视自我民视"[1]的观念。即便在受法家影响而以维护政治绝对安全为治理目标的秦制下，秦始皇仍高举"皇帝之功，勤劳本事。上农除末，黔首是富"[2]这类民本观念以自矜。随着汉代儒家意识形态的主流化，民本思想在传统政治价值体系中一直占据核心地位。历代思想家、政治家对此也多有阐发，形成非常丰富的传统思想宝库。这种思想也成为对绝对君权观念的限制，催生了传统道统与政统分离的法观念。作为高级法的天道、礼等不再是抽象的政治伦理诉求，而是要求法律必须在规范层面加以落实。传统法律发展因而有着鲜明的价值诉求。

第三，政治实践对法律功能的现实要求与传统预防性法律功能观的形成和发展。作为传统政治制度的基础，君主制以君主对权位的掌握为前提。当面对春秋战国时期君权不断受到挑战的政治现实时，部分思想家与政治家对政治的期待不可避免地转向实用主义。与理想性法政关系相比，实用性法政关系被颠倒过来。先秦以来的思想家和政治家从不同视角提出解决思路，尤以法家最为彻底。法家以法律为工具，以政治稳定为追求，主张通过法律维护绝对君主专制。以赏罚为中心的法家法政观视法律为威民之具，希望达到重刑轻罪、以刑止

---

[1]《尚书·泰誓》。
[2]《史记·秦始皇本纪》。

刑、期于无刑，从而塑造了惩罚性与预防性相结合的法律功能观。法家的这种观念虽然难免存在局限性，但客观上促使传统思想家和政治家更加重视法律在社会治理中的作用，甚至催生了"法者，天子所与天下公共"①的君臣上下皆应守法的思想。经过儒家思想的调和，这种严酷的法政观念逐渐走向立法宽简化、刑罚文明化的道路，传统法律思想因而呈现出较强的预防性与教育性色彩。

中国传统法政思想是传统思想家、政治家反思政治和政权功能的智慧结晶。尽管他们生活在君主制甚至皇帝制度下，而且随着时代发展，君权高涨，他们受忠君思想的影响越来越强，但传统知识分子仍然坚守道统，保持着一定的独立性。传统法政关系的复杂性，使得知识分子在很多时候不得不面对从道与从君的伦理冲突。这种对政治根本目的的反思与实践，以及从中体现出的古人对政府与民众关系的认知，在今天同样重要。如何在坚持基本价值的基础上进行合乎政治实践诉求的制度变革，这是古今中外都需要面对的法政伦理的元问题，历史也给出或同或异的解题思路。中国传统法政思想包括双层结构所凝聚的法律智慧，值得深刻反思和探究借鉴。

四、中国传统法律体系的模式选择、原理及其当代启示

在复合法观念的影响下，中国传统制定法很早就得到发展并形成独特的法律体系。迟至殷商时期就已经"有典有册"。②只是受限于文献，无法确知当时法律体系的样貌。西周时制定法得到进一步发展，据载已有《九刑》等立法。③春秋时期，各诸侯国亦多有立法，样态不一，其中子产铸刑书、赵鞅铸刑鼎是重要立法事件，也开启了新的立法模式。不过，真正进入典籍传统立法模式大概要到战国的商鞅变法以后。此后，传统立法模式逐渐形成以律令为主的形态。魏晋以后，法典化成为传统法律体系的主要组成部分，同时也成为传统法律体系的主要特征。其成熟度和完备性所展现的立法智慧具有超越时代的合理性，值得今天反思。而且，这种法律体系的影响不仅超越时代性，而且超越地理空间，对整个东亚地区都产生了深远影响。

第一，传统法律体系中法典化模式的生成与发展。传统立法理念从先秦开始萌生，一直发展到明清时期。传统立法理念具有实践性与理想性并存共处的特点，并在不同时代体现出各有侧重。首先，先秦乃至秦汉的立法具有强烈的实践性。子产在回应叔向对其铸刑书的指责时就明确回答其目的是"吾以救世也"。④商鞅变法及其后的秦汉立法具有更鲜明的实践指向。尤其是从出土文献来看，秦汉立法往往是通过诏令的形式制定，主要就是为了解决当时由地方或中央反馈给皇帝的现实问题。立法条文也多直接、具体。其次，汉代以后儒家意识形态的主导性地位逐渐确立，同时受儒家经典以及书写材料进步等多方面的影响，法典化的

---

① 《史记·张释之列传》。《管子·任法》最早提出"君臣上下贵贱皆从法"。
② 《尚书·多士》。
③ 《左传·昭公六年》。
④ 《左传·昭公六年》。

立法模式成为主流立法模式。①法律儒家化多层次地展开，使得魏晋以降的法典编纂呈现鲜明的理想化色彩。这种理想化也影响到对制定法功能的定位。最后，传统立法理念在实践性与理想性之间的纠葛推动了传统法律体系的完善。例如，唐代律令格式体系的结构中，格就有作为在律令保持相对稳定的条件下发挥及时回应现实需求的功能。立法理念推动了法律体系的完善。

朝代	法律形式	律典及体例	立法趋势
先秦	习惯法；诰、誓、命；殷彝；律、令等	《法经》6篇（？）	简明化、精确化、规范化，立法技术逐渐成熟
秦	诏令、律、廷行事、法律答问、式、课、程	—	
汉	律、令、科、比	汉律60篇：《九章律》《傍章律》《越宫律》《朝贺律》	
三国	律、令、科、比、格、式等	《曹魏律》18篇	
两晋		《晋律》20篇	
南北朝		《永明律》20篇；《梁律》20篇；《陈律》20篇；《北魏律》20篇；《北齐律》12篇；《北周律》25篇	
隋	律、令、格、式	《开皇律》12篇；《大业律》18篇	
唐	律、令、格、式	《武德律》《贞观律》《永徽律》《开元律》各12篇，及《永徽律疏》《开元律疏》各30卷；《大中刑律统类》12卷	
五代宋辽金西夏	律、令、格、式、敕、例、条法事类	《大周刑统》21卷；《宋刑统》12篇；《泰和律义》30卷；《天盛改旧新定律令》20卷	
元	诏制、条格、断例	—	
明	律、诰、例、典等	《大明律》7篇	
清	律、例、则例、典等	《大清律例》7篇	

---

① 也有学者将此种现象概括为"法典化运动"。参见楼劲《"法律儒家化"与魏晋以来的"制定法运动"》，《南京师大学报（社会科学版）》2014年第6期。

第二，传统法典的体例变迁及其影响要素。成文化、法典化是中华法系的重要特征。有关法典化起源的讨论是中国法律史学的经典命题。随着秦汉出土文献的涌现，这个问题并未得到完全解决，反而更为凸显。《法经》是否存在？《九章律》何时出现？乃至它们是否属于律典，仍旧聚讼纷纭。不过，以律典为例，具有"篇章之义"的传统法典体例至迟从魏晋律就开始奠基，并形成《曹魏律》18篇和《泰始律》20篇的体例，到隋唐律定型为12篇。自唐中期以降，传统律典为应对中国社会从中古到近世的时代变迁又有变化，敕令格式合编的刑律统类的立法模式开始出现并逐渐定型。《宋刑统》体例仿自唐律但又不完全同于唐律。迨及明代，《大明律》最终演变为《名例律》不变，但依据中央六部设计体例的7篇模式。《大清律例》更发展出律、例合一的并列结构。传统律典体例保持了稳定性，又随时代需求而变化。《名例》为首、以类相从、因类设篇、集篇成典的律典体例，是传统立法智慧的重要体现。

第三，传统法典制定中的简明化趋势。先秦时期，立法在法律变革中已经发挥着非常重要的作用，尤其是商鞅变法以后，作为主要立法模式的律令，是秦治理国家的基本工具。只是，在主张一断于法的法家观念主导下，秦之立法结果变成"莫不皆有法式"。这种因事立法情况在承袭秦制的汉代法制发展中，同样也出现"文书盈于几阁，典者不能遍睹"[①]的状况。它们都容易导致官吏出入人罪，滥用刑罚。为解决这些问题，魏晋律开启法典化以及立法简明化进程。"法贵简约""法贵简当"的立法思维也成为此后主导性法律理念，历经南北朝诸律，迤逦至隋唐律，律典体例不断完善，定型为以《名例律》为首的12篇，到《大明律》又一变而为7篇。相对而言，前者在儒家化背景下更适应理念，后者则重在回应实际需求。此期律典的法条数量总体趋势也在不断缩减，最终定型为隋唐律的500条。到《大明律》只有460条。至雍正《大清律集解》、乾隆《大清律例》时，律文更进一步简化。在中华大地社会主义法律体系已经初步建立，以及各部门法的法典化渐次展开的当下，汲取传统智慧，简明法典条文、完善律典体系的传统思维，有着相当重要的现实指导意义。

第四，传统法典制定中立法技术的发展和完善。传统立法沿革表明其立法技术在不断进步，成为一道亮丽的风景线。在帝制时期的秦汉阶段，法典尚未确立，立法技术处在质朴粗糙阶段，但简明、直接的技术风格已初见雏形，尤其注重适应当时基层政府适用法律的需求。同时，一些重要的传统法律术语如"与盗同法""监守盗""坐赃"等已经出现。魏晋南北朝以降，伴随着法典化运动，此期的立法技术渐趋成熟，律典宽简精练。如律令分野、法典体例自觉贯彻"篇章之义"、中古刑罚五刑体系的形成与《具律》改为《刑名》第一乃至法律儒家化和胡汉融合的关系、法律概念的精确化等问题，在西晋张斐的《注律表》《晋书·刑法志》等文献中都有相当深刻的阐述。隋唐时期，法典高度成熟，且不说以《名例律》为首的十二篇五百条的体例之完善与垂范久远，以及五刑二十等、十恶、八议等规则的历代沿用，即使"轻重相举"的立法简明技术、"例分八字"法律用语规律、规范夺取或收受非法财物的"六赃"，乃至人身伤害方面的"六杀"，以及公私罪划分、犯罪区分首从、老幼恤

[①]《汉书·刑法志》。

刑、自首减免、同居相隐、化外人相犯等，都已经相当完善。与此同时，以成文法为主的传统立法为解决法律适用问题，还通过注疏、疏义等方式对律条含义加以解释，并完善了问答结构，使不变的律典条文获得更多的弹性。这种立法解释模式也构成传统法律的重要组成部分。又如笔者最近关注的中国古代法典设立条标[①]的传统立法技术，既有利于法教义学，更值得当今我国法典化思潮的借鉴。

传统法律体系的形成和演变不仅承载了中国古人的立法理念，而且也是他们为解决法律实践中的具体问题所做的探索。文本、实践以及法律适用的内在联系通过立法的方式呈现出来。法典化的功能及其面临的困境，在传统法律实践中都曾经出现过。而且在这个过程中，法律在政治运作中的多种功能得以展现。如何建构更完善的法典体例、法律文本，进而更有效地发挥法律的不同价值，并回避法典化的固有缺陷，使立法能够垂范久远，这对于当前法典化热潮有着重要的反思、借鉴意义。

五、中国传统法律发展历程中的文化冲突、融合方式及其当代启示

中国传统法律制度及其思想的形成并非仅受单一要素的影响。自先秦以降，中国传统法律发展以中原汉族王朝为主体，保持了相对稳定性，它不仅融合儒、墨、道、法诸家的思想成果，而且吸收了内外部不同地域[②]、不同民族甚至外来的法律要素。在这个历程中，不仅内生要素熔为一炉，而且外来要素也成为重要助力，甚至逐渐转变为新的内生要素。考古学与历史学的研究证明，夏商周的更迭不仅是王朝兴替，而且是不同早期族群相互学习、融合的历程。例如，西周在宗法、礼乐乃至法律（如"罚蔽殷彝，用其义刑义杀"）等方面都对殷商有所继承。而且，先秦的人们已经意识到这种融合的重要性。按照《尚书·吕刑》的记载，墨劓剕宫大辟的"五虐之刑"源自苗民，为尧舜等所借鉴并制定了上古五刑。尽管这段记载的真实性颇多疑点，但也反映出中原王朝及其知识精英们融合异质文明的思想观念。在此后数千年的发展历程中，传统法律走过儒、墨、道、法等不同流派在千百年内的龃龉折冲，直面过周边少数民族法律观念、制度与汉族法律文明的碰撞，还历经了诸如佛教等外来文明渗入的冲击。这些或内或外的要素并未成为阻碍传统法律发展的羁绊，传统法律也未对其进行简单机械的全盘吸收或排斥，而是在彼此吸收、汉化或者本土化的主轴下充分糅合不同思想或文化的特质，形成了独具特色的中华法系。在我国近现代尤其当代法律发展过程中，如何面对内外部的异质文化问题极为紧迫。构建人类命运共同体的新时代使命，要求我国以更加开放的思想引领和制度设计来面对世界文明，包括法律文明。中华法律文明在回应这些挑战时积累了非常丰富的经验，可以作为今天借鉴的基础。

---

① 周东平、刘安迪：《论中国古代法典条标的起源问题——兼与〈唐律疏议〉（唐律）首创条标说商榷》，载张生主编《中华法治传统的传承与发展：第二届法治传统与创新发展前沿论坛论文集》，商务印书馆2023年版，第117—146页。

② 如陈寅恪指出："北魏之律遂汇集中原、河西、江左三大文化因子于一炉而治之，取精用宏，宜其经由北齐，至于隋唐，成为二千年来东亚刑律之准则也。"陈寅恪：《隋唐制度渊源略论稿》，生活·读书·新知三联书店2001年版，第119页。

第一，中国传统法律文明发展中的法律思想融合路径。中国传统法律深受儒法思想的影响。但儒法思想在法律层面的融合并非一蹴而就，而是千百年间制度与思想竞择的结果。另外，非儒法思想的道墨农兵等思想流派虽然多处于主流视野之外，但仍对传统法律发展有深刻影响。在分析路径上，我们应以法律儒家化、儒法融合为主线，指出不同思想与制度实践碰撞中产生的问题和解决思路，更深层次地解析传统法律思想容纳和消解这些异质思想内在冲突的理路。同时，对儒法之外的思想要素与传统法律制度之间的内在关系进行更全面的整理，以充分反思传统法律制度纳入法律思想要素的多层次性，以及具体的方式、方法。如笔者对中国传统法律中罪观念的解析，即为一例。[①]在发展线索上，应根据时间轴，探讨不同时代法律制度与思想之间的内在关系，解析不同时代主流与支流等不同层次的思想脉络，及其形成的内在动因。通过对先秦以降法律思想冲突本质的检讨，进而反思历代思想竞争、思想与制度融合的历程及其动因，不仅可以重述中国传统法律思想体系形成的源与流，而且可以解析不同思想意识形态的影响能存留或消弭的根本原因。

第二，中国传统法律文明发展中的民族融合路径。中国传统法律文明既是以汉民族为主干的礼法文明的发展结果，也是多民族法制融合发展的产物。举凡法律思想、制度、实践以及法文化，中华法律文明的不同层面都能发现多民族影响的痕迹。自先秦秦汉至明清，汉族政权与少数民族政权始终存在竞争、斗争、合作、融合等多元关系。各民族之间不断融合，不仅形成极具包容性的中华民族，而且也为法律文明融合提供了平台和机会。一方面，以少数民族政权的汉化为线索，通过分析各个政权接受汉民族法律文明的方式方法与内在动因，例如北朝诸政权在制度层面对汉魏晋的继受、在思想层面对儒法的深刻吸收，可以发现，从历史角度看，这种接受不单纯是被动的，在某些时期甚至极具创造力。另一方面，以少数民族法律要素对主流法律文明的影响为线索，通过分析不同时代所接受的这些不同要素及其内在动因，可以发现，中华法律文明发展中主流与支流的关系。例如汉文帝十三年（公元前167年）刑制改革以后，中古五刑刑罚体系通过融合各少数民族法律要素后最终形成。

第三，中国传统法律文明应对域外文明的选择与融合路径。中国传统法律文明在发展过程中不仅深受内生因素的影响，而且在某些特定时期也面临外部的挑战。诸如魏晋南北朝时期佛教的壮大、近代西法东渐的文化冲击，这些外来要素急剧冲击着中国传统法律文明，在某种意义上甚至是颠覆性的。对此，我们要在分别探讨两者发展的背景及其路径的基础上，进行交叉研究。一方面，佛教东传使得传统法律所信奉的根本理念受到挑战，普遍伦理不再普遍而出现例外。传统法律文明在应对这种例外的过程中，既有对自我的调适，也有对外来要素的同化。佛教要素因而逐步转化为中国传统法律文明的内生性要素，并成为传统法律发展的内在动力。另一方面，中国近代社会是被动卷入资本主义世界体系，其法律转型也是在外来侵略背景下被动展开的，这种转变是颠覆性的，但仍然保留和继承了相当一部分的传统要素。而且，中国传统法律文明之所以能够在近代迅速转型，不仅有着救亡图存的时代紧迫性，而且必然受到内生性要素的影响。近代中国之所以能够走向现代政治体制，相当程度上

[①] 周东平、姚周霞：《论佛教对中国传统法律中罪观念的影响》，《学术月刊》2018年第2期。

是因为传统法律观念并不一味排斥西方观念，反而在根本理念上具有一定程度的相似性。这种内外因共同推动了近代法律文明的变革。从佛教传入到近代法律变革，中国传统法律文明不仅展现出相当的包容性，而且使得被包容者逐渐转化为内生性传统要素。

总之，中国传统法律文明在处理外来要素时，表现出相当的弹性和适应性。无论是面对古代的佛教还是近代的欧风美雨，传统法律文明一方面迅速调整以适应新需求，甚至对自我进行彻底革新；另一方面又保持了内在稳定性。传统法律文明之所以在近代迅速变革直至最终接受马克思主义，在很大程度上是受传统国家观念、民本思想等影响。救亡图存、富国强兵等背后有着孟子"民贵君轻"思想的影子。对这种法律变迁的考察，有助于从更深层次理解传统文化包括法律文化在当今的价值，增强中华文明的凝聚力、传播力和影响力。

六、中国具体法律实践中的传统智慧及其当代启示

在中国传统法律思想的指导下，传统政治家们针对实践中的具体问题，也制定出独具特色的法律制度，以解决面临的现实问题。在宏观层面上，传统政治结构中君臣、官民、中央与地方、政权与军权之间的诸多方面不可避免地面临着现实冲突。即使外部的国与国/民族关系，内部的民与民关系，乃至玄远的天人关系，也莫能例外。例如，对中央政权而言，为维护君权和中央政治权威，历代政权针对权贵、地方或者军事力量等都制定了相关法律，以有效应对后者的挑战。对官吏而言，权力寻租、贪腐蠹政不仅损害民众利益，而且侵蚀政权的统治基础，甚至侵夺君权，因此，历代政权都制定了相当严密的规范吏治的法律，以预防职务犯罪。对民众而言，刑制分明、刑罚轻简的法律制定方向同样重要。在微观层面上，传统司法也要面对如何解决具体纠纷以及维护司法公正的问题。为此，在无讼观念的引导下，传统法律实践非常注重诉源治理，运用多元纠纷解决机制解决社会的矛盾、纠纷，更全面地维护社会秩序；古代司法裁判领域同样面临出入人罪、司法腐败等一系列问题，传统法律实践对此要求应依法裁判；传统慎刑观念及其制度影响深远等。这些都是中华优秀传统法律实践的内在组成部分。

第一，实现集权与分权的有效结合。在传统政治结构中，权贵、地方乃至军队等都可能成为君权以及中央权威的挑战者。这种挑战是多层次的，既可能是直接的，如试图政变、谋取政权，也可能是间接的，如贪腐、枉法等职务犯罪。对此，传统法律制度很早就开始注重如何规制之。先秦时期，对贪腐的法律治理就已经存在，所谓"昏、墨、贼、杀"[①]是也。秦国则建立起更为详细、复杂的官吏管理法律制度，并谴责恶吏，对贪腐、不直、失刑等职务犯罪进行相当严密的控制。一般认为，秦国的吏治相对清明，并对其最终统一全国打下重要基础。这种法律制度并未随着秦朝灭亡而消亡，反而历经此后各代的补充、强化而愈益完善。同时，历代虽然对官吏、权贵等规定了诸如议、请、减、赎、当等不同的法律优待措施，但也不断加强对他们的法律监控。在地方乃至军事控制方面，先秦时期各诸侯国的君主早就面临这些方面的挑战。为了维护中央统一权力，郡县制很早就得以推行；

[①]《左传·昭公十四年》。

岳麓秦简中对军法也有专门规定，既赋予军事将领在战争期间的因时制宜之权，又对这种便宜从事的军令之权进行明确的时间限制。郡县制、依法治军的制度设计此后也逐渐完善，成为传统行政法制、军事法制的重要内容。而对来自少数民族地区的可能挑战，中央政府也充分重视民族立法和因俗而治的思路与策略，充分利用这些民族地区原有的制度和文化资源以维护对其的控制。这些对于完善当今央、地关系的立法，维护国家法制统一和稳定，都具有相当的启发意义。

第二，维护社会弱势群体利益。中华传统思想理念和法律制度很早就注重对弱势群体的保障，体现出高度的法律文明。恤刑思想在先秦时期早已萌生，《周礼》中就追记有"三宥""三赦"的规定。而作为儒家的重要观念，孟子的"老吾老以及人之老，幼吾幼以及人之幼"①的思想具有深远的影响力。从秦汉时期的法律来看，即使严苛的秦律也对老幼废疾等有适度宽宥，加诸他们的刑罚会得到相对宽减。这种恤刑观念在秦汉以后也渗入历代律典中并逐渐完善，如唐律所体现的对三种老幼情形和废疾、笃疾等人的一系列恤刑制度，即是适例。秦汉以来的保辜制度，旨在鼓励犯罪人事后采取积极的将功补过的悔罪态度和相应措施；来自北方游牧民族的赔偿主义刑罚包括元代的烧埋银制度，也蕴含着重视对被害人保护的理念，与近年来世界上新兴的修复性司法潮流存在暗合之处。这些无疑展现出传统法律文明的高度。汉代律令中还规定了对老者进行赐王杖制度，隋唐时期的乡饮酒礼等，都推行专门的敬老、养老理念。历代法律对这些方面虽有不尽相同的规定，但都在一定程度上体现了法律人道主义的观念，值得鉴别和汲取。

第三，注重法律传播，普及法律教育的理念。在中国古代社会治理中，法律作为自上而下推行的治理工具，虽然保持了相对稳定性，但与日常生活之间毕竟存在差距。因此，法律也承载着移风易俗的功能，如秦代"以法为教"，试图以法律作为推广道德观念的重要工具。"德礼为政教之本，刑罚为政教之用"的观念在秦汉以后虽然逐渐成为主流思想，但法律传播、普及在古代仍然有一定的意义。从秦汉至明清，历代采用诸如悬法、刻石、扁书、露布、粉壁、榜文告示、印刷法律、增加条标和图表、讲读律令等不同方式传播法律，并在很多时代取得良好效果。整个国家要守法，需要启蒙，开发民智，传播普法，使法律真正深入全民的意识。从法律思想变为普通民众的法律观念有一个过程。中国古代有效的法律传播方法，值得今天反思和借鉴。

第四，多元纠纷解决机制。中国传统治理模式所追求的目的具有多元性，如政治秩序、社会稳定、家族伦常等。因此，虽然秦代律令主张一断于法，但随着主流意识形态的变化，这种形式司法观念逐渐为情理法结合的实质司法理念所取代。礼入于刑、礼法结合，实质上意味着调节社会基本手段的多元性。在中国传统社会中，礼的秩序和法的秩序具有密切的关系，它们不仅表现为形式（表）和实质（里）的关系，而且礼是国家认可甚至直接制定的、具有明确强制性规范的法的性质。礼的秩序与法的秩序在社会制度的各个方面表现出极为复杂的联系，或为指导与被指导，或互相补充，或相互对立。这种关系不仅充斥于中国历史，

---

① 《孟子·梁惠王上》。

而且波及东亚诸国。同时,孔子提出的"无讼"观念经过后代演绎,未必能够反映孔子的原意,却逐渐成为传统主流司法理念。加上深受佛教思想的浸润,无讼观念对司法价值的消解,越发催生传统纠纷解决机制的多元化展开。一方面,政府仍然承担着解决纠纷的职能,但也利用律令之外的礼、情等解决司法实践难题,从中尝试教化甚或感化民众。历代循吏多有类似的实践与功绩。另一方面,为追求纠纷能够得到彻底解决,传统法律实践也充分利用多方面的资源和力量来解决纠纷,例如利用宗族自治、地方乡绅、同业公会等力量。充分发掘多种资源(如德法并治、新时代乡贤),从更深入的角度解决纠纷,并形成示范效应,对于今天诉讼数量激增的司法现状颇有启发意义。

第五,情理法裁判与依法裁判的结合。传统法律实践逐渐形成情理法共同裁判模式,但同时也不得不面对司法腐败现象,为此需要融合有效的依法裁判模式。这种为避免司法腐败以维护司法公正的制度至少自秦代就已经出现,上请案件需要"傅所当比律令以闻",在岳麓秦简中也发现秦律令对这一规范的重申,[1]并且严控司法实践中的法律适用。因此,秦时请谳制度已经相当发达。这种依法裁判的司法实践模式被历代继承。西晋刘颂称:"律法断罪,皆当以法律令正文,若无正文,依附名例断之,其正文、名例所不及,皆勿论。"[2]隋代规定"诸曹决事,皆令具写律文断之"。[3]唐律"断罪须具引律令格式"条更是《断狱律》的重要条目。这种依法裁判的司法理念虽未能彻底贯彻,但仍然有着深远影响。学界也曾对明清是否存在严格的依法裁判产生过争论,但应该说依法裁判不是有没有的问题,而是程度深浅的问题。诚如前言,传统司法实践并非完全的依法裁判,但同时也警醒社会如何获得良好司法效果的多元途径。如何在依法裁判与天理、人情之间寻求平衡的传统司法实践,对于今天如何更好地在司法实践中完善形式法治与实质法治的衔接,应该说是一种很有意义的启迪。

第六,不断完善的慎刑机制。冤假错案是古今中外都难于避免的司法难题,中国古代法律实践自难例外。为克服这一宿疾,先秦时期的慎刑机制已经开始发育。明德慎罚的法律思想不仅要求司法宽仁,而且期待能够更好地维护司法公正。秦代则在强化中央对地方司法控制的制度背景下,设计和完善了乞鞫、奏谳等制度。在汉代,缇萦上书带来轻刑效果,张家山汉简《奏谳书》所载的乞鞫制度在司法实践中也确实发挥了昭雪冤案的功能。《唐六典·大理寺》强调"明慎以谳疑狱,哀矜以雪冤狱,公平以鞫庶狱"。[4]这些制度均被后世继承和发展。而且,刑讯逼供导致冤假错案的现象也被制度设计者意识到。秦汉时期虽是刑讯的自由时期,但已拉开刑讯规范化的序幕,如睡虎地秦简就强调治狱的上、下、败等问题。经过魏晋南北朝到唐律集其大成而规范化。尽管这一制度无法避免刑讯逼供,反而为其提供合法性依据,但与废除肉刑一样,它确实是中国法律在早期就开始文明化的重要标志。同时,对重

---

[1] "吏上奏当者具傅所以当者律令、比行事。"详见陈松长主编《岳麓书院藏秦简(伍)》,上海辞书出版社2018年版,第60—61页,简066—068。

[2]《晋书·刑法志》。

[3]《隋书·刑法志》。

[4]《唐六典·大理寺》。

刑的严格审查制自秦汉时亦已滥觞。张家山汉简《二年律令》对此就有专门规定。传统的死刑复奏制度在南北朝后期得到重视，隋唐时更发展到相当的高度。死刑三复奏、五复奏的出现，以及会审制度的完善，代表传统法律文明对生命的高度重视，更体现传统司法慎刑制度设计的深刻智慧。这对于今天法律实践的完善也有启发意义。

为了解决法律实践中的问题，中国古代自上而下的法律实践者创造了很多有效的制度措施。尽管某些做法如奏谳制度等难以适用于今天，但其所反映的法律精神以及背后的法律智慧仍然值得我们反思。善于直面法律实践中出现的具体问题，提出有针对性的解决思路，也是中华传统法律文明生生不息的重要原因。这种兼具理想性与实用性的法律实践思路，正是中华传统优秀法律文化的重要组成部分。

小结

本文遵循中华优秀传统法律文化的构成，按照法律思想、法律制度的静态规范及动态实践的逻辑，试图分析上述这些问题及其传统应对模式，进而探讨传承的路径和具体的转换方式。具体如下：

任何价值或者制度追求想要维护自身的生存，往往需要在变与不变之间进行中和。中国传统法律也存在理想性与现实性交织问题，如何在顺应时势变革中保持相对的稳定性，成为塑造中华法系的关键要素，这就是"中国传统法观念下理想性与现实性的复合形态及其当代启示"作为第一个探寻路径的基本判断。

如何在坚持基本价值的基础上进行合乎政治实践诉求的制度变革，是古今中外都需要面对的法政伦理问题。厘清中国传统法政之间兼具规范与利用的鲜明中国特色，法律的多功能性得以展现，并对现代法政关系颇具参考、启发意义，由此，"中国传统法政关系的交互影响模式及其当代启示"构成第二个探求路径。

在理想与现实、变与不变、规范与利用之间徘徊的中国传统法律体系的形成和演变，反映出哪些规律？以及如何从中汲取经验？是从静态规范上分析"中国传统法律体系的模式选择、原理及其当代启示"论题继以纳入视野的原因，是为第三个探寻路径。

中华传统法律文化的形成过程，或者说中国传统法律思想和制度规范及其实践，始终面临着内部不同思想流派之间的冲突和融合，还有与少数民族文化、制度的碰撞结合，甚至还遭遇佛教等外来文明渗入的各种文化冲突。面对各种文化冲突的重大挑战，中华传统法律文明表现出相当的弹性和适应性，对其研究有助于从更深层次上理解传统文化包括法律文化在当今的价值，这是"中国传统法律发展历程中的文化冲突、解决方式以及当代启发"构成动态实践的第一层次，遂成为第四个探求路径。

中华传统法律为了解决法律实践中的具体问题，创造了诸多有效的制度措施。善于直面并解决法律实践中出现的具体问题，也是中华传统法律文明生生不息的重要原因。"中国具体法律实践中的传统智慧及其当代启示"从更具可操作性层面回应如何传承其中合理精神和解决问题的思路，深具启发意义，构成动态实践的第二层次，即第五个探求路径。

以上，提纲挈领地综括传承中华传统法律文化的基本思路及其相应的探寻路径。至于更详细的论述，则留待另文。

中国古代地方治理的理论与实践及借鉴

李雪梅[*]

一、项目基本情况

"中国古代地方治理的理论与实践及借鉴"（项目编号：LSYZD21006）为国家社会科学基金中国历史研究院重大历史问题研究专项 2021 年度重大招标项目，立项时间为 2021 年 10 月，计划完成时间 5 年。课题首席专家为中国政法大学法律古籍整理研究所教授李雪梅。课题按照"先秦—秦汉魏晋南北朝—隋唐五代两宋—辽金元—明清"的历史演进脉络进行研究，建立一个总课题和五个子课题的研究框架。子课题负责人为复旦大学中国语言文学系郭永秉教授、中国社会科学院古代史研究所邬文玲研究员、中国政法大学法律古籍整理研究所赵晶教授、南开大学历史学院刘晓教授、清华大学历史系阿风教授。

（一）课题涉及的总体问题

地方治理是国家治理的重要组成部分。自党的十八届三中全会提出"国家治理体系和治理能力现代化"以来，对于中国国家治理历史经验的研究逐年增加。但在中国历史上地方治理的理论与实践及其当代启示这个议题方面，还有许多值得探索的工作要做。

地方治理与国家治理、基层治理等共同构成国家治理体系。地方治理既有沟通国家和基层的承上启下功能，又有较强的包容性，与基层治理、边疆治理、区域治理及各种专项治理等关系密切。就国家治理层级而言，地方治理处于非常关键的一环。

从强调统治、管理到走向治理，从追求善政到探索善治，是社会发展的基本方向。本课题研究的总体问题是"中国古代地方治理的理论与实践及借鉴"，即通过梳理先秦至明清五个主要时段的地方治理的制度，厘清地方治理模式嬗递的规律，透析其内在运行逻辑，总结传统治理经验及其当代启示；在进行专题研究、彰显各断代特色的同时，回应通史的大问题。基于此，项目确立了"五大阶段""四个主题""多种范畴"的框架，即先秦、秦汉魏晋、唐宋、辽金元、明清五大阶段；地方治理文献收集与整理、理论体系与研究范式建构、治理实践探索与评判研究、历史经验与当代启示等四个主题；从治理主体、治理对象、治理资源、治理结构、治理理念、治理成效等多个范畴展开深入研究。

（二）项目研究的重点难点

1."治理"的"标""本"与评价。分析"治""理"词义演化，梳理代表性的治理观和

---

[*] 作者系中国政法大学法律古籍整理研究所教授。

思想，辨析治理与统治、管理之异同，阐明国家治理的层级与结构，以及地方治理与基层治理、社会治理、区域治理的关系等；在重点探讨央地关系、地方治理主体间关系、治理行为、治理对象的能动反应、治理实效等基础上，汇总相关数据，进行要素分析，初步建立传统地方治理综合评价指标体系。

2.传统地方治理的共性与差异性。在充分研究地方治理实践样本的基础上，以大历史观寻求各历史时期地方治理的内在逻辑与演进规律，提炼各时段的"共性"问题。同时，依据各时段的特色史料进行专题研究，如"铭刻文献所见地方治理""简牍所见地方治理""敦煌吐鲁番文书所见边陲治理""官箴书与地方治理智慧""清代地方档案综合研究""京畿与边地治理异同比较"，等等。在研究中，力图既建构内容宏大、脉络清晰的地方治理通史体系，又彰显各断代和专题的个性，同时紧扣课题研究的主线，回应通史的大问题。

3.地方治理多元主体间的协同关系。以往学界围绕地方政府、里老、寺观、宗族、士绅、商人、讼师等某类主体进行了大量研究，但对不同治理主体间的冲突或联系的认识尚有待深入。不同阶段的主要主体在地方治理的实践中如何发挥协同作用，通过怎样的制度设计将不同主体置于同一个治理目标下进而发挥其功能，也是本课题拟解决的难点之一。

4.文字载体变迁与地方治理的关联。我国古代文字载体主要有甲骨、金文、简牍、碑石和纸张等。文字载体的发展和嬗变不仅反映了生产力与科学技术的发展水平和文化传承，更与治理措施和思想的变化密切相关。如学者已关注的简纸更替对户籍制度产生的影响等。文字在不同载体间的转变并非简单的传播媒介的变化，其背后蕴含着一系列复杂的因素，影响社会秩序建构、国家治理水平和相关制度设计。

5.地方治理的经验与借鉴。历史上的地方治理有一般性的规律和可供借鉴的经验，例如适度认可区域自治、多层级治理主体间依法分工合作等。课题将从宏观角度臧否地方治理与法治探索的得失，总结乡村治理与基层法治建设的经验，分析上级掌控力与下级自主性之间的边界等。系统梳理发挥着实际效用的地方治理经验，不仅有助于还原历史真实，更能为当下国家治理体系和治理能力现代化建设提供历史借鉴；探讨不同区域、不同主体所采用的治理方式，对当今地方因地制宜地探索治理模式也有宝贵的借鉴意义。

（三）子课题研究重点

1.子课题一：先秦地方治理的思想争鸣与初步实践

先秦时期，与现代意义相近的"治理"概念使用"治"来表达。先秦诸家治理思想对后世国家治理、地方治理的理论和实践均产生较大影响。前人对先秦"地方治理"的研究多集中于儒、道、法家的思想，对治理命题的探讨聚焦于"民本""法治""功利""无为""德主刑辅""礼法并用"等内容，史料和观点雷同性倾向较明显，对诸子著述中涉及治理的文本内涵挖掘尚显不足。课题组在尽可能穷尽相关史料的基础上，构建包含治理主体、客体、上下互动的治理行为及由相应制度支撑的先秦地方治理实践体系；对诸子地方治理思想的来龙去脉及其与各国地方治理实践的互动形成总体的把握。在出土文献方面，除了金文资料之外，还将着重收集整理玺印、陶文、封泥以及战国简册中的有关资料。众所周知，西周春秋工商食官制度逐步解体，私营手工业者大量出现，战国以后民间私人经营的手工业大量出现，汇聚成巨大的经济力量。在重视农本的古代中国，国家如何控制甚至抑制这些手工业、商业方面的生产贸易活动，国家如何应对处理大工商业者役使民众给国家控制民众带来的不稳定性，也是本课题着重关注的内容之一。

研究目标：①全面系统地整理先秦地方治理相关出土文献，整理汇释地方治理相关青铜铭文，重点关注新近出土的青铜器，建构合乎历史实际的史料分类方法。拓展先秦地方治理专题研究史料群，对玺印、陶文、封泥以及战国简册中的相关资料进行汇集整理。②建构先秦地方治理的话语模式，创设符合先秦语境的中层概念，以期更好地阐释史实，发掘文化内涵，促进本土知识生产。

2. 子课题二：秦汉魏晋南北朝地方治理的理论与实践及借鉴

自秦汉以来，中央和地方官制演变的总体呈削弱地方加强中央、削弱相权加强君权、对边疆地区的管辖和治理日趋严密、强化对地方官吏的控制和监视的态势。这一政治倾向对地方治理产生了较大影响。出土简牍所见地方治理的相关研究，总体看仍是秦汉地方行政制度、文书行政体制相关问题的延伸，涉及诸如基层治理、劳动力调配、人口管理、资源统计与分配等属于"地方治理"论述范畴的问题，也往往是地方行政制度与文书制度研究的一部分。因此，课题组将挖掘地方政务运行机制背后的治理目的及其体现的治理模式，并将央地关系协调与中央意志贯彻作为地方治理问题的研究重点。

研究目标：①系统整理传世、简牍、石刻等与地方治理相关的史料，按专题组织史料的汇辑、集释与考证工作，做好不同类型史料在同一专题下的排比、互证工作，以多重证据法做好史料的辑证工作。②在扎实史料整理、考证工作的前提下，构建基于多种史料基础上的，以治理主体、治理资源、治理结构、治理理念、治理成本为研究范畴的秦汉地方治理研究范式，探讨秦汉地方行政管理背后的治理问题。

3. 子课题三：隋唐五代两宋地方治理的理论与实践及借鉴

此时段的相关研究表现为乡里制度研究已受到持续关注，敦煌吐鲁番文书成为推进人们了解唐代县级政权运作情况重要资料来源，学者多着眼于政务运行、城市社会等视角研究地方治理。事实上，若是引入区域史的视角，再结合史料分布的情况，比较以都城为代表的权力核心区、敦煌吐鲁番文书呈现的西北边地、作为士大夫贬谪之地的岭南等，就可呈现共时维度下地方治理的特殊性；而安史之乱前后的央地关系、经济重心转移过程中对江南的开发、疆域变迁与军事攻守消长对边境与内地治理的影响等，又可呈现历时维度下地方治理的阶段性。经由这种横向与纵向的交叉比较，课题组将努力挖掘地方治理因时、因地、因人而异的特色；同时围绕地方治理的主题，分别从城乡制度、户籍管理、赋税课征、商贸调控、灾害防治、司法审理等不同层面，检证既有研究成果、回应时兴的研究范式、参与未尽的学术争论、提出崭新的研究角度。

研究目标：寻找更符合历史情境或更顺应学术潮流的概念去了解唐宋社会，反思并重构现有的唐宋地方治理研究路径，从而真正回应学界有关回归到"人"本身的学术诉求，揭示唐宋民众所处的现实情境以及自下而上的能动反应。

4. 子课题四：辽金元地方治理的理论与实践及借鉴

以往辽金元时期所见地方治理的研究成果多以政治制度为切入点，以单线形式呈现出社会治理的静态画面。不同于其他时段，本时段最具特色的是多民族共存下社会治理的复杂化。虑及此种特殊背景，由少数民族建立的政权如何兼顾本族群众、汉族及他族群众，完成对社会的有效治理？各族群众面对政府制定的方针又有何种反应？中央与地方、官员与民众你来我往的交流互动，均应纳入考量。

元代地方军事建制对地方治理所产生的影响问题，以往关注者不多。元平江南，起初是军民合治，后来改为军民分治，即大体每一个路设管军万户府与管民总管府，管军万户府常介入地方治安事务，如抓捕强窃盗贼、私盐之类。顾诚先生认为明代除地方官府系统外，还有另外一套卫所系统（分没有地方官府的实土卫所、有地方官府的非实土卫所与介于二者之间的准实土卫所），非常有道理，只是还没有将其渊源追溯到元代。课题组将综合考量多民族共存环境下，多重政治、军事力量对地方治理所施加的影响，使研究的视角更加多元。

研究目标：①强化个案与综合研究，综合考量多民族共存环境下的地方治理策略；平衡日常与非日常的社会治理研究，开拓地方应急治理研究，为当代地方治理提供借鉴。②聚焦元代监察立法及其实施效果，分析监察制度作为封建官僚政治"自我调节器"的实际作用情况，尤其对监察官在肃清风俗、举荐官员、劝农兴学、镇抚地方、协助司狱等方面的职能进行深入研究，厘清肃政廉访司与元代地方治理的关系。③深入研究地方军事力量对地方治理的介入，如元代地方万户府、千户所（明代卫所的前身）在地方治理中的实践及对后世的影响。

5. 子课题五：明清地方治理的理论与实践及借鉴

存量丰富的明清地方档案主要反映出地方行政机构的设置与运作，民间文书则更多反映出基层社会的实况。学界对于地方官府、里甲、巡检等地方治理的主体都已经有了很多单独的深入研究，但将不同主体放到同一语境中进行整体研究的尚不多见。另地方官府或长官关于地方政治、经济、文化、军事等方面的论断或想法也能够反映出明清社会的治理需要。对明清地方治理受众群体的研究，除了利用文献记载，更需注意图像、碑石、特定场所承载的信息空间，尝试从反向逆推治理方式的有效性。

研究目标：①深入探讨明清政府、社会组织、民众个人在地方治理实践中的协同关系，分析将不同主体置于同一个治理目标下的制度建构的形成过程。②加强对地方文献资料如省例、告示、条约、乡规等内容的收集与整理，据此探讨不同区域、不同主体所采用的治理方式。③从宏观与微观并重的视角探讨明清地方治理的真实逻辑，为当今地方因地制宜地探索治理模式提供借鉴。

（四）子课题与总课题的关系

五个子课题相辅相成、不可或缺，共同构成总课题的主要内容。其中子课题一、二以基础性研究为主，先秦时期的地方治理思想与秦汉魏晋南北朝时期地方治理的制度建构均对后世影响深远，起到奠基作用；子课题三至五则在此基础上研究地方治理模式不断完善，理念不断优化的情况。

课题研究的总框架有一条逻辑主线，即古代地方治理模式演进分五个阶段，各阶段间关联紧密；同时串联三大问题，即各时期地方治理的思想与理论、地方治理的制度构建与历史实践、治理经验的总结和提炼。以时代演进为经，以问题导向为纬，兼采静态与动态相结合的研究方法，考察传统地方治理模式嬗变的因果与轨迹，力求将理论探讨与实证分析、一般概述与个案研究结合起来，对重点讨论问题充分展开阐释（见图1）。

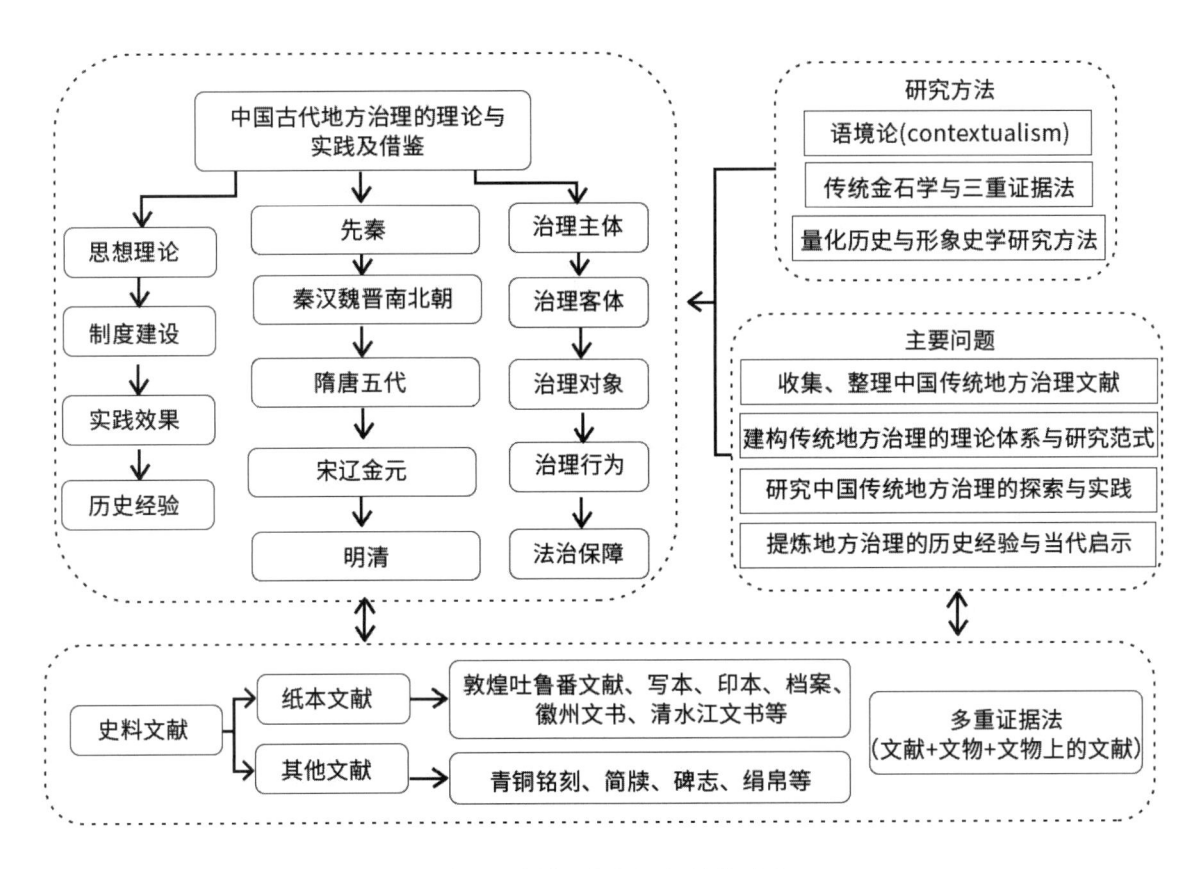

图1：课题研究的框架结构示意

二、项目实施情况

（一）开题论证会

2022年3月19日上午，2021年度国家社会科学基金中国历史研究院重大历史问题研究专项"中国古代地方治理的理论与实践及借鉴"（项目编号：LSYZD21006）开题论证会以线上、线下相结合的形式在北京成功举办。评审专家组由中国人民大学历史学院包伟民教授、中国社会科学院古代史研究所卜宪群研究员、天津师范大学历史文化学院杜勇教授、清华大学历史系侯旭东教授、中国人民大学历史学院刘后滨教授、中央民族大学历史文化学院彭勇教授、中国历史研究院孙宏年研究员、中国政法大学法律史学研究院朱勇教授等8位学者组成，项目管理方代表、课题组成员以及相关学者总计50余人参加会议。

会议的核心环节是专家评议。专家们在高度认可项目的学术创新性和现实借鉴意义的同时，对《课题征求意见稿》提出各自建议。包伟民教授希望课题组能够辨明"地方治理"的概念，破解各时段研究资料不均衡的难题，争取在"通论"部分梳理出研究主线，串联起各时段的主要内容，并就具体研究方法提出了恳切的建议。卜宪群研究员认为应从马克思、恩格斯关于国家的社会职能的经典论述出发，厘清"治理"的概念，区别制度体系和治理体系，梳理治理的阶段性特征。建议将总结地方治理历史经验和教训的"借鉴"置于"通论"部分。杜勇教授建议课题组注意实现"三通"，即纵通、横通、汇通，注重考察地方治理中的非政府因素；在探究先秦地方治理时，需以央地关系为抓手。侯旭东教授认为，在研究地方治理时应考虑如何"做减法"，突出特色，总结多元的治理手段，尤其是机制性方式、运动式治理等，着眼于德治、子民论、君臣观念等，在经验"借鉴"之外也应留意可反思的内容。刘后滨教授指出，通史性研究若要有所创新，宜纵深拓展，追求个案研究中的点状突破；应重新界定"地方治理"等核心概念，也可通过一些"反治理"的典型例证来研究"治理"。彭勇教授强调，应厘清地方治理与国家治理、基层治理的关系，把握制度理念、政治伦理等重点，关注治理的实际效能；至于课题设计所包含的边疆治理，宜展现治理方式的共同性与差异性等。孙宏年研究员建议课题成果应兼具学理性和应用性，服务于国家治理体系和治理能力的现代化；妥善处理各子课题涉及的时间、空间、事项的差异性问题，注意吸收历史地理学等领域的成果。朱勇教授提出两点建议：一是需加强从地方治理的角度阐述中国古代维护大一统国家格局、维系中央集权政治体制的研究；二是坚持问题导向，加强针对性的研究，尤其是可供借鉴的治理理论和制度实践，实现古今贯通。

专家评议组组长卜宪群研究员代表论证专家作总体建议为：课题研究的主线、视角和问题意识可定位为国家制度、治理体系与地方社会变动之间的互动，立足每个时代地方社会变化的主要问题，析出地方社会变化对国家治理所提出的诉求等，由此兼顾通史的体系性与各时段的特殊性。该建议为项目的有效推进指明了方向。

（二）项目实施方案和攻关计划

项目基本按原计划推进。原计划第一阶段（2021年10月至2022年4月）和第二阶段（2022年5月至2022年12月）任务已基本完成，第三阶段（2023年1月至2024年12月）任务正在稳步推进中。此阶段是项目推进的关键期。目前已完成的工作及实施方案和攻关计划如下。

1. 明晰研究主旨，总课题与子课题同时推进，确保阶段性目标的顺利实现。项目确立了"五大阶段""四个主题""多种范畴"的框架，即先秦、秦汉魏晋、唐宋、辽金元、明清五个阶段；地方治理文献收集与整理、理论体系与研究范式建构、治理实践探索与评判研究、历史经验与当代启示等四个主要问题；从治理主体、治理对象、治理资源、治理结构、治理理念、治理成效等多个范畴展开深入研究。课题组明确：地方治理是国家治理的重要组成部分，强调研究的现实借鉴意义；地方治理与国家治理、基层治理等共同构成国家治理体系，地方治理既有沟通国家和基层的承上启下功能，又有较强的包容性，与基层治理、边疆治理、区域治理等关系密切。

课题组兼顾跨时段研究和基础问题研究，以及传统文献与新出土文献，文物、文字、图像的综合利用，使各子课题研究的内容创新性和相互衔接性有所提升。如第一个子课题特别重视对先秦政书、子书中有关地方治理思想的资料勾稽整理工作，并对过去讨论不多的出土先秦文献中的资料也予以集录。目前对早期道家政治思想与地方治理论述的展开及其对秦汉政治思想的影响，已作出较为深入的梳理，相关研究成果已见于《〈老子〉通识》（中华书局2022年版）一书中，扩充延展后将纳入本课题的结项成果。

传世和出土文物资料也有相当一部分与地方治理的实践相关。总课题完成《中国古今"治理体系"析评》、《古代典章文物与国家治理》和《法安天下·文物中的中国之治》的综合撰述，子课题借助青铜器铭文讨论战国到西汉相关制度的继承与发展，以及地方治理和历史演进过程中华夏族与其他民族的融合关系，利用里耶秦简、长沙走马楼三国吴简等出土文献探讨秦汉地方政务运行与地方应急管理问题，利用家谱等新兴研究对象探讨元明中央对地方的秩序建构等，也取得明显成效。

2. 积极开展高水准的学术活动，培养学术后备力量。课题组通过主办开题论证会、学术研讨会和学术讲座等活动积极推动研究进展，扩大学术影响，并及时汇总学术成果，出版了两本论文集。总课题及各子课题涉及的关键问题均已着手进行细化研究，有两个子课题已取得显著阶段性成果。

在研究生培养方面，课题组负责人指导的博士学位、硕士学位论文多聚焦古代地方治理的主题，已通过答辩的博士学位论文有2篇（《宋代"边缘人群"的法律治理》《明代榜文告示研究》），硕士学位论文2篇（《西周王言研究》《明代荒政文献研究》）；已通过开题设计的博士学位论文3篇（《秦汉政务运行与社会治理研究》《蒙元公文研究:体系、行移与传承》《清代乡村治理组织的法律设计与实践困境》），硕士学位论文2篇（《汉代谶纬文献中的礼法》《清代徐栋〈牧令书〉研究》）。另专门招收博士后研究人员一名，以强化对玺印、文物、图像等非文字史料治理功能的补足研究。

3. 文献资料收集整理是课题推进的重要基础，各子课题均做了大量实地调研考察工作。调研地区包括北京、天津、上海、黑龙江、吉林、辽宁、内蒙古、河北、山东、山西、河南、陕西、江苏、浙江、湖南、广东、云南、贵州、四川、重庆等省份的文博考古部门及档案馆、图书馆等，资料收集以金文、简牍、碑志、写印本、档案文书以及相关文物为主。目前一手图文史料已形成多个系列，足以支撑跨朝代综合性研究。已初步完成先秦、两汉魏晋南北朝、唐五代宋和元明清的食货史料辑佚工作，行政法史料辑佚工作即将开展；完成古代石刻令文、公文、讼案的整理点校；完成明清时期徽州、山西、北京、台湾、福建等地有关地方治理的公私文书整理，为后续深入研究及编写《中国历史上的地方治理》普及读本积累了充足素材。

4. 攻关计划。目前子课题研究所遇的主要问题有三方面：第一，各时段地方治理的文献资料零散，如何以系统理论加以整合归纳，将相关思想或议题的脉络勾稽得比较全面到位，需要反复实践琢磨；第二，金文、简牍、碑志、文书中均有涉及地方治理的内容，一些重要金文、简牍篇目（如清华简《子产》等）考释研读存在较大难度，亟待突破；第三，出土、传世文献中均有一些虽然非系统论述地方治理问题，但实际上文本内蕴藏了地方治理实践的资料（如包山简法律文书等），如何择取其中典型的案例与思想争鸣部分进行有机结合，也需要潜思钻研。针对上述问题需课题组群策群力，协同攻关。相应对策，一是对涉及治理的零散文献资料进行排比归类，梳理出主要线索，结合马克思主义理论加以探索分析和评价；

二是对涉及地方治理的重要篇目（如清华简《子产》等）和文本，将各家说法形成集释文本，加以去取分析，撰写成结项成果章节；三是择取包山简及其他出土文献中所见典型案例，加以整理分析，充实治理理论部分的内容。在这些工作的基础上，可逐步形成结项报告的相关部分。

另课题研究中的一些重点难点问题，诸如文字载体变迁与地方治理的关联，传统地方治理的共性与差异性等议题，既需要依据各时段的特色史料进行专题研究，也需要相关子课题协同作战；对文物兼文献的史料如金文、简册、碑志、玺印、陶文、封泥、度量衡铭刻、钞版中的相关资料进行汇集整理，挖掘其在地方治理中的多重功效。在对文献文物资料充分研究的基础上，创设符合本土语境的中层概念，以期更好地阐释史实，发掘文化内涵，建构通代地方治理的话语模式。

（三）专题研讨会

项目进展期间已主办了三个专题研讨会，分别介绍如下。

1. "地方治理的法制传统"学术研讨会。该研讨会于2022年11月19—20日在中国政法大学海淀校区召开，来自中国政法大学、中国社会科学院、故宫博物院、清华大学、北京大学、中国人民大学、北京师范大学、北京科技大学、吉林大学、南开大学、天津财经大学、西北政法大学、山西大学、山东师范大学、复旦大学、上海交通大学、南京大学、四川大学、中山大学、香港岭南大学、台湾朝阳科技大学、日本追手门学院大学、日本大阪经济法科大学等高校、研究机构的百余名师生参加了会议。持续一天半会议设有六个单元，计有34位发言人、12位评议人，在6位学者的主持下，围绕秦汉至清末民国时期地方治理的细节、治理模式、治理与法制的关系、德法共治等问题，充分利用文物、简牍、碑刻、档案等一手史料，从不同视角发表见解和思考，使会议主题得到深化；同时尝试以"法制传统"为中心推进项目的贯通性研究，并取得了初步成效。

2. "天下秩序：元明清大一统王朝的法制与地方治理"学术研讨会。该研讨会于2023年7月8日在中国政法大学海淀校区召开，来自中国政法大学、中国社会科学院、国家博物馆、清华大学、北京大学、中国人民大学、中央民族大学、首都师范大学、南开大学、复旦大学、云南大学、中南财经政法大学、西北大学、浙江师范大学、沈阳师范大学、兰州理工大学、云南财经大学、上海政法学院等高校的师生参加了会议。持续一天的会议分为两组，每组分四场报告，计有26位发言人、26位评议人，在8位学者主持下，就元明清时期法制与地方治理问题展开深入探讨。会议最后设置圆桌讨论环节，与会学者围绕"天下秩序""大一统""地方治理"几个会议主题，就分组、分场报告中未能充分展开的议题进行展开讨论，畅所欲言。八场报告利用史籍、文物、律典、碑志、公牍、契约、档案等史料，从不同视角出发，围绕元明清时期的行政体系与地方治理、法律制度与治理模式、国家政令通行、法律文献编纂、文教政策与地方治理等议题，展开充分、细致的讨论，体现出学者对于中国传统治理模式的探索不断深入、细化。

3. "铭刻文献与地方治理"学术研讨会。该研讨会于2023年12月16日在中国政法大学海淀校区举办，来自中国政法大学、清华大学、复旦大学、南开大学、天津师范大学、山西大学、北京科技大学、西安碑林博物馆、云南大学、武汉大学等高校、研究机构的40余位师生参加了此次会议。此次会议聚焦"文字载体"与"治理功能",围绕先秦秦汉、唐宋、元明清等几个关键时段展开研究、对话。会议共分五个单元。在前四个单元中,12位学者针对12位论文发表者的论文汇报进行评议;第五单元为圆桌论坛。在圆桌讨论环节,清华大学出土文献研究与保护中心李均明研究员认为:地方治理与国家治理、基层治理联系紧密,很难区分。在国家治理的框架下,地方治理应强调面对不同地区情况而采取的不同政策,除行政手段外,教化方式也是探讨地方治理的重要内容。天津师范大学历史文化学院杜勇教授认为:推进地方治理研究有赖于文献资料的丰富性,此次会议围绕铭刻文献展开的讨论便是一次有益尝试。建议课题组以法制作为贯通各断代的研究主线,突出学科优势,总结古代地方治理实践的经验与教训。清华大学历史系侯旭东教授强调:不同于法学注重概念的明确界定,史学研究中关于地方治理的边界划定相对模糊;在研究中,应着重关注官民之间的双向互动关系,同时也要重视礼法在地方秩序维护中发挥的作用。山西大学张俊峰教授指出:"皇权不下县"是论及地方治理时无法回避的问题,同时也应关注到古代宗族、宗教对地方治理产生的影响;从碑刻的角度关注地方社会,不仅要解读碑文内容,更要关注立碑过程反映出的主体性问题,贯通个案进而形成连续性、整体性的研究。北京科技大学科技史与文化遗产研究院高柯立副教授指出:对地方治理的讨论不能脱离特定的时空背景,要关注到历史的复杂性,正确认识和理解地方社会中交织的矛盾与冲突,不必拘泥于完整完善的体系结论。

(四)代表性阶段性成果简介

1. 李雪梅:《中国古今"治理体系"析评》(《中国政法大学学报》2023年第3期)。该文通过对党的二十大报告文本中治理、管理、治理体系等表述的分析,揭示当代国家治理呈现注重治理体系建设、营建治理共同体、突出治理效能等鲜明特点;当下倡行的良法善治、为政以德、共享共治等国家治理理念,是对传统治理观的传承和创新发展。

2. 郭永秉:《将军虎节与嬖大夫虎节研究》(《中国国家博物馆馆刊》2022年第8期)。该文从考证节铭的地名入手,结合楚汉之际历史记载,指出虎节应是汉军中韩王信的军队招募楼烦军与楚军作战的实物见证,也是先秦秦汉地方治理、民族融合交流的实证。此文主要观点被马孟龙《汉初侯国制度创立新论》(《历史研究》2023年第2期)引用讨论。

3. 邬文玲:《长沙走马楼三国吴简〈竹木牍〉所见疾疫与医疗文书探论》(《文物》2022年第12期)。该文采用以往少见的医疾文书,对孙吴时期的疾疫与医疗问题,如疾患病亡的报告、官府对疾患人员的医疗、百姓感染的时气疾疫以及官府对医师医政有所轻忽等问题展开讨论,对孙吴时期地方疾疫与医疗问题的研究具有重要意义。

4. 刘自稳:《秦代地方行政文书的形态——以里耶秦简为中心》(《文史哲》2022年第5期)。该文认为"单独简"是里耶秦简的典型文书形态。里耶秦简中还存在大量由多枚简牍组合而成的文书,依据形制又可分为单行、两行简册文书和组合简牍文书。根据简牍文书的存档方式以及汉初告地策文书的组合方式,文章指明秦代基层组合简牍文书可能使用编联或捆扎的方式形成完整文书。该文被人大复印报刊资料《先秦、秦汉史》全文转载。

5. 赵晶:《谫论南宋犯奸案件的证明困境》(张生主编《中华法治传统的传承与发展:第

二届法治传统与创新发展前沿论坛论文集》，商务印书馆2023年版）。该文指出，因犯奸案件事涉隐私，每个证明环节都可能出现双方当事人各执一词，难以证成，也难以证伪，易于形成证明困境。这种困境又往往为民众所利用，衍生其他不法行为，达到破坏他人婚姻、诈取财物等目的。该文日译本已于2022年在日本发表。

6. 陈仁鹏：《表达与实践：清代田赋征收制度的嬗变及困境》（《社会科学》2022年第9期）。该文探究了定章形塑的正式征收制度与实践中产生的非正式制度，认为清代"不完全财政"与"定额化赋税"模式、州县"集权的简约治理"方式、唯结果论的奏销与考成制度、官僚集团内部激励失当等因素共同造成田赋征收困境。

7. 李雪梅、陈仁鹏：《日藏明〈刻精注大明律例致君奇术〉析评》（《中国古代法律文献研究》第16辑，中西书局2023年版）。日藏本《刻精注大明律例致君奇术》集律例、集注、判语、告示、图表、歌诀等形式于一体，兼明代律学辑注、考据及司法应用等诸派之长。文章通过剖析该典籍的外观、结构、内容和命名，以及辑、校、刻者等关键信息和弁言撰者的履历，求证成书时间；同时，考察该书主体部分的史料来源与内容联系，以揭示其在明清私家律著中承前启后的历史地位。

8. 李雪梅主编：《古代法律碑刻研究（第二辑）》"水利碑刻与地方治理"专辑（中国政法大学出版社2022年版）。该辑收录13篇论文，内容涉及水利工程建设、水资源管理、滩涂滩地增减、水利纠纷解决及水上交通管理等，反映出水利碑刻与地方社会秩序建构尤其是地方治理的紧密关联。辑中收录课题组成员论文5篇，汉唐元明清各一篇。

9. 李雪梅主编：《法安天下·文物中的中国之治》（中国政法大学出版社2022年版）。该书旨在通过文物阐明法制与国家治理的关系。全书精选近400种文物，通过以物述史的方式，证古泽今；以格物明法的方式，探求隐藏于国人内心且形塑于文物之上的治世景观。

10. 郭永秉：《〈老子〉通识》（中华书局2022年版）。该书不仅着力介绍《老子》研究的当代进展以及诸多纷争，以突出学术前沿性；同时精心梳理《老子》的要义和关键词语，探讨《老子》复杂版本的演变情况，以及《老子》对古代政治文化的影响，以适应通识性。书末附录北京大学藏西汉竹书《老子》校定释文，便于读者对《老子》文本的歧异和流变有直观感受。

11. 李雪梅整理：《古代石刻令文萃编》（社会科学文献出版社2022年版）。作者认为，王言被铭刻于碑石，其意义不仅仅是书艺观赏，更是一种程序合法、效力至高并可成世代传承的政治资本；围绕令文主体而衍生的碑额、题记及立碑责任者的签署等内容，对解读碑文也具有不容忽视的意义。整理者精选秦汉魏晋、唐五代、两宋、金元、明代、清代诏令王言刻石计196种进行整理点校，并以此梳理古代君命王言刻石的演变及其时代特色。该书是杨一凡主编的《古代法制资料钩沉》之一，这套图书获2022年全国古籍出版社百佳图书二等奖。

12. 刘自稳主编：《中国古代法律文献研究（第十七辑）》"中国古代地方治理专题"（中西书局2024年版）。专题所收论文包括汉魏晋2篇、唐宋3篇、金元3篇、明清3篇、民国1篇以及3篇会议综述计15篇，内容涉及古代地方行政、军政、财税、治安、教化与地方治理的关系。

甲、金、简牍法制史料研究的新进展*

王 沛**

摘要： 2020年12月立项的国家社科基金重大项目"甲、金、简牍法制史料汇纂通考及数据库建设"，下设五个子课题，分别为"甲骨、金文、楚简法制史料汇纂通考""秦法制简牍汇纂通考""西汉法制简牍汇纂通考""东汉魏晋法制简牍汇纂通考""甲、金、简牍法制史料数据库建设"。该课题凝聚各方专家，发挥团队优势，汇纂甲、金、简牍法制资料，通考重大法史问题，建设以数据库为代表的现代化研究工具，结合各种研究方法探索中国法律发展的动力、轨迹与特征。目前课题进展过半，课题组将加强贯通式整合研究，并不断完善数据库的各项功能。

关键词： 出土法律文献；法制史数据库；早期中国法

20世纪70年代以来，中国进入出土文献的大发现时代，各种新材料层出不穷，其中新出土、新公布的甲骨、金文、战国秦汉简牍资料对法律史学影响尤巨：中国法律起源及演进的特有模式渐趋清晰地展现在今人的面前；世界对中国法律文明之固有成见逐步扭转；早期中国法在构建国家、融合族群、治理社会等诸多方面的强大功用被重新认知。在对人类法律文明演进的规律性问题探讨时，上述材料为中国化法学理论的话语建构提供了珍贵例证，中国法律文明独有的发展路径随之凸显。

就本领域的研究状况而言，尽管令人瞩目的成果不断出现，但是作为最基础、最根本的学术工作，即甲、金、简牍法律资料的全面整理汇纂工作仍然不足，不同类型出土法律文献之间的界限封闭状况比较突出，进而严重影响学界对中国传统法制进行贯通剖析与全面解读。凝聚各方专家，发挥团队优势，攻坚克难，汇纂所有甲、金、简牍法制资料，通考重大法史问题，建设以数据库为代表的现代化研究工具，结合各种研究方法探索早期中国法律发展的动力、轨迹与特征，是本领域研究的当务之急。基于此，笔者与华东政法大学法律古籍整理研究所团队在2020年9月申报了国家社科基金重大项目"甲、金、简牍法制史料汇纂通考及数据库建设"，本项目下设五个子课题，分别为"甲骨、金文、楚简法制史料汇纂通

---

* 本文为国家社科基金重大项目"甲、金、简牍法制史料汇纂通考及数据库建设"（项目编号：20&ZD180）的阶段性成果。本文写作得到项目组成员王捷、姚远、邬勖、陈迪、周博、黄海、乔志鑫老师的帮助，特致谢忱。

** 作者系华东政法大学法律古籍整理研究所所长、教授。

考""秦法制简牍汇纂通考""西汉法制简牍汇纂通考""东汉魏晋法制简牍汇纂通考""甲、金、简牍法制史料数据库建设"。这五个子课题分别由张伯元教授、陈松长教授、闫晓君教授、姚远副教授、王捷教授主持。2020年12月课题获批立项，目前各项工作根据研究计划有条不紊地推进，预计将在两年内结项。

一、本课题要解决的总体问题

本课题的研究由三部分组成，即甲、金、简牍法制史料汇纂；史料与法史疑难问题通考；建立具有较强检索功能的专业数据库。具体而言，又可细化为以下五个关键性学术问题。

（一）资料的整理、考释、汇纂与数据库建设

本项研究是该课题的基础。我们的目标是为学界提供一个覆盖全面、科学严谨、使用方便，服务于法学、历史学及相关学科的甲、金、简牍法制史料的整理校释本、核心史料的考释本及具有较强检索功能的数据库。甲、金、简牍法制史料校释本特点在"全"，即将所有公布的相关法制史料尽纳其中。核心史料的考释本特点在"深"，即对研究先秦两汉魏晋三国法制史最重要的数批出土法律文献系统、深入地考释研究。这些核心法制史料包括：所有甲骨、金文法制史料；包山楚简法制史料；岳麓秦简法制史料；西汉律令法制史料；长沙五一广场简法制史料五部分。课题组将对最核心法制史料进行译注、分析、解读。数据库建设的特点是"便捷有效"：不但要做到检索得全面、准确，而且将根据资料公布进展定期补录升级。整理、考释与数据库工作的核心内容包括以下方面。

1. 甲骨法律史料汇纂。目前对甲骨法制史料的整理基本集中于刑罚、监狱等方面，随着近年新甲骨文的不断出土、公私藏品的相继公布、文字考释工作的深入推进，对甲骨法制资料研究的反思亦开始出现，整理范围逐步扩大到司法、礼制及礼法关系等领域，而释字与辨析甲骨法制资料之性质将成为本课题的研究重点。

2. 金文法制史料汇纂。在立项之前，课题组已经收集整理完毕绝大部分金文法制史料，立项后着重开展四项工作：第一，补充新近公布的金文法制史料（如夺簋、霸姬簋等材料）；第二，从法学视角出发，补充此前漏收的若干重要的金文法制史料；第三，对某些和法律史的关联并不密切的金文法制资料再做甄别鉴定；第四，对所有金文法制史料加以考释。

3. 楚简法律史料汇纂。楚简法律史料包括包山楚司法简以及清华、上博、郭店简中的法律史料，这批材料对于厘清两周法律运作及法律思想具有无可替代的重要作用。在立项之前，课题组成员张伯元、王捷教授已完成了包山楚简法制史料的整理工作，课题组将在此基础上继续工作，对楚简资料中的立法、司法档案与法律思想史资料开展全面辑录研究。

4. 秦简牍法制史料汇纂。这项工作的重点是岳麓简秦律令的释读。岳麓秦简对研究秦代律令关系、律令演变线索、司法实践至关重要，由于其保存、缀合、编联情况都具有复杂性，所以在立项前课题组就全面启动岳麓律令简的重新整理、注释、翻译、解读与法条分析工作，现已完成了岳麓简秦律部分的释读，现在正开展秦令部分的研究。

5. 西汉简牍法制史料汇纂。这项工作的重点是西汉律令法制史料的集成与复原工作。在张家山汉简出土之前，法史学界对汉律的认识仅停留在前人史书辑佚的极少数片段材料之

中。而综合已公布的张家山汉简（包括刚公布的M336汉简）、正在公布中的睡虎地汉简、印台汉简、长沙走马楼西汉简、胡家草场汉简等资料，辅之以西北汉简中的相关内容可发现，篇目及律文重复状况已在很大程度上揭示了武帝以前的汉律文本全貌。我们将紧跟资料公布的步伐，最大限度地复原汉律原貌，为认识中国源远流长的辉煌法律文明打下坚实的基础。

6. 东汉魏晋简牍法制史料汇纂。这项工作的重点是新出五一广场东汉简与走马楼吴简法律文献的译注。近年来在长沙出土的大批法律简牍为法律史的研究者提供了极为珍贵的研究资料。这个时期的法律简牍在以往相当罕见，而众所周知，西汉武帝后社会思想开始产生一系列变化，儒家思想逐步成为上层主流思想，但这些思想是如何渗透到地方的？对地方司法又有怎样的影响？课题组紧跟整理者的进度，对简牍法律文献进行注译，相关工作又分为两方面：一方面，要探讨汉朝立法、司法以及职官制度；另一方面，对汉魏制度进行切实有效的比较研究，并分析本时期法制演变在中华法系形成过程中的重要意义。

7. 甲、金、简牍法制史料数据库建设。这项工作的重点有两方面。第一，古文字字库的建设。通过甲骨、金文、楚文字、秦汉文字字库的建设，解决输入法与检索法中的图片格式障碍。第二，出土法制史料的鉴定甄别与科学分类。数据库建设要为研究者提供科学、全面、便捷、检索方式多样、分类尽可能细化的应用软件。这项工作非常繁重复杂，但是意义重大：通过所有甲、金、简牍材料的数据化处理，将打破材料彼此隔绝的状况，实现检索功能的大幅提升。

（二）对中国法律成文化与法典化问题的通考

中国法律的成文化问题，是关涉法律起源途径、法律演变规律、中国传统法制自身特征与性质的重要论题，历来为法律史学与法学理论所重视。由于传世文献较为匮乏，以往此领域探索之进展相当不易。在构建早期中国法史架构时，通过比附他国法律文明演进模式来解释中国问题的做法普遍存在，导致中国成文法出现及变迁的真实原因难以清晰揭示，中国传统法制在世界法律文明中的特殊价值亦无从充分体现。系统整理甲、金、简牍法制史料为扭转本领域研究面貌提供了难得契机。

以出土法律文献为基础，综合各种历史信息来通考早期中国法律成文化与法典化演变轨迹，进而解决中国法制史学中的以下三个节点性疑难问题，是本领域研究者的迫切任务。第一，中国成文法何时出现。此问题聚讼已久。在出土材料出现之前，研究者只能通过传世文献的成书时代考证、前后文语义推测等方式对彼此抵牾的记载加以调和解释，但并未形成普遍认同的结论，这使得中国法史的演进坐标难以确立。第二，中国成文法典何时出现。无论在何种法律文明中，成文法典的出现都属于具有里程碑意义的重大事件，中国亦不例外。但关于中国成文法典出现的时代、背景与意义，同样充满了争议。争议主要存在于两个方面：首先，怎样界定法典；其次，法典何时出现。而这两个问题通常又缠绕在一起，传世文献表述的彼此矛盾使进一步的探讨之路泥泞难行。第三，习惯法如何成文化。尽管习惯法的成文化是世界法律演进史中的普遍规律，但从中国法制发展的独特历程来看，此趋势产生的深层背景与具体表现皆呈现出复杂性：如学界通常将"引礼入法"作为习惯法成文化的标志之一，但如何界定礼这种发端于中国本土之固有概念的内涵，如何剖析礼的法律功能，如何分辨礼与习惯法的关系，如何理解礼典与法典的关系，都成为必须先行解决的基础性难题。而在东周以后出现的大规模立法活动中，哪些成文法规是在旧俗习惯基础上发展而来；哪些曾具影响力的习惯法规被摒弃于成文立法之外，甚至在公权力"移风易俗"乃至"除其恶俗"的名义下消失弥散——此类重大问题的法理阐释，在出土法律文献大量面世之前，同样是无法找寻到确切答案的。而在出土法律文献大量面世之后，我们有了如下新的认识。

1. 重新认识两周立法事件的性质。目前法史教科书对两周重大立法事件的性质判断，仍然是以传世文献的叙事框架为基础而确定的。出土文献使我们对这些事件有了更深层次的认知，而某些重要观点则需修正，甚至改写。这些立法事件包括《吕刑》的制定、子产铸刑书、晋国铸刑鼎、《法经》的出现与早期秦立法。我们将有待解决的疑难问题归纳为两个分支。（1）成文法出现于何时。从清华简相关篇章、荆州秦家咀、夏家台、枣林铺楚简《吕刑》资料出发，结合吕簋、班簋、霸姬簋、伯簋、幽公盨等铜器铭文重新研判《吕刑》性质，分析其出现的背景与文本性质，探讨战国中后期文献中《吕刑》高频出现的缘由，为进一步推断中国成文法出现时代提供了启发。（2）早期秦系法制的特征。秦系法制的出现是中国成文法史中的划时代事件，中国成文法自此出现崭新的面貌，但秦系立法的出现与《法经》的关系仍存在诸多难解之疑。以春秋以降秦国铜器中的相关资料与战国简牍所反映的秦法信息为核心，重新解读早期秦系法律的特征，或许可以对部分学者提出的《法经》质疑论作出回应。

2. 深入辨析法律成文化中的习惯法问题。此领域之研究将从两个分支问题展开。（1）习惯法如何进入成文法体系。尽管习惯法演变为成文法是法律进化之普遍规律，但习惯法如何被成文法吸纳，却需要更多的例证来做分析。如系统整理甲骨、金文、简牍、建筑遗址（悬泉置）、中古礼书中的月令资料，便可初步描摹出上古习惯转变为习惯法，再演进为成文法，继而纳入礼典、引进法典的全过程，此过程之各节点充分揭示出法律成长中的若干规律性理论问题。类似资料还见于约剂、案例、盟书、日书等诸多领域，而对此类材料的全面探讨都是本领域的重要任务。（2）从出土文献中搜检曾广具影响力，最后却在法律成文化过程中被取缔以至消亡的习惯法规则。在战国、秦汉大规模的成文法颁布活动中，很多上古旧俗被废止，睡虎地秦简中云"今法律令已具矣，而吏民莫用，乡俗淫失之民不止，是即废主之明法也"，[①]其所废乡俗，正包含广泛流行于南方地区的习惯法则，对此在会稽刻石等材料中亦有体现。法、俗之碰撞对立，为研究成文法秩序提供了耐人寻味的另类视角，系统研究金文、简牍及相关资料中的习惯法消失现象，将有助于更全面、综合地分析古代法律的成文化问题。

3. 对法典化问题进行综合研究。结构开放、体例松散、错综杂糅的秦汉律令如何跳跃式地转型为篇章固定、结构封闭的魏晋法典，亦是本领域的研究重点。就此可以从律典、令典、礼典等三个分支问题展开探讨。（1）魏晋律典形成的学理与技术内因。曹魏《新律》与西晋

[①] 睡虎地秦墓竹简整理小组：《睡虎地秦墓竹简》，文物出版社1990年版，释文注释部分第13页。

《泰始律》是早期封闭式法典的代表性作品，以往学界用汉末科条无限之实践困境来分析魏晋新式法典出现的背景，但战国以降出土文献如清华简、马王堆帛书《黄帝书》等资料逐渐揭示出，律典形成还有其内部演进动力所在，这包括刑名学、经学、玄学以及立法技术的相互交融与进化突破，而传世文献对此所涉极少。（2）令典编纂考证。过去学界将汉令划分为干支令、事项令、挈令三类，而"集类为篇，结事为章"则被视为汉令编纂的基本原则。现在看来，这种认识并不能简单套用于秦令。从岳麓秦简公布的令文来看，其中如"•第己•今辛"（岳麓秦简四简353）等记载已证明秦令已被有计划地整理。除干支令等类别外，"四司空共令"（如岳麓秦简六简118）"廷内史郡二千石官共令"（如岳麓秦简四简375）等多官署共同使用的令文结尾又明确标识数字编序如"•二"•九"等，此类新发现启发我们必须重新审视秦汉令文编纂轨迹的复杂性。（3）礼典的演进及其法律内涵的再分析。与后世礼教、礼俗、礼法混用的笼统概念不同，上古礼的演变经历了从具体节仪到社会规则再到理论原则的演进三部曲，尽管礼的法律功能在三阶段中都有体现，但其实践表现却各有不同。礼典之编纂深刻影响法典之编纂，把礼典中的法律成分从繁冗的仪轨缛节中剥离出来，探讨其在法典化进程中所发挥的作用，是学界鲜少涉及但又极具法理价值的课题。新公布的张家山M336汉墓竹简《朝律》、五一广场司法简中的礼制化法律资料为探索此课题提供了最新的材料，应结合上述材料对礼典、法典的互动演化关系加以研究。

以上三领域之研究有利于突破中国法律成文化研究之疑点、难点与"瓶颈"，解决中国法文化之成文传统从哪里来，何以呈现此种独特面貌等关键性法史问题。多项重要但长期纠缠不清的概念、论断有望得到廓清。我们相信，中国早期法律演变的线索会因之更清晰地呈现在今人面前。

（三）对律、令起源及演变问题的思考

律、令起源及演变问题是贯穿先秦、秦汉、魏晋、隋唐等数个时代的法律演变大问题。律令体系不但是中国传统法律中的核心部分，也是以中国为中心，辐射东亚的中华法系的枢机。关于律、令的起源问题，在传世文献中难寻其迹；经沈家本、程树德等先贤辑佚的秦汉律、令残文，也仅可窥见其大致轮廓，而难以知晓全貌。

幸运的是，20世纪睡虎地秦简、张家山汉简等相继公布，为探索秦汉律、令提供了崭新的材料，近年来东汉、魏晋资料的公布，又为认识律、令变迁创造了有利条件。学界对秦汉律的体系建构有了新的认知，丰富的律、令内容也为了解中国古代律令的起源及演变提供了依据。随着出土法律文献的相继涌现，学界对秦汉律、令的认知越来越深刻，以往固有的定义诸如九章律、旁章等都有了多种解读的可能性。在此研究进程中，秦汉律、令的源头在哪里？秦汉律、令的差异在哪里？如何突破已有的思维定式，正确把握律、令体系从秦汉经魏晋至隋唐的演变过程？这都将是未来亟待解决的问题。

1. 早期律、令的内容与特征。本研究重点有两个方面。（1）金文中的法令；（2）早期律、令的比较。以上两点均为以往学者较少关注的领域，但其价值不言而喻。从前期收集的金文资料来看，某些东周铭文已出现和秦简类似的表述，某些铭文可复原出原始法令的面貌。

2. 秦律、令关系。本研究重点有两个方面。（1）秦简中的律、令功能比较。晋代杜预所

描述的"律以正罪名，令以存事制"①的律、令之别在秦时并不适用，大量秦律、令公布之后，可以发现二者的界限十分模糊，都可用于具体的定罪量刑，且适用范围并无大小之分，传统学界所认为的"律主令辅""令为补充法"的观点有待商榷。（2）秦律、令地位比较。律、令体系已十分完备的唐律云，"律令义殊，不可破律从令"，②虽然秦律、令中多见令文对律文的补充，但亦可见"以令破律"的例外。秦律、令之间并不存在所谓"律主令辅"的地位分辨问题，秦令既可用以补充律文，也可用以破律，作为律、令体系源头的秦、令之间，其关系并不像后世律、令之间主次分明，可知彼时律、令体制并未成熟。

3. 汉律、令的新特点。本研究重点有三个方面。（1）汉代律、令的法典化趋势。以目前所见秦汉之际的律令来看，律、令以单行法的形式颁布，结构封闭的法典性质的编纂文本可能尚未出现。西汉前中期开始出现有意识的法律分类编纂，益阳兔子山汉简所见律目将律篇分为两类，即"狱律"与"旁律"。③胡家草场汉简的令文分为两卷，其令名也各不相同。④由此可知，此时有意识的法典化已经开启。（2）汉律、令的功能差异。汉令作为汉律的补充作用日益明显，如胡家草场汉简"户律"外有"户令"，"厩律"外有"厩令"等，律文保持稳定的同时，为适应社会变化，令文逐渐增多，遂有"户令甲""户令丙"等。（3）立法技术对汉律、令功能演变的影响。从立法技术的层面考虑，由于律文最初已有量刑，为避免文烦而"以某律论"等术语的使用，为律、令之间的功能分化创造了条件。根据张家山汉简、睡虎地汉简等出土律、令，结合传世文献，对汉律、令呈现出的法典化趋势及功能差异予以探讨，将会得到新的认识。

4. 魏晋律、令的形成。魏晋是律、令体系的转型期，律令分途、律主令辅的特征也是这一时期所确定的。而基于出土法律文献所见，汉时已出现转型之萌芽。律，"常也，法也"（《尔雅•释诂》），多为施行较稳定的法律；令，"发号也"（《说文解字》），多为临时性的指令。单从最初的内涵及功能来看，律、令均为适用于社会之普遍规定，适用对象并无不同，也都可用于定罪量刑，甚至令可转化为律，睡虎地秦简《魏户律》等便带有令的特征。至秦汉之际则有所变化，汉令虽然也有定罪量刑之规定，但多以制度、部门等事项规定为主，如张家山汉简的津关令，胡家草场汉简的少府令、卫官令、禁苑令等；据程树德所辑佚的汉令，⑤约四分之三的令文不涉及刑罚内容，已初步显现"律以正罪名，令以存事制"的律令分途迹象。之后才有曹魏捃摭汉律令而制《新律》，并析"军事、田农、酤酒"以为令，"施行制度，以此设教，违令有罪则入律"（《晋书•刑法志》）最终明确律、令之主次。从金文、秦汉简到《晋律注》，早期律令的演变轨迹得以呈现。

---

① 《艺文类聚》卷54引杜预《晋律序》。
② 《唐律疏议》卷6《名例》称日年及众谋条。
③ 参见张忠炜、张春龙《汉律体系新论——以益阳兔子山遗址所出汉律律名木牍为中心》，《历史研究》2020年第6期。
④ 参见陈伟《秦汉简牍所见的律典体系》，《中国社会科学》2021年第1期。
⑤ 参见程树德《九朝律考》，中华书局1963年版。

（四）对中国早期司法制度演变的思考

早期中国司法模式的形成道路非常独特。传世文献对不同时代的司法特征均有描述，但并不成体系，而且内容较为杂乱。而张家山汉简《奏谳书》、岳麓秦简《奏谳状》公布以后，学界对于秦汉司法的运作过程及其细节有了更为清晰的把握。不过关于如何贯通考察中国古代司法的形成、演变过程，还需要将甲骨文、金文、简牍中的相关司法材料做通盘考察。具体而言，包括以下三方面内容。

1. 司法职官如何形成。以金文中的册命文书作为主要研究对象，我们发现西周王朝司法模式的核心特征在于授权，即通过审判权之个别授予方式，而不是建立专门的司法官员体系来实现王朝的司法职能，这是对早期中国司法职官的起源方式的新认识。初步研究表明，审判权在西周国家权力构建过程中起到相当关键的作用，被授权者以王朝代言人的身份处理争端、消除纠纷、团结力量、控制权贵，既贯彻了王朝的意志，也使西周国家的公共权力色彩得以体现。不过西周特殊的政权体制与权力配置方式，又使其审判权始终存在着弱化国家权力的反作用，其突出表现是世族政治控制司法权，继而侵蚀国家权力。准确认识西周司法模式的独特性，对于分析《周礼》等传世文献与金文资料之差异原因，进而探究早期中国法律的演进轨迹是至关重要的。专职法官的产生与宗族社会的瓦解密切相关。战国时期，统治者通过设置郡县直接控制着每位社会成员，导致国家需要处理的司法事务数量激增，专职法官遂应运而生。换言之，专职法官乃是官僚体制为适应复杂社会治理需求，趋向细化分工发展的产物。

2. 司法运作方式考察。传世文献和较早出土的金文、包山楚简、秦汉简牍都表明，秦人和周人、楚人的司法模式差异甚大。新近出土的金文、简牍资料为此提供了更多证据，呈现出以前并不太了解的运作场景。特别是湖南战国秦汉衙署遗址出土的大量公文档案类简牍，其中涉及司法制度的文献可以帮助我们探讨以下问题。①以湖南新出简牍为核心，分析上古司法制度的演变。长沙市区和周边出土的大量新资料为研究上古司法制度的变迁提供了珍贵的地域标本。近年来，湖南连续出土了大量战国到东汉时期的司法简牍（包括益阳兔子山、湘乡三眼井、长沙五一广场简牍等），为了解楚秦之变到汉承秦制，到汉改秦制，再到两汉变革提供了翔实的基层司法资料。②奏谳文书的整理与进一步释读。我们可以将秦汉奏谳文书看作一个整体来研究：张家山汉简《奏谳书》中既有西汉初期案例，也有秦时的上谳案例。而岳麓秦简《奏谳状》集中了秦时十余个上谳或者类似案例的文书，里耶秦简中的公文档案保存了洞庭郡发生过的若干奏谳案件。对奏谳文书的释读不但可以复原传世文献中记载不多的秦汉奏谳制度，更有助于我们认识秦及汉初的诉讼环节与流程。

3. 立法与司法文献比照研究。立法与司法文献存在对应关系的现象，在西周金文中即见端倪。如牧簋铭文中周王直言当时的政局是"不用先王作刑"，导致"多虐庶民"的现象发生。具体在司法领域，处理诉讼案件的时候，既不依照刑的规范，也不恪守中道的原则。周王让牧承诺，他必须遵守先王的"明刑"，在审讯案件与处理政事的时候，都要依据"刑"与"中"的要求。类似表述还见于毛公鼎铭文，宣王既重申了先王的任命，又要求毛公做出承诺，保证自己处理政事时严格遵循先王制定的"明刑"。在册命级别较低的官员时，同样能看到周王的类似要求。四十二年逨鼎、逨盘、四十三年逨鼎分别记录了周宣王后期对那位高调贵族逨的三次册命,在第三次册命的典礼上,周王要求逨做出承诺,无论是处理政务还是审讯案件,都要符合"中"的原则和"刑"的要求——"毋敢不中不刑",几乎与牧簋所言一模一样。从册命礼中的前后语境不难判断,四十三年逨鼎中的"刑"就是牧簋中的"先王作刑""先王作明刑",而二者时代已相距百年。若结合清华简与传世《逸周书·皇门》《尚书·吕刑》等文献可知,"明刑"并不能仅作为刑法来理解,而是有立法层面的含义。在司法过程中必须适用"先王作刑",正是立法与司法文献相结合的体现。特别需要注意的是,2023年10月新公布的霸姬簋铭文,将司法中适用"先王之刑"的出现年代提前到了穆王时期。①课题组对此有专文论述,即将刊发。在秦汉法律文献中,立法与司法材料的比照研究更显得重要。出土律令文献与奏谳文书虽然性质上存在差异,但同样都是十分重要的法律文献,涉及诉讼制度时两者在内容上可以互证。如关于"乞鞫"的规定,见于睡虎地秦简《法律答问》,又见于《二年律令·具律》。而实际的乞鞫案例不仅见于《奏谳书》,更在岳麓秦简《奏谳状》中发现了秦时的两次乞鞫不实的案件。又如秦汉时期特殊的"覆狱"程序,其法律规定见于汉初《二年律令》以及《岳麓书院藏秦简(肆)》中的秦律令,体现"覆狱"程序的案件也同时见于岳麓秦简《奏谳状》以及《奏谳书》当中。以上两个例子说明如将律令与奏谳文书互相参照,便可以从立法、司法角度更为全面真实地还原秦及汉初法律制度的原貌。再如赃罪作为侵犯公私财产之罪,如何从秦汉模式演变至唐律六赃,长沙五一广场司法简提供了重要线索。解读"左仓曹史朱宏、刘宫"案与其他相关案例,可清楚地解剖东汉时期中央对地方官吏的管理与控制方式。皇权如何通过灵活的"诏令"渗透到地方司法,而地方势力又如何在司法中逃避惩治,这种立法与司法交错影响的法律现象完整地展现在今人面前,无疑为深刻地阐释中国古代司法制度演进的宏观脉络提供了宝贵资料。

(五)对中国刑制起源及演变的思考

中国刑制演变史是中国法制史中最重要的内容之一,但目前学界在本领域的研究仍以断代为主,通考其变的论著比较少见。在中国刑制演变通史中,秦汉可以作为一个分界点。秦汉以后刑罚演变的成果相对较多,如冨谷至《汉唐法制史研究》便是研究秦汉刑制如何演变为隋唐刑制的杰作,②但从秦汉向上追溯,探讨其与先秦时期刑制传承关系的研究成果就十分少见了。出现这种研究现状的根本原因,还是在于材料的时代壁垒未能完全破除。而以下两部分工作就显得非常重要。

1. 先秦、秦及汉初刑罚体系的复原与完善。在正确释读出土文献的基础上,将其中所见刑制信息与既往发现的先秦、秦汉刑罚制度相联系,通过新见材料进一步还原与完善不同时期的刑罚体系,是学界一直努力的方向。通过上述研讨来回答诸如两周盟誓与刑罚的关系、

---

① 杨勇伟:《山西翼城大河口M2002格姬簋铭文释读及与晋国的关系》,《中国文物报》2023年9月8日第6版;严志斌、谢尧亭:《格姬簋铭研究》,《中国国家博物馆馆刊》2023年第9期。
② [日]冨谷至:《汉唐法制史研究》,周东平、薛夷风译,中华书局2023年版。

两周罚金刑、秦及汉初赎刑在刑罚体系中的位置、笞在秦汉刑罚体系中的位置、秦之赀刑与汉初之罚金刑的关系等具体问题，则是近来学界关注的焦点。

2. 分析先秦刑制向中古刑制演变的过程及其变化原因。关于此问题，以下三方面工作尤其需要引起重视。

（1）先秦刑制信息碎片化问题。先秦出土文献中，有关刑罚制度的材料虽有不少，但比较零碎，难成体系。这主要是甲骨文与金文有关材料的数量及性质所限。这种碎片化的特征，使我们很难单单依靠出土文献对先秦刑制进行系统还原。故而时至今日，对于先秦时期的刑制研究，大多还是以传世文献为基础，辅之以出土文献中的残章断简。然而这样又会面临新的问题，即传世文献是否真实反映了先秦时期的实际情况。与此同时，春秋战国作为先秦刑制向秦汉刑制过渡的重要时期，亦缺少足够的刑制相关出土文献以资研究。解决这一问题的关键在于充分利用现有出土文献与传世文献进行对比，在传世文献之中筛选出真实反映先秦实态的记载，从而最大限度地还原先秦刑罚制度。例如，一般认为《周礼》成书较晚，所载并非西周实际情况。然而，《周礼》整个体系固然与西周时期有别，但在具体章节之中，仍然可以通过与金文材料的对比获得反映西周实态的内容。

（2）区分秦及汉初刑制的细节差异。通过睡虎地秦简、岳麓秦简、张家山汉简等简牍，可以确定秦与汉初的刑罚体系基本相同，拥有继受关系。也正因为此，学者在研究该时期的刑罚制度之时，多将二者视为一体。这种研究方法大体无碍，但是忽略了一个重要的问题，即秦与汉初的刑制在具体细节上仍然有一些细微的区别，有时候不宜直接将它们视为一体。

（3）辨析具体刑种在先秦与秦汉魏晋的地位变化。明确具体刑种在先秦与秦及汉初刑罚体系中的不同地位，是考证秦及汉初刑制源流的重点之一，然而这方面的研究也面临一些困难。秦及汉初的某些刑种，在先秦时期虽然存在，但并不是刑罚，而之前的研究者往往对此有所忽略。例如，关于秦及汉初的迁徙刑，这种行为在战国之前确实存在，但其是否为基于国家强制力而长期稳定存在的刑罚，则值得进一步探讨。另外，秦及汉初的某些刑种，在律令当中仍然存在非刑罚的样态，这一点也时常为人所忽略。例如笞刑，笞作为刑罚存在于秦汉律令之中，但与此同时，亦作为非刑罚的刑讯手段出现于律令之中，若忽略此点，则对笞刑的理解容易产生偏差。若要避免这些问题，必须首先对先秦、秦汉、魏晋的所有材料进行详尽梳理，以先明确某一刑种之源流是否确为刑罚，以及其除了作为刑罚之外是否存在非刑罚的样态。

除了前述涉及中国古代立法、司法、刑罚领域的关键问题外，秦汉魏晋的契约与民事规则问题、魏晋至唐代的法律演变问题、世界法制演变中的中华法制本质特征问题等都是课题组关注的领域。甲骨文、金文、简牍法制史料的综合研究，将为通考先秦、秦汉、魏晋的法律源流演变提供可能，也将为中华法制文明探源做出贡献。

二、本课题的研究进展

课题组在 2020 年 12 月 4 日收到国家社科基金重大项目立项通知书，随即于 2021 年 12 月 6 日、12 月 29 日，2021 年 1 月 16 日、1 月 19 日召开 4 次工作会议，详细研讨了项目开题、经费预算、数据库建设方案、阶段性成果撰写计划等工作事项。在充分调研、筹备之后，2021年3月2日上午，课题组在华东政法大学长宁校区交谊楼第四会议室成功举办了开题论证会。复旦大学法学院院长王志强教授，上海师范大学古籍整理研究所前所长、国家社科基金重大项目首席专家戴建国教授，华东政法大学科研处处长、国家社科基金重大项目首席专家屈文生教授，华东政法大学法律史研究中心主任李秀清教授，华东政法大学法律史研究中心龚汝富教授组成专家组出席本次会议。开题论证会在肯定课题组前期工作的基础上，就数据库撰写体例、研究范围、成员协作、理论高度、经费使用等方面提出诸多重要意见，提出"一定要打造学术精品"的要求。2021年3月4日下午，课题组召开了第5次工作会议，根据专家组意见制定出推进项目的各项具体举措，其中主要包括确定数据库体例和相关工作时间节点、优化课题结构、确定绩效发放方案、成立项目秘书处。至此，研究计划全面铺开推进。2022年9月，重大项目顺利通过了中期考核，并获得滚动资助。

（一）总体研究情况

本重大项目以全面汇纂甲骨文、金文、简牍法制史料，深入考析"中国法律成文化""律令起源及演变""早期司法制度演变途径""刑制起源及演变"等中国法史探源难题，以建设检索功能强大的专业数据库为工作目标。立项至今，甲骨文、金文法制史料的汇纂工作已基本完成，楚简、秦简、汉简法制史料的汇纂工作正在有条不紊地推进。史料汇纂方面的重要阶段性成果《甲骨、金文、简牍法制史料提要》已于2022年由上海古籍出版社出版，该书共40余万字，对所有已公布的甲、金、简牍法制史料进行全面深入的系统梳理，对史料的法学价值提纲挈领地解说并指明研究方向，是一部图文并茂、具有较高学术价值的工具书，该书的出版为下一步工作奠定了坚实的基础。课题组成员黄海撰写的专著《曶鼎通考》于2022年由上海人民出版社、格致出版社出版；同时，课题组在《光明日报》（理论版）、《中国史研究》、《文物》、《简帛》、《简帛研究》、《华东政法大学学报》、《现代法学》、《四川大学学报》（哲学社会科学版）、《浙江大学学报》（哲学社会科学版）、《人文杂志》、《古代文明》、《法律史评论》、［日］《中央学院大学法学论丛》等CSSCI期刊及外国期刊、集刊发表学术论文40余篇，其中多篇成果被人大复印报刊资料转载。特别需要介绍的是，课题组2022年3月在《四川大学学报（哲学社会科学版）》开设专栏"早期中国的法律与权力"，刊登了作为重大项目阶段性成果的4篇长文；2021—2023年在《出土文献与法律史研究》第10、11、12、13辑连续开设"甲、金、简牍法制史料汇纂通考专题"栏目，刊登了作为社科基金重大项目阶段性成果的19篇论文。上述学术成果对甲骨文、金文、简牍史料中的法史难题进行集中探讨，在早期中国的立法、司法、刑制等多个领域取得研究进展。此外，课题组与中华书局古联（北京）数字传媒科技有限公司签订了合作协议，共同研发专业数据库，目前完成了部分核心史料的遴选、录入，预计数据库的主干部分将于2024年上线运行。

（二）甲骨文、金文、楚简法制史料的研究进展

1.在甲骨法制史料方面，已基本完成了重要资料的辑录与考证工作。相关成果主要有周博撰写的系列论文《殷墟甲骨文法制史料辑证（一）》（刊载于《出土文献与法律史研究》第10辑）、《卜辞所见的拘系动词》（刊载于《出土文献与法律史研究》第13辑）、《卜辞所见

商代寇贼的犯罪与惩罚》[刊载于《四川大学学报（哲学社会科学版）》2022年第2期]。子课题组根据著录文献、收藏机构对所有甲骨法制史料进行了彻底调查，完成了所有资料的遴选工作，其中包括"基本资料"，即《甲骨文合集》《甲骨文合集补编》等7种基本著录文献中的法制史料；"大学和研究机构藏甲骨"，即北京大学、中国社会科学院、复旦大学、香港中文大学、台湾"中研院"史语所收藏的甲骨法制史料；"博物馆藏甲骨"，即中国国家博物馆、上海博物馆及俄罗斯、德国、瑞士、荷兰、比利时等国博物馆藏甲骨法制史料；"民间藏甲骨"，即安阳洹宝斋等民间机构收藏的甲骨法制史料。调查、遴选报告已收入王沛主编《甲骨、金文、简牍法制史料提要》。目前，子课题组对甲骨法律史料的研究以刑罚、监狱材料为主，基本完成死刑、肉刑、拘禁的考证工作，此领域考证成果已在2022年底陆续刊载完毕。

2. 金文法制史料方面，已完成了所有相关资料的辑录。相关成果为王沛撰写，刊载于《出土文献与法律史研究》第11辑的7万字长篇论文《两周秦汉金文法制史料汇考》，系统整理了迄今已正式发表的金文法制史料86篇，并逐篇加以考释，是学界目前最全面的金文法制史料辑录成果。此外，子课题组发表了多篇金文法制史料的研究论文，分别是王沛撰《审判权与西周国家权力的构建》，发表于《四川大学学报（哲学社会科学版）》2022年第2期；周博撰《西周金文"五邑"及其相关问题》，发表于《中国史研究》2021年第4期。上述两文对金文所见西周审判制度及以"郑邑"为代表的王朝司法管辖问题进行深入探讨。王进锋撰《西周世官制度新论》，发表于《人文杂志》2021年第9期，该文通过金文资料对西周官制进行探索；黄海撰《散氏盘铭文集释》，发表于《出土文献与法律史研究》第10辑，该文对西周晚期重要法史铭文散氏盘加以系统考释；王沛撰写《琱生器铭中的"令"与"章"》（刊载于《出土文献与法律史研究》第12辑），该文对西周的"令"提出全新的见解；闫亚博撰《从禹鼎、夏𩰬铺鄂国铜器看西周的族刑》（刊载于《出土文献与法律史研究》第12辑），该文对西周"勿遗寿幼"的刑事政策做出新的理解。胡嘉麟撰《上海博物馆藏𫐓伯庆鼎札记》（刊载于《四川文物》2023年第4期）对金文中司寇类职官进行研究。2021年课题组成立了"金文法制史料研读班"，该研读班由王沛、黄海领读，对所有金文法制史料再一次全面考订，至今已开展活动一百余次，为高质量完成子课题最终成果《金文法制史料辑证》提供了保障。

3. 楚简法制史料方面，已完成基础楚简法制史料的辑录。子课题负责人王捷撰写了重要学术论文《何为"汉承楚制"——从司法资料出发的新认识》（刊载于《华东政法大学学报》2021年第4期），这篇论文用翔实的资料检讨了"汉承秦制"之成说，指出汉初在司法方面有承续楚制的史实。本文发表后引发学界的广泛关注，并被人大复印报刊资料转载。子课题负责人张伯元教授撰写了《包山楚简讲疏》，该项成果约40万字，已基本完成了全部书稿。此外，子课题组对以清华简为代表的非司法文书类楚简法制史料展开系统整理研究，此方面的成果也陆续刊载，如王沛通过研究清华简《子产》篇后撰写的论文《三种史料中的子产铸刑书》于2021年2月24日刊登于《光明日报》（理论版）的"国家社科基金"专栏；王沛对金文、楚简、帛书材料中的"刑名"问题加以探讨，撰写了"Laozi, Huang-Lao and the fa Tradition: Thinking through the Term xingming 刑名"（发表于 *Dao Companion to China's fa traditions:The Philosophy of Governance by Impartial Standards*，Springer, 2024。英文翻译者为华东政法大学曹嬿副教授）。王沛对马王堆帛书中的"物则有形"图与规则、法度乃至于政令的法理意义进行探讨，撰写了《马王堆帛书"物则有形"图补释》(刊载于《出土文献与法律史研究》第 10 辑)。王沛对三代考古资料与中国法律起源进行探究，撰写了《从三代考古看中国法律的起源》(刊登于《法律史评论》2022 年第 2 卷)。

（三）秦简牍法制史料研究方面的进展

已全面完成睡虎地秦简、岳麓秦简法制史料、已公布里耶秦简史料的整理辑录工作。岳麓书院藏秦律令简是子课题前期研究的重心所在，课题组通过每周集体工作的方式对岳麓简秦律逐条研读，阶段性成果分 6 次刊登于《出土文献与法律史研究》第 8—13 辑，共 30 余万字，最终成果为专著《岳麓简秦律释读》，书稿已完成。该项成果由"释文""注释""语译""解读"四部分组成，体现出秦律研究的最新进展。同时，2022 年 5 月，课题组成员乔志鑫完成了《岳麓简秦令考》书稿，书稿共 30 万字，体现出秦令研究的最新进展。至此，岳麓秦律令的考释工作全部完成。其他子课题成员发表的主要成果有：黄海撰《由"屡贱踊贵"至"斩为城旦"——秦及汉初斩趾刑源流研究》[刊载于《四川大学学报（哲学社会科学版）》2021 年第 2 期]；黄海撰《岳麓秦简所见"郡、襄武、上雒、商、函谷关"与秦汉时期的关中》（刊载于《中国古代法律文献研究》第十六辑）；黄海撰《爵刑之间：秦及汉初的二十等爵与刑罚特权》[刊载于《浙江大学学报（人文社会科学版）》2023 年第 8 期；乔志鑫撰《读岳麓秦简札记二则》（刊载于《简帛》第 24 辑）；乔志鑫撰《岳麓秦简肆 212-214 条辨析》[刊载于《简帛研究二〇二三》（春夏卷）]；石洋撰《"糴""糶"分形前史——战国至西晋出土文字所见"糶"的使用》（《中国史研究》2023 年第 2 期）；等等。

（四）西汉简牍法制史料研究方面的进展

课题组完成张家山汉简法制史料（M247、M336）的辑录整理工作，目前子课题组集中精力从事西北汉简中的法制史料整理工作。西北汉简的特点是数量巨大，但法史材料分布非常零散。以课题组正在整理的额济纳河流域汉代边塞遗址简牍为例，其大宗居延汉简达 1.4 万枚、居延新简达 1.9 万枚，课题组对这些材料均细致整理，作出校勘记，从中逐条析出零散"囚律""功令""烽火品约"以及契约等法史材料，再对这些材料进行研究。其他相关成果亦将陆续发表。子课题负责人闫晓君从简牍法制材料出发，对秦汉法律与国家权力问题进行探研，撰写了《秦汉行书律与帝国行政运作》[刊载于《四川大学学报》（哲学社会科学版）2022 年第 2 期]一文。子课题成员水间大辅对新出胡家草场汉简中的律令改革及汉文帝刑制改革进行研究，撰写了『胡家草場漢簡「律令」と文帝刑制改革』『胡家草場漢簡「律令」・張家山漢簡「二年律令」對照表』二文（均发表于《中央学院大学法学论丛》第 36 卷第 1 号，2022 年），这两篇论文的中文版（由王沛翻译）发表于《出土文献与法律史研究》第 13 辑。其他课题组成员发表的主要成果有张传玺撰《汉"苛人受钱"及其法律规制试探》[刊载于《四川大学学报》（哲学社会科学版）2022 年第 2 期]；乔志鑫撰《秦汉官吏犯罪的处罚研究——以"废"官为中心》（刊载于《西南政法大学学报》2021 年第 2 期）；邬勖撰《〈奏谳书〉"狱史阑案"的法律适用》（刊载于《法律史评论》2021 年第 2 卷）；邬勖撰《居延新简 EPT57：108"候史广德行罚檄"辨名》（刊载于《简帛研究二〇二二（秋冬卷）》）；贾高邦、王瑞山撰《从"津关"合流看汉初〈津关令〉的生成逻辑》（刊载于《广西社会科学》2023年第6期）。

（五）东汉魏晋法制简牍史料研究方面的进展

子课题组从两方面着手，推进相关史料的整理工作，其一是西北汉简中的法制史料，工作情况已如前述；其二是长沙简牍中的法制史料，相关工作由子课题负责人姚远推进。已发表的成果主要有姚远撰写的《〈长沙五一广场东汉简牍选释〉注释译（一）》《〈长沙五一广场东汉简牍（壹）〉释译（二）（三）》，发表于《出土文献与法律史研究》第8、10、11辑中。子课题成员撰写的论文有：徐畅撰写的《再谈汉吴简牍中的"长沙太守中部督邮书掾"》（刊载于《文物》2021年第12期），这篇论文对东汉、三国时期的政务处理制度加以详细的考辨；朱群杰撰写的《长沙五一广场东汉简牍中的"格杀"》（刊载于《法律史评论》2022年第2卷），长沙五一广场出土的东汉简牍保存了多起格杀案件，包括一般主体的"格杀"和特殊主体的"格杀"，该文对此进行研究。

（六）甲、金、简牍法制史料数据库建设方面的进展

自2021年3月数据库建设工作正式启动以来，项目组通过三次甲、金、简牍法制史料数据库建设联组会议，商定数据库构建的框架和内容。数据库将由甲骨文、金文、简牍法制史料三部分内容构成。甲骨文法制史料依据时期分为武丁至祖甲时期、廪辛至康丁时期、武乙至文丁时期、帝乙至帝辛时期四个阶段。金文法制史料依据时期划分为西周早期、西周中期、西周晚期、春秋时期、战国秦汉时期五个阶段。体量最庞大的简牍法制史料将按照时代列为战国、秦、西汉、东汉、魏晋五个阶段，每个时代涵盖相应的出土法律文献。数据库设有较为丰富的高级检索方式，使用者可根据时代、关键词、性质分类等各种方式迅速检索到所需要的内容。

"甲、金、简牍法制史料数据库"将依托中华书局古联公司丰富的数字化经验与雄厚的科技实力，在"籍合网"在线平台上线。"籍合网"是中华书局古联公司开发的国内首款古籍整理与数字化综合服务平台，经过多次协商洽谈，项目组将在"籍合网"分期建设数据库，尽快上线，以服务于学界。

三、研究成员及重要阶段性成果

除首席专家与子课题负责人外，课题组共有成员共26人（重大项目申报书名单所列）。课题组成员中既有著名教授、学术骨干，也有年轻的博士、硕士研究生，他们分别是子课题一组：胡嘉麟、王进锋、周博、黄海；子课题二组：李勤通、于洪涛、李婧嵘、欧扬、程博丽；子课题三组：水间大辅、张传玺、石洋、邬勖；子课题四组：陈玺、徐畅、罗小华、于明；子课题五组：解锟、詹今慧、陈绍玲、胡裕岭、乔志鑫、孙晓鸣、朱群杰、韩林好。在项目开展过程中还吸收了两位本科生高学鹏、闫亚博担任项目秘书，现在这两位同学陆续读研，发表了关于本领域的研究成果并荣获学术奖项，体现出重大项目在培养人才方面的功用。现就重要阶段性成果介绍如下。

(一) 甲骨文、金文、楚简法制史料研究方面的代表成果

1. 周博：《卜辞所见商代寇贼的犯罪与惩罚》，《四川大学学报（哲学社会科学版）》2022年第2期。本文为《四川大学学报》国家社科基金重大项目专栏论文。本文认为殷墟卜辞中"寇"的用法有三：用作动词，表示劫掠、侵犯之义；用作名词，表示寇贼之义；用作名词，表示人名、地名、族名。本文主要探讨了卜辞中作为名词表示寇贼的"寇"的犯罪、抓捕与惩罚。寇贼曾闯入商人宗庙大肆劫掠，被商王视作灾咎事件，而其罪行当远不止于此。商王对于寇贼的打击是不遗余力的，发动了大规模的抓捕行动，并就从选派人员到抓捕过程、结果的各类事项频频占卜，颇为重视。商王对于抓获的寇贼予以严厉的惩罚，主要表现为刑罚，即肉刑与死刑。在肉刑方面，寇贼主要被施以刖刑；在死刑方面，商王采取了与祭祀结合的方式剥夺寇贼的生命权，将之用为人牲。除此之外，在特殊情况下寇贼还被商王用作战争工具，仅见于商人伐方的战役，但并非主力，似不能高估。

2. 王沛：《审判权与西周国家权力的构建》，《四川大学学报（哲学社会科学版）》2022年第2期。本文为《四川大学学报》国家社科基金重大项目专栏论文，人大复印报刊资料2022年第7期全文转载。本文以金文资料为基础，指出西周王朝司法模式的核心特征在于授权，即通过审判权之个别授予方式，而不是建立专门的司法官员体系来实现王朝的司法职能。审判权在西周国家权力构建过程中起到相当关键的作用，被授权者以王朝代言人的身份处理争端、消除纠纷、团结力量、控制权贵，既贯彻了王朝的意志，也使西周国家的公共权力色彩得以体现。不过西周特殊的政权体制与权力配置方式，又使其审判权始终存在着弱化国家权力的反作用，其突出表现是世族政治控制司法权，继而侵蚀国家权力。准确认识西周司法模式的独特性，对于分析《周礼》等传世文献与金文资料之差异原因，进而探究早期中国法律的演进轨迹是至关重要的。

3. 黄海：《曶鼎通考》，上海人民出版社、格致出版社2022年版。《曶鼎通考》是一部对出土文献中的法律史料精心整理与研究的作品。曶鼎是清代出土的西周青铜重器，其铭文中包含两个完整的案例，但因铭文篇幅较长且缺字甚多，关于其理解一直以来诸家聚讼不已。本书以曶鼎为研究对象，扎实、详细考释，其内容主要分为两编。上编"曶鼎铭文集释"，对曶鼎铭文逐句进行集释，汇集自其面世以来一百余年诸家的主要观点，并以按语形式表明作者自己的见解。以"曶鼎铭文集释"的考释工作为基础，本书下编得以不过分纠结于字句考释，从而可以集中篇幅探讨相关问题。下编以铭文中的两个案例为中心，对西周时期的重要法律问题进行探讨，其主要有以下几个部分：第一，对关于曶鼎铭文迄今为止的研究成果进行简要概述；第二，对曶鼎铭中的后两段，即两个案例的部分进行梳理，努力阐明两个案件的案由、诉讼过程和处理结果；第三，就两个案例所涉及的一些西周时期具体法律问题进行讨论。将出土文献的整理与研究相结合，是本书的一大特色。这一撰写体例有助于读者在了解相关出土文献的基础上，阅读与评判作者的观点，对于整理、研究出土文献法律史料提供了一种很好的思路，具有较大参考价值。

4. 王沛：《三种史料中的子产铸刑书》，《光明日报》2021年2月24日理论版"国家社科基金"专栏。本文将新出清华简《子产》与《左传》、孔颖达《正义》胪列比较，认为子产

铸刑书是中国源远流长之立法史中的一个关键环节，此环节既保留了诸如国野有别的传统形式，又衍生出礼崩乐坏后的立法新理论，此环节并不涉及法律公布问题。既然诸种资料都未提供中国曾有秘密法传统的坚实证据，那么对相关旧说的重新审视与辨析就非常必要了。

（二）秦简法制史料研究方面的代表成果

1. 闫晓君：《秦汉行书律与帝国行政运作》，《四川大学学报（哲学社会科学版）》2022年第2期。本文为《四川大学学报》国家社科基金重大项目专栏论文，人大复印报刊资料2022年第8期全文转载。秦汉帝国建立起了比较完备的邮驿系统，以保障国家机器的正常高效运转。首先，秦汉实现了中央政府的高度集权，其行政过程文书化，保障并实现政令通达的政治需要是高效的邮驿系统产生的前提，而秦汉道路交通的发达以及设施的完善又为邮驿系统的建立奠定了坚实基础。其次，秦汉邮路以首都为核心，向各郡、县以及边境呈网状分布，郡县政府设立相应的职能机构，并配备足够数目专职邮人。邮递方式多样，邮间距合理。再次，《行书律》通过对邮书类别划分、邮递速度、交接手续、封检等保密措施加以规范，保障了邮驿系统的高效、快速、安全、正常运转。最后，完备的邮驿系统衍生了督邮的监察属县功能，和为公务差旅官员提供食宿和交通车马的功能。

2. 黄海：《爵刑之间：秦及汉初的二十等爵与刑罚特权》，《浙江大学学报（人文社会科学版）》2023年第8期，人大复印报刊资料2023年第12期全文转载。爵赏与刑罚是中国古代国家治理之中非常重要的两种手段。二者在国家治理的过程中并非泾渭分明，而是有所交集，具体表现为与爵位相关的刑罚规定。在秦及汉初，与爵位相关的刑罚规定是基于二十等爵制而产生的，主要有"爵减""爵免""爵赎"及"夺爵"四类。"爵减""爵免""爵赎"主要是对有爵位之人在刑罚上予以优待的规定，"夺爵"则可直接作为刑罚使用。四类规定的适用均会造成爵位的变动，但是刑罚的产生并不绝对意味着爵位的降低或消失。通过岳麓秦简五中的"解爵除赀赎"令可知，当事人在被处以赀赎之刑时，爵位仍然可能不发生变动。战国时期，随着集权体制的形成，各国统治者逐渐将军队完全收归中央管辖，并以爵位奖励有功之人，以提高军队战斗力。二十等爵制正是秦人在这一社会背景下采用的制度，这一制度极大地提高了秦国军队的战斗积极性，并帮助秦人最终一统天下。

3. 石洋：《"糴""糶"分形前史——战国至西晋出土文字所见"䊮"的使用》，《中国史研究》2023年第2期。"糴""糶"二字形普及之前，"䊮"字长期兼表买谷、卖谷，同时还具有"谷物"一义。系统梳理出土文字，可以展现其复杂的使用情况及演变。从字形看，大致经历了四个阶段，由"䊮""糴"字形混杂且义项宽泛，过渡到专以"糴"字表示买谷、卖谷和谷物，再到"糴""糶"二形出现并分夺"䊮"字买谷、卖谷义，"䊮"因仅剩的谷物义生僻而随之淡出。从用法看，秦汉时期"䊮"字虽可兼表买、卖谷，但官文书却不同时使用，原则上仅偏取其一种授受方向，应是为避免混淆而刻意约定的。上述认识，可以为校勘古书、观察经传中"请䊮"讹作"请糴"的过程，以及更完整呈现官书对施受同辞分化的作用提供新思考。

4. 李婧嵘：《简牍所见秦汉法律体系研究》，《古代文明》2022年第4期。从出土简牍来看，《晋书·刑法志》所载秦汉法律"集类为篇，结事为章"，应系指明了法律体系的形成模式，即集合（事类）构成律"篇"（律篇），结合"事"（行为）形成律"章"（律条）。写于简牍卷册上的秦汉法律集并非闭合的卷宗编纂物，新律可被制定、续编于简牍上，律条汇集并达到一定数量即可设立新律篇。在此种动态、开放的立法模式下，律条分类归篇并非事先依据统一、清晰的逻辑规则，以致秦汉法律体系中存在律篇混淆、分类模糊、律条抵牾的问题。

（三）两汉三国法制史料研究方面的代表成果

1. 王捷：《何为"汉承楚制"——从司法资料出发的新认识》，《华东政法大学学报》2021年第4期，人大复印报刊资料2021年第11期全文转载。"汉承秦制"，从整体的律令法制来看，确为史实。"汉承楚风"，从社会文化来看，汉初也确实如此。"秦制"与"楚风"如何形成新"汉制"？以往研究多未措意。不过，当下楚秦简册的不断出土给我们提供了历代所未见的战国秦楚至汉初的法律史料，让当代人认识到以往所不能知的真实历史细节，让我们现在可以从司法视角重新检讨"汉承秦制"的成说。现在可以认识到，汉初"法治"并不是秦的简单复制，而是基于汉初的现实情况有所修正，此种情形尤体现在司法方面。汉初与秦时恪守严格形式主义的"法治"有很大不同，其中最鲜明的特点是汉初司法有明显的相承自战国楚司法制度的痕迹，可见从法律继承的视角来看，汉初在司法上有"汉承楚制"的另一面。此点史实正是说明中国传统法"多源合一"的特征的可靠证据。"多元"而后又"归一"的法继承传统，正是中国传统法能历两千年而保持基本稳定的要素之一，也是思考中国传统法智慧的"当代贡献"可能性的视角之一，更是思考法律与文化之间、法律与社会之间互动的绝佳范例。

2. 水间大辅：『胡家草場漢簡「律令」と文帝刑制改革』及『胡家草場漢簡「律令」・張家山漢簡「二年律令」對照表』，《中央学院大学法学论丛》第36卷第1号，这两篇论文的中文版刊登于《出土文献与法律史研究》第13辑。2018年自湖北省荆州市荆州区胡家草场第12号墓出土了大批简牍，两文以胡家草场汉简《律令》为史料，对西汉文帝刑制改革的主要内容进行探讨，以明确以下各项内容。其一，文帝再次制定三族刑的时间。其二，胡家草场汉律令所见废除肉刑的痕迹。其三，文帝废除肉刑后的律令条文，及胡家草场汉律令所见"隐官"（被处肉刑的人在赦免后赋予的身份）的意义。其四，"赎刑"和"罚金刑"之间的关系。胡家草场汉简《律令》中有与张家山汉简《二年律令》一致或相似的律文。为了今后研究的方便，作者做了胡家草场汉律令和《二年律令》的对照表，以明确了两者之间的共同和不同之处。

3. 邬勖：《〈奏谳书〉"狱史阑案"的法律适用》，《法律史评论》2021年第2卷。张家山汉简《奏谳书》"狱史阑案"在县吏审理、县吏内部议罪、皇帝最终判决三个阶段都出现了值得辨析的法律适用问题。县吏在法律依据不足的情况下，尝试扩张解释法律，并以高度抽象的方式运用成案，力图作出死罪或重罪判决，表现出强烈的有罪推定和入罪化倾向；皇帝则排除了基于成案得出的死罪定罪意见，作出了对嫌疑人来说几乎最为宽缓的量刑。该案所反映的基层权力与最高权力在处理普通案件，及最高权力在处理普通案件和政治大案上的理念冲突，堪称西汉早期刑事司法实践复杂面貌的一个缩影。

4. 徐畅：《再谈汉吴简牍中的"长沙太守中部督邮书掾"》，《文物》2021年第12期。针对东汉至三国长沙出土简牍出现的"长沙太守（兼）中部督邮书掾"这一职称，学界存在分歧。"兼"便有"郡掾为中部劝农掾，兼中部督邮书掾""长沙太守兼任中部督邮"这两种观点。实际上，"长沙太守（兼）中部督邮书掾"的职衔，是郡级行政长官（太守）与其属吏（督邮）的连称，实指中部督邮书掾一职，"兼"表示督送邮书与劝课农桑职任的并履。汉、吴简牍中展示的某部督邮书掾与劝农掾兼任问题，涉及东汉、三国郡县政务的处理方式，以及政务重心的制度性季节变化。

（四）《甲骨、金文、简牍法制史料提要》

本书由王沛教授主编、华东政法大学出土法律文献研读班集体撰写，上海古籍出版社2022年出版。本书全面、系统地梳理了已公布的甲骨文、金文、简牍法制史料，提纲挈领地解说其法学价值，探讨这些珍贵史料的研究前景。全书共由四章正文与四篇附录组成，并配有二百余幅精美彩图。第一章"导论"对本领域的研究状况进行全景式概述，同时对其中四个重要研究方向深入讨论。第二章"甲骨法制史料提要"对甲骨基本著录、大学和研究机构藏甲骨、博物馆藏甲骨、民间藏甲骨中的法制史料加以分析。第三章"金文法制史料提要"逐篇探讨了已公布的两周秦汉86篇金文法制史料。第四章"简牍法制史料提要"分别对战国秦汉魏晋77批简牍法制史料细致阐释。附录所收的4篇论文，是本书作者从事甲骨卜辞、包山楚简、张家山汉简中法制史料整理研究时的心得，供读者参考。

四、下一步的工作

在接下来的工作中，课题组将加强贯通式整合研究。本课题涉及中国法制史中的重大命题，这些命题涵盖时代长、涉及范围广，在三个难点问题上尤其需要整合研究：首先，成文法的起源问题，这涉及甲骨文、金文、简牍资料的整合研究；其次，秦汉法律体系的内部关系问题，如律令关系、律篇分类等，都涉及秦简与汉简资料，特别是新出材料的整合研究；最后，法典在魏晋至唐代的性质转变问题，这涉及中古以来的简牍、纸本出土文献的整合研究。目前学界仍主要以材料性质为据分类研究，而面对这些涵盖年代超越千年，千差万别的材料，需要用更宽广的视野深入探索。此外，在礼法关系、刑罚演变、契约制度等方面的研究，也需要集众家之长加以贯通式的研究。

在数据库建设方面，需要更加明确史料入库的标准。目前金文数据库已完成法制史料的甄别，而甲骨文、简牍数据库则需要更清晰地确定入库标准。其中简牍数据库体量大，材料存在碎、散、多的普遍问题，甄别难度较大。不少已公布的古代遗址出土简牍资料没有断读，缀合成果较少，许多内容亟须与待出版的简牍互补成文，才可判断其性质。此外，很多非法史直接相关材料对研究法史亦有较大参考价值。课题组目前的举措是，简牍数据库将尽可能全面地录入简牍释文，同时在检索选项中明确法制史料属性标识，从而提高数据库的使用效率。

本项目计划的最终成果为八卷本学术专著《甲骨、金文、简牍法制史料集成》、十三卷本学术专著《中华法制探源考证》与专业数据库"甲骨、金文、简牍法制史料数据库"。项目组将继续努力，争取如期高质量完成各项研究任务。

秦汉至唐律令立法语言分类整理、谱系建构与数据库建设

刘晓林*

一、题解

2020年11月16日，习近平总书记在中央全面依法治国工作会议上指出："自古以来，我国形成了世界法制史上独树一帜的中华法系，积淀了深厚的法律文化。中华法系形成于秦朝，到隋唐时期逐步成熟，《唐律疏议》是代表性的法典。""只有传承中华优秀传统法律文化，从我国革命、建设、改革的实践中探索适合自己的法治道路，同时借鉴国外法治有益成果，才能为全面建设社会主义现代化国家、实现中华民族伟大复兴夯实法治基础。"[①]2022年10月16日，习近平总书记在党的二十大报告中明确提出："加快建设法治社会……弘扬社会主义法治精神，传承中华优秀传统法律文化。"[②]中华优秀传统文化是中国特色社会主义伟大实践的优势与根基；[③]中华传统法律文化是中华传统文化的重要组成部分，"中华优秀传统法律文化是中国自主法学知识体系的思想源泉和文化根脉"[④]。深入解析中国古代法律制度、深化中华传统法律文化的研究，是法律史研究服务国家战略的主要途径和重要内容。

秦汉律令是中国古代法有迹可寻的源头，具有鲜明的原创精神与高超的立法技术；唐代律令尤其是《唐律疏议》辐射东亚，历史久远，被誉为"东洋法制史枢轴"与"东方法制史枢轴"。[⑤]秦汉至唐法制发展一脉相承，以律典和令典为支柱的律令体系至唐臻于完备。立法

---

* 作者系吉林大学法学院教授。

① 习近平：《以科学理论为指导，为全面建设社会主义现代化国家提供有力法治保障》（2020年11月16日），习近平：《习近平谈治国理政》（第四卷），外文出版社2022年版，第289、290页。

② 习近平：《高举中国特色社会主义伟大旗帜 为全面建设社会主义现代化国家而团结奋斗——在中国共产党第二十次全国代表大会上的报告》（2022年10月16日），人民出版社2022年版，第42页。

③《中共中央关于党的百年奋斗重大成就和历史经验的决议》指出："中华优秀传统文化是中华民族的突出优势，是我们在世界文化激荡中站稳脚跟的根基，必须结合新的时代条件传承和弘扬好。"《中共中央关于党的百年奋斗重大成就和历史经验的决议》，人民出版社2021年版，第46页。

④ 张文显：《论建构中国自主法学知识体系》，《法学家》2023年第2期。

⑤ 中田薰先生1933年为仁井田陞先生的传世巨著《唐令拾遗》作"序"时曾谓："应该说唐令不仅仅是中国立法史上的一大杰作，而事实上它又是构成东洋法制史枢轴的一大法典。"池田温先生1982年为之作"后跋"时也说："被誉为'东方法制史枢轴'的唐律令，其律和律疏通过《律附音义》《宋刑统》《唐律疏议》的形式流传下来。"[日]仁井田陞：《唐令拾遗》，栗劲等编译，长春出版社1989年版，第887、893页。

语言具有表意稳定、严谨周密、逻辑清晰等特征，是法律体系的载体，也是法治文明延续、传播的媒介。以之切入探讨秦汉至唐律令体系及其沿袭与发展的轨迹，对于深入解析中国古代法律制度，尤其是探析中国古代法典的源头与特质极为有效；对于深化中华传统法律文化的研究，尤其是推进马克思主义法学的基本原理与中华优秀传统法律文化相结合极为有效；对于深入挖掘中华传统法律文化精华，尤其是"推动中华优秀传统法律文化创造性转化、创新性发展""让书写在古籍里的文字活起来、传下去"[1]极为有效。"创造性转化、创新性发展"与"活起来、传下去"是伟大时代赋予中国法律史研究者的历史使命。针对秦汉至唐律令立法语言的深入、系统研究，旨在为中华优秀传统法律文化的创造性转化与创新性发展、为中华法律文化典籍"活起来"并传下去提供理论基础和实践支撑。

二、问题与思路

（一）主要问题

1. 律令立法语言的筛选与分类问题

大量简牍文献的出土为我们深入认识秦汉法制及其体系提供了直接素材，但短期内对简牍法制文献及其反映的秦汉律令与法律体系产生全面而清晰的认识仍有困难，主要困难是简牍秦汉律令固有的时代性与地域性。以立法语言切入，结合正史文献与传世法典做综合比较，以小见大、提纲挈领地对简牍秦汉律令与法律体系及相关理论问题进行分析显然是克服这一困难的有效途径。就此而言，针对律令立法语言的选取与分类极为关键。立法语言出现于法律规范当中，是法律规范、法典乃至法制体系的基本构成要素；具有典型意义的立法语言之于法律规范、法典与法制体系，犹如意义之网上的纽结，亦如明清律学家所总结的"律母"与"律眼"。[2]面对海量文献，我们所选取的是否正好是"网之纽结"，直接决定着研究是否具有针对性；针对大量形态各异的"纽结"是否能做妥当分类，则决定着研究是否有效。

2. 律令立法语言的整体发展方向问题

秦汉至唐是中华法系与中华传统法律文化由初步形成、发展到高度成熟、完备的关键时期。限于史料，中外学者目前对于这一时期法律体系发展演变的详尽轨迹尚未产生系统、全面的认识。由于《唐律疏议》传世，加之唐代令、格、式及相应研究成果较为丰硕，尤其是20世纪末《天圣令》的发现，为我们全面认识唐代律令体系提供了坚实的史料与理论基础，若以适当问题及路径切入，秦汉至唐法律体系的整体发展方向是清晰可辨的。就此来看，"秦汉至唐律令立法语言"包含的主要问题是：在适当分类、有效比较的基础上，系统考订典型术语的含义、表述形式与用法；通过纵向比较，深入揭示相同或相似立法语言表现于不同时代，在含义与用法等方面的发展、演变轨迹，力争对其发展、演变背后隐含的规律进行描

---

[1] 2021年4月，中共中央办公厅、国务院办公厅印发《关于加强社会主义法治文化建设的意见》指出："推动中华优秀传统法律文化创造性转化、创新性发展。""加强对法律文化典籍、文物的保护和整理，让书写在古籍里的文字活起来、传下去。"

[2] 参见（清）王明德《读律佩觿》卷之一、卷之二，何勤华等点校，法律出版社2001年版。

述。通过对律令立法语言整体发展方向的把握，试图建构起秦汉至唐律令立法语言的谱系，渐次呈现律文、律篇与律典背后蕴含的立法意图、法律观念与思想及其发展历程，并由此展现中华法系与传统法律文化的精微之处。

3. 推动中华优秀传统法律文化创造性转化、创新性发展问题

习近平总书记指出："对历史最好的继承就是创造新的历史，对人类文明最大的礼敬就是创造人类文明新形态。"①秦汉至唐律令立法语言及其所呈现的法律体系、法律文化与法治文明不只是静态的历史，而是中华民族几千年探索自我治理的智慧凝结。"传承中华文化，绝不是简单复古，也不是盲目排外，而是古为今用、洋为中用、辩证取舍、推陈出新，摒弃消极因素，继承积极思想，'以古人之规矩，开自己之生面'，实现中华文化的创造性转化和创新性发展。"②立足中国特色社会主义法治实践，面向中国式法治现代化，"秦汉至唐律令立法语言"还包含着三个重大问题。首先，推动法制文献保存、整理与传播。借鉴人文社会科学领域的新成果，充分利用现代技术，推动秦汉至唐律令立法语言及相关法制文献保存、整理与传播，"加强对法律文化典籍、文物的保护和整理，让书写在古籍里的文字"活起来"、传下去。"③其次，促进中华优秀传统法律文化创造性转化创新性发展。从微观视角揭示中国古代法制发展的轨迹与脉络，系统、深入地了解中华法治文化及其发展方向，为坚定制度自信与文化自信提供理论基础。最后，为中国自主法学知识体系构建提供智识资源。"中华优秀传统法律文化是中国自主法学知识体系的思想源泉和文化根脉"，④以秦汉至唐律令立法语言切入，全面挖掘中华法治文明精华，并赋予其新的时代内涵，总结提炼具有主体性、原创性、标识性的概念、观点、理论，为建构中国自主法学知识体系提供智识资源。

（二）基本思路

针对秦汉至唐律令立法语言的主要问题，立足基础史料，以出土法制文献为基础，包括出土简牍秦汉律令、汉代之后大量的碑刻法制文献以及敦煌唐代法制文书等史料。充分考虑文献记载的内容、范围、时代等方面的特征，以及基于出土文献的性质在内容方面可能存在的不足，综合利用正史《刑法志》等文献以及《唐律疏议》等传世法典，针对秦汉至唐律令立法语言进行分类整理与深入研究。在集中、系统梳理与归纳的基础之上，考订相关文献中律令立法语言的表述形式、含义与用法，尤其是对其出现在律令条文中所具有的专门属性作比较详尽的说明，以之强调法制文献的专业性，并且突出立法语言区别于其他文献中常见词汇的专门含义与用法。力图对秦汉至唐律令立法语言进行横向上的分类与纵向上的分层，即表述形式、含义与用法等功能上的分类，以及立法语言内涵的深度、广度、抽象化程度以及适用效力等性质上的分层。将若干具有典型意义的立法语言之间的关系做出比较清晰的梳理，在此基础之上进行理论抽象与概括。通过秦汉至唐律令立法语言的分类比较，尽可能详

---

① 习近平：《在文化传承发展座谈会上的讲话》（2023年6月2日），人民出版社2023年版，第12页。
② 习近平：《在文艺工作座谈会上的讲话》（2014年10月15日），人民出版社2015年版，第26页。
③ 中共中央办公厅国务院办公厅印发《关于加强社会主义法治文化建设的意见》。
④ 张文显：《论建构中国自主法学知识体系》，《法学家》2023年第2期。

细地建构秦汉至唐律令立法语言发展与演变方面较为完整的谱系，并对中国古代律令立法语言的发展方向、演变脉络及其轨迹做出尽可能全面的描述。总体来说，针对"秦汉至唐律令立法语言"的研究思路可概括为：通过史料收集奠定研究基础，通过分类整理明确研究方向，通过谱系建构尝试理论提升。

三、主要内容

中国古代立法语言是传统法制与法律文化最直接的载体与标识，也是法律文化传播与延续、发展的媒介。从出土文献所见秦汉律令的部分内容以及传世文献中皆能看到，秦汉时期律令体系中已经出现了大量具有典型意义立法语言，其在表述形式、含义与用法等方面已经形成了明显且稳定的特征，从唐律的相关内容中亦能看出其沿袭秦汉律的痕迹。本课题以出土法制文献为主要对象，结合传世文献的相关记载，对秦汉至唐律令体系中具有典型意义的立法语言进行分类整理；并系统考订其表述形式、含义与用法；在此基础之上，从微观视角针对中国古代律令体系的形成、发展与演变轨迹进行深入研究。本课题包含五个子课题：秦汉律令立法语言分类整理与研究、魏晋南北朝律令立法语言分类整理与研究、隋唐律令立法语言分类整理与研究、秦汉至唐律令立法语言比较研究与谱系建构、秦汉至唐律令立法语言数据库建设。本课题研究的主要内容来源于五个子课题各自关注的领域。

（一）重大项目整体上包含的研究内容

1. 立足于文献的秦汉至唐律令立法语言分类整理

本课题的主要内容首先是在大量出土文献、正史文献及传世法典的基础之上，针对秦汉至唐律令立法语言的分类整理与系统梳理。法律是社会治理的基本途径，法制文献也不同于其他文献。法律规范中使用的立法语言和各种特殊的应用技巧，必须经过系统化的法学训练方能理解和掌握。立法语言不仅有特定的表述形式与法律含义，而且必须将其放置在特定法律体系中去理解。因此，本课题立足于文献，针对秦汉至唐律令体系中具有典型意义的立法语言做系统的整理。律令体系极为复杂，针对大量出土文献与传世法典中的典型立法语言做分类整理，"分类"标准就显得尤为重要。在前期史料收集与初步研究的基础之上，本课题针对秦汉至唐律令立法语言的分类整理大致包含以下内容：法典体系及相关术语的分类整理；罪名体系及相关术语的分类整理；刑罚体系及相关术语的分类整理；立法技术、法律适用及相关术语的分类整理；行为主体、行为对象、身份关系及相关术语的分类整理；诉讼与审判及相关术语的分类整理等。当然，随着史料收集范围的进一步扩大、研究的进一步深入，分类整理的对象、标准及具体内容会做动态调整。

2. 分类整理基础上的律令立法语言谱系建构与针对律令体系的整体描述

一方面，中国法律史尤其是法律制度史的研究工作，只有建立在系统、充分的史料整理基础之上才能使具体研究工作得以深入；而只有通过针对史料有效的分类整理，才能发现其中值得深入挖掘的"真问题"。另一方面，基础史料与文献的整理固然具有独立的学术价值，但针对史料与文献的深入研究，无疑是将整理成果理论化、系统化的必由之路。

首先，在分类整理的基础之上，对秦汉至唐律令立法语言的表述形式、含义与用法进行系统考订。虽然立法语言绝大多数都来源于日常生活，但出现于法律规范与法典中的专门术语，在形式与内涵等方面具有非常固定的特征，即大众语汇法律术语化。这些出现于律令条文、法律规范中的专门立法语言与正史文献及相关史料中出现的词汇具有完全不同的含义及用法。

其次，在系统考证的基础之上，对于若干具有典型意义的立法语言进行深入研究，既要对典型立法语言在律令体系中的地位与功能有清晰的认识，也要对典型立法语言之间的关系做出系统描述。这种关系在律令体系中表现为两方面内容：一是横向的关系，即同时代律令体系中典型立法语言之间的适用效力、范围等方面的关系；二是纵向的关系，即典型立法语言随着律令体系的演进，在不同历史时期呈现沿袭、发展等方面的关系。

最后，通过秦汉至唐律令立法语言的谱系建构展现律令体系的沿袭轨迹与发展演变规律。立法语言具有表意稳定、严谨周密、逻辑清晰等特征，是法律体系的载体，也是法治文明延续、传播的媒介。针对中国古代立法语言的研究将逐步超越史料辨析与制度描述层面，通过秦汉至唐律令体系中典型立法语言谱系建构，在一定程度上揭示中国传统法律的整体语言特征与发展规律，并为中国古代法律知识体系的建构奠定基础。

3. 来源于史料收集、分类整理与专门研究的数据库建设

基于史料的性质与特征对秦汉至唐律令立法语言及相关研究成果做分类整理。陆续公布的出土文献数量巨大，相应文献整理与研究也达到较高水平；若结合传世文献及相关研究成果，数量极为可观，已形成非常庞大的资料群。清晰描述秦汉至唐律令立法语言的表述形式、含义以及典型立法语言之间的复杂关系，揭示其演变轨迹，并将庞大的资料群与相关研究成果数据化。具体来说，将秦汉至唐律令立法语言的含义、用法与表述形式等信息按照术语本身的内容并参照断代、出处、文献性质等标准分类数据化，形成便于检索的数据库，充分利用数据挖掘形成知识图谱，并通过数据库建设进一步充实分类整理与谱系建构的内容。大数据将助力中国古代法制研究不断向纵深发展，数据库将为基本史料与相关研究成果分类检索提供便利，数据挖掘将执行数据分类与关联分析等任务，为中国法律史的研究带来新机遇。

（二）研究框架与子课题构成

1. 研究框架

本课题以"推动中华优秀传统法律文化创造性转化、创新性发展""加强对法律文化典籍、文物的保护和整理，让书写在古籍里的文字活起来、传下去"为背景与遵循；以针对基础文献分类整理与数据库建设为手段；以揭示中华法系的形成、发展轨迹为路径；以秦汉至唐律令立法语言的含义、用法及其发展演变为主线；以"秦汉律令立法语言分类整理与研究""魏晋南北朝律令立法语言分类整理与研究""隋唐律令立法语言分类整理与研究""秦汉至唐律令立法语言比较研究与谱系建构""秦汉至唐律令立法语言数据库建设"为研究支点，致力于通过秦汉至唐律令立法语言谱系建构，渐次呈现律文、律篇与律典背后蕴含的立法意图、法律观念与思想及其发展历程，展现中华法系与传统法律文化的精微之处。

2. 子课题构成

（1）秦汉律令立法语言分类整理与研究

重点研究内容。①史料收集与辨析。重点关注简牍文献中与秦汉律令、法制相关的内

容，以此为标准，针对大量简牍法制文献进行分类收集；以典型立法语言为主线，将散见于简牍文献中的相关内容做集中梳理；大量并未直接记述秦汉律令等法制内容的简牍文献以及相关传世文献，亦是广泛参照的对象。②秦汉律令立法语言分类辑录。详细统计简牍所见秦汉律令中出现频次高、表述形式稳定的词汇与术语，并将不同出处所见的相似内容进行充分的参照；将简牍所见秦汉律令规范体系中的专门词汇、术语进行分类整理，同时，根据资料收集与整理情况，对辑录的内容与范围做动态调整。③秦汉律令立法语言的表述形式、含义与用法。立法语言的表述形式、含义与用法特指专门词汇、术语出现于法律规范中所具有的专门含义与用法，具体表述形式可能与其作为通常语汇或日常用语的表述形式相同、相似，这需要做进一步深入辨析。④简牍所见秦汉律令立法语言与传世文献相关内容的比较研究。以相对原始、系统而丰富的律令抄本为基础，广泛参照其他简牍文献以及大量传世文献的记载。在此基础之上，对秦汉律令立法语言进行有效的分类整理及相应的深入研究。

（2）魏晋南北朝律令立法语言分类整理与研究

重点研究内容。①史料收集与辨析。魏晋南北朝是律令体系发展、演变的关键时期，但直接史料较为缺乏。需要广泛收集尚未公布重要文献的发掘报告与整理者的相关研究成果，并通过实地考察获得第一手材料。②魏晋南北朝律令立法语言与秦汉、隋唐相关内容的参照。在现有史料的基础之上，将魏晋南北朝律令立法语言与简牍文献秦汉律令以及《唐律疏议》相关内容充分参照，是针对典型立法语言的表述形式、含义与用法进行系统探讨的有效路径。③魏晋南北朝律令立法语言的整体特征。魏晋南北朝律令，尤其是西晋律令，在立法语言及技术层面表现出了较之前代明显的发展。律典、令典为主干的法律体系与其他相关法律形式之间彼此分工合作，密切配合，结合成一个有机整体。

（3）隋唐律令立法语言分类整理与研究

重点研究内容。①史料收集、辨析与有效利用。针对正史文献、出土文献及中外学者大量辑佚类研究成果进行充分的收集与深入辨析，在此基础之上，有效利用传世法典与相关史料。着重凸显史料整理与研究的"法律性"，并重视法律史研究的史料基础。②《唐律疏议》中典型立法语言的实证分析。在分类整理的基础之上，对律典中典型立法语言的表述形式、含义与用法进行系统考订。通过详细数据，直观展示律典中立法语言的一些专门特征。③《唐律疏议》的律典结构及其现代法学理论阐释。《唐律疏议》作为古代法典的巅峰之作，在立法语言、立法技术及法典体例等方面皆表现出了较之同时期、不同国家的法典以及中国古代所见的其他法典而言更加突出的优势。在针对律典中的典型立法语言分类整理、实证分析的基础之上，对其进行深入的现代法学理论阐释。

（4）秦汉至唐律令立法语言比较研究与谱系建构

重点研究内容。①分类整理基础上的比较分析。秦汉与魏晋、隋唐律令体系中相关内容的参照、比较是形成整体认识基础。《唐律疏议》为我们了解中国古代的法典与法制体系，提供了制度上与理论上可资参照的系统架构。②比较分析基础上的理论阐释。既包括立法语言专门表述形式与用法的阐释，也包括背后所蕴含的立法意图与逻辑的阐释。③律令立法语言的谱系建构与中国古代法律知识体系的初步描述。在前三个子课题分类整理与研究的基础之上，进行充分的比较分析，尽可能揭示秦汉至唐律令立法语言发展较为详尽的脉络、轨迹及谱系，揭示中国传统法律的整体语言特征与发展规律，并为中国古代法律知识体系的建构奠定基础。

（5）秦汉至唐律令立法语言数据库建设

重点研究内容。①史料收集与分类录入。基于整个课题的分类整理与研究成果，完整录入目前所见的秦汉至唐律令相关史料，并尽可能详尽地附上中外学者相关研究成果（或提要）作为参照。②将中外学者针对秦汉至唐律令立法语言的相关研究成果的题目、作者、摘要与简介、获取方式、出版或发表时间等详细信息按照研究内容分类收录，便于研究者检索、参考。③史料及相关研究成果分类整理与录入的数据化及技术支持。充分利用大数据、云计算等现代信息技术，在基本史料与相关研究成果全面收集、分类录入的基础之上整理数据，通过对其进行进一步的深入分析、挖掘，建立统一的数据信息，并通过与基本古籍库、二十五史检索系统等既有平台的有机嫁接，形成较为全面的秦汉至唐律令立法语言数据库。

（三）子课题与总课题之间、子课题相互之间的内在逻辑关系

1. 子课题与总课题之间的内在逻辑关系

五个子课题都围绕"律令立法语言"这个中心议题展开。五个子课题中心统一、主题明确、循序渐进、相辅相成地有序展开。各个子课题均为总课题的有机组成部分，在总课题拟研究的总体问题和拟解决的总体问题的范围内，共同推动总课题拟达成的总体目标。具体来说，子课题一、二、三依据断代，并结合出土文献及传世文献的分布情况，分别针对"律令立法语言"进行各有侧重的分类整理与研究；子课题四在前三个子课题史料分类整理的基础之上，针对"律令立法语言"在秦汉至唐的整体发展、演变脉络进行谱系建构。子课题五立足于前四个子课题的整理、研究成果进行数据化，并能促进其他子课题研究的深化。

2. 子课题相互之间的内在逻辑关系

本课题总体研究框架由五个子课题构成，分别是：秦汉律令立法语言分类整理与研究、魏晋南北朝律令立法语言分类整理与研究、隋唐律令立法语言分类整理与研究、秦汉至唐律令立法语言比较研究与谱系建构、秦汉至唐律令立法语言数据库建设。五个子课题断代有序、逻辑清晰，紧紧围绕"律令立法语言"这个主题渐次展开，子课题之间具有紧密的内在关联性。

秦汉律令是中国古代法有迹可寻的源头，唐律是中华法系的巅峰之作。由秦汉至唐代，法制发展一脉相承，以律典和令典为支柱的律令体系至唐臻于完备。立法语言是深入了解中国古代律令体系的有效切入点。从某种意义上讲，由秦汉至唐代这一历史时期，是中国古代法制发展史上最为重要的阶段，也是中华法系若干特质形成的主要阶段。五个子课题本质上围绕"秦汉至唐""律令""立法语言"而系统展开，系统整理、深入研究中国古代律令，是传承与弘扬中华优秀传统文化的有效路径与切实举措。

（1）前三个子课题互为补充，并且共同为解决总体问题、实现总体目标提供基础

秦汉、魏晋南北朝、隋唐三个时期环环相扣，是中国古代律令体系形成与发展密不可分的阶段。这三个时期不论从律令发展的内在逻辑来看，还是从出土文献与传世文献的分布来看，都具有非常密切的关系。大量出土简牍文献为我们了解秦汉律令提供了直接素材，而对

于出土法制文献相对不足的魏晋南北朝时期，简牍秦汉律令亦是重要的研究素材；《唐律疏议》是现存最早、保存最完整的法典，这也为我们研究秦汉、魏晋律令提供了参照；对于秦汉、隋唐律令的研究，不能不充分考虑魏晋南北朝的重要转折意义。在设计前三个子课题的过程中，充分考虑了中国古代律令体系形成与发展的不同阶段，这三个子课题围绕"律令立法语言"这一主题，各有侧重地针对相关出土文献、正史文献与传世法典进行分类整理与研究，共同为总课题的研究提供素材与基础。

（2）第四个子课题是针对前三个子课题研究成果的整体建构与理论提升

第四个子课题针对秦汉至唐律令立法语言作集中汇总、梳理与充分的比较分析，通过纵向比较，深入揭示相同或相似立法语言表现于不同时代，在含义与用法等方面的发展、演变轨迹，并力争对其发展、演变背后的规律进行描述。在此基础之上进行理论抽象与概括。通过秦汉至唐律令立法语言谱系建构，渐次呈现律文、律篇与律典背后蕴含的立法意图、法律观念与思想及其发展历程，实现总课题的理论提升。

（3）第五个子课题既是前四个子课题的应用与推广，又为前四个子课题的不断深化提供了便利手段与技术支持

第五个子课题拟贯通不同时代的材料，针对律令立法语言，建设秦汉至唐相关史料数据库，并提供相关研究成果作为参照，最终在基础史料分类整理的基础之上提供技术分析途径与手段。从根本上改变材料彼此隔绝、贯通研究受阻的研究现状。既为中外学者开展相关研究提供便利，又为总课题研究的不断深化提供便利途径与技术支持。

总之，五个子课题均围绕"律令立法语言"展开，断代合理、分工有序、渐次展开、逻辑清晰、目标明确，共同构成了一个既彼此支撑，又共同实现，还相互促进的有机整体。

四、创新之处

基于中国古代律令体系的重大意义、出土法制文献的重要影响以及唐律的重要地位，中外学者在充分利用出土法制文献的基础之上，对于秦汉律令体系及其发展演变、魏晋南北朝律令体系、竹简秦汉律令与唐律的比较研究等宏观方面已展开了较为系统的探讨；对于出土法制文献中的专门词汇、术语及其与唐律的比较研究等微观方面也进行了比较深入的挖掘。总体来说，现有成果已将秦汉至唐律令体系相关内容的研究推向了一定的理论高度。自20世纪70年代至今，随着新出简牍秦汉律令不断涌现、部门法学基础理论不断发展以及基础史料数字化程度不断提高，针对中国古代律令体系及其发展演变的研究仍有一些可以持续深化的方向。本课题研究在问题选择、学术观点、研究方法、分析工具、文献资料、话语体系等方面可能的创新之处如下。

（一）问题选择方面

律令体系之于中国法制史研究的意义与地位不言而喻，秦汉至唐律令体系相关问题始终是中外学者关注的焦点。对于法律体系的深入研究，有三方面问题需要渐次解决：一是律令体系内具体条文的技术构成，二是不同法律形式之间相互关系，三是法律体系的学理阐释。鉴于秦汉至唐律令体系的重大理论意义，中外学者对之进行了非常集中的探讨，并产

出了相当丰硕的成果。但相关研究成果，尤其是偏重于法学研究的成果，除了针对"律令制"称谓本身的探讨以及"律令"作为名称的成果之外，相关研究却高度集中于后两个问题，如律令关系、律令体制、律令制与国家治理、律令制与国家形成等；关于律令体系尤其是针对其中具体条文微观构成的深入分析不多，从微观切入渐次探讨中观、宏观问题的理论尝试付诸阙如。但前述三个问题之间的逻辑关系是非常清晰的，如果缺少了有效切入点与有力抓手，针对秦汉至唐律令体系的探讨自然无法取得系统性成果。本课题正是基于对秦汉至唐律令体系本身的系统性思考，基于对中国古代立法语言的长期关注，拟对秦汉至唐律令立法语言作结构性探讨，并对其发展、演变的详尽轨迹作全面描述。这体现了本课题问题选择方面的创新性。

（二）学术观点方面

本课题在基础史料分类整理的基础之上，以律令立法语言切入，通过前期的史料整理与初步研究，拟提出的创新观点主要包括以下内容。

首先，立法语言的表述形式、含义、用法及其发展、演变，是贯通中国古代不同时期法律体系发展的主线。古今法制与法律文化存在着巨大的差异，亦有诸多暗合之处，对之进行深入辨析是法律史研究得以深入与展开的理论基础与逻辑起点。古今法制与法律文化差异多是价值性的，而暗合多是功能性的。从功能性的角度在古今法制与法律文化之间提取"最大公约数"，并深入考察这些内容在古今不同语境之下具体的"运行模式"是对待传统法制与法律文化必须解决的前提性问题。针对立法语言的系统探讨是解决这一前提性问题的有效手段。

其次，立法语言的表述形式、含义与用法具有特殊性，要对之进行深入探讨，必须将其置于律令体系中作专门阐释。立法语言所表达含义具有非常明显的专业性，即使完全相同的表述形式，出现于法律规范中也会具有完全不同的含义与用法；法律规范当中出现的语词若置于日常生活的语境中，也会产生极大的歧义。以通常含义理解专门的立法语言同样可能将我们的认识引向歧途，传统法当中的概念、术语所表达的专门含义对于现代研究者来说，认识与理解的难度更大。中国古代律令体系中的典型立法语言构成了更加专门的表意系统，必须在律令体系乃至整个中华法系的背景之下，才能对之进行有效探讨。

最后，《唐律疏议》为我们系统了解秦汉至唐律令立法语言，提供了可资参照的技术标准、法典体例及理论框架。《唐律疏议》在中国法典沿革史上的重要地位毋庸赘言，对于系统了解秦汉之后律令体系的发展演变，其所提供的理论参照主要表现在两方面。一是具体立法语言的表述形式、含义及具体用法方面。唐律对法律术语的诠释极为系统、全面、深入、准确，这些完善的内容是由秦汉律令中的相关术语发展而来，在出土文献及其内容有限的前提下，以唐律立法语言为参照，无疑对认识秦汉、魏晋南北朝律令立法语言具有极大的帮助。二是法典体例与结构方面。唐律结构呈现出"总则""事律""罪律""专则"相对划分的结构，尤其是作为"总则"的《名例》所具有的高度成熟、完备的内容。《名例》与其他各篇二元划分的法典结构上承秦汉。从战国、秦汉时的《具律》到魏晋南北朝时期的《刑名》《法例》，最终到隋唐时期的《名例》，法典中专辟一篇汇集"具其加减"或"刑名""法例"等内容显然是传统立法的突出贡献。这种法典结构及其特征与传统刑律客观具体、一事一例的立法体例具有直接关系，其形成与发展也为我们认识秦汉至唐律令体系的整体特征提供了有效路径。

（三）研究方法与分析工具方面

本课题立足于中国法律史的学科属性，法律史学科属于法学一级学科之下的独立二级学科，但法律史学科天然具有交叉学科的属性。法律史的学科交叉属性不仅表现在法律史与法学各二级学科之间的交叉，如法律史与法理学、刑法学、民法学、行政法学等，更表现在法律史与其他一级学科的交叉，如法律史与历史学、文学等。这还是仅就"学科目录"中的一级学科与二级学科划分而言，若以"问题"为导向，法律史研究所涉及的专业领域交叉更加明显。基于学科属性以及研究对象的复杂性，本课题拟突破以往研究当中相对孤立的学科视角或者简单的"学科交叉"模式，并尽量克服单纯的史料整理、实证研究或规范分析等研究方法的弊端，以律令立法语言所具有的"特殊性"以及秦汉至唐律令体系的发展为中心，将问题置于中华法系发展的整体视角之下，综合运用法学、历史学、考古学、文献学等相关研究方法，区别不同问题、不同阶段、不同视角，分别采用规范分析、比较研究、价值分析等理论研究方法以及实地考察和大数据分析等实证方法，对秦汉至唐律令立法语言涉及的相关史料与问题展开系统性、针对性的研究。如本课题在针对史料的分类整理阶段，不仅要关注历史、文献、版本、文字等领域，还要积极吸收法学理论、立法学及其他部门法学的最新成果，既凸显法制文献整理与研究的"史料性"，又彰显整理与研究对象的"法律性"；在立法语言谱系建构阶段，还要关注语言学、哲学等相关领域；在数据库建设阶段，更要充分依赖大数据、云计算等现代信息技术。课题组组建了包括法律史学、法理学以及历史学等方面的专家学者，并积极协同古文字、计算机、软件等其他领域的专家参与课题研究。

（四）文献资料方面

秦汉至唐律令体系及相关问题是近代以来中外学者共同关注的重大理论问题，文献资料是本课题研究的基础，也是课题研究工作得以圆满完成的保障。本课题涉及的文献资料非常庞大，资料群与资料体系又非常复杂。因此，课题组建立了充分并且动态的文献系统，既保障前期文献资料收集的全面性，也保障新出史料与相关研究成果得以及时补充与完善。既保障出土文献、相关正史文献与传世法典等一手文献能够全面收集，又保障近代以来中外学者在法学、历史学、考古学等多学科领域研究的相关文献能够全面收集；同时，还积极组织实地考察，针对尚未公布的出土法制文献，力争获取尽可能多的资料。总之，"一长四多"是本课题资料收集方面的特点，即长时段、多学科、多语言、多区域、多途径收集最全面的文献资料，这将是本课题研究过程中的一个突破。以此为课题研究提供尽量丰富的素材。

（五）话语体系方面

近三千年前，中国就形成了固定的法律形式与丰富的法律体系，其内容体现了极大的创制精神和高超的立法技术。中国古代法制自产生、发展至成熟、完备阶段，始终未受到外来法制与文化的影响，表现出了鲜明的原创性、自发性与地域性。中国古代中央化与法制化的发展脉络极为清晰，春秋战国形成雏形、秦汉初步发展、魏晋南北朝法典化、隋唐高度成熟完备并传播至东亚各国、清末逐渐崩解。中国传统法制的发展从未中断，在中华文化形成与发展过程中内涵逐渐丰富，最终形成世界性法治文化宝藏。中华传统法律文化自成体系、脉络清晰，不仅是中华民族的宝贵财富，也曾代表人类法治文明发展的最高成就。伴随着中华民族伟大复兴的进程，传承中华优秀传统文化再一次被推到历史的台前。中华传统法律文化在法学学科体系、学术体系、话语体系中产生着重要影响。以"秦汉至唐律令立法语言分类整理、谱系建构与数据库建设"为题展开全面、深入的研究，对于加快构建中国特色法学学科体系、话语体系、理论体系，对于提升中国特色法学研究的学术创新能力，对于中华法治文明的发展和构建当代中国法治体系提供中国智慧、中国方案均具有积极意义。

五、项目进展

"秦汉至唐律令立法语言分类整理、谱系建构与数据库建设"于2021年12月6日正式获准立项，于2023年9月22日通过中期检查并获得滚动资助。总体来看，研究工作进展顺利，严格按照国家社科基金重大项目投标书中的研究计划、预期目标推进各子课题研究工作。

至2023年12月为止，"秦汉至唐律令系列学术讲坛"已举办8期，在沈阳师范大学召开的"隋唐律令立法语言分类整理与研究"学术研讨会上，已公开发表重大项目阶段性成果16篇，其中12篇发表于CSSCI来源刊物（包含3篇中国法学核心科研评价来源期刊），1篇被《中国社会科学文摘》全文转载、1篇被 Fronters of Law in China 全文转载、1篇被人大复印报刊资料（法理学、法史学）全文转载、1篇被《上海法治报》摘录。重大项目阶段性成果详如下表：

	作者	题目	发表刊物、时间
1	刘晓林	《中华法系新诠》	《法制与社会发展》（CSSCI）2022年第5期（《中国社会科学文摘》2023年第1期全文转载；Liu Xiaolin, "Updated Interpretation of the Chinese Legal System", Fronters of Law in China, Vol.18,No.2, June 2023, pp.225-247.）
2	刘晓林	《唐律"义疏"中的"无罪"：表意、解释及其限度》	《华东政法大学学报》（CSSCI）2023年第2期（《上海法治报》2023年5月17日第B7版"学报集萃"摘录）
3	刘晓林	《唐律中的"人口买卖"：立法的表述、量刑及其逻辑》	《当代法学》（CSSCI）2022年第3期
4	刘晓林	《中华传统法律文化的技术解析与实践回应：以唐律中的"斗殴伤人"为中心》	《厦门大学学报（哲学社会科学版）》（CSSCI）2023年第4期
5	刘晓林	《习近平法治思想的"中华法治文明论"试绎》	《浙江学刊》（CSSCI）2023年第6期

续表

	作者	题目	发表刊物、时间
6	刘晓林	《唐律中的"亦如之":立法语言的形成、特征与价值之一例》	《社会科学战线》(CSSCI)2023年第4期[人大复印报刊资料(法理学、法史学)2023年第8期全文转载]
7	刘晓林	《〈唐律疏议〉中的"法"考辨》	《四川大学学报(哲学社会科学版)》(CSSCI)2023年第2期
8	刘晓林、李明轩	《唐律中的"比徒":量化技术运用之一例》	《法律史评论》(CSSCI来源集刊)2023年第2卷
9	朱红林	《平邦国,均万民:中国早期法律中的均平思想》	
10	李芳	《唐律中的"奸罪"与身份》	
11	王舒	《由"因事"的变迁看唐明律坐赃致罪的变化》	
12	李俊强	《唐前律典的历史书写与谱系制造》	《学术月刊》(CSSCI)2023年第6期
13	刘晓林、卢一诺	《"援法断罪、罚当其罪"的思想渊源与制度表达》	《人民检察》2023年第2期
14	刘晓林、卢一诺	《援法断罪、罚当其罪》	《检察日报》2023年2月9日
15	刘晓林	《传承之道:深入传统法治内在构造与机理》	《检察日报》2023年2月13日
16	刘晓林	《让法律古籍中的文字活起来》	《检察日报》2021年12月23日

研究综述

法律史学科 2013—2023 年法学核心期刊发文统计报告
——以北大法宝法学期刊库为例

北大法宝法学期刊研究组

统计源：北大法宝·法学期刊库已收录法学期刊 286 家，其中核心期刊 133 家，非核心期刊 53 家，集刊 91 家，英文期刊 9 家。截至 2023 年 12 月 31 日，北大法宝·法学期刊库共收录法学文章 305470 篇。依据北大法宝·法学期刊库收录的法学核心期刊，综合 CLSCI/CSSCI2023—2024（含扩展版）/北大中文核心（2020 版）/AMI 综合（2022 版）标准，选取 91 家法学核心期刊（含核心专刊、核心集刊、核心英文刊）作为本次统计源，从年度发文、学科分布、高频关键词、作者及研究机构 5 个方面进行统计分析，以期为法律史学科研究情况提供相应的参考依据。

统计方法：（1）合作署名文章统计方法。多个作者合作署名文章，只统计到第一作者及作者所在单位。（2）署名多个单位文章统计方法。多个作者单位合作署名的文章，只计算第一作者单位。（3）研究机构（法学院校）统计方法。研究机构属于综合大学的，研究机构统一规范为法学院进行统计，研究机构属于政法类专业院校的，研究机构统一规范为大学进行统计。

统计时间：2013 年 1 月 1 日至 2023 年 12 月 31 日

一、2013—2023 年学科整体发文情况

（一）总体发文及历年变化情况

经统计，2013—2023 年法律史学科法学核心期刊总发文量 1794 篇，年度平均发文量约 163 篇。从法律史学科年度发文量来看，呈现波浪形的变化趋势。2013—2016 年，年度发文平均量约为 145 篇，其中 2015 年最低为 136 篇。2017—2022 年，年度发文平均量约为 178 篇，其中有三年的年度发文量达到 180 篇以上，具体包括 2022 年 189 篇；2020 年 187 篇；2017 年 185 篇。但 2023 年发文量下降至 142 篇，较 2022 年下降 47 篇。

（二）核心期刊发文情况

1. 总体发文情况

2013—2023 年法律史学科 1794 篇法学核心期刊文章，共涉及期刊 79 家，其中 63 家法学核心专刊发文量 1361 篇，占比 75.9%；15 家法学核心集刊发文量 418 篇，占比 23.3%；1 家核心英文刊发文量 15 篇，占比 0.8%。

2. 发文情况年度比较

2013—2023 年，法学核心专刊（含英文刊）的发文量年度占比整体呈现下降趋势。2013—

2014年发文量年度占比均在90%以上，2015—2017年发文量年度占比在80%以上，2018—2023年发文量年度占比，除2018年和2020年还在70%左右，其余年份均降到60%左右。

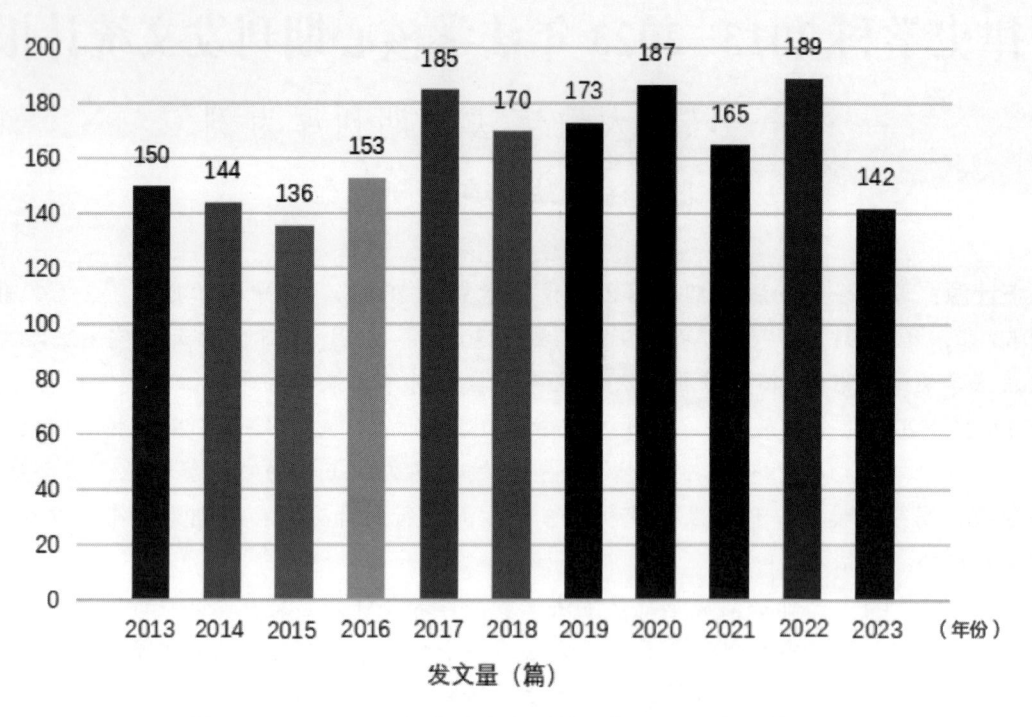

图1：2013—2023年法律史学科核心期刊历年发文情况

反观法学核心集刊，与法学核心专刊（含英文刊）相比，年发文量年度占比整体呈现上升趋势。从2013年的10%逐步上升至30%左右，其中2018—2023年发文量年度占比除2018年和2020年在20%左右，其余年份均上升至30%以上。

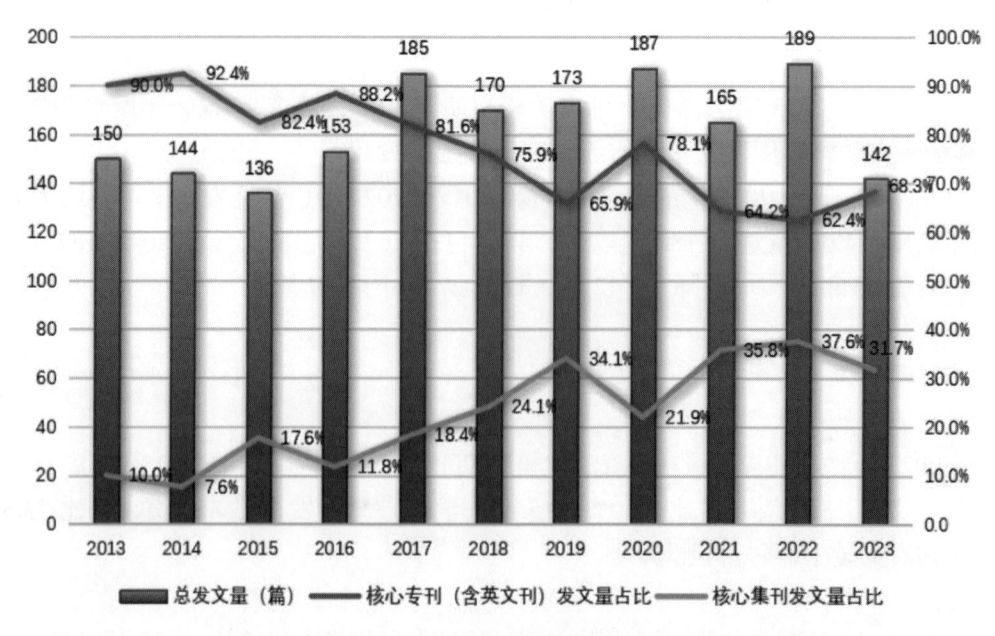

图2：2013-2023年法律史学科各类期刊历年发文占比

3. 期刊载文量分析

从期刊载文量上看，刊载 15 篇以上的期刊共计 44 家。其中载文量在 90 篇以上的法学核心专刊 1 家，为《政法论坛》，法学核心集刊 2 家，分别为《法律史评论》《民间法》。载文量在 40—89 篇的期刊有 11 家，均为法学核心专刊，分别是《华东政法大学学报》《法治现代化研究》《中国法律评论》《法律适用》《法律科学》《法学》《法学研究》《清华法学》《法制与社会发展》《政法论丛》《中外法学》。

表 1：2013—2023 年法律史学科各刊发文量 15 篇以上情况

（按照发文量降序排序，发文量相同按照期刊名称排序）

序号	期刊名称	发文量（篇）	占比（%）
1	《法律史评论》	181	10.1
2	《民间法》	99	5.5
3	《政法论坛》	95	5.3
4	《华东政法大学学报》	68	3.8
5	《法治现代化研究》	50	2.8
6	《中国法律评论》	49	2.7
7	《法律适用》	48	2.7
8	《法律科学》	44	2.5
9	《法学》	44	2.5
10	《法学研究》	43	2.4
11	《清华法学》	43	2.4
12	《法制与社会发展》	42	2.3
13	《政法论丛》	41	2.3
14	《中外法学》	41	2.3
15	《中国检察官》	37	2.1
16	《北方法学》	36	2.0
17	《河南财经政法大学学报》	36	2.0%
18	《河北法学》	35	2.0
19	《南京大学法律评论》	35	2.0
20	《西南政法大学学报》	35	2.0
21	《法学杂志》	33	1.8
22	《中国法学》	32	1.8
23	《人大法律评论》	30	1.7

续表

序号	期刊名称	发文量（篇）	占比（%）
24	《比较法研究》	27	1.5
25	《法学家》	26	1.4
26	《中国政法大学学报》	26	1.4
27	《甘肃政法大学学报》	25	1.4
28	《法学评论》	24	1.3
29	《现代法学》	24	1.3
30	《交大法学》	23	1.3
31	《人民检察》	22	1.2
32	《政治与法律》	22	1.2
33	《北大法律评论》	19	1.1
34	《苏州大学学报（法学版）》	19	1.1
35	《法律方法》	18	1.0
36	《西部法学评论》	18	1.0
37	《当代法学》	16	0.9
38	《时代法学》	16	0.9
39	China Legal Science	15	0.8
40	《东方法学》	15	0.8
41	《法治研究》	15	0.8
42	《南大法学》	15	0.8
43	《上海政法学院学报》	15	0.8
44	《天津法学》	15	0.8

二、2013—2023年学科研究及热点情况

（一）学科分布总体情况

2013—2023年，法律史学科1794篇法学核心期刊文章集中在中国法制史二级学科，发文量1040篇，占比58%。中国法律思想史、中国传统法律文化和外国法制史3个二级学科，合计发文量682篇，占比38%。外国法律思想史二级学科研究相对薄弱，发文量72篇，占比4%。

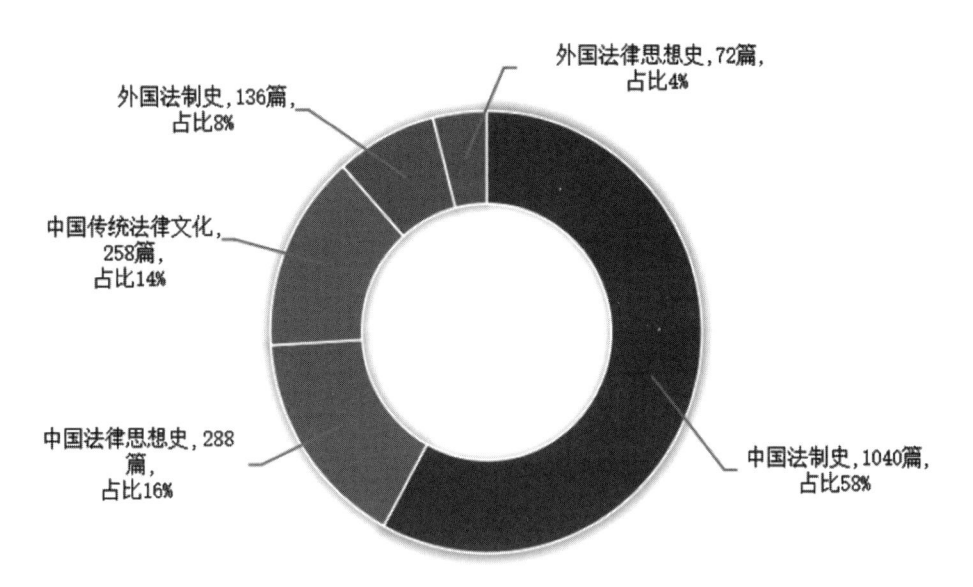

图3：2013—2023年法律史学二级学科分布情况

（二）年度变化情况比较

经统计分析，发现在2013—2023年法律史5个二级学科发文情况呈现的趋势不同。其中中国法制史学科在5个学科中的发文量是最大的，有5个年份的发文量均超百篇，年均发文量约95篇。2016—2022年，发文量呈现出上升趋势，除2016年和2018年发文在89篇以外，其余年份均在90篇以上。

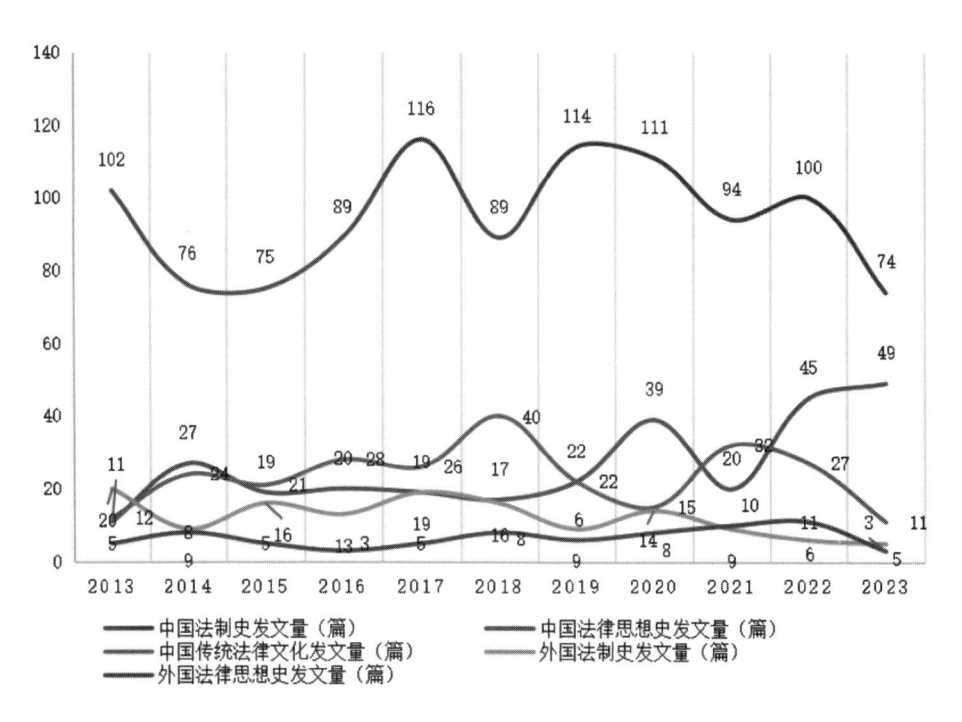

图4：2013—2023年法律史二级学科历年发文情况

87

中国法律思想史学科发文量位居第二,年平均发文量约26篇,与中国法制史学科的年均发文量差距近70篇,2022—2023年的发文量突破了40篇,有上升的趋势。

中国传统法律文化学科年均发文量23.5篇,在2018年和2021年发文量较大,分别为40篇和32篇,近三年呈现下降趋势,2023年发文量降至11篇。外国法制史学科年均发文量为12.3篇,只有2013年发文量达到了20篇,有5个年份发文量均为个位数,近四年逐年递减,2023年降至5篇。外国法律思想史学科发文量一直较少,年均发文量为6.5篇,2019—2022年度发文呈上升趋势,其中2021年和2022年达到了10篇以上,但2023年迅速降至3篇。

(三)二级学科核心期刊发文情况

通过统计,2013—2023年法学核心专刊与法学核心集刊发文均集中在中国法制史、中国法律思想史和中国传统法律文化3个二级学科,其中法学核心专刊合计发文量1208篇,法学核心集刊合计发文量365篇。2013—2023年核心英文刊发文集中在中国法制史和中国传统法律文化2个二级学科,发文量11篇。

	中国法制史	中国法律思想史	中国传统法律文化	外国法制史	外国法律思想史
核心专刊发文量(篇)	805	197	206	103	50
核心集刊发文量(篇)	229	89	47	31	22
核心英文刊发文量(篇)	6	2	5	2	0

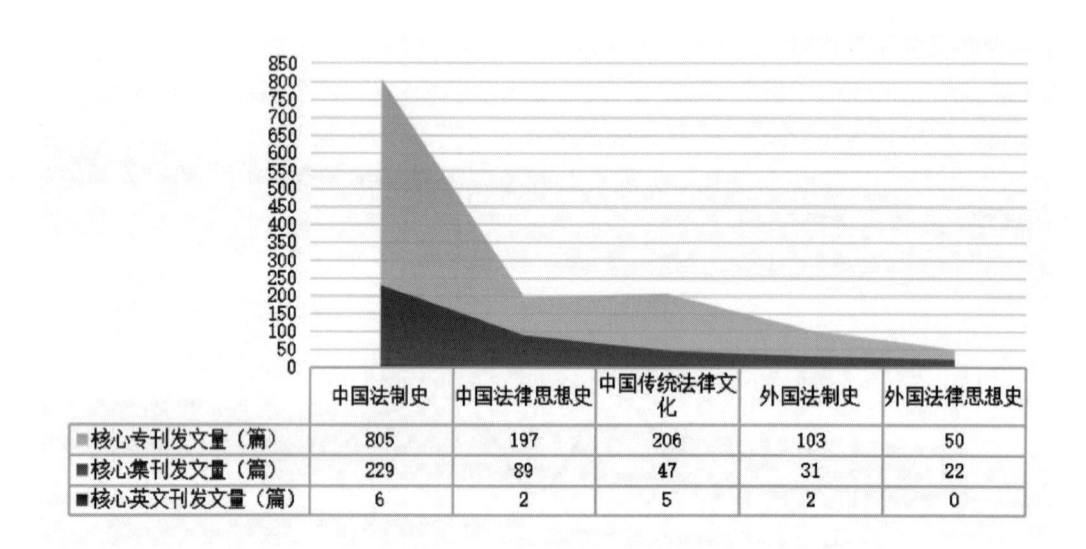

图5:2013—2023年各类期刊法律史学科分布情况

(四)学科热点关键词总体情况及年度变化

通过对法律史学科1794篇法学核心期刊文章的关键词进行统计,词频在5次以上的关键词共91个,文章量855篇,占比47.7%。学术热点集中在"清代""法治""唐律疏议""中华法系""法家""儒家""法律史""法律文化""司法""习惯法""唐代"等内容。

经统计,法制史学科热点关键词在2013—2023年,年度变化不明显。2022—2023年法律史学科学术研究热点开始聚焦在"中华法系""传统法律文化与法律文化""唐律与清代"方面内容。

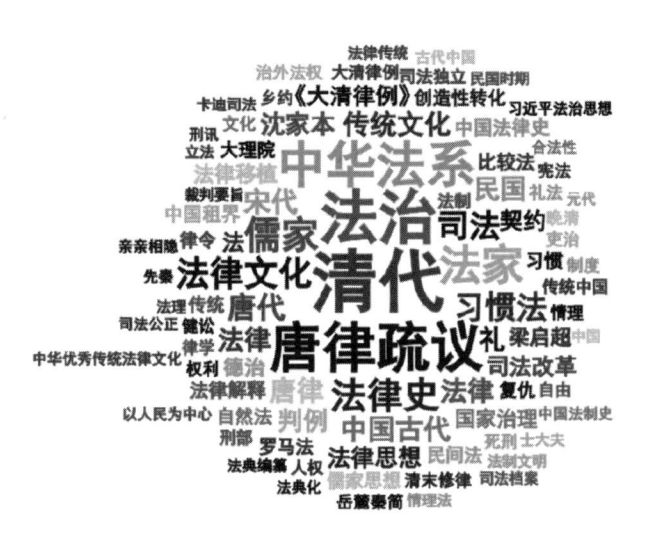

图 6：2013—2023 年法律史学科关键词词频 5 次以上情况

三、2013—2023 年学科作者及研究机构情况

（一）发文量在 5 篇以上的高产作者有 56 位

2013—2023 年，法律史学科发文量共 1794 篇，涉及作者 1006 位。文章量在 5 篇以上的高产作者有 56 位，文章量 467 篇，占比 26%。其中文章量在 15 篇以上的作者有 4 位，文章量 90 篇，分别为王立民教授（32 篇）、张晋藩教授（22 篇）、何勤华教授（21 篇）、刘晓林教授（15 篇）。

发文量在 10—14 篇的作者有 10 位，文章量 114 篇；发文量在 7—9 篇的作者共 16 位，总发文量 121 篇；发文量在 5—6 篇的作者共 26 位，总发文量 142 篇。

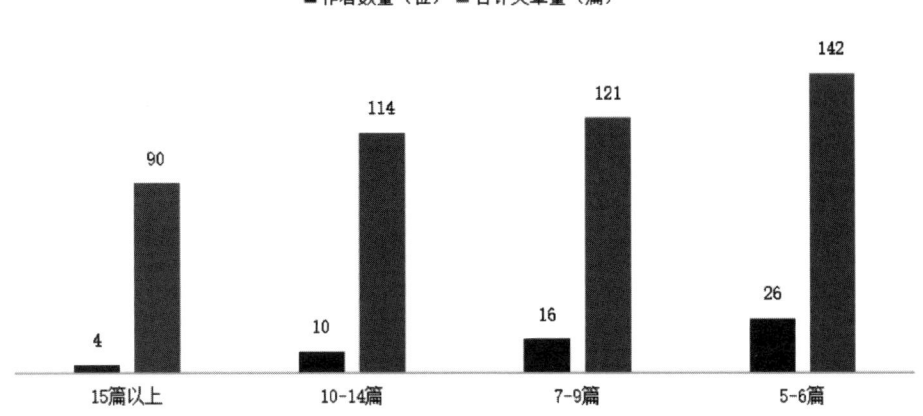

图 7：2013—2023 年法律史学科文章 5 篇以上作者分布情况

（二）发文量在 10 篇以上的高产研究机构有 31 家

通过对 2013—2023 年法律史学科 1794 篇法学核心期刊文章统计，涉及研究机构 399 家，其中发文量在 10 篇以上的高产研究机构有 31 家，发文量 1104 篇，占比 61.5%。其中，发文量超百篇的有两家研究机构，分别为中国政法大学 173 篇，华东政法大学 125 篇。

发文量在 50—99 篇的有 4 家研究机构，合计发文量 316 篇，分别为清华大学法学院、西南政法大学、中国人民大学法学院和西北政法大学。发文量在 20—49 篇的有 9 家，合计发文量 274 篇；发文量在 10—19 篇的有 16 家，合计发文量 216 篇。

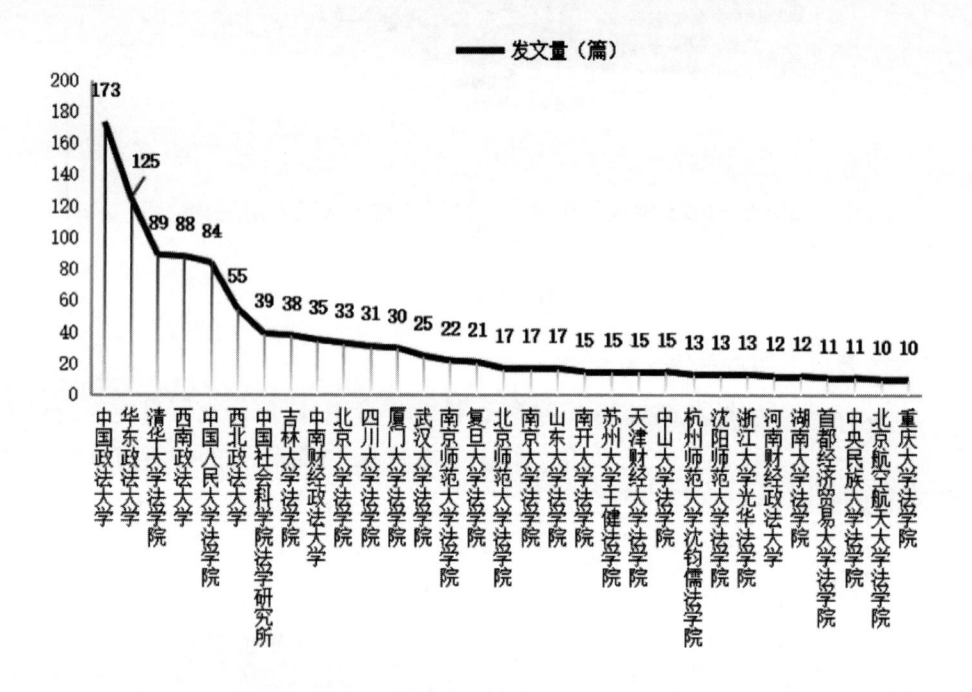

图 8：2013—2023 年法律史学科发文 10 篇以上高产研究机构情况

研究综述

法律史学科2023年度法学核心期刊发文统计
——以北大法宝法学期刊库为例

北大法宝法学期刊研究组

统计源：北大法宝·法学期刊库已收录法学期刊286家，其中核心期刊133家，非核心期刊53家，集刊91家，英文期刊9家。截至2023年12月31日，北大法宝·法学期刊库共收录法学文章305470篇。依据北大法宝·法学期刊库收录的法学核心期刊，综合CLSCI/CSSCI2023—2024（含扩展版）/北大中文核心（2020版）/AMI综合（2022版）标准，选取了91家法学核心期刊（含核心专刊、核心集刊）作为本次统计源。

统计方法：（1）合作署名文章统计方法。多个作者合作署名文章，只统计到第一作者及作者所在单位。（2）署名多个单位文章统计方法。多个作者单位合作署名的文章，只计算第一作者单位。（3）研究机构（法学院校）统计方法。研究机构属于综合大学的，研究机构统一规范为法学院进行统计，研究机构属于政法类专业院校的，研究机构统一规范为大学进行统计。

统计周期：2023年1月1日至12月31日。

一、年度整体发文情况

1. 总体发文情况

通过统计分析，2023年度法学核心期刊共计发文总量为142篇，其中获得基金项目支持的文章77篇。根据期刊类型的不同，涉及法学核心专刊33家，发文97篇，占法学核心期刊发文量的68.3%；法学核心集刊2家，发文45篇，占法学核心期刊发文量的31.7%。

表1：2023年度法律史学科论文涉及期刊类型情况

	期刊类型（家）	文章量（篇）
核心专刊	33	97
核心集刊	2	45
合计	35	142

2. 各刊发文情况

从期刊载文量上看，2023年度刊载2篇（含2篇）以上法学期刊有25家，其中研究法律史学专业化期刊《法律史评论》载文量最高，为44篇；《法治现代化研究》《华东政法大学学报》《中国法律评论》3家次之，载文量均为7篇。载文量在4—6篇的期刊有8家，分别是《人民检察》《政治与法律》《中国政法大学学报》《当代法学》《河南财经政法大学学报》

《江西警察学院学报》《南大法学》《政法论坛》。

表 2：2023 年度法律史学科 2 篇以上各刊发文情况

（按照发文量降序排序，发文量相同按照期刊名称升序排序）

序号	期刊名称	期刊类型	发文量（篇）
1	《法律史评论》	核心集刊	44
2	《法治现代化研究》	核心专刊	7
3	《华东政法大学学报》	核心专刊	7
4	《中国法律评论》	核心专刊	7
5	《人民检察》	核心专刊	6
6	《政治与法律》	核心专刊	5
7	《中国政法大学学报》	核心专刊	5
8	《当代法学》	核心专刊	4
9	《河南财经政法大学学报》	核心专刊	4
10	《江西警察学院学报》	核心专刊	4
11	《南大法学》	核心专刊	4
12	《政法论坛》	核心专刊	4
13	《地方立法研究》	核心专刊	3
14	《法治社会》	核心专刊	3
15	《甘肃政法大学学报》	核心专刊	3
16	《上海政法学院学报》	核心专刊	3
17	《中外法学》	核心专刊	3
18	《东方法学》	核心专刊	2
19	《法学》	核心专刊	2
20	《法学家》	核心专刊	2
21	《法学评论》	核心专刊	2
22	《法学研究》	核心专刊	2
23	《河北法学》	核心专刊	2
24	《交大法学》	核心专刊	2
25	《清华法学》	核心专刊	2
	合计		132

二、学科及研究热点情况

1. 学科分布情况

2023年度法律史学科142篇法学核心期刊文章主要集中在中国法制史、中国法律思想史2个二级学科，合计发文量123篇，占比约86.7%。中国传统法律文化、外国法制史和外国法律思想史研究相对薄弱，合计发文量19篇，占比约13.3%。

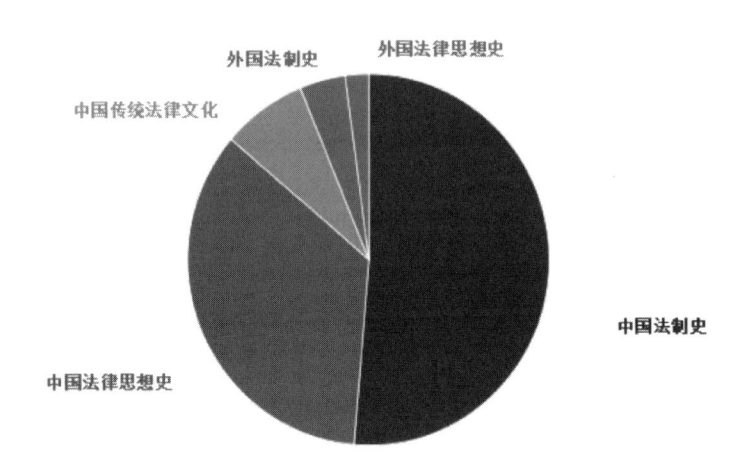

图1：2023年度法律史学科二级学科文章分布情况

图2：2023年度法律史学科关键词词频2次以上情况

2. 高频关键词

通过对2023年度法律史学科142篇法学核心期刊文章的508个关键词进行统计，学术研究热点集中在中华法系、唐律疏议、法律文化与中华优秀传统法律文化、沈家本、恤刑等方面内容。

词频在 2 次以上的关键词 26 个，其中词频在 5 次以上的关键词有 2 个，分别是中华法系 9 次，唐律疏议 6 次。词频在 3—4 次的关键词 4 个，分别为法律文化、沈家本、宋代、恤刑。

3. 红色法制史发文情况

2023 年度法学核心期刊法律史学科 142 篇文章中涉及红色法制史文章 20 篇，占比 14.1%，主要涉及《法律史评论》《河北法学》《江西警察学院学报》等 12 家法学期刊。

表 3：2023 年度法律史学科红色法制史相关发文情况
（按照期刊号升序排序，期号相同按照文章标题排序）

序号	文章标题	期刊名称	期刊年份	期号
1	《1946 年"制宪国大"国体之争研究》	《法律史评论》	2023	1
2	《陕甘宁边区司法的"常识"之维》	《民间法》	2023	1
3	《西汉淳于意案重述：基于刑事法的规范分析》	《法律史评论》	2023	1
4	《中国传统司法文化的历史传承和当代转型》	《人民检察》	2023	1
5	《中国监察法制传统的近代转型——以国民政府前期监察制度为例》	《法律适用》	2023	1
6	《中央苏区政治保卫工作的历史功绩与经验启示》	《江西警察学院学报》	2023	1
7	《"检察"的历史面相——法律监督的内涵、外延的发展与深化》	《法律史评论》	2023	2
8	《反对宗祧：由案例考察陕甘宁边区继承法——兼论〈陕甘宁边区继承条例〉的史源》	《法律史评论》	2023	2
9	《国家法和民间法规则在司法中的分工与合作》	《法律史评论》	2023	2
10	《淮北抗日根据地锄奸反特工作论析》	《江西警察学院学报》	2023	2
11	《抗战时期大后方金融监管成效不彰的原因探析——以友信银行违规经营案为中心》	《法律史评论》	2023	2
12	《新法革旧俗：〈重庆日报〉贯彻婚姻法报道研究（1952—1953）》	《法律史评论》	2023	2
13	《以人民为中心的城市解放区法治探索——基于哈尔滨革命历史档案的考察》	《北方法学》	2023	3
14	《百年川大法学教育掠影》	《中国法律评论》	2023	4
15	《理想与现实：民国北京政府时期江宁地区司法机构近代化研究》	《南大法学》	2023	5

续表

序号	文章标题	期刊名称	期刊年份	期号
16	《辛亥革命时期中国租界法制之变化与反思》	《当代法学》	2023	5
17	《中国共产党早期法治建设之上海源流考——上海是中国共产党探索法治、实践法治初始地》	《法治社会》	2023	5
18	《我国特别类型法院设置制度史考察》	《环球法律评论》	2023	6
19	《中国古代中央地方关系的发展与历史借鉴》	《河北法学》	2023	6
20	《论李大钊关于中国式法治现代化的早期探索》	《河北法学》	2023	8

三、特色栏目设置

2023年度法律史学科142篇法学核心期刊文章中有73篇文章来自32个相关特色专题/栏目，占比51.4%。这些特色专题/栏目涉及"中华传统法律文化""沈家本与中国近代法律文化""传统法律文化创新与发展""大一统时代法律治理"等研究热点。

表4：2023年度法律史学科特色专题/栏目设置情况

（按照期刊栏目文章量降序排序，发文量相同按照期刊栏目名称拼音排序）

序号	期刊栏目	文章量（篇）	文章标题	期刊名称	期刊年份	期号
1	中华优秀传统法律文化新解	6	《中国传统司法文化的历史传承和当代转型》	《人民检察》	2023	1
			《"援法断罪、罚当其罪"的思想渊源与制度表达》	《人民检察》	2023	2
			《我国古代刑法中的"以人为本"思想及其当代传承》	《人民检察》	2023	3
			《中国古代恤幼传统的守正与创新》	《人民检察》	2023	5
			《王阳明致良知学说中蕴含的法理思想及其启示》	《人民检察》	2023	6
			《中华法系良法善治的价值追求》	《人民检察》	2023	8
2	主题研讨三：四川治理的历史经验	5	《宗教、祥瑞与治民：〈广成集〉所见前蜀地方官的日常》	《法律史评论》	2023	2
			《诸葛亮"刑法峻急"辨正》	《法律史评论》	2023	2
			《唐朝中叶四川地区的统治格局——以剑南东川节度使为中心》	《法律史评论》	2023	2
			《抗战时期大后方金融监管成效不彰的原因探析——以友信银行违规经营案为中心》	《法律史评论》	2023	2
			《成汉法制考论》	《法律史评论》	2023	2

续表

序号	期刊栏目	文章量（篇）	文章标题	期刊名称	期刊年份	期号
3	主题研讨一：大一统时代的法律治理	5	《长沙五一广场东汉简牍中的"格杀"》	《法律史评论》	2023	2
			《新法革旧俗：〈重庆日报〉贯彻婚姻法报道研究（1952—1953）》	《法律史评论》	2023	2
			《唐代判书中的审判推"理"模式及其当代启示》	《法律史评论》	2023	2
			《明吕坤〈刑戒〉：控制杖罚、拷讯过度的技术方案（下）——法官箴言研究之八》	《法律史评论》	2023	2
			《〈元典章〉异文校读琐议》	《法律史评论》	2023	2
4	专题研究	5	《中华传统德刑观的历史演变及其当代启示》	《法治现代化研究》	2023	2
			《三教融通视野下的宋代节庆与停刑》	《法治现代化研究》	2023	3
			《唐代司法审判中的勾检程序：设置、运行与价值》	《法治现代化研究》	2023	4
			《从民族性格看古希腊法治文明的起源》	《法治现代化研究》	2023	4
			《我国古代法治观念探析》	《法治现代化研究》	2023	5
5	主题研讨二：秦汉至唐律令立法语言	4	《由"因事"的变迁看唐明律坐赃致罪的变化》	《法律史评论》	2023	2
			《唐律中的"奸罪"与身份》	《法律史评论》	2023	2
			《唐律中的"比徒"：量化技术运用之一例》	《法律史评论》	2023	2
			《平邦国，均万民：中国早期法律中的"均平"思想》	《法律史评论》	2023	2
6	本期专题【传统与现代性：沈家本与中国法律近代化】	3	《晚清涉外刑案的应对与启示——以沈家本辑〈刑案汇览三编〉为中心的考察》	《甘肃政法大学学报》	2023	6
			《沈家本思想与当代重刑主义思潮的检讨性反思》	《甘肃政法大学学报》	2023	6
			《改造旧法——沈家本与清季〈秋审条款〉的编纂》	《甘肃政法大学学报》	2023	6
7	法律文化	3	《作为"法"的"礼"》	《法治社会》	2023	4
			《龚自珍与中国近代法理学的萌生》	《法治社会》	2023	4
			《中国共产党早期法治建设之上海源流考——上海是中国共产党探索法治、实践法治初始地》	《法治社会》	2023	5
8	立法史	3	《通向法律权威的法律叙事：以民初法统政治为例》	《地方立法研究》	2023	1
			《彭真与社会主义法制的历史研究（笔谈）》	《地方立法研究》	2023	2
			《民初法统之争的语境分析及法理启示》	《地方立法研究》	2023	5

续表

序号	期刊栏目	文章量（篇）	文章标题	期刊名称	期刊年份	期号
9	司法文化与司法近代化	3	《晚清华洋诉讼中的"重判"研究——基于巴县档案的考察》	《法律史评论》	2023	1
			《清代四川基层司法中的约邻——以巴县档案为中心的考察》	《法律史评论》	2023	1
			《分流而治：秋审的限死路径及其现实价值》	《法律史评论》	2023	1
10	特稿	3	《从保辜到因果关系的承与变——以民国大理院及最高法院判例为中心》	《法治现代化研究》	2023	2
			《现代早期法律人外交家的标本：徐谟生平述考》	《法治现代化研究》	2023	5
			《中国古代中央地方关系的发展与历史借鉴》	《河北法学》	2023	6
11	习近平法治思想研究：中华优秀传统法律文化专论	3	《中国传统土地法律文化中的思想意蕴》	《上海政法学院学报》	2023	6
			《中国传统死刑观探析》	《上海政法学院学报》	2023	6
			《"中华法系"辨正》	《上海政法学院学报》	2023	6
12	主题研讨——中华优秀传统法律文化研究	3	《中国古代"老幼妇残"的刑事法保护及其当代传承》	《政治与法律》	2023	8
			《中国古代"出礼入刑"传统之赓续与创新》	《政治与法律》	2023	8
			《"天下无讼"价值追求的古今之变》	《政治与法律》	2023	8
13	转型时期的法律与社会	3	《民国时期荣县救济院运行机制研究》	《法律史评论》	2023	1
			《何以公平：近代中国破产债权受偿秩序的建立》	《法律史评论》	2023	1
			《1946年"制宪国大"国体之争研究》	《法律史评论》	2023	1
14	法史园地	2	《朱元璋监察法制观述论》	《法学评论》	2023	1
			《清代法典编纂理念之沿革——以刑典为中心的考察》	《法学评论》	2023	3
15	民法典专题	2	《从明刑到隐刑：收所习艺与清季旧律刑罚改革》	《当代法学》	2023	4
			《中国传统家长权到近代亲权之衍变：一个比较法律史的考察》	《当代法学》	2023	6
16	苏区公安史·公安文化	2	《中央苏区政治保卫工作的历史功绩与经验启示》	《江西警察学院学报》	2023	1
			《淮北抗日根据地锄奸反特工作论析》	《江西警察学院学报》	2023	2

续表

序号	期刊栏目	文章量（篇）	文章标题	期刊名称	期刊年份	期号
17	习近平法治思想研究	2	《论中华法系的演进方向》	《东方法学》	2023	5
			《中华法系的独特性及其三维构造》	《东方法学》	2023	6
18	学人论苑	2	《梁柏台"宽严相济"红色法律思想的实践表达》	《江西警察学院学报》	2023	1
			《清代强盗案件"情有可原"的适用考察》	《江西警察学院学报》	2023	4
19	读书札记	1	《解决国王空位的宪法拟制——读〈国王的两个身体〉》	《政法论坛》	2023	4
20	法律史学	1	《中国现代法律程序观念的缘起——基于"中国近现代思想史专业数据库（1830—1930）"的考证》	《天津法学》	2023	1
21	法学理论	1	《试论法家与秦政及其对后世的影响》	《政法论丛》	2023	2
22	高端论坛	1	《综论中国古代司法文明》	《中国应用法学》	2023	1
23	监狱史学	1	《古代监狱女犯恤刑制度研究》	《犯罪与改造研究》	2023	6
24	马克思主义法学专栏	1	《我国特别类型法院设置制度史考察》	《环球法律评论》	2023	6
25	青年	1	《"王权至尊"的〈旧约〉叙事——以亨利八世时期政教理论为中心》	《中外法学》	2023	4
26	热点聚焦——数字时代的法律程序	1	《认真地对待秋审——传统中国司法"正当程序"的新诠释》	《中国政法大学学报》	2023	1
27	深入学习贯彻党的二十大精神	1	《传承中华优秀传统法律文化视野下的中华法系》	《政治与法律》	2023	3
28	史论	1	《夭折的本土化：晚清法学与政治学学科关系变迁中的知识竞争与权力选择》	《政治与法律》	2023	5
29	数字平台创新与反垄断专题	1	《〈司法例规〉的编纂与近代中国法律汇编的意义》	《当代法学》	2023	3
30	域外法苑	1	《中世纪早期的共同法：以〈狄奥多里克告示〉为文本》	《华东政法大学学报》	2023	6
31	中外法史研究	1	《以人民为中心的城市解放区法治探索——基于哈尔滨革命历史档案的考察》	《北方法学》	2023	3
32	专题中国法治现代化研究	1	《论李大钊关于中国式法治现代化的早期探索》	《河北法学》	2023	8

四、作者与研究机构分析

1. 作者分析

2023年度法律史学科142篇法学核心期刊文章涉及作者117位，文章量2篇以上的高产作者有21位，文章量46篇，占比32.4%。21位高产作者中文章量4篇的1位，为王立民教授，文章量3篇的有2位，分别为刘晓林教授和王健教授。

从高产作者职称来看，21位高产作者中有教授18位，讲师2位，博士研究生1位，法学核心期刊法律史学科学术研究成果以教授群体为主要研究力量。

表5：2023年度法律史学科高产作者发文情况

（按照发文量降序排序，发文量相同按照作者姓名拼音排序）

序号	作者	作者单位	文章量（篇）	期刊名称	期刊年份	期号	文章标题
1	王立民	华东政法大学	4	《当代法学》	2023	5	《辛亥革命时期中国租界法制之变化与反思》
				《法学》	2023	4	《成文法：中国租界法制的一个共性》
				《政治与法律》	2023	3	《传承中华优秀传统法律文化视野下的中华法系》
				《清华法学》	2023	2	《领事公堂性质辨正》
2	刘晓林	吉林大学法学院	3	《人民检察》	2023	2	《"援法断罪、罚当其罪"的思想渊源与制度表达》
				《法律史评论》	2023	2	《唐律中的"比徒"：量化技术运用之一例》
				《华东政法大学学报》	2023	2	《唐律"义疏"中的"无罪"：表意、解释及其限度》
3	王健	西北政法大学	3	《中国法律评论》	2023	4	《百年川大法学教育掠影》
				《中国法律评论》	2023	2	《南京大学法科的前世今生》
				《中国法律评论》	2023	1	《首创大学法科：天津北洋大学法律学门》
4	蔡晓荣	苏州大学王健法学院	2	《法学》	2023	7	《传统中国的异姓收养及其近代法律境遇》
				《当代法学》	2023	6	《中国传统家长权到近代亲权之衍变：一个比较法律史的考察》

续表

序号	作者	作者单位	文章量（篇）	期刊名称	期刊年份	期号	文章标题
5	陈景良	中南财经政法大学	2	《政治与法律》	2023	8	《"天下无讼"价值追求的古今之变》
				《法律史评论》	2023	1	《江南雨中答客问：宋代法律史研究中的史料、理论与方法》
6	陈玺	西北政法大学	2	《华东政法大学学报》	2023	6	《令典与惯例：宋代赐死规则之厘革与适用》
				《法治现代化研究》	2023	3	《三教融通视野下的宋代节庆与停刑》
7	陈新宇	清华大学法学院	2	《甘肃政法大学学报》	2023	6	《改造旧法——沈家本与清季〈秋审条款〉的编纂》
				《中国政法大学学报》	2023	1	《认真地对待秋审——传统中国司法"正当程序"的新诠释》
8	程政举	河南财经政法大学	2	《政法论坛》	2023	5	《〈奏谳书〉所见的诉讼证明规则考论》
				《河南财经政法大学学报》	2023	2	《〈尚书〉所见的西周初期的司法建构》
9	何勤华	华东政法大学	2	《政治与法律》	2023	8	《中国古代"出礼入刑"传统之赓续与创新》
				《人民检察》	2023	1	《中国传统司法文化的历史传承和当代转型》
10	霍存福	沈阳师范大学法律文化研究中心	2	《法律史评论》	2023	2	《明吕坤〈刑戒〉：控制杖罚、拷讯过度的技术方案（下）——法官箴言研究之八》
				《法律史评论》	2023	1	《明吕坤〈刑戒〉：控制杖罚、拷讯过度的技术方案（中）——法官箴言研究之八》
11	姜翰	吉林大学法学院	2	《当代法学》	2023	4	《从明刑到隐刑：收所习艺与清季旧律刑罚改革》
				《法律史评论》	2023	2	《中国古代"法理"的来源、表现与凝练——"中国古代法典中的法理"学术研讨会暨"法理研究行动计划"第十八次例会述评》

续表

序号	作者	作者单位	文章量（篇）	期刊名称	期刊年份	期号	文章标题
12	栗铭徽	北京化工大学马克思主义学院	2	《河南财经政法大学学报》	2023	6	《为中华法系"诸法合体"正名——基于对清代〈户部则例〉的考察》
				《南大法学》	2023	1	《清代〈户部则例〉的百年编纂与演变》
13	刘昕杰	四川大学法学院	2	《法学家》	2023	6	《纸面上的统一：传统中国状纸的近代变革》
				《当代法学》	2023	3	《〈司法例规〉的编纂与近代中国法律汇编的意义》
14	马小红	中国人民大学法学院	2	《上海政法学院学报》	2023	6	《"中华法系"辨正》
				《政法论丛》	2023	2	《试论法家与秦政及其对后世的影响》
15	屈文生	华东政法大学	2	《法学研究》	2023	3	《英美在近代中国行使治外法权主体之型化与形替》
				《中外法学》	2023	2	《作为上诉机构的总理衙门与美国驻京公使——以"熙尔控杨泰记"上诉案为中心》
16	苏亦工	清华大学法学院	2	《清华法学》	2023	6	《〈明律·蒙古色目人婚姻〉律的解读、初衷和实效》
				《法律科学》	2023	5	《吉同钧清律讲义的版本、成书过程及其价值》
17	唐国昌	中国人民大学法学院	2	《河南财经政法大学学报》	2023	2	《元市舶则法变迁研究》
				《交大法学》	2023	1	《元代和买法律制度考论》
18	严存生	西北政法大学	2	《法治现代化研究》	2023	5	《我国古代法治观念探析》
				《法治社会》	2023	4	《作为"法"的"礼"》
19	张晋藩	中国政法大学	2	《中国应用法学》	2023	1	《综论中国古代司法文明》
				《河北法学》	2023	6	《中国古代中央地方关系的发展与历史借鉴》

续表

序号	作者	作者单位	文章量（篇）	期刊名称	期刊年份	期号	文章标题
20	章永乐	北京大学法学院	2	《法学家》	2023	1	《格劳秀斯、荷兰殖民帝国与国际法史书写的主体性问题》
				《地方立法研究》	2023	1	《通向法律权威的法律叙事：以民初法统政治为例》
21	郑显文	上海师范大学哲学与法政学院	2	《比较法研究》	2023	6	《民国初年商事裁判的法源位阶考辨》
				《法治现代化研究》	2023	4	《唐代司法审判中的勾检程序：设置、运行与价值》
合计	21位		46篇				

2. 研究机构分析

通过对2023年度法律史学科142篇法学核心期刊文章统计，涉及研究机构74家，其中发文量在2篇以上高产研究机构共17家，发文量85篇，占比59.9%。

发文量在10篇以上研究机构有3家，分别为中国政法大学、华东政法大学、西北政法大学，合计发文量35篇。发文量在5—9篇的研究机构有5家，分别为清华大学法学院、吉林大学法学院、四川大学法学院、中国人民大学法学院、中南财经政法大学，合计发文量31篇。其余9家研究机构年度发文量在2—3篇，合计发文量19篇。

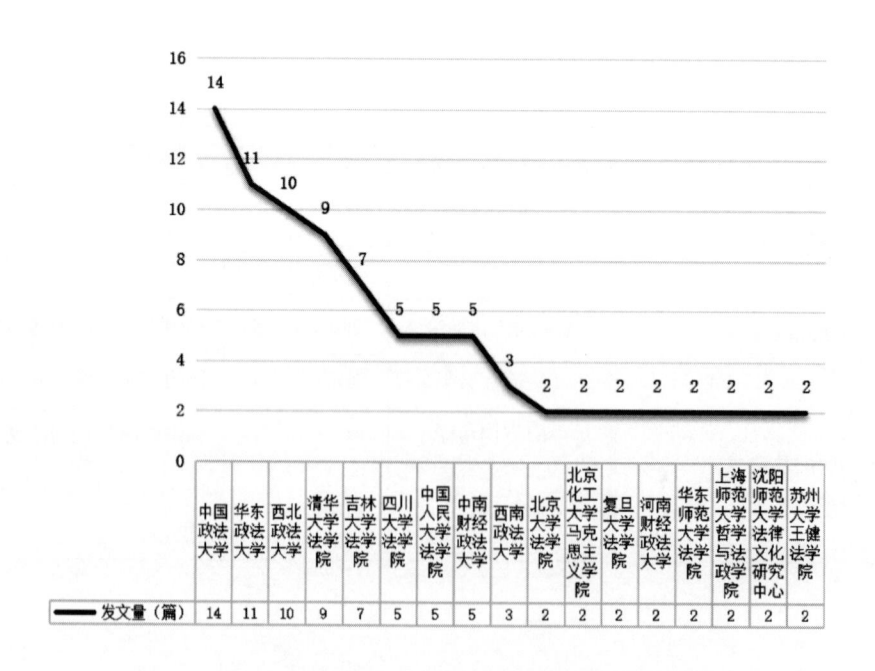

机构	发文量（篇）
中国政法大学	14
华东政法大学	11
西北政法大学	10
清华大学法学院	9
吉林大学法学院	7
四川大学法学院	5
中国人民大学法学院	5
中南财经政法大学	5
西南政法大学	3
北京大学法学院	2
北京化工大学马克思主义学院	2
复旦大学	2
河南财经政法大学	2
华东师范大学	2
上海师范大学哲学与法政学院	2
沈阳师范大学法律文化研究中心	2
苏州大学王健法学院	2

图3：2023年度法律史学科高产研究机构发文情况

2023 年中国法律史研究综述

孙 烁[*]

一、概况

党的二十大报告提出，要弘扬社会主义法治精神，传承中华优秀传统法律文化。2023 年是全面贯彻党的二十大精神开局之年，中国法律史学界响应时代号召，注重对中华传统法律的本来面貌、内在精神、深刻意义和当代转化进行系统性的考辨、梳理与总结，取得突出进展。据统计，2023 年，在法学核心期刊（含核心集刊）发表的法律史学论文有 142 篇，在中国法学核心科研评价来源期刊（CLSCI）发表的法律史论文有 48 篇。在 2023 年发表于法学核心期刊的法律史学论文中，中国法律史学（含中国法制史、中国法律思想史、中国传统法律文化等方向）论文占比超过 85%。从研究内容来看，2023 年度法律史领域的研究成果呈现出"对中国的研究多于外国、对中国古代的研究多于近代"的总体特征，[①]中国法律史学界在持续关注中国传统法律的基本精神、传统法律形式等重要论题的同时，也更加注重对中华法治文明发展史和中国共产党领导下的百年民主法治历程进行考察和总结，注重为推动中国式现代化、建设中华民族现代文明、在新时代更好地推进"第二个结合"贡献法治智慧，推出了更多富有影响力的高质量作品。从断代视角来看，关于近现代法制的成果占据较大比重。

中国法律史学科 2023 年有二十余场重要学术会议召开，主要有（依举办时间为序）："三晋法家与中华文明"学术研讨会暨中国先秦史学会法家研究会第五届年会（2 月 10 日至 2 月 13 日）、中国法律史学会东方法律文化分会 2023 年学术年会（4 月 22 日至 4 月 23 日）、玉汝于成：中国近现代法律人的培养之道——"中国法律教育史研讨会"（4 月 28 日）、中国法律史学会西方法律思想史专业委员会 2023 年年会（5 月 6 日至 5 月 7 日）、革命根据地法律史研讨会（5 月 21 日）、"东西互观的法律世界"学术研讨会暨《镜中观法：〈中国评论〉与十九世纪晚期西方视野中的中国法》新书研讨会（5 月 27 日）、中国法律史学会儒学与法律文化分会 2023 年年会暨"传统中国的纠纷解决与近代转型"学术研讨会（6 月 10 日）、第十七届全国法律文化博士论坛（7 月 8 日至 7 月 9 日）、第七届法律史学青年论坛——"清代律典的传承与变革"学术研讨会（7 月 15 日）、首届平城法治论坛（8 月 1 日至 8 月 3 日）、第十三届"出土文献与法律史研究"学术研讨会（8 月 22 日至 8 月 23 日）、中华传统法律文化创造性转化创新性发展与中国自主法学知识体系建构学术研讨会（9 月 23 日）、中华法系传统与创新性发

---

[*] 作者系中国社会科学院大学法学院博士研究生。
[①] 《CLSCI 年度报告（8）|2023 年度 CLSCI 来源期刊法律史发布情况与统计分析》，中国法学创新网，2024 年 2 月 22 日，http://www.fxcxw.org.cn/dyna/content.php?id=26788。

展学术研讨会（9月23日）、"稷下学与先秦法家"学术研讨会暨中国先秦史学会法家研究会第六届年会（10月14日至10月15日）、中国法律史学会2023年年会暨"中国法学知识体系的传统及其现代发展"学术研讨会（10月21日至10月22日）、汉唐法律与中国传统法律文化研讨会（10月24日）、第三届沈家本与中国法律文化国际学术研讨会（10月28日）、第三届"文化传统视野下的当代中国法治"学术研讨会（11月18日）、"中华法治文明与社会治理现代化"学术论坛（11月19日）、第十二届青年法史论坛暨"中华法治文明与中国自主法学知识体系的构建"学术研讨会（11月25日）、第二届全国法史本硕论坛（11月26日）、"简牍法学与中国式法治现代化"学术研讨会（12月2日）、第二届法治文化青年学者论坛（12月9日）、中国优秀传统法律文化传承发展暨"唐律研究双书"出版研讨会（12月9日）等。

二、中国法律史通论和学科方法论

2023年，中国法律史学界在深入学习领会党的二十大精神、习近平总书记在文化传承发展座谈会上重要讲话精神的基础上，尤其注重从建设中华民族现代法治文明、在新时代深刻把握、努力推进"第二个结合"方面展开思考，提出建议。本学科通论依然关注中华优秀传统法律文化及其当代价值、中华法系的基本特征和内在精神、学科方法论等经典课题，在广度和深度上都有所进展。

张晋藩《中国古代中央地方关系的发展与历史借鉴》以通史的大视野，指出五千年来中华民族的历史沿着纵向传承、革故鼎新的螺旋式上升的路线不断地发展。秦的统一不是西周宗法封建式的统一，而是中央集权专制主义的统一，"海内为郡县"。汉代央地制度以强干弱枝为追求，唐朝中央机构实行三省制，地方机构实行州、县二级制。宋朝秉持重内轻外的指导思想，总体上实行二府制与地方兼施制。元朝在民族大一统的局面下，地方制度为行中书省制。明朝中央为内阁制，地方行路、州、县三级制。清朝的中央地方关系具有鲜明的民族统治特点。作者指出，中国古代疆域辽阔、民族众多，长期存在政治、经济、文化发展的不平衡。在这样的国情背景下，大一统的、专制主义的政治制度无论是中央还是地方，都适合于中国传统国情，有助于民生的改善和文化的统一。中国悠久的历史证明为了充分发挥中央与地方的制度作用，重在修制选人。监察制度能够沟通中央与地方、官和使紧密结合，形成监察网络。加强县的管理，有利于巩固统一的基础。①

郭成伟《中国古代社会治理体系与治理能力研究》提出，从法制发展的历史角度研讨中国古代社会治理体系与治理能力，特别是发掘其中的有益内容，对于推进新时代社会主义国家治理体系与治理能力现代化具有一定意义。中国古代治理社会比较成功的王朝基本都能贯彻"民本主义"，在民本精神的指引下执行整体、系统、变化与比较四大理念，对当代我国也有着重要的借鉴意义。作者同时指出，部分王朝在建设治理体系与治理能力过程中产生了极端化现象，留下深刻的历史教训。②

黄宗智《中国的"三实"与西方的"三理"：一个总结性的回顾、反思与前瞻》提出，

---

① 张晋藩：《中国古代中央地方关系的发展与历史借鉴》，《河北法学》2023年第6期。
② 郭成伟：《中国古代社会治理体系与治理能力研究》，《中国政法大学学报》2023年第2期。

中国改革的基本思维和走向可以用"三实"的总结称谓来概括，即"实践"、"实用"与"实质"主义的进路。现代西方尤其是英美的主导思维则是"三理"进路，即"理性"（逻辑化）"理推"（形式化）理想"。两类基本思维方式实际上是二元合一与二元对立思维方式的差异，而两者在历史上都呈现过偏颇的一面。作者提出，中国未来的正确发展道路在稳定、平衡地推进由上而下的领导与由下而上的民众参与，也在继续吸纳必需的"三理"思维和其连带的机械化发展，以及自由主义和西方法律的个人权利观，借此追求超越中西二元对立，迈向综合中西优点的长远道路。①

张文显《中华法系的独特性及其三维构造》认为，新时代传承发展中华法系必须深刻领悟其独特性，深入分析中华法系的基本构造和内容。作者认为，中华法系历史悠久、机制精深、影响深远，从而实现了"独树一帜"。中华法系以中华法理为根，以中华法典为干，以中华案例为叶，形成了中华法系的三维构造。在此基础上，作者对于新时代传承发展优秀传统法律文化提出了建议。②

何勤华《中国古代"出礼入刑"传统之赓续与创新》提出，在历史经验的基础上，积极借鉴"出礼入刑"法律传统中的有益成分，实现礼法关系的现实转化，对于深入推进中国式现代化，加快建设中国特色社会主义法治国家有着重要的意义。作者分析了"出礼入刑"形成、分离、发展、鼎盛的变迁历程，认为这一传统确立了古代治国理政模式，奠定了古代法律制度基调，决定了古代法典编纂风格，影响了古代审判决狱思维。作者认为，新时代推进中国式现代化，应当坚持传承中华优秀传统法律文化，积极借鉴"出礼入刑"法律传统中的有益成分，实现礼法关系的现实转化，探索法治与德治并重的社会治理新方式。③

夏锦文《中华法系的深厚底蕴及其创造性转化》提出，中华法系是中国古代特定历史条件下孕育形成的中华民族的法律文化精神和法律治理实践，是以唐律为代表、以礼法结合为根本特征，其影响及于域外诸国的法律文化系统。它在世界法制史上独树一帜，显示了中华民族的伟大创造力和中华法制文明的深厚底蕴。④

霍存福《官无悔判：往日遭际、古代语境及其现代意义挖掘》从"官无悔判"等"旧法观点"切入，梳理对"官无悔判"的批判运动过程及"旧法思想""旧司法作风"主要表现，总结旧法观点、旧司法作风的内容与定性，探寻"官无悔判"的相应法律术语及其特征。作者以宋、明为中心，探讨"官无悔笔，罪不重科"的古代语境及其原义，在为"官无悔判"正名的同时尝试挖掘并赋予其现代意义。⑤

马小红《"中华法系"辨正》提出，"中华法系"是近代比较法研究中出现的概念，其最初是近代学者对中国古代法的一种阐释。清末变法修律后，中华法系瓦解，民国时期学界在

---

① 黄宗智：《中国的"三实"与西方的"三理"：一个总结性的回顾、反思与前瞻》，《河北学刊》2023年第4期。
② 张文显：《中华法系的独特性及其三维构造》，《东方法学》2023年第6期。
③ 何勤华：《中国古代"出礼入刑"传统之赓续与创新》，《政治与法律》2023年第8期。
④ 夏锦文：《中华法系的深厚底蕴及其创造性转化》，《江海学刊》2023年第1期。
⑤ 霍存福：《官无悔判：往日遭际、古代语境及其现代意义挖掘》，《吉林大学社会科学学报》2023年第6期。

对中华法系的研究中见仁见智，未能形成共识，致使一些学者力倡的"复兴中华法系""建树新中国法系"的主张不了了之。20世纪50年代后，有关中华法系的研究多回归学术，对中华法系去芜存菁，继承其优秀成分成为现实法治建设与发展的题中应有之义。作者提倡，无论是对中华法系持有肯定并进一步主张复兴的观点，还是对中华法系持有否定并进而主张放弃的观点，都应该以厘清中华法系概念的由来、内涵为前提，在总结以往研究成果的基础上作出判断；百年以来中华法系的研究与时势关系密切，尤其在中国古代法解体的情况下，"中华法系"这个名称颇能引起一些学者对已经失落了的传统的怀念和自豪感。然而，中华法系毕竟是近现代学界对中国古代法的一种解释，在中国，其学术的属性远远大于其实践意义。①

陈景良《"天下无讼"价值追求的古今之变》尝试把"无讼"与"天下"概念联系起来，论证"天下无讼"价值追求的话语表达与历史实践，探索阐释其古今变与不变的规律。作者阐述了中国古代"讼""无讼""天下"的概念与内涵，论证"天下无讼"价值追求的话语表达与历史实践，考察了近代以来"天下无讼"价值追求的转型变迁。作者提出，"天下无讼"价值追求背后是中国人认知内外世界、处理内外纠纷的独特思维逻辑与行为方式。此种逻辑与方式既以早期中国司法理念为文化基因，又有着新的社会历史条件下赓续传统、焕发活力的时代动因，是理解中华法制文明、重塑新型中华法系的一把"锁钥"。②

赵晓耕《古代未成年犯罪的教育与惩戒》重申中华民族尊老爱幼的传统美德和中国传统法律恤幼矜弱的基本原则，梳理西周至明清的传统法律，认为传统法律在未成年人犯罪方面充分体现了对未成年人的特殊保护。中国古代以来形成的恤幼传统为未成年人犯罪保护提供了有力的思想来源，律例条文中所反映出来的理念和制度尽管有其时代局限性，但仍值得我们关注。③

李雪梅《中国古今"治理体系"析评》通过对党的十八大、党的十九大、党的二十大报告文本进行分析，解读"管理"和"治理"的内涵，通过对三个报告文本的相关词汇使用频率及内涵的分析，总结当代中国国家治理观的特点为注重治理体系建设、倡导治理共同体、突出治理效能。作者提出，中国传统治理体系具有多元性，官制、法制、礼制、教化，以及历代对金石、简牍、纸张等文献载体的适时利用，无不相互影响，共同发挥着合力功效，并择要从道器相佐、公器不私、规则认同三个角度分析了传统治理方式。作者提出，传统治理体系在良法善治、官箴吏治等方面对当代依然有着借鉴意义。④

汪洋《貌离神合：家庭财产法对传统家观念的呈现》反思指出，家文化是传统的独特存在，体现了民众生活的伦理基点和道德表征。鉴于家庭世界和财产世界的差异，作为民族精神产物的家庭法体现了本土化的伦理、风俗、信仰等地方性知识，与作为科学理性化产物而

---

① 马小红：《"中华法系"辨正》，《上海政法学院学报（法治论丛）》2023年第6期。
② 陈景良：《"天下无讼"价值追求的古今之变》，《政治与法律》2023年第8期。
③ 赵晓耕：《古代未成年犯罪的教育与惩戒》，《人民论坛》2023年第3期。
④ 李雪梅：《中国古今"治理体系"析评》，《中国政法大学学报》2023年第3期。

具有普适性的财产法迥异。作者关心的主题是：优良家风和家庭美德呈现了传统家观念中哪些具体内容？《民法典》婚姻家庭编、继承编与传统家族法相较，哪些变了，哪些没有变，哪些"貌离神合"？基于这种问题意识，作者对传统法和现代法从多个角度进行了辨析。[1]

杨陈《古典德治的依宪治国功能——有关"德法合治"论的补充性说明》认为，要判断我国古代政治传统中是否存在依宪治国的资源，就需要重回传统时代"德治""法治"关系这一经典话题，超越那种基于经典文本的对于两者之间应然关系的探讨，而是以一种历史社会学的方式对于现实运作机制展开考察。作者认为，在"德法合治"之外，儒家德治理念有其自主性，这一理念经由法家化的国家体制，形成了一种清流主义的政治文化与心态。这样的文化与心态虽未能固化为制度性传统，但却在历史上起到了一定的规范公权力尤其是主权性权力的作用，而这正可作为当代"依宪治国"事业的传统资源。[2]

法律史学研究路径和方法论问题也持续引起学者关注。陈颐《制作"习惯"：近代民法典编纂的习惯调查》注意到"习惯"在近代法律史上的"名""实"问题，认为"习惯"本身并非"中国民情"，围绕近代立法展开的习惯调查实际上是"制作习惯"的过程，揭示法史话语和历史实况之间的深刻区别。[3]杜正贞《州县司法档案研究中的个案与普遍性问题》指出，不同学科背景的学者在档案利用的方法和目的上存在差异，社会史研究者眼中州县司法档案的区域性和基层性优点在法律史学者看来恰是一种隐患，但不论是在法律史领域还是社会史领域，都存在着对于州县司法档案研究结论的普遍性问题的疑虑。作者对个案研究的"普遍性"问题给出了自己的回答，指出关于州县司法档案研究的"普遍性"问题仍有一些相关议题需要讨论。[4]李在全《让"人"回归法律史研究》提出，如何在规则研究的基础上，嵌入作为历史主体的"人"，让规则与人真正能够互动起来，诚非易事。让"人"回归法律史研究，目的是让法律规范、制度、司法过程鲜活起来，生动起来，从而更好地理解历史。[5]胡永恒《有没有"正宗"的法律史研究？》着眼于法律史研究法学化、史学化两大路径，提倡法学界和史学界的研究者尽量跨越学科鸿沟，走向优势互补与学科融合。[6]

苑苑《中国古代犯罪史研究刍议》提出，犯罪史研究立足于古代史学与法制创造的犯罪相关史料，又受益于犯罪史料与传统法制史研究的结合，成为法制史研究中一条独特路径。具体而言，在法制史层面，对犯罪本身的研究增加了以罪观法的新视角，增进了立法控制方面的考察；在社会史层面，对犯罪群体和社会的研究拓宽了法律社会史的研究道路，有利于司法实践方面的考察。作者认为，犯罪史研究的发展不能局限于微观、底层的社会史视角，而要在宏观上把握古代社会的变动性与总体特征，并更加关注政治史、文化史研究进路。[7]

---

[1] 汪洋：《貌离神合：家庭财产法对传统家观念的呈现》，《法学研究》2023年第3期。
[2] 杨陈：《古典德治的依宪治国功能——有关"德法合治"论的补充性说明》，《中外法学》2023年第1期。
[3] 陈颐：《制作"习惯"：近代民法典编纂的习惯调查》，《史学月刊》2023年第1期。
[4] 杜正贞：《州县司法档案研究中的个案与普遍性问题》，《史学月刊》2023年第1期。
[5] 李在全：《让"人"回归法律史研究》，《史学月刊》2023年第1期。
[6] 胡永恒：《有没有"正宗"的法律史研究？》，《史学月刊》2023年第1期。
[7] 苑苑：《中国古代犯罪史研究刍议》，《史学理论研究》2023年第6期。

赖骏楠、景风华《法律儒家化未曾发生？——以家庭法制为中心》关注中国法律史学研究中广为接受的"法律儒家化"话语。作者认为，法律儒家化是真实存在的历史过程，瞿同祖命题在稍作修正后也保持着对这段历史的充分解释力，这段过程在家庭法制变迁中得以集中体现。先秦儒家与法家思想均蕴含父权制因素，但两派所设想的父权制精神和构造迥然有别。家庭作为一种不承载伦理的管理单位，无法抵御国家权力的侵入。秦法多体现法家色彩。从汉至唐，法律明显经历儒家化改造。这种变化集中发生在与家族伦理相关的制度领域，且该领域的儒家色彩直到清代仍得到深化。受法律儒家化传统叙事重视的官贵法律特权，只是在魏晋南北朝这一皇权弱势时代得到彰显，在皇权恢复常态的后世则受严格限制。在宋以来的民事法中，父权制大家族法制逐渐向私有产权实践妥协。在重大历史变迁中，观念和意识形态的作用应受到严肃对待。①

三、先秦至魏晋法

先秦至魏晋法制所涉历史时段较长，学者主要关注法律观念、部门法制等话题，论题相对比较分散。

汪太贤《先秦法的概念隐喻》认为，既往不少中外学者对先秦法的概念隐喻进行识解时，主要立足于法被喻为"规矩""绳墨""斗斛""仪表"等器物在功能上所承载的意义，而忽视了它们在性质和价值上所蕴含的意义。作者从法哲学的视角提出，先秦法概念隐喻所表达的思想观念是要把法变成统治的"根据"而非简单的"工具"，并且自始就试图把法的信任基础奠定在坚韧的磐石上。法的概念隐喻中的法，不仅有形，而且有理有道，法中有理，理中有道。作者认为，中国古人所崇尚的作为标准的法是要抽取法的主观意志性。理解法的概念隐喻时，不应为隐喻性语词所拘束，还应根据隐喻自身开放的空间即隐喻性表达的关系之中去拓展它的意义领域。作者从法的概念对立法的暗示、对国君"从法"的暗示两方面分析，认为中国古代法的概念隐喻主要是通过对法的属性的赋予，试图把法确立为一种公理性或定理式的规则，这样，人们就有要求统治者遵从法律的正当性。②

严存生《我国古代法治观念探析》着眼于先秦独特的法治观念——"道法之治"观念，认为它从事物的本性来思考"法治"问题，把"法治"作为一种必然、一种信仰来思考，自有其特色和价值。作者通过对《黄帝四经》《管子》《尹文子·大道》和秦法家言行等基本资料的分析，认为先秦法治观念经历了萌芽、确立、发展和演变的阶段。中国古代法治观念的主要观点认为，真正意义上的社会治理必须"治之以正"，必须"治之以道"和"德"，必须"治之以法"，必须"治之以君子"，必须使法与权、术相结合。作者分析了中西法治观念的主要区别，认为我国古代"法治"观念对当前"法治中国"建设有重要意义。③

陈伟《秦简牍"执法"新诠——兼论秦郡的评价》从"属所"内涵的复杂性切入，对秦

---

① 赖骏楠、景风华：《法律儒家化未曾发生？——以家庭法制为中心》，《学术月刊》2023年第2期。
② 汪太贤：《先秦法的概念隐喻》，《中国社会科学》2023年第2期。
③ 严存生：《我国古代法治观念探析》，《法治现代化研究》2023年第5期。

简牍"属所""狱属所""属所执法""县执法""朝廷执法"等多种用语进行辨析，认为秦代并不存在"县执法"，所谓"朝廷执法"其实是内史地区和中央官署的各种属所执法。"执法"与对秦郡的评价直接关联，郡守就是郡执法。由此，对秦郡的消极性评价当可摒弃，秦郡与西汉早期的郡制应大致相当。①

冯闻文《出土简牍所见秦汉水利法制初探》以出土简牍为中心，从田律与水利时禁和时宜，治水律、徭律与治水防洪，田令与灌溉秩序，航运与船只管理四个方面，系统梳理秦汉水利法制中水工、防洪、灌溉及航运法的内容。作者提出，先秦的水利法制意识和实践为秦汉水利法制的发展提供了重要基础，秦汉水利法规已包含后世综合性水利法和专门性水利法规的雏形。②

李正君《魏晋南北朝国家监察制度的构建及整体评价》试图深入、立体探讨魏晋南北朝国家监察制度的构建，并在此基础上对这一时期国家监察制度作出整体评价。作者从监察组织制度、监察监督制度、监察调查制度和监察处置制度等四个层面考察了魏晋南北朝国家监察制度，认为这一时期国家监察制度较秦汉时期有明显进步，专业化程度更高，但未能形成集中统一的监察体系和权威高效的监察机制。③

四、唐宋元法

唐代是中华法治文明的高峰，唐、宋、元历代法制一脉相传，既形成大量行之有效的经验做法，也留下丰富的法制史料。对这一时期法律的研究考察也是本年度学界持续发力的重要领域。

胡玉鸿《唐律说"理"》认为，以理证法、以理说法是中国古代法律史、法学史的传统，唐律及其疏议堪称这方面的典范。唐律中的理并非法律渊源，而是证成规则正当、理解法律意旨以及指导司法裁判的原理、理据、准据。弘扬唐律法理言说的学术传统，对于中华优秀传统法律文化创造性转化、创新性发展有着重要的理论价值和现实意义。④

刘晓林《唐律"义疏"中的"无罪"：表意、解释及其限度》指出，如以现代刑法中"非罪"的表达、含义与判断标准为参照，唐律中并无针对"非罪"的集中、系统且层次分明的表达，相反，大量出现的是"无罪"及相关表述。作者认为，唐律中典型的"无罪"是一种法律评价结果，相关内容皆出现于"义疏"，表达的含义是针对特定行为人无具体刑种与刑等的适用。这种表述形式及其表意特征形成于唐代制作"义疏"的过程中，但与简牍秦汉律令所见相关术语的渊源关系仍比较清晰。作者提出，唐律"义疏"中的"无罪"旨在替换作为解释对象的"不坐"与"勿论"，意图在于"更新"甚至"替换"沿袭前代而来的立法语言，由此实现立法者的特定意图。"无罪"包含的理论旨趣说明，立法者自发产生了针对行

---

① 陈伟：《秦简牍"执法"新论——兼论秦郡的评价》，《武汉大学学报（哲学社会科学版）》2023年第6期。
② 冯闻文：《出土简牍所见秦汉水利法制初探》，《古代文明》2023年第3期。
③ 李正君：《魏晋南北朝国家监察制度的构建及整体评价》，《湖南社会科学》2023年第4期。
④ 胡玉鸿：《唐律说"理"》，《中国社会科学》2023年第9期。

为人进行多层次评价的理论追求，但"义疏"中以"无罪"对相关术语的解释一方面以其表意为限度，另一方面也无法超越传统刑律的立法体例。①

顾成瑞《唐后期诸司与州县差役纠纷探析》从两税法改革带来的徭役征派机制转轨和唐后期中央与地方关系变异的角度，对诸司与州县的差役纠纷出现背景、表征与疏解过程进行考察。作者提出，唐后期诸司与州县在差役事务上的纠纷是官僚行政体制转轨和新旧赋役体系交替过程中相关因素综合作用的结果，这种纠纷及其在五代宋初的消解过程是唐宋之际以两税制度为核心的赋役体系演进的重要一环，也是这一时期国家组织形态演进和运作机制转型的缩影。②

黄道诚《宋代勘验检查制度探微》提出，宋代政局稳定、经济发达，但盗贼猖獗、恶性案件高发，治安形势严峻。特殊的社会环境促进了宋代勘验检查制度的空前发展。宋代勘验检查手段运用广泛、勘验检查规则建构完备、勘验检查技术趋向成熟，其制度化成就超越了以往的朝代，成为此后封建朝代模仿、借鉴的典范，并对周边国家产生了重大影响。宋代勘验检查呈现出规则系统化、活动程序化、方法先进的特点，对完善当代侦查学体系、贯彻证据裁判规则、优化侦查思维方式、完善侦查程序、传承和创新勘验检查技术、完善侦查立法等具体方面有着重要借鉴意义。作者特别强调，宋代法律文明"体时适变的时代特征和人文关怀的文明进步趋势"突出体现于宋代勘验检查司法实践活动中，尽管它包含的一些具体制度和经验已经不再适用，但它蕴含的"以人为本"的司法价值仍然有其现实意义。③

陈玺《令典与惯例：宋代赐死规则之厘革与适用》注意到历史悠久的"赐死"条款在宋《天圣令》中的缺位，认为这种变化并非简单的传抄错漏，而是有意的制度安排。宋代"不杀大臣"这一本朝家法逐渐嬗变为司法惯例，并成为促使宋廷最终删除《狱官令》"赐死"条款的重要原因。由此，赐死规则逐步从成文法主义的令典条文演变成不成文法主义的司法惯例。《天圣令》修订以后，作为相沿已久的司法规则，赐死在具体适用层面形成的诸多习惯性规则，在宋代司法实践中得以长期适用。以天圣修令为界，宋代赐死裁决应当分别以令文规定和司法惯例为依据。司法实践中，宋代赐死程序包含鞫治、宣敕和行刑等基本环节。以赐死为代表的惯例性规则呈现高度韧性与强大影响，对司法实践发挥着实质性的支配作用。宋代赐死规则从令文到惯例的时代嬗变与具体适用充分展示了唐宋变革视野中"祖宗家法"对于法律创制与刑罚执行的深刻影响，以及中国古代司法传统中"传承"与"权变"的互动关系，为我们提供了审视中国传统司法文明的新视角。④

和智《西夏文〈天盛律令〉三种版本比较研究》对中国历史上最早以少数民族文字印行的法典——西夏《天盛律令》的三个主要版本进行考辨，明确三个版本异同，为该法典下一步的整理刊布提供依据。作者初步探讨了彩印本的价值与不足，梳理了俄藏本、俄译本的贡

---

① 刘晓林：《唐律"义疏"中的"无罪"：表意、解释及其限度》，《华东政法大学学报》2023年第2期。
② 顾成瑞：《唐后期诸司与州县差役纠纷探析》，《中国史研究》2023年第1期。
③ 黄道诚：《宋代勘验检查制度探微》，《政法论坛》2023年第1期。
④ 陈玺：《令典与惯例：宋代赐死规则之厘革与适用》，《华东政法大学学报》2023年第6期。

献与不足,就《天盛律令》三个主要版本不是基于严格的文献学整理原则产生的文本及俄藏《天盛律令》还有大量未刊残件的观点作了回应。①

谭天枢《〈唐律〉之赓续与新生：蒙元"旧例"考》提出,蒙元公文和法律用"旧例"一词代指金朝的《泰和律义》,而《泰和律义》的面貌深受唐律塑造。至元八年废止《泰和律义》造成了法律适用的震荡,引发了关于旧律存废和创设新法的讨论。在此期间,司法官吏通过援例断案和旧律新解的方式,继续贯彻"旧例"之基本原则和主旨精神,用以指导审判实践。《泰和律义》衍生的一系列圣旨条画、通行定例和断案成例成为《大元通制》《至正条格》的内容来源,潜移默化地推动了元代立法的"唐律化"改造,为中华法系的血脉赓续和创新发展构筑了历史桥梁。②

五、明清法

明、清两朝,尤其是清朝,在历代王朝中距今最近、史料最丰,一直以来都是中国法律史学研究的重点。本年度,学界立足既有研究成果,针对明清法律体系、立法技术、法律思想等经典话题进行深入研讨。

陈国平《朱元璋监察法制观述论》将朱元璋的监察法制观念放到朱元璋治国理政思想总体框架内,同朱元璋根本治国主张联系起来进行分析考察。作者从朱元璋对监察机构地位性质、监察机关与其他政权机关的关系和监察系统内部关系、监察机构首要职责、鼓励监察官进言、发挥监察官惩贪腐察民情的作用、监察官选用标准、监察官应模范知法守法等方面分析,认为朱元璋形成了比较系统、丰富的监察法制观。作者还简要分析了其当代借鉴意义。③

刘正刚、柳俊熙《明代卫所军官犯奸惩治条例探析》提出,明代卫所军官犯奸现象层出不穷,国家在洪武年间以《大诰》惩治之,永乐以后则不断出台军职犯奸惩治条例,正统时将宣德年间针对收继婚的"败伦伤化"例收窄指向军官。成化以后,各地在司法实践中不断增加军官犯奸惩治例,但所有的例多以革职为民、调卫差操、子孙袭职等予以轻刑薄惩。弘治之后,将"权宜之法"的条例整合进入"常法",有的则被"大法"吸纳。轻刑薄惩实际纵容了明代军官犯奸行为,引起社会道德下滑,也使卫所进一步废弛。④

杨一凡《明清法律体系本相考辨——论"律例法律体系"说的缺陷和"典例法律体系"说成立的理据》从准确表述明清法律体系出发,就为什么不宜把明清法律体系界定为"律例法律体系"做进一步论述,论证"典例"说的理据。作者分析认为"律例"说存在多方面缺陷,造成的后果就是把大多数法律排除于明清法律体系之外。作者提出,明代改"令"为"例"和颁行《诸司职掌》是创建典例法律体系的两大举措,正德《会典》的颁行标志着这

---

① 和智：《西夏文〈天盛律令〉三种版本比较研究》,《中华文史论丛》2023年第2期。
② 谭天枢：《〈唐律〉之赓续与新生：蒙元"旧例"考》,《中国政法大学学报》2023年第4期。
③ 陈国平：《朱元璋监察法制观述论》,《法学评论》2023年第1期。
④ 刘正刚、柳俊熙：《明代卫所军官犯奸惩治条例探析》,《安徽史学》2023年第3期。

一法律体系基本框架的定型，清代则进一步对其发展完善。①

杨念群、孙岩《谕众劝俗：木铎制与明清乡里社会的政教实践》基于大量方志、档案、文集、碑刻及新见民间史料，对明清木铎制的运作实态及其制度定位做出分析，揭示当时基层圣谕传输体系的层次，并从"声教"的维度探讨木铎与朝廷政教秩序之构建的关系。作者考察了明清时期木铎制的源流演变，研讨"木铎声教"与基层政教传输体系的形成，考察"木铎"的选派、待遇及其多元身份，探究"木铎"的社会参与及其政教象征。作者在研究基础上进一步申论，探索"日常声音"和"社会秩序"的关系，反思"皇权不下县"等说法，从声教规训的角度提醒读者联系现实、注意历史的延续性。②

罗冠男《行政法典编纂视角下明清会典的编纂理念、立法模式及启示》提出，明清会典的主体是基于治理理想的组织规范和管理规范的总和。明清会典编纂的直接动机是对《诸司职掌》的修订，编纂目标在于统一国家治理的法律依据，同时在历史统绪上实现官制典籍的延续承继。明清会典编纂的总体理念为维护"大一统"，核心理念为对官僚权力进行规制和约束。立法模式上，明清会典在体例上采用以官统事、正文与事例分立的复合立法模式，以高超的立法技术和简洁凝练的语言进行表述与阐释，内部条文形成了一个逻辑清晰的整体。当前，我国行政法典的编纂与明清会典的编纂在不同的时空背景下有着相近的立法动机，面临着相似的问题和挑战。相较于西方法治经验，明清会典的编纂理念和立法模式可以更好地为当下行政法典的编纂提供具有中华法文化基因的传统智慧和本土经验。③

白京兰《国家法权与边疆治理：清代伊犁将军司法审判职能及变迁》以中国第一历史档案馆原始档案、已刊各类档案及清代文献资料为基础，重点关注边疆治理中的国家法权实践，在清代八旗驻防体系及国家治理、边疆治理体系的总体视野下考察伊犁将军，以比较视野在其于军府制跨行省制的动态演变中分析探讨其司法审判职能之内容、特点、变化及其意义。作者考察提出，以伊犁将军为中心，对清代边疆治理中国家法权之实践与运作的历史梳理与纵向横向比较研究，揭示了清代州县司法体系之外与其并行共存的另一种"八旗驻防"司法体系，二者共同发挥大地域国家治理的功能及作用。边疆驻防将军之司法权力比内地驻防将军更为突出，边疆八旗驻防司法体系与内地相比大多并不规范完整，带有比较突出的军事色彩与多样性。④

李明《清代刑部说帖的撰写及司法权威的生成》认为，"说帖"在清中后期受到刑部及以下各级司法部门的高度重视，这与清代律例体系下雍正五年"律"的定型及此后越发重视"例"的指导与调适作用有关，特别是在同治九年官方停止"修例"之后，各级司法官员在

---

① 杨一凡：《明清法律体系本相考辨——论"律例法律体系"说的缺陷和"典例法律体系"说成立的理据》，《世界社会科学》2023年第1期。
② 杨念群、孙岩：《谕众劝俗：木铎制与明清乡里社会的政教实践》，《北京大学学报（哲学社会科学版）》2023年第2期。
③ 罗冠男：《行政法典编纂视角下明清会典的编纂理念、立法模式及启示》，《中国法学》2023年第3期。
④ 白京兰：《国家法权与边疆治理：清代伊犁将军司法审判职能及变迁》，《西域研究》2023年第1期。

办案时更加自觉地参照此前已有的相关案例,这是清代重视例、通行、成案乃至"说帖"等"例案"文献的根本原因之所在。作者依据清人论述意见,从刑部内部案件处理的运转流程分析说帖的产生,在历时性视阈下随刑部工作程序变化考察说帖来源的变化历程,在肯定说帖本身的参考价值之外尝试从制作与传播的外在维度阐述说帖受上下重视的"权威性"来源内外因素,表征说帖主稿人的司法技艺,分析说帖在编纂、使用中的实践逻辑。刑部说帖辨惑析疑,有助于开拓心思、扩展识见,且出自刑部精英之手,地方亦希望在办案时与中央保持一致,因此各级司法工作者无不重视说帖,刑部说帖在例案文献中的权威性由此铸就。[1]

黄雄义《清代法典编纂理念之沿革——以刑典为中心的考察》试图提取清代刑典的核心理念,继而分析把握清代刑典形成流变规律、总结中国古代法典编纂经验。顺治律整体上是对明律的模仿,体现出仓促应急的特点。康熙则例则因时制宜,立足实际以"求治",这一时期清代立法从模仿前明走向以本朝实际为依据。雍正律是对顺治律、康熙则例的系统梳理,析异删繁,通过内容统一化、形式简约化以求刑典整体"画一"。乾隆律继承前代经验,随时酌中,以求尽善。清朝刑典得益于这一理念,渐趋完善,塑造出一套颇具自身特色的稳定样式。宣统律则兼采中西以"图变",是刑法近代化的里程碑之作。作者认为,清朝刑典始终处于相对稳定而又适时变化的状态,各部刑典在保持基本共性的同时也洋溢着鲜明的个性。归根结底,"个性"缘于每部刑典背后主导的编纂理念不一。[2]

六、近代中国法

近代中国法律和法学呈现出中西碰撞、新旧互动的特殊局面,深刻地影响了今日中国法律和法学的面貌。本年度,中国法律史学界尤其关注近代中国固有法制和外来法制的互动,研讨近代中国法制建设进程在国家治理中的作用。

屈文生《英美在近代中国行使治外法权主体之型化与形替》提出,在半殖民地半封建社会的中国确立域外管辖司法机构或治外法权法院体系,始终是近代英美等国构建其法律帝国时考虑的核心事务;审思近代英美驻华领事官司法权之变迁,是切入英美对华治外法权法院体系研究的重要路径。英、美两国驻华领事官曾获得非同寻常的司法权和管辖权,但从19世纪中叶起,限制或规制领事官司法权却成为半殖民地国家反抗领事裁判权和英美本国政府加强治外法权统治的"共同目标"。对于领事官司法权的整个讨论,便转移到如何在华设立并运作"混合法院"以及专门法院上来。英美在华攫取的司法权也从非职业的领事官渐次流动至驻华职业法官,但此举实际上意在加强"治外法权统治"。[3]

聂鑫《近代中国统一法律适用的实践》从为当代统一法律适用提供借鉴出发,梳理近代中国统一法律适用的制度建设成果,研究近代最高审判机关行使终审权、编辑判决例与统一解释法律的工作实效与特色。清末到民国,最高审判机关一直有统一解释法令权,定位为统

---

[1] 李明:《清代刑部说帖的撰写及司法权威的生成》,《清史研究》2023年第2期。
[2] 黄雄义:《清代法典编纂理念之沿革——以刑典为中心的考察》,《法学评论》2023年第3期。
[3] 屈文生:《英美在近代中国行使治外法权主体之型化与形替》,《法学研究》2023年第3期。

一律例解释所设之官署,有权发布判例及解释例,在实践中,最高审判机关判决例、解释例的制作规则日益完善,"司法造法"编辑体例逐渐定型。最高审判机关普遍地行使终审权,这成为实现统一法律适用的基础。判例要旨汇编有其自身的独特性和合理性,呈现出"法条化"的特色,在适应现实需要的同时也与律例并行的历史传统产生共鸣。民国时期的解释例也是"广义的判例",司法解释呈现出"裁判化"的特色。①

苏亦工《吉同钧清律讲义的版本、成书过程及其价值》将目光投向清末修律时期的传统律学家吉同钧,对吉氏的几种清律讲义进行考辨。作者经过考订认为吉氏卒于民国23年(1934),纠正了一些地方志的错误。作者对吉氏所撰几部讲义的版本、卷次等内容进行详细对比分析,对吉氏在清末中国法激烈变革中的角色和地位进行了新的评估。②

王立民《辛亥革命时期中国租界法制之变化与反思》提出,租界法制作为中国租界制定或认可、实施于租界范围内的城市区域法制,在辛亥革命期间发生重大变化,抵制乃至破坏革命、扩张司法区域管辖权的趋向明显。作者认为,这些重大变化的出现可以归因于外国人对革命的偏见、租界扩权的野心、清廷的腐败和革命期间的权力真空,对这一时期中国租界法制的变化进行了反思。③

郑显文《民国初年商事裁判的法源位阶考辨》提出,探讨民国初年的商事法源时,不能仅考虑立法者制定和认可的规范来源,还要关注司法者的实践活动,关注审判机关审断商事案件的裁判依据,认识到商事法律开放的、动态的自我更新和完善机制。作者围绕民初商事裁判文书,从动态视角分析民初商事裁判法源,指出各级审判机关除依据制定法外,还广泛依托依法订立的契约、商事习惯、判例和解释例、法理等任意法源,使得民初商事裁判法源呈现复杂面貌,并对民初各类法源的位阶进行了排序。④

蔡晓荣《传统中国的异姓收养及其近代法律境遇》在既有研究基础上进一步提出以下问题:作为立嗣这一主流收养方式的一项补充性措施,传统中国异姓收养的历史实态如何呈现?其在传统社会滋长和顽强存续的社会动因有哪些?清末民初的立法和司法实践,在纾缓异姓收养之禁和扩张异姓养子权利方面做出哪些努力?南京国民政府时期的收养制度作为中国近代亲属法成功转型的一个典型范例,其围绕异姓收养的合法化这一核心目标,如何实现新法与旧俗的交合互融?作者分析指出,清末民初因袭立嗣旧制,是以立法、司法都有弛缓异姓收养之禁、扩张异姓养子权利的势头。《中华民国民法》则摒弃了宗祧继承,将异姓收养纳入合法收养,最高司法机关借系列判例和解释令对立嗣旧制予以适度包容,参酌民间习惯限制了养子权利,成就了中国近代亲属法转型过程中融会中西的成功范例。⑤

刘昕杰《纸面上的统一:传统中国状纸的近代变革》从传统中国诉讼基础文书——状纸

---

① 聂鑫:《近代中国统一法律适用的实践》,《法学研究》2023年第4期。
② 苏亦工:《吉同钧清律讲义的版本、成书过程及其价值》,《法律科学(西北政法大学学报)》2023年第5期。
③ 王立民:《辛亥革命时期中国租界法制之变化与反思》,《当代法学》2023年第5期。
④ 郑显文:《民国初年商事裁判的法源位阶考辨》,《比较法研究》2023年第6期。
⑤ 蔡晓荣:《传统中国的异姓收养及其近代法律境遇》,《法学》2023年第7期。

的规则变迁入手，研究传统状纸的近代化历程，借以展现近代中国以法律规则引导状纸在纸面上的统一，再通过这种形式统一来巩固司法制度统一的历程。传统中国的诉状格式并无全国性统一规定，清末才颁行统一的状纸规则，在形式上对状纸进行统一要求。经过民国时期的几次状纸规则改革，中央计划管理、地方参与分利的状纸制度最终形成。作者提出，状纸制度的变革体现了近代中国政府权力的扩张，状纸的形式统一巩固了司法的制度统一。①

黄源盛《从保辜到因果关系的承与变——以民国大理院及最高法院判例为中心》着眼于传统法律中的保辜制与近现代刑法学上的因果关系论，分析了北洋政府大理院和国民政府最高法院的若干因果关系判例，认为保辜和因果关系之间固然有时空的断裂性，却也有着某种程度的类似性，各有其合理性和时代价值。②

邓建鹏《晚清礼法之争前后关于习惯的认识和争论》注意到，在晚清礼法之争前后，习惯受官方重视的程度及其在立法中的地位有着显著差异，进而深入分析其原因。在历代王朝的官方认识中，地方风俗习惯与主流意识形态长期处于对立面，应以国法礼教规训之。但国家立法在民事生产与生活方面每多疏漏，国法所不及的领域往往还要依靠风俗习惯调控。此时作为规则的习惯，实质上仍与法律相互作用。但晚清修律时期，习惯开始受到官方重视。作者认为，这一现象主要是因为礼教派以新法不合风俗习惯作为反对法理派的重要武器。作者同时指出，法理派和礼教派都认同自上而下的国家主义立法模式，因此，习惯在近代立法与司法实践中产生的实际影响不宜高估。③

汪雄涛《透视传统中国的社会与法律——瞿同祖与费孝通的学术人生》着眼于融会中西学术的百年难题，回溯瞿同祖与费孝通这两位在传统中国社会与法律领域成就卓著的先贤中西融通的学术人生。作者比较了瞿氏和费氏在家世、师承、研究特点和主要观点等方面的区别，指出二人的成功主要得益于人生经验与中国研究之间的融通，也得益于西方理论与中国经验的良好融合。虽然瞿氏与费氏对西方理论的吸纳都有一个由生到熟的过程，但二人最后都把西方理论当作贴近中国经验的方法，而非学术坐标和理论前提。④

七、中国共产党领导下的法治历程和法学研究

本年度，学界对党领导下法治历程的研究基于现实关切，将研究视野扩展到革命根据地法乃至近代法，努力实现近代与当代、历史与现实的贯通，论证中国特色社会主义法治何以形成、何以发展、何以完善，努力从历史经验中发掘可供当代中国法治和中国自主法学知识体系吸收的资源。本论域与当代法治实践关系密切，不少优秀成果出自法学理论、部门法学等其他学科学人之手，这一趋势值得注意。

---

① 刘昕杰：《纸面上的统一：传统中国状纸的近代变革》，《法学家》2023年第6期。
② 黄源盛：《从保辜到因果关系的承与变——以民国大理院及最高法院判例为中心》，《法治现代化研究》2023年第2期。
③ 邓建鹏：《晚清礼法之争前后关于习惯的认识和争论》，《华东政法大学学报》2023年第1期。
④ 汪雄涛：《透视传统中国的社会与法律——瞿同祖与费孝通的学术人生》，《中国法律评论》2023年第2期。

郝铁川《正确认识和评价马锡五审判方式》指出，马锡五审判方式是中国共产党人集体司法智慧的结晶。虽然这一审判方式以马锡五命名，但它实际上是由一批司法工作者依据党领导的革命根据地法律群策群力创造的。党发现并推广了这一审判方式，并在实践中不断完善和发展。马锡五审判方式体现了司法全过程民主和全过程能动司法理念，这些理念与西方的司法民主理论和能动司法理念有显著区别。这些理念在今天的司法工作中已得到创造性转化、创新性发展，其根本原因是中国共产党人一直坚持党的宗旨和群众路线。习近平法治思想强调要坚持以人民为中心、发展全过程人民民主，更为继承和发展马锡五审判方式提供了新的机遇。马锡五审判方式不但没有过时，而且还在新时代人民司法事业中焕发勃勃生机。作者提出，应该加强对中国共产党在新民主主义革命时期创造的红色法律文化的研究，在法学界努力构筑中国自主法学知识体系的今天尤应如此。①

侯欣一《根据地政权国家机构的理念、立法和实践》提出，随着根据地政权建立，究竟应该设置什么样的国家机构才能满足军事动员、政治革命与社会治理的多重需要，同时符合乡村和战争环境，成为摆在中国共产党面前亟待解决的重大问题。在实践摸索中，中国共产党逐渐意识到，革命要成功离不开政权和国家机构，对国家机构的功能定位展开思考，有关创建乡村根据地政权和国家机构的理念日臻成熟。中国共产党在根据地开展了国家机构立法实践，积极探索建构国家机构，凝练出民主、高效、灵活等国家机构设置的基本原则和一体化的运行逻辑，在此基础上对国家机构不断调整，产生了深远影响。②

张生《历史经验与现实选择：在法治轨道上推进中国式现代化》从法律史和现代化理论的视角，立足于对世界各国现代化共同特征的分析，总结中国共产党领导人民实现现代化的历史经验，试图探讨新时代如何通过法治重点工程推进中国式现代化。作者提出，现代化有着整体性、持续性、阶段性的共同特征，法治则既是现代化本身的一部分，又是整套现代化治理体系的制度保障。自新民主主义革命以来，中国共产党团结带领全国各族人民，探索积累了大量宝贵经验，为中国式现代化建设提供了坚实保障。作者建议，在新时代以完善中国特色社会主义法治体系为抓手，坚持以人民为中心的发展思想，要着重加强三项重点法治工程建设，推进中国式现代化：以法治推进全过程人民民主，保障人民当家做主；以法治保障人民分享现代化红利，实现共同富裕；依规治党，实现党的自我革命。③

强世功《如何思考政法》将法律问题放在古典文明秩序被摧毁而现代文明秩序重建的艰难探索这个古今中西之辨的大背景下，试图理解现代法学的品格、理解政法法学在现代法学中的地位和演变。从最广泛的意义上说，法学从一开始就是政法法学，从政治视角理解法律是不可或缺的。作者对清末以来中国法律和法学进行简要梳理，认为政法理论是西方法学理论与中国国家建构和法制建构实践结合而成的一套扎根中国本土的现代法学理论，而马克思

---

① 郝铁川：《正确认识和评价马锡五审判方式》，《中国法学》2023年第6期。
② 侯欣一：《根据地政权国家机构的理念、立法和实践》，《当代法学》2023年第1期。
③ 张生：《历史经验与现实选择：在法治轨道上推进中国式现代化》，《河北师范大学学报（哲学社会科学版）》2023年第1期。

主义政法法学之所以能吸收并取代三大法学流派而取得"罢黜百家，独尊一家"的局面，很大程度上是由于近代以来的中国革命进程经历了从"承认政治"到"革命政治"的转向。作者提出，不能简单地将改革开放之前的法制建设与改革开放之后的法治建设割裂开来，而应在政法理论的视野中将这两个不同的历史阶段纳入革命（改革）与法治内在辩证运动的连续中，理解法律在不同历史阶段的不同面貌和不同功能。[①]

王歌雅《中国婚姻家庭立法70年：制度创新与价值遵循》梳理回顾新中国成立以来的婚姻家庭立法，认为中华人民共和国成立后的婚姻家庭立法在立法原则、立法体系上顺应了时代需要，在立法理念、规范和适用层面实现了制度创新，通过秉持本土情怀、推进移风易俗、维护和谐稳定、回应社会关切从而明确了价值遵循。[②]

左亦鲁《中国宪法"第一修正案"——1979年修宪决议的历史背景与宪法功能》将目光投向1979年修宪决议，从宪法史角度入手，认为其具有中国宪法"第一修正案"的地位。1979年修宪决议首次以部分修改的方式修正了宪法，八二宪法迄今为止的历次修正大体遵循了它开辟的路径。作者分析认为，从历史背景来看，地方组织法、法院组织法、检察院组织法和选举法等四部与国家机构有关的立法直接"倒逼"出了该次修宪。而在功能上，它的意义在于完成了宪法权威和修宪技术的储备。[③]

彭錞《再论八二宪法通信权条款：原旨与变迁》采历史解释的视角，试图建构属于中国的宪法通信权教义学。作者分析了宪法上"通信""通信自由和秘密"的原旨和变迁，探讨如何保护宪法通信权，对中国宪法通信权教义学的未来进行展望。作者提出，至少有两项工作亟待展开：依据宪法通信权条款对现行法进行合宪性判断；厘清宪法通信权与其他基本权利之关系。[④]

刘忠《我国特别类型法院设置制度史考察》关注看似缺乏形式合法性的各类特别类型法院。1954年、1982年《宪法》和1954年、1979年《人民法院组织法》（1983年、1986年、2006年修正，2018年修订）规定了行政区划人民法院和专门人民法院，但在这两类获得立法授权的法院之外，当代中国还有一批特别类型法院。作者细描三类特别类型法院产生、存留的历史细节，力图避免大而化之与想象的归因。建设时代产生的特别类型法院，大多是行业法院。1983年《人民法院组织法》修正后产生了林区法院、铁路运输法院，这与当时立法"宜粗不宜细"的指导方针关系密切。在改革开放时代基于制度试验、区域特殊性而设立的开发区法院、互联网法院等"因特殊需要设置的法院"也是特别类型法院的重要组成部分。在相关人员已经转为政法专项编制，对法院机构合法性问题的关注基本消失后，法院机构的形式合法性与实质合法性之间的张力逐渐浮现。[⑤]

[①] 强世功：《如何思考政法》，《开放时代》2023年第1期。
[②] 王歌雅：《中国婚姻家庭立法70年：制度创新与价值遵循》，《东方法学》2023年第2期。
[③] 左亦鲁：《中国宪法"第一修正案"——1979年修宪决议的历史背景与宪法功能》，《法学家》2023年第5期。
[④] 彭錞：《再论八二宪法通信权条款：原旨与变迁》，《法学评论》2023年第5期。
[⑤] 刘忠：《我国特别类型法院设置制度史考察》，《环球法律评论》2023年第6期。

黄骏庚《日常家事代理在中国（1911—2020）：民法制度的历史分析》打通近代史和当代史，从"日常家事代理是代理吗"这个学理争议切入，认为重回日常家事代理的生成背景，整理制度和学说的历史变迁，或许能够为解开当下的理论困局提供新的视角和见解，试图向历史追问"日常家事代理为何被认为是代理"。《大清民律草案》在近代中国立法中第一次引入日常家事代理，对后来的法律产生深远影响。《中华民国民法》对日常家事代理进行明显改造，使日常家事代理权不再专属于妻子，夫妻双方都成为代理权的主体，在看似实现制度革新的同时也面临不少新的困难。新中国婚姻法拒斥日常家事代理，直至2001年，这一制度方经由司法解释重获新生。作者分析认为，日常家事代理在学说上的重生，与其说借鉴自各国民法，毋宁说受到我国台湾地区民法理论的影响。在此意义上，日常家事代理中断的历史脉络，在阔别数年后又通过新的形式实现接续。作者提出，借助历史分析，我们可以重思日常家事代理的规范属性、规范目的与体系关联。①

林彦《传统续造：基本法律修改权的创制》提出，基本法律修改权作为现行宪法的一大创新，不仅是全国人大常委会所行使的重要立法权，也是国家立法权的重要组成部分。它代表了一种历史经验的再现和升华。就基本法律修改权的创设过程来看，更多凸显的是在总结1954年宪法实施后立法体制微调经验基础上的传统续造。这集中反映了对于人民代表大会制度所承载的民主代议与有效决策两大价值的务实平衡。改革开放初期，我国法制设计存在一种模式，即在甄别的基础上系统恢复新中国成立初期的立法，基本法律修改权就代表了这种模式。这反映了决策者对我国基本制度的坚守，在有效填补规则空白的同时，为改革提供了更加稳妥的法治保障。②

赵晶《1970—2000年间日本法制史学者访华纪闻笔下的中国学界》主要关注域外史料，立足于日本中国法制史研究者陆续为短期访问、长期留学、参加学术研讨会、查阅史料等目的来华时留下的文字记录，观察他们对彼时中国学界的"观察"。作者指出，这些资料反映了将近三十年间中日两国法制史学界努力打破学术隔阂、互通信息有无的交往历程，说明了海外资料对中国法学学术发展史书写的独特价值。③

付子堂、代瑞婷《新中国法律渊源研究变迁与启示》简要回顾了新中国对"法律渊源"的研究发展历程，梳理了法律渊源学说、法律渊源分类的发展脉络，总结了法律渊源研究的研究状况。具体而言，新中国法律渊源研究的核心争论点在于法律渊源与法的表现形式、法律渊源与法律方法、法律渊源与法；法律渊源研究受国家法治建设发展的影响、得益于国外理论、同学者研究时域密切相关，这是法律渊源研究的历史经验。新中国成立以来法律渊源研究的发展逻辑是：研究视角转向具体，追求理论内部自洽，注重理论的实践品性。作者还对法律渊源研究未来的发展方向进行了展望。④

---

① 黄骏庚：《日常家事代理在中国（1911—2020）：民法制度的历史分析》，《法制与社会发展》2023年第4期。
② 林彦：《传统续造：基本法律修改权的创制》，《清华法学》2023年第1期。
③ 赵晶：《1970—2000年间日本法制史学者访华纪闻笔下的中国学界》，《中国法律评论》2023年第2期。
④ 付子堂、代瑞婷：《新中国法律渊源研究变迁与启示》，《河北法学》2023年第1期。

罗翔、许华萍《沈家本思想与当代重刑主义思潮的检讨性反思》注意到，当代中国犯罪主要形态逐渐从重罪向轻罪、自然犯向法定犯过渡，但犯罪圈扩大、刑罚轻重失衡的重刑主义趋势也同时显现。为了避免重刑主义思潮卷土重来，探索与轻罪时代相适应的刑法治理模式尤为重要。作者对沈家本的法理思想进行回顾，认为"义、序、礼、情"构成了沈家本对"法理"概念及内涵的基本理解。从犯罪维度看，当代刑事立法活跃化大势之下，刑事法网愈来愈大，网眼愈来愈密，犯罪门槛降低，犯罪圈不断扩大，这导致了入罪门槛低、出罪门槛高的重刑主义风险。从刑罚维度看，刑罚配置失衡、刑罚执行僵化带来了轻罪重刑、罪刑不称的风险。作者建议，在犯罪维度，明晰法律和道德在犯罪评价体系中的定位和作用，礼与刑"自是两事"，入罪时坚持"律无正条不处罚"，出罪时"不能舍情理而别为法也"；在刑罚维度，"化民之道，固在政教，不在刑威"，刑罚配置实现"裁之以义而推之以仁"，刑罚执行坚持"刑罚为最后之制裁"，以契合"义、序、礼、情"四端，防范当代重刑主义的潜在风险。①

八、发表于港澳台地区的中国法律史研究成果

2023 年，港澳台学人在中国法律史学研究领域也取得了值得注意的进展，部分内地学人的法律史高水平研究成果也在港澳台地区发表。但需要指出的是，因为学科建制、研究力量等多重因素，发表于港澳台地区的法史研究成果相对较为分散，虽自断代上看从先秦、秦汉到近现代乃至当代均有涉及，但并未就特定论题形成规模化、成系列的研究成果。

周波《说张家山汉简〈二年律令·秩律〉的"詹事"并论汉初的太后、皇后两宫官系统》综合利用最新原始红外线照片及原整理图版，对反映汉初朝廷及地方官员秩级的张家山汉简《二年律令·秩律》关键简文进行重新整理与复原，在竹简编联与拼缀、简文释读、出土及传世典籍比较研究的基础上对简文所见汉初太后、皇后两套宫官官名进行了系统的梳理与考察，针对以往研究所存在的问题也提出了一些新的意见。作者认为，通过对汉初太后、皇后两宫官系统的整理与复原，还有助于学界进一步认识汉代两宫宫官制度的嬗变、吕后时期宫官系统的特征等问题。②

林益德《黄金一斤值钱万——汉代法律制度中的黄金问题》提出，汉代法律制度中有不少涉及黄金的条文，这些条文以不同原因规定黄金在政府、民间两者间的流动。然而，这些语涉"黄金"的规定大多允许政府、民间用铜钱代替黄金流通，借此避免出现黄金实物不足、无法满足流通之情形。汉代政府为允许铜钱代替黄金流通，针对黄金、铜钱比价制定相关法规，指定双方依据比价将黄金换算为铜钱，汉代典籍中最为人所知的"黄金一斤值钱万"就是黄金、铜钱比价之一。作者提出，深入探究此种黄金、铜钱比价与汉代货币史之发展，可发现黄金、铜钱比价竟从西汉中期维持至东汉中、晚期不变，未受汉代铜钱多次改

---

① 罗翔、许华萍：《沈家本思想与当代重刑主义思潮的检讨性反思》，《甘肃政法大学学报》2023 年第 6 期。
② 周波：《说张家山汉简〈二年律令·秩律〉的"詹事"并论汉初的太后、皇后两宫官系统》，（台北）《历史语言研究所集刊》第 94 本第 1 分。

制、历史政局演变之影响，借此怀疑"黄金一斤值钱万"这种比价主要应用于法规中各种涉及黄金流动之规定，而与黄金、铜钱之市场实际比价脱钩。①

冯志弘《宋人不言庆历"新政""新法""变法"考——基于观念史的个案研究》注意到，宋人虽常以"新法""变法""新政"赅括熙丰政事，但未曾以这些词汇归纳庆历之政；而当代文史著作常用的"庆历新政"说法亦不见于清代以前文献。作者考订认为，熙丰变法时期，宋人从未直接比较范、王改革主张，也不曾认庆历、熙宁更革为可比的对象，这些联系待朱熹而后始。今人或曰熙丰变法之时，庆历革新派趋于保守，这固属当代观点，却非宋人认识。范仲淹故后，对其显有贬评者只有梅尧臣、宋神宗、王安石三例，后两者对范氏的批评反映出熙丰变法主事者并不完全认同庆历改革。欧阳修等庆历当事人认为范仲淹改革失败皆因"群言营营，卒坏于成"，可是徽宗朝以后却出现"庆历之治"说法，其内涵又被简化为仁宗能"开纳直言，善御群臣，贤必进，邪必退"。这说法无法揭示庆历之政真正特色，又故意忽略庆历改革主事者因"众訾成波，挤落在外"的事实，却有利于范仲淹作为忠义第一人形象的建立。而宋人从不曾认为庆历之政有违祖宗之法，这是宋人不言庆历"新"政的根本原因。②

李传斌《特殊涉外医疗事件与民初社会：1919年罗感恩案研究》重点关注民初湖南常德的一起特殊涉外医疗事件——罗感恩案。1919年12月17日，美籍医学传教士罗感恩（Oliver Tracy Logan）应邀至湘西镇守使冯玉祥寓所为其患精神病的亲属刘礼权治病，却被刘用手枪打成重伤而殒命，冯玉祥也受轻伤。本案发生后经报刊广泛报道，迅速成为各界关注的话题，该案的传播和善后处理在案内、案外产生了重要影响，展现了冯玉祥与民初政治、社会舆论、基督教传播的关系，揭示了民初政治与社会文化的复杂与多变。③

---

① 林益德：《黄金一斤值钱万——汉代法律制度中的黄金问题》，（台北）《新史学》第34卷1期。
② 冯志弘：《宋人不言庆历"新政""新法""变法"考——基于观念史的个案研究》，（香港）《人文中国学报》第36期。
③ 李传斌：《特殊涉外医疗事件与民初社会：1919年罗感恩案研究》，（澳门）《澳门理工学报》2023年第2期。

2023年日本出版中国法制史研究成果回顾

程实*

2023年日本出版了众多中国法制史研究成果，其中尤以先秦至秦汉时期、明清时期的研究成果数量最多，同时，魏晋南北朝时期与唐宋时期的研究成果也具有重要分量。本文统计的研究论文32篇，其中先秦至秦汉时期11篇，魏晋南北朝时期1篇，隋唐宋时期4篇，明清时期13篇，民国时期3篇；研究专书11本，其中先秦至秦汉时期2本，魏晋南北朝时期1本，隋唐宋时期3本，明清时期4本，民国时期1本。本次研究回顾将以研究论文、专书为两大板块，按照不同断代，以出版先后逐一概述。如有疏漏之处，敬祈方家赐教。

一、研究论文回顾

（一）先秦与秦汉时期

2月，《鹿儿岛大学法文学部纪要人文学科论集》第90卷刊载了福永善隆的『前汉における中央监察の实态补论：御史中丞を中心として』。该文通过对《史记》《汉书》所载侍御史弹劾案例的考察，分析西汉时期侍御史在国家政治体系中所处的地位。根据序言，该文回应了王勇华的《西汉中央监察体制再考》（载日本中国史学会《中国史学》第24卷，2014年10月）一文的相关观点。同月，京都大学大学院人间·环境学研究科《历史文化社会论讲座纪要》第20卷刊载了章潇逸的《汉代贼捕掾考》一文。该文以长沙五一广场东汉简牍为中心史料，探究汉代贼捕掾的实态、与贼曹的关系，以及贼捕掾在县级官府中的地位。

3月，福永善隆又于鹿儿岛大学《鹿大史学》第70卷发表『前汉における丞相の政治的地位について：礼制における丞相の职责を中心として』，于《九州大学东洋史论集》第50卷发表『前汉后半期における御史制度の展开』。前文从丞相长史的监察职能入手，探究西汉丞相的礼制职责与其政治地位间的关系；后文则从请谳、律例运用入手，讨论西汉后半期侍御史制度的发展变化。同月，『中央大学アジア史研究』刊载山元贵尚的『简牍史料からみた秦汉时代の"迁"と"就食"：中国古代における徙民政策の一侧面』。该文首先考察秦简中"迁"的相关记载，包括"迁"刑者的罪状、家庭成员的相关处置、迁徙地、劳役内容，其次分析秦简中"输"的内容，再结合传世文献探讨"就食"所反映的秦汉移民政策。同月，《冈山大学大学院社会文化科学研究科纪要》第55号刊载土口史记《战国秦汉"内史"问题补论》和刘聪『秦汉时代における官吏の犯罪：岳麓秦简「为狱等状四种」案例六に着

---

* 作者系中国政法大学法学院博士研究生。

目して』两篇文章。土口文回顾内史研究相关论点，对"读替说"和"二重性"说进行了重新思考；刘文以岳麓秦简《为狱等状四种》案例六《暨过误失坐官案》为主要关注对象，结合其他简牍记载，探究"犯令""误""坐官"的定义、区别及其对量刑的影响。同月，早稻田大学史学会《史观》第188册刊载平林优一『战国秦における相邦と大良造』。该文从1948年陕西省西安市鄠邑地区出土的《瓦书》以及传世文献《史记》等的相关记载入手，探究战国时代秦国"大良造"与"相邦"之间的关系。

6月，东洋文库《东洋学报》第105卷第1号刊载鲛岛玄树的『后汉后半期における盗贼の收拾と赦免』。该文考察了东汉后期针对盗贼的镇压、赦免政策失效问题，分析在此背景之下地方长官的盗贼劝降政策，以及该政策得以成功的原因。8月，作者又在早稻田大学史学会《史观》第189册上发表『王莽の盗贼对策と赦免の运用』，探究王莽当权时期的盗贼对策以及对赦免政策的运用。9月，京都大学东洋史研究会《东洋史研究》第82卷第2号发表了佐川英治的『军功と赐爵：秦汉二十等爵制の考察』。该文以二年律令为中心，对秦汉二十等爵制中的军功爵、非军功爵的性质、变化进行再度考察。

（二）魏晋南北朝与隋唐宋时期

1月，东北大学中国文史哲研究会《集刊东洋学》第128号刊载会田大辅的《北周六官制の忘却》。该文回顾了《周书》《唐六典》《通典》等唐人著述中北周六官制的相关记载，考察北周六官制度在隋及以后时人记述中的消失过程，认为：①北周六官制虽为隋朝废止，但仍对隋唐官制产生了一定的影响，因此仍为隋末唐初的时人所记，于《周书·卢辩传》等处存有体系性记载。但由于修书时史料不足，北周武帝、宣帝时期新设官制内容，已开始被省略不记。②至唐玄宗时期，《唐六典》只载北周官制中与唐制较为相关的内容，而相关性较弱的内容，即使在北周官制中具有重要的地位，也被省略不记，记述内容失去体系性。③至北宋时期，《周书·卢辩传》原文散佚，北周六官制的体系性记载消失，北周官制为《唐六典》《通典》等书所不载者已逐渐为时人所忘记。

2月，京都大学大学院人间·环境学研究科《历史文化社会论讲座纪要》第20号刊载小野响『〈通典〉职官典叙述小考：太仆卿条を手挂かりとして』一文。该文以《通典》太仆卿条中唐代的相关内容为主要考察对象，分析杜佑在撰写《通典》时的记叙问题。该文指出，虽然马政是国家的重要事务，但《通典》的记载仍欠详慎，不仅混杂唐代不同时期的内容，还省略了特定时期以后的变迁。关于造成该现象的原因，该文认为有两种可能，一是在写作《通典》时，杜佑考虑到相关内容已有其他资料可作说明，因此未能面面俱到；二是杜佑对不同制度、同一制度的不同时期的关注程度不同，因此对相应内容的着墨存在不同。

3月，《唐宋变革研究通讯》第14辑刊载與座良一的『南宋の身丁税について：两浙东西路を中心に』。该文以南宋两浙东西路为中心，考察身丁税的科税实际情况。5月，《关西大学法学论集》第73卷第1号刊载佐治立人的『旧中国律の"实行の着手"规定"已行"について』。该文从对仁井田陞、滋贺秀三对唐律、明清律所作解释入手，结合唐律、唐律疏、明清律著，对唐明清律中的"行""已行"的含义进行了考察与分析，认为"行"应被理解为实行，"已行"应被理解为"着手实行"。此外，汲古书院于2023年9月出版了气贺

泽保规所编的『隋唐佛教社会とその周辺』一书，内载小岛浩之撰写的『唐·五代官人の行政实务と法令：官府别の法令集と〈法令壁记〉をめぐって』。

（三）明清与民国时期

1月，《关西大学法学论集》第72卷第5号刊载佐治立人的『吴讷撰「祥刑要览」所载〈棠阴比事〉について』。该文首先简要介绍了东洋文库所藏、明人吴讷编纂、陈蔡增补《重刊祥刑要览》卷三所收录的《删正桂氏棠阴比事》与《学海类编》《四库全书》所载《棠阴比事》的关系，其后选取《重刊祥刑要览》的《汉武明继》《李傑买棺》《戴诤异罚》《曹驳坐妻》《宗元守幸》《虔效邓贤》《孝肃杖吏》七则故事进行了译注。同月，『历史と经济』第258号刊载本野英一的『清末民国初期の中英雇用·取引契约关系：上海共同租界を中心に』一文。该文通过对1905—1917年的新闻史料，如 North China Herald、《申报》，以及该时期的《上海总商会议事录》，英国国家档案馆（The National Archives）所藏司法、外交文书等的考察，探究中英企业间的雇用、交易契约关系。

2月，关西学院大学人文学会《人文论究》第72卷第4号刊载水越知的『清代地方档案史料の"虚构"と"事实"：史料论的考察』。不同于既有研究多偏重人命类案件的做法，该文以《巴县档案（同治朝）》中的妇女类案件为切入点，从相关诉状和知县批文出发，考察与分析清代地方档案史料中的"虚构"与"事实"。

3月，共发表7篇论文，依断代先后分述如下。关于明代，佐治立人在《关西大学法学论集》第72卷第6号发表的『「祥刑要览」の撰者吴讷の履历と逸话』，选取《明史》等文献所记吴讷相关资料进行译注，以介绍吴讷的生平与逸闻。井上彻于《名古屋大学东洋史研究报告》发表『明代の江南に宗族は存在しなかったのか：滨岛敦俊氏の宗族论を読み解く』，对滨岛敦俊于2011年复旦大学历史系学术发表的演讲报告《江南无"宗族"》（后收入邹振环编：《明清以来江南城市发展与文化交流》，复旦大学出版社2011年12月出版）中的相关主张进行了重新检视。伊藤正彦在《唐宋变革研究通讯》第14辑发表『明末休宁县27都5图所属の有力氏族』。该文以安徽博物院藏《万历休宁县27都5图黄册底籍》为中心史料，探究明末万历年间休宁县相关地区的有力氏族的实际状态，分析明代里甲制度得以持续运作的基础。曹绅纯于『名古屋大学人文学フォーラム』第6卷刊发表『明代における廷杖の登场』。该文探究了明代廷杖与"金元夷俗""重典治国"之间的关系，以及廷杖在明前期的相关演变。荷见守义于『中央大学アジア史研究』第47号发表了『崇祯十二年の制敕房における敕书生成と吴三桂』。该文以《中国明朝档案总汇》所收录的《敕稿底簿》以及相关兵部档案为中心，分别从胥有诏、钱天锡、吴三桂的授职事例，论述明代制敕房的职能、授职敕书的内容、制作过程，以探究明末人事制度的变动。

关于清代，森正夫在《名古屋大学人文学研究论集》第6卷发表的『清代乾隆嘉庆期の河南省东南部の地方志に见られる地方统治の性格』，从《光州志》《光山县志》《商城县志》《固始县志》《息县志》入手，回应伍跃刊载于《东洋史研究》第80卷第3号（2021年12月）上的『顺天府档案に见る宝坻县の中间团体と乡保』。

关于民国，九州大学法政学会《法政研究》第89卷第4号刊载西英昭的《中华民国期中国法制史学管见》。该文第一、二章梳理了清末、民国时期中国法制史学的发展脉络,对该时期的中国法制史学书籍、论文,以及相关作者进行了考察,并在第二小节着重归纳了时人围绕法系理论所写就的论著。第三章则关注民国时期学界对中国近代法制的研究状况。

6月,《史潮》第93号刊载久保茉莉子的『诉追制度から考える"传统"と"现代":近现代中国の自诉制度に注目して』。该文回顾了清末以后中国刑事诉讼法律制度中自诉制度的形成过程,以及中国近代法律家尤其是夏勤的相关论说,重新审视近现代法和传统法观念的联系。

7月,佐治立人又在《关西大学法学论集》第73卷第2号上发表『吴讷撰·若山拯训读「祥刑要览」の译注补遗』。作者此前于2009—2022年在《关西大学法学论集》上连续发表了十三篇以日本天保5年(1834)美浓岩村藩刊本《祥刑要览》为底本的译注文,该文即是对此前译注文的补遗,主要对《祥刑要览》在日本的流传情况做了考察与分析,并追加了若山拯的传记资料。

8月,《史学杂志》第132编第8号刊载宫古文寻『"立宪"の交错:清末立宪准备宣言后の地方官制改革と"地方自治"の构想』。该文以1906年8月的《改革官职折》、1906年10月载泽的官制改革奏议、11月《釐定官制大臣致各省督抚通电》、1907年初张之洞相关奏议为中心,探究五大臣出洋考察结束后地方官制改革与地方自治构想的相关论说的发展脉络。同月,史志强于东京大学国家学会《国家学会杂志》第7·8号发表『清帝国の边境支配と法(一):十九世纪の东北地方を中心として』,以19世纪的东北地方为中心视角,探究清代当地司法体制与法律秩序的内容、变迁。

9月,荷见守义又在中央大学人文科学研究所《人文研纪要》第106卷上发表『崇祯一二年の制敕房生成敕书における文武官任用について』,对相关问题进行了更进一步的研究。在这篇文章中,作者将《国榷》《崇祯实录》《明史》《明代职官年表》相关内容与崇祯十二年(1639)《敕稿底簿》进行比较,补足《敕稿底簿》缺漏信息,并加以综合整理。其后,该文就吴三桂的相关记载,对《敕稿底簿》与《明代职官年表》抵牾之处进行了关注。最后,该文以《敕稿底簿》所收录的罗俊杰、汤允文、郑二阳、邱民仰、刘令誉相关文书为基础,对授职敕书的运作、功能再加讨论。

12月,史志强继续在东京大学国家学会《国家学会杂志》第136卷第11·12号发表『清帝国の边境支配と法(二):十九世纪の东北地方を中心として』。

二、研究专书回顾

(一)先秦与秦汉时期

1月,汲古书院出版渡边信一郎著的《中国古代国家论》。除序言、结尾外,该书共分为以下三部分:①古代国家的成立和古典国制(第一章至第四章);②专制国家和国家的土地所有(第五章至第八章);③小经营生产方式和国家土地所有(附论)。据作者介绍,该书是对作者过去所发表的相关论文的整理之作,从序说至附论分别对应以下文章:

该书章节	相关论文
序说　时代区分论の可能性：中国史の総体的認識をめざして	『时代区分论の可能性：唐宋変革期をめぐって』，载『古代文化』第48巻第2号（1996年2月）
第一章　中国文明の起源問題をめぐって：侯外庐《中国古代社会史论》によせて	『侯外庐「中国古代社会史论」の日本语版出版によせて：とくに中国文明の起源問題をめぐって』，载『历史评论』第585号（1999年1月）
第二章　百姓の成立：中国における国家の形成によせて	『百姓の成立：中国における国家の形成によせて』，载前田和也、冈村秀典编『国家形成の比较研究』，学生社2005年5月版
第三章　中国における第一次古代帝国の形成：龙山文化期から汉代にいたる聚落形态研究から	《中国第一次古代帝国的形成：以龙山文化时期到汉代的聚落形态研究为视角》，载《中国史研究》2013年第4期（2013年11月）；『中国における第一次古代帝国の形成：龙山文化期から汉代にいたる聚落形态研究から』，载西村成雄、渡边信一郎编『中国の国家体制をどうみるか：伝统と近代』，汲古书院2017年3月版
第四章　后汉における古典的国制の成立——汉家故事と汉礼	『后汉における古典的国制の成立——汉家故事と汉礼』，载《日本秦汉史研究》第16号（2015年11月）
第五章　中国古代专制国家と官人阶级	『中国古代专制国家と官人阶级』，载中村哲编『东アジア专制国家と社会・经济：比较史的视点から』，青木书店1993年12月版
第六章　古代中国の身分制的土地所有："均田制"の再检讨	『古代中国の身分制的土地所有：唐开元二十五年田令からの试み』，载《唐宋变革研究通讯》第2辑（2011年3月）
第七章　传统中国の均平秩序：经济と礼乐	『传统中国の均平秩序：经济と礼乐』，载《中国史学》第27卷（2017年10月）
第八章　传统中国の国家体制	『传统中国の国家体制』，载西村成雄、渡边信一郎编『中国の国家体制をどうみるか：伝统と近代』，汲古书院2017年3月版
附论　小经营生产样式と国家的土地所有	『小经营生产样式概念の系谱：日本中世史研究から中国古代史研究へ』，载《唐宋变革研究通讯》第5辑（2014年3月）
	『中国前近代史研究の课题と小经营生产样式』，载中国史研究会编『中国史像の再构成：国家と农民』，文理阁1990年2月版
	『国家的土地所有と封建的土地所有』，载中国史研究会编『中国专制国家と社会统合：中国史像の再构成Ⅱ』，文理阁1990年2月出版

3月，汲古书院出版宫宅洁编的《岳麓书院所藏简〈秦律令（壹）〉译注》一书。该书正文分为《序论》、《译注篇》和《考证篇》三部分，《序论》是宫宅洁撰写的《序论：岳麓书院所藏〈秦律（壹）〉解题》，《译注篇》收录京都大学人文科学研究所秦代出土文字史料研究班（2016—2020年度）、秦汉法制史料研究班（2022—2025年度）近年已发表的岳麓书院

秦简译注稿的整理、修改、增补之作。据编者介绍，原译注稿分别是：

研究班	原译注稿
"秦代出土文字史料の研究"班	《岳麓书院所藏简〈秦律令（壹）〉译注稿（その1）》，载《东方学报》第92卷（2017年12月）
	《岳麓书院所藏简〈秦律令（壹）〉译注稿（その2）》，载《东方学报》第93卷（2018年12月）
	《岳麓书院所藏简〈秦律令（壹）〉译注稿（その3）》，载《东方学报》第95卷（2020年12月）
	《岳麓书院所藏简〈秦律令（壹）〉译注稿（その4）》，载《东方学报》第96卷（2021年12月）
"秦汉法制史料の研究"班	《岳麓书院所藏简〈秦律令（壹）〉译注稿（その5）》，载《东方学报》第97卷（2022年12月）

《考证篇》收录以下文章：①安永知见『居县』；②斋藤贤『身份呼称として"君子"』；③曹天江《计时》；④太田麻衣子『故塞徼外蛮夷：故塞・故徼のもこう侧』；⑤林怡冰《工室》；⑥宗周太郎『动产卖买の质』；⑦土口史记《执法》；⑧角谷常子『名词の后につく"所"』；⑨杨长玉『蜀巴：关连する诸问题の考证』；⑩西真辉『属尉佐』；⑪宫宅洁『廷内史郡二千石官共令』；⑫鹫尾祐子『同居：世带构成员を指す法律用语』；⑬鹰取祐司『论令出会之』；⑭目黑杏子『岳麓〔肆〕341—342 简の考察』；⑮佐藤达郎『岳麓〔肆〕366—371 简"毋夺田时令"をめぐって：律令と官箴のあいだ』。

（二）魏晋南北朝与隋唐宋时期

2月，汲古书院出版久保田和男著的『宋都开封の成立』一书。除序言、所附书评、结尾外，该书主要由以下六部分组成：①五代宋初的都城从洛阳向开封转移的过程（第一章至第三章）；②五代宋初的郊祀活动及其与都城地区形成之间的联系（第四章至第六章）；③北宋时期的祥瑞文化及其与都城地区扩展之间的联系（第七章至第九章）；④都城地区信息向地方的传达（第十章至第十一章）；⑤吴国的金陵府与南唐的西都江宁府（附章一）；⑥书评。其中，第十章论述赦书从开封向地方传递的方式、过程。

3月，樱美林大学出版会出版（论创社发售）町田隆吉著『出土文献からみた魏晋・五胡十六国时代の河西』。该书总论部分对相关出土文献进行了概括性介绍，第一章论述武威地区出土的五胡十六国时期官吏辞令书，第二章论述临泽地区出土的西晋时期诉讼文书，第三章论述高台地区出土的冥婚书，第四章论述敦煌地区出土的砖画和镇墓文。此外，结语部分还收录有对作者此前整理的镇墓文的分析。据作者介绍，该书是对作者过去所发表的相关论文的整理之作，相关章节、论文分别是：

该书章节	相关论文
总论　河西出土魏晋·五胡十六国时代汉语文献概要	『河西出土魏晋·五胡十六国时代汉语文献の基础的整理』，载渡边义浩编『第四回日中学者中国古代史论坛论文集：中国新出资料学の展开』，汲古书院 2013 年 8 月版
	『河西出土魏晋·五胡十六国时代汉语文献の基础的整理（补遗一）』，载《西北出土文献研究》第 11 号（2013 年）
第一章　武威出土五胡十六国时代"板"（官吏辞令书）研究	『河西出土五胡时代"板"（官吏辞令书）小考』，载土肥义和、气贺泽保规编『敦煌·吐鲁番文书の世界とその时代』，东洋文库 2017 年 4 月版
第二章　临泽出土西晋时代诉讼关系文书研究	『甘肃·临泽出土の西晋简をめぐって：诉讼关系文书と"坞"·"坞舍"の理解を中心に』，载伊藤敏雄、关尾史郎编『后汉·魏晋简牍の世界』，汲古书院 2020 年 3 月出版
	『甘肃·临泽出土の西晋简と孙氏一族：临泽出土西晋简研究（一）』，载《樱美林论考：人文研究》第 7 号（2016 年 3 月）
第三章　高台出土冥婚书研究	『甘肃省高台县出土の冥婚书をめぐって』，载《西北出土文献研究》第 9 号（2011 年 5 月）
	《甘肃省高台县出土魏晋十六国汉语文书编年》，载中共高台县委、高台县人民政府、甘肃敦煌学学会、敦煌研究文献所、河西学院编《高台魏晋墓与河西历史文化研究》，甘肃教育出版社 2012 年 4 月版
第四章　敦煌出土砖画及び镇墓文研究	『敦煌祁家湾古墓出土"五胡十六国"时代の砖画をめぐって：敦煌地区における来世观とその周边』，载关尾史郎、町田隆吉编『砖画·壁画からみた魏晋时代の河西』，汲古书院 2019 年 9 月出版
	『敦煌出土四·五世纪陶罐等铭文について：中国古代における葬送习俗に关する觉书』，载《东京学艺大学附属高等学校大泉校舍研究纪要》第 10 集（1986 年）

6 月，汲古书院出版中村裕一著的『隋唐の诏敕』。该书内容宏富，序章介绍隋唐诏敕的研究意义、既有成果，概述隋、唐、宋三朝王言的基本知识。第一章论述唐代的册书，包括册命的内容、文例，册书的种类、材料、文例，册授的对象、废止；第二章考察隋唐的诏书、制书，包括诏、制的区别与联系，隋唐《诏书式》《制书式》《令书式》《诰书式》的相关内容与文书，唐代诏书的渊源；第三章关注慰劳诏书、慰劳制书，除隋、唐两朝的相关内容外，本章还涉及对同时期日本的慰劳诏书、中国南北朝时期慰劳诏书、中国汉代时期的"皇帝问某"文书的探讨，以及"敌国文书"的分析；第四、五、六、七章专论发日敕、敕旨、论事敕书、敕牒；第八章论述"王言之制"以外之诏，包括手诏、手制、墨诏、墨制、优诏、优制、诏旨、圣旨、进止、恩命、口诏、制曰可、制可、诏可、奏可；第九章论述"王言之敕"以外之敕，包括手敕、墨敕、口敕；第十章探究"诏敕"以外之王言，包括御札、玺书、玺

诏、宣；结尾对全书内容作了总结、补充、延伸。作者此前于1991年、1996年、2003年分别出版了《唐代制敕研究》《唐代公文书研究》《隋唐王言の研究》，本书是对相关内容的增补、完善之作。

12月，吉川弘文馆出版坂上康俊的『唐法典と日本律令制』。除序言、结尾外，该书共分为以下三部分：①唐代法典舶载研究（第一章至第五章）；②唐日间的信息传播（第六章至第九章）；③律令法与日本古代国家（第十章至第十四章）。据作者介绍，该书是对作者过去所发表的相关论文的整理之作，第一章至第十四章分别对应以下文章：

该书章节	相关论文
第一章 敦煌发见唐律断简（P.3608·P.3252）と大宝律	『敦煌发见唐律断简（P.3608·P.3252）と大宝律：户婚律放部曲为良条に关する冈野诚氏の新说に接して』，载《日本历史》第509号（1990年10月）
第二章 《令集解》に引用された唐の令について：舶载开元令考	『「令集解」に引用された唐の令について』，载《九州史学》第85号（1986年10月）
	《舶载唐开元令考》，载《日本历史》第578号（1996年7月）
	『日本に舶载された唐令の年次比定について』，载《史渊》第146辑（2009年3月）
第三章 《令集解》に引用された唐の格·格后敕について	『〈令集解〉に引用された唐の格·格后敕について』，载《史渊》第128辑（1991年2月）
第四章 唐格に关する二、三の问题	『唐格に关する二、三の问题』，载『在ベルリントルファン文书の比较史的分析による古代东アジア律令制の研究』（2008年3月）
第五章 日唐の格法典の编纂と体裁の特征	『日唐の格法典の编纂と体裁の特征』，载大津透编『日本古代律令制と中国文明』，山川出版社2020年11出版
第六章 大宝律令制定前后における日中间の情报传播	『大宝律令制定前后における日中间の情报传播』，载池田温、刘俊文编《日中文化交流史丛书》第2卷，大修书店1997年1月版
第七章 书禁·禁书と法典の将来	《书禁·禁书と法典の将来》，载《九州史学》第129号（2001年9月）
第八章 入唐僧と刺史の印信：维蠲书状の真意	『入唐僧と刺史の印信：维蠲书状の真意』，载《日本史研究》701号（2021年1月）
第九章 海外情报の复原と评价：《头陀亲王入唐略记附载伊势兴房报告》を读む	『海外情报をどう复原し，どう评价するか』，载冈崎敦、冈野洁编『テクストの诱惑フィロロジーの射程』，九州大学出版会2012年9月版
第十章 律令制の形成	『律令制の形成』，载大津透等编《岩波讲座日本历史》第3卷（古代3），岩波书店2014年9月版
第十一章 成文法と规范意识：古代の法と惯习	『古代の法と惯习』，载朝尾直弘等编《岩波讲座日本通史》第3卷（古代2），岩波书店1994年4月版

续表

该书章节	相关论文
第十二章 律令国家の法と社会	『律令国家の法と社会』, 载历史学研究会、日本史研究会编『律令国家の展開』, 东京大学出版会 2004 年 6 月版
第十三章 日本列島は"東アジア"なのか	『日本列島は"東アジア"なのか』, 载田中良之、川本芳昭编『東アジア古代国家論：プロセス・モデル・アイデンティティ』, すいれん舎 2006 年 4 月版
第十四章 古代国家をどうとらえるか	『古代国家をどうとらえるか』, 载《历史评论》第 693 号（2008 年 1 月）

（三）明清与民国时期

3 月, 汲古书院出版由村上正和、相原佳之、丰冈康史、柳静我、李侑儒译注的《嘉庆维新研究：嘉庆四（1799）年上谕译注》。该书介绍, 书名中"维新"二字, 取自嘉庆四年（1799）正月十九日等日上谕中多次出现的"咸与维新"一词, 用以指代亲政以后改革之事。除凡例、注、结尾、索引外, 全书正文主要由《解说》和《译注》两部分构成,《解说》主要交代嘉庆四年的时局背景、上谕等文书的基本知识。《译注》分为以下七个主题, 各选取嘉庆四年的重要上谕进行翻译、注解：①政治、制度；②经济、商人、贡物；③对外关系、藩部；④首都、地方统治；⑤法制；⑥八旗、满洲；⑦其他。其中,"法制"主题又细分为以下三个小主题：①量刑判断；②裁判；③新疆、蒙古。上谕的来源以广西师范大学出版社 2000 年出版的《嘉庆道光两朝上谕档》为主,《仁宗睿皇帝实录》为辅。早在该书出版以前, 该书研究团队就已经陆续发表了相关上谕译注稿, 现将笔者掌握的原译注稿信息整理如下, 以供读者参考。

作者	原译注稿
村上正和、相原佳之、丰冈康史、柳静我、李侑儒	《嘉庆四（1799）年三月上谕译注：清朝嘉庆维新研究序说》, 载《信州大学人文科学论集》第 6 卷（2019 年 3 月）
	《嘉庆四（1799）年五月上谕译注：清朝嘉庆维新研究序说》, 载《环日本海研究年报》第 24 卷（2019 年 3 月）
	『嘉庆四（1799）年七月上谕の译注および考察（1）：清朝嘉庆维新研究序说』, 载《地域学论集》第 16 卷第 1 号（2019 年 9 月）
	『嘉庆四（1799）年六月上谕の译注及び考察：清朝嘉庆维新研究序说』, 载《环日本海研究年报》第 25 卷（2020 年 3 月）
	『嘉庆四（1799）年七月上谕の译注および考察（2）：清朝嘉庆维新研究序说』, 载《资料学研究》第 17 卷（2020 年 3 月）
	『嘉庆四（1799）年八月前半上谕の译注および考察：清朝嘉庆维新研究序说』, 载《信州大学人文科学论集》第 8 卷第 2 号（2021 年 3 月）

续表

作者	原译注稿
村上正和、相原佳之、丰冈康史、柳静我、李侑儒	『嘉庆四（1799）年八月上谕の译注及び考察（2）：清朝嘉庆维新研究序说』，载《环日本海研究年报》第26卷（2021年3月）
	『嘉庆四（1799）年九月前半上谕の译注および考察：清朝嘉庆维新研究序说』，载《信州大学人文科学论集》第9卷第2号（2022年3月）
	『嘉庆四（1799）年九月后半上谕の译注および考察：清朝嘉庆维新研究序说』，载《环日本海研究年报》第27卷（2022年3月）

4月，汲古书院出版新村容子著的『アヘン战争前夜』一书。与传统研究范式不同，该书并未将对鸦片战争起因的思考重点放在经济利益、治外法权纷争的问题上，而是转向关注道光十九年（1839）《严禁鸦片章程》的出台背景、过程。该书考察与分析了战争开始前清朝国内鸦片吸食的情况、朝野之中鸦片弛禁论与鸦片严禁论的交替、吸者贩者同处死刑规定的由来、黄爵滋及其支持者在新例制定过程中的影响。作者此前于2014年出版了《アヘン战争の起源：黄爵滋と彼のネットワーク》，该书从《严禁鸦片章程》的角度，对前作相关内容进行了增补、完善。

8月，九州大学出版会出版堀地明著的『清代北京の首都社会：食粮・火灾・治安』。该书考察与分析了北京在粮食、消防、治安三大领域的社会问题及相关治理手段。值得关注的是，该书特设第七章论述乾隆至道光年间北京地区的五城兵马司、保甲制度，也对步军统领衙门的木栏、堆拨之制进行了关注。第八章主要论述咸丰至光绪年间为处理内外战争所导致的京师地区治安动乱问题而设立的巡防、团防、练勇制度。此外，第五章论述了水会的治安功能。

11月，明石书店出版熊达云著的『清末中国の法制近代化と日本人顾问：松冈义正と民事关系法の编纂をめぐって』。该书第一章介绍修订法律馆与京师法律学堂的成立过程；第二章以梅谦次郎、冈田朝太郎、小河滋次郎、志田钾太郎四人事迹为例，考察清末变法期间日本教习、法律顾问的招聘经过；第三章交代松冈义正的招聘始末；第四章分析京师法律学堂中日本教习的教育活动，主要关注教学讲义、学生成绩、学生出路、学堂评价；第五章论述松冈义正在京师法律学堂中的民事法律教学活动，着眼于《民法总则》、物权法、债权法、民诉法、破产法的讲义；第六章探究《大清民事诉讼法草案》的编纂过程中松冈义正所发挥的重要影响；第七章讨论日本顾问在华滞留时间、相关待遇、外界评价。此外，该书还附有《京师法律学堂第一期生名簿》。

12月，早稻田大学出版部出版本野英一著的『盗用から模造へ（1880—1931）』。除序言、结尾外，该书正文分为以下三部分：①近代中、日、英三国商标权保护制度与商标的盗用，包括第一章至第三章，论述三国商标保护制度的起源、背景，中国商企对商标的盗用，日、英两国商标保护矛盾；②近代中、日、英、美四国商标权侵害纷争，包括第四章至第六章，论述日本关西地区制造商对在华英美企业商标权的侵害，中日两国间、中英两国间、中美两国间、在华外商间的商标权侵害纠纷；③近代中国的外国商标保护制度的成立与崩溃，包括第七章至第九章，考察1923年中国《商标法》的制定、施行、崩溃过程，分析《商标法》的作用。

2023 年度欧洲视角下的中国法律史研究评述

李富鹏　罗桑德拉（Sandra Michelle Röseler）＊

一、导言

本文将分析 2023 年欧洲范围内关于中国法律史的学术发表与学术活动。当然，关于什么是欧洲，我们同样面临困惑：采取属地主义，抑或属人主义？换言之，欧洲学者在欧洲境外大学任教则似乎弱化了其学术研究的欧洲语境。此外，英国到底还算不算欧洲？或者将英国纳入包含北美的更大英语学术传统更为恰当。为了简明清晰，我们武断地将存在上述模糊情况的作者、作品排除评述的范围。对此，请读者予以谅解。

二、出版物

2023 年度欧洲出版的中国法律史作品，可以按照研究时段区分为当代法律史与古代法律史。当然，这种古今二分并不严谨，而只是为了评述的方便，尤其考虑到当代法律史作品总是试图从中国法律思想中寻求制度理念之渊源，而关于中国古代法律思想或制度的研究又往往以当下的法律问题为关切。对于当代部分，《民法典》与公法议题成为欧洲学者普遍关注的热点。对于古代部分，则往往纳入比较历史的视野，甚至牵连于新丝绸之路的空间想象。

1. 当代法律史：民法与公法

《中国民法典》（以下简称《民法典》）的颁布作为中国近代立法史上的里程碑，受到了欧洲——尤其是德国——学界的极大关注，并持续成为热门话题。Hao Jiang 和 Pietro Sirena（博洛尼亚大学）认为，"该法典体现了传统价值、国际最佳实践以及中国应对二十一世纪法律挑战的独创性"。[①]他们主编的《中国民法典的制定》一书收录了参与民法典编纂的学者之中国声音以及研究中国民法的西方法律学者的文章。该书旨在以比较法和跨学科方法对中国民法典进行客观阐述。该书的作者来自中国、意大利、德国、英国和美国。尽管该书明显侧重于对《民法典》条款和特殊法律概念（如不可抗力、因果关系）进行教义式的法学分析，但也有值得关注的中国法律史视角。Hao Jiang（第 1 章）对中国民法的不同阶段、立法和合

＊ 作者分别系中国政法大学法学院副教授、钱端升青年学者；德国马克斯 - 普朗克法律史与法理论研究所博士研究生。

① Jiang, Hao, and Pietro Sirena, eds., *The making of the Chinese civil code: Promises and persistent problems*, Cambridge University Press, 2023. 关于编者对该书对评述，参见 Hao Jiang, "The Making of the New Chinese Civil Code", 20 June 2023, https://www.knowledge.unibocconi.eu/notizia.php?idArt=25523.

法化进行了历史回顾。此外，Hao Jiang 利用历史和比较的视角来展示《民法典》与存在已久的挑战之间的紧张关系。我们看到，这些挑战的根源不仅来自立法技术，而且主要来自中国的经济结构和国家所有权、分配正义（中国道德哲学的基础）与交换正义（西方私法的基础）之间的冲突，以及法律移植中的兼容性问题。James Gordley（美国新奥尔杜兰大学）（第11章）论述了传统中国的法治模式。为了更好地理解法律在中国的实际作用，西方观察家随着时间的推移使用了不同的滤镜：中国传统、儒家思想、苏联模式、马克思主义与毛泽东思想、西方法律移植等。该章旨在研究苏联的一些法律理论在中国民法的形成过程中所发挥的作用。特别是，该章回顾了从苏联模式的束缚时代到最近的（再）法典化时代，形式主义与反形式主义在中国特色民法制定过程中的紧张关系。此外，尽管作为西方法律史学家，（更多地）接触中国历史上的道德规范概念是可取的，但 James Gordley 对秦朝法律传统与儒家思想之间的关系，以及罗马法与亚里士多德哲学之间的关系进行的法治比较，存在一些不合时宜的障碍。①

鉴于罗马《查士丁尼法典》、法国《民法典》、瑞士《民法典》和德国《民法典》等欧洲大陆民法典编纂的长期实践，中国历史上第一部民法"典"的起草和颁布受到密切关注并对其教条式的整体框架特别感兴趣也就不足为奇。然而，自20世纪初以降，中国法律的发展被描述为对西方法律标准的追赶，这仍然是欧洲法律史的常见做法。正如冷战之后，1991年，James Gordley 于 1991 年曾预言，当中国通过民法典时，西方所塑造的私法体系"几乎将统治整个世界"。②自晚清以来，中国与欧洲大陆民法体系的不断接触，既包括中国自身的"法律现代性"经验，也包括诸如罗马法的普遍性等西方法律传统。然而，这并不意味着西方法律学者可以将中国《民法典》的意义局限于增强"法典"这一规范参照模式的主导地位。相反，正如 Enrico Toti（罗马第三大学）在《罗马法与中国民法之关联》（第15章）中强调，"我们必须借助历史比较，向东方投去新的目光，将自己置于与中国人进行真正的跨文化对话之中"。③Enrico Toti 从"诚实信用"原则出发，将《民法典》第7条与罗马经验相比较，在罗马，bona fides 的运作，……是市民和行政官法（civile and honorarium）历史发展中最重要的时刻之一。在这一比较中，他联系《盖尤斯法学阶梯》，并参考了韩世远的《合同法》著作来思考《民法典》第7条的含义。然而，这种历史比较的方法虽然追溯了"中国法律西化"的历史根源，却缺乏对中国法律之文化转译过程的观察，包括对罗马法、欧洲大陆法以及《国际货物销售合同公约》的本土化知识的选择、解释和改编。对于研究中国法律

---

① James Gordley, "The Rule of Law in Traditional China", Hao Jiang, and Pietro Sirena, eds., *The Making of the Chinese Civil Code: Promises and Persistent Problems*, Cambridge: Cambridge University Press, 2023, pp. 235-248.

② Gordley, James, *The philosophical origins of modern contract doctrine*, Clarendon Press, 1991.

③ Enrico Toti, "The Connections between Roman Law and Chinese Civil Law", Hao Jiang, and Pietro Sirena, eds., *The Making of the Chinese Civil Code: Promises and Persistent Problems*, Cambridge: Cambridge University Press, 2023, p. 324.

史的西方法律学者来说，克服自身知识中心主义倾向，大规模观察私法以及其他法律领域，通过文化转译产生规范性知识的过程仍是一项长期任务。①

另一本将民法典制定与改革置于比较法视角的文集，是 Michele Graziadei（都灵大学）和张礼洪（华东政法大学）主编的《民法典的制定与改革——二十一世纪的视角》。②这本书观察了社会经济和政治轨迹迥异的国家在民法典编纂中如何体现稳定与变化，包括阿根廷、巴西、中国、日本、俄罗斯、韩国和瑞士，以及比利时、法国、德国、意大利、匈牙利、荷兰和西班牙等。其中，刘桥（香港城市大学）对《民法典》的系统化问题进行了历史视角的阐述（第203—222页），包括1949年以来的编纂尝试和2014年以来的起草过程。③王利明（中国人民大学）探讨了《民法典》的体系创新，他认为自己受到了两方面的启发：比较法与中国国情。④尽管德国《民法典》编纂一直是中国民法立法的重要参照，但民法体系并不是一个封闭的体系，而是一个随着人类理性的不断变化而动态变化的体系。因此，王利明强调了《民法典》的创新性，以及一些独特的中国民法方法（第345页）。

除了上述两部文集之外，还有一些值得一提的涉及当代法律史的专著与论文。第一篇文章是陈弘毅（香港大学）的《中华人民共和国的法律与社会政策：从共产主义到市场化》，该文收录于他与 Ulrike Davy（德国比勒费尔德大学）共同主编的《全球南方的法律与社会政策：巴西、中国、印度与南非》一书。⑤该文章从儒家理想社会之"天下为公"切入，从历史的角度试图讲述与社会政策相关的思想、价值观、宪法和法律规范在现代中国是如何演变的。作者认为1949年中华人民共和国成立以来社会政策所发生的许多变化，很多可归纳为对社会保险的中国式诠释。这些变化大多出于必要，尤其是对改革开放初期所带来的经济和政治意识形态变化的直接回应：中国共产党早期法律法规的政策取向，如1948年的《东北公营企业战时暂行劳动保险条例》，在很大程度上受到苏联列宁主义和斯大林主义做法的影响（即完全由国家出资），而1978年中国实行改革开放后，邓小平时代的中国支持俾斯麦式

---

① 关于这个概念，参见 Thomas Duve, and Tamar Herzog, eds., "What Is Legal History of Latin American Law in a Global Perspective?", *The Cambridge History of Latin American Law in Global Perspective*, Cambridge University Press; 2024, pp.54-73。

② Graziadei, Michele, and Lihong Zhang, eds., *The Making of the Civil Codes: A Twenty-First Century Perspective*, Singapore: Springer Nature Singapore, 2022, pp.1-16.

③ Qiao Liu, "The Chinese Civil Code: The Problem of Systematization", Graziadei, Zhang（2023）, Ibid., pp.203-222.

④ Liming Wang, "The Chinese Civil Code: The Problem of Systematization", Graziadei, Zhang（2023）, Ibid., pp.341-363.

⑤ Albert HY.Chen, "Law and Social Policy in the People's Republic of China: From Communism to Marketisation", *Law and Social Policy in the Global South*, Routledge, 2023, pp.39-77.

的社会保险模式（由雇主和雇员共同出资）。①至少在作者看来，2010年颁布的《社会保险法》有可能为任何进一步完善社会保障的想法铺平道路，为基本权利的法治保障提供更坚实的法律基础。②

同样面对公法主题，谢立斌（中国政法大学）在《中国民营企业家的宪法地位———一个历史的视角》一文中，针对中国民营企业家的忧心忡忡，从历史的角度探讨了民营企业家在宪法秩序中的地位演进。③根据1949年《共同纲领》，民营企业家受到有保留的保护。1954年宪法规定了对私营企业的利用、限制和改造，对私营企业的容忍直到其从政治舞台上消失为止。1975年宪法禁止各种形式的剥削。1978年宪法基本保留了这一规定。自1982年现行宪法颁布以来，民营企业家的地位逐步得到提高。此外，立法者为保护民营企业家的基本权利提供了肥沃的土壤。

最后，这里补充评述2022年出版的一本专著，张农基的《中华人民共和国的法律学者与学术研究：第一代（1949—1992）》。④张农基是哈佛大学法学院图书馆的图书馆员和资深的东亚法律书目员，她在那里编辑了"中华人民共和国法律研究"指南。这本专著介绍了中国第一代法律学者不为人知的故事，他们通过思想、研究、教学以及更多类型的贡献，打造了中华人民共和国的法律版图。法律是一个流动的规则体系，随着国家政治和社会经济的发展而变化。面对旧法统的废除，他们肩负着全面恢复和重建的重任，同时培育了全新的法学学科和分支，他们成为新中国法律制度的创造者、开拓者和教师。通过他们的学术研究，我们可以看到中国法学研究领域的来龙去脉。本文作者罗桑德拉在2023年为《亚洲法律与社会杂志》撰写书评，从方法论的角度阐述了欧洲急需的中国法律学术研究，并从知识史的角度阐述了中国法律学术研究的贡献。这本书在欧洲出版社发行，十分贴合欧洲法律史学家从知识史的视角理解中国法律思想和中国法律发展之兴趣的与日俱增。⑤

2. 古代法律史：比较与当下

关于中国古代法律史的研究，有两本专著值得介绍，二者都采用了历史比较的视野，并

---

① 关于这个主题，参考 Tao Liu, and Tong Tian, "Relations Between Germany and China and the Rise of the Social Insurance State in China Since the Economic Reform of 1978", Frank Nullmeier, Delia González de Reufels, and Herbert Obinger eds., *International Impacts on Social Policy: Short Histories in Global Perspective*, Springer Nature, 2022, pp.423-434。

② Chen（2023）, Ibid., pp. 67 et seqq.

③ Libin Xie, "Verfassungsstellung des Privatunternehmers in China–eine historische Betrachtung", *Zeitschrift für Chinesisches Recht*, Vol.30, No.1 ,2023, pp.5-13.

④ Nongji Zhang, *Legal Scholars and Scholarship in the People's Republic of China: The First Generation, 1949–1992*, Brill, 2022.

⑤ Sandra Michelle Röseler, "The Faces of Modern Chinese Legal Identity-Legal Scholars and Scholarship in the People's Republic of China: The First Generation, 1949–1992. By Nongji Zhang ", *Asian Journal of Law and Society*, Vol.10, No.1 ,2023, pp.149-152.

将当下中国法的议题纳入历史维度的思考。第一本是 Yifan Shang 的专著《天下为公与所有利害关系人的历史和法律比较》。[1]本书探讨了在欧洲和中国政治及法律史上发挥过重要作用的两个原则——"所有利害关系人"（Quod omnes tangit）和"天下为公"——的历史和法律重要性。从一个方面观察，孔子"天下为公"的思想影响当下公众对规则的认识。作者力求找到中国公民似乎对各种监管形式、数据使用以及全国范围内信用评分系统这些概念持欢迎态度的法律和历史原因，而同时中国在各种行业，如互联网技术领域也享有显著地位。另一个方面的西方观点，作者将近期关于欧盟宪制化的讨论纳入对罗马法原则"Quod omnes tangit"的法律史探索。这是一句更长的短语缩写，最终意思是"众人之事，应由众人同意"（Quod omnes tangit ab omnibus approbari debet）。这些关于个人意志的观点，至少在欧洲的语境中，通常从两个角度进一步解读：霍布斯反对个人理性意志的观点，而洛克和康德的立场则是理性将在更广泛的意义上胜出，而个人将对此做出贡献。作者发人深省地比较了孔子和查士丁尼、儒家学说和罗马法学派。《清帝退位诏书》（1912 年）中引用了"天下为公"的原则，而英国国王爱德华一世的一纸令状（1295 年）和最后一次修订的《大宪章》（*Magna Charta*），将其作为"肯定法案"（Confirmation of Charters）的一部分（1297 年），都引用了"Quod omnes tangit"的原则。这两个历史转折点是巧合吗？除了每个原则的含义和概念，作者还总结了它们的历史—意识形态发展："Quod omnes tangit"包括"从私法到公法，从自然法到实在法，从宗教法到世俗法"的发展；[2]至于"天下为公"原则，作者质疑它在中国法律和政治中是否经历了类似的转变。此外，本书深入研究了个别学者的诠释，尤其关注梁启超，他是唯一一位同时提及"Quod omnes tangit"和"天下为公"的学者。本书对于比较法律史与比较法哲学的研究，做了有益的尝试。

另一本著作是 Federico Roberto Antonelli 的《中国法：从古代到新丝绸之路》。[3]本书主要面向学习中国法律制度或中国历史课程的大学生，追溯了中国法律从起源到今天所走过的道路。书中概述了中国法律传统的典型特征，从中国法的起源和在帝制中国所采取的形式开始，到中国法与西方法律传统（包括社会主义法律传统）的艰难交锋。此外，作者还展示了 1978 年启动的改革开放政策所带来的法治在当今中国社会的中心地位，以及中国法律体系与西方法治原则之间的差别。与此同时，"一带一路"倡议、《民法典》的颁布以及人工智能在法院的引入，促使将中国法律模式投射到境外，嫁接到西方法律传统模式一直畅通无阻的高速公路上。正如作者所言，"今天，比较法不能不更仔细地研究中国法律之历史文化维度和今天的正式形式，以设想它可能如何演变以及它可能如何影响其他法律体系"。

---

[1] Yifan Shang, *A Historical and Legal Comparison between Tianxia Wei Gong and Quod Omnes Tangit,* Springer Nature, 2023.

[2] Yifan Shang（2023）, Ibid., p.113.

[3] Federico Roberto Antonelli, *Chinese Law. From the Ancient to the New Silk Road,* Libreriauniversitaria. it, 2023.

3. 向欧洲介绍中国法律史

关于如何向欧洲读者,尤其是法学院的学生和法律专业人士介绍中国法律史,一直是存在知识上的空白。对此,卜元石的《中国法律导论》是进入中国法律研究领域的标准读物,第一章简明介绍了中国法律之过去、现在与未来。①

然而,除了 Oskar Weggel 发表于 1980 年的《中国法律史》以外,德语版本的,尤其是纳入改革开放以来中国法律史研究的最新发展趋势的中国法律史论著,尚未出版。②尽管法律实践对中国法律专业知识的需求日益增长——国际律师事务所中国部的增长就证明了这一点,关于中国法律的研究同样关注当代法律发展,即包括中国民法典、公司法、外国投资法等在内的主要立法。然而,对现行法律制度的历史发展却缺乏全面的考察。为了回应这种欧洲知识的缺乏,王银宏(中国政法大学)用德语撰写了一篇关于 21 世纪中国法律史研究的学科评述。王银宏的文章《中国的法律史》将中国法律史描绘成一个不断进步的法律研究与历史交汇的跨学科领域,将法律和历史的叙述结合在一起。此外,他还强调了中国法律史学会的重要作用,旨在促进学术合作和人类文明进步,探索法律史和法律文化,致力于中国法律史学科的发展。新的法律史史料的发现与利用,促进了学术界走向"新法律史"的重要转折。③

此外,中国与欧洲的学术界都在支持中文法律史学作品的翻译,无论是中华外译项目,还是欧洲研究机构的翻译计划。2020 年,张晋藩的《中国法制文明史》两卷本的英文版在欧洲翻译并出版,受到了广泛关注。④2023 年,梁治平的《寻求自然秩序的和谐》的英文版在欧洲出版,提供了观察中国传统法律的文化视角。⑤预计 2024 年,梁治平的《德治与法治——对中国法律现代化运动的内在观察》的德文版将由马普所主持的翻译计划"中国——规范、理念与实践"推出。⑥

三、学术活动

2023 年,一系列多样化的会议、研讨会和系列讲座旨在促进对(法律)中国前所未有发展的更广泛的历史理解。这包括研究中国法律史的方法,以及从古代到当代的广泛主题和话

---

① Yuanshi Bu, Einführung in das Recht Chinas, C. K. Beck, 2017.

② Oskar Weggel, Chinesische Rechtsgeschichte, Brill, 1980; 关于德语版本的中国法律史的书目,参见 Pen-Tien Lin, Bibliografie zur Rechtsgeschichte Chinas. Herbert Utz Verlag, 2009。

③ Yinhong Wang, "Rechtsgeschichte in China", Zeitschrift für Neuere Rechtsgeschichte, Vol. 45 2023, pp.136-144,.

④ Jinfan Zhang, *The History of Chinese Legal Civilization: Ancient China-from about 21st Century BC to 1840 AD*, Springer, 2020.

⑤ Zhiping Liang, *A Study of Legal Tradition of China from a Culture Perspective: Searching for Harmony in the Natural Order*, Springer Nature, 2023.

⑥ 参见 https://www.lhlt.mpg.de/research-project/china-norms-ideas-practices。

题。在制度化的知识生产方面，与大学，包括科隆大学（ECLS）、柏林大学、弗莱堡大学、埃尔兰根大学、赫尔辛基大学（包括芬兰中心）相关的研究论坛，以及包括马普学会在内的独立研究机构，尤其是马普私法所和马普法律史与法理论研究所，均提供了强大的动力。

2023 年 11 月 20—22 日，"欧洲中国法律研究会第十七届年会"，由赫尔辛基大学法学院与芬兰中国法律中心合作主办。欧洲中国法学研究会（The European China Law Studies Association，ECLS）是一个重要的国际论坛，会聚了学者、从业人员和政策制定者，从比较和跨学科的角度讨论中国法律的发展。年会为国际学者提供了一个交流中国法律的重要论坛。与往年一样，本次年会的主办方欢迎来自世界各地的法学专业学生、博士生、学者、实践者和政策制定者。在 27 场专题讨论中，第一场专题讨论的主题是"中国与全球宪制：历史的再思考"。该组由香港中文大学法学副教授 Samuli Seppänen 担任主席。演讲内容包括：①帝制晚期中国国际关系中的宪政愿景（Egas Moniz Bandeira，德国纽伦堡 - 埃尔兰根大学）；② 1917—1931 年中国的国际主义与国际联盟（Lucas Brang，德国科隆大学）；③中国人对《联合国宪章》形成的看法（Ryan Mitchell，香港中文大学）；④国际律师与民国时期的中国国家和社会（杨肯，意大利欧洲大学学院）。此外，除了其他专题讨论小组主要以当代法律观察为主，还有一些历史性的观点也为会议的安排做出了贡献：①从税收农业到财政奇迹（朱明希，美国西北大学）；②摸着石头过河：中国行政法学术的先锋面孔（罗桑德拉，德国马普法律史与法理论研究所）；③ 20 世纪 20 年代中国革命司法的起源与早期实践，（卢然，苏州大学）。

多年来，杜斐（Thomas Duve）所领导的马普法律史与法理论研究所的"规范性历史体制"研究部门（Department of Historical Regimes of Normativities）发展了有关全球法律史的各种视角、方法和主题，并开展了遍布亚洲、非洲、美洲和欧洲的全球化案例研究。以此为起点，"礼仪之争：东西方之间纠缠的规范史"系列讲座应运而生。"礼仪之争"系列讲座旨在全球法律史上的一些交集（如礼仪之争）进行持续对话，超越各自国家、认识论和传统的界限，在彼此纠缠的历史背景和未来期望中进行持续对话。该系列讲座始于 2023 年，由杜斐（Thomas Duve）领导的"规范性历史体制"研究部门和两个马普伙伴研究组——"与中国对话的全球数字法律史"（中国政法大学）和"规范性知识的生产与近代图书贸易"（意大利特伦托大学）——联合主办。2023 年的系列讲座包括若干主题都跟中国法律史相关，比如：①中国日常的道德案例对教会法的挑战（梅欧金，美国波士顿大学）；②印度马拉巴礼仪之争对于司法管辖与事实确认（Paolo Aranha，意大利德意志研究所）；③伊比利亚的决议术在亚洲的应用（Rômulo da Silva Ehalt，马普法律史与法理论研究所）；④礼仪之争中的中国声音，1701—1704 年与地方问题世界化有关的法律对话（钟鸣旦，比利时鲁汶大学）。

此外，马普法律史与法理论研究所还主办了"中国法律传统"工作组的成立研讨会。2023 年 6 月 12 日至 16 日，来自中国、欧洲和美国的 15 位中国法律史学者应邀参加了"中国法律传统：从帝国晚期到当下"研讨会。研讨会主持人戴史翠（Maura Dykstra，耶鲁大学）和杜斐（马普法律史与法理论研究所）一起，利用这一新平台提出了一些主题，为新的中国法律传统工作组提供了比较框架。第一轮研讨会的目的是探讨中国独特法律传统史的共同点，这一传统将帝国历史与 20 世纪和 21 世纪的法律制度联系在一起。此次会议和由此产生的工作组将为不同时代的中国法律学者提供一个平台，让他们提出并评估哪些制度、特征、发展轨迹、模式和主题可以有效地描述中国法律传统及其演变。此外，第二届工作组会议主题已经确定为"中国法律传统中的判例与法典"（Case and Code in the Chinese Legal Tradition），预计于2024年6月24日至28日召开，会议成果计划以文集的形式出版。

四、小结

当现实的迷雾遮蔽了中国与欧洲的彼此观察，历史反而成为一种值得参照的文化坐标，不仅标记着过往，而且袒露着关于自身未来的想象。因此，我们看到欧洲学者将历史作为理解中国《民法典》与公法议题（社会保障与民营企业）的重要视角，而"天下为公"之法理念与丝绸之路之历史空间又关系到当下的数据保护、企业竞争与法律模式之域外投射。因此，欧洲学者眼中的中国法律史是一个兼顾空间与时间的立体比较框架，通过可以追溯的历史知识，影响着对不确定的现实的未来判断。从这个意义上，作为一个全球互动的知识共同体，中国法律史学者同样需要反思，至少了解中国中心论的法律史写作惯性的域外影响，并不限于学术领域，而影响着所有潜在读者对中国法之传统、当下与未来的判断。

2023年度英语学界中国法律史研究综述

吴景键　黄心瑜*

一、2023年度英语学界中国法律史相关学术著作

2023年度，英语学界中国法律史研究领域共出版学术专著四本、期刊论文近十篇，关注时段主要集中于清代、民国以及新中国成立初期，议题涵盖清代财税法和行政制度、清代地方社会的法律实践、近代中国的家庭法与性别问题、近代中国法律知识的全球流动以及中国与国际法史等多个方面。

（一）清代财税法和行政制度是2023年英语学界中国法律史研究领域关注的焦点。年初，耶鲁大学法学院张泰苏教授在剑桥大学出版社出版专著《清代财政的意识形态基础：信念、政治和制度》。本书是张泰苏教授继2017年出版《儒家的法律与经济：前工业化时期中英家族与产权制度比较》(*The Laws and Economics of Confucianism: Kinship and Property in Preindustrial China and England*)以来的第二本专著。在方法论层面，张泰苏教授长期致力于把"软"的文化分析与"硬"的经济理论模型相结合，以推动新的文化行为理论的产生。在这本专著中，张泰苏教授揭示了意识形态如何塑造清代特殊的税收政策与财政能力。从结果上看，清代薄弱的财政能力与其特殊的税收结构密切相关：一方面，农业税政策在两百年间几乎完全处于僵化状态；可另一方面，非农业税政策却能随着经济增长与财政需求的增加而调整，呈现出相对"理性"的态势。对于前者因何长期僵化不变，学术界既有研究未能予以充分解释。在此问题上，张泰苏教授认为，其背后的一个重要原因是清初士大夫形成了"明亡于重税"的"群体性认知偏见"：明代中后期的财政保守主义言论，在清初转变为实际的经验、教训和实施政策；而清代政府不清丈土地的做法，又使得这种认知在相当长的时段内无法被撼动。直至清末《辛丑条约》签订后，巨额赔款的压力才迫使这种保守的财税模式发生变化。①

在农业税以外，捐纳与厘金亦是清代财税法的重要组成部分。2023年，香港科技大学张

---

* 作者分别系耶鲁大学法律科学博士、北京大学法学院博雅博士后；耶鲁大学法律科学博士、北京大学国际法学院博士后。

① Taisu Zhang, *The Ideological Foundations of Qing Taxation: Belief Systems, Politics, and Institutions*, Cambridge University Press (2023).

乐翔（Lawrence Zhang）副教授在哈佛大学出版社出版《权力的价格：清代中国的买官制度》一书。在此书中，通过对1798年以来超过10900位官职购买者名录的系统考察，张乐翔教授指出，捐纳作为一种政治工具，在方便国家筹措资金的同时，也有助于富人确保已获得的地位与权力，进而使社会精英与国家利益更为紧密地捆绑在一起。[1]同年，普林斯顿大学的杨圣宇博士也完成了《商界巨子、公共慈善家与艺术鉴赏者：苏州士绅与清代中国的厘金国有化》的博士学位论文。在这篇论文中，杨圣宇博士描述了太平天国运动前后清朝中央政府如何对于商业税收和慈善组织进行整合，并最终在19世纪50年代完成了厘金的国有化。这一研究修正了太平天国运动后清朝政权逐渐走向解体的既有结论，转而将太平天国运动视作清代社会精英和国家更为紧密结合的一种特殊机遇。[2]

（二）在清代地方社会的法律实践方面，麻省理工学院张仲思助理教授于2023年在普林斯顿大学出版社出版《土地之法：清代的风水和国家》一书。此书利用中国大陆和中国台湾地区收藏的大量一手档案，系统探讨了风水在清代法律诉讼中的地位和意义。张仲思教授认为，面对不断增长的人口和日益减少的自然资源之间的紧张关系，清代地方政府努力在农业、林业、采矿业的发展与风水纠纷中维持平衡。通过考察清代与风水相关的法律和纠纷，此书也进一步分析了风水在中国公共生活中的长期作用，并由此促使我们重新思考中国法律史中迷信与理性、传统与现代间的张力。[3]在同一领域内，香港浸会大学陈国成副教授亦发表论文《中国宗族村庄中的抵押习惯与亲属道德经济，1905—1965》。通过分析英国殖民统治时期（1905—1965年）香港农村地区的3630个按揭案例，陈国成副教授指出，典的形式逐渐衰落，而抵押的形式日益流行，自我利益与社区道德价值观在此时期的香港宗族村庄中存在着策略性平衡。[4]

（三）近代中国的家庭法与性别问题，也是英语学界中国法律史研究近年来所关注的热点。[5]2023年，加拿大康考迪亚大学的戈玫教授在康奈尔大学出版社出版《党化家庭：依附革命与中国国家权力的性别起源》一书。通过亲自访谈河南省和江苏省的163个亲历者，以及深入研究政府文件、回忆录、传记、演讲和报告，戈玫展示了20世纪50年代中国家庭如何与意识形态相互交织在一起，进而使得更多女性获得了参与政治的机会，填补了近代中国

---

[1] Lawrence Zhang, *Power for a Price: The Purchase of Official Appointments in Qing China*, Harvard University Press（2023）.

[2] Yang Shengyu, "Business Magnates, Public Philanthropists, and Art Connoisseurs: Suzhou Gentry and the Nationalization of Lijin in Qing China"（Princeton University Ph.D. Dissertation, 2023）.

[3] Tristan G. Brown, *Laws of the Land: Fengshui and the State in Qing Dynasty China*, Princeton University Press（2023）.

[4] Chan Kwok-shing, "Customary Mortgages and the Moral Economy of Kinship in Chinese Lineage Villages, 1905-1965", *Modern China*.

[5] 参见 Yue Du, *State and Family in China: Filial Piety and Its Modern Reform*, Cambridge University Press（2022）.

妇女政治参与研究的一个空白。①就近代中国的家庭与国家这一问题，首都师范大学历史学院秦方副教授亦于同年在《家庭史杂志》发表《把不肖子交给警察：民国北京的家庭冲突与国家干预》一文。以民国时期北京199起忤逆案件的警方报告为基础，秦方副教授探讨了近代中国家庭与国家之间的互动：一方面，家庭设法将内部危机转移给国家；但另一方面，国家又通过提倡孝道加强了对社会日常生活的干预。②

而在近代中国的妇女与家庭法方面，芝加哥大学的斯蒂芬妮·佩茵特博士于2023年完成了《晚清中国的妇女暴力犯罪与父权制弱化危机》的博士学位论文。佩茵特博士的研究利用保存在中国第一历史档案馆的数百份凶杀案刑科题本，系统考察了清代杀夫案件中的女性罪犯形象。在她看来，这些非精英女性的故事重新诠释了中国传统社会中女性的形象，反映了晚清底层妇女对于"弱父权"的反抗，挑战了所谓的"男性主导家庭"的传统假设。③同样着眼于刑事犯罪当中的女性，意大利那不勒斯费德里科二世大学的徐董祥博士在《过去与现在》（Past & Present）杂志上发表《晚清和民国时期中国的堕胎定罪》一文，详细回顾了从晚清到现代中国堕胎罪的发展历程。在帝制时期，堕胎并不构成刑事犯罪，胎儿的生命一般被视为低于人的生命；而在20世纪初的中国，胎儿被普遍人性化。这背后则与民族主义意识形态密切相关：因为国家需要鼓励繁衍后代，所以堕胎逐渐被视为一种有害于国家的可耻行为。徐董祥博士认为，中国的堕胎定罪史展现出中国法律传统的某些方面仍可能为女性权利和个人选择提供更适当的保护。④

（四）"近代中国法律知识的全球流动"是英语学界中国法律史研究所长期关注的主题。⑤2023年，在这一主题内，南京邮电大学外国语学院讲师、香港中文大学翻译系刘瑞博士先后发表《梅因的比较法与英国汉学：哲美森论遗嘱概念在中国的缺位》《译者的帝国经验与翻译的双重角色：哲美森〈大清律例〉英译本的接受史》《华人遗嘱在香港：哲美森的清代继承法翻译与香港司法对华人遗嘱的理解》等三篇论文。在这一系列研究中，刘瑞指出，英国外交官哲美森（George Jamieson）在翻译清代继承法的过程中，借助梅因的比较法思想，系统分析了中国为何没有产生罗马法意义上的遗嘱继承概念；而哲美森对于清代继承法的翻

---

① Kimberley Ens Manning, *The Party Family: Revolutionary Attachments and the Gendered Origins of State Power in China*, Cornell University Press（2023）.

② Fang Qin, "Taking the Unfilial Son to the Police: Family Conflicts and State Intervention in Republican Beijing", *Journal of Family History*, Vol.48, Issue 2（2023）.

③ Stephanie Marie Painter, "Women's Violent Crime and a Crisis of Weak Patriarchy in Late Imperial China"（The University of Chicago PhD dissertation, 2023）.

④ Xu, Aymeric, Criminalization of Abortion in Late Qing and Republican China, *Past & Present*, Vol. 258, Issue 1（2023）.

⑤ 参见 Li Chen, *Chinese Law in Imperial Eyes: Sovereignty, Justice, and Transcultural Politics*, Columbia University Press（2015）; Timothy Brook, Jerome Bourgon & Gregory Blue, *Death by a Thousand Cuts*, Harvard University Press（2008）.

译，随后又影响了英国殖民香港时期香港司法官员、专家证人等对于华人遗嘱的理解。①

（五）近年来，伴随国际法研究的"历史转向"以及全球史研究的兴起，中国与国际法史亦成为英语学界中国法律史研究的热点之一。2023年，剑桥大学出版社的《现代亚洲研究》（Modern Asian Studies）杂志围绕近代中国的渔业主权先后刊发了两篇论文。伦敦政治经济学院国际历史系布琼任副教授在《塑造国家与谋求权力：1906年世界博览会与晚清中国的渔业管理》一文中指出，1906年的米兰世界博览会构成中国渔业近代化历史上的一个重要转折点，借此展览会之机，张謇、郭凤鸣等渔业精英向世界首次展示了中国捍卫其渔业主权的决心与努力；而多伦多大学历史系沈佳颖博士的《自由海域抑或领水：中日熊岳渔业纠纷，1906—1912》一文则从个案出发，系统梳理了中、日两国自1906年以降围绕熊岳地区渔权所展开的一系列法律博弈，进而丰富了我们对于20世纪初东亚国际法史的认识。②而在大国博弈之外，中国与国际法史上的重要人物（如丁韪良、陆徵祥）也一直为英语学界所关注。③2023年，复旦大学法学院陈立教授在《莱顿国际法杂志》（Leiden Journal of International Law）上发表《史久镛法官国际法研究的形塑时代》一文。通过上海圣约翰大学与美国哥伦比亚大学所藏一手档案，陈立教授呈现了史久镛法官的早年求学经历对其后期国际法思想的重要影响。④

二、2023年度英语学界中国法律史相关学术活动

2023年，随着全球疫情缓解，英语学界中国法律史相关学术活动明显增加，美国亚洲研究协会、美国法律史学会、中国法律与历史国际学会等学术组织举办了一系列相关学术会议。首先举办的是美国亚洲研究协会年会（AAS Annual Conference 2023），年会分为线上

---

① Rui Liu, "Maine's Comparative Jurisprudence in British Sinology: George Jamieson's Interpretation of China's Lack of Wills", *Journal of the Royal Asiatic Society*, Volume 33, Issue 2（2023）; Rui Liu, "The Translator's Imperial Experience and the Dual Role of Translation: The Reception of George Jamieson's Translation of the Qing Code", *Translation and Interpreting Studies*（2023）; Rui Liu, "Chinese Wills in Hong Kong: George Jamieson's Translation of Qing Inheritance Law and the Hong Kong Judiciary's Understanding of Chinese Wills", *Perspectives: Studies in Translation Theory and Practice*, Volume 31, Issue 4（2023）.

② Ronald C. Po, "Crafting a Nation, Fishing for Power: The Universal Exposition of 1906 and Fisheries Governance in Late Qing China", *Modern Asian Studies*, Volume 57, Issue 4（2023）; Jiaying Shen, "Free Sea or Territorial Waters? The Sino-Japanese Xiongyue Fishing Dispote, 1906-1912", *Modern Asian Studies*, Volume 57, Issue 3（2023）.

③ 参见 Lydia H. Liu, *The Clash of Empires: The Invention of China in Modern World Making*, Harvard University Press（2004）; Ryan Martínez Mitchell, *Recentering the World: China and the Transformation of International Law*, Cambridge University Press（2022）。

④ Li Chen, "The Formative International Law Studies of Judge Shi Jiuyong", *Leiden Journal of International Law*, Volume 36, Issue 1（2023）.

（2023年2月17—18日）与线下（2023年3月16—19日，美国波士顿）两个部分，共有来自各大高校和研究机构的近四千名学者参加。在总共百余场的小组讨论中，有四场小组讨论的主题与中国法律史直接相关，内容涵盖秦汉、明清与民国等多个时段。

"控制帝国：早期中国的法律、仪式、沟通技术及其现代遗产"（Controlling Empires: Law, Ritual, and Communication in Early China and Its Modern Legacy）小组由麦吉尔大学历史与古典研究系的叶山教授（Robin D. S. Yates）担任主席与评议人，邀请四位学者结合考古发掘的最新成果与传世文本，探讨秦汉时期中国政府的统治策略与政治哲学。香港浸会大学历史系的罗碧琳（Rebecca Robinson）助理教授在题为"国家何知：早期中国的国家信息收集理论"（What Should the State Know? Theories of State Information Gathering in Early China）的报告中指出，尽管战国时期各国的信息收集能力有限，但《墨子》《管子》《商君书》等文本却反映出当时思想家对于国家应该收集何种信息的广泛讨论；耶路撒冷希伯来大学的桑雅如（Sharon Sanderovitch）博士在"帝国的焦虑：君主法令的颁布及其失败"（Imperial Anxieties: The Promulgation of the Emperor's Law and Its Failings）的报告中，探讨了汉代中书令作为君主之"喉舌"所使用的修辞技术及其影响；普林斯顿大学东亚系的魏德伟（Trenton Wilson）助理教授在"秦汉时期作为制度性礼仪的法律"（Law as Institutional Etiquette in Qin and Han China）的报告中提出，秦汉时期的法律与相关程序，在一定程度上可视作一套划定官方道德和礼仪边界的规范；圣母大学历史系的蔡亮副教授在"帝国大赦：早期帝制中国的逮捕、释放与司法崩溃"（Imperial Amnesty: Catching, Releasing, and the Collapse of Justice in the Early Imperial China）的报告中探讨了大赦在早期帝制中国的运作模式及其对司法公正带来的挑战。①

"清代中国的法律知识实践：概念、生产与流布"（Legal Knowledge in Practice in Qing Dynasty China: Conception, Production, and Dissemination）小组由法兰西公学院魏丕信教授（Pierre-Etienne Will）担任主席，多伦多大学历史系陈利副教授任评议人，邀请四位学者共同讨论清代法律知识体系的特点及其运用于实践的过程。法国蔚蓝海岸大学的梅凌寒（Frédéric Constant）教授在"帝制中国法律知识的思想基础"（The Intellectual Foundations of Legal Knowledge in Imperial China）的报告中，通过比较传统中国的法律知识体系与数学知识体系，指出二者实源自同一"母体"（matrix）；法国远东学院陆康（Luca Gabbiani）教授在"法律的含义：18—19世纪中国的法典与立法技术"（The Meaning of Law: The Qing Code and Legislative Know-How in Eighteenth and Nineteenth Century China）的报告中，通过分析三本刑部官员所编纂的律例集，揭示了清代立法的技术细节；台湾"中研院"近代史研究所的谢歆哲助理研究员在"管理感知：清代的尸体检验方法1644-1912"（Administration of Perception: The Forensic Body in the Corpse-Examination Methodology of Qing China 1644—1912）的报告中讨论了清代的法医学知识如何规范了尸体被检视的方法；马里兰大学历

---

① 参见 https://asianstudies.confex.com/asianstudies/2023/meetingapp.cgi/Session/1478。

史系的张婷副教授在"19世纪中国的公文告示与法律知识的传播"（Public Notices and the Dissemination of Legal Knowledge in 19th Century China）的报告中，以严禁自尽图赖告示为切入点，分析了公告如何塑造地方司法实践以及基层民众对于法律的理解。①

"婚姻故事：清代和民国时期的法律、习俗与对婚姻的批评"（Marriage Stories: Laws, Customs, and Critiques of Marriage in Qing and Republican China）小组由加州大学洛杉矶分校姚平教授担任主席，康奈尔大学历史系杜乐助理教授任评议人，邀请四位学者从不同角度探讨了清代和民国时期，地方司法实践以及文学文本中的婚姻如何逐渐脱离于法律"正统"。莱顿大学的辛佳颐博士在"婚姻抑或拐逃：19世纪中国的诉讼策略"（Marriage or Abduction? Litigation Strategies in Nineteenth-Century China）的报告中，使用19世纪的巴县档案，讨论了清代婚姻案件中诉讼双方如何策略性地使用"拐逃"相关的法律条文以服务自身利益；澳大利亚新南威尔士大学的黄智雄（Joel Wing-lun）讲师在"清代苗疆的婚姻、道德与身份1750—1919"（Marriage, Morality, and Identity on China's Miao Frontier, 1750—1919）的报告中，利用1919年潘氏族谱，分析了晚清民国时期贵州苗族地区的寡妇再嫁、"迟落夫家"和姑舅表婚等婚姻习俗；上海纽约大学的赵梦蝶助理教授在"笑待法律：帝制中国与民国时期的律典模仿"（Laughing at the Law: Parodies of Law Code in Late Imperial and Early Republican China）的报告中，探讨了《妒律》《闺律》《新闺律》三部作品如何通过滑稽模仿的方式对婚姻法律背后的纲常伦理进行了批判；加州大学圣克鲁斯分校的缪心让（Wilson Miu）博士在"不正常时代的正常化爱情：华南敌占区的婚姻规制与话语"（Normalizing Love in an Abnormal Time: Marriage Regulation and Discourse in Collaborationist South China）的报告中，考察了抗战时期伪广东省政府如何将推广一夫一妻制婚姻作为其谋求合法性策略的一个组成部分。②

"条约口岸边疆：沿海中国的帝国、国家与法律"（Treaty-Port Borderlands: Empire, Nation, and Law in Maritime China）小组由俄勒冈大学历史系顾德曼教授（Bryna Goodman）担任主席和评议人，邀请四位学者共同探讨民国初期的北洋政府以及条约口岸居民如何捍卫主权及其他政治性权利。斯基德摩尔学院的皇甫峥峥（Jenny Huangfu Day）副教授在"北洋政府与条约口岸引渡，1912—1927"（The Beiyang Government and Treaty Port "Extraditions", 1912—1927）的报告中，以第一次世界大战前后刑法的跨国化（trans-nationalization of criminal law）为背景，讨论了北洋政府如何通过对"国事犯"的重新定义，与各国协商从条约口岸引渡政治犯；上海纽约大学的杨涛羽博士后在"帝国撤退时代的殖民飞地：1927年天津英租界交还过程中的论辩"（Retaining a Colonial Enclave in a Time of Imperial Retreat: The Debates over the Retrocession of the Tianjin British Concession in 1927）的报告中，利用英国国家档案馆藏一手文献，分析了天津英租界为何在1927年北伐过程中得以延续；菲利普斯埃克塞特学院的罗福生讲师在题为"无代表，不纳税：上海公共租界的财产、工会与政治权利，

---

① 参见 https://asianstudies.confex.com/asianstudies/2023/meetingapp.cgi/Session/1333。

② 参见 https://asianstudies.confex.com/asianstudies/2023/meetingapp.cgi/Session/1903。

1919—1930"（No Taxation without Representation: Property, Unions, and Political Rights in the International Settlement in Shanghai, 1919—1930）的报告中，考察了上海公共租界的中国居民如何借助行业工会在租界内争取更大的代表权；芝加哥大学历史系的田源博士在"怀疑与依赖：重庆条约口岸的外国公司与司法纠纷"（Distrust and Dependence: Foreign Firms and Judicial Disputes in Treaty Port Chongqing）的报告中，以猪鬃贸易纠纷为切入点，分析了重庆外国公司的中国雇员如何利用本来仅赋予外国人的治外法权。①

2023年6月20—21日，香港中文大学比较法与跨国法中心所主办的第三届亚洲法律史年会（The 3rd Asian Legal History Conference）在香港召开。十余位中国法律史研究者在"儒家与法律"（Confucianism and the Law）、"前现代与早期现代东亚地区的法律治理"（Pre-Modern and Early Modern Legal Governance in East Asia）、"中国法律史中的治理"（Approaches to Governance in Chinese Legal History）、"清代中国、英帝国与英属香港法律实践中的逃犯，1842—1911"（Fugitive Criminals in the Legal Practices of Qing China, Imperial Britain, and Colonial Hong Kong, 1842—1911）等分论坛上，就清代秋审制度、清代监察制度、近代中日家庭法改革与民国监察院的现实运作等主题进行了报告。②

2023年7月13—15日，中国法律与历史国际学会双年会（ISCLH 2023 Biennial Conference）在线上召开。来自牛津大学、康奈尔大学、麻省理工大学等全球各高校与研究机构的六十余位学者围绕"爱与恐惧：中国史上的性别、暴力与法律新视角"（Love and Horror: New Perspectives on Gender, Violence, and Law in Chinese History）、"倾听无言者：底层人、知识生产与跨太平洋社会法律变迁"（Listening to the Unspeakable: The Subaltern, Knowledge Making, and Socio-legal Changes Across the Pacific）、"身体的政治化：从清代到毛泽东时期中国法律与正义中的性"（Politicalization of the Body: Sexuality in Law and Justice from Qing to the Maoist Era）、"中国历史上的法律与经济利益"（Law and Economics Profits in Chinese History）、"日常生活中的法律与惩罚：从唐代到清代"（Law and Punishments in Everyday Life: Tang to Qing Dynasties）等主题进行了广泛讨论。③

2023年10月26—28日，美国法律史学会年会（American Society for Legal History 2023 Annual Meeting）在美国费城召开。年会总共包括三十余场分论坛与新书专题讨论会，在其中的"重思法律多元主义：帝制晚清与现代中国的冲突、妥协与协调，1644—1950"（Rethinking Legal Pluralism: Conflict, Concession, and Coordination during Late Imperial and Modern China, 1644—1950）分论坛上，牛津大学仇乙彤博士后、圣路易斯华盛顿大学罗辰茜博士、加州大学圣迭戈分校韩书梦博士、华盛顿大学周书卉博士等多位学者围绕清代的财产充公制度、满洲逃人法在汉人社会的适用以及民国司法改革中的性别不平等等问题进行了探讨。此外，年会还就耶鲁大学法学院张泰苏教授《清代财政的意识形态基础：信念、

---

① 参见 https://asianstudies.confex.com/asianstudies/2023/meetingapp.cgi/Session/1849。
② 参见 https://www.law.cuhk.edu.hk/app/events/cuhk-law-the-3rd-asian-legal-history-conference。
③ 参见 https://www.chineselawandhistory.com/conferences。

政治和制度》、香港中文大学法学院穆秋瑞副教授《重置世界中心：中国与国际法的变革》（Recentering the World: China and the Transformation of International Law）、耶鲁大学历史系戴史翠助理教授《常规帝国的不确定性：十八世纪清帝国的行政革命》（Uncertainty in the Empire of Routine: The Administrative Revolution of the Eighteenth-Century Qing State）三本中国法律史相关专著进行了专题讨论。①

2023 年 11 月 10—11 日，香港城市大学法学院中国法与比较法研究中心、武汉大学法学院与复旦大学法学院联合主办的"普天之下：中国国际法史"研讨会（Histories of International Law in China. All Under Heaven?）在香港召开。会议围绕"中国国际法：从古代到现代"（From Ancient to Modern）、"中国历史上与国际法的互动"（China and its Historical Interaction with International Law）、"中国国际法学者的生平及其学术贡献"（Profiles of Significant Chinese Legal Scholars and Their Contributions to International Law）等主题展开了讨论，为国际法史研究增添了独特的中国视角。

---

① 参见 https://aslh.net/conference/2023-philadelphia-pa-oct-26-28。

2023年度"法律史大讲堂"系列学术讲座综述

杜敏君 *

作为改革开放后中国法学界最早成立的全国性学术团体，中国法律史学会专注于法律史学研究，致力于推动中华优秀传统文化创造性转化、创新性发展，传承弘扬革命文化，发展社会主义先进文化，汲取世界法治文明有益成果。"法律史大讲堂"系列学术讲座是中国法律史学会为深入贯彻落实党的二十大精神与聚焦"两个结合"做出的重要安排，经中国社会科学院法学研究所、国际法研究所联合党委讨论通过，并报中国社会科学院主管部门批准举办。该系列讲座邀请在法律史研究方面具有重要影响的学者主讲，连续但不定期举行，以期为法史学界的同人，为一切关心、支持法史研究的同志，提供重要的分享与交流平台，并以此为传播中华优秀传统法律文化，促进在法治轨道上全面建设社会主义现代化国家做出应有的贡献。

自2023年5月开办以来，"法律史大讲堂"本年度共举办十一次讲座，主讲嘉宾来自中国社会科学院、中国政法大学、华东政法大学、中国人民大学、中南财经政法大学、沈阳师范大学、天津财经大学、江苏师范大学、复旦大学等高校与研究机构，包括张晋藩、杨一凡、王立民、张希坡、陈景良、霍存福、侯欣一、徐晓光、杨鹤皋、王志强、黄源盛等知名学者，总参与达1900人次。

第一讲：张晋藩"简谈中华民族的政治智慧和法律智慧"

2023年5月8日下午，"法律史大讲堂"系列学术讲座第一讲通过线上方式举行。此次讲座由全国杰出资深法学家、中国政法大学终身教授张晋藩先生主讲，演讲主题为"简谈中华民族的政治智慧和法律智慧"。讲座由时任中国法律史学会代管单位中国社会科学院法学研究所、国际法研究所联合党委书记陈国平研究员主持。西北政法大学王健教授、中国政法大学法律史学研究院顾元教授作为与谈嘉宾发言。该场讲座历时两个小时，来自全国各高校、科研院所及实务部门的专家学者、师生等近三百人参加了线上会议。

张晋藩先生在演讲中开篇指出，中国是一个具有五千年法制历史的文明古国，在漫长的发展过程中，涌现出大批杰出的思想家、理论家，他们所形成的文化渊源，所遗留下来的不朽论著，充分显示了杰出的政治智慧和法律智慧。由此出发，他从法律起源、德法共治、"乐"的作用、和合文化等四个方面，对"中华民族的政治智慧和法律智慧"进行了重点阐述。

其一，蚩尤作刑、皋陶造律，揭开中国法律起源的大幕。蚩尤摆脱了宗教神明的羁绊，

---

* 作者系中国社会科学院大学法学院硕士研究生。

致力于现实主义的"作刑"，其所作之刑，成为夏、商、周三代墨、劓、刖、宫、辟的五刑的前身。皋陶在造律的同时，所提出的"与其杀不辜，宁失不经"的刑法原则，成为后世以德化民、德法共治的渊薮。

其二，为政以德，德法共治的历史发展。以德化民，建设稳定的社会基础；以法惩恶，维护社会的安宁和国家的强盛。只有将道德要求和法律规范有机结合，相互促进，共同提升，才能实现善治的目标。

其三，"乐"在综合治国中的作用。具体可分为礼乐合治、乐与政通、乐助大刑等三个方面。古人作乐不是以之为娱乐，而是借乐以观政治得失，通过乐考察人心的向背、施政的得失、国势的趋向，将其上升到乐与政通、综合治国的高度。

其四，以亲九族、协和万邦的和合文化。"协和万邦"是中国作为文明古国所应承担的使命与责任，从战国时期"百家争鸣"的文化热潮对"协和万邦"理念的支撑，到西域都护府为协和万邦提供实验的基地，再到《唐律疏议》所制定的保护化外人之法，均是民族智慧与和合文化的生动写照。

张晋藩先生在讲座结尾强调，五千多年的法律史进程中，中华民族所表现出的政治智慧与法律智慧不胜枚举。习近平总书记所发出的"构建人类命运共同体"的号召，与中华法文化中亲仁善邻、协和万邦、天下一家、求同存异的文化特质高度相契，正反映出民族智慧与国家治理的完美结合。

陈国平研究员主持讲座时指出，举办"法律史大讲堂"是法学研究所与中国法律史学会为深入学习贯彻党的二十大精神作出的重要安排，以此为传播中华优秀传统法律文化，促进在法治轨道上全面建设社会主义现代化国家做出应有的贡献。张晋藩先生的讲座，关乎中国古代政治智慧和法制智慧中的一些根本性问题，对我们学习、把握、弘扬中国优秀传统文化具有重要的启发意义。

西北政法大学王健教授在与谈环节高度评价了张晋藩先生的演讲，并深情回忆了在先生门下求学的宝贵时光。他指出，先生的演讲内容，既包括了中国法的起源与特点等问题，又反映了中国之治的根本之道；既辨明了"以乐治国"的独有特色，又强调了对人类终极命运的关怀和普遍主义的理想追求。中华民族所表现出的政治智慧与法律智慧，代表了中华文明的独特价值和世界意义，是新时代推进法治中国建设和人类法治文明发展宝贵的精神财富。

中国政法大学法律史学研究院顾元教授指出，张晋藩先生的演讲，内容丰富，以点带面，具有高度的概括性和凝练性，折射出先生对于中国传统法文化持续深入的思考。他表示，先生以学术为志业、永不停歇的创新精神和追求古今贯通融通的守正精神，令后辈叹服。法律史学研究正应"以古人之规矩，开自己之生面"，坚持古为今用、以古鉴今，实现中华优秀法文化的创造性转化和创新性发展。

第二讲：杨一凡"对中国古代法律体系的再认识"

2023年5月15日下午，"法律史大讲堂"系列学术讲座第二讲以线上与线下相结合的方式举行。讲座由中国社会科学院荣誉学部委员、法学研究所研究员、西北大学法史创新工程首席专家杨一凡先生主讲，演讲主题为"对中国古代法律体系的再认识"。中国法律史学会会长、中国社会科学院法学研究所张生研究员主持讲座，西北大学段秋关教授、上海师范大学陈灵海教授作为与谈嘉宾发言。来自全国各高校、科研院所的专家学者、师生等二百余人通过个人旁听或集中学习的方式参加了讲座。

杨一凡先生首先指出，经过学界多年努力所挖掘和整理出的古代法律文献，已为我们能够深入研究、正确表述法律体系提供了史料基础。能否正确认识和表述古代法律体系，是关系到法律史学能否继续开拓研究、全面客观阐述中国法律发展史的重大问题。基于多年的研究与思考，他重点从四个方面阐发了对中国古代法律体系的见解。

其一，古代法律体系的内涵和定名原则。历史上的法律名称是经过严格的立法程序确定的，并以定名体现该立法成果的效力及在法律体系中的地位。要使法律体系的定名更加精确，应把"名从法定""名从立法本意""符合法律编纂实际"确定为定名原则。

其二，古代法律体系的发展演变。秦汉时期初步形成以律为稳定之法、令为补充之法的律令法体系；魏晋至宋代，以律典、令典为纲的律令法律体系进一步发展；元代是传统律令法体系向典例法律体系转化的时期；明清之际，典例法律体系得到确立并不断完善。

其三，古代法律体系表述中今人的认识误区。各代重要法典的门类结构表明，现有诸说存在无法覆盖全部法律规范的缺陷。对"法律体系"内涵理解错位、忽视界定"法律体系"必须覆盖全部法律规范、忽视法制变革中刑律地位的变迁，是造成法律体系定名出现偏差的基本原因。

其四，深化古代法律体系研究的三点浅见。首先，必须彻底摒弃"以刑律为中心"的研究模式，充分挖掘各代立法成果。同时，以"辑佚"之法破解"明以前法律资料匮乏"的难题，深化律令法律体系研究和准确阐述元代法律体系，并注重分支法律体系探讨，开拓法史研究新领域。

杨一凡先生在讲座结尾强调，求真是一个反复探讨的过程，学术在争鸣中发展，历史在质疑和求证中揭示真相。只有深化法律体系研究，将法律史学从"以刑为主"的束缚下解放出来，才能充分展现古代法律的全貌，不断开拓研究新领域，推动法律史学创新。

张生研究员在主持讲座时指出，杨一凡先生多年来致力于"珍稀法律文献整理、法史考证、重述中国法律史"三大学术工程，潜心耕耘，著述颇丰，就古代法律体系的基本特征和各代法律体系的表述及其与法律形式的关系等问题做出了重要探索。杨一凡先生对于中国古代法律体系的理解与阐释，是建立在他对于三亿多字法律文献史料整理与研究的基础之上的，可谓法律史学界"史论结合"的学术典范。

西北大学段秋关教授在与谈环节高度评价了杨一凡先生的学术贡献，并以一首《清平乐》向"法律史大讲堂"的召开致以热烈的祝贺。他强调，杨一凡先生的讲座，正是他四十余年来在"发掘史料"与"重述法史"方面研究成果的体现之一，其提出的应摒弃"以刑律为中心"的研究模式之观点，既令人惊觉，又发人深思。中国古代法律体系很难用"律令"或"礼法"等进行简单概括，而是随着时代社情、法律编纂的变化呈现不同的形态。

上海师范大学陈灵海教授指出，杨一凡先生的演讲主题是颇具宏观性、基础性与根本性的问题。他表示，杨老师主持整理的数以亿计的研究成果，为学界的研究提供了更为完善的史料前提，发扬了"以史料为基础，用史料说话"的扎实学风，是质疑成说、勇创新说、倡导争鸣、求真务实的学术榜样。当代中国法律史研究已发展到了新阶段，应坚持以客观史料为基础，勇于求真、勇于争鸣。

随后的互动环节，诸位师友就《大清会典》的实际适用情况、中国法律体系与新见史料的印证等问题进行了交流与探讨。

第三讲：王立民"中华法系的基本问题"

2023年5月29日下午，"法律史大讲堂"系列学术讲座第三讲以线上与线下相结合的方式举行。本次讲座由华东政法大学功勋教授、华东政法大学涉外法治研究院王立民研究员主讲，演讲主题为"中华法系的基本问题"。中国法律史学会秘书长、中国社会科学院法学研究所高汉成研究员主持讲座，华东政法大学法律古籍整理研究所所长王沛教授、上海政法学院法律学院院长魏治勋教授作为与谈嘉宾发言。来自全国各高校、科研院所的专家学者、师生等百余人参加了此次讲座。

王立民教授在演讲中开篇指出，中华法系历经四千余年的发展，博大精深，其中蕴含了深厚的中华传统法律文化。正确认识中华法系研究中的基本问题，不仅有利于深入理解中华法系的面貌、历史、特征和走向，更可为中华法系的发展与改造提供可靠依据。由此出发，他从四个方面作出重点阐述。

其一，中华法系的基本构成要素包括中华法系的母国、成员国与联系中华法系母国与成员国之间的通道。中华法系以中国为发祥地与领导者，以东亚绝大多数国家为成员国，主要通过古丝绸之路完成了法律的输出与输入。这三大要素缺一不可，共同构成了中华法系的形成基础。

其二，中华法系的发展历程大致可分为准备、形成、进一步发展、定型与解体五大时期，每个时期都有自己的突出之处。中华法系的准备时期是从中国的夏朝到隋朝，形成时期是唐朝，进一步发展时期是中国从五代十国到明朝，至清朝进入定型时期，最终在20世纪初的清末法制改革大潮中开始解体。

其三，中华法系的一个重要特征在于，其作为世界五大法系中唯一通过非强制性的和平方式形成的古代世俗法系，是基于中国古代法律的高水平与先进性而使得东亚各国进行的自愿输入，与其他法系通过战争或宗教途径的传播具有本质区别，集中体现了"天下大同""和合与共"等中华优秀传统文化。

其四，中华法系要得到复兴，必由之路在于全方位的创新性发展，力量积累在于加强学术研究与法学教育。实现对中华法系中优秀法治文明的逐步复兴，不仅有助于显示改革开放以来中国法治建设取得的大成就，传承与弘扬中华优秀传统法律文化，更有利于推动人类命运共同体的构建，改变世界当代法系的格局。

王立民教授强调，复兴中华法系并非一夕之功，应努力做到与学习践行习近平法治思想相结合、与推进中国式现代化相结合、与传承中华优秀传统法律文化相结合。对中华法系基本问题的了解与理解，将有力地推动学界深化相关研究，进而开辟出研究与发展的新局面。

高汉成研究员在主持讲座时表示，王立民教授以开阔的视野与精到的论断，对中华法系的基本问题进行了颇具高度与深度的阐释。在复兴中华法系的具体途径中，王立民教授对培养法学人才、加强学科建设等的观点颇具建设性意义，值得学界加以深刻认识。

华东政法大学王沛教授作为与谈嘉宾发言。他认为，王立民教授的演讲兼具宏观的视角与微观的分析，对如何复兴中华法系提出了具有启发性的见解。在当代法治的建设中，我们应汲取历史经验，传承、建设与发展出令人心悦诚服的文化软实力，将培育优秀法律文化作为实现中华法系复兴的重要举措。

上海政法学院魏治勋教授在与谈环节高度评价了王立民教授的演讲，并围绕中华法系的内涵和外延、其与当代中国法治建设的关系等问题提出了三点认识。复兴中华法系任重道远，加强学术研究，推动中华优秀传统法律文化的创造性转化与创新性发展，是时代赋予法史法理领域学者的使命。

随后的互动环节，与会师友围绕讲座主题就相关问题进行了交流与探讨。

第四讲：张希坡"马锡五审判方式与'抢婚案'三件司法文物的考察辨析"

2023年6月15日下午，法律史大讲堂"红色法治"系列第一讲（总第四讲）通过线上与线下相结合的方式举行，包括线上主会场与黑龙江大学法学院分会场。此次讲座由中国人民大学法学院张希坡教授主讲，演讲主题为"马锡五审判方式与'抢婚案'三件司法文物的考察辨析"。讲座由中国人民大学法学院马小红教授主持，黑龙江大学法学院孙光妍教授、西北政法大学马锡五审判方式研究院马成教授作为与谈嘉宾发言。来自全国各高校、科研院所及实务部门的专家学者、师生等百余人参加了此次讲座。

张希坡教授首先对马锡五的生平、工作经历等作出介绍，并着重阐述了对马锡五出生年月日的考察说明。学界对于马锡五的出生年代曾存在长期的错误认识，为进一步查清此问题，防止以讹传讹的现象继续发生，更为防止后人对此再生异议，张希坡教授多年来通过拜访马锡五亲属、查阅人物档案等方式进行史料考证，最终得出可靠结论，即马锡五确切的生卒年月应是"1899年1月8日至1962年4月10日"。他指出，马锡五审判方式的产生有其深刻的社会历史根源，也离不开马锡五本人作为革命干部具有丰富的群众工作经验这一主观条件。马锡五审判方式是革命根据地社会政治制度改革的必然产物，是我党领导的人民司法工作长期实践经验的总结，是群众智慧的结晶，是党的整风运动在司法战线上结出的丰硕成果，是把马克思列宁主义、毛泽东思想具体运用到司法工作上的一大创造。

张希坡教授以马锡五所审理的"抢婚案"为例，向与会师生分享了该案所涉及的陇东分庭"抢婚案"二审判决书、马锡五向边区高等法院的请示报告、边区高等法院代院长李木庵的批答，并对此三件珍贵史料的考察辨析作出解说。经过长期以来逐字逐句地辨认、推敲，张希坡教授已完成了原始史料的试补件，为学界对马锡五审判方式的研究提供了更扎实的史料根据。他表示，习近平总书记在谈到历史研究时曾指出："把历史结论建立在翔实准确的史料支撑和深入细致的研究分析的基础之上。"从革命传统中汲取力量，从革命文化中汲取滋养，充分挖掘革命文物的丰富精神内涵，把革命文物保护好利用好，亦是学界的一大责任。

张希坡教授在讲座结尾强调，马锡五审判方式的核心内容在于不拘泥于传统做法的束缚，破除官僚主义作风，坚持群众路线，实事求是保护当事人的合法权益，其所体现的为民、利民、便民的价值理念，值得作为永久的精神财富为当代法治建设所借鉴。

中国人民大学法学院马小红教授在主持时表示，张希坡教授的讲座使我们对马锡五及其审判方式有了更全面的了解，对革命根据地法律的为民初心有了更深刻的认识。马锡五审判方式的初衷在于服务群众、方便群众，这正是中国共产党"为人民服务"精神的生动体现，也是当代法治建设应当永葆的初心。

黑龙江大学法学院孙光妍教授代表分会场全体师生向大讲堂的召开致以热烈的祝贺，并就马锡五审判方式从农村到城市的发展过程及其在哈尔滨城市解放区的传承创新提出相关见解。她在与谈中表示，马锡五审判方式集中体现着中国共产党领导下的司法审判工作一以贯之的"为民"理念，无论在农村革命根据地、城市解放区，还是在当代，其鲜明特征与优良作风永不过时。

西北政法大学马锡五审判方式研究院马成教授高度评价了张希坡教授的演讲。他表示，张希坡教授在革命根据地法制史领域深耕厚植几十载，致力于红色法律经典的研究与编纂，出版了一系列专著与文献选辑，是学术研究的楷模，更是革命根据地法制史的拓荒者。实现对马锡五审判方式等红色法治文化的传承，不仅需要将其融入高素质法学人才培养的全过程，更要将教学研究与司法实践紧密结合，使中国共产党的优秀传统在新时代迸发出更大的价值与意义。

张希坡教授对相关问题予以回应，并表达了对红色法治文化在当代法治建设中实现创造性转化、创新性发展的希冀。

第五讲：陈景良"宋代法制实践中的皇帝父子——以真宗、仁宗为例"

2023年6月27日晚，"法律史大讲堂"系列学术讲座第五讲通过线上方式举行。此次讲座由中南财经政法大学教授、博士生导师、法律文化研究院院长陈景良主讲，演讲主题为"宋代法制实践中的皇帝父子——以真宗、仁宗为例"。中国社会科学院法学研究所张生研究员主持讲座，上海师范大学古籍整理研究所戴建国教授、中国政法大学法律古籍整理研究所赵晶教授作为与谈嘉宾发言。来自全国各高校、科研院所及实务部门的专家学者、师生等一百七十余人参加了此次讲座。

陈景良教授开篇指出，学界通常对宋真宗与其子仁宗的评价并不高，但若从中国法律史与现代法治理论的角度进行综合观察，真宗与仁宗父子不仅是徐道邻先生所说的"最懂法律的皇帝"，而且其在位期间，在权力与法律的关系层面上，亦可以认为是中国古代法治最为昌明的时期，也是宋代司法文明的一个高峰。由此出发，他以"宋代士大夫政治"的社会结构与宋代历史的进程为宏观视野，重点从立法、司法和法律考试三个方面的法制实践分析了真宗、仁宗父子二人的法律素养与法律史地位，并从法律与权力的关系层面对真宗、仁宗时期的法治文明历史高度进行了考察。

陈景良教授表示，中国古人对于懂法、遵法、明法的理想标准主要以"二帝三代"为楷模，具体包括尊礼仪、明法令，官吏各司其职，百姓安居乐业。《宋会要辑稿》所见宋代皇帝关于该问题的标准则主要体现在守法、用法之公、祖宗法度、"法度须是上下坚守"以及"自守法不敢开倖门"等方面。考察真宗、仁宗父子的法律素养和法制成就，应将其置于宋代的士大夫政治结构之中。他认为，宋真宗即位前，曾在开封府任职，开封府繁忙的刑民诉讼极大地锻炼了真宗的法律能力,这很可能是其法律素养深厚的原因之一。

陈景良教授强调,对宋代皇帝"懂法律"与"尊重法律"的分析,首先,必须从宋代政治权力的结构及其运行机制上理解,聚焦于国家公共权力的安置与运行。其次,应从皇帝的自我约束入手,其能否约束私欲,对一个朝代法制纲纪的兴衰起着关键作用。最后,应从真宗、仁宗皇帝父子所处时代的法制成绩大小进行观察。真宗、仁宗两朝大量立法成果的颁布、对法律类别的区分以及高度体现二者司法素养的案例等,均值得学界加以深刻认识。

张生研究员在主持讲座时表示,陈景良教授长期以来致力于中国法律史、唐宋法制史、中西法律文化比较等多个领域的研究与探索,深耕厚植、著述颇丰,是享誉国内外的宋代法律史专家。他的演讲以广阔的视野与系统的分析,对赵宋皇帝尊重法律等相关问题进行了全面而深入的阐释。

上海师范大学古籍整理研究所戴建国教授作为与谈嘉宾发言。他对陈景良教授的研究表示赞同,并以《咸平编敕》与提点刑狱司制度的确立为例,具体指出宋真宗时期的法制建设对后世的决定性影响。他提出,正确看待真宗、仁宗时期的法制建设成就,不仅应当从宋代政治权力的结构及运行机制的视角加以理解,还应当将其与北宋前期的时代背景加以联系,同时不能忽略宋代良好的宫廷教育在培养皇帝法律素养中的重要作用。

中国政法大学法律古籍整理研究所赵晶教授在与谈环节高度评价了陈景良教授的演讲,并从日本学者的研究视角对宋代法制建设的相关问题做出了充分拓展。他指出,在法制状况相对良好的两宋时期,皇权与法律的关系仍然比较脆弱,深受皇帝个人素养的影响。同时,赵晶教授围绕讲座主题提出两点思考,即宋真宗与宋仁宗在法律素养上的区别、日本学者关于律令制的概念能否用于中国史。

随后的互动环节,与会师友围绕讲座主题就相关问题展开交流与探讨。沈阳师范大学霍存福教授、中国政法大学李雪梅教授、吉林大学吕丽教授、中南财经政法大学李栋教授、南京师范大学吴欢副教授、河南大学张文勇副教授等也参加了线上会议。

第六讲:霍存福"'情理法'研究的尝试与阶段性创获"

2023年7月10日晚,"法律史大讲堂"系列学术讲座第六讲通过线上方式举行。此次讲座由沈阳师范大学教授、法律文化研究中心主任霍存福主讲,演讲主题为"'情理法'研究的尝试与阶段性创获"。吉林大学法学院吕丽教授主持讲座,吉林大学法学院刘晓林教授、中南财经政法大学李栋教授作为与谈嘉宾发言。来自全国各高校、科研院所及实务部门的专家学者、师生等一百五十余人参加了此次讲座。

霍存福教授开篇指出,"情理法"研究是海内外学者经常触及的经典论题。"法律"与"情理"关系的基础是大众日常生活的"情理化",包括对人"通情达理"的期待,以及对事"合情、合理、合法"的冀望。由此出发,他以自己的研究阶段为线索,主要从以下五个方面探讨了"情理法"研究的问题与创获:其一,对沈家本关于"情理"之说法的认识;其二,对情理法的发生、发展及其命运的纵向论述;其三,以谢觉哉为代表的共产党人对"情理法"的创造性转化;其四,沈家本情理观中的"情/法"结构与"情/法"关系原理;其五,律学中以"恩义""情义""仁义"等道德语汇所表达的"情法"关系。

霍存福教授表示，情理是法律的内容与基础，也是司法、执法的依准，通过情理分析可以检验出法律是否具有适当性。"情理法"在中国，不仅代表着历史、文化、传统、法律，更是哲学；不仅是世道，还是人心。"情理法"或"天理、人情、国法"是中国儒学框架下的法哲学范畴，在西方思想中无词汇与之相对应。"情理"在很多场合发挥着矫正法律苛严刻板等弊病的作用，阻止人们肆意妄为的动机与倾向；而探求"情理"的过程，往往也是寻找法律精神或法律原则的过程。"情理"对"法"具有指导、解释、矫正与检验的功能，既是一种法律构成原则，又是一种法律分析方法，还是一种法律适用方式，其中"情理"的法律构成是前提和基础，法律适用讲究情理、对法律进行情理分析则是应用和展开。

吕丽教授在主持讲座时表示，霍存福教授是我国著名的法律史学家与法学教育家，长期以来在中国法制史、法律思想史与法律文化等领域深耕厚植，对"情理法"的研究自成体系，独具特色。他的研究从沈家本到谢觉哉，从纪昀到薛允升，从法律规范中的"情/法"结构及其关系到法律语言的视角，层层推进，不断深化，对中国古代的"情理法"及其后续发展与创造性转化进行了多维度、多方面、多元化的考察与论证。

吉林大学法学院刘晓林教授作为与谈嘉宾发言。他指出，"情理法"是法律史学科的重大基本问题，覆盖着法学具体研究领域的全局，贯穿着法学具体研究领域的始终。"情理"作为现实生活中的分析方式与行为方式，在很大程度上代表了中华传统的法律文化。正确认识"情理法"这一法哲学层次与文化层次上的复杂问题，应当超越其在立法层面上的静态特征。

中南财经政法大学李栋教授在与谈环节高度评价了霍存福教授的演讲，并从世界法治文明的角度作出了补充与拓展。他认为，霍存福教授关于"情理法"的研究建立在对大量文献史料的梳理与总结之上，对于解决中国传统法律中最为核心与经典的问题具有正本清源的重要意义。"情理"与"法"并非对立，而是具有一定的相关性与一体性。"情理法"的结构反映出中国传统法秩序背后的深层原理，值得学界加以进一步的持续关注。

随后的互动环节，与会师友就"情"与"理"的性质与范围等问题展开交流与探讨。中南财经政法大学陈景良教授、黑龙江大学孙光妍教授、西北政法大学刘全娥教授等也参加了线上会议。

第七讲：侯欣一"被法律形塑的日常生活：兼论根据地政权与南京国民政府法律制度比较研究之必要"

2023年8月23日上午，"法律史大讲堂"系列学术讲座第七讲通过线上方式举行。此次讲座由天津财经大学法学院教授、近代法研究中心主任侯欣一主讲，演讲主题为"被法律形塑的日常生活：兼论根据地政权与南京国民政府法律制度比较研究之必要"。南京大学法学院张仁善教授主持讲座，清华大学法学院聂鑫教授、中国人民大学法学院尤陈俊教授作为与谈嘉宾发言。来自全国各高校、科研院所的专家学者、师生等二百余人参加了此次讲座。

侯欣一教授指出，长期以来，学界对于中国近现代法律制度的研究多着眼于宏观层面与定性问题，而较少对法律制度与民众的日常生活进行结合观察。中国共产党领导的根据地政权与国民党创建的南京国民政府是两种性质完全不同的政权，二者法律制度的差异远大于共性，但就技术层面而言，其法律制度也具有许多相似之处，存在着进行比较研究的基础。比较观察的方法对于近现代中国法律制度的研究具有方法论的价值和意义。由此出发，他围绕南京国民政府《总理纪念周条例》与中央苏区《优待红军家属礼拜六条例》展开对比分析。

他表示，"总理纪念周"和"优待红军家属礼拜六"都是一种通过党内法规确立的制度时间，也是具有鲜明意识形态色彩的政治仪式，无疑发挥了强化国家意识、加强对执政党主张理念的认同以及改造民众生活的重要作用。前者作为国民党强化意识形态，区分个人及团体是否与国民党在政治上保持一致的重要标识，成为国民党权力确认、提高认同度的重要方式；后者则割断了苏区与传统中国、与中华民国的一切联系，同时避免党员、干部和军人脱离民众，强烈地表达了与国际无产阶级联系在一起的政治愿景。无论是制度时间，还是政治仪式，乃至形成专门的语言，国共两党的目的都不仅仅是强化国家观念，还包括传达政治主张与进行民众组织。

他指出，与中央苏区取得的成功不同，国民党"总理纪念周"的开展由于举行过于频繁，且内容固定不变，即使在严格执行的初期也存在着某些松弛现象，最终不可避免地流于形式。若从更高层面予以观察，作为在近现代中国影响最大的两个政党，两党的做法最终都影响到整个中国，对中国社会的转型产生了极大的作用，并对国民的语言、思维、认知方式产生了深远影响。

张仁善教授在主持讲座时表示，侯欣一教授对革命根据地法律与南京国民政府的法律均有系统性的研究，他的讲座以两个具体条例展开，深入分析了其对辖区内社会生活的影响、对民众生活方式的影响，以及民众对政治问题与社会问题的认知，并从政治仪式到语言等各方面剖析了两党如何利用不同的规则来组织与动员民众，继而推导出语言、思维、认知与生活方式对政治走势的影响，颇具启发性，也为中国近代法律史的研究提供了新的视角与思路。

清华大学法学院聂鑫教授作为与谈嘉宾发言。他指出，侯欣一教授的演讲采用比较的视角进行了细致的分析，令听众收获颇丰。在社会民主方面，边区政府取得了诸多成就，通过优待军属等一系列具有普及性的措施，与群众建立起深厚而紧密的联系；而南京国民政府的做法往往流于形式，很难深入民间，以至于迅速脱离群众，陷入文牍主义盛行的状态。这样的比较研究方法，也可以用以考察国民政府与革命根据地政府对待"张灵甫案"与"黄克功案"的不同处理方式。

中国人民大学法学院尤陈俊教授在与谈环节高度评价了侯欣一教授的演讲，并围绕讲座主题，对"总理纪念周"等具体概念作出了进一步补充。他认为，这场讲座兼具法律史与法律社会学的色彩，聚焦了法律与社会生活间的互动关系，具有强烈的现实意义，帮助学界重新思考法制对政治、对社会生活的塑造及其形成的传统。在既往的法律史学研究中，比较的研究方法通常使用较少，侯欣一教授的演讲也为学界做出了一场生动的展示。

第八讲：徐晓光"论中华民族共同体法律发展的历史特征"

2023年9月18日下午，"法律史大讲堂"系列学术讲座第八讲通过线上方式举行。此次讲座由江苏师范大学法学院特聘教授徐晓光主讲，演讲主题为"论中华民族共同体法律发展的历史特征"。西北政法大学汪世荣教授主持讲座。杭州师范大学沈钧儒法学院余钊飞教授、江苏师范大学法学院南杰·隆英强教授作为与谈嘉宾发言。来自全国各高校、科研院所的专家学者、师生等七十余人参加了此次讲座。

徐晓光教授开篇指出，我国自古以来就是统一的多民族国家，少数民族法制和汉民族法制一道走过几千年发展的历程，这与各民族长期交往、交流、交融及各民族在历史上的地位是分不开的。由此出发，他重点从以下几方面探讨了中国少数民族法律的发展主要特征。

其一，各民族交往、交流、交融是法律发展的主线。中国从夏商周开始民族间交往交流不断，民族间的交流十分频繁，各王朝统治者吸收了不同民族、不同地域的统治经验，力求做到法律在不同民族地区的有效运用，为中国法律的丰富提供了很多重要因质。

其二，法律"后发赶超"，飞跃式发展。历史上北方入主中原或建立政权，少数民族有的是从奴隶制社会，甚至部族游牧社会，一跃进入封建社会。就法律制度而言，则往往是从习惯法状态一跃而建立起中央集权的封建专制的法律制度。而飞跃的根本原因则在于学习、引进汉族文化。

其三，法律在"宽猛相济""因俗而治"中实现。历史上中央王朝统治者在建立地域辽阔、人口众多的国家时，也形成了以国家强制力保障实现的民族法制。在立法中注意少数民族利益、尊重少数民族习惯，是封建统治者历来奉行的宽猛相济、怀柔与镇压结合的政策。

其四，法律统一与"民族自治"。历史上我国民族法制是以国家统一为前提的，我国封建王朝对少数民族较注意采取自治方式，同时尽量保证国家对少数民族地区的行政和法律管辖，在可能的情况下由国家对少数民族地区进行直接立法。

最后，他通过具体律条与案例指出，各民族的文化交融是在冲突和矛盾协调解决中完成的，法律权利也在冲突和协调中逐步清晰。

徐晓光教授在讲座结尾强调，我国各民族多元一体法律发展的格局决定了少数民族法律史是中国法律史中不可忽略的组成部分，"中华法系"正是以汉民族为主体的各民族法律思想、法律意识、法律原则和法律制度长期交融的产物。

汪世荣教授在主持讲座时指出，徐晓光教授长期以来致力于民族民间法、中国法制史等多个领域的研究与探索，深耕厚植、著述颇丰，在学界具有广泛的影响力。他的演讲以广阔的视野与系统的分析，对中华民族共同体法律发展的历史特征等问题进行了全面而深入的阐释。民族法文化的挖掘对法律史学科的发展乃至新时代的法学研究均具有非常重要的意义，应得到学界的进一步关注。

杭州师范大学沈钧儒法学院余钊飞教授作为与谈嘉宾发言。他表示，近年来少数民族法律史的研究日益受到学界的重视，其社会影响和普及度也在日益提升，具有十分广阔的发展空间。中国的法律史是一部中华民族共同体的法律史，绝非单一的汉族法。几千年来多民族的融合孕育了多元共治的中华文化，其中所包含的历史经验，对于中华民族共同体的构建具有深刻的参照意义。包容的心态、开放的格局与细致的考证，是学界在研究中华民族共同体等问题时应首先秉持的基本理念。

江苏师范大学法学院南杰·隆英强教授在与谈环节高度评价了徐晓光教授的演讲。他提出，中国自古以来便是统一的多民族国家，各民族共同推动了中华法治文明，乃至整个中华文明史的发展与繁荣。中华法文化在源远流长的发展过程中形成了独有的制度特征，与西方有着本质区别。从中华民族共同体的视角出发，挖掘与阐明各民族在法制建设中的历史特征与经验、教训，不失为实现中华优秀传统法律文化创造性转化与创新性发展的重要路径。

第九讲：杨鹤皋"儒家重道德、轻私利的价值观"

2023年9月19日下午，"法律史大讲堂"系列学术讲座第九讲通过线上与线下相结合的方式举行。此次讲座由中国政法大学杨鹤皋教授主讲，演讲主题为"儒家重道德、轻私利的价值观"。中国政法大学法律古籍整理研究所所长李雪梅教授主持讲座，华侨大学法学院范忠信教授、中国政法大学法学院姜晓敏教授作为与谈嘉宾发言。来自全国各高校、科研院所及实务部门的专家学者、师生等二百三十余人参加了此次讲座。

杨鹤皋教授首先介绍了孔子重道德论的基本主张。孔子提倡"以德治国"，应置德礼于首，措政刑于次；为实现教化，统治者尤应垂范表率，以期风行草偃。在道德与经济的关系上，孔子承认道德理想应以物质利益为基础，但又肯定道德理想高于物质利益，反对汲汲于个人私利。他虽然轻利，但不排斥利，甚至明确提出"富民"的主张。

他指出，就后世儒家的发展而言，孟子发展了孔子的重道德论，认为义利并非绝对排斥，问题在于以何者为指导。孟子以"仁义"为指导，重视小民的生计实利，将他"仁政"方案建基于衣食之利上。但将道德理想与物质利益相较，若不可兼得，则应该放弃个人利益。同样，荀子也肯定人的价值在于"义"。要之，儒家共享一套重道德而轻富贵的义利观，旨在劝诫统治者克己为民，并对其"卑劣的贪欲"加以道义的限制，这种精神在历史上影响至为深远。今日若要贯彻"以德治国"，也可从中汲取养分。

最后，杨鹤皋教授将儒家重道德论的积极作用总结为四方面：它在历史上成为人民反抗昏君和暴政的理论武器；它重视道德教化的作用，可预防犯罪发生，促使人们日趋向善；它把国家民族利益置于首位；它提倡尊老爱幼。但是，儒家之重道德论也存在局限：其一，过分强调伦理道德，抑制了人们的自主意识和创造精神；其二，在伦理道德高于一切的原则下，法律在社会调整中的作用会被轻视。杨鹤皋教授强调，社会主义社会既要德治，也须法治，不可偏废。因此，必须摒弃认为伦理道德高于一切而轻视法律的传统思想观念。

李雪梅教授在主持讲座时表示，杨鹤皋教授为"法律史大讲堂"系列讲座举办以来最年长的主讲人，学界耆宿以如此高龄，为线上线下的师生传道解惑，堪称杏坛盛事。李雪梅教授随后总结了讲座的要旨，认为杨鹤皋教授对马克思主义辩证法之运用纯熟，为后学做出了如何发掘传统法律思想价值的示范。

华侨大学法学院范忠信教授作为与谈嘉宾发言。他高度赞扬了杨鹤皋教授的批判精神，不仅拈出儒家学说之精华，也指出了道德之网对个人自由的束缚，轻视法律在社会调整中的作用等局限性。范忠信教授认为此次讲座仍循儒家自身的话语，倡议后学可用近现代法理学迻译传统概念；囿于时限，义利与德刑这两个话题交叉呈现，若有充分的时间将二者分别论说，或将更为精彩。

中国政法大学法学院姜晓敏教授在与谈环节回忆了三十年前杨先生的课堂风采，并分享了此次讲座在方法论上的意义。姜晓敏教授认为，道德与私利不在同一层次上，并不必然冲突。在儒家的思想体系中，道德是唯一标尺，只要合乎道德，尽可追求私利。此外，姜晓敏教授也提醒大家在体认儒家的法律思想时，不可简单套用西方理论。

第十讲：王志强"中国传统法的研究视角：从司法审判到社会治理"

2023年9月26日晚，"法律史大讲堂"系列学术讲座第十讲通过线上方式举行。此次讲座由复旦大学法学院王志强教授主讲，演讲主题为"中国传统法的研究视角：从司法审判到社会治理"。中山大学法学院徐忠明教授主持讲座。上海交通大学人文学院邱澎生教授、复旦大学法学院赖骏楠副教授作为与谈嘉宾发言。来自全国各高校、科研院所的专家学者、师生等二百余人参加了此次讲座。

讲座主要涉及五个方面的内容：第一，就法律史学科的发展状况作出概述；第二，分析司法实践视角下学界对中国传统法律的研究及存在的问题；第三，从法的形态和要素来探讨长期被学界作为主要参考系的西方法律传统的特色；第四，从社会治理的视角出发，为中国传统法的研究寻找更多的对话平台和共同话语基础；第五，展望法律史学乃至整体的中国法学在新时代可能做出的贡献。

王志强教授指出，法律史学目前面临的挑战，是世界各国所共有的。回答中国的法律史学研究应当何去何从这一问题，首先应对已有研究作出回顾。从近代学科体系创设中国法律史学后，第一个阶段是律令法典的研究。随着出土文献的不断面世，学界对律令法典的文本研究也不断深入。与此同时，除纸面上的法律外，实践中的法律也逐步得到学界的重视。根据寺田浩明非规则型法的理论，并以西方为参照系考察司法实践领域的中国传统法律，可以认为，在西方传统中，任何公平正义的实现都必须以法律规则为前提条件，行使着司法权的法律职业群体则随时准备着弥补规则的漏洞；而在以中国为代表的东方，高明的执法者对于公平正义的追求与实现往往不拘泥于僵硬的法律规则。"有定者律令，无穷者情伪也"，公平正义的最终实现不仅有赖于"良法"，更需注重"善治"。

西方规则型法的前提有二，一是存在着一套无所不包的规则体系，二是存在相对独立的司法职业群体。换言之，近代以来西方法治主义的核心前提在于既存的、全面的、全覆盖的法律。同时，分权是西方政治架构中的核心理念，在分权制衡的传统之下，独立的司法职业阶层得以生成。这些前提在中国传统社会并不完全成立。以往学界往往围绕司法审判为中心展开研究，但倘若从上述视角出发，司法审判是否应继续作为研究中国传统法的核心内容，便成了一个值得商榷的问题。

应当深入思考的是，与西方意义上的法在其最广义上发挥作用的空间相对应，中国的规范是采取何种形式而存在的。如何找到一个具有通约性的、能够更完整地理解中国过去、现在和未来的概念和体系，是研究中国传统法的重要任务。相较于司法审判，社会治理包括公共事务管理、维持治安、解决纠纷三大核心内容，分别指向国家行政建制、刑事法领域与民事法领域，能够为传统法的研究搭建公共的对话平台。传统中国是中央集权的统一国家，在中央政权的领导下，地方治理过程具有多形态、差异化的呈现方式，形成了"一元多样"的治理结构。与西方概念中无所不包的法律规则体系相比，中国传统法作为非规则型法，是跟其他的各种规范密切交融的，是弥散在整个社会治理的过程当中的。

王志强教授在讲座结尾表示，从法学的发展来看，德国的历史法学派、法兰克福学派，美国的法律现实主义、法律经济分析等各种被认为具有很强的参照力和借鉴价值的学派、学说，其学术贡献都是立足于对本国当下现实问题的关怀。中国的法学研究应更好地回答中国问题、解释中国现象、提出中国方案，学术能力与学术自信并重，以进一步发挥中国法学对人类、对世界的贡献。

徐忠明教授在主持讲座时指出，王志强教授长期以来致力于中国法律史、欧洲法律史和比较法等领域的研究与探索，深耕厚植、著述颇丰，在学界具有广泛的影响力。他的演讲从规则体系到多元构造再到社会实践，对传统中国法做出了恢宏的思考。从比较法的角度而言，我们的研究不一定要预设西方和中国的二元构造，更重要的工作在于厘清二者在面对类似问题时的不同解决方式。

上海交通大学人文学院邱澎生教授作为与谈嘉宾发言。他指出，学界通常习惯于预设西方与中国之间的差异，且这种差异是不可化约的，继而展开讨论差异的内容，如此做法在一定程度上不免导致思维的局限。以经济史学家波兰尼为例，其在研究中便抛却资本主义与非资本主义的既有划分，创造性地回归"财货流动"这一人类经济行为的本质。由此类比，他提出思考，即在法学领域中是否也可以成立更具包容性的范式，打破预设区分的迷思，兼顾相似与差异，将研究视角向着更具有普适意义的理论方向发展。

复旦大学法学院赖骏楠副教授在与谈环节高度评价了王志强教授的演讲。他表示，王志强教授的讲座包纳了古今中西的诸多要素，并提出了研究视野和方法的创新，即对于中国古代法的研究，要尽可能摆脱原有的司法中心主义与审判中心主义的思路，从社会治理的角度去研究中国法律史。从司法研究向治理研究的转变，也要求法律史学者能够以开放的心态，加强不同学科之间的交流，从多方面中汲取理论和视野的养分，共同参与到社会治理视野下的中国传统法研究中。

随后，诸位嘉宾就讲座中涉及的相关问题展开进一步的交流与探讨。

第十一讲：黄源盛"百年判例文化的承与变——晚清民国·当今两岸"

2023年10月16日下午，"法律史大讲堂"系列学术讲座第十一讲通过线上方式举行。此次讲座由中南财经政法大学文澜学者讲座教授黄源盛主讲，演讲主题为"百年判例文化的承与变——晚清民国·当今两岸"。清华大学法学院聂鑫教授主持讲座，中南财经政法大学陈景良教授、苏州大学王健法学院蔡晓荣教授作为与谈嘉宾发言。来自全国各高校、科研院所的专家学者、师生等一百八十余人参加了此次讲座，反响热烈。

黄源盛教授表示，尽管不同国家在不同时期的社会经济状况与法治发展程度有所差异，但出于维持整体治理秩序一致性的需要，"同案同判"始终是各国司法的基本价值追求。百年来的判例文化丰富而多元，其变迁的原因与历程值得学界加以深入研究。此次讲座的研究时段集中在1912年至2023年的百余年间，内容涉及传统中国、北洋政府、南京国民政府以及1949年后两岸的判例文化。

黄源盛教授首先从内涵与思维进路阐明了判例文化的研究面向，判例文化的内涵囊括司法实践、法律规范、法律制度、法律思想与法律意识，而"判例"一词的概念界定则通常受到研究者个人观念的影响。他指出，对百年判例文化的研究主要存在着四个需要深入探讨的问题：其一，传统中国法律体系向来注重成文法典的编纂，何以历代以来一直都有各种形式的"泛判例制";其二,晚清民国继受欧陆法后,在民初北洋政府时期缺少民事法典的情况下,如何进行民事审判;其三,南京国民政府时期如何承袭大理院的判例要旨制;其四,当今两岸判例制的新走向。

随后,黄源盛教授按照历史发展的逻辑顺序,以明清时期之定期修例与律例合编、清代的"成案"与"通行"制度为展开,考察了传统中国法时期泛判例制之史,并对民初大理院判例要旨制的产生原因、选编流程、制度特点、法源定性与历史意义作出分析。他认为,大理院判例要旨的性质,从理论上言,宜属"条理";而从实际上看,它具有创新规范、阐释法律及漏洞补充等功能,可以说,"实际上创例视同立法";换言之,它具有"裁判的准立法功能",或者可以说,有"司法兼营立法"的功能倾向,但犹不能说它就是完全等同于英美法系的判例法性质。

黄源盛教授指出,南京国民政府以迄1949年之后中国台湾地区的判例文化有其存在的必然性,在发展过程中经历了从以往的判例要旨制到2019年后大法庭新制的变革。内地推进的指导性案例制度则避免了"判例要旨"制度脱离案件具体事实,而仅为抽象化表述的重大缺憾,走出了传统中国法制上"以例破律"的阴影,打破了欧陆法制上向来多依赖于最高法院判例的束缚。两岸的判例制度就文化因子而言,系出同源,其发展路径、最终归宿也值得进一步观察与期待。

清华大学法学院聂鑫教授在主持讲座时表示,黄源盛教授长期以来致力于法律史学研究,深耕厚植、著述颇丰,他的演讲以广阔的视野与系统的分析,对百年判例文化的承与变中所涉及的诸多问题进行了全面而深入的阐释。

中南财经政法大学陈景良教授、苏州大学王健法学院蔡晓荣教授在与谈环节均高度评价了黄源盛教授的演讲。他们指出,黄源盛教授以晚清民国及当代两岸判例文化为切入点,对百年来判例文化的流变进行了脉络化的梳理,并在此基础之上对当今两岸的司法实践进行了思考与展望,思路清晰,探索深入,为学界对判例文化的研究树立了标杆。

随后,诸位嘉宾就讲座中涉及的相关问题展开进一步的交流与探讨。吉林大学李拥军教授、中国社会科学院法学研究所张生研究员等也参加了线上会议。

结　语

从中华法系的独领风骚,到近代转型的风雨飘零,再到革命根据地的探索创新与新中国的社会主义法治建设,中华法治文明在历史的磨炼中得以生成与醇化。大浪淘沙铅华去,中华优秀传统法律文化已如湍流不息的江河,蜿蜒突破连绵的群山,浩浩汤汤地奔向湖海。发掘与传播中华优秀传统法律文化,使蒙尘之明珠焕发出原本的光彩,不仅是中国法律史学会的根本任务,亦是法律史学人薪火相传的坚守与追寻。

2023年度"法律史大讲堂"系列学术讲座循序开展,报告厚重精彩,评议专业精深,讨论热烈开放,体现了一流的学术水平,成为中国法律史学会主办的招牌学术活动,对于提高法律史学研究水平、增进法律史学科交流和学术进步具有重要意义。今后,学会还将持续举办这一讲座,并进一步探索完善其具体运行机制。

研究动态

一、年度书讯

（以责任者姓名音序为序）

【传统与现代：法律文化与社会秩序构建】

安曦萌著，上海人民出版社 2023 年版

观察法治中国的建设过程可以发现，文化是社会秩序形塑的过程中不可忽视的重要组成部分。法律若要有助于社会秩序，就无法忽略文化的影响。借助哈耶克的分析视角，我们得以了解在有限理性的前提下社会秩序形成的理论路径，理解文化进化对于秩序形成乃至文明发展的价值。在传统与现代的互动中，中国法律文化已经自生自发出独特的样貌。以证券监管为例，可见法律家长主义在与传统文化存在契合的情形下如何影响了监管思路和效果；以非法集资犯罪治理为例，可以发现重刑主义的文化传统在现实中的运作方式及局限；以京津冀区域一体化为考察对象，则可以发现特定文化背景下法治建设的挑战和路径。

【大清宪法案】

［日］北鬼三郎著，彭剑译，霍耀林校，广西师范大学出版社 2023 年版

该书是作者在清末为中国起草的一部宪法草案，共 10 章，76 条。按照宪法草案的结构顺序，作者给每一条文都各自注明所参考的对象，并加上或长或短的法理说明，法律叙事皆植根于晚清的衰变，从多个面向剖析晚清中国动荡不安的历史剧变。该书当时出版后，在中国受到广泛关注，不仅成为清末制宪官员的囊中书，而且还成为民初修宪者设计国家体制时的重要理论依据。该书可作为清末民初政治史、法律史等方面研究的重要参考，也可见当时中日学术交流的情况。

【口述中国海商法史】

北京大学海商法研究中心编，北京大学出版社 2023 年版

该书是北京大学法学院"第二课堂"项目的成果。访谈工作由北京大学海商法研究中心牵头组织，多位知名海商法专家担任顾问，北京大学法学院国际经济法专业研究生具体进行采写。全书包括了 30 余位海商法专家学者的访谈，访谈对象平均年龄在 70 岁以上。采访秉持"去中心化"的理念，通过这些人士从不同角度的讲述，追忆中华人民共和国成立后中国海商法从无到有、从简陋到完善的艰苦历程，目的是聚集群体智慧，打造属于中国海商法的社会记忆，具有独特的学术价值和实践意义。

【中国历史上的腐败与反腐败・精读本】

卜宪群主编，中央编译出版社 2023 年版

该书抓住"反腐败"这条主线，主要介绍中国历代在反腐败制度建设和文化建设上的发展和演变历史，对于研究中国古代国家政治中的腐败现象、反腐败措施、反腐败思想都具有重要意义，对于借鉴历史上的反腐

败经验也有其积极意义。

【1903：上海苏报案与清末司法转型】

蔡斐著，广西师范大学出版社2023年版

该书是一本以苏报案为中心讨论清末司法转型必然性的法制史、社会文化史研究著作。作者从晚清朝廷状告平民这起震惊中外的苏报案入手，审视百年司法改革。该书以幽默诙谐的语言，生动再现了苏报案全过程，从小叙事抽丝剥茧，以大视野审视清末司法转型，阐明苏报案个案力量推动中国近代化法治前行的历史偶然性和必然性。作者从法制史、新闻史等多学科角度切入，运用跨学科视野，立体考察苏报案，精剖细缕其引发的中外制度、思维层面的碰撞及反思，并在学理上提出了"司法是一种变量之和"等新观点，从而揭示出事件所蕴含的法律、政治、社会、历史意义。

【中国近代民法继受视野中的固有法衍化研究】

蔡晓荣著，中国社会科学出版社2023年版

中国民法近代化一直在继受欧陆民法的整体思路中进行立法创制。在此进程中，中国固有民事法究竟沿着何种路径衍化？其在形式上被旁置之后，究竟以何种实态与中国近代的民事立法和民事司法发生关联？此问题是我们理解近代中国民事法律变迁的一条重要线索。该书选取民事法领域若干具有典型意义的切面，以债法领域的破产债务清偿责任和失火民事赔偿责任、物权法领域的坟产习惯权利和水相邻关系、亲属法领域的家长权（亲权）和收养制度、继承法领域的已嫁女财产继承权和遗嘱处分财产限制为研究对象，据此归纳中国民法近代化进程中固有民事法衍化的具体进路，并努力回应关涉中国近代民法继受的其他一般性理论问题。

【宋代诉讼惯例研究】

陈玺著，中国社会科学出版社2023年版

宋代诉讼惯例是指两宋诉讼活动中客观存在的、为官方和民众所普遍认同并加以恪守的各类习惯性规则。该书立足中国古代诉讼规则的生成、发达与运行，以两宋为历史剖面，以诉讼文明为研究视阈，以诉讼惯例为具体对象。通过勾勒宋代诉讼法律文明的历史图景，诠释诉讼惯例、诉讼制度、诉讼观念、诉讼文化、诉讼学理等元素的交互关系。经由系统考察唐宋时期诉讼规则继受与变革的时代背景、历史轨迹与后世影响，最终查明我国固有诉讼规则之发展规律、适用状态、演进模式、转型格局等，为全面依法治国伟大方略的实现提供理论诠释和历史镜鉴。

【中华法治文明】

陈玺主编，中国政法大学出版社2023年版

该书经西北政法大学法治学院法制史教研室教师审慎选题，精心策划，结合教学与科研现实要求，在充分吸纳和借鉴学界研究成果的基础上编成。该书突出"文化自信"之历史底蕴和专业特色，通过遴选法系文明、法典文明、判例文明、律学文明、司法文明、监察文明、吏治文明、宪制文明及红色法治文明等若干法律专题，凝练重点，在立足于全球视野和中外比较的基础上，融入课程思政因素，立足系列专题研究和推介。该书各章特色鲜明、重点突出、布局合理、相互照应，基本反映了中华法治文明中最为重要的思想、制度和文化等内容。通过从宏

观上把握中国四千多年法律制度发展演变的线索和规律，从中掌握数千年历史中立法与司法的经验与教训，从而吸取经验，传承中华法制文化的优秀传统。

【汉书刑法志考释】

邓长春著，上海古籍出版社 2023 年版

《汉书》在《史记》体例基础上创立"十志"，影响深远，其中《刑法志》从儒家思想的角度来论述法，是一篇具有个人风格、反映时代风貌、饱含思想价值的法史述论文章。古今中外对本志多有考释，有重要的奠基和启发意义，但也存在一定的不足。该书宗旨有三：一曰集旧注，留精粹，定讼争，议得失；二曰明术语，析文句，证史实，求确解；三曰考渊薮，辨源流，阐幽微，觅宏旨。作者力图对《汉书·刑法志》作一深入全面的解读，以便学界同人研学参考。

【婚姻自由的宪法研究】

邓静秋著，法律出版社 2023 年版

该书是作者近年来从宪法学视角对婚姻家庭制度进行研究的阶段性成果，从历史、文本与实践三个维度，以我国《宪法》第四十九条婚姻自由的规范内涵的解释为主线，解读宪法中婚姻家庭条款的规范内涵及其链条，提炼相关规范背后的历史事实与价值共识，为我们全面理解中国婚姻家庭制度的宪法基础提供了整体学理框架与方法论，在一定程度上拓展了宪法与婚姻制度研究的领域。

【以山为业：东南山场的界址争讼与确权】

杜正贞著，北京师范大学出版社 2023 年版

古代的文人、画家常常对山林寄托以出离尘嚣缊锁、比邻烟霞仙圣的想象，但现实中的山耕、山居，是另外一部历史。"以山为业"一方面是说人们以山场为生计资源，另一方面也是在说人们围绕着山场资源形成各种权利关系，这些权利关系，在传统中国通常被笼统称为"业"。唐宋以来，东南山场被加速开发。从最初的"无主"状态，即山场上的所有资源对所有人都开放，到山场被精细测量划界、人们对山场中的特定资源和各种权利进行确权，这是一个漫长的历史过程。"界"的出现，是这个过程中关键性的一步。"界"是山场确权中的一个核心概念，它也是山区的人们在"以山为业"的实践中，逐渐创制并明确的一套有关山场的知识。

【情理法与中国人（新版）】

范忠信、郑定、詹学农著，山西人民出版社 2023 年版

什么是法？法有什么用途？法当如何适用？自古至今，中国人的看法与西方人很不一样。在国人的观念中，法律不一定是一个本于自然正义形成的、有内在逻辑体系的强制性规范体系，而是"天理""国法""人情"三位一体的，是能预防和解决一切纠纷的公共政治技巧或治理术。这一套技巧，其核心成分不是客观、真实、理性、冷峻的科学，而是因事制宜、无微不至的"艺术"。数千年来老百姓期望托庇的"青天"式循良官吏，是有着父母般人格和爱心的"政治艺术家"。基于这种理念看待国家、社会和人生，基于这类"艺术"处理各类事务和纷争，从而形成了中国人独有的法观念体系。

【汉唐法制史研究】

[日]冨谷至著，周东平、薛夷风译，中华书局 2023 年版

该书旨在进一步探寻中国传统法制形成

的发展过程，并阐明中国前近代法制的特征及其展开，以及中国古代法制与中世纪法制的区别。全书贯穿了作者对中国古代社会礼与法这两种规范相互交叉的认识，强调中国刑罚的本质在于威慑与预防，重视北朝胡汉融合体制的重要作用，并且善于运用简牍学与法史学相结合的研究手法，考证精详，别出心裁。

【清代民国民间法律文书选粹】

龚汝富、李雪涛整理，北京大学出版社2023年版

近年来，中国法律史研究在广度与深度上都得到了长足发展，而这一切都离不开法史方法论的淬炼提升和对新史料的发掘利用。尤其对新史料的挖掘、整理与利用，为中国法律史研究注入了诸多新元素。该书收录包括《清代讼师秘本》《清代江西零都县诉讼秘本》《律条诛语》《清代民国契式》等在内的清代民国民间法律文书十六种。力求保持文献原貌，不作任何有损原意的改动，仅作文字及标点符号方面的处理。这些法律文书的内容与普通百姓的日常生活密切相关，展现了与官方律令不一样的法律世界，对于考察民间法律文书的制作、生成与传播方式等具有极为丰富的史料价值，直观展现了传统社会普通民众的法律活动和法律行为，体现了民间百姓法律生活的最真实状态。

【从二元到一元：清前期法制变革】

胡祥雨著，中国社会科学出版社2023年版

该书充分利用清初档案，并结合《大清历朝实录》《钦定大清会典》等文献，细致梳理了清朝前期，尤其是顺治朝（1644—1661）的法制变迁，深入分析了明清易代过程中明朝制度与满洲制度的碰撞与融合。清朝法制经历了从二元到一元的转变：多尔衮推行满汉分治的二元法律制度，既为汉人沿用明制，又为满人保留满洲制度；顺治帝在掌权后推行满汉一元化的法律体制，使满人和汉人都适用《大清律》。顺治帝确立的满汉一元化法律体制，奠定了清朝法律制度的根基。

【中国仁政司法传统及其现代转化】

蒋铁初著，商务印书馆2023年版

该书关注仁政司法的直接传统与间接传统、法文化基础以及当代借鉴意义。中国仁政司法的传统包含了法内施仁、法外施仁、赦过宥罪、疑罪施仁、优待弱者、教化司法、慎刑详谳、敏速司法、司法守正等九个方面，其中，仁爱思想与仁政理念成为仁政司法直接的观念基础。中国仁政司法传统与现代法治价值在许多方面可以兼容，将传统仁政司法的制度与实践做法进行符合现代法治精神的改造，可以有效应对当代司法存在的问题。

【唐法史源】

［德］卡尔·宾格尔著，金晶译，商务印书馆2023年版

该书享誉西方史学界与法史学界近百年。作为20世纪西方世界极具影响力的汉学家和唐代法律史学家之一，宾格尔用德国法学家特有的"评注注释"工作方法对新旧《唐书》的《刑法志》和《唐会要》进行了深入注解考证，完整揭示了唐代《刑法志》的立法体例、法律形式及刑案判决。作者从法学内部探讨了唐代法的渊源与解释，更凭借其对中国文化的热爱，跳出法学教条，探索中华法文化根基，展示了作者在说明唐代与法律相关史料时如何进行"评注注释"。

这些注释也让读者了解19世纪40年代西方汉学界对中国传统法律的理解状况。

【中西之间：马克斯·韦伯的比较法律社会史】

赖骏楠著，复旦大学出版社2023年版

该书认为，作为20世纪初一名百科全书式的学者与思想家，马克斯·韦伯（1864—1920）在比较法律研究上也着墨甚多。在韦伯原初构想中，中国古代法是作为映衬西方近代法的绝对"他者"般的存在，其"普遍法律史"构想了一幅从中国法、印度法，经历古犹太教法、中世纪天主教法，直至西方近代法（尤其德国法）的、准线性的法律"合理化"发展图景。但韦伯对各大法律文化的深入研究，又使其意识到历史事实与这一清晰图景存在抵牾：帝制中国的家产官僚制法中既存在"非理性"成分，又存在"合理性"成分，而在近代西方私法（甚至是在韦伯最为推崇的德国私法）和公法政治中也都存在明显的"反资本主义""反法制型支配"的"非理性"要素。在具体地界定和叙述东西方法律时，韦伯不得不面对和处理这些矛盾。而他的具体处理方式，则暴露了他的价值观、情感和认识论局限。在明晰这些局限后，我们可以再次拾起韦伯那些充满创造性的概念工具，并借助更丰富、公允的当代经验研究，来展开理论与经验间的对话。对古今、中西、异同的叙述与想象，在历史长河中远非一成不变。中西之间的差异并不绝对，对异与同的界定常常取决于研究者本人的认识论，而认识论又经常取决于现实政治经济力量对比、个人经历乃至情感取向。在21世纪的政治经济形势下，我们完全能够主张一种更为平等的中西对话，以及更具包容性的法律理论建构。

【中国法律思想史（第三版）】

李贵连、李启成著，北京大学出版社2023年版

该书是一部主要面向法学本科生的基础教材，根据学界有关中国社会转型和历史分期的理论，分为古代、近代上下两编，结合最新研究成果及法律职业资格考试需要，对历史中国各阶段的法律思想做了详略不同的处理。其中，上编即古代部分，介绍中国传统法律思想，重点是春秋战国中国社会第一次转型期内儒、墨、道、法四个主要学派的法律学说，各占一章篇幅；下编即近代部分，介绍晚清民国中国社会转型期内洋务派、改良派、革命派等政治派别有关法律变革的主张，亦各占一章篇幅；上、下编皆设置导论章，上编导论同时也发挥统领全书、介绍整门课程的作用。此外，上编为介绍明清之际思想家黄宗羲、王夫之的法律思想，下编为介绍晚清法律改革"礼法之争"及沈家本的法律思想，皆设置专章，突出两位作者的研究心得，充分呈现思想演变的内在理路以及制度与学说的交互影响。在"重其所重"的同时，作者兼顾内容完备，在上编中，对中国古代第一次社会转型前的神权宗法等法律思想及秦汉以后的正统法律思想，亦各设一章，予以必要介绍。

【简牍所见秦汉刑事法制的文本与实践研究】

李婧嵘著，商务印书馆2023年版

该书主要以睡虎地秦简、龙岗秦简、岳麓书院藏秦简、里耶秦简、张家山汉简等出土文献作为基础材料，并结合传世文献记载，注重挖掘不同性质材料之间的线索与联系，进而对秦汉刑事法制的相关问题展开细致研究。该书主要围绕秦汉刑法文本的载体及其特征、刑法文本的体例与结构形态、刑法文本中体现的法律原则、刑法的传播及其

实效、刑事法制的实施程序、刑事法制实施中的特别程序等问题展开讨论，既着重梳理刑事法制的静态文本规定，也注意从动态、立体的维度研究秦汉刑事法制的实施过程，探寻刑事法制形成与建构的法律原因，进而分析秦汉刑法如何有效实现犯罪惩罚及社会治理的功能。

【中国法理学发展史】

李龙著，武汉大学出版社 2023 年版

该书以唯物史观为理论基础，系统阐述和解读了中国法理学发展的理论和史实，分为中国古代法理学、中国近代法理学的争斗、中国现代史上的法理学、当代中国法理学的革命四大编；共分为十一章，分别阐述了中国古代法理学对法理的论述、先秦时期中国法理学的兴起、秦汉时期的法理学、两晋至隋唐时期法理学的发展、两宋至清初时期的法理学思想、近代初期法理学的发展状况、近代后期法理学的发展状况、民国前后期的法理学、新民主主义革命时期革命根据地的法理学、1949—1978 年对马克思主义法学中国化的奠基与探索以及改革开放 40 年来法理学的伟大成就与战略谋划等相关内容。

【法的回声：中国法律思想通识讲义】

李鸣著，法律出版社 2023 年版

中国传统法律思想是中国传统法律文化的重要组成部分。中国是一个有悠久法制传统的国家，法律思想十分丰富。中国法律思想博大精深，蕴藉丰富，独树一帜，自成一体，是中华法系的重要组成部分，特有的法律智慧是中华民族不可或缺的精神财富。中华民族伟大复兴，离不开对中华法系的继往开来，离不开中国传统法律思想的继承和发扬光大。因此，如何更好地传承中国法律思想，成为法律史研究重要的突破点和创新点。该书采取政治学、法学、历史学等相关理论和研究方法，将中国历代有突出贡献的法律思想家出现的社会背景、人生经历、学术流派、思想进程、理论框架、法律观念、影响和贡献予以一一呈现，并在此基础上，进行了认真思考，提出自己的看法和意见并进行探讨。该书选定的 36 位思想家都有核心的法律思想命题和突出的思想贡献，如辅政制礼的周公、富国强兵的管仲、布法救世的子产、为"仁"奔走的孔子，等等。这是我们研究每位思想家法律思想的重点、难点和创新点，以此构成其独特的思想体系，并用中国话语讲解法律的基本原理和主要问题。

【早期中国的法律世界】

李平著，法律出版社 2023 年版

早期中国的法律世界是怎样的？该书尝试从两个方面提供基础性认识：一是针对关键概念，诸如法、法学、法家、狱讼、礼、法、德、刑等进行解说，提供理论基础；二是通过自三皇时代至春秋战国法文化发展中关键节点的考证和解释，展现出中国法文化如何产生并渐次泛政治化、治术化、宗法化、道德化，为理解秦汉以后的传统法文化提供历史基础。该书于法制史、法律思想史和法文化方面的绝大部分论断并不墨守、因循既有的理解模式和结论，欲以一家之言，期抛砖之效。

【民法社会化的中国图景：1927—1949】

李文军著，社会科学文献出版社 2023 年版

南京国民政府时期，在民法社会化潮流影响下，中国"毕其功于一役"完成了社会本位的民法秩序建构。这是中国民法近代化历程中引人注目的一段往事。社会本位在 20

世纪二三十年代成为居于主流地位的法律理念，与中国当时的社会历史环境密不可分。在民法制定的过程中，基于中外交往和国内现实方面的考虑，社会本位理念主宰了民法的价值取向。这种价值抉择在民法理论学说、立法和司法层面皆有充分的展现。就中国民法近代化的历程整体来看，民法社会化实现了近代中国立法原则和精神的统一，一定程度上体现出"西法东渐"背景下的中国主体意识，并对私权保障和旧有社会格局的改造起到了某种积极作用。然而，在缺乏市民社会基础和宪制保障的环境下，社会本位在理论上被异化，实践中则使政府和强势团体以社会利益之名侵害个人权利以遂其私的风险表现得淋漓尽致。这段往事所提出的问题今天仍然值得我们深思。

【镜中观法：《中国评论》与十九世纪晚期西方视野中的中国法】

李秀清主编，商务印书馆2023年版

该书是对《中国评论》所载中国法律及相关问题的专门研究，分为三大部分：主题篇、附篇和刊文选译。"主题篇"主要以《中国评论》为中心和考察对象，介绍并分析19世纪晚期西方视野中的中国法律问题；"附篇"则涉及《印中搜闻》中的中国法律观、晚清中国的英国议会形象以及近代英国法律知识的中国影响；"刊文选译"是译自《中国评论》的四篇专文，具体包括《中国法的运行》《中华帝国的宪法性法律》《中国官制改革之观点》《威妥玛论中国》。全书从比较法律史兼及翻译史、观念史的角度，就重要的制度、风俗、事件、人物分专题做个案分析，深入探究中国法律典籍的西译史、中国法律文化的域外传播史，原汁原味回溯19世纪晚期西方人的中国法律观，立体呈现并反思在这一重大历史转折期的西法东渐和东法西传过程中的中西法律观的差异、冲突及其复杂性、多变性。

【行政法史料汇编（1949—1965）】

梁玥、关保英主编，中国法制出版社2023年版

该书编选、整理中华人民共和国成立初期（1949—1965）税务行政、商业行政、农业行政、社会行政、工业交通行政、经济行政六个方面的行政法规、部门规章以及规范性文件，并做适当的技术性分类。该书力求全方面地呈现新中国成立初期行政法律制度内容，以期全面、客观地呈现当时我国行政法的主要任务是什么，是如何设计运行的，体现了何种时代特征，以及是如何探索出一套符合我国实际的行政法治体系的。通过重现当时的法律制度建设过程，为新中国成立初期行政法律制度研究提供较为翔实的历史资料。

【两汉经义法律化研究】

林丛著，法律出版社2023年版

该书尝试以经典之义在两汉时期的法律化为研究对象，在兼顾传世文献与出土文献的基础上，从多个角度对经义在彼时的法律化表现进行阐述，内容涉及文化背景、内在诱因、智识支撑、实践路径、强制保障以及意义等多个方面，意图系统全面地审视汉代经义与法律之间的关系，从而重述传统法律文化中的礼法观，以此致力于为学界提供一种回应"法律儒家化"的新思路，并期冀为当前的法治建设提供有力借鉴。

【近代中国公共图书馆法规研究（1910—1949年）】

刘劲松著，知识产权出版社2023年版

该书以近代中国公共图书馆法规

（1910—1949 年）为研究对象，系统地阐述公立图书馆法规、国立图书馆法规、公共图书馆关联法规以及私立图书馆法规的内在结构和发展演变，探讨近代中国公共图书馆法规的立法得失及其历史成效。

【中国近代法制史料】

刘乃忠、崔学森主编，中华书局 2023 年版

该书是一套反映中国近代法制转型过程中的史料汇编，时间范围是晚清至抗日战争结束，主要包括清末新政时期，中华民国时期和伪"满洲国"时期。该书汇编的"法制"史料，包括宪法、行政法、国际法、民法、刑法、商法、诉讼法在内的公法和私法史料。

【法学教育现代化的地方实践：四川大学法学教育史略】

刘昕杰主编，四川大学出版社 2023 年版

该书研究了四川法政学堂、公立四川大学法学院、国立四川大学法学院三个阶段的法学教育的基本情况和主要特点，并为对四川大学法学教育的创建、发展和恢复中产生了重要影响的邵从恩、胡元义、伍柳村、周应德等人作传，同时记录了四川大学开展女子法政教育和创办法学专业刊物的历史。该书侧重研究在近现代法学教育兴起的背景下，处于国家腹地的四川大学法学教育从开创到发展再到繁荣的历程，再现了近代中国法学教育现代化的地方实践。

【民国时期全国司法会议记录汇编】

刘昕杰、陈佳文等整理，法律出版社 2023 年版

民国时期召开了四次由司法行政部主导的全国司法行政会议，时间分别为 1912 年、1916 年、1935 年和 1947 年。每次全国司法行政会议都总结了上一时间段的司法改革成果，开启新一个时期的司法改革工作。全国司法行政会议虽影响巨大，但因史料散见于民国时期出版的公报、图书、报刊和一些影印史料，较长时间以来，国内尚无学者对四次全国司法行政会议资料进行系统梳理。该书对这几次全国司法行政会议的资料进行全面整理编校，包括四次全国性司法行政会议议事录、议案录及其他会务资料等内容。法学界和史学界可在此基础上，进一步了解民国时期司法行政、法院、监狱、经费、人员培训等司法制度演变过程中的细节和问题。该书采取逐字逐句重新点校的方式整理相关史料，以便于研究者阅读和使用。

【重新认识中华法系】

龙大轩著，中国人民大学出版社 2023 年版

该书综合百余年来的研究成果对中华法系进行重新认识，认为中华法系是一套涵盖古代中国法律之制度、思想和文化的知识体系，历经夏、商、西周的"礼·刑"时代，春秋战国、秦的"法·律"时代，汉到清朝的"礼法"时代，至清末"西学东渐"方始解体。中华法系曾经对日本、朝鲜、安南等国的法制进程产生深远影响。这一体系以"仁"为文化基因，将仁所统率的诸如"孝悌忠信礼义廉耻"的人伦道德，以及"仁民爱物""民胞物与"的自然道德，有机融入法律的各种因子之中，形成法律与道德协同发力的运行机制，引领法制建设始终朝着天理、国法、人情相统一的理想目标且歌且行。作者认为，挖掘中华法系的经验智慧，是传承中华优秀传统法律文化的重要举措，必能为建设中国特色社会主义法律体系提供

充分的文化自信。

【中国式人权文明概论】

鲁广锦等著，商务印书馆 2023 年版

该书在主编主持下由吉林大学多学科老师集体合作完成。从人权文明的视域研究中国人权，是该书的一次创新，在国内学术界尚属首次。构建中国人权学科体系、学术体系、话语体系，解读中国人权的成功实践，是摆在我国社会科学工作者面前一项重要而紧迫的任务。该书认为，中华民族自古以来就是一个重视人的生命、尊重人的价值、热爱幸福的民族。中华文明作为人类多样性文明的重要组成部分，孕育并生成了独具特色的人权文明精神。尊重和保障人权是中国共产党人的不懈追求。在领导人民革命、建设和改革的伟大事业中，特别是在建设新时代中国特色社会主义伟大实践中，中国共产党把马克思主义人权观与中国具体实际相结合、同中华优秀传统文化相结合，把人权的普遍性原则与中国实际相结合，总结团结带领人民尊重和保障人权的成功经验，使中国人权事业发展不断取得历史性成就，走出了一条顺应时代潮流、适合本国国情的人权发展道路。

【守常与变革：明清时期涉外贸易法制研究】

吕铁贞著，法律出版社 2023 年版

长期以来，中国学者认为中华法系具有陈陈相因的保守性特点。从黑格尔到马克斯·韦伯，众多西方学者认为中国没有发生过变化，形成了关于明清时期"停滞论""超稳定结构论""封建社会长期延续论"等观点，并在东西方学界有一定的影响力。该书将研究下限由传统的 1840 年下延至 1912 年，在广阔的历史背景下，通过纵向的对比，探讨制度产生的根源、流变与实质。通过宏观和微观的结合，兼顾中外相关材料，在复杂多元的法律关系中探究制度的构建与运行，对明清时期的涉外贸易法制进行全面、系统和立体的研究。该书认为明清时期的中国已经开始缓慢进入转型期，并逐渐融入国际社会。明清时期的涉外贸易法制在承袭历史资源的基础上，与国内外时局亦步亦趋，在传统中国的法律体系中率先进行了变革，既有源自中国社会内在逻辑演进的变化，又有外来法文化的无奈继受，彰显了近代中国法制转型的轨迹与特色。

【中国古代法文明模式】

马小红著，中国人民大学出版社 2023 年版

模式是一种成熟、稳定的存在状态，既是发展的方式，也是人类文明的综合表现形式。中国古代法文明模式在数千年的发展中，与世界其他国家和地区的古代法文明模式有相同（相通）之处，比如，都经历了神权法时代，都有着身份等级制度，都以公平、正义为追求理念，但延绵时间最久、稳定成熟并独树一帜的中国古代法文明模式更具有鲜明的特色。中国古代法文明模式以"沿波讨源"、渐进完善的发展方式经过数千年的打磨，不断臻于完善。就制度而言，中国古代法文明模式刚柔兼顾，软法发达，法律不仅有止恶的禁止作用，更有扬善的导向与鼓励作用。就体系而言，在中国古代法文明模式中，多种法律形式无不以"礼"为核心，礼法水乳交融、完美契合。就思想理念而言，中国古代法文明模式将王朝推崇的以儒家为本的主导法思想与被社会广泛认可的主流法思想相统一，形成尊礼守法的社会共识。中国古代法文明模式是辉煌的中华古代文明的有机组成部分，而不是其中的"黑洞"；其凝结了古人的法律智慧，是我们发展现代法治

的动力与平台，而不是包袱与羁绊。

【法治、法律文化和法律语言研究的理论与实践】

莫敏著，光明日报出版社 2023 年版

该书是对法治、法律文化、法律语言研究在理论与实践的新探索，分三篇：法治篇、法律文化与建设篇、法律语言篇。在法治篇，首先揭示法治的必然、实然与应然的相互关系，法治与法律权威、法治信仰一体化，揭出德治的社会需要、法治的社会应然的辩证关系，力求法治和德治的现实统一。法律文化与建设篇重在探索中国传统法律文化的现实价值、中国现代法律文化建设的途径等问题。法律语言篇则通过语言与法律的相互作用及影响，探讨司法语境下法官的语言表达方式、法官的庭审语言对消除模糊性的影响，探求法律语言实现法律确定性之途径和司法语言专业化与大众化的融合路径等。

【蒙古律例】

那仁朝格图点校，成崇德审校，辽宁民族出版社 2023 年版

《蒙古律例》于乾隆五十四年（1789）编纂而成，继承了清入关前后百余年来对蒙古族的立法成果，体现了因族、因俗、因地立法的指导原则。《蒙古律例》共十二卷，收入有关蒙古地区的官制、户口、差徭、会盟、行军、边境卡哨、盗贼、人命、首告、捕亡、杂犯、喇嘛例、断狱等法律条例共计二百零九条，是乾隆末期和嘉庆年间蒙古地方审判民刑案件及蒙汉词讼的主要法律依据。

【唐宋时期的桥梁、法制与社会】

彭丽华著，人民出版社 2023 年版

该书从新的研究角度与路径来考察桥梁在唐宋时期所承担的政治、经济和社会等功能，这不同于以往从技术史的角度研究中国古代桥梁的类型、技术发展，而是将桥梁及其营缮视作贯通上下的媒介，考察桥梁与国家、社会、聚落之间的关系，从而探索桥梁在国家统治、地方治理与官民生活中的特别意义。

【唐律研究新思考】

钱大群著，人民法院出版社 2023 年版

该书作者是在唐律和唐代法制研究领域成就卓著的资深学者，该书是近年来学界对唐代法律体系、廉政监督、唐律研究方法众多课题的研究新成果的集中体现，是对唐律书名、版式到律义内容进行的引领示范性的研究著作，是针对教学及学术争论中已经出现的学术问题作起始性引导的专著。

【法治驿站上的那人那事】

任生林著，中国政法大学出版社 2023 年版

该书大致分为三个部分。第一部分是历史人物的法治思想，讲述法治史上做出重要贡献的人物思想，涵盖了荀子、韩非子、董仲舒、韩愈、白居易、王安石、苏轼、朱熹、丘濬、沈家本、严复、孙中山、章太炎、董必武、彭真、张友渔等法治人物；第二部分是历史人物与律典的故事，讲述历史上重要律典与制定者或推动者的故事，包括李悝与《法经》、萧何与《九章律》、贾充与《晋律》、长孙无忌与《唐律疏议》、窦仪与《宋刑统》、何荣祖与《元律》、朱元璋与《明律》等；第三部分是重要法律事件以及作者与法学界、司法界大咖之间因法相识的往事，如侯马盟书、明朝李福达案件、清朝孙嘉淦上书、宋教仁被刺事件等。该书努力追求真实性、历史性和文学性相融合，以期

更好地弘扬我国优秀传统法治文化。

【中国古代法文化散论】

尚珩著，中国政法大学出版社 2023 年版

该书选取古代法文化价值散论，古代刑法文化散论，古代物权和债法文化散论，古代信托、继承和侵权法文化散论，古代案件侦查和审判文化散论，古代诉讼文化散论等六个方面，展现中国古代法律文化的若干侧面，兼具对西方法文化的一些介绍，阐述古代中国围绕着这些问题的立法和司法实践。

【沈辑刑案汇览三编】

沈家本纂辑，李贵连、孙家红主编，沈厚铎总顾问，广西民族出版社 2023 年版

该书在沈家本《刑案汇览三编》稿本基础上编校整理而成。原稿自清光绪己亥年（1899）秋完成后，长期未得刊布，几经辗转，现为中国国家图书馆重要馆藏。原稿大部内容为书手抄写之官方文牍，包括刻印版刑部《通行章程》，小部分文字系沈氏笔录。整理本尽量遵依沈氏原意，对所抄录之司法文牍、章程条例，删削连缀，加以句读。全书分为 50 卷（每卷又有 2—6 个分卷，最末尚有 10 个未归类散卷，合计 124 个分卷），收录了清朝道光至光绪年间的大量法律案例，最末一卷收录清政府与俄、英、法、德、美各国交涉案件各若干起，为其他"刑案汇览"类著作所未见。

【礼法融合的当代超越】

史广全著，法律出版社 2023 年版

该书运用日常生活批判理论，对中国传统法律文化的礼法融合特质进行了分析，从立法、司法、法律思维与法律教育及法学学术等领域论证了中国传统法律文化的日常化属性，阐述了中国传统法律文化礼法融合与日常化的内在社会机制与外在法文化推动力，指出礼法融合与日常化的中国传统法律文化对中国古代社会的积极作用和消极影响，当代日常生活仍然是礼法融合传统法律文化赖以生存的寄居之所。在当下法律全球化与法律现代化的法律发展潮流背景下，亟须对中国传统法律文化的礼法融合与日常化进行超越，其主要途径就是要对当代日常生活进行批判重建。

【清代传统法秩序】

[日]寺田浩明著，王亚新监译，广西师范大学出版社 2023 年版

该书为作者多年来研究中国法制史的集大成之作。作者从中国传统社会实际出发，借鉴西方近代法理论，总结了 19 世纪末以来中国法制史、社会史研究中各种论点，着眼于其中的法秩序，如诉讼、听讼、断罪等环节，考察了传统中国法的诸多面向，特别是清代中国的家族法、土地法、裁判制度与刑罚制度，总结了传统中国的契约与诉讼社会的特点。该书言必有据、理论深刻，将法史考察与法理分析融为一体，深入浅出地利用清代法律文献对各议题进行精辟的阐发，在近年法史著作中很具代表性。

【中华帝国晚期的性、法律与社会】

[美]苏成捷著，谢美裕、尤陈俊译，广西师范大学出版社 2023 年版

该书是一部法律史领域研究性犯罪问题的经典之作。书中运用了唐代以来的大量法律史文献，聚焦清代社会中的底层人物，用比较史的眼光对性行为管制、寡妇守贞、"光棍例""卖娼"等问题进行分析，还原真实案例，展现了微观视角下的平民婚姻以及女性短缺、妇女歧视等现象。作者将性别史、

法律史和社会史等不同研究进路熔为一炉，将性犯罪与法律问题进行宏观考察，探讨了清代对性行为和性观念的规制与引导。书中案例生动鲜活，人物形象立体丰满，语言流畅，展示了一幅复杂且富于动态变化的中华帝国晚期社会图景。

【有法无天：从加藤弘之、霍姆斯到吴经熊的丛林宪法观】

苏基朗、苏寿富美著，香港中文大学出版社 2023 年版

在西力冲击下，20 世纪初中国发生各种翻天覆地的巨变，包括宪法在内的法律体系，自无例外。中国法学界一方面继受西方权利为本的宪法主义，另一方面又对当时席卷西方的社会达尔文思潮趋之若鹜。权利为本的宪法主义和弱肉强食的"天演论"，不啻南辕北辙的两套价值系统，两者却在中国汇流，并塑造了南京政府中华民国宪法草案的基调。该书从比较法律思想史的进路，聚焦 20 世纪前期日本、美国、中国三位宪法巨擘——加藤弘之、霍姆斯及吴经熊的宪法权利观，探索他们如何处理这两种思想之间的张力，以达到自己安身立命的归宿。透过《天演论》对中国继受西方法律的影响、加藤弘之"进化论"为明治宪法的背书、霍姆斯对天赋人权的彻底否定，到吴经熊归宗霍姆斯并在中国推广"有法无天"的天演格局宪法权利观，作者展示了"丛林宪法观"如何在天、人、法三者之间互相激荡，并在第二次世界大战前的日本、美国和中国占据上风。

【法科知识人：现代中国早期 60 位典型人物重述】

孙笑侠著，商务印书馆 2023 年版

该书从中国百年法科知识人中遴选出 60 位，作为历史样本进行考证或评论；以全面的新视角和丰富的原史料塑造了中国近现代法科知识人群体形象；从知识功能与知识演进的角度，对中国近现代法科知识人作出历史阶段与进化类型上的划分：新知先行者、政治行动者、职业行动者和学术静观者。这批法学人物的经历是中国法治化进程的先行者和见证者，借该书的论述可感受他们的行迹与情绪，了解他们与传统、与时代、与人性既相逢于种种事件，又遭遇着种种冲突。这批法科先行者共同为法治现代化和法学自主性贡献了力量。

【清代的"会"与乡村秩序】

童旭著，广西师范大学出版社 2023 年版

该书研究了清代基层的"会"组织与中国传统乡村秩序之间的关系。作者充分利用《徽州文书》《徽州合同文书汇编》中的契约文书，结合地方志、族谱资料，在前人研究的基础上，分析了祭祖的"祀会"、祀神的"神会"、筑路修桥的"路桥会"、应对科举的"文会"、资金融通的"钱会"等五种最常见的"会"，勾勒了"会"参与社会生活的样态，展现了"会"在乡村生活中的立体影像，揭示了清代的"会"与乡村秩序的关系。该书综合运用了法学与社会学的研究范式，是一本法律社会史的研究著作。

【明代市廛法制研究】

汪思薇著，华中科技大学出版社 2023 年版

该书从研究明代经济制度角度分析，重点探讨了明代户籍制度。这套户籍管理制度以户为最小单位，在控制人口的基础上实现对财产的控制。被编入王朝户籍册上的人户，其身份是王朝治理之下的臣民，需要以

其农业生产所得和亲身力役的方式，向政府办纳供应。

【中国行政法学说史】

王贵松著，中国人民大学出版社2023年版

中国行政法学的发展迄今已有两个甲子。该书首先纵览中国行政法学史，梳理了行政法学由清末民初的输入与孕育、民国时期的形成与发展，到新中国成立初期的转轨与寂灭，再到改革开放之后的重启与新生的历史；其次进行中国行政法学说史专题研究，从行政法的基本原理、行政的行为形式论、行政的一般制度论到行政救济论，围绕行政法学的重要范畴来梳理其学术流变，把握其关联脉络；最后简要介绍了行政法各论研究史。

【中国法制史学的演进与思考】

王立民主编，法律出版社2023年版

该书以中国法制史学史通史为主题，其内容分为古代、近代和当代三部分，每一部分都由中国法制史学的成果、史学家的贡献、典型事件等构成。这种以时代为线索，并结合相关重要问题的结构，基本能反映中国法制史学史的演进过程，并引申出一些值得思考的问题。

【虚拟的权利：中国古代容隐制度研究】

魏道明著，社会科学文献出版社2023年版

容隐是指庇护亲属的犯罪行为，帮助其逃脱法律制裁。这种因私废公的行为被确定为法律权利，若在主张个人权利为国家权力之本的近代社会，尚属正常，但出现于强调君权至上的中国古代，则显得有些"超前"，不合时宜。那么，在中国古代社会，设立容隐制度的目的何在？社会文化与国家司法是否做好了真正接受这一制度的准备？容隐行为的正当性是否会被真正认可？容隐权究竟只是法条层面上的虚拟权利，还是有司法保障的实际权利？该书依据法典及其他文献的记载，以清代为例广泛搜集75条生动的案例，通过对容隐制度发展轨迹和司法实践的梳理描述，试图回答以上问题。

【清代地方档案的保存、整理与研究】

吴佩林等著，中国社会科学出版社2023年版

清代地方档案作为一种新史料，在历史研究中发挥着越来越重要的作用。也正因如此，包括四川巴县档案、南部档案、山东孔府档案、台湾淡新档案、甘肃循化厅档案在内的一大批清代地方档案名扬海内外，为学界、档案界、文物界所瞩目。但长期以来，各方对其藏地、案卷数量、时间起止、内容特色等情况并不完全清楚，往往各执一词。该书聚力当下关注度较高的数种档案，就其保存、整理与研究状况作一系统梳理。

【制度与知识：明代官员通晓律意研究】

吴艳红著，商务印书馆2023年版

中国帝制后期的官员具备怎样的律法知识，刑名官员的专业程度如何，一直是学界讨论的重要话题。该书以现存三十余种明代《大明律》律注为主要材料，探究明代官员通晓律意的一般过程，将明代官员作为一个群体，对其通晓律意的程度作出估量。这一估量成为可能，与该书对制度的强调有关。作者认为制度在激励、规范和形塑官员群体通晓律意的过程中起到了核心的作用。在制度的框架下，明代官员群体出现律法知识的差异，其中刑部官员和宪府官员成为以《大明律》律注为核心的律法知识创造、流通的

主要群体。以制度为依托，明代中后期，一个相对开放的律法知识领域得以形成。书坊本律注带入了基层、民间、商业的元素，与官员所创造的流通的律法知识形成有效互动，对于明代官员律法专业性的培养起到了相当关键的作用。

【中国法的源与流】

武树臣著，人民出版社2023年版

该书是作者长期系统研究中国法源流问题的重要成果，是中国法律思想史专业的一部基础性理论著作，内容涉及中国数千年法律文化中具有典型性意义的课题。作者首先探讨中国法的起源，继而梳理中国法的发展进程，最后对中国法的演进规律进行总结和展望。作者提出，中国法的独特之处是伦理主义精神和混合法。它们体现了古代先民的智慧，有效维系了中华民族的统一和发展。混合法包括成文法与判例制度相结合，法律规范与非法律规范相结合，这种法律样式对我国今天的法制建设仍然具有重要的借鉴意义。

【唐代社会救济法律制度研究】

武宇红著，中国财政经济出版社2023年版

该书认为，唐代处于封建社会的鼎盛期，经过中国传统社会几千年的人文思想积淀以及经验积累，形成了比较完善和系统的社会救济法制，包括救荒、恤孤贫残、军人优抚、社会特殊人群救济等方面。与此前历代相比，唐代政府比较重视社会救济，制定了一系列法制救济社会成员尤其是灾荒时期的社会弱势群体，在中国古代传统社会救济史上占有突出的地位。对其进行研究可以促使我国古代的社会救济史的研究趋于整体化和系统化，并在此基础上弘扬中国传统文化，进而助力探索适应中国国情的社会救济道路。

【秦律管窥】

闫晓君著，上海古籍出版社2023年版

秦祚虽短，但秦的制度文明影响深远，"百代皆行秦政法"。秦律体现出了巨大的创制精神，它的制订是历史上"前无古人"的大事件，而秦律又影响了中国传统法律两千余年，表现出"后有来者"的历史功绩。该书将秦律放在中国法律通史的大背景下，将"得古今之平"的《唐律》作为传统成熟律典的标本，通过秦律与《唐律》的比较，从秦律的创制、秦律的立法技术、秦律的司法体系以及秦律的不足之处等方面进行分析论证，重新审视秦律的历史地位，认为秦律为"中国第一律"。

【春秋战国法律思想与传统文化】

杨鹤皋著，中国政法大学出版社2023年版

该书作为学界前辈的最新力作，内容丰富、结构严整，涉及儒、法、墨、道等先秦各家。该书以历史唯物主义为指导，系统地梳理了春秋战国时期法律思想的发展脉络，并勾画出其法律思想的基本轮廓和规律，对其中主要学派、人物、思潮及其对传统文化的影响作了系统、全面的阐述和精辟的分析。

【远东国际军事法庭判决书】

叶兴国译、梅小侃校，上海交通大学出版社2023年版

该书为第二次世界大战后同盟国设立的远东国际军事法庭对日本战犯的判决书，包含法庭的设立过程和审理程序，法庭管辖权及对俘虏的战争罪责任，起诉书，日本的战争准备、对华侵略、对苏政策、太平洋战

争、其间的战争暴行，以及对日本战犯做出的最终判决。

【清代南陵司法档案选编】

张翅主编，黄山书社2023年版

该书分上、下两册，精选安徽省档案馆馆藏的光绪十年（1884）至光绪二十三年（1897）南陵县诉讼档案中最具典型意义的案卷。按时间顺序排列，并对其进行信息采集、内容综述、案件分析、索引编写、图版归类等。选编遵循的基本原则是：按照档案形成的特点和规律以及档案收集、整理、保存、管理的基本情况，保持案卷格式统一，保留原有案卷编号，兼顾案件类型和案情的史料价值，使整理出的档案能反映历史活动的真实面貌，以供利用。

【秦汉军法研究】

张寒著，知识产权出版社2023年版

由于传世文献对秦汉军法缺少完整系统的记录，相关资料早已散佚，秦汉军法研究困难重重。20世纪以来，随着一系列出土文献的不断发掘与公布，秦汉军法研究工作迎来了新的转机，今人得以将传世文献中散乱的军法条文与出土简帛中秦汉军法的内容相结合，一窥秦汉军法的真实面目。该书选择以秦汉军法为视角，围绕秦汉军法与秦汉刑法关系这一主题，从法律载体、法律订立、法律内容（罪刑体系）、执法、法律适用等不同角度展开研究，获取对秦汉军法更加全面深刻的认识，并借此引发今天对于军事刑法体系构建之思考。

【民事纠纷解决模式变迁的图景与法理——以龙泉司法档案为中心的考察】

张健著，人民出版社2023年版

该书利用我国目前所知数量最大、保存最完整的基层司法档案文书——龙泉司法档案展开研究，在考察晚清至今百余年来民事纠纷解决机制变迁图景的基础上，凝练出礼治型、政治型、法治型三种纠纷解决模式。该书尝试利用新材料在历史演变的长时段视野中展开讨论，强调了微观与宏观研究的协调与融合，从地方社会、日常生活的角度展现中国基层民事纠纷解决模式变迁的复杂性、丰富性及其背后的法理逻辑，为当前纠纷解决机制的完善提供经验参考。

【中国民法史（全三卷）】

张晋藩主编，人民出版社2023年版

该书以总则、人户、产业、钱债、婚姻、继承六编为研究架构，勾勒出中国古代民法的本来面目，以确凿的史料证明中国古代不仅有民法而且内容丰富、体系完整，揭示了中国古代民法发展的特殊性、典型性和时代性。该书勾勒出中国古代民法的本来面目，揭示了民法体系形成的历史条件。该书论证了以中国古代民事法律关系为对象所形成的以人户、产业、钱债、婚姻、继承为主要内容的民法体系，并揭示这个法律体系的形成的历史条件。

【中华法制文明史·古代卷】

张晋藩著，法律出版社2023年版

该书以中华古代法制文明为主线，内含十二章，从中华法制文明的起源与夏朝法制开始追溯，历奴隶制法制文明的发展形态——西周法制、儒家化的两汉法制、中华法系成型的隋唐法制直至封建法制文明最后形态的清朝法制。

【《钦钦新书》研究】

张钧波著，中国社会科学出版社2023年版该书分为"旧邦维新：丁若镛与《钦钦新书》""集大成：《钦钦新书》与中朝法律典籍""礼与法：十三经与《钦钦新书》法理""犯罪类型与个案分析：《钦钦新书》与中朝法文化"等四篇十章，依次考察了丁若镛的生平与思想、《钦钦新书》的编撰目的与编撰过程、《钦钦新书》全书的结构、《钦钦新书》所录案例的出处及与中朝两国各类法律典籍的渊源关系、《钦钦新书》所体现的礼法关系、《钦钦新书》所载各犯罪类型与代表性案例等，力图从各个角度全面介绍和发掘《钦钦新书》的史料价值，以此探索同属中华法系的中、朝两国古代法律文化的异同。

【近代中国法律的多维观察】

张仁善著，法律出版社 2023 年版

近代中国法律是在特殊历史变局下展开的，主动与被动、移植与继承、主权与法权、制度与实践、人物与事功等之间，相互杂糅，张力十足。从多维视角观察近代法律运行及法律人，是纵览法律近代化全貌的主要路径之一。该书围绕法律运行，集中观察近代司法理念的形成、司法改良的计划、司法程序的设计及司法运行实效等问题；围绕法律人，集中观察法律人才的培养、法律精英的机缘、法律人的理想及法律人置身的社会生态等。附篇部分侧重研究方法、研究视野的思考及治学心得的体会。研究中，注意今昔对话，中西映照，反思历史，启迪现实。

【南京大学法学院院史（1927—2021）】

张仁善编，南京大学出版社 2023 年版

该书编辑时段大致分两部分：1927—1952 年；1981—2021 年，涵盖了旧中央大学（南京大学）法科教育状况和改革开放后南京大学法学教育恢复与发展情况，篇幅上又分《峥嵘岁月》《时代足音》和《教研菁英》3 编、22 章及附录 2 则，凸显了旧、全、新三个特色：旧，既回溯 94 年前（1927 年）法律学系的组建，厘清院史源头，又对 119 年前（1902 年）南京大学的源头适当钩沉，梳理校史进程；全，既有纵向的详细描述，又有横向的专题深入，附录二则，汇集了 40 年来历届校友全部名单及奖学金名目；新，关注了师资队伍的最新动向，收录了教师们的最新成果信息。

【传统中国法叙事】

张守东著，东方出版社 2023 年版

该书使用从先秦到清末的典型案例，在综合中外学者已有研究成果的基础之上，尝试还原传统中国法的原貌，分析其法言法语，历数其法典法官，从而展示中华文明史中"礼—法"二元规则体系的发展脉络，同时对个案进行深度、厚重的描写和分析，从而展现延续千年的中华法统，其融合天理人情、调和信仰道德的特点。作者意在证明：在法律技术层面，中国大可不必妄自菲薄，我们并不落后于同期西方法律，甚至犹有胜之，虽因近代发展进程而退出历史舞台，但"传统中国法"并未终结也不会终结，它是广大中华儿女可以随时追溯、时刻省思的灵感来源，它会帮助这个"最古老的自由与正义国度"成为人类命运共同体中力行自由与正义的主体。

【寻道：先秦政法理论刍议】

张伟仁著，生活·读书·新知三联书店 2023 年版

作者学养深厚、学贯中西，晚年将毕生所思所想和授课心得写成此书，通过先秦诸子的八部经典著作追溯中国政法思想的源头

活水与丰富面貌。这八部著作是《老子》《论语》《庄子》《墨子》《孟子》《荀子》《商君书》《韩非子》，作者将此称为"八典"，将所涉先秦诸子称为"八哲"。"寻道"乃是追寻"至治之道"，是先秦"八哲"寻求个人立身处世、家国长治久安的诸种努力。作者逐一分疏其核心观点和独特创见，条贯其思想脉络和理论体系，也不吝指出各自在前提和推理方面的若干问题，并将自己的观点和对未来的希望融贯其中。

【中国传统法理法哲学论】

张中秋著，法律出版社2023年版

该书是作者探索中国传统法理法哲学的论著。作者从法史中抽绎法理，用法理来解读法史，提出中国传统法理的核心是动态的合理正义观。动态的合理正义观是中国传统法的公平正义观，其内涵为道德、仁义、情理以及这三者的贯通，其原则是等者同等、不等者不等、等与不等辩证变动的有机统一，其目的是惩戒、弼教与成人，其意义是使人在本质和精神上达到像天地、自然那样永久的存在。这实际上是对世界有序性与创生性这一对立统一辩证关系的法律概括与表达，其哲学是贯通天、地、人、法的阴阳—道德文化原理。这是中国人固有的生命世界观和法律价值观，亦是中国传统法理法哲学的正当性和意义所在。

【要命的地方：家庭、生育与法律】

赵晓力著，生活•读书•新知三联书店2023年版

八篇文本细读，八个"要命的地方"。该书尝试在一些根本性的人类生存处境中呈现法律问题，通过对《祝福》《窦娥冤》《鲁宾孙漂流记》《局外人》等经典叙事文本的精读与推究，带领读者整体地理解家庭、生育和与之相伴的法律问题的复杂、持久，深描并重现了人所处的具体文化世界和意义世界。

【中国家事与商事法】

[英]哲美森著，刘昕杰译，社会科学文献出版社2023年版

该书是西方学界较早关注中国传统民事法律和商事法律的代表作。作者常年在华参与中西法律交流，以大清律例、会典、刑案汇览所载案件、会审公廨案件报道为史料，为西方读者描绘了一幅完整的21世纪初期中国婚姻、继承、乡村组织、土地、商事的法律制度与实践图景，打破了传统中国无民法的认知。该书的研究视角和所用材料在西方中国法研究中具有重要的学术地位，被誉为"中国民法研究的先驱之作"。译本保留并补充了相关文献，使我们重新认识传统及近代中国法律制度的重要学术著作。

【法学知识的壮游：近代中法法学交流史】

朱明哲著，法律出版社2023年版

该书认为，在人数众多的赴法中国青年、他们的导师和来华法国顾问的共同努力下，法国法学知识成了"西学东渐"大潮中十分显眼的一朵浪花，对于现代中国法律和法学的形成发挥了重要作用。然而，中法法学交流的过程却远非单向的移植和继受。作为一种实践，法学知识的传播发生在一个特定的社会结构之中，因为一系列行动者的策略性互动而得以发生，并反过来改变了社会结构。从19世纪70年代到第二次世界大战结束时，法国法学界经历了一场范式变革，为学术交流的冰人提供了琳琅满目的学说以挑选。无论是最终选择的结果，还是人们的理解、转述、评论和应用，都体现了言说者和聆听者对中国社会和前途命运的理解与期

待。正是在这样的话语行动中，法国法学知识蜕变为一种关于中国的知识，并在东方发挥了作用。从这个意义上说，法国法学知识壮游的历史，就是一部中国法学家探索自主法学知识体系的历史。

【六合为家：简牍所见秦县治理研究】

朱腾著，中西书局2023年版

战国秦何以达成六合一统的盖世伟业？该书以秦县治理为核心论域，以简牍文献为研究驱动，尝试对此问题稍作解答。该书认为，秦的县制固然是一种地方行政制度，但更应被视为一种以官僚群体和法律为内在支柱、以官文书流转为表象的国家动员机制。由之，秦君得以高强度地凝聚各种人力、物力资源以践行其宏伟争霸蓝图，此正可谓"战国"之政治、军事含义的集中体现。

【清代中国的法与审判】

[日]滋贺秀三著，熊远报译，江苏人民出版社2023年版

该书作为著名的"海外中国研究丛书"之一出版。在与欧洲、日本比较的基础上，该书以清代的诉讼和审判为中心，对法制度与审判的实践形态、作为与国家权力对应的民间组织秩序、含儒家经义与民间习惯要素的法源与处理纠纷的原则等问题进行了广泛的发掘与深度的理论探讨。在"司法是行政一环"的分析框架下，作者从中国固有的表达与解决纠纷的实践逻辑中提炼出情、理、法三个关键性概念，将基于情、理、法平衡感觉的民事诉讼处理视为一种教谕式调停。全书致力于揭示纷繁复杂现象背后的中国社会秩序原理，系统而且立体地勾勒出清代诉讼审判的制度体系与民事诉讼处理结构。

二、学术会议

（以召开时间为序）

"三晋法家与中华文明"学术研讨会暨中国先秦史学会法家研究会第五届年会

2月11—12日，山西·太原、山西·曲沃

法家是先秦诸子中具有重要影响的学派之一。自战国秦汉以来，法家政治思维融入并参与中华政治文明的发展与建构，是今天认知中华政治文明之基本面貌与历史特征不可忽视的思想来源。2月11—12日，由中国先秦史学会法家研究会、山西省社会科学院共同举办的中国先秦史学会法家研究会第五届年会在山西太原、曲沃召开。与会学者聚焦"三晋法家与中华文明"这一会议主题，在法家思想与三晋文化的渊源、先秦法家思想的发展脉络、法家与诸子百家中其他学派的关系等议题的讨论中，提出了一系列新思考和新见解。

从历史进程中审视法家思想

法家是诸子百家中专注于研究"国家治理"方式的学派，提倡以法制为治国之策的根基，率先提出富国强兵、以法治国的思想。源于先秦的法家思想体现了我国古代政治文明的独特智慧。晋分三家，开启了"争于气力"的战国时代，涌现了李悝、商鞅、吴起、申不害、慎到、韩非等三晋法家人物。中国先秦史学会会长宫长为提出，我们从中国古代文明研究的视角来看，以三晋为代表的法家文化的兴起，突出表现为血缘关系向地缘关系转变，贵族政治向君主政治转变，经济上税亩制改革，政治上郡县制兴起，文化上由礼入法，集中体现开拓性、包容性和进取性品格。今天挖掘中华优秀传统文化底蕴，需要学界深入研究法家的形成理路及理论特征，并追索法家与中华文明的内在关联。

战国时期，各国纷纷变法图强，秦国在商鞅主持下推行的变法运动留下了尤为浓墨的一笔。在北京大学国际关系学院教授叶自成看来，商鞅变法达到了其所处时代治道的高峰，其治道的灵魂在于因循变化、强国利民、求真务实、赏罚分明、创新图强，在"三农"、军队、官吏、司法、国家五个治理领域为秦国之后的发展留下制度遗产。

在本次会议上，以往法家研究的一些成说旧论也得到了新的解读。比如有人认为法家所致力的只是帝王术，也有人将法家分为前、后两个阶段，给以韩非子为代表的后期法家对术的强调贴上了"厚黑学"的标签。复旦大学哲学学院教授白彤东则提出不同见解，他认为，韩非子的术体现了《管子》里所讲的"周密"之术与荀子所讲的宣明之术的结合，可以成为

独立于专制独裁的中性的国家治理技术。不过，白彤东也表示，对绝对君主权威的维护与对获得多元和真实的意见的期望，是否存在根本矛盾，这是《韩非子》没有讨论的重要问题。

《左传》昭公六年（前536年）、二十九年（前513年）有郑国子产"铸刑书"、晋国赵鞅等"铸刑鼎"的记载。以往法制史学界的通说认为，这是有关公布法律（成文法）的事件。2016年以来，日本秦汉法制史学者冨谷至多次提出质疑：铸在鼎内侧的法律条文是呈现给神灵，其性质是"誓约"，不能理解为"法典""成文法"。中南财经政法大学法学院教授李力考证认为，这些不同观点激发我们中国学者重新审视、反思中国法制史学界的通说，并从再整理研读《左传》昭公六年、二十九年的记载入手，进行更深入的研究。

从中华思想谱系中理解法家文化

法家兴起时，正是诸子百家活跃的时代。法家学派的形成与发展过程，与其他学派思想不仅有着千丝万缕的渊源，并在百家学说的互动中，汇入中国政治文明的脉络。山西省社会科学院副院长高专诚注意到，荀子作为一位儒家教育家，却培养了著名的法家思想家韩非子和法家实践者李斯，荀子的儒家教育对这两名法家人物的思想与实践的影响，值得进一步深入分析。

以色列希伯来大学东亚系教授尤锐（Yuri Pines）则从社会阶层的视角分析法家与儒家的关系。他认为，战国时代"士"阶层崛起，儒家代表的士人具有较高的独立人格和自豪意识，对政治秩序提出挑战。而士阶层中的法家则鼓励君主控制知识阶层的自豪意识甚至控制其话语自由。这种"反智论"的出现契合了当时的战国更需要农战之士而非"游食者"的情况。法家代表作《商君书》《韩非子》对知识阶层的批评及其所主张的"反智"措施，从政治角度来说具有相对的合理性，但也有着明显的缺点。商鞅等人忽略了文人在战国时代也具有加强国家"软实力"的作用。

自从《史记》以"法家""道家""黄老"等概念对前代学术进行总结和区分，并将韩非子等法家学说"归本于黄老"之后，法家与黄老道家之间，便产生了旷日持久的思想纠葛。"黄老"是否为温和的法家？法家是否是激进的"黄老"？二者是否实为同一思想学派？《史学月刊》编辑部编审徐莹以"刑德"这一法家与黄老共同关注的核心论题为切入点展开分析。她注意到，《商君书》主张用"先刑后赏"的刑赏之术驱民于农战；马王堆汉墓帛书《黄帝四经》主张因循天道的春生秋杀实行"先德后刑"的刑德并用之政。从二者的比较中可见，商韩的法家刑赏之术与《黄帝四经》《管子》中的黄老刑德是两种不同的政治思想。从刑德思想上看，"'黄老'是温和的法家，而法家是激进的'黄老'"的说法，并不恰当。

在先秦秦汉思想史研究中，"道"与"法"关系的探讨较多，而"名""法"关系长期以来没有受到充分的重视。中国人民大学哲学院教授曹峰认为，从战国中晚期到汉代初期，"名""法"并举的现象格外普遍，两者同样被视为现实政治中最高的、最为根本的因素，是统治者必不可少的两种统治手段。这一时期是追求绝对君权的政治体制成长完善之际，为专制君主服务的带有普遍性、绝对性意义的法则、标准系统，是由"名""法"共同体现的，两者在机能上既有分工上的不同，可以相互补充，又有相互重合之处。

诸子学是人们理解先秦诸家的思想框架，清华大学政治学系教授任剑涛则认为，这是一个需要重新审视的进路。诸子学并不是相互独立的诸家之学，而是内在关联的思想互动机制。法家是诸子学中的重要一系。限定在诸子学的框架中，并不足以理解法家，需要在前诸子学的王官学体系中理解法家的缘起，也需要在秦汉的帝王学体系中揭示法家的走向，把握住这两个端点，才能准确理解诸子学中的法家如何确定自己的思想定位与政治导向。

拓展法家思想研究的多重进路

不同国家和地区在其发展过程中既形成了基于自身历史境遇的政治道路，也共同构成了人类政治文明进程中的一部分。而文明比较的视野为研究法家思想提供了不同的解读进路。

在文明早期，人类的认识似乎都要经历从玄妙抽象到感性具体的发展过程。中国先秦史学会法家研究会会长、北京师范大学教授蒋重跃注意到，《老子》以"道"为最高存在，却未论及万物何以区分。而在韩非的思想中，从万事万物的"道"分化为各自根据的"理"，因有"稽"作为中介。比较韩非与亚里士多德关于事物本质的观点，亚里士多德是在逻辑理性的基础上思考问题；而韩非则走上了历史理性的道路，体现了中西思想在认识存在问题上既有某种相同性基础，又有着更深层次的差异。

中国先秦史学会法家研究会副会长、中国人民大学国学院教授宋洪兵认为，中国法家与西方的马基雅维利的政治学说都有政治现实主义特征，强调政治领域独立于道德领域，政治手段不受道德原则的约束和限制。对中国法家与马基雅维利学说的比较研究，有助于我们理解政治现实主义排除道德主义的行为逻辑，理解法家在帝制中国以及马基雅维利在西方政治传统中的相似命运及其内在缘由，认识"马基雅维利困境"及"法家困境"，倡导"政治家"立场由政治现实主义向"学者"立场的政治现实主义转变。

从此次参会学者的讨论来看，对法家思想的研究选题范围呈现明显拓展的趋势。既有对《商君书》《韩非子》《管子》这类法家传统的经典文献的研究，也延伸到对申不害、慎到、老子等其他相关著作的关注。赵简子铸刑鼎、荀子入秦的意义、孔子诛少正卯的公案、吴起驭下、荀子的术论等和法家人物有关的思想及其实践，都在老问题的研究上提出有新意、有价值的思考。所关注的文本则在传世文献之外，对出土文献的重视也被提到议事日程。对一些学术争鸣问题的探讨也激发学者们进一步深思其理论意义，比如，如何界定成文法与习惯法之间的关键区别？法家"反智"说能否成立？秦朝的法制究竟是法家政策的表现，还是实践经验的总结？蒋重跃总结认为，对思想史的研究既要重视思想性，也要重视材料的阅读能力。

来自中国社会科学院、北京大学、清华大学、中国人民大学、北京师范大学、复旦大学等学术机构的70余位学者提交论文并参与研讨。

（原题《解读中华政治文明中的法家思想精髓》；作者：中国社会科学网记者张清俐、通讯员夏茜；原载中国社会科学网，2023年2月22日，https://www.cssn.cn/zx/zx_rdkx/202302/t20230222_5590231.shtml）

中国法律史学会东方法律文化分会 2023 年学术年会

4 月 21—22 日，湖南·湘潭

中国法律史学会东方法律文化分会 2023 年会议于 4 月 21—22 日在湘潭大学法学院举行。来自中国社科院法学所、清华大学、吉林大学、厦门大学、中山大学等 30 多所高校及上海普若律师事务所的 50 多位学者出席了会议。会议围绕"'法律儒家化'质疑""诸子与法律史研究""食货法等非刑事法史研究"等主题，在传承中华优秀传统法律文化的背景下，剖析法律史研究的新命题、新材料和新方法，推动法律史学研究的反思与创新。

湘潭大学法学院张全民教授主持开幕式，湘潭大学党委副书记廖永安教授致欢迎辞，介绍了湘潭大学的创办背景、发展历程、办学实力及湘潭大学法学学科的优势。湘潭大学法学院院长欧爱民教授致辞，回顾了湘潭大学法学院的建设历程及湘潭大学法学学科的特色。

中国社会科学院荣誉学部委员、中国法律史学会原会长、西北大学法史创新工程首席专家杨一凡研究员致辞。他指出法律史学研究可以发挥传承中华文化遗产、推动人才培养和重视法律经验等功能，呼吁法律史学人形成自我革命的精神，勇于变革研究思维，努力推动法律史学的创新。

东方法律文化分会执行会长、厦门大学法学院周东平教授作学会工作报告。他回顾了东方法律文化分会历次会议的主题。他指出，东方法律文化分会重视交叉学科研究，重视对青年学者的培养，围绕传承中华优秀传统法律文化背景，年会的召开倍显重要，年会的主题和特色更加鲜明。

东方法律文化分会执行会长、上海师范大学哲学与法政学院陈灵海教授重点介绍了"普若法律史青年学者奖"设立情况。该奖由上海普若律师事务所出资设立，由厦门大学东方法律文化研究中心、上海师范大学法律与历史研究所、华东政法大学法史网共同承办。致力于支持和奖励 35 周岁以下的法律史青年学者。

"普若法律史青年学者奖"评委会主席吴秋发主任宣布获奖者名单及 2023 年评奖情况，并颁发了 2021 年"普若法律史青年学者奖"。

周东平教授主持会议的主题报告单元。中国社会科学院荣誉学部委员、中国法律史学会原会长、西北大学法史创新工程首席专家杨一凡研究员，中国法律史学会中国法律思想史专业委员会原会长、西北大学法学院段秋关教授分别以"古代'法律体系'定名刍议""'中国法律儒家化'是一个误判"为题，分享了最新研究成果。中国法律史学会执行会长、吉林大学法学院吕丽教授，中国法律史学会常务理事、西北政法大学法治学院闫晓君教授作为与谈人发表了学术观点。

主题研讨单元设两个分会场、四个单元，共 50 位学者发表观点或参与评议，气氛热烈。与会学者围绕"'法律儒家化'质疑""诸子与法律史研究""食货法等非刑事法史研究"等主题，分别探讨了"中国法律儒家化"命题的合理性、春秋决狱与法律解释、诸子法律思想、古代社会收养秩序、吐鲁番出土北凉法制文书、萧梁赎刑、宋代官收寄库、元代司法文书、明代巡按御史制度、清代陕派律学、清代《户部则例》、清代粮仓分赔机制、清代司法实践中的城隍神侦讯、红色司法理念传承等具体问题，创造性地运用传世律典、出土文献、契约文书、司法档案等史料，以新命题、新材料、新方法展现了当前法律史研究的新趋势，推动了法律史学研究。

湘潭大学法学院李俊强副教授主持闭幕式，东方法律文化分会执行会长、上海师范大学哲学与法政学院陈灵海教授对本次会议作总结。陈教授指出，本次研讨会取得了丰硕的成果，鲜明反映了东方法律文化分会的三大学术宗旨：注重史料、注重跨学科研究、注重青年学者。围绕会议主题，学者们关注中国古代法律形式、法律体系、"法律儒家化"、食货法等非刑事法律领域，发表了新成果，分享了新观点，并进行了深入的讨论，其中宋代官收寄库制度、清代粮仓分赔制度、儒家思想与人口法关系等成果，令人耳目一新；杨一凡研究员关于"中国古代法律体系定名"的观点、段秋关教授关于"法律儒家化是一个误判"的观点尤其令人瞩目，他们敢于质疑陈说、创立新见的学术勇气，变革研究思维、解放法律史学的担当精神，也非常值得年轻学者学习。

中国法律史学会执行会长、吉林大学法学院吕丽教授代表下届会议承办单位致辞，她对本次会议承办方湘潭大学法学院会务组的辛苦付出致以敬意，表示吉林大学法学院会传递好2024年会议的接力棒。

最后，东方法律文化分会常务理事、湘潭大学法学院李俊强副教授作为本次年会会务组带头人，对莅临湘潭大学参会的全体嘉宾表示衷心感谢，并为中国法律史学会东方法律文化分会的美好蓝图作出展望。本次会议圆满结束。

（原题《中国法律史学会东方法律文化分会2023年会议综述》；作者：湘潭大学副教授李俊强；原载法史网，2023年5月22日，https://fashi.ecupl.edu.cn/2023/0522/c501a201517/page.htm）

玉汝于成：中国近现代法律人的培养之道
——"中国法律教育史研讨会"

4月28日，上海

4月28日，"玉汝于成：中国近现代法律人的培养之道——中国法律教育史研讨会"于复旦大学法学院顺利举行。本次会议由复旦大学法学院主办，华东政法大学法律史研究中心协办。会议分"开幕式""主旨演讲""专题研讨"和"闭幕式"等环节。50余位专家、学者相聚一堂，总结中国法律教育制度的历史经验和教训，探讨中国法律院校的兴衰和起伏，研究中国法律教育先驱的生平与思想。本次会议同时举办了一场小型的法律教育史料文献展览。

"开幕式"由复旦大学法学院王伟教授主持。复旦大学法学院院长王志强教授、北京大学法学院李贵连教授、华东政法大学何勤华教授分别致辞。王志强教授的致辞以"感谢""感慨""感念"三个关键词展开，感谢来自祖国各地关注中国法学教育史的同人，感慨法律史与法律教育研究薪火传承，感念于本次会议名称"玉汝于成"，既表达了对年轻学者的殷切期望，也表达了作为法律教育者不断培养人才的师长之心。李贵连教授在致辞中强调中国法律教育研究的必要性与重要意义，法学研究与法律教育是同一个问题的两个方面，可以进一步拓宽研究范围。何勤华教授在致辞中指出，学术界对于中国近代法学教育史的研究可以在以下六个方面进一步拓展：近现代法律教育史基础理论研究、法律教育人物研究、法律教育机构研究、法律教育原始档案文献、政法院系法学家访谈录、法律教育史数据库建设。

"主旨演讲"由复旦大学法学院王伟教授主持。西北政法大学王健教授首先作题为"法学学科制度渊源初探"的演讲。他就构建中国自主法学知识体系进行阐述，重点探讨了中国传统与现代的知识分类问题。南京大学法学院张仁善教授在题为"论全面抗战对法科教育的影响"演讲中，以中央大学为主线对法学教育图谱进行梳理，他指出当时的法律教育存在法科教学队伍不稳定的情况，导致法科学生人数减少、司法人才严重短缺、司法改革困难等问题。复旦大学法学院孙笑侠教授以"近代中国法科知识成长的障碍"为题，从法科功能认知障碍、法科知识价值本位障碍、汉语词汇对法科新知识理解障碍，以及法科吸收标准障碍四个方面进行详细论述。

"专题研讨"共分四场。第一场研讨会由西北政法大学王健教授主持。中国政法大学白晟副教授以"'嘉陵日落雾连天'——法科先贤费青重庆岁月小考"为主题，通过珍贵的照片与书信史料，讲述了著名法学家费青先生的重庆岁月，特别是通过规劝学生读书的信札，展现费青先生对学生们的真挚感情。中南财经政法大学法学院李力教授以"发现'湖北大学'时期的外国法制史教材：《国家与法的通史讲义》的文本及其评析"为题发言，阐述1958—1970年湖北大学出版的外国法制史教材文本及其史料价值，深入分析了该教材的篇章结构、主要内容及其学术价值。湘潭大学信用风险管理学院程波教授在"以出版实践催生现代法律教育体系"的发言中,以东吴法律人从事法律图书编辑出版的角度,分析东吴大学与商务印书馆如何在艰难岁月进行法律学术和出版合作的范例,共同建立了以出版实践催生现代法律教育体系。清华大学法学院陈新宇教授以"老清华 106 篇法政毕业论文的初步研究"为题发言,介绍了老清华 106 篇法政毕业论文的基本情况,总结了论文研究方向"三类五门",选题注重国际化与本土化、具有开放性,以及考核严格的特点。复旦大学法学院孙笑侠教授、华东政法大学龚汝富教授、南京大学法学院张仁善教授和复旦大学法学院王伟教授对相关论文作了精彩的评议。

第二场研讨会由华东政法大学于明教授主持。华东政法大学何勤华教授、华东政法大学硕士研究生聂子衿合作的《华政精神创立与发展之双璧——记华政第二次复校中徐盼秋和曹漫之的贡献》一文,聂子衿同学进行报告,分析了徐盼秋、曹漫之两位校长创立和发展的华政精神内涵,总结他们对发展华政乃至新中国法学教育事业的重要意义。中国社会科学院法学研究所孙家红副研究员在《争自磨砺:晚清刑部官员的律学研习活动及其影响》的发言中,以考察光绪壬午、癸未年间一次刑部律学研习活动为契机,论述晚清刑部律学研习活动的主要形式、基本内容、特征及其影响。同济大学法学院陈颐教授以"寻找胡元义"为题,详细介绍了 20 世纪著名民法学家、同济大学法学院创始院长胡元义先生。他从档案史料出发,大致复原胡元义短暂的从政和退隐经历、德国访学故事、法律教育思想与实践、法律教学与著述,以及中华人民共和国成立后的思想改造等情况。西南交通大学公共管理学院康黎副教授在《"朝阳遗珠":民国私立重庆正阳法学院建制考》的发言中,回顾了私立重庆正阳法学院的建设发展历史。他指出,私立重庆正阳法学院的前身是 1946 年春成立的朝阳学院分院即重庆朝阳学院,该院为国家培养出一批爱国进步、坚守法治的毕业生,是民国教育界西南后方一颗璀璨的朝阳遗珠。湖南科技大学法学与公共管理学院刘鄂副教授在《清末基层警察教育探析——由武汉巡警教练所毕业文凭展开的考察》发言中,以毕业于武汉巡警教练所的严良钜的毕业文凭为实物佐证,详述当时基层警察教育的师资、课程等情况,认为这反映了清末预备立宪因操切行事而不能成功的一面。西北政法大学王健教授、复旦大学法学院赖骏楠副教授、湘潭大学信用风险管理学院程波教授、华东政法大学李秀清教授和中南财经政法大学法学院李力教授对相关论文作了深入的评议。

第三场研讨会由清华大学法学院陈新宇教授主持。中共上海市委党校沈伟副教授以"大侠与法:金庸和国际法的邂逅"为主题,介绍了武侠小说大师金庸先生的法学教育经历及国际法作品,认为金庸身体力行地诠释了其所倡导的"侠之大者,为国为民"的精神。东华大学马克思主义学院袁哲副教授在《比较视角下的近代口岸城市法学知识传播——以在沪在榕法科留学生活动为例》的发言中,以近代最早开埠的口岸城市上海和福州地区法科留学生为对象,认为两地的近代法学教育发展状况及法学研究存在有差异,由此引发近代法学知识传播的途径和程度亦不同。南京师范大学法学院李洋副教授在《从北洋到东吴:美国案例教学法在近代中国》的发言中,以北洋法科与东吴法科的美国法教育为线索,梳理美国案例教学法在近代中国适用情况。北京大学法学院博雅博士后吴景键以"法律、阶级与革命:瞿同祖学术思想再考察"为题,通过海外新近发现的瞿同祖求学档案,全面考察瞿同祖先生思想背后的教育史背景,认为政治社会学中的"阶级"问题构成瞿同祖学术思想的一条核心线索。

沈阳师范大学法学院张田田副教授以"近代法律教育转型中的'读书万卷不读律'辩"为题发言，提出传统经史面临新挑战下"读书—读律"的新表现，不再只是本末体用之辩，还混杂着中西文明以其不同发展路径而导出的"术"之有无，"用"之有无等标准差异。中国农业大学人文与发展学院法律系瞿见副教授在《农科大学的法学发生：中国农业大学法学教育的缘起（1904—1949）》的发言中，梳理历史事实和逻辑，讨论了清末民国时期法学教育出现在农科大学的原因，尝试从历史角度解释农业大学为何会有法律系的问题。复旦大学法学院陈立副教授、复旦大学法学院孟烨副教授、同济大学法学院陈颐教授、中国社会科学院法学研究所孙家红副研究员、西南交通大学公共管理学院康黎副教授和山东大学法学院孙康助理研究员对相关论文作了详细的评议。

第四场研讨会由复旦大学法学院赖骏楠副教授主持，五位学者围绕各自提交的论文进行论述。西北工业大学法学系韩伟副教授以"马锡五与延安大学法学教育"为题，阐述抗战时期延安大学的红色法学教育历史，分析法律教育家马锡五和红色法学教育的三大特点，总结其对新中国高等学校法学教育的深远影响。西北大学法学院闫强乐讲师以"建国初期西北大学法学教育考略"为题，梳理了中华人民共和国成立初期西北大学法律系在教学体制、课程设置、教材编写、人才培养等方面的历史，分析其对西北地区的法学教育发展与法治社会建设的贡献。山西财经大学法学院杨凌燕讲师以"中央政治学校法学教育及司法官养成概况"为题，介绍了中央政治学校的开办与教育情况，她指出政校司法官的养成，促进了近代司法的发展，但"政治性""党务性"同样明显。华东政法大学博士研究生曹霁以"近代中国海关与清末法律教育"为题，提出在近代海关的影响下，同文馆国际公法教育呈现出"教学—翻译结合"和"理论—实践结合"的特点。华东政法大学博士研究生陈怡玮以"吴经熊的法律理论与实践——以民法为视角的考察"为题，从民法概念理论、民事审判实践以及《中华民国民法》的编纂工作等方面说明吴经熊在民法领域的重要贡献。

复旦大学法学院史大晓副教授主持了会议闭幕式。华东政法大学法律史研究中心李秀清教授在总结中指出，通过法律学科教材、文凭、学校机构等材料的一系列研究，可以擦拭其上的灰尘，从而重见知识，看清历史的真面目，产生新的认识。我们在研究历史，未来也会慢慢变成被研究的历史，每个人都在尽自己最大的努力，用自己的情怀传承法律史研究的薪火。王伟教授认为，本次会议最大的收获是这本厚厚的会议论文集，线下交流、以文会友具有线上会议无法替代的特殊功能；另外，本次会议特别举办了一场中国法律教育史料文献的小型展览，展品来自多位与会学者的珍藏，让我们在学术研究中也感受到法律教育史"更别有动人心处"。

（原题《复旦大学法学院成功举办中国法律教育史研讨会》；作者：郭雪晴；原载复旦大学法学院网，2023年5月9日，https://law.fudan.edu.cn/9b/a8/c27145a498600/page.htm）

中国法律史学会西方法律思想史专业委员会 2023 年年会

5 月 6 日，新疆·图木舒克

5 月 6 日，中国法律史学会西方法律思想史专业委员会 2023 年年会以线下线上同步进行的形式召开。此次年会的主题为"依法治疆：国际视野下的区域法学"，由中国法律史学会主办、新疆政法学院承办，会议向全国直播，反响热烈。将主题教育与法学年会相结合，探讨法律领域的新发展，全力推动依法治疆，是新疆政法学院推动主题教育走深走实的创新举措，旨在探讨法律领域中主题教育在实践中的运用和意义。

10 时 25 分许，会议开幕式由常州大学非诉讼研究院院长、中国政法大学教授，中国法律史学会西方法律思想史专业委员会副会长曹义孙教授主持。曹义孙教授宣布年会正式开幕，新疆政法学院党委书记任长义，兵团法学会会长（原兵团党委常委、副政委、政法委书记）张文全，新疆生产建设兵团第三师党委副书记、师长习雁，中国社会科学院法学研究所研究员、中国法律史学会会长张生，北京大学法学院教授、中国法律史学会西方法律思想史专业委员会会长徐爱国分别致辞。

任长义书记在致辞中代表新疆政法学院向与会者的到来表示衷心的感谢和热烈的欢迎，他介绍了新疆政法学院的发展历程、办学理念、办学目标以及光荣使命，表示有信心把新疆政法学院建设成为维护祖国统一的钢铁长城。最后，任长义书记预祝本次年会取得圆满成功。

张文全会长在致辞中表示，在全国上下深入开展学习贯彻习近平新时代中国特色社会主义思想主题教育的重要时刻，本次年会以及以"依法治疆"为主题的区域性法治论坛的举办具有重要意义，是学习贯彻习近平法治思想的重要会议，机会难得。张文全会长代表新疆生产建设兵团党委书记李邑飞同志和兵团法学会向年会的召开表示热烈祝贺，对远道而来、相聚于兵团第三师的各位专家学者表示最热烈的欢迎。张文全会长向大家介绍了兵团的组织性质、战略定位、发展历史以及新时代的使命。他指出，兵团是党、政、军、企四位一体的特殊组织体制，是治国安邦的战略布局，是边疆治理的重要方略。最后，张文全会长期待各位专家学者分享最新的研究成果，并邀请与会各方对兵团精神、胡杨精神和老兵精神进行学习宣传。

习雁师长在致辞中表示，依法治疆是新时代党的治疆方略的重要内容，本次年会的召开是中国法律史学会、兵团法学会开展学习贯彻习近平新时代中国特色社会主义思想主题教育的实干勇为，是完整准确贯彻新时代党的治疆方略的具体行动，必将为一体推进法治国家、法治政府、法治社会建设提供强大智力支持。习雁师长代表兵团第三师党委向各位的到来表示热烈欢迎，向法学界各位朋友的关心支持表示衷心感谢，对年会的召开表示热烈祝贺。随后，习雁师长介绍了三师图木舒克市的重要战略地位和取得的重要成就，并且表示新疆政法学院已经成为三师图木舒克市的名片。最后，希望各位专家、学者借此次年会的契机大力助推三师的法治发展。

张生会长在致辞中首先代表中国社会科学院法学研究所、国际法研究所联合党委书记陈国平同志，期待中国社会科学院法学研究所、中国法律史学会能够和新疆政法学院保持深度的交流合作。他代表中国法律史学会对此次年会的组织安排表示感谢。张生会长对中国法律史学会的机构设置进行了详细的介绍。他强调，在《关于加强新时代法学教育和法学理论研究的意见》中，"西部"是一个高频词，很高兴看到新疆政法学院已经实现了《意见》中的部分内容，例如中国政法大学、西北政法大学对新疆政法学院的支持，希望中国法律史学会也能对新疆政法学院的发展有所贡献。张生会长还指出，新疆政法学院是兵团红色法治基因的传承者，是依法治疆的践行者，期待各位学者能够借此机会扎根中国传统文化，立足于依法治疆的现实，带回去真问题，做真学术。

徐爱国教授在致辞中首先对中国法律史学会西方法律思想史专业委员会的发展历程和奠基者进行了介绍，并且对本次年会的主题加以阐释。为了将专业知识和新疆特殊的地理位置相结合，确立了年会的三个关键词，分别为"依法治疆""国际的视野""区域的法学"，结合上述关键词确定了"依法治疆：国际视野下的区域法学"这一年会主题。最后，徐爱国教授预祝本次年会取得圆满成功，开辟新的历史篇章。

开幕式结束后，中国法律史学会西方法律思想史专业委员会2023年年会进入大会发言的第一单元。这一阶段由中国人民大学法学院教授、中国法律史学会西方法律思想史专业委员会副会长兼秘书长史彤彪主持。

西北政法大学严存生教授对中西方法治文化造诣深厚，他以"当代中华法治文化的重兴之路探析"为主题作演讲。严教授曾着重研究西方的法治观念与体制，近十年来重点研究中华法治文化。他指出，中华法治文化从观念提出到内容逻辑，都大大超越西方现代法治文化。首先，严存生教授提出，法治是对社会状态的价值追求，是一种理想的境界，中国法治发展是螺旋式上升的过程。与西方海洋文明发展带有的扩张侵略色彩不同，中华文化能延续五千年，在于其具有包容性，它以汉族为中心，不断吸纳外来文化精华，正如56个民族的融合、儒释道的交融等。中华文化强调"知天命而为之"，以达到统一和谐的状态，这种状态的实现需要依靠法律，是实现理想社会必不可少的部分。法治属于观念形态的文化，是人类在社会治理中所追求的最高理想。法律的发展，由最初原始社会的法，发展为带有阶级烙印的阶级社会的法，最终发展为现代社会的法。法治社会的发展，也从最初由优秀个人引领的社会过渡到传统社会，再逐渐发展为现代法治社会。

接着，严存生教授提出，纵观中国历史，我们不仅有自己独创的法治理念，还部分吸纳了西方法治文化。从清末到现代，中国曾以西方为师，一方面学习先进的技术和治理经验，还派遣学者出国学习。诚然，这为中国法治发展积累了经验，比如翻译研究大量的西方法律。但另一方面，也造成了人才流失等问题。因此，我们在学习西方文化长处的同时，应当有所取舍，以我为主，为我所用，发挥中华文化的优势，辩证对待西方法治文化。

最后，严存生教授强调，文化发展不可照搬他人，应当有自己的"根"。作为中国人，我们要从传统文化中寻找中国法治思想的"根"。只有根扎得深，才能枝繁叶茂。汲取中华古代法治思想，要能够将其现代化，以适应时代发展。立足基本国情，重视党的法治建设，才能真正建立中国特色社会主义法治。

严存生教授从中西法治文化的区别和特点出发，向大家生动地介绍了中华法治文化的深刻意涵。耄耋之年的严存生教授笔耕不辍，向大家展现了他对当代中华法治文化的深刻见解。

厦门大学法学院徐国栋教授作了题为"汉代西域都护府总督郑吉对罗马商队的保护"的演讲。徐国栋教授从"西汉时期的汉朝与罗马关系形势"和"汉朝与罗马的交往"两个层面分别作讲解。首先，徐国栋教授提出，西汉时期，一东一西，汉朝和罗马两个大国遥遥相望，沟通了东西方，极大丰富了两地人民的生活。随着罗马帝国疆域扩展、汉王朝综合实力提升，两大国的沟通愈加频繁。汉朝和罗马的军事交往，体现在汉朝将领陈汤采用的"龟甲阵"为罗马军团所惯用。而汉朝与罗马的民事交往则主要有几种途径：一是陆路交往。据《后汉书》记载，马其顿商人曾经由陆路派代理人率领商队到达中国，意图归附，中国政府授予商团金印紫绶。二是海路交往。史书记载，大秦王安敦派遣使节献象牙、犀角等物由红海经印度洋到达中国当时的属国安南，再北上至首都洛阳。三是丝绸和小米之路。起初，西方人对丝绸的生产过程存在误解，后来随着技术传播，意大利、法国等地也逐渐成为丝绸中心；而地道的中国作物小米和小麦于几千年前传入欧洲时，很可能也取道新疆。四是葡萄、胡萝卜、豌豆、西瓜等传播之路，这些作物的传播也反映了中西文化交流。

徐国栋教授指出，虽无史书明文记载总督郑吉保护罗马商队，但从已有其他史料和历史大环境看，很可能为真实事件。由此，徐国栋教授总结道，新疆自古在东西交流中具有极重要的地位。以中国为代表的东方和以罗马为代表的西方，以新疆为重要联结，很早就进行着不同文明间的深入互动。

最后，徐国栋教授提出了两点建议。其一，建议设立重大攻关课题，研究汉朝以前的中西交通问题，解开小米和小麦的传播之谜。其二，交往是互惠、双向的，切莫以我族中心主义视角看待中西交流，也切莫以物质主义视角看待中西互动。

故宫博物院研究室研究馆员张剑虹带来的演讲主题是"故土新归：清代边缺体系下的乾隆朝新疆边缺"。张剑虹研究馆员指出，官缺是官制的重要内容，官制是治理体系的重要部分。"边缺"指边官缺，是清朝设在两广、湖南、新疆、西藏等地的官职，其种类繁多。在研究清代边缺制度的成果中，新疆边缺受到的关注较少，值得深入探索。新疆边缺建于乾隆期，彼时清代边缺体系已经相对完善，而如何把完善的制度应用到新的地区值得关注。

雍正朝在西南地区进行改土归流时，将两广、云贵等化外之地纳入清朝版图，新疆则泛指这些区域。由于彼时风俗难易，雍正帝欲因地制宜对其进行管理。"新疆"首次在西北使用，出现于乾隆期，乾隆时的军机处曾派官前往西域，管理当地事宜，因此设有总督、将军等重要岗位。边缺的选任，则呈现出以下几项特征：选任条件放宽、选任办法由督抚题补、设立边俸制度、俸满优升。可以说，虽然这些岗位在雍正时期已有体现，但此制度真正完善细化在乾隆时期。以乾隆三十年为界，在此之前，基本采取较为宽泛的制度，随着升平日久和统治经验的丰富，新疆边缺制度越来越细，边缺选任升除更加严格。边缺逐渐成为中央和地方权力角逐的竞技场。

张剑虹研究馆员在最后提出三个尚待解决的问题：一是与其他地区的边缺相比，新疆边缺有何特点；二是新疆战时督抚人事任命权有何变化；三是新疆建省之后的边缺有何发展。张剑虹研究馆员细致生动的演讲使我们对新疆边缺制度有了进一步的了解。

塔里木大学历史与哲学学院李国平教授以"古代中亚战略地位考释"为题进行演讲。李教授以古代中亚地区为观察视角，从古代中亚的文明维度和历史维度两个方面，对古代中亚的历史地位作了细致分析。

李国平教授指出，从地缘意义而言，古代中亚在广义上是"中亚细亚"的简称，基本包括阿富汗、中国新疆、中亚五国、中亚五国的周边国家和地区。在世界文明史上，地处欧亚大陆接合部的中亚历来是东西方文化和各大国势力碰撞之地。历史上中亚的军事、政治地位显而易见，它对四大文明古国之一的中国而言具有重要的战略意义。

李国平教授总结道，综观中亚的政治军事历史沿革，对于历史上的中国而言，借助于横跨欧亚大陆的"丝绸之路"，中国历代王朝都与中亚有密切联系，在政治、军事、文化上相互影响。作为东西方文明的交汇，中亚的地位对整个世界的发展局势都起到至关重要的作用。当今，我们应当更加关注中亚在历史进程中的作用及其对世界的潜在影响。

大会第二单元由新疆大学法学院李可教授主持。

华东师范大学法学院姜峰教授以"《权利法案》的结构性视角：早期理解与现代意义"为题发言。姜峰教授以"对《权利法案》的通常理解——宪法权利以个人利益为中心，个人权利与国家权力是此消彼长的零和关系"为问题导向，在此基础上提出了基本权利的"结构性"，个人权利的首要性质就是公共性、结构性。他从历史证据和文本证据两方面阐释了对基本权利公共性、结构性的理解。在历史证据方面，姜峰教授首先分析了汉密尔顿对1787年费城会议忽略《权利法案》原因的阐述，汉密尔顿主张《权利法案》是无益且有害的；接着剖析了1791年《权利法案》未通过的条款与麦迪逊的主张。在文本证据方面，姜峰教授认为，基于八个修正案佐证"权利法案十条"是出于限制政府权力的考虑，具有结构性。最后，他论述了对基本权利结构性理解（早期理解）的现代意义，包括使有限而稀缺的注意力转向完善我国在立法、行政、司法方面的组织和运行；鼓励个人拥有公益心，培养现代公民、投身国家建设；缓解对于保障权利的顾虑等。

复旦大学法学院史大晓副教授围绕"历史观念与法律：霍姆斯的经验"发表了观点。史大晓副教授基于近些年来美国社会各种利益冲突越发明显的社会背景，指出在执法与法律适用过程中对历史关注不足的问题。他以《乱世佳人》影片被下架、杰斐逊总统雕像被推倒、哥伦布雕像被斩首为实例，引出对于执法中的观念问题，尤其是历史观念问题的讨论。史大晓副教授强调了此发言的切口在于霍姆斯大法官，随后结合霍姆斯所处的历史主义盛行时代，阐述了历史唯物主义、历史法学派、梅因的《古代法》、摩尔根的《古代社会》，在此基础上分析了霍姆斯的历史主义转向，以及奥斯汀的实证法学与19世纪科学主义对他的影响。史大晓副教授比较了霍姆斯的著作《普通法》与《法律的道路》，指出后者几乎不再提到"历史""经验"而转向科学的一面。最后，他认为历史对法学家的影响很微妙，累积到今天的法律是最好的深度学习产物，主张坚持历史观念，从而使法律具有安定性。

新疆政法学院银龄教师、中国政法大学白晟副教授发言的题目是"再读经典——以潘汉典译耶林《权力斗争论》为重点"。白晟副教授将此次发言分为四大板块，包括"从新上线的《中国大百科全书·法学》(第三版网络版)谈起""绕不开的耶林——潘译出版耶林著《权力斗争论》""上穷碧落下黄泉——'小书屋'里的特藏珍本""'对话'耶林——要对得起作者、对得起读者、对得起自己"。白晟副教授结合参与收集、整理、编辑《潘汉典法学文集》等资料的亲身经历,通过书影展示与整理心得,讨论了潘汉典先生对于西方法律思想史方面的学术贡献,阐释了西方法律思想史在中国的传播过程。最后,他特别强调"经典不会过时",高度肯定了潘汉典先生为西方法律思想史在中国的传播所做的突出贡献,将潘汉典先生的译作视为汉语法学经典,对中国、世界、历史影响深远。

(原题《新疆政法学院成功承办"中国法律史学会西方法律思想史专业委员会2023年年会"》;作者:新疆政法学院科研处;原载新疆政法学院网,2023年5月6日,https://www.xjzfu.edu.cn/2023/0507/c17a7072/page.htm)

革命根据地法律史研讨会

5月21日，北京

2023年5月21日，由中国人民大学法学院、中国人民大学刑事法律科学研究中心共同主办的"革命根据地法律史研讨会"在中国人民大学明德主楼931会议室举行。此次会议是2023年国家社会科学基金特别委托项目"革命根据地法律史研究"的开题会议，也是项目组成员的一次扩大会议。来自中国人民大学、中国社会科学院、西北工业大学、西北政法大学、黑龙江大学、天津财经大学、南昌大学等十几所高校、科研机构的30余名专家学者参加了会议。

中国人民大学党委常委、副校长王轶教授，中国法律史学会会长、中国社会科学院法学研究所研究员张生教授，中国人民大学法学院院长黄文艺教授到会致辞。

王轶副校长代表中国人民大学感谢各位专家学者与会。他强调，习近平总书记指出："历史和现实告诉我们，只有传承中华优秀传统法律文化，从我国革命、建设、改革的实践中探索适合自己的法治道路，同时借鉴国外法治有益成果，才能为全面建设社会主义现代化国家、实现中华民族伟大复兴夯实法治基础。"作为一个由马克思主义武装起来的政党，中国共产党从建党初期就高度重视包括法制建设在内的各项国家建设工作，革命根据地法律史研究对于传承中华优秀法律文化传统，推进中国式现代化具有极其重要的意义和价值。就革命根据地法律史研究而言，王轶副校长指出，中国人民大学一直高度关注革命根据地的研究。在座的张希坡教授在革命根据地法律史研究和教学领域耕耘数十载，编辑出版了16册、1200多万字的《革命根据地法律文献选辑》。与会的耿化敏教授是中国人民大学率先成立的中共党史党建学院的副院长。多学科的融合协力，共同努力，为推动革命根据地法律史研究提供机构的支撑。革命根据地法律史研讨会的召开是中国人民大学法学院促进革命根据地法律史研究最新学术成果交流，推进革命根据地法律史研究走向深入的重要举措。为了落实中办和国办《关于加强新时代法学教育和法学理论研究的意见》，王轶副校长希望法学院发挥学科优势，持续推进多学科交融的革命根据地法律史的学术研究与教学工作。他认为，此次研讨会安排的五场主旨发言既有对革命根据地法律史范式的思考，也有对革命根据地时期具体法律实践的探究，兼具理论深度和现实关怀，能够充分体现我国在革命根据地法律史研究领域的高度和深度，期待诸位专家学者能够凝聚革命根据地法律史的研究力量，使革命根据地法律史研究在构建中国特色的法学学科体系、学术体系、话语体系，建构中国自主法学知识体系中做出贡献。最后他预祝学术会议圆满成功。

张生会长表示很荣幸有机会参加此次重大活动。他代表中国法律史学会向张希坡先生表达由衷的敬意，并向中国人民大学法学院革命根据地法律史研讨会的顺利召开表示热烈祝贺。张生会长感谢张希坡先生几十年的辛勤研究，感谢老一辈革命根据地法律史学者为革命根据地法律史研究奠定了基础，并开创了革命根据地法律史研究的新时代，认为当今学人理应在这一领域做出新的成就。张生会长对革命根据地法律史研究项目的开展和完成提出了两个期待：第一，期待研究成果能有重大的理论创新。张生会长认为，随着前期主要资料性整理发掘工作基本完成，革命根据地法律史研究进入了理论创新阶段，而整合式的研究和贯通式的理论创新尤为重要。中国人民大学在革命根据地法律史研究领域拥有一定的实力，在革命法治理论和法政传统理论方面具有引领性的学术成果，期待中国人民大学法学院在资料积累的基础上，最终能产出有重大理论创新的成果。第二，期待运用交叉学科的方法来完成重大理论创新。张生会长指出，革命根据地法律史研究项目团队的组成，应该是跨学科、跨地域、将有关方面的研究者会聚一处的强大阵容。希望中国人民大学法学院通过课题研究带动学科建设，使红色法制的研究后继有人，使中国人民大学在法律史研究领域，特别是在革命根据地法律史这一领域能够保持优势。

张生会长向张希坡教授发出两个邀请。其一，中国法律史学会开设了法律史大讲堂。张生会长邀请张希坡教授能为法律史大讲堂"红色法治文化系列"做首场讲座。其二，中国法律史学会准备成立革命根据地法律史研究专业委员会。张生会长邀请张希坡教授担任专业委员会的名誉会长。在致辞的最后，张生会长说，"今天是小满节气，咱们的研讨会在今天召开，一定会小满而有大成"。

黄文艺院长代表中国人民大学法学院对此次研讨会的召开表示热烈祝贺，对来自全国各地的专家、学者致以诚挚的问候。

黄文艺院长强调，革命根据地法律史研究在当今法学理论研究中具有特别重要的时代意义。以习近平同志为核心的党中央前所未有地高度重视革命根据地法制建设研究，高度重视革命根据地红色法治基因的提炼，强调传承红色法治基因，赓续红色法治血脉。习近平总书记在论述法治建设史时，总会追溯至革命根据地时期标志性的法制建设成就。从文化建设的角度看，中国特色社会主义文化建设强调传承和弘扬中华优秀传统文化和革命文化，革命文化在法制建设领域具体体现为革命根据地时期的法治文化。习近平总书记的许多重要论述、中共中央办公厅和国务院办公厅印发的《关于加强社会主义法治文化建设的意见》《关于加强新时代法学教育和法学理论研究的意见》，均涉及了这一方面。红色法治传统和基因的研究是马克思主义法治理论中国化探索的重要内容，也是建构中国自主法学知识体系的应有之义。

进入新时代后，党中央高度重视传统法律文化和革命根据地法律史研究，法律史学科迎来了大发展、大繁荣的历史性机遇。研究革命根据地法律史是时代之需、国家之需、民族之需，深入开展革命根据地法律史的研究正当其时。黄文艺院长指出，中国人民大学法学院具有研究革命根据地法律史的雄厚基础和优势，以张希坡教授为代表的前辈学者开辟了革命根据地法律史研究的新领域，创作出诸多具有代表性的学术成果，推动了革命根据地法律史的深入研究，极大丰富和繁荣了中国法律史研究。2011年6月26日，中国人民大学法学院革命根据地法制研究所成立，这对于研究和总结中国特色的红色法律传统精华具有深远意义。学校和学院高度重视革命根据地法律史研究，如最近成立了中华法治文明高等研究院，中华法治文明贯通过去、现在、未来，具有立足当代、不忘本来、贯通未来、融通中外、走向世界、面向未来的定位，革命根据地法律史研究是中华法治文明研究的重要组成部分，他期待革命根据地法律史研究项目团队能够推出标志性研究成果。

黄文艺院长预祝研讨会取得圆满成功，并祝各位专家、学者身体健康。

在与会人员合影留念之后，主旨发言环节正式开始。

此次会议由中国人民大学法学院法律史教研室主任朱腾教授主持，朱腾教授代表中国人民大学法学院法律史教研室感谢各位与会人员对此次活动的支持，指出召开革命根据地法律史研讨会适逢其时，研讨会一定能对项目的推进与完成、教学科研的提升大有裨益。

中国人民大学法学院张希坡教授首先做"以中共党史为纲，以法律史为目，进一步提高革命根据地法律史的研究水平"的主旨发言。

张希坡教授认为，以中共党史为纲，即以党的方针政策为纲。党史为根、社会各界是枝权。法律以党的方针政策为根据，但方针政策比较原则和抽象，党的方针政策的具体实施必须通过法律加以具体化和规范化，使其具有可操作性。革命根据地法律史研究就是对党成立后的历史在法律上如何加以具体化、如何贯彻实施进行梳理和总结。

张希坡教授指出，开展革命根据地法律史研究要以习近平总书记的重要讲话作为指导方针。2013年习近平总书记指出，学习党史，这门功课不仅必修，而且必须修好。全党、全国人民都要学习党史。为了更好服务于党史、国史学习，法制史承载着艰巨任务。2015年习近平总书记强调，"让历史说话，用史实发言……要坚持用唯物史观来认识和记述历史，把历史结论建立在翔实准确的史料支撑和深入细致的研究分析的基础之上"。要达成研究成果使今人相信、使后人不生异议的目标，就必须有根有据。2021年，习近平总书记对革命文物工作作出重要指示。收集和研究革命文物是革命根据地法制史的重要任务，需要思考如何让革命文物"亮"起来、"活"起来、"热"起来。2023年2月"两办"印发的《关于加强新时代法学教育和法学理论研究的意见》指出，"坚持用党的创新理论引领法学理论研究，深入学习把握党领导法治建设的百年光辉历程和历史经验"。要研究党的法治建设的历史经验，要追溯从建党开始的百年历史，"两办"文件可以视为革命根据地的起源应该从党成立开始的结论，然而这一时期史料销毁情况严重，为后续研究带来困难，仍待继续挖掘。

张希坡教授又提出几点建议和思考以供讨论。其一，应当学习党的二十大后的中共党史新教材，将党史的发展作为历史背景和历史事件，作为研究具体法制史的基础；加强理论学习，认真学习党的六届七中全会通过的《关于若干历史问题的决议》、党的十一届六中全会通过的《关于建国以来党的若干历史问题的决议》，分清党的正确路线和错误路线；要系统学习《毛泽东选集》，其中很多内容涉及党的纲领、政策和法制建设问题。其二，尽管现有的法律文献的汇集较多，还需进一步扩大革命根据地法律的收集，在系统研究这些资料的基础上考虑写作大纲。其三，考虑在有了革命根据地法律史教材后，革命根据地法律史作为独立课程要如何上课。而在没有教材之前，革命根据地法律史在《中国法律史》本科教学中应该有一定比例。其四，建议革命法制史成为独立课程后，中华人民共和国成立以后的法制史在各个部门法课程中分别讲授。

张希坡教授最后分享了各卷体系结构的初步设想以供参考，但考虑到各卷具体情况不同，需要在研究史料的基础上议定写作大纲，各部分大纲议定后研究团队之间要互相交流。

中国人民大学中共党史党建学院李坤睿副教授代表子课题研究组作《中共党史党建视角

下革命根据地创新路径初探——以工农民主政权法制史研究为中心》的主旨发言。

李坤睿副教授从法条与实践、党与法、中国与世界三个方面，探讨如何给革命根据地法制史研究提供党史学科的贡献。

首先，在法条与实践方面，提倡"活"的制度史，强调制度和实践的互动。既有研究对立法和司法文本作了细致梳理，也收集了党的文件中涉及建构法律制度的内容。中共党史党建视角有助于拓宽史料范围。党史学的史料意识，与法学的理论方法相结合，有助于理解具体历史情境下土地革命战争时期中国共产党人对一系列国家和法相关问题的认识。李坤睿副教授以法的概念、性质和效力以及法的制定为例，说明地方实践与法条文本之间的张力。

其次，在党与法方面，党领导下的法制建设客观上反映了党政深入交流的现象。以中共党史党建视角考察，能够帮助厘清党法关系的面相。在立法层面，党的意志是理解立法意图的关键。在党政关系层面，客观上存在党政深度交融的现象。在司法层面，政策宽严与关注重点变化直接或间接地影响了法的实施。

最后，在中国与世界方面，应留意共产国际对根据地法制建设的影响。共产国际对革命根据地法律术语、法的制定、法的实施均能产生一定影响。

李坤睿副教授在总结中回答了中共党史党建学如何为革命根据地法制史研究的学术创新提供助力的问题。在史料层面，中共党史党建学的研究能扩展法制史料范围，提升根据地法制建设历史的还原度。在史观层面，它可以从文本与实践、党与法、中国与世界等关系入手，探讨在党的领导下的、实践中的、社会主义发展史和国际共运轨道上的中国革命根据地法制建设史。

西北工业大学马克思主义学院肖周录教授以"延安时期：中国法治现代化探索的历史先声"为题进行主旨发言。

肖周录教授首先抛出了两个问题——中国共产党人在艰难环境下想干什么、干了什么？他认为现在法学界中存在着"无根的恐慌"与"话语的失语"两个深深的忧虑。习近平总书记反复强调要创造性转化、创新性发展中华优秀传统文化和红色文化，实际上是在寻找中国现代化和中国法治现代化的根基，革命根据地法就是具有中国特色的法制根基之一。理解命题的钥匙在毛泽东《新民主主义论》一文中："我们共产党人，多年以来，不但为中国的政治革命和经济革命而奋斗，而且为中国的文化革命而奋斗；一切这些的目的，在于建设一个中华民族的新社会和新国家。"党的领导人、边区老一辈法学家都努力探索建立一种符合中国国情的、新型的法治文明。它反映在立法、执法和司法三个方面，肖周录教授从三个方面展开论述。

第一，以宪法性文件为代表的法律法令的制定。在抗日战争全面开始后的8年时间直至解放战争时期，各革命根据地制定了大量的法律和法令，立法顺序反映了政策变化和重点工作。其一，宪法性文件的制定居于首要的地位，公布的时间比较早。其二，土地法与婚姻法制定较早，并且修改次数多。其三，刑事法制。其四，有关战争动员、征兵征粮、民政、财政金融、经济管理、文教卫生、生产劳动等方面的法规和法令。其五，党内法规。

第二，民主法治政府建设的理论与实践。1940年6月，林伯渠等指出，抗日民主统一战线模范政府，应该是民主法治的政府。其要义有三个标准：其一，民主政府，必须切切实实地尊重人民的民主自由权利，不能随便侵犯人民的利益；其二，民主政府是人民选举的政府，要努力服务于人民；其三，民主政府是廉洁政府，要根除一切贪腐行为。陕甘宁边区和其他抗日民主政权大都推出了严格要求政府机关和公务人员的法律法规。人民群众选举政府，参与政府事务的管理、协商，并监督政府及其工作人员。后来，毛泽东在与黄炎培的"窑洞对"对此进行了理论上的高度概括：只有依靠民主，让人民来监督政府，才不会人亡政息，才能跳出历史的周期率。

第三，为人民群众提供高效廉洁的司法资源。司法是法律的落脚点，是社会公平正义的最后一道防线。司法权的配置、司法机构的设立、人民群众能获得良好的司法资源，是法治现代化的重要追求。延安时期，革命根据地的司法机关及其工作人员，在极其困难的战争环境下，为人民的司法事业，为当事人之间的"定分止争"和社会安定团结做出了卓越的贡献。当时的探索包括马锡五审判方式、审判机关与检察机关的分立、公益诉讼制度、刑事和解制度、居住权问题、陕甘宁边区推事审判员联席会议。

总体而言，延安时期是中国法治现代化探索的历史先声，现在的司法工作或一些对法的论断在当时已具备雏形。肖周录教授对根据地时期的法律作出评价，认为其虽然存在局限、带有地方性、显得简单，但它是新民主主义法制的萌芽。

黑龙江大学法学院孙光妍教授围绕"从农村到城市：中国共产党群众路线的法治践行——以哈尔滨解放区革命历史档案为中心的考察"主题进行主旨发言。

孙光妍教授介绍了黑龙江大学法律史学科在根据地法律史领域的研究历程。在2002年陪同季卫东教授调研期间，孙光妍教授在哈尔滨市档案馆发现了近千卷名为"哈尔滨革命历史档案"的文献，这批历史档案起止年限为1946年4月至1949年10月1日，涉及哈尔滨的政权建设和经济内容，由于档案没有专门的法制方面类别，需要在其中大海捞针式地整理搜寻。孙光妍教授完成博士学位论文后即投入这批档案的整理工作中。2003年黑龙江大学法律史学科获批独立招收硕士研究生资格，从第一批硕士生开始，孙光妍教授就安排、指导学生复印录制档案，在此基础上引导产出了多篇硕士学位论文和博士学位论文。硕士生答辩时法理教师对档案梳理工作意义和价值的追问，促使孙光妍教授思考研究这批材料对中国法制建设的作用。

2012年孙光妍教授申请到国家社科基金课题"中国革命法制'从农村到城市'的重大转折研究"，从那时起就把这批档案定位为革命根据地从农村到城市解放区法制建设的研究材料。对这批档案的碎片化研究逐步得到整合与提升，逐渐成梯队建设、成团队规模。2015年黑龙江大学法律史学科开始招收博士研究生，对哈尔滨解放区法制建设的研究有了提升，法律史学科研究团队逐步把档案研究放入中国共产党在革命历程中道路选择的视角，探寻哈尔滨解放区的法制建设经验和历史意义，以及从农村到城市、从区域法制到新中国法制的阶段中，哈尔滨解放区作为前后连接所起到的作用。

2019年哈尔滨市中级人民法院在《人民法院报》开设"人民法院进城记"专栏。孙光妍教授借受邀讲授党史的契机，进入法院档案馆搜寻历史档案，因此发现了近万件1946年至1949年的审判案卷，这批档案的发现使相关研究从立法扩展到司法层面，使研究更加全面。

孙光妍教授接着介绍了黑龙江大学法律史学科所取得的成果，并展望将要开展的研究计划：其一，继续做法院档案研究，挖掘红色司法案例。其二，开展红色司法文化研究，包括红色人物研究。其三，开展哈尔滨解放区公安局档案研究。孙光妍教授表示团队的相关研究还在路上，还需要继续向学界各位学习和讨教。

天津财经大学法学院侯欣一教授带来了"根据地法制实践中的两种主张：游击式法制与正规式之争"的主旨发言。

侯欣一教授说明了通过根据地法制建设中两种主张或模式的角度来讨论根据地法制实践的原因。首先，既有对根据地法制史的梳理从实践层面已经非常充分，但是不得不承认根据地法律史研究一直缺乏高度的理论概括，归纳多、理论抽象少，所涉及的理论抽象多为政治、党史层面的定义，法律史学人需要尝试从实践角度做出和专业相匹配的视角。其次，这也是侯欣一教授对自己提出的挑战，尝试从共产党人自己的话语中抽象出核心概念，对其实践做出理论化描述。最后，在当时党的文件、法律实践中领导人个人讲话和日记中，有很多以往被忽略的口语化表述，它们完全可以用于实现对法制实践进行理论化描述的想法，从而进行整体性观察，提升研究高度，为共和国法治实践提供一个理论思考视角，吸引更多根据地法律史以外的法学界同人共同关注这一话题。

侯欣一教授认为在观察根据地法制实践时，可以感受到共产党人重视法制，但又不得不承认根据地法制特别粗糙和简陋，显然这是有意为之，这来源于实践和主张中长期坚持的"游击式法制"。"游击式法制"基于下列理论元素：第一，法制建设不能超越中国共产党所处的农村环境特点和特定战争时代；第二，中国共产党始终强调自身对法制的管理，法制规范则党缺乏介入空间。到了1942年前后，中国共产党人把以前的法制实践从理论上概括为"游击式法制"，它能够解决一些问题，也存在实践需要，但一旦政权正规化，这种法制便没有出路。于是边区政府提出政权规范化的想法，来自国统区的法律工作者到延安后即按照官方主张建立"正规式法制"，他们基本上仿效清末以来我国从西方移植的法律体系，在实践中建立起制约型而非相互配合型的司法体制。恰逢延安整风反对模仿照抄的"本本主义"，"正规式法制"被认为和清末以来的法制过于相像，缺乏自身特点，故而在政治运动中被否决。

1943年"新型正规式法制"被提出，这一提法延续至抗战以后。1944年前后直至解放战争时期（特别在华北人民政府中），摸索制度化的"新型正规式法制"，具体表现为以下方面：第一，立法权采取分散配置，权力机关、各级政府、党、军队都有立法权，导致了重复性法律特别多；第二，立法语言口语化、日常生活化；第三，承认司法机关设置专业化但不承认其独立，可以在特定时代不设立检察机关，但从来不否定检察机关的合理性，司法机关之间关系是配合而不是制约；第四，司法人员革命化。对"新型正规式法制"的制度性尝试确实给根据地法律实践带来了欣欣向荣的大飞跃，然而实践中又产生了新的问题。中国共产党在根据地时期的法制实践包含了基于不同主张和模式的尝试，这种不同的模式以及最终所呈现出的制度，对后来共和国的法治建设有重大影响，政法传统便根源于此。

侯欣一教授指出，在研究中仔细阅读文本，找到历史当事人用自己语言所表述的想法，将其与制度建设和实践整合在一起，可能会极大提升根据地法律史研究，从而吸引更多法学界同行关注。除此之外，根据地法制实践中仍然存在不少概念，有利于研究者从其他角度观察法制实践。共产党对法律的基本态度是重视法律但不迷信法律，法制建设要和时代、环境、经济基础、共产党的需要相匹配。找出共产党人自己表述的话语，用以观察实践，最终将其实践整合，提升到理论化、抽象化的高度，可能会成为本课题创新的一个方面。这样的研究更有挑战性，对于观察当下中国法治实践亦有启发。

在主旨发言结束之后，六位学者作为与谈人轮流发言。

中国人民大学中共党史党建学院副院长耿化敏教授首先分享了作为党史研究学者对加入革命根据地法律史研究的思考。其一，明确团队如何在学科交叉和交流中汇聚研究重点，更好地结合"党言党语"和"法言法语"进行表达。不同学科对根据地和法律史研究有不同的视角，传统党史研究核心是政治学研究，该团队承担子课题任务的意义在于对史料的拓展、史实的重建、史观的塑造和史论的建构。党史学科的介入可以强化革命根据地法律史研究中法律主体性和共产党领导的革命法制之特点。其二，把握好"破"和"立"。"破"指共产党革命要打破旧有国家机器，破坏当时政府既有法律和法律秩序，在研究中要看到根据地法律史的破旧之处。"立"指根据马克思主义法律学说、苏俄革命经验和中国革命实践创制和实施革命新法，特别要关注共产党的法制理论理念、政策路线、革命夺权的阶段性任务和不同阶段法律建设的关系。其三，把握历史描述和理论建构的平衡。只有依据史料，描述法制历史，归纳法制经验，法律史学才能获得真实性的基础。从传承红色法治基因、建设法治国家的高度，法史要深入总结革命根据地法制历史的本源问题、主流本质问题、阶段分期问题、主要成就、基本经验等，使中国革命根据地法律史学科既有知识体系、学科体系、学术体系、话语体系能真正立起来。

北京邮电大学人文学院黄东海副教授首先向中国人民大学法学院和法律史学科各位老师祝贺国家社会科学基金特别委托项目"革命根据地法律史研究"的立项和此次会议的召开，感慨在革命根据地法律史研究领域张希坡教授个人的奠基性和节点性作用不可磨灭。黄东海副教授指出，该学科此前的工作主要表现为对革命根据地法律文献和文件的发掘、整理工作，尤其值得称道的就是张希坡老师几乎以一人之力完成了十六巨册《革命根据地法律文献选辑》。而在此以后，革命根据地法律史研究的学术旨趣已经并将继续发生重大变化。早在2010年左右，张希坡先生已经实现"八十变法"，他正确地指出，中国共产党及其领导人民政权的法律实践的时间上限，应该上溯至第一次国共合作和大革命时期。张希坡先生在研究时段上打通了国、共两部分历史，着力阐发了广州国民政府和武汉国民政府相关法律实践中的中国共产党因素，把根据地法律史的基础理论研究向前大大推进一步；而相关中青年学者的学理转向也十分值得关注，如侯欣一教授的研究也让革命根据地法律史的研究引起法学界的兴趣，甚至直接影响到部门法研究。黄东海副教授展望，此后的根据地法律史研究不会再只停留在描述的阶段，而将会是大力研究并讨论那些里程碑式的法律文献背后的人、事、复杂的变迁经纬和内在逻辑，关注根据地法律的思想基础、制度来源、参与人员、影响因素及其变化等诸多因素。

黄东海副教授也分享了自己的研究历程，他将革命根据地法律史的研究连接到作为共和国史的现当代民商事法律，将研究下限下探到1956年甚至1978年新中国民商法制的创建，以建构起中国特色社会主义法律在过去和现在之间的有机联系。目前中国法律研究中存在研究话语不够、理论话语不足的问题，在很大程度上是与根据地法律史研究不够有关——以往的研究话语和理论话语描述较为粗糙，缺乏对中国特色法律的历史之维（尤其是中国共产党及其领导的人民政权的法律实践）的梳理，也因此在国际法学学术对话中长期处于不利地位，需要结合根据地法律史研究不断进行深入理论思考，再经由理论自信实现话语自信，并真正确立起对中国特色社会主义法律的制度自信。

黄东海副教授还对今后具体从事革命根据地法律研究提出了一些初步想法。他指出，革命根据地法律史研究绝不能只就制度研究制度，必须找出其背后深刻的政治、经济和社会因素，必须要把"革命"带回来。西方学术界对于法国大革命、苏联十月革命甚至法国1968年革命都有大量卓有见地的研究，深入探讨了这些"革命"对于社会、政治和经济、法律的影响。相比之下，我们对于中国革命的研究还远远不够，对中国革命的历史目的、现实发展和演变逻辑仍有许多认识不清之处。我们研究根据地法律史，必须把"20世纪中国革命"作为上位问题研究清楚，才能解释好前面各位专家所谈到的根据地法律史的种种具有强大张力的现象和问题。他希望能以这次会议和该重大课题的合作攻关为契机，吸引法学界有更多学者参与相关研究，逐步厘清这些问题，真正使本学科的存在价值得以实现，也彰显其在法学学术研究中的应有地位。

南昌大学法学院陈和平副教授回忆了自己学习和研究革命根据地法律史的历程，他在博士入校时便协助张希坡老师整理资料，自此与革命根据地法律史结缘，之后陆续在该领域出版专著、获得国家级和省级项目立项和发表论文，并影响了一些研究生，促使他们将根据地法律史作为撰写学位论文的方向。

陈和平副教授谈到在十年根据地法研究中遇到的一些研究困难和"瓶颈"。第一，面临资料问题，研究人员在去档案馆查阅革命历史档案时到处碰壁，只能利用已经出版的档案，所在学校所购买的电子数据库中能用于根据地法研究方面的资料有限。资料难以获得，给研究带来很大的制约。第二，平台或资源的制约，法律史是法学中的冷门，根据地法又是法律史中的冷门，相关论文非常难发表。尽管从中央到地方，党和政府高度重视根据地法研究，但部分刊物不重视。当前根据地法的研究强调创新，史料之新、方法创新、观点创新都不容易，要花一定心思琢磨。

陈和平副教授分享了自己对革命根据地法律史研究的感想。第一，研究根据地法应该将其放到法律史从传统走向近现代这一大的法律视野中考察，无论是对根据地法宏观的研究还是微观的研究都应如此。只有具备了这样的视野，才能真正认识到根据地法的发生和发展，才能更好地认识根据地法的性质、地位和影响。第二，研究中要注意根据地法与苏联法、国民政府法律以及地方习惯法的异同。至于根据地法中有哪些内容在中华人民共和国成立后乃至当前我国法律中得到了传承，更是当下研究的重要课题。

西安市新城区人民检察院办公室薛永毅副主任从研究资料和研究方法两方面分享了自己对革命根据地法律史研究的感想。

在研究资料方面，薛永毅副主任认为国家社科基金重大项目为了回应国家重大战略需求、有重大理论创新，这体现为在司法档案上有重大突破。在革命根据地法律史研究领域，前期相关资料的收集与整理已有重要成果，数据库的建设与发布亦提供了海量原始资料，为研究提供了极大便利。但这些资料集中于立法文献或报刊资料，对革命根据地史中司法案例的整理相对较为薄弱，需要该课题继续挖掘。拓展司法档案、司法案例的来源，可以寻找省、市、县零星司法档案，对于县级档案进行抢救性发掘整理；有些地市级档案馆开放，可以利用其中的资料；民间散落司法档案的系统大规模整理尚未展开；国民党司法档案对外完全公开，这些档案涉及革命根据地法制史或提供比较的视角。

在研究方法方面，薛永毅副主任主张，在空间范围上，要充分拓展地域空间，加强研究中央和地方根据地的关系、地方各个根据地之间法制建设的关系、根据地和国统区法制建设的关系，突破以往聚焦于某一根据地的局限。在时间范围上，要拉长研究的时间段，将根据地法律史研究置于中国共产党百年法治建设的宏观视野，置于中国近现代化的历史进程，乃至全球视野下，关注根据地法制建设的发展历程和历史影响。

针对法律史边缘化问题，薛永毅副主任提出只有进一步强化问题意识，尤其是革命根据地法律史中的标志性概念，总结革命根据地法律史的一些核心理论问题，推出标志性成果，才能实现革命根据地法律史的再出发，才可能开创革命根据地法律史研究的新时代。

西北工业大学公共政策与管理学院韩伟副教授围绕着在新时代条件下革命根据地法律史可能做出的创新进行发言。

第一，文献资料的收集整理，它解决革命根据地法"是什么"的问题。韩伟副教授提出，在革命根据地法律史研究中需要扩大资料收集整理的范围，如基层司法资料、川陕与陕北苏区法制资料；还需要扩大领域，在立法、司法领域之外，还应注重根据地法学教育、法学研究、法制人物研究。

第二，解读根据地法制的历史逻辑，解决"为什么"的问题。韩伟副教授以陕甘宁边区婚姻司法为例，指出当时革命根据地"生存"的逻辑和战争的逻辑对于司法和法律实施有明显影响，他认为此类逻辑仍待进一步梳理和解释。

第三，中国化法学概念的提炼，回应"什么用"的问题。韩伟副教授强调研究应当为中国自主法学知识体系的建构，以及标志性法学概念的提炼和发掘做出贡献。例如将马锡五审判方式等放置在中国传统审判制度、司法智慧和传统法文化的长链条中来理解。

第四，创新宣传教育的形式，回答"怎么用"的问题。韩伟副教授认为研究应当结合社会需求与社会服务，发挥社会效益。让更多不同层次的学生了解、认识、关注、感兴趣和投入到根据地法研究中，使相关领域的研究生生不息。

黑龙江大学法学院邓齐滨教授首先回忆了三年前拜访张希坡教授的经历，再结合孙光妍教授的发言，介绍黑龙江大学法律史研究团队收集档案的艰辛历程。该团队在二十年间收集了哈尔滨解放区革命历史档案798卷、司法档案9158卷，这些资料经过整理后成为研究的主要基础。

邓齐滨教授指出，当前根据地史研究往往集中于源头或农村根据地，而忽略了发展过程中的关键环节，哈尔滨解放区法制史就是从农村到城市转折的关键节点，应当是研究重要内容。她赞同侯欣一教授所强调的法制话语问题，认为这应当是未来研究的努力方向和关注焦点。

邓齐滨教授总结了黑龙江大学法律史研究团队在20年的研究中所取得的成果，包括将根据地法律史研究逐渐发展到人物研究，并把哈尔滨解放区的研究成果列入教材，即将出版的书籍既是其研究的总结，也奠定了未来研究的基础。

在下午的会议中，"革命根据地法律史研究"项目的各子课题负责人就各卷写作计划展开了交流讨论。项目的预期成果是形成五卷本的"革命根据地法律史研究"，其中前四卷以历史发展为线索，分别是由张希坡教授负责"建党初期的法律制度"（1921年7月—1927年7月）、由耿化敏教授负责"工农民主政权的法律制度"（1927年8月—1937年7月）、由肖周录教授负责"抗日民主政权的法律制度"（1937年7月—1945年8月）、由孙光妍教授负责"解放区民主政权的法律制度"（1945年8月—1949年9月）；第五卷则侧重于革命根据地法律理念与理论方面的研究，由侯欣一教授负责。子课题负责人及课题组成员在充分梳理既有研究成果的基础之上，提出了对每卷章节结构安排的初步设想。负责人也同与会学者们深入探讨了写作中可能遇到的理论问题，如根据地时期的党内法规、土地法的属类问题、抗日民主政权和解放区民主政权的起始时间问题等。

会议最后由"革命根据地法律史研究"项目负责人、中国人民大学法学院马小红教授作总结。马小红教授首先向与会的专家学者表示感谢，汇报了课题计划安排、项目时间节点的要求及经费预算的情况。在会议总结中，马小红教授高度评价了此次会议的成果。她指出，各位领导在致辞中给项目研究团队所提出的要求，说明各方对项目研究成果均抱有很大期望，对此不能辜负。上午的主旨发言，也体现了现阶段革命根据地法律史研究的最高水平。张希坡教授提出的原则性指导，开创性地把革命根据地法律史研究往前推进到1921年建党初期；李坤睿副教授的发言从历史视角剖析了革命根据地法制形成的"所以然"，并从历史发展的角度，提出了"党内法规"研究的新视角，说明跨学科的研究一定会拓展研究视野；肖周录教授的发言涉及传统优秀文化在根据地法律中的传承和发展，有助于审视红色文化和传统文化之间的关系；孙光妍教授生动地讲述了获取档案资料的经历，提醒研究者从被忽视的资料中发现历史的真问题；侯欣一教授的发言则将大家的思考更加引向深入，面对资料多、理论少、理论研究在革命根据地法律史研究中尚且薄弱的整体现状，如何在资料的基础上抽象出共产党自己的法治话语和理论体系是研究者应当回答的问题。马小红教授认为，若大家都能以今天这样认真态度来推进项目，按照编写计划和时间节点要求稳步推进，一定能创作出高质量的研究成果。马小红教授强调革命根据地法律史研究是中国法律史研究的有机组成部分，也是现代史、党史研究和整个根据地研究的有机组成部分，应当全面反映出红色法治文化的精髓和实质，反映出革命根据地法制形成的历史背景和历史影响。要秉持实事求是的态度，既要研究革命根据地所取得的法律建设经验，也要注意总结革命根据地法律在发展过程中所经历的一些曲折和经验、教训。从资料梳理到理论分析是革命根据地法律史研究的一个飞跃。我们的研究要开阔视野，运用好跨学科的研究方法，同时也要有国际学术的视野，充分利用当时外国友人、记者、作家到根据地采访、记述留下的资料，注意吸纳国际学界对革命根据地法律的研究成果。

马小红教授最后说，革命根据地法律史研究后备力量尚需加强，革命根据地法律史研究迫切需要年青一代学者的投入。革命根据地法律史研究项目应该出两种成果——学术成果和人才培养成果，通过该课题的研究，以老带新，培养出一批革命根据地法律史的教学研究人才，形成革命根据地法律史研究的新局面。

会议结束时，张希坡教授表示，对各位专家学者在百忙中参加会议感到非常高兴并致以谢意。他鼓励大家在研究过程中贯彻"双百"方针，打破"老框框"，发挥创造性，拿出高质量的革命根据地法律史研究的新成果。

（原题《革命根据地法律史研讨会在中国人民大学法学院举办》；作者：尤佳君；原载中国人民大学法学院网，访问时间2024年1月15日，http://www.law.ruc.edu.cn/lab/ShowArticle.asp？59301.html）

"东西互观的法律世界"学术研讨会暨《镜中观法:〈中国评论〉与十九世纪晚期西方视野中的中国法》新书研讨会

5月27日,上海

"东西互观的法律世界"暨《镜中观法:〈中国评论〉与十九世纪晚期西方视野中的中国法》新书研讨会在华东政法大学长宁校区召开,围绕"东西互观的法律世界"进行学术交流,由华东政法大学涉外法治研究院和商务印书馆南京分馆联合主办,华东政法大学法律史研究中心和陈鹏生法学教育基金承办。

华东政法大学涉外法治研究院首席专家、全国外国法制史研究会会长何勤华教授,浙江大学人文高等研究院中西书院与光华法学院兼任教授、《法律文化研究文丛》主编梁治平教授,商务印书馆南京分馆总编辑白中林分别致开幕词。

何勤华指出,"东西互观的法律世界"主要是指中西方法律和法律文化的比较,是与中国近代法、外国近代法和比较法相交的一个比较开阔的研究领域和写作空间。与会许多学者都在相关领域取得重要成果,填补了近代中国法、外国法和比较法研究的诸多空白。华东政法大学法律学院李秀清教授主编的《镜中观法》一书是个案考证近代中国法、外国法和比较法的代表性著作,以《中国评论》为个案和载体,回溯19世纪晚期西方人眼中的中国法律观,展现历史转折过程中中西法律观的差异、冲突及其复杂性。何勤华还对近代中国法、外国法和比较法的未来研究走向提出了自己的思考和希望。

梁治平作为《法律文化研究文丛》主编,对李秀清教授及其团队的新书出版表示热烈祝贺。梁治平高度评价该书对于中国近代法律文化交流史研究的重要意义,同时对于商务印书馆白中林总编辑的团队克服困难出版该书表示感谢。梁治平对此次会议的召开表示祝贺,也对新生代青年学人的研究提出热切希望。

白中林对华东政法大学多年以来的支持与合作,以及梁治平的多方协调促成图书出版表示感谢。梁治平的《法律文化研究文丛》也见证了中国当代法治的发展,而《镜中观法》一书是当下中国与世界关系的反思与对照。白中林指出,当下中国的法律研究仍然有许多内容值得推进,法律史专业仍然可以为图书出版与中华文化的域外传播贡献力量。

开幕式由华东政法大学涉外法治研究院于明教授主持。

"近代中国与西方的法律互观"圆桌论坛由《华东政法大学学报》副主编王沛教授主持,天津财经大学法学院侯欣一教授、清华大学法学院苏亦工教授、上海交通大学历史学系邱澎生教授、北京大学法学院章永乐教授、中国人民大学法学院尤陈俊教授先后发言。

侯欣一以"点面结合:西方法政知识在近代中国传播路径和结果初探"为题演讲,通过时间、地域和重要人物三个维度,对法政知识的传播路径进行考察,并提出西方法政知识在传播中只有经过从沿海到内陆,影响到决策者,这种知识才真正具有合法性。

苏亦工以1902年作为切入点进行探讨。从中国正式开始学习西方，到今天已经百年，但是依然有必要重新回顾东西互观。实际上，双方一直以来都存在误解，西方对中国的态度建立在道听途说、偏听偏信、不求甚解、人云亦云的基础之上，将主观、偶然、个别的观点当作客观、必然普遍的规律；中国对于西方社会的认知，也在引入西方的文化道德伦理以后，造成了对自己的价值错乱，传统价值的颠覆与新价值的塑造之间存在的矛盾是19世纪以来的遗留问题。

邱澎生指出，东西方互为主体，互为参照，互观是一个对"什么是良好政治体制"的探讨，李秀清所研究的《印中搜闻》《中国丛报》与《中国评论》贯穿了整个19世纪中国与西方的交流。他还借用岸本美绪的两种真实理论，对如何看待中国法进行了深入分析。

章永乐认为，所谓东西互鉴，是用自己的镜子照别人，也用别人的镜子照自己，相互映照，《镜中观法》有助于理解"文明交流超越文明隔阂、文明互鉴超越文明冲突、文明共存超越文明优越"的中国全球新倡议。他回顾了从1814年维也纳外交会议到1915年中国国内东西方文化大论战的百年期间东西互观和文明观念变化的历史，指出文明是多元的，存在并列的不同形态才具有文明互鉴的可能性。《镜中观法》是很有启发性的成果，能够有力地推动法理法史学界乃至更大的学界对文明互建的讨论。

尤陈俊以"被观看的法律"为题，透过图像史学的视角对近代中国进行解读，指出视觉材料和视觉文化的传播比文字传播更加直观。他通过展示清末民国时期的通草画、照片和明信片等，向与会学者说明，对中西交流的研究，除了文字的资料可能也得去关注影像的资料所起到的微妙作用。

书评环节由中国社会科学院法学研究所王帅一副研究员主持，中南财经政法大学法学院李栋教授、中山大学法学院杜金副教授、苏州大学法学院卢然博士和华东政法大学法律学院硕士研究生韩驰发言。李栋以"从'西法东渐'到'东法西渐'"为主题，指出李秀清的新著标志着法律史研究从"西法东渐"到"东法西渐"、从"中国法律史"到"全球法律史"、从"纵向"流变研究到"横向"交流研究的范式转变，并指出就史料的复杂性而言，法律东方主义的西方法律观可能并不真实。李栋同时指出，研究可以从横向和纵向两个角度继续推进，既可以扩展研究的年代界限，又可以重新检视和评价19世纪西方的中国法律观。杜金副以"左顾右盼：凝视'异域'与镜观'自我'"为主题，提出李秀清的新著把西方人看中国和中国人看西方人结合起来，通过对导论、家事法与《人人自为律师》的译介对新著"左顾右盼"的特征进行评介。卢然以"西洋镜，哈哈镜，衣冠镜"为主题，通过对西方概念的不断分化、近代早期汉学家的中国观建构与逆转和东方主义话语的使用与误用进行分析，对全书的内容与写作方式进行评议。韩驰对李秀清新著的研究进路和未来可能的研究提供了报业史和传播学的其他学科视角。

专题研讨共分五场。第一场主题研讨会"清代的法律翻译与法律形象"由复旦大学法学院王志强教授主持。上海政法学院语言文化学院王春荣博士以"《大清律例》法译与法译动机研究"为题，对《大清律例》（包括《皇越律例》）四个法语译本各自的特色和翻译动机进行梳理，并指出在世界法律制度史中，中华法系对东亚诸国的法律产生影响，对于《大清律例》外译至法国的研究是中华传统法律文化域外传播的重要课题。南京邮电大学外国语学院刘瑞博士以"哲美森翻译的《大清律例》在香港法庭的角色"为题，以香港2002年的一起 *Liu Ying Lan v. Liu Tung Yiu and Another* 遗产继承案中援引哲美森所翻译的《大清律例》为切入点，围绕其中关于"应继之人"的翻译展开的辩论，总结归纳说明该译本何以作为一种对中国法的权威性解读。中山大学历史系学生罗晓珊以"隔洋观法：郭实猎与十九世纪西方人的中国法律观"为题，对传教士郭实猎在其《中国简史》和《破开中国》两部书，及其在《中国丛报》等报纸中对中国形象的塑造进行梳理，说明在18世纪中叶后对中国的热潮退却的大背景下，以郭实猎为代表的西方人在19世纪中叶后对中国由褒至贬的再认识、再评价。中国政法大学法律史学研究院王银宏教授、复旦大学法学院赖骏楠副教授、同济大学法学院陈颐教授对相关论文作了精彩的评议。

第二场主题研讨会"跨学科与跨文化视角下的清代法律"由中山大学法学院徐忠明教授主持。四川师范大学历史旅游学院王雪梅副教授以"清末民初商法建构中商人对法律移植的认识与贡献"为题，通过对清末商人编订的《商法调查案理由书》进行深入挖掘，对其中反映出的"比较各国"和"参酌习惯"的法律移植原则进行探讨，并指出在社会经济落后的现实下，不管是移植西法，还是"准诸本国习惯"，近代商法建构过程注定步履艰难。东华大学人文学院杨立民副教授以"论清代'概括性禁律'的规范特征与功能"为题，对"制书有违"是怎么发展成为一项"概括性禁律"的进行历史梳理和考察，并指出"概括性禁律"的出现源于立法上对绝对确定的法定刑的设置与实践中对罪刑相当司法效果的追求之间存在着内在的紧张关系，是一种社会治理的兜底性安排。上海海事大学法学院毛皓强博士和华东政法大学法律学院博士研究生冯文灏合作的"在华洋人与晚清社会治理转型中的东西差异"，由冯文灏报告，通过对赫德的《局外旁观论》和威妥玛的《新议略论》进行文本和社会考察，对洋人参政与晚清社会治理方式的转型进行重点论述，并将其置于文明论的视角下，反思西方、文明与现代性。华东政法大学法律学院洪佳期副教授、邱唐特聘副研究员和上海社会科学院法学研究所胡译之助理研究员分别对三篇论文进行深入与谈。

第三场主题研讨会"法律继受与传统法律的现代转型"由华东师范大学法学院田雷教授主持。华东政法大学法律学院博士研究生胡晓以"清末刑事附带民事诉讼理论溯源"为题，通过对私诉进行比较法上的溯源、板仓松太郎和冈田朝太郎对私诉理论的传授，以及清末立法中的私诉进行考察，通过人、文本及其互动得出所教非所学的结论。南开大学历史学系博士研究生王墨翰以"民国时期近似商标判定中的读音相似问题研究"为题，对"补力多"与"帕勒托"商标争讼案进行个案考察，通过再现上海特区地方法院和江苏高等法院第二分院的判决、商标局的异议审定与再审定、实业部与行政院的诉愿审定和行政法院的判决，进而说明实业问题与民族利益的考量。华东政法大学法律学院博士研究生曹雱以"大班外交——英国东印度公司与早期中英交涉研究"为题，通过考察英国东印度公司的名与实，说明其"伪装成商人的国家""公司—国家""主权公司"性质，同时通过史料梳理驻华大班在中英交涉中的角色经历了从被动躲避、服从到主动干扰、对抗的转型，表明"大班外交"在中英关系的塑造中起到的直接作用。华东政法大学法律学院冷霞副教授、上海社会科学院宗教研究所赵博阳助理研究员和华东政法大学外语学院詹继续博士分别对三篇论文进行了详细的评议和与谈。

第四场主题研讨会"大国竞争与东亚秩序新变局"由译林出版社上海出版中心主任王笑红编审主持。华东政法大学法律学院史志强特聘副研究员以"一战前后日本的国际形象建构与在美舆论宣传"为题，以家永丰吉为中心考察一战前后日本在美国舆论宣传和形象构建，同时也以此为场域，探讨知识精英与大众舆论之间的复杂关系，阐明日本如何通过民间外交借由人际网络和知识交流扩大影响，正当化日本的东亚扩张政策。河南工业大学法学院李耀跃副教授以"'治外法权'中的立法管辖问题"为题，就属地管辖原则在中国近代路矿事务中的立法与实践进行探讨，并认为在矿务立法中对条约管辖权进行扩张解释，并以属地立法管辖权作为中外矿务交涉的有效工具，这种立法管辖权的宣示模式影响至今。华东政法大学法律学院博士研究生陈怡玮以"日本'中华民国法制研究会'刍议"为题，对日本中华民国法制研究会的创设、人物和活动进行梳理和介绍，指出该研究会的主要工作是通过译注法律的方式对民国政府颁布的新法展开比较和研究，此项研究可以推动近代中日法律交流史、民国法制史以及日本学者与中国法之联系的研究。复旦大学法学院王伟教授、上海师范大学哲学与法政学院汪强副教授、天津财经大学法学院柴松霞副教授对相关论文作了深入的评议。

第五场主题研讨会"中西法律交汇下的思想与观念"由商务印书馆钟昊编辑主持。中国政法大学人文学院李驰博士以"解读近代以来黄宗羲法政思想研究中的隐喻现象"为题，对黄宗羲法政思想中的五种隐喻——卢梭、马基雅维利、闵采尔、斯卡尔金、洛克，塑造了本体五种不同的形象——民主革命家、现代政治家、平民反对派、资产—启蒙者、自由主义者，进而说明隐喻现象是跨语际实践的结果，也是中国古代思想现代化的结果。浙江大学光华法学院博士后栾兆兴以"返本开新：康有为儒学普遍主义下的人权观"为题，通过考察维新时期和庚子年后康有为对儒学再阐发中的人权观念，并指出康有为儒学普遍主义下的人权是实现天下大同的应有之义，也迥异于梁启超倡导的趋向竞争性对抗状态的权利思想。上海师范大学天华学院陈一博士以"终以旧瓶装新酒"为题，对清末民国国际法引入的"先秦国际法"的议题进行再讨论，对"先秦国际公法论"在近代中国的发展进行梳理，并提出这一发展过程与中国国际法发展路径的高度重合性，本质上是观察近代中国国际法发展的一个视角。中国社会科学院法学研究所黄海助理研究员、上海海事大学法学院陈刚博士和华东政法大学国际法学院蒋圣力副教授分别对三篇论文进行了精彩与谈。

闭幕式由华东政法大学法律学院苏彦新教授主持。浙江大学人文高等研究院中西书院与光华法学院兼任教授梁治平教授和中山大学法学院徐忠明教授分别对会议进行总结。梁治平指出，镜中观法的意义在于东西互鉴，实际上也是新的知识参照产生的时候，我们如何把不同的标签或者名称放在对象上面，然后让它产生出新的意义，所谓"镜"的概念也在不断改变，不断通过镜子来观照自身。梁治平提出，对于单个的研究者来说，要理解理论背后的意识形态，避免因为意识形态自觉的缺失而进行盲目研究。当下研究的基于知识构建而产生的西方和中国的形象，也在提示我们在描述的、生产的知识和形象到底起到什么样的作用，这是值得思考的，我们如何进入研究，以及我们研究的方法论视角都有待进一步反思。徐忠明提出，此次会议是一次形式上、主题上、视角上丰富多样的学术会议，李秀清的两本著作所选用的材料是值得学界关注的。徐忠明以自己的阅读和研究经历，对日记、传记、年谱、画作等史料对中西法律交流史研究的意义进行介绍，从历史人类学的视角对如何回到场景当中进行了分析。

　　来自北京大学、清华大学、中国人民大学、中国社会科学院、浙江大学、中山大学、中国政法大学、中南财经政法大学、天津财经大学、复旦大学、上海交通大学、同济大学、华东师范大学、华东政法大学、商务印书馆、译林出版社、《学术月刊》《华东政法大学学报》等全国各高校、科研院所、出版机构的60余名学者参与会议。

　　（原题《涉外法治研究院举办"东西互观的法律世界"学术研讨会暨新书研讨会》；作者：华东政法大学涉外法治研究院；原载华东政法大学校办网，2023年6月12日，https://dxb.ecupl.edu.cn/2023/0612/c2603a202071/page.htm）

中国法律史学会儒学与法律文化分会 2023 年年会暨"传统中国的纠纷解决与近代转型"学术研讨会

6 月 10 日，天津

由中国法律史学会儒学与法律文化分会主办，天津财经大学法学院承办的中国法律史学会儒学与法律文化分会 2023 年年会暨"传统中国的纠纷解决与近代转型"学术研讨会于 6 月 10 日在天津财经大学顺利召开。来自全国各地近 40 所高校、研究机构的近百名专家学者参加了此次会议。在为期一天的日程中，专家学者围绕年会主题，对"清以前传统中国的纠纷解决""清代的纠纷解决""纠纷解决的近代转型""聚讼纷纭"等问题展开研讨，现场研讨氛围热烈，专家学者们畅所欲言、各抒己见，通过研讨推进了对于传统中国纠纷解决及其近代转型的认识，会议卓有成效。

会议开幕式由天津财经大学法学院党委书记陈方主持。天津财经大学党委副书记马岩代表承办单位致欢迎辞，他对会议的成功举办表示衷心祝贺，对各位专家学者的到来表示热烈欢迎。马岩向与会代表介绍了天津财经大学的基本情况，并表示会议的召开不仅有利于弘扬中华优秀传统文化，深入挖掘传统中国纠纷解决的智力资源，也涉及传统中国治理的问题，对当今法治建设和国家治理能力与治理体系的完善，极具借鉴和启发意义。中国法律史学会执行会长、南京大学教授张仁善代表中国法律史学会致辞。张仁善对会议的成功举办表示衷心祝贺，并表示此次会议主题"传统中国的纠纷解决与近代转型"具有丰富的研究价值，会议的顺利召开将进一步增加学界对传统中国法律制度的认识。中国法律史学会儒学与法律文化分会会长、华东政法大学教授龚汝富代表中国法律史学会儒学与法律文化分会致辞。龚汝富追忆了中国法律史学会儒学与法律文化分会名誉会长陈鹏生教授，介绍了陈鹏生法律史奖学金的相关情况，并对会议的顺利召开表示祝贺。天津财经大学法学院院长、中国法律史学会儒学与法律文化分会执行会长张勤致辞。张勤介绍了此次会议研讨主题的缘起，详细介绍了天津财经大学法学院的发展历程及状况，并就此次会议的论文收录整理情况、具体交流环节安排做了说明。

此次研讨会分为五个部分进行，分别是：大会主题发言、第一单元"清以前传统中国的纠纷解决"、第二单元"清代的纠纷解决"、第三单元"纠纷解决的近代转型"和第四单元"聚讼纷纭"圆桌论坛。

大会主题发言环节由华东政法大学陈金钊教授主持。华东政法大学王立民教授以《唐律·杂律》《宋刑统》《大明律》《大清律例》对债务纠纷解决的规定为素材探讨了传统中国债务纠纷解决路径的演进及启示。南京大学张仁善教授从掌故笔记的性质及史料价值、掌故笔记法律史料的恰当利用等方面对掌故笔记进行探讨。北京大学李启成教授以"石碏杀子"案及历代评析为中心探讨传统中国的"大义灭亲"问题。曲阜师范大学吴佩林教授具体介绍了明代孔府对民事诉讼的受理与裁断情况。上海师范大学陈灵海教授考察了"孔子诛少正卯案"在宋代被援引的情况，认为经典名案的效力创生并非源于其真实或正确，而是来自援引时的语境适恰性。北京邮电大学黄东海副教授从三种典型性案件切入介绍传统商业社会纠纷的暴力解决情况，探讨传统中国产生私力救济的原因。天津社会科学院助理研究员巩哲以县衙档案、官员日记为中心，探讨晚清州县士绅的斗讼策略及堂官的应对。山东师范大学教授荆月新、天津社会科学院研究员刘志松、河北师范大学教授赵立新对七位学者的发言进行了评议。

第一单元由中南财经政法大学教授李力主持，主题是清以前传统中国的纠纷解决。洛阳师范学院副教授邓长春通过追溯先秦诸子之"争"，揭示了古今"争"的内核一致性。天津财经大学法学院副教授李静一通过考察"乌台诗案"中的鞫谳分司，发现其本质为侦判分离。上海师范大学人文学院讲师杨晓宜以家庭伦理为讨论主轴，聚焦于"不孝罪"案例，探讨唐代法律运用与知识传播。西北政法大学法治学院讲师王金霞从道德和法律关系角度对《吕氏乡约》进行了全新的诠释。中共上海市金山区委党校讲师宋宇宁探究了宋代"亲邻法"中的界定争议以及种种规避"亲邻优先"的行为和它们产生的原因。暨南大学法学院博士研究生沈子渊对律令的认识功能进行追溯，探讨"以法为教"背后法观念的变迁。华东政法大学法律学院博士研究生朱群杰分析了东汉确立的以立秋案验、冬月刑杀为核心的诉讼框架在司法实践中存在的冲突及失败的原因。中国政法大学博士研究生谭天枢考述了汾水下游流域现存金元时期的水利碑刻体现的乡村基层水务治理模式。华东政法大学教授王捷、南开大学副教授冯学伟和华东政法大学副教授陈迪对前述发言进行了评议。

第二单元由天津财经大学法学院教授任晓兰主持，主题是清代的纠纷解决。河北大学法学院讲师宋磊阐述了"亲亲相隐"和"重罪不可容隐"思想与儒家家国伦理的内在关系。对外经济贸易大学法学院讲师张玲玉通过对清代地方司法中官吏分途与权力分化现象的描述，重新审视传统中国的司法"专业性"问题。大连海事大学法学院讲师翟家骏结合具体案件详细分析了秋审成案的实质经验和形式经验及其特征。南开大学法学院博士研究生庞蕾具体介绍了家法族规在当代如何实现传承和转化。云南大学博士研究生孙琦通过考述上海周生有案展现了清末日俄战争时期上海外交的一个典型案例。新疆大学法学院博士研究生李婷详细分析了俄商乡约在其司法职能的行使中所体现的双重身份特性。沈阳师范大学法学院硕士研究生王诗雨以两起妇女自刎案为切入，对"勘验宜详"的做法以及在具体案件中对纠纷解决的重要作用进行了总结反思。中央财经大学法学院教授邓建鹏和华东政法大学副研究员邱唐对前述发言进行了评议。

第三单元由华东政法大学副教授冷霞主持，主题是纠纷解决的近代转型。山西财经大学副教授张亚飞以晚清民国时期匪盗的罪刑变迁为主线探析了立法与司法之间的断裂和融合现象。陕西理工大学讲师胡瀚介绍了明清以来地方官府对水权纠纷的技术化处理，认为该处理方案蕴含着传统社会治理的智慧。郑州大学讲师牛鹏从京师商事公断处与汉口商事公断处实践的对比出发，围绕司法与仲裁的关系，对其现代启示进行了揭示。广西民族大学讲师刘陈皓探讨了广东军政府时期民事审判法律适用问题。华东政法大学副教授洪佳期和青岛科技大学教授赵玉增对四位学者的发言进行了评议。

第四单元"圆桌论坛"由中国人民大学法学院教授尤陈俊主持并作基调发言。在发言中，尤陈俊教授介绍了其新出版的著作《聚讼纷纭》，对研究思路和主要观点进行了说明。五位与谈人华东政法大学教授龚汝富、中央财经大学法学院教授邓建鹏、内蒙古大学法学院副教授萨其荣桂、山东师范大学法学院讲师伊涛、中南财经政法大学博士研究生云霖霖从传统中国"健讼与厌讼"、情理与法理、社会话语体系等不同角度发表了自己的见解。

会议闭幕式由天津财经大学法学院副院长柴松霞主持。中国法律史学会执行会长、天津财经大学法学院教授侯欣一进行会议总结。侯欣一首先总结了会议的总体风格和实际效果，此次会议总共收到近百篇会议论文，诸位学者的学术探究热情值得肯定，法律史的研究并不边缘，会议的"圆桌论坛"环节也成效显著，并与现场师生以默哀的形式再次缅怀了中国法律史学会儒学与法律文化分会名誉会长陈鹏生教授。侯欣一指出此次会议丰富了我们对传统中国纠纷复杂性的认识，揭示了传统中国社会中纠纷的多样性、复杂性、丰富性，充分表达了传统中国纠纷的特殊性。中国法律史学会儒学与法律文化分会执行会长、中国人民大学教授尤陈俊代表下一届年会承办方作表态发言，并欢迎现场师生参会，期待下届中国法律史学会儒学与法律文化分会年会能够讨论更具体的传统中国法律问题，把具体问题的研究向前推进。天津财经大学法学院副院长柴松霞致闭幕词并宣布研讨会圆满闭幕。

中国法律史学会儒学与法律文化分会成立于1991年，是一个对儒学、法学和传统文化等开展综合研究的学术团体，隶属中国法律史学会，首任会长为陈鹏生教授，秘书处设于华东政法大学。研究会至今已总共召开了19届年会，2024年年会将由中国人民大学法学院承办，在北京举办。

（原题《学院新闻 | 法学院成功举办中国儒学与法律文化研究会2023年年会暨"传统中国的纠纷解决与近代转型"学术研讨会》；作者：宋冬梅、邱国强、陈坤、刘雯、刘昱含、李文静；原载天津财经大学法学院网，2023年6月12日，https://law.tjufe.edu.cn/info/1575/4061.htm）

第十七届全国法律文化博士论坛

7月8—9日，江苏·南京

2023年7月8日至9日，由中国法律史学会主办、南京大学法学院、南京审计大学法学院联合承办的第十七届全国法律文化博士论坛正式开幕。来自中国社科院法学研究所、清华大学、北京大学、中国人民大学、中国政法大学、华东政法大学、西南政法大学、南京大学等全国20余所知名高校的40余名法律史、法文化方向的博士（生）参加了论坛交流，十余位专家、学者进行了论坛评议。江苏百闻律师事务所协办此次论坛。

大会开幕式由中国法律史学会执行会长、南京大学法学院教授张仁善主持。南京大学法学院党委书记王丽娟致欢迎辞，对来自全国各地的专家学者和青年博士（生）表示感谢，结合新近出版的《南京大学法学院院史（1927—2021）》，回顾了法学院的发展历程，总结了法学院在教学、科研方面取得的骄人成绩，期待各位更加深入了解南京大学法学院，希望不断增强与南京大学法学院的交流合作。南京审计大学党委常委、副校长周方舒代表联合承办单位致欢迎辞，向各位来宁开会的专家、学者表示热烈欢迎。中国法律史学会会长、中国社科院法学研究所研究员张生代表学会向承办单位表达感谢，并对与会的博士、博士后提出几点期望和要求，他提到，博士生阶段是一个重要的节点，也是学术生涯的黄金起点，他希望各位博士生在这次论坛中能够有新思想、新突破以及新成就。中国法律史学会执行会长、西北政法大学副校长王健对南京大学法学院支持基础学科表示感谢，表示专家、学者和青年博士齐聚一堂、横向交流、彼此学习是非常难得的机会。法律文化博士论坛发起人之一，中国人民大学法学院教授赵晓耕对到会的专家学者和青年博士（生）表示感谢，同时希望各位借助中国法律史学会提供的平台进行学术讨论和思想交流。江苏百闻律师事务所主任徐小兵代表协办单位表示了对此次论坛主题的充分赞同，并以24字作为结语："'百名'博士聚首金陵，法史论道谁与争锋、百闻协办圆满成功！"张仁善教授向各位参会专家学者和青年博士（生）赠送了《南京大学法学院院史（1927—2021）》。随后参会领导与全体师生一起合影留念。

论坛共分为法史通论、先秦汉唐法律、宋元明清法律、清末法律和民国法律5个单元，32位来自全国各高校的青年博士（生）汇报了他们的研究成果。第一单元发言由天津财经大学侯欣一教授主持，四川大学张昊鹏、南京大学程诺、西北政法大学陈思思、山西大学班艺源、云南大学董曦琰依次进行论文汇报，吉林大学法学院吕丽教授和江苏省高级人民法院副院长、南京师范大学李玉生教授分别予以评议。第二单元发言由南京大学单锋教授主持，中国政法大学李洋、中南财经政法大学管笑雪、暨南大学沈子渊、暨南大学史家瑞、西南政法大学陈媛媛、南开大学庞蕾分别进行论文汇报，天津财经大学侯欣一教授和中南财经政法大学李力教授分别予以评议。第三单元发言由南京大学邹立君副教授主持，中国政法大学洪洋、北京师范大学陈泽、中国政法大学周鹏、浙江大学徐翼、南开大学何丽琼、中国人民大学尤佳君、西南政法大学李谦依次汇报，中国人民大学法学院赵晓耕教授和南京大学张春海教授分别予以评议。第四单元发言由南京大学法学院张仁善教授主持，清华大学邱玉强、清华大学朱小丫、浙江大学栾兆星、北京大学何舟宇、中国政法大学常少华、中南财经政法大学云霖霖、北京大学孟孜谦依次发言，中国社会科学院法学研究所高汉成研究员和南京审计大学李相森副教授分别予以评议。第五单元发言由江苏省高级人民法院副院长、南京师范大学李玉生教授主持，华东政法大学陈怡玮、辽宁大学万文杰、南京大学奚海林、南京师范大学云静达、清华大学张嘉颖、故宫博物院邸莹、浙江大学于露依次作了发言，西北政法大学王健教授和南京审计大学谢冬慧教授分别予以评议。会议期间，各位专家教授针对青年博士（生）的研究主题和内容进行了透彻评议，通过此次论坛的交流研讨，各位青年博士（生）受益匪浅。

7月9日上午，论坛会场移至南京审计大学。首先围绕"法律史研究的史料、方法、视野及新领域"这一主题举行专家圆桌论坛。圆桌论坛由南京审计大学法学院党委书记刘宏宇主持，南京审计大学法学院院长王艳丽致欢迎辞。张生研究员、王健教授、吕丽教授、李力教授、高汉成研究员、李玉生教授、肖建新教授、张仁善教授分别就法律史研究的感想心得与青年博士生们进行了分享。短暂的休息后，第十七届全国法律文化博士论坛闭幕式继续召开，南京审计大学法学院副院长李相森副教授主持闭幕式，西北政法大学王健教授对此次论坛进行学术总结，赞赏了各位青年博士（生）讨论议题的挑战性、广泛性和高度专业性，鼓励各位将个人研究兴趣与职业规划相结合。南京大学法学院张仁善教授代表承办单位对此次论坛进行会议总结，对四面八方聚集而来的学者表示感谢，对踊跃发言的青年博士（生）表示赞扬，对承办、协办单位的支持表示感谢。随后参会师生移步南京审计大学博物馆进行参观交流。

（原题《第十七届全国法律文化博士论坛在我院顺利召开》；作者：梅晓凡；原载南京大学法学院网，2023年7月10日，https://law.nju.edu.cn/info/1086/1416.htm）

第七届法律史学青年论坛
——"清代律典的传承与变革"学术研讨会

7月15日，北京

2023年7月15日，由教育部人文社会科学重点研究基地·中国政法大学法律史学研究院主办的第七届法律史学青年论坛——"清代律典的传承与变革"学术研讨会在京成功举办。

此届论坛结合发言评议与自由讨论的形式，以"清代律典研究"为主线，聚焦清代律例修纂、档案考编、法制建构、治理演变、律学新探等专题，以20篇学术报告为桥梁，小中见大，深入探讨了清代法律的表达实践与传承发展。来自中国政法大学、清华大学、北京大学、中南财经政法大学、西南政法大学、西北政法大学、中国社会科学院大学、北京师范大学、南开大学、中国海洋大学、北京科技大学、苏州大学、辽宁大学、沈阳师范大学、山西警察学院、芝加哥大学等16所国内外高校或研究机构的青年学者发言或评议，多名学术同人旁听切磋，现场研讨充实、气氛热烈。

上午9时，论坛正式开幕。中国政法大学法律史学研究院副院长顾元教授代表研究基地致辞，向各位与会学者克服酷暑、到场参会的学术热情表达衷心的感佩和问候。法律史学青年论坛作为研究基地每年常设的两项重要学术会议之一，历经三年疫情考验而未曾中断，此次复履线下，特点凸显：首先，论题集中于清代律典，是研究院举办的系列"法史精勤·清律读书会"的延伸，得到了读书会各位师生的指导与帮助；其次，论坛真正服务于青年学者，致力于为学术新人提供一个拓展思路、交流切磋、培养友谊的学术平台，与会群体中"青椒"、博硕人数占比超过了百分之五十。他还介绍了张晋藩先生法律史学基金会有奖征文活动，鼓励学术"后浪"们踊跃参与，为法律史学术繁荣做出新的贡献与突破。

研讨会分为六个组别依次展开，按照先报告、评议，后回应、讨论的方式循序进行，与会师生围绕相关主题进行了充分的交流与探讨。

第一组报告以律例修纂及注释研究为中心，由中南财经政法大学法学院李力教授主持。

沈阳师范大学法学院张田田副教授的报告主题是"三种'注释律学'作品的比较：以'刑律·人命'部分条文为例"，阐释了张楷《律条疏议》"注律谨严、影响深远"的特点。

西南政法大学博士研究生史良以"条例增订：清代律典定型时期的立法嬗变与规范衔接"为题发言，指出清代条例增订制度通过因言修例等程序运行以及相关立法技术的运用，有效克服了律典失准等问题。

中南财经政法大学法学院博士研究生王毓报告了"清律'小注'的创新性发展"，探究了清律"小注"的结构、内容、特点与功能。

评议阶段，中国社会科学院法学研究所副研究员孙家红认为，对于张楷《律条疏议》等古人律学作品的认识与评价，宜采取"同情式理解"；清代律例与会典的性质不同，将二者组合为"律典"的表达方式值得商榷；清律"详译明律"中的"译"是否应为"绎"，尚需进一步考释等。他还为三篇报告提供了研究思路与方法上的建议，得到发言人的积极回应。

第二组论文围绕清代司法制度与审判思想展开，由中国政法大学法律史学研究院讲师包晓悦主持。

苏州大学马克思主义学院讲师肖芬芳做了题为"从戴震所涉墓地诉讼案看宋代到清代司法审判标准的转变"的报告，探究了戴震反理学思想兴起的司法实践背景。

中南财经政法大学博士研究生邢天宇就"寓理于情：驳案所见'情'与司法制度逻辑"进行学术探讨，剖析了"情"在司法文本中的结构功能与实践中的司法逻辑。

南开大学法学院讲师尹子玉以"清代纳赎制度的变革"为主题，归纳了清代法定纳赎对象的身份和罪行范围，以及缴纳赎资方式等制度的变化特点。

西北政法大学法治学院副教授杨静讨论了"清代田土档案中民事纠纷的司法考量"，以田土类案件为例，在档案统计的基础上，分析了民事纠纷在司法运行层面的样态。

山西警察学院副教授申巍围绕"清代州县司法中的具结状"进行发言，提炼出具结状的性质、种类、特点及功能，并与我国目前的认罪认罚具结书进行了对比研究。

中国政法大学法学院姜晓敏教授对肖芬芳、邢天宇的研究进行评议，她指出：由于史料有限，肖芬芳的论文尚需进一步说明戴震案是否具有体现"情""法"转变的典型性与普遍意义；邢天宇一文还需梳理和补充传统"情""法"关系研究的学术方法与脉络等。

中国政法大学人文学院历史系姜金顺老师认为：尹子玉的文章可以适当补充档案材料，除了梳理制度变化，还应挖掘变化背后的深层原因；杨静的论文需要考虑解决援引律条与具体案例时序不匹配的问题；申巍一文则需对其所用巴县档案中具结状的种类、数量等作整体的统计和梳理，具结状的具体实用场景亦有待说明等。在自由讨论阶段，报告人针对评议问题作出回应，并向评议者表达感谢。

第三组报告关注清代法律中的性别议题，由中国政法大学法律史学研究院李典蓉副教授主持。

芝加哥大学学会哈珀-施密特学者（Harper-Schmidt Fellow）王悠报告了"女耕女织：利用法律材料探索清代江南的性别分工"，探讨了刑科题本定量化研究对于考察清代日常生活的可行性。

北京师范大学历史学院博士研究生崔李酉子以"满汉融合视角下清代旗人立嗣法规的传承与变迁"为题作报告，讨论了清代旗人立嗣法规的法源及其满汉融合的立法趋势。

中国海洋大学法学院颜丽媛副教授围绕"差序交叉性：清代服制命案中'卑幼女'的礼法困境"进行发言，结合差序格局与女性主义交叉性理论，提出"差序交叉性"的概念。

评议阶段，中国政法大学法律史学研究院罗冠男副教授肯定了三篇报告的创新性，同时提出以下问题与作者商榷：王悠论文选取刑科题本中的一部分进行案件数据统计，能够在多大程度上代表清代江南地区的整体情况；崔李酉子一文应当对文末所提及的"法源多种"理论展开补述；不同朝代处理同类案件的变化趋势，或可成为颜丽媛一文继续深入拓展的亮点。

第四组论文聚焦清代的捕系、治安等司法实践进行研讨，由李典蓉副教授主持。

南开大学历史学院博士研究生黄韶海报告了"清初兵部督捕衙门初探"，考述兵部督捕衙门的逃案办理体系及其演变。

北京大学经济学院博士后张心雨以"清代蒙古监狱制度考述"为主题发言,考证了清代蒙古地区的监狱功能与类别、囚犯管理及实践特征等。

中国社会科学院大学历史学院硕士研究生孙聪文做了题为"街头巷尾:看街兵与清代中晚期京师社会治安"的报告,探讨京师看街兵群体的职能、交际与营私受惩等情况。

评议环节,中国政法大学马克思主义学院张一弛老师建议:黄韶海一文可以参酌清前期"满洲法"的相关理论;张心雨一文宜强化"旗汉官员对蒙旗司法干预"部分的论述;孙聪文的论文可以多利用宗人府档案进行研究等。在自由讨论阶段,报告人与评议人围绕相关问题进行了充分探讨。

第五组报告以律条沿革和罪名考证为中心,由中国政法大学法律史学研究院陈煜副教授主持。

中国政法大学法学院博士研究生来鸣家的报告主题是"旧体例与新规范——明清'诈欺官私取财'律例的调整",考察了明清"诈欺官私取财"律在旧律例框架下走向细化并构建出新规范体系的演变过程。

中南财经政法大学博士研究生寇子璇以"清代教令犯罪立法研究"为题发言,总结传统律法惩治"引起他人犯意"之人的立法体系和司法经验。

西南政法大学硕士研究生陈媛媛报告了"'夜无故入人家'条汉唐演变考",对比汉唐"夜无故入人家"相关法条的异同,探究其性质与精神内核。

评议阶段,北京科技大学马克思主义学院讲师杨扬认为:来鸣家文中提出了"明代'诈欺取财律'罪名分类体例的变化,极可能是回归了'汉魏旧制'",这一观点应补强论据;寇子璇一文宜更加明确地提示读者"教令"的含义,以避免理解歧义;陈媛媛关于"夜无故入人家"条的相关考证应丰富文献综述等。自由讨论时,报告人对评议问题进行了补充论述与回应,李力教授就来鸣家文中援引秦汉史料的准确性与之商榷,并提出了政论性文献是否可以作为"法"等关键性问题以供思考。

第六组报告关涉清代类案的专题研讨,由顾元教授主持。

辽宁大学法学院硕士研究生田茂澄做了题为"清代律典中贵州苗疆整治'略卖人口'的立法演变"的报告,对清代惩治贵州苗疆略卖人口的立法沿革与治理效果进行探究。

清华大学法学院博士研究生沈秀荣就"清代因疯杀人的刑罚考察"展开探讨,认为相较于常人,清代对疯人群体科罪处刑往往有所优容。

李典蓉副教授以"《〈清史稿·刑法志〉姐妹作〈新旧刑律平议〉》"为题,考述其作者许受衡的律学背景以及《新旧刑律平议》与《刑法志》之间的关系。

陈煜副教授的评议指出:田茂澄论文应注意其援引清律及会典的修纂年代与版本;沈秀荣一文对"清代因疯杀人"的定罪考述较多,而刑罚研究较少,与题目不大相符,宜进行调整;许受衡的生平履历等史实尚须准确考证,例如其担任的"民科总纂",不应如文中所述的那样,被列为"法律馆"下的职属等。随后,三位报告人对评议作了简要回应并展开探讨。

7月15日下午6时,研讨会闭幕式由罗冠男副教授主持,中南财经政法大学法学院李力教授进行大会总结。他提到，此次青年论坛具有独特性，报告人中非法学专业者占了四分之一，硕士博士人数超过一半，评议人同样具有学科背景多元化的特点，在研究内容上，既以法律史为主，也关涉经济史、社会史、性别史等。他继而总结了年轻学者进行法史研究时需要注意的两个问题：首先，学术会议论文的选题不宜过大，小题大做更易把握；其次，史料功底不够扎实，先预设框架再填塞史料的研究方法问题较为凸显。

此届青年论坛议程有序，报告充实，评议精深，讨论热烈，是中国政法大学法律史学研究院依托教育部人文社会科学重点研究基地举办的一次学术盛会，对于提高法律史学青年学者的理论水平、增进法律史学科交流、培养学术友谊等具有重要意义。

（原题《第七届法律史学青年论坛："清代律典的传承与变革"学术研讨会成功举办》；作者：中国政法大学法律史学研究院；原载微信公众号"中国政法大学法律史学研究院"，2023年7月20日，https://mp.weixin.qq.com/s/v_jT9mFqTTdMqQPD5gH7AQ）

首届平城法治论坛

8月1—3日，山西·大同

为进一步贯彻落实党的二十大精神，深学笃行习近平法治思想，深入贯彻习近平总书记"要注意研究我国古代法制传统和成败得失，挖掘和传承中华法律文化精华，汲取营养、择善而用"的重要指示要求、习近平总书记考察调研山西重要讲话重要指示精神和在文化传承发展座谈会上的重要讲话精神，8月1日至3日，由中共大同市委全面依法治市委员会、中国法律史学会联合主办，中共大同市委政法委员会、中共大同市委全面依法治市委员会办公室、大同市司法局、中国法律史学会民族法律文化分会承办的首届平城法治论坛在大同举办，与会专家学者、法治实务部门代表等齐聚一堂，立足大同本土法律文化，共同探讨法治建设之道。

中共山西省委常委、大同市委书记、市委全面依法治市委员会主任卢东亮，中共山西省委常委、政法委书记、省委全面依法治省委员会办公室主任郑连生，中国法律史学会会长、中国社会科学院法学研究所研究员、博士生导师张生出席开幕式并致辞。山西省高级人民法院院长冯军，山西省委全面依法治省委员会办公室副主任、山西省司法厅厅长张韬，山西省委政法委副书记张立刚等出席开幕式。

此次论坛是国内第一次由地方依法治市办、司法局联合国家级学术团体承办的面向全国的法治论坛，来自中国社会科学院法学研究所、清华大学、北京大学、中国人民大学、中国政法大学、北京师范大学、西北政法大学、厦门大学、山西大学等院所20多位业内知名专家学者及中国"十大古都"等省内外司法行政系统代表参加。中央广播电视总台社会与法频道《法律讲堂》栏目组应邀参加，并通过央视频客户端向全国开展线上直播。

论坛以"北魏平城时代法制建设成就及借鉴"为主题，旨在通过深入挖掘整理和传承发展中华及北魏法律文化精华，不断提升习近平法治思想研究阐释水平和法治实务部门工作能力。论坛通过主旨演讲、专题研讨、专题讲座、专家访谈、法治建设座谈交流等环节，搭建专业交流平台，进一步深入挖掘北魏法制文化，从《北魏律》与中华法系、北魏法制成就与民族融合、孝道与北魏礼法、北魏监察制度与反腐等多个角度，深入研讨、广泛交流，聚焦研究成果，不断推动其创造性转化、创新性发展，进一步为大同全面依法治市提供丰厚滋养，同时为推动山西以及全国中华传统法律文化研究及传承发展发挥积极作用。

论坛期间，大同市委全面依法治市委员会与中国法律史学会签订合作协议，双方将在开展专项课题研究、举办学术活动、共享研究资料、共建专业研究基地等方面深化协作，共同擘画大同法治建设新蓝图。为进一步提高领导干部运用法治思维和法治方式的能力，大同市委举行理论学习中心组学习会暨"云冈大讲坛"法治专题讲座，中国法律史学会会长张生应邀作了题为"中华文明与优秀传统法律文化的传承发展"的报告。此外，"十大古都"司法行政系统代表围绕"深学笃行习近平法治思想，深入挖掘、整理、传承中华优秀法律文化，高质量推动全面依法治市工作"开展研讨交流。论坛闭幕式上，为大同全面依法治市决策咨询专家团新聘专家张生、汪世荣、徐爱国等13位教授颁发聘书，为优秀论文作者代表颁发获奖证书。

从历史具体制度，到中华法系的形成，再到今日社会治理与法治实践，此次论坛经过多层次、多角度的研讨，形成了三点共识：一是平城时代的北魏历史和法律，在中华文明史和中华法系中都有着重要地位；二是平城时代的北魏法制有着许多可以总结的成果与成就值得当代学习借鉴，如北魏在社会治理与国家转型上的成功实践；三是平城时代的北魏法制精神值得后人传承，要学习北魏时期的改革开放精神，从北魏太和改制中汲取历史的力量。

依法而治，向法而兴。历史赋予大同丰富的文化积淀，也赋予大同传承文化的光荣使命。大同市将以平城法治论坛为依托，吸引更多国内外法治文化研究者参与到中华优秀法律文化的挖掘整理、创新拓展中来，力争形成古都法治文化集群，推动全国传统法治文化创新发展和转化应用，打造一个有影响力的习近平法治思想研究平台，努力为法治建设提供更多的智力支持。

（原题《北魏律韵　法治昭彰——首届平城法治论坛在大同成功举办》；作者：大同市司法局；原载山西司法行政网，2023年8月9日，https://sft.shanxi.gov.cn/zwyw_20182/jcdt/202308/t20230809_9092892.html）

第十三届"出土文献与法律史研究"学术研讨会

8月22—23日，上海

2023年8月22—23日，第十三届"出土文献与法律史研究"学术研讨会在华东政法大学长宁校区顺利举办。此次会议由中国法律史学会法律古籍整理专业委员会主办，华东政法大学法律古籍整理研究所、《浙江大学学报（人文社会科学版）》编辑部、国家社科基金重大项目"甲、金、简牍法制史料汇纂通考及数据库建设"项目组承办。来自中国社会科学院、清华大学、中国政法大学、西南政法大学、南昌大学、湖南大学、长沙文物考古研究所等近三十家高校、文博科研机构的40余位学者参加了此次会议。

此次会议的开幕式由华东政法大学法律古籍整理研究所邬勖老师主持，中国社会科学院法学研究所研究员、荣誉学部委员、西北大学法史创新工程首席专家杨一凡教授和华东政法大学功勋教授王立民教授作开幕式致辞，并向与会学者表示热烈欢迎。

杨一凡教授指出，出土法律文献整理与先秦法律史研究要做到五个结合：一个是文献整理与纪实通考相结合，二是出土法律文献与传世文献印证相结合，三是法史学界与考古、历史学界协同攻关相结合，四是出土法律文献整理与重述先秦法律史相结合，五是精与博相结合。

王立民教授指出，对于今后出土法律文献的研究路径要做到三个结合：与唐律研究相结合，与中华法系研究相结合，与中华优秀传统法律文化相结合。

此次会议分为五场专题研讨，并设置两个会场，34位发言人对论文进行了精彩阐释，各位评议人针对性地进行点评，现场气氛活跃。

清华大学出土文献研究与保护中心李均明教授做了《汉简"功将"解析——从张家山汉简〈功令〉所见"上功劳式"与"功将式"谈起》的主题发言。李均明教授从张家山336号汉墓出土简牍、居延汉简所见"功将"谈起，认为"功将"从申报到备案存档经历三个过程：先个人如实申报，形成"上功劳"文书；再官方审核批准，形成"功将（奖）"文书；最后抄录"功将（奖）"的核心内容，形成"功劳案"文书，用于备案及通告，是了解官吏资历的重要资料。

会议第一场由华东政法大学王沛教授主持。中国政法大学南玉泉老师的《岳麓简所见秦朝的"上奏当"制度》一文对秦简中"狱计"这一司法行政制度和"议""当""论""决"这四个词语的概念做了精准分析。北京师范大学徐畅老师的《从长沙出土"君教"简牍看东汉三国县级长吏的徭使》一文通过对长沙简的君教文书来讨论东汉到三国这个时段县级长吏的徭使。西南政法大学秦涛老师《张家山汉律"放讯杜雅"释义》一文，对《张家山汉简》中"放讯杜雅"这四个字分别进行深入分析，认为这个词的含义为，治狱的人只能依据别人的告劾，在限定的范围之内来治狱，不允许不加节制地、放纵地去讯问。秦涛老师、马力老师和王捷老师分别对以上文章进行了评议。

分会场由内蒙古大学王安宇老师主持。吉林大学朱红林老师的《岳麓秦简"读令简"研究》一文把传世文献《周礼》和岳麓秦简中的史料结合起来讨论秦朝法律的传播。山东大学吴雪飞老师的《秦代亡罪中的"与盗同法"》一文通过对岳麓秦简中的《亡律》简文进行梳理编联，以此复原"亡罪"中"与盗同法"的种类和计赃方法、量刑、购赏等问题。复旦大学周波老师的《说张家山336号汉墓竹简〈功令〉的"西宫詹事""詹事"》一文结合《功令》相关简文及传世典籍，认为《功令》所见"西宫詹事""詹事"应分别为窦皇后中宫（正宫淑房殿）与孝惠皇后张氏所居北宫之总管。欧扬老师、朱红林老师和丁义娟老师分别对以上文章进行了评论，并与发言人进行了交流互动。

会议第二场由华东政法大学姚远老师主持。中国政法大学刘自稳老师的《秦及汉初治狱程序中的"命"》一文认为张家山336号墓《亡律》251—252简规定逃亡人在"命"后被捕得和自出的论罪方式，其论罪逻辑符合"数罪从重"原则。中国社会科学院杨博老师的《出土简牍与战国以降自由民的法律身份》一文认为战国时秦国已经建构起包括秦本土、属邦（臣邦）等秦地与山东诸侯、外臣邦等"他邦"共同构成的"天下"政治格局。浙江师范大学马力老师的《东汉临湘县廷文书运作流程试论》一文通过选取五一广场简的一些文例，对东汉临湘县廷的文书运作流程作了简要探讨。陈迪老师、齐伟玲老师和王馨振华老师分别对以上文章进行了评议，并与发言人进行了深入交流。

分会场由吉林大学朱红林老师主持。长沙市文物考古研究所罗小华老师的《"不良人"杂识》一文认为"不良人"原本指的是有不良行为的坏人，后来成为坏人抓捕行为发起者的官名。苏州大学熊贤品老师的《先秦司寇的几个问题》一文认为传世文献中"司寇"的职责和地位有较强的虚拟性，而出土文献所见"司寇"从西周到秦的发展历程来看，是从无到有、职责又逐渐发生改变。吉林大学于洪涛老师的《狱律与旁律：出土秦汉律名形成过程探微》一文认为秦代律篇主要是以职官律和职事律杂糅方式进行，汉初在继承秦代法律体系的基础上，形成了规范刑事犯罪为主体的"狱律"和具有其他规范性质的"旁律"。徐畅老师、罗小华老师和李勤通老师分别对以上文章进行了点评。

第三场会议由北京师范大学徐畅老师主持。湖南大学杨勇老师的《张家山336号汉墓〈朝律〉的几个问题》一文，认为《朝律》文本第四部分应将其称为附录，其性质为有关朝仪的解释性、补充性文字。西北政法大学齐伟玲老师的《秦汉律贼杀、斗杀的区分及相关问题研究》一文认为秦汉律的贼杀既指客观上的杀人行为又意味着这种杀人具有害心，二因素统一为"贼杀"这一法定罪名，而斗杀指在斗殴中杀人，从文意无法判断故意与过失。内蒙古大学王安宇老师的《从"邦县"到"郡县"——战国秦汉司法体系的郡县化》一文认为战国秦汉时期的司法体系经历了中央直辖县的"邦县"体制到"郡县"体制的变化。周波老师、邬勖老师和吴雪飞老师分别对以上文章进行了评议，并与发言人进行了深入交流。

分会场由《浙江大学学报》编辑部黄山杉老师主持。湖南大学欧扬老师的《张家山三三六号墓出土律令校读札记》一文将通过研读《张家山汉墓竹简［三三六号墓］》，将研究建立在对整理报告的释文、标点、编联的合理修订基础之上并提出了若干校对意见。中国政法大学张传玺老师《睡虎地秦简〈法律答问〉编写特点试探》一文通过梳理总结《法律答问》的形式特点，有助于理解其他简册作为文字载体的隐含信息。中国海洋大学李勤通老师的《两种刑讯及其反映的秦司法理念》一文认为秦刑讯在司法实践中有得人情和服判两种功能，得人情的刑讯追求司法公正，而服判的刑讯追求刑罚执行的正当性。于洪涛老师、王捷老师和宋磊老师分别对以上文章进行了点评。

第四场由吉林大学于洪涛老师主持，湖南大学李婧嵘老师的《出土简牍所见秦汉法律的传播》一文认为秦汉政府注重将法律传播至其吏民，将他们纳入法律体系，以进行有效的政治统治与社会控制。河北大学宋磊老师的《秦汉律中的以爵抵罪非"官当"辨》一文认为秦汉时期官爵没有被整合到一起，爵的法律特权和官的法律特权是相互疏离的，此时的以爵当罪是独立存在的，尚不能视为官当的组成部分。鲁东大学詹今慧老师的《试从金文简牍法律形式词汇分析相关法律制度问题》一文从金文简牍法律形式词汇刑、法、律、令的聚合关系，及规范内容（功能）、发布主体、适用对象、规范价值等组合结构重新更完整地训释词汇语义，并依照新的训释成果分析相关法律本质与法律形成等重要法律制度问题。张传玺老师、刘自稳老师和周博老师分别对以上文章进行了评议，并与发言人进行了深入交流。

分会场由内蒙古大学王安宇老师主持，西北大学王馨振华老师的《走马楼吴简所见孙吴临湘侯国长吏初步研究》一文主要对走马楼吴简所见侯国长吏进行考察，来揭示此类长吏及其任职时间等基本信息同时探讨丞、尉在文书行政中的作用。河南师范大学张韶光老师的《岳麓秦简所见逃亡罪的认定与判罚》一文从新出岳麓秦简中与逃亡有关律令出发，对民众逃亡罪的认定与判罚和登记逃亡者的载体等问题进行探讨。河北科技师范学院丁义娟老师的《秦汉"冗"相关供职供役制度研究》一文将秦汉简中的"冗"再次梳理，辨析其含义，分析与冗有关的人员种类，兼及与"冗佐史"相关的"均佐史"制度，以此揭示秦汉时期相关供职服役制度。姚远老师、乔志鑫老师和张韶光老师分别对以上文章进行了点评。

第五场由中国海洋大学李勤通老师主持。南昌大学周博老师的《羑里考原》一文认为羑里的本义当为地名，后来有了监狱之义，实际上是发生了词义的演变或扩大。山东师范大学乔志鑫老师的《"罢癃"与"无赖"：秦汉简所见残疾者的认定与处理》一文认为"罢癃"身份的认定除了傅籍程序之外，还有每月乡啬夫、典、老等对治下百姓的调查登记，即便被认定为"罢癃"，同样要根据其严重程度来区分为"可事"与"不可事"。武汉大学博士研究生陈书豪的《秦简"篡"字相关问题再论》一文认为秦简中有用为"遗失"和用为"亡逸"的"篡"，并提出"篡遂"真正的词义是"篡夺并亡逸"，指的是当时社会中普遍存在的篡夺罪囚并使其亡逸的违法行为。华东政法大学博士研究生贾高邦的《迁陵里制变革与秦帝国新秩序的构建》一文认为在秦始皇二十六年至二十八年之间，迁陵县曾进行过一次乡里组织的调整。这次调整不只是对迁陵地区自然状况和社会形势的被动回应，更是秦统一六国之后在全国施行新统治秩序所实施政策中的一环。陈迪老师、杨勇老师、沈子渊同学和陈书豪同学分别对以上文章进行了点评。

分会场由中国政法大学张传玺老师主持。武汉大学博士研究生丁善泉的《岳麓秦简所见秦令的传播与实施》一文认为秦令的实施包含两个层面，即官吏适用秦令处理具体政务，公众遵守秦令进行日常活动。华东政法大学博士研究生朱群杰的《东汉秋冬行刑的制度重构与实践冲突》一文认为东汉确立以立秋案验、冬月刑杀为核心的诉讼框架，秋冬行刑的错误适用加剧了地方司法的混乱。东汉王朝建立的法律秩序陷入了危机，并导致后世秋冬行刑的概念重塑。中南财经政法大学博士研究生管笑雪的《缑玉为父报仇故事文本流变考察》一文通过比较缑玉故事在不同史籍的记载，发现部分杂传将其复仇对象的身份隐去，这可能与魏晋时期家族规模扩大，杀夫之从母兄对亲族伦理的破坏性更强有关，而文学创作出于教化目的，删去此情节，留下符合理想的模范女性形象。中国人民大学博士研究生王牧云的《出土史料所见秦有期劳役刑研究》一文认为"居赀赎"制度作为有期劳役刑一种，在秦时已相对完善，终秦一朝，以"居赀赎"为代表的有期劳役刑或为主流。华东师范大学硕士研究生汪涵的《从曶鼎五夫案见西周司法裁决者身份》一文认为西周时期虽然没有形成层级分明的司法体系，但是在司法实践的过程中，已经通过对裁决者身份的限制体现出法律的庄严性和公平性。李婧嵘老师、王安宇老师、丁善泉同学、张娜老师和王沛教授分别对以上文章进行了点评。

此次论坛设置了五个自由讨论环节，其间大家踊跃发言，热烈讨论，达到了预期的效果。

会议闭幕式由王沛教授主持。《浙江大学学报（人文社会科学版）》编辑部黄山杉老师致闭幕辞，黄山杉老师认为《浙江大学学报（人文社会科学版）》作为浙江大学唯一的人文社科学报，与华东政法大学法律古籍整理研究所共同举办盛会，实现了多平台和多区域的沟通合作。华东政法大学法律古籍整理研究所这十余年来一直坚持举办学术会议，使得这一系列学术会议成为法律史学科乃至出土文献领域重要的跨学科学术交流平台。其后王捷老师介绍了2024年会议的筹备计划，下届会议将以战国秦汉的简帛作为基本材料探讨具体的法律史问题，同时欢迎甲骨、金文、碑刻、纸本档案、传世文献等各种法史材料及交叉学科的对话。

（原题《第十三届"出土文献与法律史研究"学术研讨会顺利召开》；作者：陈楠、陈欣如、马晓菲、郑文盛；原载微信公众号"法律古籍所"，2023年8月28日，https://mp.weixin.qq.com/s/xAZl_TTPhkR9ntU9oCnZhQ）

中华传统法律文化创造性转化创新性发展与中国自主法学知识体系建构学术研讨会

9月23日，吉林·长春

2023年9月23日，中华传统法律文化创造性转化创新性发展与中国自主法学知识体系建构学术研讨会在长春召开。会议由吉林大学法学院、吉林大学理论法学研究中心、吉林大学习近平法治思想研究中心、《中国法学》编辑部、《法学》编辑部、《法制与社会发展》编辑部与《当代法学》编辑部联合主办。来自中国法学会、上海市法学会以及中国社会科学院、中国人民大学、吉林大学、清华大学、浙江大学、武汉大学、厦门大学、华东政法大学、中南财经政法大学、西南政法大学、西北政法大学等30余所高校和研究机构的80余位专家、学者参加会议，来自省内外高校的20余位博士后、博士研究生、硕士研究生旁听了会议。

会议开幕式由吉林大学法学院副院长刘晓林教授主持，吉林大学党委常委、副校长蔡立东教授在致辞中向与会嘉宾介绍了吉林大学哲学社会科学的学术传统、研究特色与发展方向，并表示会议主题意义重大，此次研讨会的举办，必将继续推动中华传统法律文化创造性转化、创新性发展。吉林大学法学院党委书记张杰介绍了吉大法学学科"深耕法理、拥抱科技"的学术方向，并代表学院向出席会议的专家、学者表示热烈的欢迎，向各位专家长期以来对吉大法学学科的支持和帮助致以诚挚的感谢。

中国法学会学术委员会主任、吉林大学哲学社会科学资深教授、教育部"建构中国自主法学知识体系"重大专项总召集人张文显教授在开幕式上介绍了教育部"建构中国自主法学知识体系"重大专项的设立情况，并重点介绍了吉林大学法学院在重大专项组织实施过程中的重要地位。张文显教授指出建构中国自主法学知识体系是新时代加强法学教育和法学理论研究、构建中国特色法学体系的创新工程、科学工程、重大工程。此次研讨会是"建构中国自主法学知识体系"重大专项设立后第一个研讨会，具有里程碑意义，标志着重大专项正式启动。希望大家围绕着建构中国自主法学知识体系，进一步认真地学习、领会习近平总书记关于建构中国自主知识体系的重要论述，深刻把握习近平总书记关于中华优秀传统文化创造性转化创新性发展等一系列的重要论述，并将其作为我们今天会议的指导思想，统领我们会议的始终、贯彻会议的全局。也希望我们发扬法学界学术会议这种自由、民主、包容的优良传统，通过研讨产出高水平的研究成果。

会议主旨演讲环节由吉林大学理论法学研究中心主任杜宴林教授主持，中国法学会学术委员会副主任、中国社会科学院学部委员李林研究员报告了《如何理解和推动中华优秀传统法律文化创造性转化、创新性发展》；中华司法研究会副会长、全国外国法制史研究会会长、原华东政法大学校长何勤华教授报告了《中华传统法律文化创造性转化的域外借鉴——以卢梭"人民法治"思想为中心》。

会议合影后，天津大学法学院院长孙佑海教授主持大会报告环节。中国人民大学法学院院长、《中国法学》总编黄文艺教授报告了《论古典政法传统的创造性转化》；《法学》主编、华东政法大学胡玉鸿教授报告了《钩沉法理范畴，传承中华法脉》；中国社会科学院法学研究所党委书记、所长莫纪宏研究员报告了《"法学学"视野下的中国法学"三大体系"构建的方法论路径》；《东方法学》主编、上海市法学会专职副会长施伟东报告了《论中华法系的伟大复兴》；中国人民大学法学院赵晓耕教授报告了《古代典型法例的法理想象》。湖南大学法学院蒋海松教授、华东政法大学王海军教授针对大会报告进行了与谈。

此次研讨会设置了四个分论坛。分论坛一主题为"习近平法治思想与中华传统法律文化"，由《当代法学》主编、吉林大学法学院李建华教授主持。沈阳师范大学法律文化研究中心主任霍存福教授、上海师范大学哲学与法政学院院长蒋传光教授、吉林大学法学院副院长刘晓林教授、北京师范大学法学院郭晔副教授先后作报告。吉林大学理论法学研究中心副主任刘红臻教授、《法制与社会发展》副主编侯学宾教授与谈。

分论坛二主题为"中国传统法制的多维解读"，由浙江大学光华法学院副院长郑磊教授主持。厦门大学法学院周东平教授、武汉大学法学院柳正权教授、西北政法大学法治学院院长陈玺教授、上海师范大学哲学与法政学院陈灵海教授、西安交通大学法学院杜军强副教授先后作报告。江苏大学法学院院长李炳烁教授、上海师范大学哲学与法政学院王奇才副教授与谈。

分论坛三主题为"中国传统法治观念与现代法治文明"，由山东省法学会《法学论坛》吴岩副主编主持。中南财经政法大学法学院院长陈柏峰教授、《法学家》副主编尤陈俊教授、中共中央党校（国家行政学院）王若磊教授、西南政法大学行政法学院张震教授、中国海洋大学法学院李勤通教授先后作报告。《法制与社会发展》副主编朱振教授、南京师范大学法学院副院长丰霏教授与谈。

分论坛四主题为"中国传统法理的创造性转化创新性发展"，由中国法律史学会执行会长、吉林大学法学院吕丽教授主持。吉林大学法学院李拥军教授、西南政法大学行政法学院陈翠玉教授、清华大学法学院屠凯副教授、苏州大学王健法学院院长助理瞿郑龙副教授、浙江大学光华法学院特聘副研究员彭巍先后作报告。《浙江工商大学学报》《商业经济与管理》执行主编、浙江工商大学出版社社长郑英龙教授与《法制与社会发展》编辑部主任、副主编苗炎副教授与谈。

闭幕式由吉林大学党委常委、副校长蔡立东教授主持，中国法学会学术委员会主任，吉林大学哲学社会科学资深教授，教育部"建构中国自主法学知识体系"重大专项总召集人张文显教授作了会议总结。张文显教授指出，改革开放以来，特别是在全面依法治国、建设法治中国的新时代，法学知识体系在法治中国建设当中，具有基础性、先导性的作用。构建中国自主知识体系，我们可能有很多的途径、很多的方法，但是必由之路是"两个结合"，就是马克思主义基本原理与中国革命、建设、改革、复兴的伟大实践相结合，与中华优秀传统文化相结合。随后，张文显教授从预期目的、主要收获、待研难题三个方面，对此次会议进行了详尽总结。此次研讨会圆满结束。

（原题《吉林大学法学院成功举办中华传统法律文化创造性转化创新性发展与中国自主法学知识体系建构学术研讨会》；作者：科研；原载吉林大学法学院网，2023年9月27日，https://law.jlu.edu.cn/info/1082/23174.htm）

中华法系传统与创新性发展学术研讨会

9月23日，北京

9月23日，由教育部人文社会科学重点研究基地·中国政法大学法律史学研究院主办的"中华法系传统与创新性发展"学术研讨会在京举行。专家学者围绕"中华法系道德传统与创新性发展研究""中华法系吏治传统与创新性发展研究""中华法系的'大国治理'：维护统一的'法律之治'研究""中华法系基层治理的多元一体规范保障研究"等主题，分享了各自最新的学术研究成果与学术观点，取得了良好效果。

会议开幕式由中国政法大学法律史学研究院副院长顾元教授主持。

中国政法大学党委副书记王立艳表示，党的十八大以来，中央做出了系列重要工作部署，加快建设中国特色世界一流大学和优势学科，传承中华优秀传统法律文化，实现创造性转化、创新性发展等重要工作部署，为新时代法律史学研究和人才培养工作指明了方向。

中国政法大学终身教授、法律史学研究院名誉院长张晋藩以书面形式致辞，他谈到了自己对中华法系的理解，勉励大家收集、整理和挖掘传世的传统法律文献，阐释中华优秀传统法律文化精神。

中国法律史学会执行会长、南京大学法学院教授张仁善肯定了此次会议的重要意义，并介绍了今年中国法律史学年会的筹备等相关情况。

中国政法大学法律史学研究院名誉院长朱勇围绕中华法系的制度建设、和谐发展理念、大国元素与国民情怀等内容，阐述了对本次研讨会精神主旨的理解。

优秀的中国古代法律思想

第一单元由中国政法大学法律古籍整理研究所教授李雪梅主持。

中国人民大学法学院教授马小红以"与时俱进的中国优秀传统法律文化"为题进行报告。马小红围绕和谐的法律价值理念、"疏而不漏"的立法智慧、"非诛俱行""《春秋》决狱"的司法原则等主题，重点讨论了中华优秀传统法律文化所具有的历史穿透力以及与时俱进、服务现实的重要意义，强调应全面地认识中华优秀传统法律文化及其人文价值观。

张仁善以"原则性与任意性：考察中国司法传统的两个向度"为题发言，强调中国的司法传统既有原则性的一面，又有任意性的一面。他还探讨了造成两种面向共存的原因，并主张学者面对传统应当持"不自傲""不自卑"的态度。

中国政法大学法律史学研究院林乾教授以"清代中叶官民冲突中的归安漕案解析"为题作汇报。报告以归安漕案为研究对象，通过分析各方利益关系的博弈，特别是背后的制度因素，解析政策如何成为新的社会冲突焦点乃至法律问题，以期对嘉道时期的社会转型作出学术性考察。

杭州师范大学沈钧儒法学院教授蒋铁初以"无罪疑有、有罪疑无与中国古代的冤狱治理"为题发言。蒋铁初认为冤狱可分为"无辜受罪"与"非法被害"两种情形，而"无罪疑有"与"有罪疑无"以仁者司法的理念、以情折狱的思维等为文化基础。

中国政法大学法律古籍整理研究所教授赵晶以"'话语'如何拯救内卷的研究"为题，对尤陈俊的新著《聚讼纷纭——清代的"健讼之风"话语及其表达性现实》作了评介。他结合史学理论，指出"话语"这一理论工具以及该书在使用它的过程中存在的问题，并对该书作者日后进一步的研究表达了期待。

第二单元由西北政法大学中华法系与法治文明研究院院长汪世荣主持。

江苏师范大学法学院教授南杰·隆英强以"中华法系传承与创新性发展中不可忽视的本土法治资源——从吐蕃王朝时期的敦煌古藏文成文法律的内容与特点谈起"为题发言。他认为，吐蕃王朝时期的成文法律具有重要的历史价值，在构建中国特色社会主义法治国家的今天也有一定的借鉴意义。

山西省社会科学院儒学研究中心主任宋大琦以"我们要在什么意义上复兴或重建中华法系"为题作报告，分享了自己对于儒家法思想以及重建中华法系的思考。

洛阳师范学院法学与社会学院副教授邓长春以"论中华法系的核心区域"为题发言。他认为，"中华法系"是一个空间地理概念，以关中地区、河洛地区、北京地区为主要代表的核心区域在中华法系的形成和确立过程中占有极其重要的位置。

中国政法大学法律史学研究院副教授陈煜以"中华法系的生成发展与中国法的传播"为题进行报告，主要谈到中国法的传播对中华法系生成与发展的影响。

发挥传统法律思想的奠基作用

第三单元由北京师范大学法学院教授柴荣主持。

中国政法大学法律史学研究院教授王银宏以"'兵刑合一'：中国古代'大一统'观念的国家主义表达"为题发言，认为中国古代注重通过法律维护国家统一和社会秩序，在必要时会依据法律动用国家军事力量以"兵刑合一"的方式维护统一、稳定秩序。

山东大学法学院助理研究员李云龙以"奉职循理：宋代基层治理的法律经验与现代启示——以《州县提纲》为中心的考察"为题作报告，以《州县提纲》为材料对宋代的地方审判事务、诉讼主体以及监狱管理活动作了新的考察。

河南大学法学院副教授张文勇以"论宋代王安石科举改革及其对地方司法的影响"为题作报告，提出王安石在熙宁年间进行的改革，实际上使儒家精义更好地影响了官员的思维模式与行为方式，对包括宋代司法在内的国家治理产生了务实导向性的影响。

贵州财经大学法学院副教授罗莉娅以"清代贵州土、流共治时期基层法律秩序建构研究"为题发言，提出清代基于"因俗而治"的治理思想，在少数民族地区维持一种土、流共治的持续状态，在这一过程中，贵州原有习惯法与清代国家法律不断角力、互动又相互吸收融合。

第四单元由河北师范大学法律系教授赵立新主持。

汕头大学法学院李守良副教授以"理讼与治边视域下的循化厅盗抢纠纷刍议"为题发

言，介绍了清政府为治理循化厅盗抢案件多发的状况，及时调整循化厅的行政与司法管辖权，并合宜选择法律进行惩治的历史。

成都理工大学马克思主义学院教授郭士礼以"从口供到叙供：清代堂审记录形式的演变——以《冕宁档案》《巴县档案》命案为中心的考察"为题作报告。他提出，乾隆初期州县衙门堂审记录开始出现了由"一问一答"式的口供体向"问，据某某供"的叙供体转变，这在一定程度上冲击了清代命案审理固有的格局秩序。

清华大学法学院助理研究员邱玉强以"清代县官对宪台批驳的应对及其启示——以《棠荫会编》所载'谳语'为中心"为题发言，注重发掘《棠荫会编》中县官积极应对宪台批驳的司法经验与智慧。

第五单元由江苏师范大学法学院教授张明新主持。

华中科技大学法学院教授柯岚以"《红楼梦》中女性自杀的法社会学分析——以秦可卿之死为例"为题作报告，提出清代翁媳相奸案件高发，而性犯罪的被害人选择自杀来让加害方承担法律责任是反抗罪恶的理性选择。

中央司法警官学院法学院教授杨晓辉以"清代州县官慎监思想与实践研究"为题发言，详细考证了清代关于收监的立法、清代州县地方官慎监实践、狱空理想与淹禁现实矛盾、哀矜仁恕与教化理念等内容。

首都经济贸易大学法学院讲师姚宇以"雍正律'总注'编纂背景考论"为题发言，认为雍正律"总注"的创设与废止是观察明清法制传承变迁的重要视角，而康熙年间编纂总注的提出则是基于明代注释律学的发展和清初法制格局的更新这两个关键性的历史背景。

云南行政学院法学教研部副教授罗洪启以"法在中国传统治道中的地位与功能"为题作报告，认为在中国传统治道中，各学派都没有完全忽略"法"对于国家治理的重要性，区别在于"法"在不同学派治道思想中的地位与功能。

闭幕式由中国政法大学法学院教授崔林林主持。在大会总结环节，中南财经政法大学法学院教授李力强调这次研讨会是一次中青年学者结合、讨论主题鲜明的学术会议，同时对主办单位的工作水平与参会发言人的学术水平表达了赞赏。最后，李力号召大家要以张晋藩先生为榜样，在学术研究工作中继续努力。中国法律史学会执行会长、中国政法大学法律史学研究院教授张中秋对各位学术同人的到来表达了感谢。在发言中，张中秋探讨了中华法系的复兴问题，鼓励与会学者继续为中华法系的复兴贡献自己的力量。

（原题《"中华法系传统与创新性发展"学术研讨会在京举行》；作者：陈雅静；原载中国社会科学网，2023年10月10日，https://www.cssn.cn/fx/fx_zx/202310/t20231010_5689643.shtml）

"稷下学与先秦法家"学术研讨会暨
中国先秦史学会法家研究会第六届年会

10月14—15日，山东·淄博

10月14—15日，"稷下学与先秦法家"学术研讨会暨中国先秦史学会法家研究会第六届年会在山东理工大学召开。山东理工大学党委常委、副校长苏守波教授主持了开幕式。山东理工大学党委书记胡兴禹、中国先秦史学会法家研究会会长蒋重跃、中国法律史学会儒学与法律文化分会执行会长陈金钊、山东理工大学齐文化研究院名誉院长王志民等四位教授先后致辞。

法家兴起，深具地域性与时代性特征。齐、晋之俗素重功利，故法家学说及其实践常与两地关联甚深。三晋法家以峻急著称，而齐地法家则以宽和见长。齐地文化的多元性与包容性，孕育了齐地法家宽严相济、中正平和之特质，先秦法家之多样性亦由此呈现。田齐建稷下学宫，延揽诸贤，不治而议论，相互问学辩难，成"百家争鸣"时代一大盛举，"法家"诸子皆与稷下学颇有渊源。稷下学究竟与先秦法家有何内在关联？稷下学又如何呈现"百家争鸣"之学术盛况？鉴于此，中国先秦史学会法家研究会联合山东理工大学齐文化研究院及法学院，盛邀来自清华大学、中国人民大学、复旦大学等78所高校的近百位专家、学者齐集稷下湖畔，共同深入探讨稷下学、齐文化与先秦法家之相关话题。

为期两天的会议，北京师范大学蒋重跃教授、中国人民大学马小红教授、清华大学任剑涛教授、山东理工大学巩曰国教授和王玲教授、西北大学武树臣教授、《晋阳学刊》主编高专诚教授、南京师范大学徐克谦教授、《郭沫若学刊》主编杨胜宽教授，分别发表了"法家思想研究三问""试论法家与秦政及其对后世的影响""稷下学宫与帝国治理的法家蓄势""论《管子》的思想体系与学派归属""齐法家思想精要及其当代价值探析""中国古代法的三次升华""三晋法家与中华文明""《管子》书与'自由主义法家'刍议""郭沫若论先秦法家思想评析"九篇主旨发言。与会学者均提交了论文，92篇论文的作者分成若干组就各自观点展开热烈讨论。

（原题《百位学者齐聚淄博探析"稷下学与先秦法家"》；作者：红娟；原载《中华读书报》2023年10月18日第一版）

中国法律史学会 2023 年年会暨 "中国法学知识体系的传统及其现代发展"学术研讨会

10 月 21—22 日，陕西·西安

古都西安，是中华法系和中华法治文明的重要起源地之一。10 月 21 日至 22 日，由中国法律史学会主办，西北政法大学、杭州师范大学沈钧儒法学院承办的中国法律史学会 2023 年年会暨"中国法学知识体系的传统及其现代发展"研讨会在西安市隆重举行。来自国内各高校、科研院所等的 230 余位专家、学者从不同角度研究、阐释中华优秀传统法律文化的具体内容，并就如何实现中华优秀传统法律文化的创造性转化、创新性发展进行深入研讨。

生生不息：中华法治文明的历史传统及现实意义

中国是一个具有辉煌法治文明的古国，在漫长的发展过程中经历了多次沧桑巨变，但始终保持着国家发展的稳定性、连续性，并且不断走向文明与进步。我国形成了世界法制史上独树一帜的中华法系，积淀了深厚的法律文化，与会人员就如何挖掘和传承其中精华，汲取营养，择善而用予以探讨。

南京审计大学教授肖建新聚焦中国古代早期的审监关系，对审计与监察的主要概念、议题形成、研究价值等展开论述。他指出，中国古代审计和监察同源异途、关系密切，二者都以考核官吏绩效为主要指向，古代的审计在本质上内含着监察的属性。山西大学教授李麒探讨了唐代司法责任与司法秩序的确立。他认为，以唐代为代表的司法责任制主要表现在后果意义上，即如果违反相应的法律规范，应当负某种责任，也即从结果或从义务的角度规范司法行为。且唐代司法责任既包括实体责任，也包括程序责任，结构周密，有着复合性、全面性、针对性的特点。中国政法大学教授李雪梅立足"碑证"的生成、发展与功能，对少林寺、灵岩寺法律碑刻生成路径作了比较，以唐、元、明为例，剖析了法律碑刻发展的多元化特征。新疆大学教授白京兰聚焦晚清吐鲁番地区公文档案中的路票，分析了路票的形制、应用、管理及其对地方社会治理的意义，并将路票和其他通行文书进行比较，阐释它们之间的共性与差异。西北师范大学副教授田庆锋提出了"敦煌法学"的概念，并从方法论、学科与理论的关系、敦煌法学形成的社会基础、敦煌法学生成的学术基础等方面，阐述了这一新兴的交叉学科，进而提出法律史对繁荣敦煌法学的重要意义。中国政法大学副教授罗冠男从《大清会典》出发，剖析了明清会典编纂的时代背景，指出明清会典编纂的总体理念是维护大一统，为避免权力分散，将国家运行和社会生活的几乎所有内容均纳入了"官制法"的体系。对官僚权力的规制和约束贯穿会典内容的方方面面。中央司法警官学院教授杨晓辉以《官箴书集成》为主要文献，认为在诸多官箴书中，关于"慎监"强调最多的，莫过于妇女、病犯、轻罪罪犯等的收监问题。尽管清代依然有着狱空理想，然而在州县形成的讼案激增与

司法资源之间的紧张关系下，狱空的理想需要面对的却是淹禁的现实。西南政法大学教授赵天宝提出，清代斗杀律例并行且全面系统的立法规定，以及依律断案、情罪允协、注重说理的司法实践生动呈现出其追求立法完善与司法公正的法理意蕴。

推陈出新：中国法学知识体系的文化积淀及自主探索

2023年2月，中共中央办公厅、国务院办公厅印发的《关于加强新时代法学教育和法学理论研究的意见》明确指出，"推动法学教育和法学理论研究高质量发展"需要在"总结中国特色社会主义法治实践规律""汲取世界法治文明有益成果"的基础上，"坚持把马克思主义法治理论同中国具体实际相结合、同中华优秀传统法律文化相结合"。与会人员认为，中华优秀传统法律文化为中国自主法学知识体系的构建提供了话语渊源、文化价值、制度素材，包括法律史在内的中国自主法学知识体系，以绵延不绝、历久弥新的中华法治文明为主体，书写贯通古今、与时俱进的法学理论。

沈阳师范大学教授霍存福介绍了普通官箴与法官箴之间的区别，追溯了官箴发展的历史，分析了儒家思想德目体系中的廉、公、明、恕等元素在官箴中的体现。普通官箴德目多而杂，法官箴少而精，建议研究者们深入思考、研究、阐释公平和正直之间的包含关系，及两者之间是否存在价值上的竞合与重叠等问题。中南财经政法大学教授陈景良将古代司法文明集中总结为"刚正、严明、优雅、祥和"八个字，依据文化发生学的原理分析解释了中华司法文明的独有特征，并将不同文化形态对法律制度的影响进行对比。中国人民大学教授赵晓耕以日常生活中社会民众口语化的表达为切入点，分析了其中蕴含的"礼从宜，使从俗"（《礼记》）的传统理念。他认为，这些礼（理）因人而异，因时而变，因地制宜的理念在现代未得到应有的关注与认同，甚至存在诸多误解，这是值得深思的现象。西南民族大学教授杜文忠介绍，古代中国法很早就有成体系的法律形式，有系统化的法理学，这个法理学应在"道法学"的意义上进行研究；中国古老的"道法学"在法律上最早体现于《尚书》，《尚书》是一部古老的法典，包含了典、范、誓、诰等法律形式。对于中国法律起源的研究不能只以"礼"和"刑"为原点，对于中国古代法学的理解也不能只停留在"礼"和"刑"的关系上。西南政法大学教授陈翠玉提出，"天人合一"是中华法系的哲理基石，体现了极具东方特色的传统思想范式，也是理解中华法系的总纲领。这种天、地、人的整体性思路，塑造了中华法系追求仁善、重视宗法伦理和身份等级的志趣性格及以人为本、追求和谐、天下无讼的精神特质，并对古人的立法、司法及守法活动产生了深远影响。上海海事大学教授曾加梳理了"海商法"一词正式出现和进入法律的时间线。"海商"一词最早于唐代出现，但并无法律含义也非固定用法。"海商法"一词源于中国古代的"海上"一词。福州大学教授段晓彦以"杀尊亲属罪"为例，探讨了传统伦常条款。她基于孝道是中国传统法律价值的核心，认为传统伦常条款对当前并非毫无意义。尽管我国刑事立法已无伦常条款，但伦常观念仍广泛渗透于司法裁判之中。浙江大学特聘副研究员彭巍阐释了在最早使用"法理"概念的《汉书》中"法理之士"和"法理"之"治"的含义。他认为，中国古代"法理"发展为一个融合强烈价值追求和鲜明实践导向的概念，其与西方法理学的共通和差异，是我们建构中国自主法学知识体系和中国法理的文化根基。湖南理工学院副教授喻平着眼于学规与章程，认为学规是师生约定的以修身为学为基本内容的柔性规范，章程是官方制定的以监督管理为内容的细致规程，二者构成传统书院复合制度架构，体现了传统知识阶层与官方之间在书院层面的博弈与配合，深入把握书院精神能够为当代高等教育高质量发展、推进教育强国战略提供重要借鉴。中央民族大学副教授范依畴通过梳理公案文学对"哀矜折狱"的书写，认为在社会现实、儒家思想传播辐射与封建法制建设逻辑等多重因素影响下，古代民众对司法官吏抱有至高至上的道德期望。司法道德在法律规定日趋完善的当下仍有重要的价值，分析"哀矜折狱"也能够为当下社会"情""理""法"的统一适用提供借鉴。

与时俱进：红色法治文化的近代演进与当代传承

中国共产党领导的红色法治事业，是在革命战争的特殊时期酝酿形成的，是在革命根据地艰苦条件下发展壮大的，展现了党的法治工作者不畏艰难、百折不挠的奋斗精神，体现了红色司法始终走群众路线，以人民为中心的司法价值导向。与会人员一致认为，革命根据地法治建设的事例、经验与成就，是红色法治文化先进性的生动体现。

西北政法大学副教授杨静回顾了中国共产党在延安进行民主实践与探索的历程。她认为，延安时期是中国共产党进行民主实践探索的重要时期，延安成为革命圣地是地理位置、经济条件、国内外环境等综合因素作用而成的，并指出中国共产党领导的社会主义国家一切权力属于人民，中国共产党在延安的民主实践，有力推动了中国式民主的发展。黑龙江大学教授邓齐滨以哈尔滨解放区革命历史档案为中心，分析了"群众路线"在从农村革命根据地到城市革命根据地的法治践行。从1946年至1949年，哈尔滨解放区颁布的一系列法规均以密切联系城市群众为突出特点。哈尔滨的立法与司法的探索与实践，保障了党与群众的血肉联系，保障了民生所需，建立了人民群众对民主政权的信任。

此次年会上还选举产生了中国法律史学会第十一届理事会、常务理事会，通过了新修改的《中国法律史学会章程》，产生了革命根据地法律史研究分会理事会。10月22日下午，中国法律史学会革命根据地法律史研究分会秘书处揭牌仪式在西北政法大学顺利举行。

（原题《彰显中国自主法学知识体系历史意蕴与创新探索》；作者：王斌通、范鹏伟；原载《检察日报》2023年10月30日第3版）

汉唐法律与中国传统法律文化研讨会

10月24日，福建·厦门

2023年10月24日，汉唐法律与中国传统法律文化研讨会在厦门大学法学院成功举行。来自日本京都大学、日本大阪大学、中国社会科学院、中国人民大学、中国政法大学、吉林大学、武汉大学、西北政法大学、中南财经政法大学、沈阳师范大学、天津财经大学、中国海洋大学、华侨大学、贵州中医药大学、杭州电子科技大学、中华书局、学术月刊等10多所高校及出版机构的30多名专家、学者及部分硕博研究生出席此次会议。会议分为上午的《汉唐法制史研究》中文版（国家社会科学基金重大项目"传承中华优秀传统法律文化研究"23ZDA079的阶段性成果）发布会和下午的"汉唐法律与中国传统法律文化"专题研讨会。

当日上午9点，厦门大学法学院周东平教授主持的线上及线下《汉唐法制史研究》中文版新书发布会正式开始。他首先介绍并感谢莅临会议的各位专家、学者，随后分享翻译《汉唐法制史研究》的契机和趣事，最后从法史学和简牍学两个方面，总结冨谷至先生的学术贡献及在汉学领域的影响力。

京都大学名誉教授暨瑞典皇家人文、历史及考古学院外籍院士冨谷至先生紧接着进行线上致辞，他表达了未能亲临现场的歉意，以及对译者、责任编辑、现场专家、学者的感谢，并表示将中华书局出版的《汉唐法制史研究》代替原版（日文版）作为正本。

出版单位中华书局代表孟庆媛女士也在线上发表致辞，她表示《汉唐法制史研究》问题意识强，是一本学术价值极高的著作。周东平教授和薛夷风副教授更是不厌其烦地打磨书稿，为学术界提供了准确精详的译作。

译者代表周东平教授在原作者和责任编辑发言的基础上，阐述了《汉唐法制史研究》的学术价值。他指出，本书具有三大鲜明的特色：第一，将中国古代礼与法规范的交叉作用融会贯通；第二，强调中国古代刑罚的本质在于威慑与预防；第三，重视北朝胡汉融合在中国法律史发展中的重要作用。在研究主题和研究方法等方面，该书都达到相当的高度。

其后，五位专家、学者分别对该书展开评介。中国魏晋南北朝史学会会长、中国社科院古代史研究所楼劲研究员认为，冨谷先生功底深厚、考据扎实、观点确切，尤其重视汉唐法律形态的变化。中国法律史学会执行会长、吉林大学法学院刘晓林教授认为汉唐时代的划分对整个中国古代法制而言，具有非常重大的意义。中南财经政法大学法学院李力教授认为，冨谷先生的研究十分前沿、学术功底非常扎实，这种学术研究的魅力在该书中得以充分展现。中国人民大学法学院朱腾教授认为，该书考证精到，史论结合到位，并以罪名变化为例指出该书对法律变迁背后历史社会原因的重视。中国政法大学法律古籍整理研究所赵晶教授则认为，即便是在进行事实性的描述以及微观性的提炼中，该书背后也蕴含着宏观性的文化史观照。对此，冨谷至先生再次表达感谢。

之后，发布会转入线下会议，沈阳师范大学法学院霍存福教授、天津财经大学法学院侯欣一教授、西北政法大学法治学院汪世荣教授、华侨大学法学院范忠信教授等人也从不同角度对该书的出版意义和相关内容提出各自的见解和点评。

下午，围绕国家社科基金重大项目"传承中华优秀传统法律文化研究"（项目编号：23ZDA079）的"汉唐法律与中国传统法律文化"专题研讨会召开，厦门大学法学院黄金兰教授、周东平教授先后主持会议。厦门大学社科处处长潘越首先致辞，她从周东平教授为与会专家准备的茶杯切入，感叹此次会议的传统文化气息浓厚，并借此指出中华优秀传统文化蕴含着古人对美好生活的期待，中华优秀传统法律文化则渗透着古人对理想政治的设想及解决具体问题的实践智慧，是新时代中国特色社会主义法治建设的重要助力，也是习近平法治思想的历史基础之一。

国家社科基金重大项目"传承中华优秀传统法律文化研究"首席专家周东平教授就课题申报的基本情况、核心内容、工作设想等向各位专家作了通报。其后，刘晓林教授、汪世荣教授、霍存福教授、侯欣一教授、范忠信教授、楼劲研究员、李力教授、闫晓君教授、柳正权教授、赵晶教授、马腾教授、尤韶华研究员、张国安教授等人围绕"中华优秀传统法律文化是什么""为什么传承中华优秀传统法律文化""怎么样传承中华优秀传统法律文化"三大问题展开热烈的探讨。

最后，周东平教授作为会议主办方代表，对全体与会嘉宾的莅临支持、建言献策表达了诚挚感谢，会议在掌声中圆满结束。

（原题《汉唐法律与中国传统法律文化研讨会在厦门顺利召开》；作者：刘安迪；原载厦门大学法学院网，2023年10月31日，https://law.xmu.edu.cn/info/1100/57255.htm）

第三届沈家本与中国法律文化国际学术研讨会

10月28日，浙江·湖州

　　为纪念沈家本逝世110周年，10月28日，中国政法大学与中共湖州市委、湖州市人民政府共同主办的第三届"沈家本与中国法律文化"国际学术研讨会在湖州举行。会议由中国政法大学法律古籍整理研究所、中国法律史学会法律古籍整理专业委员会、湖州市司法局、吴兴区委、吴兴区人民政府承办。中国政法大学副校长李秀云，湖州市副市长、公安局局长张宏亮，沈家本后裔代表沈厚铎、《法治日报》党委副书记周秉键、中国法律史学会会长张生等嘉宾出席开幕式。来自中国社会科学院、中国政法大学、清华大学、南京大学、厦门大学、中山大学、华东政法大学、中南财经政法大学、台湾大学、德国明斯特大学、日本东京大学、韩国釜山大学等国内外高校和学术研究机构的百余位专家学者参加了会议，共话法治文化的传承与发扬。

　　开幕式上，张宏亮首先从"在湖州看见美丽中国""在湖州感受中国之治""在湖州共创法治未来"三个方面介绍了湖州。他希望继续深挖沈家本法治文化的宝贵财富，用湖州的法治文化和法治实践，创造更加丰硕的学术成果，共同打造具有国际影响力的"家本故里·法治湖州"文化品牌。

　　李秀云在致辞中提出，我们不仅要继承与发扬以沈家本法律思想为代表的中华传统法律文化，更要携手创造属于我们这个时代的法治文化。她希望进一步加强对沈家本律学文献的整理、挖掘与利用，不断研究、凝练中华优秀传统文化精华，为当代中国法治建设贡献智慧和力量。

　　沈厚铎指出，沈家本不仅是一位杰出的法学家，还是一位颇有功底的国学大家。他回顾了近年来围绕沈家本开展的研究工作，并期望构建以沈家本法学研究为龙头的、更加全面研究沈家本文化遗产的"沈学"。

　　周秉键认为，沈家本留给后人的不仅是宝贵的法治文化财富，更是一座取之不竭的新闻宣传富矿。他介绍了《法治日报》《法治周末》以丰富形式对法治文化宣传的探索。他期待，各界学人集思广益，为中国特色社会主义法治理论提供源源不断的思想源泉，全面展示中国特色社会主义法治的优越性。

　　张生说，今年恰逢沈家本逝世110周年。在内忧外患的历史时代，沈家本提出了"治之以恒、行之以渐"的改革方针。同时，沈家本也是最为了解中国传统刑事法律的法学家，所著《历代刑法考》对中国固有法的全面考证和总结，鲜有超越者。这值得学界更加深入地进行研究。

　　随后，台湾大学名誉教授高明士、德国明斯特大学教授莱茵哈德·艾默理希（Reinhard Emmerich）、天津财经大学教授侯欣一、南京大学教授张仁善、中国政法大学教授赵晶围绕沈家本与中国法律文化的议题分别做了主题报告。高明士教授做题为"再论'平恕'法理——从沈家本论唐律宗旨谈起"的主题报告。Reinhard Emmerich教授做题为"西方汉学对沈家本之论述"的主题报告。

当日下午，与会专家学者围绕"先秦秦汉法治文化与传统律学""唐宋元法治文化""清代法治文化""沈家本与近现代中国法治文化"四个主题展开了深入广泛的学术讨论。闭幕式上，中国法律史学会法律古籍整理专业委员会副会长王沛、赵晶对研讨会进行了学术总结。中国法律史学会法律古籍整理专业委员会会长李雪梅致闭幕辞。

会议结束后，与会嘉宾现场考察了沈家本历史文化园，并出席了"格物明法——独角神兽精品展"开幕式。

（原题《第三届"沈家本与中国法律文化"国际学术研讨会在湖州成功举办》；原载中国政法大学法律古籍整理研究所网，2023年11月1日，https://flgj.cupl.edu.cn/info/1061/4515.htm）

第三届"文化传统视野下的当代中国法治"学术研讨会

11月18日，上海

  2023年11月18日，第三届"文化传统视野下的当代中国法治"学术研讨会在上海师范大学召开。此次会议由吉林大学法学院同中国法学会法理学研究会、上海师范大学哲学与法政学院、吉林省法学会法治文化建设研究会、吉林大学法学院家事司法研究中心联合主办。会议共设有一个主会场和两个分会场。来自北京大学、上海交通大学、武汉大学、浙江大学、中国政法大学、华东政法大学、西南政法大学、华中科技大学、山东大学、江苏大学、上海财经大学、兰州大学、苏州大学、湖南师范大学、东北师范大学、大连海事大学、中国人民公安大学等20余所高校的50多位专家学者齐聚一堂，围绕"文化传统在中国法治现代化建设中的价值"这一主题展开交流和讨论。其中，吉林大学法学院李拥军教授、侯学宾教授、刘小平教授、杨帆教授、苗炎副教授、吴梓源老师、张硕老师以及9名博士研究生参会。

  会议开幕式于上午9时在上海师范大学文科实验楼502会议室举行，由上海师范大学哲学与法政学院刘振宇副教授主持，上海师范大学哲学与法政学院蒋传光教授和吉林大学法学院侯学宾教授分别致辞。他们对各位与会嘉宾的到来表示热烈的欢迎，并对大会的主题作了充分的肯定，指出我们要深入学习贯彻党的二十大精神，贯彻落实习近平总书记关于弘扬中华优秀传统文化的系列重要讲话精神，特别是在文化传承发展座谈会上的重要讲话精神，推动中华优秀传统文化创造性转化、创新性发展，要让传统文化变成现代法治的根基，寻找适合我国法治文化发展的路径，探索相应的制度安排。

  大会主旨发言环节由上海师范大学哲学与法政学院刘振宇副教授主持。北京大学法学院朱苏力教授作主旨发言，发言题目是《"家"的发生》。他指出，家的发生与地理情况有关。中国的农业是精耕细作的农业，为了节省耕地、水源、公路等各种资源，人们聚居起来，形成中国式的村庄。正是因为人们的聚居行为才产生了儒家"父慈子孝、长幼有序、男女有别"等文化思想。可以说，是"家"的出现使儒家文化得以产生。

  大会发言环节在上海师范大学文科实验楼502会议室举行，分为上、下两个环节，每个环节分别安排四位发言人与两位评议人。

  大会发言第一环节由吉林大学法学院杨帆教授主持。

  第一位发言人是上海交通大学凯原法学院方潇教授，发言题目为《传统系统思维对当代法治的价值》。他首先阐述了中国传统系统思维的内涵，随后以"保辜"制度为切入点引出古今中西在系统思维方面的差异，最终落脚到中国传统文化要"取其精华，去其糟粕"。

  第二位发言人是华中科技大学法学院柯岚教授，发言题目为《"十二钗"与"十二伶"的命运——从法律史看〈红楼梦〉中的社会变迁》。她透过对清代法律制度的研习，探寻"十二钗"和"十二伶"的命运变迁中蕴含的传统法理思想。

第三位发言人是西南政法大学行政法学院陈翠玉教授，发言题目为《〈晋书·刑法志〉所见立法法理》。她从"中国古代有无立法法理的学问"这一问题出发，围绕立法本体、立法主体、立法目的、立法价值、立法内容、立法形式、律典编纂、肉刑存废等八个方面，深刻阐述了《晋书·刑法志》蕴含的丰富的立法法理思想。

第四位发言人是江苏大学法学院肖建飞教授，发言题目为《人民法庭巡回办案工作机制的民生保障功能》。她以"枫桥式人民法庭建设"为研究背景和切入点，通过对新疆阿勒泰地区阿拉哈克、喀拉玛盖、贾登峪法庭的调研，分析了三法庭参与诉源解纷的工作模式，并提出新时代人民法庭工作的生命线及其守护机制，希冀实现司法秩序与社会秩序的深度互嵌。

上海交通大学凯原法学院李学尧教授对前两篇文章进行评议。他从中西方传统文化的比较、回归中国传统文化理论等角度进行了精彩的点评，并且提出了自己的疑问和困惑。华东政法大学法律史研究中心王海军教授对后两篇文章进行评议。他充分肯定了两篇文章的内容，但也提出了自己的见解，如法理中的"理"包含情理问题、地域性的经验模式能否推广到全国使用等。

大会发言第二环节由吉林大学法学院刘小平教授主持。

第一位发言人是江苏大学法学院张健教授，发言题目为《基层民事纠纷解决模式变迁的图景与法理》。他以龙泉与龙泉档案为研究对象，深刻分析了纠纷解决模式从礼治型到政治型再到法治型的变革过程，并展望了纠纷解决模式的未来。

第二位发言人是浙江大学光华法学院百人计划研究员郭栋，发言题目为《如何处置第十二只骆驼：西方思路与儒家方案》。他以"卡迪的第十二只骆驼"为导入，通过分析切割、出借、礼让这三种骆驼分配的方案，深入探寻中国传统文化中"礼让"的现实情境。

第三位发言人是中国政法大学法学院郑玉双副教授，发言题目为《家庭的正义：孝道的公共德性与治理意义》。他从《民法典》第一千零四十三条入手，从孝道的概念与价值结构、孝道的现代价值处境、孝道的公共道德检验、重构孝道的法治形象和孝道实践中的法律与情感这五个角度深入剖析"孝道是否是可辩护的公共道德"这一问题，提出当代中国法律的发展应重视传统法律价值的地位和作用。

第四位发言人是上海师范大学哲学与法政学院周立民副教授，发言题目为《"误解性司法正义"：一个司法改革中被忽视的文化现象及其社会成因》。他从司法制度完善和公众认同是否同步这一角度入手，分析了司法正义的理论基础，并探寻"误解性司法正义"的中国语境与社会成因，最后提出"从制度改革到司法社会化"这一应对方案。

随后，武汉大学法学院廖奕教授和中国政法大学法学院李富鹏副教授进行评议。他们对四位发言人的报告予以充分的肯定，从中方与西方、传统与现代等角度做出了精彩的点评。廖奕教授认为，用西方伦理学解释孝道是一个挑战，孝道的法治意义和困境是当代法治亟待解决的问题；李富鹏副教授指出，"讲好中国的司法故事"中"讲"这个动词不是单向性的描述，也应包含商谈、参与、了解的空间。

两个分会场下午同时进行，每个分会场设两个单元，每个单元各有六位发言人和两位评议人。

第一分会场第一单元主题为"国家治理现代化中的法律传统"，由华东政法大学法律学院特聘副研究员关博豪主持。

第一位发言人是上海师范大学哲学与法政学院于霄副教授，发言题目为《终身居住权的民法解释》。他从终身居住权的理论困境和现实困境切入，对构建终身居住权的困境进行讨论。

第二位发言人是苏州大学王健法学院栾兆星讲师，发言题目为《文明交融视域下晚清士人权利观的德性之维》。他选取著名的思想家梁启超、严复、康有为的权利观作为研究对象，关注西方现代文化和中国传统文明，探究中方的伦理道德和西方的权利思想之间的关系，发掘道德观念与权利思想的相通之处。

第三位发言人是曲阜师范大学法学院郭晓燕讲师，发言题目为《司法裁判援引核心价值观说理的功能与方法论》。她基于实证调研，探究司法裁判援引核心价值观的特殊性，并提出通过强化法律方法运用来加强司法裁判对核心价值观的适用。

第四位发言人是甘肃政法大学法学院戴巍巍副教授，发言题目为《从"恤民"到"以人民为中心"：解读民生保障法治中的历史主动》。他通过研究政策变化过程中展示出的法文化学、法理学的思维复杂性，解读什么是"历史主动"和"历史主动"为什么能够进行法文化学的分析，并分析了"以人民为中心"的"历史主动"和"恤民"思想的法理基础。

第五位发言人是吉林大学法学院博士研究生陈越瓯，发言题目为《骨灰处置纠纷的裁判逻辑重构》。他基于实践中骨灰的权利主体之争、权利顺位之争、权利行使方式之争，指出目前法官的处理方式"表里不一"。从权利理论上看，骨灰处置纠纷的核心在于权利思维能否兼容关系性思维。他认为，骨灰是复合利益的载体，对骨灰的处置要遵循死生一体的原则和非过错原则。

第六位发言人是吉林大学法学院博士研究生卢毅，发言题目为《现代法治视野下差序格局的时代转向——以差序格局与法治的关系为视角》。他从差序格局的价值式微与现代法治的出场入手，指出形式法治的功能局限与差序格局的超越，进而提出现代社会中差序格局与形式法治的沟通方案。

随后，吉林大学法学院杨帆教授和浙江大学光华法学院王凌皞副教授从立法者的思维、传统的转化方式、中国文化继承的限度等视角进行评议。

第二单元主题为"中国传统经典中的法理"，由江苏大学法学院雷琬璐讲师主持。

第一位发言人是吉林财经大学法学院王志民副教授，发言题目为《"著为令"：乾嘉道三朝皇帝立法活动研究》。他从"著为令"的立法动因入手研究清朝中后期的立法活动，指出乾、嘉、道三朝"著为令"有立法领域逐渐缩小的趋势。

第二位发言人为大连海事大学法学院翟家骏讲师，发言题目为《今之西法，古已有之：沈家本"附会论"的观念诠释与现实意义》。他对附会论产生的缘由、附会论的类型等问题进行论述，认为对沈家本"附会论"观念需要具体分析，并指出附会论的思想意涵及现实意义。

第三位发言的是浙江大学光华法学院彭巍副研究员，发言题目为《〈汉书〉"法理"概念的语境与本意》。他通过概括古代法理概念的特征，进而对法理概念进行重新审视，并指出如何正确理解和使用这些概念。

第四位发言人是上海师范大学哲学与法政学院汪强副教授，题目为《清入关前的监察考略》。他从清入关前监察制度的发展脉络入手，考察监察制度的历史传统，为现代监察制度的研究提供思想资源。

第五位发言人是吉林大学法学院博士研究生鲍瑞满，发言题目为《民国时期土默特地区契约制度研究——以蒙古金氏家族契约文书为例》。她基于对契约文书、契约档案的实证研究，阐述了民国时期土默特地区契约制度在经济社会等方面的历史影响，揭示了当时的政治格局和文化特征。

第六位发言人是吉林大学法学院博士研究生李书磊，发言题目为《黄宗羲思想中的权力制约》。她从"黄宗羲思想是否蕴含民主思想"这一问题出发，围绕"君主和臣子"和"君主和学校"两方面的权力制约问题，分析指出黄宗羲思想蕴含了民主思想萌芽。

随后，上海财经大学法学院汪雄涛教授和吉林大学法学院苗炎副教授从证据说服力、研究策略、史料分析等维度进行了评议。

第二分会场设于上海师范大学文科实验楼906会议室。

第一单元主题为"传统家事法理的创造性转化"，由吉林大学法学院张硕讲师主持。

第一位发言人是齐鲁工业大学政法学院钱继磊副教授，发言题目为《中国式现代化下我国养老家政服务的法文化阐释》。他从"家政"和"家"的概念出发，阐述了中国式现代化背景下养老家政服务背后蕴含的中国独特法文化，试图为中国未来的相关制度布局提供启发。

第二位发言人是华东政法大学法律学院王静讲师，发言题目为《中华传统司法说理在当代的创造性转化》。她指出，在智慧司法背景下，技术并不能完全满足社会公正的需求。法官应该通过说理、认知情感的融入等方式，实现普遍正义与个案正义的统一。

第三位发言人是上海工程技术大学马克思主义学院雷蕾讲师，发言题目为《社会转型中的家庭财产法律保护研究——以父母为子女结婚购房出资纠纷为例》。她以父母为子女结婚购房出资纠纷为例，指出当今社会在转型过程中面临着个人财产制与家庭财产观念的冲突。面对这种冲突，应当完善立法理念，回应社会传统，以特殊主义的家庭财产伦理对法律进行调整。

第四位发言人是吉林大学法学院博士研究生杨德敏，发言题目为《在事实与规范之间：期待可能性司法标准的考察与重构》。她指出，目前有关期待可能性判断标准的主流观点存在缺陷。她从存在论视角出发，提出期待可能性的实践哲学依据，并构建了一个以行为人"视界"为判断基准，以"中人"话语作为责任上限，以情理作为判断依据的期待可能性标准。

第五位发言人是吉林大学法学院博士研究生郝淑亚，发言题目为《治疗法理学视角下离婚冷静期制度的完善研究》。她从治疗法理学的视角出发，认为离婚冷静期制度具有"治疗"功能。然而，在实践中，离婚冷静期制度仍然面临着"弃而不用"和"用而不灵"的困境，无法完全发挥出相应的功能。对此，她提出了扩大调解员队伍、拓展离婚心理疏导范围等对策。

第六位发言人是吉林大学法学院博士研究生王潮，发言题目为《民事司法中家文化的功用与价值——一个法律现实主义的视角》。他从法律现实主义视角切入，揭示了民事司法中家文化的特征、功能与价值。

常州大学法学院夏纪森教授对前三篇文章进行了评议，认为这三篇文章都讨论了以普遍的个人自治为基础的现代法治与以家庭为本位的传统伦理观念的关系。他提出，法治需要以伦理原则作为基础，但是应当在多大程度上将传统伦理观念融入现代法治，是值得思考的问题。湖南师范大学法学院刘顺峰副教授对后三篇文章进行了评议。他指出，写作过程中应当注意论文的结构，适当地从读者和编者的角度进行考虑。

第二单元主题为"传统社会治理经验的创新性发展"，由山东大学法学院助理研究员马智勇主持。

第一位发言人是中国人民公安大学法学院姚澍讲师，题目为《情理的司法适用与限度》。他指出，情理的司法适用能够起到弥补法律的漏洞、矫正法律规则的适用、证明案件事实、确定权利义务及责任的分配，以及提升司法温度等作用，但同时也面临着适用流于形式、机械司法等问题，因此应当进一步规范情理与法律的排序。

第二位发言人是兰州大学法学院张旭讲师，发言题目为《论马锡五审判方式在执行难问题解决中的当代价值——以中国建材某公司建设施工合同执行案为例》。他从案例出发，分析了在本案中执行法院对马锡五审判方式的再实践，深入挖掘了马锡五审判方式的内在价值。

第三位发言人是河南师范大学法学院孙梦娇讲师，发言题目为《新时代"枫桥经验"下基层司法治理的实践图景——以获嘉县法院人民观审员制度为例》。她指出，人民观审员制度这样一项实验回应了新时代枫桥经验下基层司法治理的命题。她从获嘉县人民观审员制度的实践出发，探索了新时代枫桥法院的内涵。

第四位发言人是吉林大学法学院博士研究生孙远航，发言题目为《重塑韦伯理性：发现中国式司法现代化的整体理性观》。他首先指出中国式司法现代化并不意味着现代中国司法应当像韦伯所指出的欧洲大陆的现代司法那样迈向一种形式理性的司法。随后，他以"中庸理性"概念替代韦伯的形式理性、实质理性、实用理性，重新激活了韦伯司法理性概念。

第五位发言人是吉林大学法学院博士研究生康琳，发言题目为《彩礼返还纠纷的司法困境与出路——国家、社会与法院三方博弈分析》。她指出，彩礼返还纠纷司法困境的真正原因在于国家、社会、法院间的三方博弈。法院既不能违背国家的政治态度，又不敢脱离社会的需要，最终导致了司法混乱现象的发生。对此，她认为，解决问题的出路在于缓和国家与社会间的冲突。

第六位发言人为华中科技大学法学院硕士研究生张由，发言题目为《作为私人伦理原则的亲亲相隐》。他在区分公共道德和私人伦理的基础上，将亲亲相隐原则作为一种私人伦理原则进行了新的解释。

江苏大学法学院李炳烁教授和东北师范大学政法学院杨凇麟讲师从情理的适用、现代法治与传统伦理观的冲突、问题涉及的法律规范等方面进行评议。

此次会议闭幕式于上海师范大学文科实验楼908会议室举行，由吉林大学法学院吴梓源讲师主持。浙江大学光华法学院王凌皞副教授、吉林大学法学院李拥军教授、上海师范大学哲学与法政学院蒋传光教授分别作总结发言。

王凌皞副教授肯定了此次研讨会的成果和价值，同时指出如何处理遵循传统和"取其精华，去其糟粕"之间的关系是一个重要的问题。吉林大学法学院李拥军教授指出，文化传统和中国法治是紧密连在一起的，当代中国法治建设离不开传统的支撑，文化传统是形塑中国法治主体性的重要元素；对传统进行研究是为了更多地、更好地服务于现代。上海师范大学蒋传光教授对此次参会的专家学者表示感谢，随后就如何看待文化传统，实现中华优秀传统法律文化的创造性转化和创新性发展提出了自己的看法。

至此，第三届"文化传统视野下的当代中国法治"学术研讨会圆满落下帷幕。

（原题《吉林大学法学院主办的第三届"文化传统视野下的当代中国法治"学术研讨会在上海师范大学召开》；作者：科研；原载吉林大学法学院网，2023年11月28日，https://law.jlu.edu.cn/info/1082/23373.htm）

"中华法治文明与社会治理现代化"学术论坛

11月19日，天津

为促进中华优秀法治文化创造性转化、创新性发展，推动新时代社会治理与中华法治文明交融发展，推进社会治理体系和治理能力现代化，经天津市法学会批准，由天津市法学会法律史学研究会、天津市法学会社会治理法学研究会主办，天津社会科学院承办的中华法治文明与社会治理现代化学术论坛于11月9日在天津举办。

天津社会科学院党组书记、院长钟会兵教授出席开幕式并致辞。他提出，中华法治文明经过数千年嬗变、演化和发展，孕育了诸多饱含法治光辉的理性因子，吸收、传承、发扬和转化中华优秀传统法治文化对全面推进法治中国建设意义深远。坚持和发展新时代"枫桥经验"，完善基层社会治理体系，提升矛盾纠纷预防化解法治化水平，对实现国家治理体系和治理能力现代化具有重大意义。天津社会科学院作为天津市法学会社会治理法学研究会秘书处所在单位，将积极发挥作用，助力研究会不断推出高质量成果，为全面推进法治天津建设提供智力支撑。

天津财经大学法学院院长、中国法律史学会儒学与法律文化分会执行会长张勤教授在致辞中提出，"中华法治文明与社会治理现代化"的主题就是要突出将传统法治文化中的优秀内核运用于社会治理创新实践，推动社会矛盾纠纷多元化解，确保人民安居乐业、社会安定有序。中国近现代法研究中心主任、天津市法学会法律史学研究会会长、天津财经大学法学院侯欣一教授在致辞中概括了"中华法治文明与社会治理现代化"这一会议主题对于学术研究和实践发展的重要价值，阐述了法律史学与社会治理法学学科交叉研究与融合碰撞对于推动学科发展的重要意义。浙江省公安厅原副厅长、浙江省新时代"枫桥经验"研究院院长金伯中教授在致辞中提出，要努力推动新时代"枫桥经验"的法治化、时代化、理论化。中国社会科学院信息情报研究院党委书记、院长张冠梓研究员在致辞中认为，这次论坛主题突出了四个特点：政治性和学术性的结合；学理性和政策性的结合；古和今的结合；中和外的结合。天津市法学会党组成员、联络部主任刘翠山在致辞中表示，近年来，天津市法学会先后成立了法律史学研究会和社会治理法学研究会，希望在今后的工作中，始终把学习宣传贯彻党的二十大精神作为首要政治任务，积极推进国家治理体系和治理能力现代化。

天津社会科学院党组成员、副院长王双主持了开幕式。中国社会科学院法学研究所高汉成研究员主持了主旨演讲。7位专家、学者在主旨演讲阶段，分别从"中华治理传统中的德与德治""民间文献中的乡村治理""基层社会治理研究中的问题意识""'矛盾不上交'的历史文化底蕴及其新时代创新深化"等角度发言。

此次学术论坛还同时举行了两个平行论坛，分别围绕"法律制度与治理传统"和"'枫桥经验'与基层治理"议题进行了分组研讨。来自全国21个省市、80余家高校、科研机构和相关部门的 100 余位专家学者、实务工作者及在校博士研究生、硕士研究生参加了研讨交流。

（原题《中华法治文明与社会治理现代化学术论坛在天津举办》；载新华网天津，2023 年 11 月 22 日，http://www.tj.xinhuanet.com/20231122/00407a8f3d9140ee9ef2847bb0066c77/c.html）

第十二届青年法史论坛暨"中华法治文明与中国自主法学知识体系的构建"学术研讨会

11月25日，重庆

2023年11月25日，由西南政法大学主办、西南政法大学文化传播研究院承办的第十二届青年法史论坛在重庆成功举办。该届论坛以"中华法治文明与中国自主法学知识体系的构建"为主题，来自北京大学、复旦大学、中国人民大学、中国政法大学、北京师范大学、中山大学、四川大学、吉林大学、山东大学、华东政法大学、西北政法大学、西南政法大学等20余所高校，以及《社会科学》编辑部、广西师范大学出版社的40余位专家学者参与了会议研讨。

11月25日上午8时30分，研讨会正式开幕。开幕式由西南政法大学教务处副处长、文化传播研究院副院长武夫波副教授主持。

西南政法大学科研处处长周尚君教授代表主办单位致辞。周尚君教授对各位嘉宾的莅临表示热烈欢迎，他指出，青年法史论坛和法史研究既是成就非凡的学术事业，又是意义重大的公共事业，同时也是嘉惠学林的文化事业，期待此次论坛能够在各位青年法史学人的共同努力下，为中国自主法学知识体系的构建、为中华民族现代法治文明的建设贡献智慧和力量。

西南政法大学龙大轩教授致辞，他围绕会议主题提出了三点倡议：一是倡议法史学研究回归中华法治文明的传统；二是倡议青年法史学人深入研究"中华法系"课题；三是倡议青年法史学人致力于中国特色法学学科体系、学术体系、话语体系建设。

青年法史论坛联合发起人中国人民大学尤陈俊教授致辞，尤陈俊教授指出，青年法史论坛为青年法史学人提供了高质量的学术交流机会，面对时代带来的机遇与挑战，青年法史学人要在交流碰撞中做出正确选择、应对风险挑战，让法史学焕发出崭新的生命力。

开幕式结束后，由西南政法大学张伟教授主持广西师范大学出版社图书捐赠仪式。广西师范大学出版社社科分社社长、大学问品牌主理人刘隆进致辞，他对主办方提供的学术交流平台表达感谢，倡导学者、高校科研院所、出版社三者之间要加强协同合作、持续深耕，致力于学术共同体、知识共同体的打造。西南政法大学武夫波副教授代表主办方接受捐赠，并向广西师范大学出版社慷慨捐赠书籍、助力学术研究的举动表示感谢。

此次会议由四场专题报告以及两场圆桌讨论组成。

在四场专题报告中，报告人分别就中华法治文明的技术与理念、中华法治文明的制度实践、传统法的文本研究以及传统法的近代转型与域外法制研究四个主题作报告，评议人对每组报告进行细致点评。青年学者间积极交流讨论，思想火花不断迸发，反响尤为强烈。

在"法律史教学经验谈"与"法律史研习经验说"两场圆桌讨论环节，发言人围绕自身在法律史教学与研习中的心得与体会，进行了深入交流，引发在座不少专家、学者共鸣。

11月25日下午，此论坛闭幕，闭幕式由西南政法大学秦涛老师主持。复旦大学赖骏楠副教授进行了会议总结。他提到，无论是研究古代还是当代的问题，都应当回归学术本身，这需要每一位法史学人坚守内心的"弦"，在研究当中努力实现"生存与发展"之间的平衡。西南政法大学教务处副处长、文化传播研究院副院长武夫波副教授进行闭幕致辞，对全体与会嘉宾及工作人员表达了感谢。

江苏大学唐华彭副教授代表下一届青年法史论坛的主办方向各位青年学者发出诚挚邀约。

（原题《探讨"中华法治文明与中国自主法学知识体系的构建"，他们齐聚西政！》；作者：西南政法大学文化传播研究院；原载微信公众号"西南政法大学"，2023年12月2日，https://mp.weixin.qq.com/s/nGh0EPM6PPIxzYDn6dE4dw）

第二届全国法史本硕论坛

11月26日，四川·成都

2023年11月26日，第二届全国法史本硕论坛在成都举办。该届法史本硕论坛由四川大学近代法文化研究所、《法律史评论》集刊编辑部主办。论坛采取论文工作坊形式，由从全国各高校近百篇投稿论文中评审出的获奖论文同学做报告，由主办方根据获奖论文主题邀请同领域青年法史学人做主评议人。论坛围绕获奖论文进行了充分的交流讨论，为论文的完善提供了修改建议。

全国法史本硕论坛是四川大学近代法文化研究所继2008年创办《法律史评论》集刊、2010年联合倡议全国青年法史论坛、2018年运营"法律史评论"公众号后，于2021年发起并持续进行的又一项全国性法律史学术活动。

四川大学法学院副院长刘昕杰教授向所有参会的老师和同学表示热烈欢迎，并就本硕论坛创办的初衷、两届论坛的征文情况、评审过程和结果做了说明。随后主持了上午的报告与评议。

华东政法大学高学鹏同学作《秦汉盗墓罪背景及规制的流变——以出土文献为中心》的报告，他认为在这个"地不爱宝"的时代，近年出土的一大批秦汉法律简牍为我们了解当时司法面貌和基层社会提供了丰富材料。与抽象的律文相比，《岳麓秦简（叁）》与《五一广场东汉简》中详述盗墓类案件的司法类简牍尤为值得关注，我们能从此类案件中细致地观察秦汉地方的基层司法实践与社会风貌。

华东政法大学王沛老师对该论文进行了评议，对论文的选题、材料的选取与运用进行了肯定，同时指出论文欠缺对社会与法律变化的关注，希望在论文写作方面能够明晰论点，厘清线索。李勤通老师也对该论文提出了修改意见。

吉林大学荆连元同学作《唐律"化外人相犯"条新探》的报告，他从"化外人"的概念出发，将其与现代意义上的"外国人"相比较，借助二者的异同研究相应的条文，为当今涉外法治建设提供启迪。

湘潭大学李俊强老师从细节方面对论文提供修改建议，认为应当明晰"部落"的概念，寻找更为权威的注释，同时要关注法律沿革，谨慎考究法律案件对当代的影响。赵晶老师、尤陈俊老师、李勤通老师也对该论文提出了修改意见。

清华大学姬艾佟同学作《尺针之理：南宋实物证据获取的精密化取向》的报告，她以南宋对于实物证据的重视为基础，通过分析南宋的普通刑事案件，提取出南宋获取证据的方式并对其进行评价，展现了南宋证据理念的特别之处。

中国政法大学赵晶老师对该论文进行了评议，认为文章的立论仍有可斟酌之处，指出学术论文的写作要关注学术史的整理，同时就文献阅读提供了许多建议，为避免文献征引不够严谨，提醒作者尽量引用已出版的通行点校本。尤陈俊老师、王沛老师、李勤通老师也对该论文提出了修改意见。

中山大学何天然同学作《晚明刑讯方案之比对：以袁黄〈宝坻政书〉和吕坤〈刑戒〉为例》的报告，她以《宝坻政书》和《刑戒》为基础，研究了两种不同的刑讯方案，通过这两种不同的刑讯方案阐明了晚明经世致用的务实思想，同时也指出了《宝坻政书》和《刑戒》存在的不足之处。

中国人民大学尤陈俊老师对该论文进行了评议，建议在做比较研究时把视野拓宽，不要仅看一个朝代，而要将观点放在更广阔的历史脉络下进行整理。对于人物的思想要认识到其复杂性，从而使得人物研究更为完整，同时希望能够加入案例的研究，使讨论能够突破文字的局限。

河南大学何元博同学作《法谚"知法犯法，罪加一等"研究》的报告，他探究了该条法谚的历史沿革，结合当时的历史背景，剖析该法谚具有生命力和传播力的原因，同时指出了其对当今中国法治建设具有的启发性意义。

中国政法大学王银宏老师对该论文进行了评议，认为其选题新颖、资料丰富，但问题是结构不够均匀，说理不够清晰，材料的选用有些偏离主题。同时就法律知识普及的路径提出了部分意见，希望能够利用关联性更强的资料，从更深层次探讨该法谚相关的各种问题。李勤通老师进行了补充评议，对该论文提出了修改意见。

四川大学何久源同学作《清律"造厌魅符书咒诅欲以杀人条"小考》的报告，略论律文"造厌魅符书咒诅欲以杀人"由唐至清的流变，通过成案考证了该条律文在清代的具体适用情况，具体包括该条律文的量刑标准与量刑情节、犯者犯罪意图的确定、该罪共同犯罪中首从的判定以及该罪中一些特殊构成要件的判定。

中山大学杜金老师对该论文进行了评议，指出论文存在关注点不准确的问题，建议在引用案例时应当做一定的解释，尤其是在律文内容发生变化时，要关注精英阶层的态度如何变化，同时要注意收集清代对于相关问题的看法。尤陈俊老师、李勤通老师、刘楷悦老师也对该论文提出了修改意见。

下午的论坛由四川大学法学院王有粮副教授主持。

四川大学张昊鹏同学作《信教何以自由：转型时期法律与戒律关系的变革与重构》的报告，他认为近代以信教自由为核心的宗教法制理念取代了传统中国"以儒摄佛"式的管理模式，通过观察信教自由原则对宗教法律的影响，总结了转型时期法律与戒律的变革与重构。

李勤通老师对论文进行了评议，认为该文章的观点明确、论述思路线索清晰，但文章从刑律中抽出一条，说明教法优先与国法优先的关系，其代表性可能不足。建议作者关于中国古代的信仰状态应当在思考信仰限制的意义上进行，并指出文章对于理念变化的挖掘不够深入，要更加慎重地总结结论。

中央文化和旅游管理干部学院杨金刚同学作《竞赛：抗日战争时期的地方政治——以1940年晋察冀边区民主大选举为中心的考察》的报告，他认为抗日战争时期中国共产党与国民党合作基础上的隐性竞争，在某种程度上推动了革命根据地的显性竞赛，并借此实现"新政治"，同时评价了"竞赛"的重要意义。

西南民族大学李文军老师对论文进行了评议，肯定了论文的遣词造句与写作风格，同时指出论文题目和内容之间不能形成充分的支撑关系。文中的称谓应该同最新观点、最新称谓一致，而且应注意逻辑层次的调整与完善。尤陈俊老师进行了补充评议，对该论文提出了修改意见。

东北师范大学刘源同学作《割裂与重塑：东北地区司法改革运动研究（1952—1953）》的报告，他立足于东北地区在新中国成立前后的司法改革运动，将东北地区的司法改革运动分为了三个阶段，并评价了司法改革运动在各方面的重要作用。

四川大学冯雷老师对该论文进行了评议，认为该论文展示了东北地区司法改革运动的过程，但论文在史料运用方面，对于回忆录、档案材料的运用较少，论证方面还可以更为深入，而且需要注意题目涉及的新旧转化问题。尤陈俊老师、李文军老师也对论文提出了修改意见。

西南政法大学李昊同学作《民初"情事变更"规则的构建及其法理》的报告。他从大理院关于"情事变更"的判解出发，将"情事变更"的情形区分为五种具体类型，最终总结出大理院对于相应规则的构建路径。

四川大学刘楷悦老师对该论文进行了评议，认为该论文除了史料分析，还具有法理分析，论文内容清晰，架构工整。同时指出应当对相关概念进行深入探讨，注意立法技术理念的运用，并且要慎重进行价值判断。刘昕杰老师进行了补充评议，对该论文提出了修改意见。

刘昕杰教授对会议作了致谢与总结，感谢各位老师和同学的参与，认为该届论坛无论是同学的论文分享还是老师的修改点评都十分认真，是一次对本科生和硕士研究生同学极有意义的论文指导活动。参与此次论坛的论文修改完稿后将由《法律史评论》陆续刊发。论坛会以两年一次的频率长期举办，为热爱法律史的高年级本科生和硕士研究生提供更多的学术交流机会和论文发表机会，期盼国内同人继续支持和积极参与。

（原题《会议 | 第二届全国法史本硕论坛综述》；作者：周芩宇、孙汀沙、姜吴熙来、蒋翰林等；原载微信公众号"法律史评论"，2023 年 11 月 29 日，https://mp.weixin.qq.com/s/QXKMHFg4vcblGBJSmS7obA）

"中华优秀法治文明与新时代法学教育、法学理论"研讨会

11月30日，广东·珠海

11月30日上午，"中华优秀法治文明与新时代法学教育、法学理论"研讨会在北京师范大学珠海校区国际交流中心召开。此次研讨会由北京师范大学法学院主办，来自新疆生产建设兵团法院等实务部门以及来自清华大学、中国社会科学院、中国政法大学、武汉大学、吉林大学、南开大学、山东大学、厦门大学、天津财经大学、黑龙江大学、海南大学、山西大学、华东政法大学、西北政法大学、北京师范大学等20余家教学科研单位的法律实务专家、法学研究学者以及学生参与了此次研讨会，开幕式由北京师范大学法学院党委书记柴荣教授主持。

研讨会伊始，北京师范大学党委副书记、珠海校区党委书记、珠海分校党委书记韦蔚致欢迎辞，同时高度评价了在新时代全面依法治国背景下研究"中华优秀法治文明与新时代法学教育、法学理论"的重大意义。

随后，北京师范大学特聘教授米健致辞表示，建设中华优秀法治文明是历史所需、时代所需，此次研讨会响应时代的号召，具有重要意义。

研讨会的主旨发言环节由黑龙江大学法学院教授孙光妍主持。

天津财经大学法学院教授侯欣一对法学院开设中国法律史等课程的意义进行了深刻反思，他通过比较不同知识的功能差异，分析了知识融合的困境，并提出了构建中国自主知识体系和话语体系的建议。

中国社会科学院法学所法制史研究室主任、研究员，中国法律史学会会长张生通过比较现代化的历史经验，深入探讨了中国式法治现代化的历史生成，并从底层逻辑与基础设施的维度论证了在法治轨道上推进中国式现代化的必要性。

随后研讨会进入分论坛环节，研讨会的第一分论坛由中国政法大学法律史学研究院教授张琮军主持。

中国政法大学人文学院教师李驰围绕"红色法治文化的政策理论内涵"，从政策语境的角度出发探讨了红色法治文化的政策任务和目标，认为整理和保护红色法治文化的政策目标有助于深化对社会主义现代法治理念的理解。

西北政法大学法治学院教师宋鋆通过分析哈尔滨解放区法院的婚姻案件，认为城市妇女对平等自由有着更多的诉求，应该积极推进男女平等，维护家庭的安定与和谐。

内蒙古自治区海拉尔铁路运输检察院检察官陈羽枫对内蒙古中东铁路文物的保护实践给予了充分的肯定，他认为要借助《文物保护法》的修订契机，推动中欧班列沿线中东铁路文物全方位、多角度保护。

山西大学法学院副教授王小芳深刻剖析了晋绥革命根据地土地改革的法律价值，她认为

其中体现出的对于公正、效率与秩序等价值的追求值得我们深思。

四川省小金县人民检察院第二检察部副主任甘罗林分析了坚持党的领导等苏区红色乡村治理经验在小金县乡村治理体系建设中的重要意义，提出了以人民为中心推动少数民族地区乡村振兴的现实路径。

研讨会第一分论坛评议环节，厦门大学法学院教授周东平认为这一单元部分发言的用词需要斟酌，应仔细区分宣传性语言与法学学术语言之间的区别，并对其进行适时调整。

山东大学法学院教授崔永东认为各位发言人的选题都非常有意义，但应该进一步拓宽研究的视野，注重历史经验与现实问题的结合。

研讨会的第二分论坛由新疆维吾尔自治区高级人民法院生产建设兵团分院法官朱程文主持。

清华大学法学院博士生林自立从法学专业实现思政教育与专业教育协同发展的特殊优势出发，探讨了二者协同发展的实践路径。

西南政法大学法学院副教授谷佳杰通过回顾和总结中国式法治人才培养现代化的实践历程与经验，提出了中国式法治人才培养现代化理论构建的实现途径。

东南大学法学院博士生张瑞芳从哲学视角出发，运用超循环理论对教育系统中法学专业人才培养进行了从构成论到生成论的阐释，并对其重要价值给予了充分肯定。

北京师范大学法学院博士生陈泽深刻分析了习近平总书记关于教育法治建设重要论述的理论根源与核心要义，并提出了习近平总书记关于教育法治建设重要论述具体的实践路径。

评议环节，武汉大学法学院教授柳正权对各位发言人基于学科交叉视野的选题给予了肯定，他结合自己多年的研究心得，提出了针对不同选题从底层逻辑到整体理念构建的优化路径。

中南财经政法大学教授春杨赞同柳正权教授的看法，她认为各位发言人从交叉学科视野选择研究选题，体现出了法学人才培养的专业性，有必要在以后的研究中继续发扬。

专题研讨环节由北京师范大学法学院党委副书记郭雅婷主持。

海南大学法学院博士生苏海平对党领导乡村建设的历程进行了划分，他认为乡村治理现代化应当是一种包括自治、法治、德治在内的乡村善治体系。

吉林大学法学院博士生张珺皓从多方面对"法治场域"的概念进行了解读，他认为中国式法治现代化"法治场域"的类型化将为全人类的法治文明提供借鉴。

南开大学法学院博士生何丽琼分析了清代徽州"共同诉讼合同"内容上的跨区域泛化特征，签订过程中的内在心理驱动，以及对行为者强制约束产生的社会影响。

中国地质大学（武汉）公共管理学院法学系教师韩成芳从药品专利制度的悖论式困境出发，分析了比例原则司法适用的必要性与可行性，认为比例原则有助于反思和重构药品专利制度。

华东政法大学硕士生段宇城介绍了行政复议调解制度的历史沿革与适用现状，并基于其存在的问题提出了优化完善行政复议调解制度的对策建议。

研讨会第二分论坛评议环节，港珠澳大桥管理局党群人力部副部长刘刚认为，这一环节的文章选题符合时代需求，揭示了传统现象中蕴含的法治思想，具有很强的研究价值。

山西大学法学院副教授史永丽强调法学研究中的严谨逻辑，认为研究中应当突出理论方面的创新，并进一步提出加强在理论与实践上的逻辑梳理、优化法律完善部分的相关建议。

研讨会闭幕式由郭雅婷副书记主持。北京师范大学法学院副院长袁治杰致闭幕辞，他认为此次研讨会有关中华优秀法治文明的研究成果十分丰硕，应当继续面向未来，挖掘传统法治文明中的力量，构建国际化的自主知识体系，推动中国法治未来的发展。

最后的"中华优秀法治文明与新时代法学教育、法学理论"研讨会征文比赛颁奖典礼环节，由袁治杰教授、郭雅婷副书记等为获奖者颁发证书。此次征文及研讨会活动对传承革命根据地红色法治基因、弘扬中华优秀法律文化、进一步加强新时代高校人才培养与师德师风建设具有重要意义。

（原题《北京师范大学法学院召开"中华优秀法治文明与新时代法学教育、法学理论"研讨会》；原载微信公众号"法学京师"，2023年12月11日，https://mp.weixin.qq.com/s/6kVfidRvNOWw06cmJMXI7g）

"简牍法学与中国式法治现代化"学术研讨会

12月2日,甘肃·兰州

2023年12月2日,由西北师范大学主办,西北师范大学法学院、西北师范大学简牍研究院、西北师范大学历史文化学院承办,兰州大学敦煌法学研究中心等单位协办的"简牍法学与中国式法治现代化"学术研讨会在西北师范大学成功举办。

来自西南政法大学、云南财经大学法学院、山东师范大学法学院等15所高校科研院所的专家、博士研究生、硕士研究生和本科生共50余人参加了此次研讨会。甘肃简牍博物馆首任馆长、西北师范大学特聘教授、简牍学学术委员会主任、博士生导师张德芳教授,兰州大学敦煌法学研究中心主任、敦煌法学研究会会长李功国教授,甘肃省社会科学院副院长陈永胜教授,西北政法大学博士生导师闫晓君教授,江苏师范大学法学院南杰·隆英强教授,兰州大学法学院韩雪梅副院长,汕头大学法学院李守良副教授,兰州理工大学文化遗产法研究所所长穆永强副教授等专家应邀参加了会议。与会的硕士研究生和本科生也提交了相关的论文。

会议开幕式由西北师范大学法学院何俊毅院长主持,他对到会的专家、学者和同学表达了热烈的欢迎。张德芳教授、李功国教授、陈永胜教授分别做了题为"简牍文献整理与中国优秀传统法律文化继承""敦煌法学与中国式法治现代化""以'两个结合'理论为指导深入推进简牍法学研究"的主旨报告。

张德芳教授对简牍法律文献的出土、类型、特点、主要内容、整理与研究现状进行了系统的论述,指出甘肃秦汉简牍除了悬泉汉简正在进行整理、集释和公布之外,其他简牍基本已经整理公布和集释完毕,西北师范大学正在进行简牍学一流学科建设,现在正是进行简牍法学研究的重要时刻。他进而对简牍法学研究的目标、内容、理论意义、现实意义和研究方法等问题进行了深入的剖析和指导。

李功国教授对简牍法学研究的意义、主要内容和方法也进行了系统的讨论,认为简牍法学的研究在中国式法治现代化和构建中国特色社会主义法学话语体系的当下具有重要的理论价值和现实意义,有助于纠正现代法学界过于西化的倾向和某些严重错误的观点;简牍法学是敦煌法学的重要组成部分,就是要通过系统研究,将秦汉时期中华优秀传统法律文化复原出来、挖掘出来、总结出来,在当代中国法学知识谱系中增加中国本土法治资源,增强中国法学知识的主体性,确立中国法文化的自信。

陈永胜教授对简牍法学研究的理论与现实意义、简牍法学研究的内容和方法也进行了系统的探讨,指出中国要想实现法治现代化,必须立足本国传统,深挖本土优秀传统法律文化,实现马克思主义与中国优秀传统文化的结合。简牍法学可以从行政管理法律制度、刑事法律制度、民事法律制度、经济法律制度、生态环境法律制度、养老法律制度、边境管理法律制度、诉讼法律制度等八个方面展开研究。"简牍法学"的提出为敦煌学、简牍学、秦汉史等方面的研究开辟了新的研究领域，创新了研究方向和方法。

开幕式结束后，与会专家、学者和部分同学进行了合影留念。之后会议正式进入主题研讨阶段。这一阶段由西北师范大学法学院马敬副院长主持，分主题发言与研讨交流两个环节。

西北政法大学博士生导师闫晓君教授以"秦有关徭役的法律考论"为主题进行了发言。闫晓君首先对简牍法学研究的意义进行了充分的肯定，其次通过对秦有关徭役法律的系统考订，分析了其立法的长处与缺陷，探讨了这些立法与秦亡之间关系。

西北师范大学法学院王勇教授以"爰书权威、循吏文化与法律信任：居延新简《候粟君所责/债寇恩事》之"'侯官告鱼贩'的故事"为主题进行发言，认为汉代法制运行过程中爰书权威、循吏文化与法律信任之间的内在关系具有重要的方法论启示意义，"简牍法学"中隐藏着历史的富矿和文化的根脉。

此外，汕头大学法学院李守良副教授、兰州理工大学法学院穆永强副教授、云南财经大学法学院讲师陈玉婷博士、兰州理工大学法学院讲师马小娟博士、西南政法大学博士研究生雷倩、西北政法大学博士研究生耿健翔分别以"理讼与治边视域下的循化厅盗抢纠纷刍议""从敦煌借贷纠纷审判文书看唐代国家对民间借贷活动的干预：以《金银匠翟信子等为矜放旧年宿债状及判词》为例""简牍所见秦汉时期'平贾'法制新探""简牍所见秦汉奏谳制度中的文书书写与司法程序""读《肩水金关汉简》释文校记六则：以法律史研究为视角""秦汉律'谒杀'与'擅杀'研究"为主题进行了发言。

随后由与谈人江苏师范大学法学院南杰·隆英强教授、兰州大学法学院韩雪梅副院长分别针对这一阶段的主题发言进行评议与讨论。南杰·隆英强教授认为在中华民族的历史里法治文明的成果占有举足轻重的地位，学界要对中国优秀传统法律文化的宝藏进行挖掘整理，并且推向世界。简牍法学的研究不仅具有中国意义，还具有世界价值。各位专家从不同领域，针对不同的问题展开了系统的探讨，选题新颖，观点颇有创新性。韩雪梅副院长认为敦煌法学和简牍法学的提出是甘肃法学研究界的重要贡献和亮点；简牍法学的价值不仅仅在于学术研究本身，它很有可能会改写现有的法律史的构架。

研讨会闭幕式由王勇教授主持。王勇教授对张德芳教授、李功国教授、陈永胜教授、闫晓君教授等学术先行者表示感谢，并对此次学术论坛进行了总结。他指出，此次会议的主题"牍法学与中国式法治现代化"是在西北师大法学院何俊毅院长等领导的支持下确定下来的，非常新颖、重大、深邃；针对这一议题，尤其是"简牍法学"，三位主旨发言人进行了破题：简牍法学是人类法治文明史上的信史文明；简牍法学是法治的、人本的，是现代的、连续的、具有变与不变两重属性，是现实法学。此次会议不仅达成了简牍法学研究意义和方法的共识，而且分享了重要的学术经验和研究成果。最后，王勇教授对前来参会的专家学者和同学表达了感谢，希望今后能够乘风破浪，不断取得新的研究突破。

（原题《"简牍法学与中国式法治现代化"学术研讨会成功举办》；作者：西北师范大学法学院；原载微信公众号"法韵在线"，2023年12月6日，https://mp.weixin.qq.com/s/jf_f_0CswHGTdg8UYGGEwg）

第二届法治文化青年学者论坛

12月9日，北京

2023年12月9日，由中国政法大学人文学院，华东政法大学文伯书院，西北政法大学法律、科技与人文高等研究院，西南政法大学文化传播研究院联合主办，中国政法大学法治文化研究所等单位联合承办的"第二届法治文化青年学者论坛"在中国政法大学顺利召开。会议由中国政法大学人文学院副院长罗世琴主持，中国政法大学人文学院院长赵晓华致开幕辞。

中国政法大学人文学院院长赵晓华对参加此次论坛的各位专家、青年学者表示热烈欢迎和衷心感谢，她回顾了法治文化的发展历史，总结了中国政法大学人文学院法治文化学科的建设现状，并展望了这一学科的未来前景。

赵晓华院长指出，15年来，依托于中国政法大学主干法学学科的强大实力和人文学院文、史、哲、艺等的跨学科研究视野和方法，法治文化学科在师资队伍、人才培养、学术研究、社会服务等方面都取得了累累硕果。中办、国办印发的《关于加强社会主义法治文化建设的意见》《关于加强新时代法学教育和法学理论研究的意见》都强调，法治文化是中国特色社会主义文化的主要部分，是社会主义法治国家建设的重要支撑。因此，法治文化发展进入了重要机遇期。建设法治文化的人才培养体系和丰富的多元交流平台任重道远、迫在眉睫。赵院长强调，青年学者是学术研究的生力军，也是现代学术的未来与希望，作为高校青年学者，肩负着继承、传承、弘扬大学学术精神的历史使命和历史责任。此次会议不仅具有浓厚的学术氛围，还充满了不负时代的责任感。最后，赵院长预祝会议圆满成功，祝愿法治文化学科未来取得跨越式的发展和更加辉煌的成就。

中国政法大学人文学院法治文化研究所所长宋庆宝对与会的各位专家、学者表达了热烈欢迎，并介绍了中国政法大学法治文化学科所做的工作和所取得的成绩。

宋庆宝所长首先回顾了法治文化的学科定位的变迁，指出法治文化的学科理念是"从文化的视野来研究法治，用法治的理念来构造文化"；接着，他从师资建设、学术成就、人才培养、社会服务等方面介绍了十五年来法治文化学科建设的工作与成果；最后，宋庆宝所长衷心期望，在各位优秀青年学者的支持之下，法治文化学科建设能够取得更好的成绩。

赵晓华院长和宋庆宝所长的发言为第二届法治文化青年学者论坛拉开序幕。之后召开"法治文化的教学与科研"圆桌论坛，以别开生面的方式，展示了五所高校在法治文化学科建设中的丰富经验。

"法治文化的教学与科研"圆桌论坛由中国政法大学人文学院法治文化研究所的李驰老师主持，与谈人有西北政法大学邱昭继老师、西南政法大学武夫波老师、北京师范大学李德嘉老师、太原科技大学卫霞老师和中国政法大学董燕老师。邱昭继老师指出，各高校法治文化学科渊源深厚、联系紧密。他向大家介绍了西北政法大学法治文化学科的建设概况，以及未来西北政法大学将依托于法律、科技与人文高等研究院以及法治文化研究中心等平台开展更多体系化的优质活动的计划。武夫波老师指出，推动法治文化学科的建设，一是要坚持高站位和大视野；二是要坚持多元、交叉、融合。武夫波老师倡议，几所高校之间可以形成更紧密的互动协作机制，从而多方汇聚资源，形成合力，从而提升法治文化学科的影响力。李德嘉老师从北京师范大学法学院法文化课程谈起，列举了实际授课中选课同学的预期与课程本身内容之间的偏差，从实在法、案例法引申到《论语》中隐含在文化中的法。卫霞老师展示了她在科研项目、教学实践、社会联系等方面的成果。卫老师表示，把法治文化的学科定位大力宣传出去是现阶段的重要工作之一。董燕老师从历史维度对法治文化的发展脉络进行了总结，从宏观和微观两个方面介绍了中国政法大学人文学院是怎么回答"法治文化到底是什么"这个问题的，并结合教学实践中的生动案例，向大家展示了法治文化研究中的温度与人情。

随后，法治文化青年学者论坛各单元论坛在各分会场依次进行。来自十五所高校的34位青年学者站在不同的学科视角，对法治文化相关问题做了详细报告。这些发言既有理论的最新视角，又有实践的鲜活经验；既有对历史的回望，又有对文化的解读。各单元发言结束之后，相关领域专家分别进行了学术评议。

第一单元由中国政法大学博士研究生王怡然主持，共有七位报告人进行发言。

来自西南政法大学的硕士研究生刘飓从侵权主体、法律程序、侵权频次等方面，分析了生成式人工智能技术应用下短视频创作侵权的特点与规制难点，为进一步完善相关法律规制提出了建议。来自太原科技大学的教师卫霞以法治文化为视野来阐释破产法价值，提出要从法治文化角度助力破产法的修改与完善。来自华东政法大学的博士研究生郭智华分析了形式法治观和实质法治观各自的"元理论立场"，展示了法治观的双阶构造。来自中国政法大学的博士研究生朱晨瑜从文化的特性入手，探讨了《妇女权益保障法》法条变迁过程中的人本性、实践性、历史性和本土性等法治文化特性。来自中国政法大学的博士研究生赵豪立足数字时代，向大家展示了行政法治文化的功能与困境，并为建立与时代相适应的法律框架提出建议。来自中央民族大学的博士研究生杜鑫从萨维尼"历史法学"观点出发，通过四重逻辑来论述"中华民族共同体"的构建；来自北京大学的硕士研究生宋依璠结合当下城市社区生活现实，阐述了全过程人民民主视角下的社区软法之治的实现与积极意义。报告结束后，西北政法大学的邱昭继老师、中共中央党校（国家行政学院）的帅奕男老师和中国政法大学的阴昭晖老师分别进行了评议，他们对各个报告的选题、结构、内容表示认可与赞同，并有针对性地提出了建议。

第二单元由中国政法大学博士研究生陈燕晴主持，共有七位报告人进行发言。

来自聊城大学的教师郭伯虎以一起破坏军婚案为例讲述了乡村社会的军婚与司法。来自上饶师范学院的教师徐子越基于对《九寨侗族保甲团练档案》的考察，将学术关注点投置于乡村主体，论证了晚清至民初清水江下游九寨地区的乡治。来自中国政法大学的博士研究生王怡然以图文并茂的方式阐述了晚明公案小说中体现出来的法治文化。来自南开大学的博士研究生穆亨论证了正始玄学对晋律令编撰的影响及对中国法伦理的奠基作用。来自中国人民大学的博士研究生魏雪冬以"东宫"为关键词，阐明了西周铭文中"东宫"的含义及补释，并论述了"东宫"与西周君臣之间的关系的建构机理。来自北京师范大学的博士研究生林欣谚以司马迁《史记》中的相关篇章为范本,论述其法律思想。来自清华大学的博士研究生姬艾佟以相关案例论证了南宋的证据法文化和其价值的新内涵。中国社会科学院李展硕老师、中国政法大学魏玮老师、对外经济贸易大学张玲玉老师分别进行了评议,他们对发言的老师与同学表示认可,对几位同学的发言结构、语言表述提出了建议,并对论文中可商榷之处与发言人进行了深度交流。

第三单元由中国政法大学博士研究生朱晨瑜主持,共有六位报告人进行发言。

来自西北政法大学的硕士研究生王蕊以《大卫·戈尔的一生》这部电影为例,讨论了废除死刑的问题。来自西北政法大学的教师王金霞主要论述了法律与影视互动的四重视角,其中着重介绍了以影视为研究对象和方法。来自中国政法大学的博士研究生黄笠樵亦从法律和影视的主题出发,主要从女性主义视角列举目前女性的现实困境。来自中国政法大学的硕士研究生徐航论述了政法视角下的边区文艺生产。来自西北政法大学的硕士研究生张博涛论述了"文化治边"视野下的边疆法治文化建设。来自西南大学的硕士研究生罗丽运用量化图表分析了非遗数字化保护的政策研究。发言完毕,中国政法大学盛百卉老师、樊露雪老师对法律与影视、非遗保护等主题进行了评议并提出了宝贵建议,北京工业大学张岩涛老师对徐航、张博涛两位同学的论文进行了细致的指导并对其论文的创新点给予了肯定。

第四单元由中国政法大学博士研究生黄笠樵主持,共有七位报告人进行发言。

来自广东海洋大学的教师李谦,主要论述了清代秋审的"改实"制度及其所体现出来的法文化价值。来自清华大学的博士研究生卢震豪,以词汇"阴私"到"隐私"的变化来论述近现代中国的隐私观念的流变。来自北京师范大学的博士研究生陈泽,介绍了中国传统土地法律文化中所蕴含的思想。来自中国政法大学的博士研究生邵永强,以《民法典》为文本,阐述了《民法典》中的中华优秀传统文化的内涵。来自华东政法大学的博士研究生左澜涛,从阿云案的角度,研究王安石变法的伦理维度。来自中国政法大学的博士研究生任东,介绍了我国传统司法中的证据评价以及审判逻辑。来自中国政法大学的硕士研究生吴语,以明代公案小说中田宅诉讼为研究对象,对其进行类型化分析,并阐述了其中所蕴含的人文精神。随后中国政法大学王学深老师、北京师范大学李德嘉老师以及西北政法大学王金霞老师对各位老师与同学的论文进行了深入点评,对创新部分予以肯定,并提出了修改意见。

第五单元由中国政法大学博士研究生吴雨辰主持,共有七位报告人进行发言。

来自清华大学的博士研究生王牧,从法社会学的视角阐述了田野调查的中国命题。来自厦门大学的博士研究生汪博雅,论证了罗马法的射幸契约及其在当代的发展。来自北京师范大学的博士研究生骆艳瑶,从奥丘梅洛夫法感的"三张面孔"出发,论述了主观法感的建构过程。来自中国政法大学的博士研究生罗岑,针对刑法的谦抑精神提出完善建议。来自中国政法大学的博士研究生陈燕晴,在互联网背景下,探究网络舆情的警情通报人称指示语与身份建构。来自中国政法大学的硕士研究生穆云航,研究了哈贝马斯程序主义法律范式的理论背景及其逻辑。来自中国政法大学的硕士研究生张梓怡,以我国《民法典》作为范本,以句子长短为视角,研究其句法复杂度。最后由中国政法大学崔玉珍老师、西北政法大学王进老师、太原科技大学卫霞老师分别进行了点评与交流,提出建议并给予指导。

论坛闭幕式由中国政法大学人文学院法治文化研究所的阴昭晖老师主持。

在论坛闭幕式上，首先举行参会优秀论文颁奖仪式并颁发荣誉证书，随后由中国政法大学人文学院副院长罗世琴致闭幕辞，最后由下届主办方代表西北政法大学王金霞老师致辞。王金霞老师热烈欢迎明年各位法治文化青年学者到西安相聚。

此次参会优秀论文评奖以"从文化的视野来研究法治，用法治的理念来构造文化"的法治文化学科理念为指引，经过由中国政法大学、西北政法大学、西南政法大学、华东政法大学组成的专家组评议，综合论文质量、会议主题、各校学科特色等因素，最终确定一等奖3名、二等奖5名、三等奖8名。具体获奖名单如下。

一等奖
  卢震豪 清华大学博士候选人
  郭智华 华东政法大学博士研究生
  王怡然 中国政法大学博士研究生

二等奖
  穆　亨 南开大学博士研究生
  魏雪冬 中国人民大学博士研究生
  张博涛 西北政法大学硕士研究生
  骆艳瑶 北京师范大学博士研究生
  朱晨瑜 中国政法大学博士研究生

三等奖
  罗　丽 西南大学硕士研究生
  宋依瑶 北京大学硕士研究生
  汪博雅 厦门大学博士研究生
  陈　泽 北京师范大学博士研究生
  黄笠樵 中国政法大学博士研究生
  陈燕晴 中国政法大学博士研究生
  候华北 中国政法大学博士研究生
  左澜涛 华东政法大学博士研究生

（原题《第二届法治文化青年学者论坛成功举办》；作者：吴语、马重阳、李丹；原载中国政法大学人文学院网，2023年12月15日，https://rwxy.cupl.edu.cn/info/1213/8714.htm）

中国优秀传统法律文化传承发展暨"唐律研究双书"出版研讨会

12月9日，江苏·南京

中国优秀传统法律文化传承发展暨"唐律研究双书"出版研讨会于2023年12月9日在江苏省南京市顺利召开。此次会议由南京大学法学院、江苏省法学会法律史学研究会主办，江苏省"333工程"民国江苏高等法院（检察厅）研究课题组协办。来自南京大学、中国社科院法学研究所、吉林大学、苏州大学、中国人民大学、天津财经大学、厦门大学、中南财经政法大学、上海师范大学、上海交通大学、同济大学、南京师范大学、江苏省社科院、南京审计大学、江苏省高级人民法院、人民法院出版社等国内知名高校、科研院所及机关单位的20余位专家出席了此次会议。

12月9日上午9时，会议在江苏议事园酒店二楼畅言厅开幕。开幕式由南京师范大学法学院教授、江苏省高级人民法院副院长李玉生主持。

中国法律史学会会长张生致辞。他指出，中华优秀传统文化的创造性转化、创新性发展是时代主题，钱大群先生的著作出版是符合时代主题的里程碑式学术事件。他首先表达了对钱先生及人民法院出版社的感谢，钱先生力作"唐律研究双书"是精雕细刻的经典佳作，是人民法院出版社慧眼识珠、匠心制作的典范，法律史学专家们值此机会会集一堂、高论纷呈，是中国法律史学会的年度盛事。接着，他对钱先生的人格魅力与治学风范表示致敬。最后，他祝愿钱先生添福添寿，福寿绵长；新思考，无穷如天地，不绝如江河；祝愿同辈学人如钱先生一样，人生八十如少年。

江苏省法学会法律史学研究会会长张仁善致辞。他首先对李玉生院长的总策划表示感谢，对钱大群先生作为江苏省法学会法律史研究会终身名誉会长对学会做出的贡献表示感谢，对到场的专家、媒体朋友表示欢迎。他指出，钱先生的唐律研究著作是法律史学子必读之作，钱先生最新研究成果的出版是学界盛事。最后，他代因故未能到场的有关专家领导表达了歉意，祝愿钱大群先生身体健康，祝愿各位到场嘉宾生活愉快。

会议的第二阶段由南京师范大学法学院教授、江苏省高级人民法院副院长李玉生主持。

首先由人民法院出版社代表介绍"双书"出版情况。人民法院出版社总编辑助理韦钦平介绍，钱大群先生《唐律疏义文白读本》是目前国内唯一对唐律疏议完整作"讲、译、注"的文白读本，反映了作者30余年的研究成果，不仅能服务于专业法律人士，更能让普通读者欣赏中华传统文化之美，领略中国古代良法善治。《唐律研究新思考》则是由40篇关于唐律创新性研究的论文组成，清晰展现唐律学术面貌，为读者扫清研究及阅读的理论障碍。钱先生的这两部著作不但是法律史专业研究者绕不过去的经典，而且为唐律阅读的普及传播做出了重要的贡献。"双书"的顺利出版得益于作者、出版社以及审稿专家的共同努力。

随后，江苏省法学会副会长、省社会科学院党组书记、院长夏锦文与人民法院出版社总编辑助理韦钦平为钱大群先生"唐律研究双书"《唐律疏议文白读本》《唐律研究新思考》揭幕。

作者钱大群先生在发言中首先感谢到场的各位专家。他指出，唐律是我国现存的最古老而又最完整的一部刑律经典，它在我国法制史上所居的承前启后的地位与作用无可替代。《唐律疏义文白读本》（以下简称《读本》）、《唐律研究新思考》（以下简称《新思考》）双书的研究，得益于人民法院出版社连续两年把唐律研究的选题列入申报项目，并连续获国家出版基金资助；得益于中国特色社会主义新时代的春天。在编写的目的上，《读本》是为高校法律专业师生编写一部可供自我通读而又便于读通的参考性教材；《新思考》则是针对教学及学术争论中已经出现的学术问题发挥起始性引导作用的专著。"双书"反映了自己于20世纪80年代初从事中国法制史教学后，潜心于唐律的阅读与研究，知识不断积累，研究由浅入深的过程。《新思考》不是汇编旧文的纪念性文集，而是唐律教学与科研中新成果的展示荟萃，创新地阐明唐代法律体系的理论以辨明唐代"四法"性质，建立起正确阅读和研究唐律的前提。《读本》把校勘律义作为点校重点，有力地维护了《律疏》法律经典严谨之权威地位，对由文言句法的省略特点带来的疑惑予以澄清说明，扎实对书名条标及版式的研究与整合，并加以论证。《新思考》在篇目安排上为习近平总书记所言"在《贞观律》的基础上修订而成的《唐律疏议》"的论说提供参考；对最体现保官特权的"除免"制度作精细的研究，使读者进一步明确唐代刑制的特权性质，先行地对《律疏》中犯罪的被侵害后果立法上作量化的技术进行研究分析，论述其有利于贯彻"刑罪相当"原则并且缩短办案程期；还对古今大师名家们涉于唐律的论说中有违律义或基本概念者，提出商榷，以维护传统典籍的科学性与权威性。"双书"的出版为适应新时代马克思主义基本理论运用上的"两个结合"，为中华优秀传统文化的"创造性转化"和"创新性发展"，为将唐律这座传统中国的法律丰碑更好地为研究者提供研读之参考，从而推动唐律价值在当代法治建设中的现实转化和发展具有重要学术意义。

会议的第三阶段研讨发言由南京大学法学院教授、中国法律史学会执行会长张仁善主持。首先是专家发言环节。

沈阳师范大学法学院霍存福教授（线上）从四个方面评价钱大群先生的为人与治学。在他看来，钱先生是写手，是著作等身的文章家；钱先生为人高风亮节，是参与学术争论却从不意气用事而以真理为尚的较真儿者；钱先生还是诗家，时常为法史学人作诗，是心中装着他人的忠厚长者；最后深切回忆了与钱先生"互捧"的学术交往经历。

中国人民大学法学院马小红教授在发言中提出，读钱大群先生的书，联想到姜夔论诗所言："人所易言，我寡言之；人难言之，我易言之。"《唐律疏义文白读本》由"原文""导读""注释""译文"组成，与对当下的借鉴意义融为一体，新见叠现。深入解决老问题，发现新问题的《唐律研究新思考》是专题研究，一方面对有关唐律研究中聚讼多年的问题提出了新观点，另一方面发现新问题，推动唐律研究走向更加深入。就学术和社会意义而言，钱先生的唐律研究成果都当得起"鸿篇巨帙"四字。

苏州大学王健法学院艾永明教授高度评价了钱大群先生的新贡献，将其形容为里程碑式的著作。他指出，钱先生致力于唐律研究多年，形成了自己独特的学术流派，塑造了唐律研究的"钱式版本"。钱先生在唐律研究中强调了法律对当权者的管控、监督、制衡作用，将唐律置于唐代法律体系中进行全面考察。"唐律研究双书"的出版是钱先生学术影响力的一次飞跃。

天津财经大学法学院侯欣一教授在发言中指出，钱大群先生是一位特色鲜明的学者。他的第一大特点就是不仅著作等身，而且每一部著作都在不断地加深推进以往的研究，形成了其在唐律研究领域无法超越的影响力。钱先生的第二大特点在于，他是唐律研究领域里程碑式的人物，他的著作是法史学子的经典必读书目。钱先生的第三大特点是不跟风做学术研究。他深耕唐律研究，结合自己现代汉语表达能力强的特长注解翻译唐律，做出卓越贡献。钱先生的第四大特点是不结盟，为年轻学者树立了榜样。钱先生还倡导改变中国法律史学会的办会模式，将年会的举办方式改为执行会长轮流办会，为中国法律史学会的发展做出了贡献。

中南财经政法大学法学院李力教授回忆了与钱大群先生的四次缘分：20 世纪 80 年代在北大学习时相识；在《法学研究》发文讨论学术问题；参与《唐律疏义新注》首发式；此次参与"唐律研究双书"出版研讨会。钱先生具备扎实的法律基本功与深厚的古汉语功底，从先秦法制研究开始，最后贯通到唐律，深耕唐律四十多年，不断修正自己的认识，推进研究的深度。钱氏"双书"实为研究唐律的集大成者，钱先生实为新中国成立以来唐律研究第一人。

厦门大学法学院周东平教授以"雅俗共赏话唐律，双书辉映贺米寿"为主题进行发言。2009 年出版的《唐律疏义新注》是颇具钱氏特色的唐律注释书。周东平教授将该书推介至日本并发表于《东洋史研究》。就"雅""精"而言，最新出版的《唐律研究新思考》是充满钱氏风格的唐律研究扛鼎之作，汇集了作者关注的诸多学术问题，大到唐代法律体系、唐律书名版式和条标的确定、官员权力如何监督管控，以及唐律行用与修订中具体的问题，如立法量化技术、法律术语含义、服制与法律适用等；小到具体的句读、文字正误等。就"俗""白"而言，《唐律疏义文白读本》的前言指出，原文的语译是唐律研究中的重要方法，也是传统文化专业研究的重要部分；翻译的过程就是思考与研究深入的过程。最后，周东平教授就"双书"所论以及设立的法条"条标"问题提出了自己的见解。

吉林大学法学院刘晓林教授在发言中指出，学者的评价标准固然是多元的，但当一个学者的名字固定和一个研究领域甚至是一个具体问题联系在一起时，这个学者必定是成功的，钱大群先生就是成功的学者。他接着谈了对钱先生新出大作的感想，《唐律研究新思考》所关注的皆是近五十年研究不断深入而产生的新问题；《唐律疏义文白读本》尤其是对"文白"的注释类学术作品必须处理好精深、专门与宽博、推广之间的关系。最后谈了未来可能的期待：在"两个结合"的背景之下，以钱先生为学术榜样，使唐律研究代有传承，将"唐律学"发扬光大。

上海师范大学哲学与法政学院陈灵海教授以唐律中的"成案"为主题进行发言，他指出对《唐律疏议》"成案"一词作出解释的，一是曹漫之教授主编的《唐律疏议译注》，二是钱大群教授撰的《唐律疏义新注》。曹教授将"成案"解释为"以往的案例""已了结的案件"，钱先生将其解释为"公文形成"。相比而言，钱先生的解释更为合理。接着，他对唐初有无"成案"的表述与《唐律》文字是否有误两个问题进行了内证与外证，得出在"成案"的语言环境中"成案"与"具狱"词义非常接近的结论。

上海师范大学哲学与法政学院郑显文教授的发言以"探寻唐代法律的个性化特征，重新审视法律史学的价值"的主题展开。钱大群先生的两部最重要的著作——《唐律与唐代法制考辨》《唐律研究新思考》最突出的特点就是广泛运用考证的方法，来表达作者"在唐律研究上自以为'心得'的观点"。几乎通篇都是作者考证性的心得。正是由于作者精于考证，才把唐律的研究推向了一个更高的阶段。他指出，现阶段的法律史学研究，若没有精细的学术考证，很难在中国古代法律史研究中有重大创新和突破。

随后是钱大群先生弟子代表发言环节。

同济大学法学院曹伊清教授认为钱老师首先是教育大师，他传道、授业、解惑，研究中注重细节逻辑，学风踏实，关爱学生。钱老师同时还是唐律研究大家，他的研究以唐律为中心，但不拘泥于历史，结合当下问题研究唐律。钱老师始终保持学术研究的热情和兴趣，无问东西，一如既往，有着了不起的学术情怀。钱老师的研究几十年从未间断，著作等身，真正可谓法律史学界的常青树。

上海交通大学凯原法学院方潇教授认为，从"双书"中可以看出钱先生的学术情怀。钱先生有着与时俱进的开阔视野，始终关注着时代的发展，将唐律研究与时代精神紧密结合。钱先生还有着活到老学到老的学问境界，他对唐律的热爱和执着追求，现代学者中很少有人能够望其项背。钱先生保持着精益求精的学术追求，本着学术的良知，在商榷和争论过程中不断地完善自己的观点。钱先生还有着上德若谷的道德文章，为求学术真谛，钱先生虽然与十几位名流大师有过商榷和论辩，但从来都表现出非常谦虚和宽大的胸襟，始终表现出"谦谦君子，温润如玉"的学术风貌和品格。

会议的第四阶段闭幕式由南京大学法学院张仁善教授主持。

南京师范大学法学院教授、江苏省高级人民法院副院长李玉生作会议总结。他首先对钱大群先生、人民法院出版社与受邀专家表示了感谢，随后向到场的嘉宾表达了美好的祝愿：祝愿钱先生健康快乐，祝愿人民法院出版社继续为弘扬中华传统法律文化发挥力量，祝愿各位专家贡献更多学术成果，祝愿中国法律史的研究前景更加光明。

至此，中国优秀传统法律文化传承发展暨"唐律研究双书出版"研讨会圆满结束。

（原题《中国优秀传统法律文化传承发展暨"唐律研究双书"出版研讨会会议综述》；作者：程诺；原载中国法律史学会网，2023年12月11日，http://iolaw.cssn.cn/cilh/news/ttxw/202312/t20231211_5705315.shtml）

三、中国法律史学年度重要立项、奖项信息

重要立项信息

2023年度国家社科基金重大项目

"中华优秀传统法律文化与中国式法治现代化研究",首席专家:陈光中(中国政法大学)

"中华法系北方民族多语种法律文献整理、释注与应用研究",首席专家:那仁朝格图(内蒙古大学)

"《唐六典》疏证",首席专家:刘后滨(中国人民大学)

"中华大一统的历史演变、制度建构及其治理实践研究",首席专家:彭新武(中国人民大学)

"秦汉地方行政简牍资料整理与研究",首席专家:田河(西北师范大学)

"中国近代社会组织和国家基层治理文献整理与研究",首席专家:崔岷(南开大学)、宫炳成(北华大学)

研究阐释党的二十大精神国家社科基金重大项目

"传承中华优秀传统法律文化研究",首席专家:周东平(厦门大学)

国家社科基金中国历史研究院重大历史问题研究专项2023年度重大招标项目

"中国古代中央集权的运作模式与王朝兴衰的关系",负责人:解扬(中国社会科学院古代史研究所)

"中华法系历史溯源及当代价值研究",负责人:范忠信(华侨大学)

2023年度国家社科基金年度项目

(一)重点项目

"文明早期华夏与域外民生法制比较研究",陈鹏飞(河南财经政法大学)

"亲伦传统视阈下中国法律制度的本土化研究",李拥军(吉林大学)

"中国传统司法中的以情折狱及其现代意义研究",蒋铁初(杭州师范大学)

"明代军事立法及其实践研究",刘正刚(暨南大学)

（二）一般项目

"《民法典》对中华优秀传统法律文化的传承发展研究"，哈斯巴根（北方民族大学）

"中国传统家庭财产制度中的分配正义及其当代价值研究"，尹成波（曲阜师范大学）

"唐宋时期官僚叙复法转型研究"，陈玺（西北政法大学）

"明清南海海疆治理方略研究"，刘国良（海南大学）

"明清社会转型时期的契约观念流变研究"，张姗姗（东北师范大学）

"清代《兰溪鱼鳞图册》中的地权问题研究"，邹亚莎（北京科技大学）

"清代案费章程的整理与研究"，严新宇（中南财经政法大学）

"清代治藏中铸牢国家共同体意识的法制经验及其启示研究"，牛绿花（西北师范大学）

"南海疆域经略的历史实践及法理意蕴研究"，陈秋云（海南大学）

"《樊山批判》中的清人法律生活研究"，夏婷婷（沈阳师范大学）

"全国律师公会联合会研究（1912—1949）"，李卫东（江汉大学）

"长沙五一广场简与东汉法律制度研究"，吴雪飞（山东大学）

"唐宋之际军府置狱与地方司法制度变革研究"，张玉兴（天津师范大学）

"明清以来地籍、契约和诉讼文书中的山图研究"，杜正贞（浙江大学）

"社会主导下的明清江南市镇多元法秩序研究"，武乾（中南财经政法大学）

"国家治理视阈下的清代省例研究"，魏淑民（河南省社会科学院）

"晚清中国对战争法的认识与运用研究"，张卫明（浙江工业大学）

"清至民国关中平原水事纠纷与社会治理研究"，高升荣（陕西师范大学）

"近现代澳门财税法史料整理、翻译与研究"，曾金莲（广东工业大学）

"近代中外约章关系中的海关外籍税务司研究"，杨秀云（湖南第一师范学院）

"东京审判对日本侵华战争历史认识的形成研究"，龚志伟（上海交通大学）

"集体化时期黄淮海平原水利纠纷治理研究"，宰波（郑州航空工业管理学院）

2023 年度国家社科基金青年项目

"新时代传统慎刑思想创造性转化研究"，詹奇玮（中国政法大学）

"明清食货立法研究"，王若时（西北大学）

"清至民国时期罪犯劳作制度的变迁研究"，刘之杨（湖北大学）

"明代都察院按省分道制度及其运作研究"，吕成震（鲁东大学）

2023 年度教育部人文社会科学研究一般项目

（一）规划基金、青年基金、自筹经费项目

"《大清律例》英译本中的知识互动与中国法律形象建构研究"，申请人：刘瑞（南京邮电大学）

"中国近代日源法律借词生成与演变研究（1840—1949）"，申请人：崔艳伟（深圳职业技术学院）

"清代山西契约文书用字研究及数据库建设"，申请人：王跃（西安电子科技大学）

"古代法律文献所见文论资料整理与研究"，申请人：余煜珣（韩山师范学院）
"天海斋藏福建家族契约文书整理与研究"，申请人：王涛（贵州民族大学）
"近代中国东北商租契约研究"，申请人：许健柏（湖南医药学院）
"近代澳大利亚涉南海档案文献整理与研究（1933—1949）"，申请人：金康玲（淮阴师范学院）
"鱼鳞图册与明代徽州社会研究"申请人：黄忠鑫（暨南大学）
"简牍所见战国秦汉上计制度与社会治理"，申请人：束江涛（南京晓庄学院）
"谶纬历法思想对汉代政治合法性建构的影响研究"，申请人：田可（武汉大学）
"中国传统律学的学理构造及其现代性价值研究"，申请人：翟家骏（大连海事大学）
"清代刑案所见律义例义整理与研究"，申请人：宋国华（海南大学）
"《易经》中的刑狱文化研究"，申请人：曹艳琼（山西大学）

（二）西部和边疆地区项目
"清代自贡盐业契约整理与研究与数据库建设"，申请人：刘小文（四川轻化工大学）
"悬泉汉简通关类文书与基层治理研究"，申请人：袁雅洁（西北师范大学）

2023年度教育部哲学社会科学研究后期资助项目

"近代中国基层社会纠纷与司法裁判——基于四川诉讼档案的分析"，申请人：刘昕杰（四川大学），项目类别：一般项目

中华优秀传统文化专项课题（A类）

"早期儒家思想与国家治理体系和治理能力研究"，申请人：董保民（河南大学），项目类别：重大项目
"乾嘉学派与荀子思想关系研究"，申请人：曹旻（江苏经贸职业技术学院），项目类别：重点项目
"中国古代佛教碑刻法律类文献整理与研究"，申请人：王侃（四川警察学院），项目类别：重点项目
"中华优秀传统法律文化与现代刑法典编纂的借鉴研究"，申请人：李晓明（苏州大学），项目类别：重点项目
"敦煌西域古藏文民事诉讼文书整理与研究"，申请人：杨毛措（中央民族大学），项目类别：重点项目

2023年度国家社科基金后期资助项目

"中国共产党的自我革命制度建设百年探索及其经验研究"，负责人：张小军（陕西师范大学）
"先王之道与法后王：荀学视野下的古今之变"，负责人：邵磊（中央社会主义学院）
"治道古今：儒家治道传统与现代中国政治理论的构建"，负责人：孙磊（同济大学）

"'家国一体'与西周至秦汉'大一统'社会的政治发展研究",负责人:周德全(四川大学)

"道则从古,器则从新:杀尊亲属罪的近代转型",负责人:张一民(北京大学)

"哈尔滨法制史(1905—1949)",负责人:邓齐滨(黑龙江大学)

"法理概念史",负责人:陈翠玉(西南政法大学)

"黄宗羲法政思想的蕺山学派渊源研究",负责人:李驰(中国政法大学)

"敦煌契约文书集校与考释",负责人:王旭(上海立信会计金融学院)

"《大明律》在朝鲜王朝的地位问题研究",负责人:张春海(南京大学)

"明代宗祧继承制度研究",负责人:张淑雯(暨南大学)

"田业、词讼与国课:法律史视野下的清代地权与国家研究",负责人:赖骏楠(复旦大学)

"中古礼议与礼制研究",负责人:范云飞(武汉大学)

"陕甘宁边区政府保安处研究(1937—1949)",负责人:翟金懿(中国人民公安大学)

"唐代御史台运行机制变迁研究",负责人:牟学林(曲阜师范大学)

"清季预备立宪公会研究",负责人:赵建民(山西师范大学)

"清末民初国体建构研究",负责人:宋培军(中国社会科学院中国边疆研究所)

"近代中国铁路警政研究(1903—1937)",负责人:王占西(郑州师范学院)

"近代中国法制局研究(1912—1928)",负责人:李浩(广东技术师范大学)

"朝鲜王朝行政公文与法律文书研究",负责人:张钧波(黔南民族师范学院)

2023年国家社科基金优秀博士学位论文出版项目立项

"'一国两制'法制化:香港'基本法'起草史研究(1985—1990)",肖培艺,项目责任单位:中国青年政治学院,博士学位授予单位:中国人民大学,指导教师:齐鹏飞

"收所习艺:清季刑罚转型中的本土资源",姜翰,项目责任单位:吉林大学,博士学位授予单位:中国人民大学,指导教师:赵晓耕

2022—2023年度国家社科基金中华学术外译项目

《先秦政治思想史》,项目主持人:周小进(上海对外经贸大学),责任出版单位:商务印书馆,原著作者:梁启超,翻译文版:英文

《比较宪法》,项目主持人:胡兆云(厦门大学),责任出版单位:商务印书馆,原著作者:王世杰、钱端升,翻译文版:英文

《法律与文学:以中国传统戏剧为材料》,项目主持人:胡振明(对外经济贸易大学),责任出版单位:生活·读书·新知三联书店,原著作者:朱苏力,翻译文版:英文

《历代刑法考》,项目主持人:詹继续(华东政法大学),责任出版单位:商务印书馆,原著作者:沈家本,翻译文版:英文

《新中国法治建设70年》,项目主持人:史红梅(淮阴师范学院),责任出版单位:中国社会科学出版社,原著正副主编:高培勇、李林,翻译文版:英文

《寻求富强——中国近代的思想范式》，项目主持人：杨天娲（中国政法大学），责任出版单位：商务印书馆，原著作者：王人博，翻译文版：英文

《中国法律与中国社会》，项目主持人：黄美玲（中南财经政法大学），责任出版单位：商务印书馆，原著作者：瞿同祖，翻译文版：意大利文

《中国监察法制史》，项目主持人：赵静静（中国政法大学），责任出版单位：商务印书馆，原著作者：张晋藩，翻译文版：法文

《法律与文学：以中国传统戏剧为材料》，项目主持人：张敏（中国人民大学），责任出版单位：生活•读书•新知三联书店，原著作者：朱苏力，翻译文版：德文

《梁启超论中国法制史》，项目主持人：赵静（北京化工大学），责任出版单位：商务印书馆，原著作者：梁启超，翻译文版：德文

最高人民法院2022—2023年度司法案例研究课题•中华法系司法案例研究课题

"中央苏区红色司法案例研究"，申报单位及主持人：福建省高级人民法院 王孔坚

"儒家礼法思想应用于家事审判的案例研究"，申报单位及主持人：河北工程大学 李清章

"中华法系案例中的'和'文化溯源与转化适用研究"，申报单位及主持人：四川省达州市中级人民法院 徐新忠、西南财经大学 马铁丰

最高人民法院2023年度司法研究重大课题

课题三：新民主主义革命时期革命根据地司法制度的传承与发展研究

中标课题组一：中国人民大学 马小红、广东省广州市中级人民法院 杨正根、福建省龙岩市中级人民法院 陈明聪

中标课题组二：广西壮族自治区高级人民法院 卢上需、广西壮族自治区百色市中级人民法院 潘凌宇

中标课题组三：河北省石家庄市中级人民法院 李勇、河北经贸大学 胡海涛

2023年度最高人民检察院检察理论研究课题

"人民检察红色基因的历史传承与弘扬发展研究"，中共中央党校（国家行政学院）闫竑羽、重庆市永川区人民检察院 张福坤，课题类型：自筹经费课题

重要奖项信息

（以发布时间为序）

第二届薛梅卿法律史奖学金获奖者名单

（4月26日）

薄立寒（中国政法大学），提交论文《晚清广东公局的缉捕及其反映的官绅互动——以

〈杜凤治日记〉为中心》

籍梓豪（广州大学），提交论文《"历史社会法学"何以可能——以〈爪牙：清代县衙的书吏与差役〉为中心》

何久源（四川大学），提交论文《清律"造厌魅符书咒诅欲以杀人"条小考》

第五届中国法学优秀成果奖

（5月22日）

一等奖

《中国古代石刻法律文献叙录》，上海古籍出版社2020年版，作者：李雪梅（中国政法大学）

二等奖

《习近平法治思想对马克思主义法治原理的传承与发展》，《法学研究》2021年第4期，作者：孙谦（最高人民检察院）

《中国"宪法实施"的话语体系与演变脉络》，《中国法学》2021年第3期，作者：苗连营（郑州大学）

《中国传统生态环境法文化及当代价值研究》，《中国法学》2021年第3期，作者：柴荣（北京师范大学）

三等奖

《中国公法史讲义》，商务印书馆2020年版，作者：聂鑫（清华大学）

《朝鲜王朝法律史研究》，中国社会科学出版社2021年版，作者：张钧波（黔南民族师范学院）

第十一届张晋藩法律史学基金会有奖征文大赛获奖名单

（7月23日）

一等奖

朱群杰（华东政法大学博士生）：《盗赋与受所监：新出简牍所见东汉基层官吏的受贿犯罪》

杨金权（天津财经大学硕士生）：《明清司法诉讼过程中的讼师作用研究》

二等奖

孟孜谦（北京大学博士生）：《"洗冤"还是"沉冤"：案例所见〈洗冤录〉与清代命案检验实效》

郭嘉鹏（中国人民大学博士生）：《秦汉赃等再探》

李若婉（北京航空航天大学硕士生）：《宋代御史监察的权力构造与运行实效》

刘正良（中国政法大学硕士生）：《浅析晚清教务章程对基督宗教的保护》

李昊（西南政法大学硕士生）：《近代中国"情事变更"概念考辨》

三等奖

张嘉颖（清华大学博士生）：《"隐学"再定义：从中国本位新法系论潮看法史品格》

王牧云（中国人民大学博士生）：《岳麓秦简所见秦令文本格式探究》
雷倩（西南政法大学博士生）：《因案生例：从丁乞三仔案看清代条例之生成》
雷明波（中南财经政法大学博士生）：《"本条别有罪名"条在清代法律适用体系中的功能》
刘晓光（西北大学硕士生）：《清代"积匪猾贼"例的扩张性解释与适用——兼论清政府对地方讳盗的整治》
雷博慧（中山大学博士生）：《信仰与秩序：明清时期城隍司法的实证分析及功能解释》
云静达（南京师范大学博士生）：《监察的贫困：民国监察院纠举权的生成、架构与运行》
葛嘉伟（中国政法大学硕士生）：《从约翰逊案看19世纪美国的土地法律殖民历史》
赵涵（北京大学硕士生）：《藕断丝连：英国叛逆罪含义与认定的演变》
马雨泽（辽宁大学硕士生）：《论〈四时月令诏条〉的立法目的》

第九届钱端升法学研究成果奖

（7月25日）

二等奖

Rural Land Takings Law in Modern China: Origin and Evolution，剑桥大学出版社2018年4月版，作者：彭錞（北京大学）

三等奖

《刑鼎、宗族法令与成文法公布——以两周铭文为基础的研究》，《中国社会科学》2019年第3期，作者：王沛（华东政法大学）

《中国法治主体性的文化向度》，《中国法学》2018年第5期，作者：李拥军（吉林大学）

《资政院弹劾军机案的宪法学解读》，《法学研究》2013年第6期，作者：聂鑫（清华大学）

第四届方德法治研究奖

（8月17日）

二等奖

尤陈俊（中国人民大学法学院）：《聚讼纷纭：清代的"健讼之风"话语及其表达性现实》，北京大学出版社2022年5月版

杨泽伟（武汉大学）：A Concise History of International Law in China: Conflicts, Fusion and Development（中国国际法简史——冲突、融合与发展），Wells，2021.8

三等奖

徐国栋（厦门大学）：《〈十二表法〉研究》，商务印书馆2019年4月版

屈文生（华东政法大学）：《不平等与不对等：晚清中外旧约章翻译史研究》，商务印书馆2021年3月版

第一届陈鹏生法律史奖学金

（9月29日）

李雪松（中国人民大学）：《秦律中的成年、傅籍和刑事责任标准及其成因探析——对"国家认证能力说"的质疑》

黄越（合肥工业大学）：《论清末修律中无夫奸罪存废之争》

赵晴（华中师范大学）：《等级伦理的强化：清代"妻杀夫"案件审判结果探析》

祝檀吉（杭州师范大学）：《旧传统与新权利：民国时期"背夫潜逃"类案件研究》

王思文（四川大学）：《晚清资政院中外来规则本土化之倒悬——以法律文化模式理论为视角》

第六届曾宪义先生法律史奖学金

（10月15日）

优秀论著奖

卢震豪（清华大学）：《从"阴私"到"隐私"：近现代中国的隐私观念流变》，《法学家》2022年第6期

卓增华（中国社会科学院）：《转译、挪移与反响：20世纪前期——中国修订不平等条约过程中的国际法运用》，《法学家》2021年第4期

何舟宇（北京大学）：《丙午编制局考》，《北大法律评论》第22卷第2辑

万立（华东政法大学）：《近代早期的国际法理论与欧洲殖民帝国对殖民地的"财产化"》，《世界历史》2023年第1期

优秀博士学位论文奖

刘盈辛（中国人民大学）：《大行政区地方司法系统研究（1949—1954）——以最高人民法院西北分院为中心》

石磊（复旦大学）：《十九世纪英国普通法民事司法改革研究——以程序的经济分析为路径》

邱玉强（吉林大学）：《清代府衙覆审之驳正研究》

刘之杨（清华大学）：《中国近代罪犯强制劳役制度的引入与实效》

王毓（中南财经政法大学）：《中国传统律典"小注"研究》

优秀硕士学位论文奖

戚宇辰（复旦大学）：《清朝后期地方司法实践中的诬赌现象——以〈巴县衙门咸丰朝档案〉为中心》

徐琨捷（华东政法大学）：《〈大清民律草案〉在民初的法源地位——以大理院民事裁判为中心》

刘安迪（厦门大学）：《宋代流人量移考》

郭嘉鹏（西北政法大学）：《论秦汉时期的"赃"》

李浩源（中国人民大学）：《通过戏曲舞台的法律意识形态建构：以〈十五贯〉的编演为例》

刘浩田（中国政法大学）：《理一分殊：清代粤东省例的变与通》

于镰任（南京师范大学）：《重新认识秦令——以〈岳麓书院藏秦简〉为中心》

杨文萱（中国人民大学）：《"公""私"之辨：美国刑事诉讼私人取证规则研究》
徐翼（中山大学）：《明法意以求善治：王肯堂〈律例笺释〉的注律实践》
袁畅（中央民族大学）：《明代科举对法律知识的考察——以判语题为中心》
李昊（西南政法大学）：《民国前期"情事变更"规则的构建》

优秀学士学位论文奖

王思文（四川大学）：《晚清资政院中外来规则本土化之倒悬——以法律文化模式理论为视角》
刘源（东北师范大学）：《割裂与重塑：东北地区司法改革运动研究（1952—1953）》
张艺舰（华东政法大学）：《通奸非罪化中的本土资源——从明代小说到清末修律》
胡弼渊（中国政法大学）：《从刘逯情杀案看民国职业法律人与司法传统的断裂》
杨景程（中国政法大学）：《戡乱与安民——清代告示与荒年社会问题应对》

第四届普若法律史青年学者奖

（11月11日）

一等奖

陈佳臻（1990年生，中国社会科学院历史学博士，中国政法大学讲师），参评论文：《元例与元明法律体系发展》
王竣（1997年生，北京大学历史学博士研究生），参评论文：《"除名"的诞生、含义与中古身份制》

二等奖

万立（1995年生，华东政法大学法学博士，华东政法大学副教授），参评论文：《藩属体系对国际法体系——以清季中日琉球交涉为中心》
党嘉宇（1996年生，暨南大学历史学博士研究生），参评论文：《王令与查理曼帝国法律秩序的建构》

三等奖

姜翰（1990年生，中国人民大学法学博士，吉林大学教师），参评论文：《收所习艺：清季刑罚转型中的本土资源》
周欢（1991年生，华东政法大学法学博士，浙江理工大学讲师），参评论文：《清代仓场央地博弈的法律史研究——以粮仓监管机制的运行为视角》

入围奖

李嘉峰（1998年生，德国图宾根大学法学博士研究生），参评论文：《逆向观察：清末民初国人对租借地华人法制的选择性关注——以德占胶澳为中心》
万文杰（1996年生，辽宁大学历史学博士研究生），参评论文：《革故鼎新："刁奸"与"诈术奸淫罪"考辨》
陈仁鹏（1995年生，中国政法大学法学博士研究生），参评论文：《清代乡村治理组织的运作逻辑与实践困境》
刘安迪（1996年生，厦门大学法学博士研究生），参评论文：《宋代流人量移考》

第三届韩德培法学奖

（12月4日）

青年原创奖

申报人：尤陈俊（中国人民大学法学院），获奖成果：《聚讼纷纭：清代的"健讼之风"话语及其表达性现实》，北京大学出版社2022年5月版

申报人：侯猛（中国人民大学法学院），获奖成果：《当代中国政法体制的形成及意义》，载《法学研究》2016年第6期

申报人：王海军（华东政法大学），获奖成果：《中国语境下的"检察权"概念考察》，载《中国法学》2022年第6期

申报人：刘晓林（吉林大学法学院），获奖成果：《唐律立法语言、立法技术及法典体例研究》，商务印书馆2020年5月版

第二届何华辉法学奖

（12月5日）

优秀成果奖

李栋（中南财经政法大学）：《超越"依法裁判"的清代司法》，《中国法学》2021年第4期

北京市第十七届哲学社会科学优秀成果奖

（12月8日）

特等奖

《中国传统法律文化十二讲》（著作），成果类别：学科学术，申报者：张晋藩，推荐单位：中国政法大学

二等奖

《北宋礼治思想研究》（著作），成果类别：学科学术，申报者：张凯作，推荐单位：中共北京市委党校（北京行政学院）

《中国古代石刻法律文献叙录》（著作），成果类别：学科学术，申报者：李雪梅，推荐单位：中国政法大学

学人回眸

编者按

　　近现代语境下的"中国法律史学"已历百余年发展积累，前辈学人在拓展领域、深耕论题、积累资料、锤炼方法等方面为后来者树立了榜样。本篇回顾了高恒（1930—2019）、方克勤（1927—2023）、郭成伟（1946—2023）三位前辈学人的生平、著作和主要贡献。本篇为常设栏目，本卷《年鉴》未及收录的前辈学人生平业绩，将留待以后各卷《年鉴》收录，尚祈学界同人谅解。

高 恒

高恒（1930年1月—2019年8月），湖北省老河口市（原光化县）人，中共党员。幼入私塾，后入新式小学、中学学习，兼受传统文化和现代思潮熏陶。1950年9月考入武汉大学法律系，其间曾随师长、同学亲身参加土地改革运动、武汉市司法改革运动。1955年9月自武汉大学毕业后，高恒经组织选拔获准出国留学，同月进入北京俄语学院留苏预备部学习一年。1956年11月，高恒入莫斯科大学法律系法的理论专业学习。在学期间，高恒注意培养自身哲学思维，广泛阅读了许多中外哲学史和思想史著作，特别是注意学习马克思主义哲学。

1961年2月，高恒自莫斯科大学毕业，获副博士学位，同年3月回国，同年9月被分配到中国科学院法学研究所（中国社会科学院法学研究所前身）工作，任助理研究员。1964年11月至1965年7月，高恒随法学研究所到辽宁省金县参加"四清"运动。"文化大革命"时期，高恒曾被下放到河南息县、明港中国科学院哲学社会科学学部"五七干校"劳动。"文化大革命"结束后，高恒自1978年起担任硕士研究生导师，1980年3月加入中国共产党，1982年4月被评为副研究员，1988年7月被评为研究员，1990年12月退休。高恒还曾担任中国社会科学院法学研究所学术委员会委员、法理学法制史党支部书记。高恒自1992年起享受国务院颁发的政府特殊津贴，2005年被评选为"当代中国法学名家"，成为全国首批荣膺这一称号的176位法学名宿之一。2006年8月，高恒被推选为中国社会科学院首批荣誉学部委员。2019年8月22日，高恒在北京逝世，享年90岁。

高恒自1961年起就在中国科学院法学研究所第二研究组（法制史研究组，现中国社会科学院法学研究所法制史研究室）工作，早年从事国家和法的理论研究，曾在《人民日报》《光明日报》《法学研究》等重要报刊发表有关苏联法制建设和西方政治法律思想的学术论文数篇。研究生涯早期，高恒积极从事学术译介工作，与他人合作翻译了《政治学说史》《国家和法的理论》等苏联政法理论著作，还翻译了一些研究黑格尔、费尔巴哈等人的西方哲学史论著。

1975年年底，湖北云梦睡虎地出土大批秦代竹简。1976年4月起，高恒与来自中国科学院法学研究所、中国科学院中国历史研究所、北京大学、北京师范大学和湖北博物馆、四川博物馆等单位，具有多种知识背景的其他诸多学者一道，参与了睡虎地秦简的整理研究工作，并利用这一机会积极向诸多前辈文史名家学习请教。作为睡虎地秦墓竹简整理小组成员，高恒发挥自身熟悉法学理论的特长，积极参与整理小组的讨论工作，不但培育了古代法制文献整理方面的知识功底，还承担了《法律答问》《说明》等注释文字的撰写任务。1977年，睡虎地秦墓竹简整理小组编写的《睡虎地秦墓竹简》由文物出版社出版，该书极大地改变了秦代法制研究"文献不足征"的窘况，为秦律研究提供了大量一手资料，在秦汉史、中国法制史等多学科领域影响深远，已经成为研习秦代法制乃至秦汉史的必读基本史料。

高恒是法学界最早利用出土文献进行法律史研究的学者之一。在秦简整理工作中，他认真学习、深化研究，对秦汉简牍中的法制问题产生浓厚兴趣，并立足自身哲学修养，对先秦及秦汉法律思想开展深入思考，形成了敏锐的问题意识。从此，他与中国法制史、中国法律思想史研究结下不解之缘，并对秦汉律中的一系列问题进行了开拓性研究。

在参与整理睡虎地秦简的积累基础上，高恒撰写了《秦律中"隶臣妾"问题的探讨——兼批四人帮的法家"爱人民"的谬论》（《文物》1977年第7期）。该文指出，汉律所用的刑徒隶臣、妾名称并非独创，而是因袭秦制。该文立足传世史料和秦简指出，汉文帝颁布减刑诏令之前，包括隶臣、妾在内的各类刑徒都要终身服刑。秦简所见隶臣、妾的来源，除罪犯本人外，还有因亲属犯罪被籍没的人和投降的敌人。秦律中的隶臣、妾虽然与奴隶制时代的奴隶略有区别，但仍然只能算是没有人格的工具、物品。从以上三点可以看出，秦时的隶臣、妾实际上就是官奴婢之一种。该文进一步考辨了秦律中有关隶臣、妾免为庶人的规定和隶臣、妾所服劳役及其生活待遇等方面的内容，并从阶级斗争的视角观察了隶臣、妾对秦统治集团的反抗，基于秦律所处的社会形态及其阶级本质，批驳了"四人帮"鼓吹法家"爱人民"的观点。

高恒撰写发表《秦律中"隶臣妾"问题的探讨——兼批四人帮的法家"爱人民"的谬论》时，"文化大革命"结束不久，学界可称百废待兴。该文以扎实的史料功底和鲜明的问题意识，最先把秦简中"隶臣妾"身份的问题作为一个专门问题提出来并加以系统研究，并且首次提出汉文帝以前秦汉刑徒无刑期的观点，纠正了东汉卫宏《汉旧仪》对秦刑徒身份的错误论点，拉开了对这一问题讨论的序幕，让海内外学人看到了中国法律史学人的研究水准，引起跨越国界的强烈反响。日本中国法律史学家、东京大学名誉教授滋贺秀三盛赞该文对中国法制史研究有着"划时代意义"。该文立足于秦律本来面目，在坚实史料基础上剖析秦律的阶级实质，对于长期以来被"四人帮"狂吹法家、渲染儒法斗争"主线"之邪说毒害的中国学界而言，也具有思想解放的重要意义。

高恒长期从事中国法制史、中国法律思想史研究，涉猎范围较广，在时段上相对重视对秦汉乃至先秦法的研究，尤其对秦汉简牍中的政治法律制度有专门研究，并对简牍所见律令条文及行政、司法、债务等文书做过系统整理和详细考证。此外，高恒对于中国古代先秦法制和先秦诸子学说的关系也有深入、精辟的论述。在长期的研究生涯中，高恒在《文物》《云梦秦简研究》《考古》《法学研究》《法律史论丛》等学术期刊、集刊、论文集发表《秦律中"隶臣妾"问题的探讨——兼批四人帮的法家"爱人民"的谬论》《秦简中的职官及其有关的几个问题》《秦律中的徭、戍问题——一读云梦秦简札记》《秦律中的刑徒及其刑期问题》《汉律篇名新笺》等近百篇学术论文，并在此基础上陆续完成了《秦汉法制论考》（厦门大学出版社1994年版）、《秦汉简牍中法制文书辑考》（社会科学文献出版社2008年版）、《中国古代法制论考》（中国社会科学出版社2013年版）三部著作。

高恒在研究过程中重视辨析、精详考论，阐发心得、提出见解，注意研究的创新性。从时代来看，高恒的学术研究范围上至先秦秦汉法律思想和法律制度，下及清末修律重要主导者沈家本的法律思想和学术成就；从视角来看，高恒的研究成果既有对秦律中的徭戍、刑徒及其刑期等具体问题的精详考证，又有对孔子治国之道、中国古代法学与名学之关系等重大、宏大论题的思考和阐述。

具体而言，高恒对秦代官制、徭戍制度及汉代律令的性质等问题的考证，纠正了不少错误成说，如他对"金布律""田律"的研究即改变了唐代颜师古、宋代王应麟以来的认识。在法律思想史研究方面，高恒同样做出了引人注目的成就，他对汉代"引经决狱"和董仲舒"德主刑辅"法律思想、张斐律学的研究，具有重要学术价值，受到法史学界的普遍赞誉。

高恒较早地关注到《汉书·刑法志》的法律思想，认为该志是现存最早一篇关于中国古代法制历史的专著，同时也是一篇以儒家学说为基本理论依据的重要法学著作，对于中国古代法律文化的形成和发展有重要影响。既往研究对于儒家、法家等主要流派与中国法制的关系着墨颇多，高恒则慧眼独具地主张从古代法学与先秦诸子学说的关系入手，探讨法的特质及其形成与发展的历史。高恒认为，要正确揭示出法学的内容、特性，必须研究它们之间"相反而皆相成"的复杂关系，并认为特别值得论述的是先秦法名儒三家学说对古代法学的关系。高恒指出，法家学说为古代法制奠定了法理基础，名学为古代法制奠定了逻辑理论基础，儒学则为古代法学提供了政治理论基础，三者相辅相成。

高恒热爱法学研究、教学工作，长期担任中国社会科学院法学研究所学术委员，自1978年起担任中国社会科学院研究生院（现中国社会科学院大学）法学系研究生导师，是法律史（包括法制史和法律思想史）专业最早的研究生导师之一，为法制史、法律思想、法学理论和宪法学专业研究生讲授《中国法制史》和《中国法律思想史》课程，先后培养多名法律思想史专业研究生。

高恒具有强烈的学术公益心和学术责任感，重视并积极参加学术活动，积极在法律史学界乃至法学界促进交流合作、推动学术发展。高恒曾兼任南开大学法学研究所研究员、中国政法大学法律史研究所教授、中国政法大学法律思想史专业研究生导师组成员等职务，并在北京大学等院校为学生开设专题讲座，对兄弟院校法律史乃至法学学科发展进步给予无私帮助。高恒先后参加国家"七五"重点项目《中国法制通史》多卷本和《中国法律思想通史》多卷本的撰写工作，担任《中国法制通史》汉代卷副主编和《中国法律史学通史》常务编委、汉代卷副主编。高恒还积极参与法律史学全国性社团的工作，为广大学人树立了榜样。1986年至1995年，高恒连续当选为中国法律史学会第三、四届理事。1995年至2008年，高恒连续担任中国法律史学会第五、六、七届名誉理事，他为中国法律史学会开展各项工作辛勤奉献长达二十余年。从1990年起，高恒还当选为中国法律史学会中国法律思想史专业委员会（原中国法律思想史研究会）副会长。高恒曾担任中国法律史学会会刊《法律史论集》副主编、主编，秉持学术公器理念，为推动法律史学术交流、繁荣法律史研究做出了贡献，在法律史学界深受尊重和爱戴。高恒还积极参与海峡两岸学术交流。2004年，年过古稀的他亲赴台湾，参加了在"中研院"历史语言研究所举办的"经义折狱与传统法律"学术研讨会，并为此撰写了长达3万字的《公羊春秋学与中国传统法制》一文。

高恒为人谦和忠厚，热心地关爱、保护晚辈，同时恪守学者、师长的本分，至老不懈。每每遇到后辈请教治学之道，高恒都毫无保留地传授心得体会。高恒强调，研究中国古代法制史，必须要做好几件事：第一，学习哲学，学好辩证唯物主义和历史唯物主义，树立坚实的哲学根基；第二，学习历史，具备相应的历史知识，注意掌握正史及其"刑法志"等传世文献；第三，认真学习具有代表性的今人著作，为开展研究做好知识积累、打好基础。高恒退休后，在返聘的10年间仍发表论文12篇。进入21世纪后，他不再返聘，犹居家研究不辍，撰写论文8篇。他的高尚品质和优良学风为后辈学者树立了典范。

（供稿：中国社会科学院大学法学院博士研究生　孙烁）

方克勤

方克勤（1927年8月—2023年11月），女，汉族，中共党员，河北涿州人，祖籍安徽定远。1949年4月，朝阳大学被华北人民政府接收改为政法学院，不久又改名政法大学。政法大学9月开始招生，高中毕业的方克勤考入该校。次年5月，政法大学与华北大学并合为中国人民大学，方克勤遂成为该校法律系第一届学生。学习的课程主要有苏联法制史、中国法制史等。1954年毕业后服从分配至西北大学法律系担任助教。1958年，西北大学法律系与中央政法干部学校西北分校合并成立西安政法学院（后改名为西北政法学院），方克勤随之成为西北政法学院教师。"大跃进"运动中，被下放至陕西洛川劳动。1960年回校，因法律系取消，转到社会主义教研室。1962年法制史教研组成立，任组长。"文化大革命"时期，曾被下放到陕西白水县。1972年返回西安，因西北政法学院解散，被安置到西安交通大学教授哲学。1978年西北政法学院复校后回校任教，任西北政法学院法律系法制史教研室主任及法制史硕士研究生导师组组长，为本科生及研究生讲授苏联法制史、中国法制史、中国刑法史、中国近代法制史、中华民国法制史、陕甘宁边区法制建设等课程。1993年退休。方克勤教授长期致力于法制史教学及革命根据地法制史研究，曾兼任中国法律史学会理事，陕西省法学会常务理事，陕西省政协第五、六届委员和法制组副组长等，为西北政法大学法制史学科的主要创建人，革命根据地法制史研究著名学者，2018年获"西北政法大学功勋教授"称号。

方克勤教授对西北政法大学法制史学科的创建与发展起了重要作用，主要体现在组建教师梯队、完善课程体系、编写教材教参以及确立科研方向和人才培养等方面。

西北政法学院复校之初，仅有方克勤、杨永华、李文彬、张继孟、林剑鸣等诸位老师，随后五年，方克勤老师通过请调、引进等方式补充了冯卓慧、胡留元、李淑娥、王宝来、王志刚、陈涛、张飞舟、侯欣一、周健、李迁西、蒙振祥等一批毕业于陕西师范大学、西北大学、北京大学、西南政法大学等校的中青年教师，迅速壮大教研室力量，形成了老中青结合的教师梯队。

法制史学科初期课程设置偏重中国法制史，仅有张继孟老师教授外国法制史，方教授便动员俄语水平较高的冯卓慧老师充实外国法制史教学力量，还曾请北京大学由嵘教授评阅冯老师的外国法制史讲稿，并得到充分肯定。方教授积极支持王宝来等教师外出进修提高教学科研水平，安排新进的年轻老师听课学习、撰写提纲、准备讲稿、辅导答疑、反复试讲等，以尽快提升青年教师的教学能力。在中国法制史、外国法制史之外，学科还开设了罗马法、中国刑法史、考古与法制、陕甘宁边区法制史、中国狱政史、蒙元法制史等课程，形成既有特色又具完整性的课程体系。

20世纪80年代初，国内法制史教学资料匮乏，方教授支持教研室教师结合教学与科研，编写了多种内容丰富、特色鲜明的教材及教学资料。1980年，方教授参与编写全国高等学校法学教材《中国法制史》（编写第十四、十五章，该著1988年6月获司法部颁发的"优秀教材证书"）；方教授与杨永华老师合编《陕甘宁边区法制史稿（诉讼狱政篇）》（1982年西北政法学院科研处编印，后于1987年由法律出版社出版）；李文彬老师著有《中国古代监狱简史》（1985年西北政法学院科研处编印，后于2011年由法律出版社出版）；资料员韩凯编写有《唐律疏议（名例篇）注释》（西北政法学院教材科编印，1985年）；陈涛老师编辑《中国近代法制史资料选辑（1—3辑）》（西北政法学院法制史教研室编印，1985年）；杨永华、王志刚著有《中国法制史教程》（陕西人民教育出版社，1988年）；冯卓慧主编有《外国法律制度史教程》（陕西师范大学出版社，1990年）、专著《罗马法私法进化论》（陕西人民出版社，1992年）等。

对于法制史学科的发展方向，方教授认为，"既然是在西北，就应当因地制宜，一是要研究一下边区的法律，二是要研究出土文物中的法律思想"，将学科科研方向确定为陕甘宁边区法制研究及出土文物中的法制研究两个特色方向，鼓励、引导并支持教研室教师"要选定一个自己长期的、稳定的科研方向，科研与教学并进"。20世纪80年代，方克勤、杨永华老师等发表了《抗日战争时期陕甘宁边区的选举制度》等十余篇陕甘宁边区法制方面的学术论文，出版《陕甘宁边区法制史稿（诉讼狱政篇）》；冯卓慧老师与胡留元老师合作发表了《骊山刑徒辨析》《唐〈御史台精舍碑〉初探》《西周刖刑》等数篇古代文物与法制方面的学术论文，出版《长安文物与古代法制》（法律出版社，1989年），受到国内外学术界关注，奠定了西北政法大学法制史学科长远发展的基础。

西北政法大学法制史学科在1985年获得硕士学位招生权，1989年获得法制史硕士学位授予权，是经国务院学位委员会评审批准的我国第四批学位学科授予权的学科之一。首批导师为方克勤、杨永华、胡留元、李文彬等。1986年开始招收第一届硕士生，至1993年方教授退休，共培养了魏秀玲、蒲忠发、贺嘉、雷玉波、刘国正、汪世荣、孔璋、许晓瑛等14名硕士毕业生，其中不少人成为著名学者或政法部门的骨干。

方克勤教授对中国法律史学会的工作及法律史学科的发展给予积极支持。1979年，率西北政法学院法制史5人教师团队赴长春参加中国法律史学会成立大会并作为第一作者提交论文《抗日战争时期陕甘宁边区的选举制度》，参加中国法制史、法律思想研究会章程的起草。1983年8月，"中国法律史学会首届年会"由西北政法学院主办，方教授参与了会议的筹备组织及论文编辑工作。会议上提交的专著、论文88种，反映了当时最新的研究成果。大会委托西北政法学院科研处编辑会议论文集《法史研究文集》（上、中、下），收入了其中的55篇论文，分为中国法制史、外国法制史与法律思想史、中国法律思想史三部分。1984年12月，在西北政法学院召开了20余人参加的全国法制史研究会西北西南片会，方教授参与筹备并参加讨论。1986年5月，司法部在西北政法学院举办"全国法律专业师资进修班"（第七期），有来自全国各高校的30余名法制史教师参加。院长穆镇汉兼任班主任，方老师为副班主任。1987年8月，方教授参加了边区政府成立50周年学术讨论会。1990年3月参加了在湖南长沙举行的中国法律史第四届年会。2009年，方克勤教授受特邀出席中国法律史学会成立30周年纪念会及学术年会并提交了论文。2019年，受特邀为中国法律史学会成立40周年纪念会及学术年会录制了致辞短视频。

方克勤教授一生参与编写专著两部，发表论文20余篇，其学术成就主要集中在20世纪80年代。1979年在《人文杂志》第1期合作发表了其第一篇学术论文《抗日战争时期陕甘宁边区的选举制度》。随后在中国法学界关于人治与法治问题的大讨论中，与先生周柏森教授合作撰写《谈谈法治与人治》一文，主张摒弃人治、健全法制，该文1981年获得陕西省社会科学优秀成果奖。之后，与杨永华老师前往陕西省档案馆查阅抄录陕甘宁边区法制档案，坚持多年，积累了丰富的资料。方教授还多次走访陕甘宁边区故地，采访边区时期曾任高等法院典狱长的党鸿魁、马锡五审判方式著名案例"封捧儿与张柏婚姻纠纷案"当事人封芝琴。方教授独著或与杨永华老师合作先后发表多篇陕甘宁边区法制研究方面的论文，具体如下。1980年，在《现代法学》第3期发表《陕甘宁边区审判方式的一个范例》一文，阐述了马锡五审判方式的特点与产生土壤；围绕黄克功案件及毛泽东复信，在《民主与法制》第10期发表《当年延安一件凶杀案的审理》一文，为当时社会各界关于法律面前人人平等的大讨论增添了新的重要史实，该文获1981年陕西省社会科学优秀成果奖。1982年，在《西北政法学院学报》第2期发表《指导陕甘宁边区民主法制建设的光辉文献》一文，揭示了毛泽东复信对总结工农民主法制建设的经验和教训，奠定了革命根据地民主法制的理论基础及法制建设方向的重要历史价值，该文获当年陕西省社会科学院优秀成果奖。1982年、1983年，在《法律史论丛》第二、三辑上分别发表《陕甘宁边区民主政权的刑法原则》《陕甘宁边区严于执法一例——谈谈黄克功案件的处理》。1984年，在《西北政法学院学报》连续发表《陕甘宁边区调解原则的形成》《陕甘宁边区调解工作的基本经验》《抗日战争时期陕甘宁边区司法工作中贯彻统一战线政策的几个问题》等文。1987年，在《西北政法学院学报》第4期独立发表《陕甘宁边区惩治贪污罪的立法与实践》。同年，与杨永华教授合著出版《陕甘宁边区法制史稿》（诉讼狱政篇）。1988年，与杨永华教授合著《陕甘宁边区的狱政建设为改革旧中国的狱政管理奠定了基础》一文，总结了边区狱政建设的突出成就，指出这一成就是"以毛泽东思想为指导……充分贯彻群众路线，不断总结群众创造的新鲜经验，找到了马列主义与中国革命实践相结合的新民主主义法制建设的规律，创立了符合中国国情的法制，形成了一整套优良的法制传统，标志着新民主主义法制到了成熟阶段"。方克勤教授还参与国家哲学社会科学规划小组批准的"六五"社会科学基金项目《中国革命法制史》（上册1987年出版；下册1992年出版，中国社会科学出版社）的编写，撰写了第二章"政权机构及其组织法的创制和发展"。该著为中华人民共和国成立后第一部关于中国革命法制史的专著，1999年9月获国家社会科学基金项目优秀成果奖二等奖。2009年为中国法律史学会成立30周年纪念大会及学术年会提交论文《陕甘宁边区三三制政权建设的主要经验》。

方克勤教授的代表作主要有教材《中国法制史》（参编）、专著《中国革命法制史》（参编）、专著《陕甘宁边区法制史稿（诉讼狱政篇）》（合著）及论文《陕甘宁边区惩治贪污罪的立法与实践》。《陕甘宁边区法制史稿（诉讼狱政篇）》，1990年10月获陕西省第三次社会科学优秀成果奖二等奖；1995年12月15日获国家教育委员会颁发的中国高校人文社会科学研究优秀成果奖二等奖；2008年11月15日获教育部教指委、中国法学会法学教育研究会、中国法律史学会等机构组织颁发的第一届中国法律文化研究成果奖二等奖。该著由诉讼和狱政两部分组成。诉讼部分，概括说明边区诉讼立法的性质及根本任务、各级司法机关的组织和职权，深入阐述边区诉讼立法的指导思想和诉讼基本原则，详细分析边区诉讼立法的基本制度，实事求是地总结边区调解工作的成绩、经验和教训，指出调解工作是边区诉讼的优势所在和最大特点之一。狱政部分指出，狱政成就是边区法制的辉煌之处，是值得我们学习和借鉴的宝贵经验，包括：（1）从法律到观念、行动上确立犯人是人，尊重犯人人权，保护犯人未被剥夺的人权；（2）认为犯罪产生的主要根源是旧的社会制度，个人品质次之，因而对犯人采轻刑主义；（3）对犯人采取感化教育，反对惩罚和报复主义；（4）认定监狱既是惩罚机构也是教育机关；（5）对犯人实行政治、文化和劳动三大教育，清除其犯罪思想根源，学习劳动技能；（6）在监狱开展生产劳动，实行分红，为犯人走向社会谋生创造条件；（7）犯人在监狱过着和普通群众一样的生活。边区狱政管理的成就受到国内外人士的称赞，是边区法制的亮点之一。《陕甘宁边区惩治贪污罪的立法与实践》一文从贪污罪的主体、客体、主观、客观四方面阐述陕甘宁边区惩治贪污罪的法规与司法实践，指出厉行廉洁政治、严惩贪污行为是中国共产党领导的人民政权的优良传统之一。方教授等的研究以档案资料为基础，文风质朴，观点信实，开辟了陕甘宁边区法制这一新的研究领域，让人们重新认识到革命法制的重要价值，迄今为止仍是革命法制领域的重要著述。

（供稿：西北政法大学法治学院教授　刘全娥）

怀念恩师郭成伟教授

一、意外辞世

2023年8月10日清晨，一天前才从东北老家赶回北京满身疲惫的我，本想好好睡个懒觉，可是刚过8点就被李春雷师弟的电话吵醒，意外得到了郭老师去世的消息，真的如同晴天霹雳！就在十天前的8月1日，大师兄王广彬因病英年早逝（1961年出生），远在东北的我是夜里才得到的消息，那几天北京盛暑难耐，不想深夜惊扰老师，于是我拖到第二天上午才联系，并听从老师的指令，在师门群里发布了丧讯。怎能想到那一次将近20分钟的聊天，竟是我和老师的最后一次交谈！

顾不上悲伤，我紧急联系了老师的女儿小颖，确认老师是当日凌晨在睡梦中安然辞世的，遗体尚在家中，于是赶紧在师门群里发布了老师离世的消息，并告知了中国政法大学法学院、中国法律史学会等负责人，匆匆赶往老师家中。在京的各位同门也陆续赶来，大家明确了当下的中心任务是保护好体弱的师母，帮助小颖妹妹料理好老师的后事，于是我们分工协作，迅速发出师门公告，并初步整理出老师的生平简况，我抄录在这里：

郭成伟，1946年3月出生，中共党员，北京市人，中国政法大学法学院教授、博士生导师、博士后合作导师。1965年于北京师范学院历史系就读，1969年毕业后在北京市海淀区教育局下放，1971年在北京政法附中（174中）任教。1979年于中国政法大学攻读法制史专业研究生，师从曾炳钧先生，1982年硕士研究生毕业留校，在法制史教研室任教。

曾任中国政法大学科研处处长、科研单位党总支书记、校学术委员会委员、校学位委员会委员。1997年被国务院评为享受政府特殊津贴专家，2008年被聘为校级二级教授，2011年被评为教育部二级教授。曾任中国法律史学会常务理事、中国法律史学会中国法制史专业委员会副会长、中国老教授协会政法专业委员会主任委员、中国法学会董必武法学思想研究会常务理事、国际法律语言学会学术委员、北京高校科研管理研究会副会长。

郭老师毕生潜心致力于法律史学的教学科研工作，成果丰厚。曾主持国家和省部级多个科研项目，其中，国务院重大文化工程项目（国家清史编纂委员会项目之一）《大清律例根原》整理获得全国古籍整理优秀作品奖二等奖；与钱大群先生合著的《唐律与唐代吏治》（郭成伟教授负责第二、四、五、十六四章的撰写）曾获教育部人文科学优秀成果奖二等奖。先后发表《中国古代官箴文化的源流与借鉴》等几十篇学术论文，主编《撷英集粹（选集）》等论文集，培养硕士研究生、博士研究生、博士后近百人。曾经多次组织和主持大型国内与国际学术研讨会，出访多个国家进行学术交流。在法律古籍整理、法学教育、研究生培养、学术研究、科研管理与服务等方面做出了突出贡献。

在老师辞世的当天夜里，法学院就发出了讣告，明确遗体告别仪式定于8月12日上午11时在八宝山殡仪馆"兰厅"举行，并安排校车赴殡仪馆吊唁。那一天，我的手机几乎一直处在通话状态，来问询、问候，发来唁电和要求送上花篮、花圈及挽联的信息不断，让我深切感受到了老师的广受爱戴和桃李天下。

二、告别恩师

老师的告别仪式，如期隆重举行。有同门写道：8月12日上午11时，是我们与恩师最后告别的时刻，地点是八宝山的"兰厅"。兰花具有典雅高洁、坚贞不渝的品格，被誉为"花中君子"，这不正是老师高洁品质的写照吗！迎灵是4位统一制服、个头整齐、训练有素的工作人员，把老师缓缓移入大厅，停放在鲜花丛中。灵柩上覆盖着鲜红的党旗，意涵老师为党的教育事业奋斗了毕生，学术成果丰硕，桃李遍布四方。老师身着西装，打着领带，好像刚参加完博士学位授予典礼，有点劳累，躺下休息一会儿，和蔼慈祥。音乐是安静舒缓的，给我们带来一丝轻松，没有像哀乐那样把我们拖向沉重。背景不断播放着李倩师妹制作的老师生平的视频，就像我们在老师家里，他一边给我们翻阅保存多年的相册，一边讲着每一张照片的来历和其中的故事。当我们手捧鲜花、给老师鞠躬时，距离那么近，仿佛无声的交流，而非永别。

那一天虽然正值暑假，但是在短短的时间内，还是有老师的生前友好，包括亲友、同事、学生等近二百人，从全国各地赶来向他做最后的告别。马怀德校长、高浣月副书记、常保国副校长、雷磊院长、王文英副书记等学校和学院的领导，以及已经离退休的马抗美副校长、张保生副校长等都来送老师最后一程。小颖妹妹代表家人致辞，她对各位尊敬的领导、老师和亲朋好友在百忙之中赶来参加告别仪式表达了衷心的感谢，回忆了父亲勤勉奋进、教书育人的一生和坚韧豁达、宽厚仁爱的品格，感人泪下。我这个较早入门的老学生（1998—2001年跟随老师攻读博士学位），则接受同门委托，作为学生代表发言。在诚挚地感谢了各位来宾的到来之后，我坦言：

恩师出生于战火纷飞的1946年，加之特殊的家庭背景，早年吃了很多苦头，是在逆境中成长起来的一代法学家。自1971年任教于北京政法附中起，恩师又先后在北京政法学院攻读研究生、毕业留校任教，与北京政法学院、中国政法大学结缘52载。其中的四十余年，恩师始终奋战在法律史的教学与研究工作中，出版有十余种极具影响的科研成果，培养了近百位硕士、博士、博士后，是法学界公认的名师巨匠，桃李遍天下。在我这个"老学生"眼中，恩师完美融合以下三重身份与角色。

首先，他是一位忠诚于党的教育事业，深耕杏坛、教育无数英才，深受学生爱戴的温厚师长。虽然研究、行政工作繁重，但恩师始终都恪守教师本分，坚守教学第一线，而且将最新的科研成果、学界动态迅速融入教学。每一位听过他讲课的学生，都会记得他那深沉、舒缓的声音，渊博、厚实的知识积累，在他的娓娓道来中感悟中国法律史的精深与高妙；而每一位由他指导论文的学生，也一定难以忘怀文稿上那密密麻麻、清晰而细致的修改笔迹。他传授给学生的绝不仅是知识，更是一种品格和风范。在记忆中，办公楼三层，恩师那间办公室的灯光总是到很晚才熄灭。他的勤奋、对学术的热忱让人惊讶，退休之后以病弱之身仍完成了多部论著，难怪有学生讲："老师都如此，我们这些做学生的又有何理由不努力呢？"（方潇语）

其次，他是一位成果宏富、在多个领域做出开拓性贡献的优秀学者。恩师曾主持多个国家级、省部级科研项目，如早年对唐律与吏治、官箴文化、社会犯罪与综合治理、社会保障、中华法系、新中国法制史等问题的探讨以及对明清公牍秘本、中华经典名案和传统判词的点校整理，开启了多个学术研究的新领域，汲古鉴今，至今嘉惠学林；而他晚年投注大量心血的《大清律例根原》整理，被列为国务院重大文化工程项目（同时也是国家清史编纂委员会项目之一），曾荣获全国古籍整理优秀作品奖二等奖，至今仍是清律研究者的案头必备之作。

最后，他还是一位在科研管理与服务方面倾注过心力、业绩卓著的行政领导。恩师曾任我校科研处处长、科研单位党总支书记等多年，在制定科研评价标准、组织校内同人申请课题、召开学术研讨会、推动学校国际化交流等方面，进行过许多有益探索，使我校的科研环境、学科建设、国际化程度获得显著提升。我还清楚地记得，在一个寒冷的冬日，恩师艰难地拖着一条伤腿，一瘸一拐地在会场指导我们如何进行会务服务，甚至细致到怎样摆放嘉宾桌牌。他将严谨治学的精神完全贯彻到了行政服务工作上。

恩师的这些努力获得了学界的高度认可，在海内外学术界皆享有崇高声誉。1997年被国务院评为享受政府特殊津贴专家，2008年被聘为校级二级教授，2011年被评为教育部二级教授；并曾担任中国法律史学会常务理事、中国法律史学会中国法制史专业委员会副会长、中国老教授协会政法专业委员会主任委员、中国法学会董必武法学思想研究会常务理事等。不过，我想恩师一生引以为傲的，一定是他最本真的教师身份，所以当他卸下行政重担后，又义无反顾地选择回法学院法律史研究所，继续乐呵呵地给本科生讲起课来，全然不顾往返两个校区的辛苦奔波。

敬爱的郭老师，您走得太匆忙了，学生还想再听您神采飞扬、如数家珍地讲课；还想再听您高唱一曲《喀秋莎》和《三驾马车》；还想再去您家里吃您亲手包的饺子、亲手炖的红烧肉；还想再看到您和师母相互搀扶着去买菜、遛弯儿，有说有笑……敬爱的郭老师，今生能成为您的及门弟子，是我们三生有幸！如果能够穿越回过去，我们一定会更加努力，让您亲眼看到我们取得更多、更好的成绩。敬爱的郭老师，我们知道您还有很多研究规划没有来得及完成，我们将尽力完成您的遗愿，让学术的薪火代代传承。同时，我们也郑重地向您保证，郭门弟子会担负起照顾师母和小师妹一家的责任，请您放心！

培育桃李五十载，鞠躬尽瘁七十春。斯人已去，风范永存！我们会一直牢记您"宽厚待人、踏实做事、永远自强不息"的嘱托，每一个受您启发、在心中种下宽仁精神和法治种子的学生，也都会永远怀念您！

三、深切缅怀

老师辞世之后，我们收到了来自全国数十所高校和学术团体的唁函、花圈和挽联，对老师的一生给出了很高的评价。

其中，最早到达的中国法律史学会的唁函写道："先生潜心教学研究，著述颇丰，悉心人才培养，桃李芬芳。先生致力科研管理，提携后学，广受敬重爱戴，有口皆碑。先生的离世不仅是中国政法大学的损失，也是中国法律史学界的损失！先生所行之事，可堪垂范！先生所授之业，庚绍永传！"中国人民大学法学院的唁电则写道："郭成伟先生是杰出的法制史学家，为我国法制史学科建设、法学教育和法学研究的发展作出了杰出贡献。先生一生潜心治学，成果卓著，在法制史学科重大学术问题上有精深研究。先生长期奋斗在教书育人第一线，诲人不倦，为教导学生倾己所能，为法学教育不遗余力，培养了大批优秀的法学人才。先生对学术界、教育界以及社会发展的贡献卓著。郭成伟先生的逝世，实乃我国法制史学界和法学教育界的巨大损失，我们将永远缅怀先生的风骨精神。"

而让我印象更为深刻的，是个人的挽联和纪念文字。比如，老师多年好友王宏治老师所写："相与四十春秋，情同手足，亦师亦友亦兄长；合作万千文墨，德泽桃李，谈史谈法谈人生。"林乾老师的挽联上写的是"治史博通古今，意在经世；为师提携后学，风范永驻"。学生沈成宝敬献的挽联是"官箴宏著，谆谆不倦亲垂范；法史巨篇，缕缕清晰重探原"。远在美国的曾尔恕老师则写下："成伟、兴国、丽君与我四人是79级法制史专业研究生，82年留校。如今成伟同学、同事、好友走了，我们倍感哀恸。成伟一生严于律己，自强不息，上个月还在学报上发表论文。成伟走得安详，唯愿一路走好，天堂安息！"钱大群老师和郭老师很早就是至交，因为他年事已高，一直没敢告诉他郭老师去世的消息。钱老师在知道后，果然十分感伤，特意让女儿委托方潇师弟发来了这样的悼念文字："成伟之治学与为人，皆因满怀精气神儿而成就斐然，其待人诚恳，形象亲和，得以改善其所与环境之氛围，对中政大之成长发展，颇有贡献。总之，成伟之一生也，终得成其伟矣！其驾鹤西去，吾获信甚迟，痛念追思不已。"

在网上点击率颇高的是焦洪昌老师的这篇悼文《在心的远景里，在灵魂的深处》。焦老师说，在他心中，郭老师是位谦谦君子。他们同一年就读北京政法学院，那时候，郭老师是研究生，他是本科生，后来一起留校任教。也是在一次闲谈中得知，郭老师是袁项城的曾外孙，名门之后。郭老师对他的知遇之恩，源于一次电话邀请。那是2002年3月中旬的一个晚上，学校拟成立体育法研究中心，郭老师推荐他做中心主任，由此让他跟体育法学结缘。他印象里的郭老师学识渊博，能洞见中国文化的闪光点。2012年3月，焦老师带团访问日本几所大学，郭老师是团里的资深教授。与青山大学学者交流时，郭老师发表了"中国古代官箴文化研究"的演讲。郭老师说，在中国古代，人若生病了，一般要通过针灸打通穴位，使气血通畅。官员生病了，一般要用法律监控，用官箴教化。官箴的功效有三。其一是以公御私，倡导官员对国家民族负责，不能眼看皇帝误国误民而无动于衷，必要时要以命相谏。官员忠于国家和民族，并非忠于某一个人或某位君主。其二是坚定操守，包括清廉、谨慎、勤政三方面。其三是懂得势术，当刚则刚，当柔则柔，刚柔相济，方圆相协。郭老师的这番演讲受到同行赞誉，引发了热烈讨论。郭老师退休了，心仍系法学院。院领导班子新年去看他，总是问及院里的教学、科研和学生就业，并惦念青年教师的成长。新冠疫情期间，他还主动捐款捐物，担任小区的志愿者。2022年12月17日，法学院法律史研究所召开《曾炳钧文集》出版研讨会，因身体原因，郭老师没能亲自出席，特委托弟子姜晓敏，通过短信转达对曾公的敬意。他说："这些年我对曾公的认识，有个不断深化的过程。先生为人师表，晚年拄着拐杖，从北太平庄寓所到学院路教室上课，从不让人陪同；先生深通政治学、经济学、法学，并将这些知识运用到法律史学研究上，是真正的法学大家；先生上课，先布置作业，让学生到图书馆查资料，读原文，形成报告，然后在课堂上发表。他的点评高屋建瓴，切中要害，让人茅塞顿开，终身受益。"郭老师最后写道："先生临终前，握着我的手说：'成伟呀，一定要自强不息！'这短短十个字，我牢记在心，时时想起，并认真传授给弟子们。"焦老师眼中的郭老师毕生致力于法律史的教学科研工作，成果丰厚；毕生持守"求大道学问、成法治文明"的信念，光可照人。斯人已去，思念如潮：在心的远景里，在灵魂的深处。

方流芳教授也在2023年8月13日发布了一篇博文，并特意标明"谨此纪念郭成伟教授"。他认为，郭老师任职科研处之时，无言的智慧就是不扰同事，没有那么多考核指标，这也成全了不少人的顺利晋升。

四、薪火相传

同门方潇师弟在从上海赶来的路上匆匆完成的回忆文章《怀念敬爱的郭老师》，叙述了许多感人的细节。比如，2023年4月的一个晚上去拜访郭老师时，他第一次感觉郭老师比以前消瘦了很多，但精神依然矍铄。那天晚上，老师穿着宽大的上衣，他就坐在郭老师的右边聆听学问之道。老师讲到兴奋之处，情不自禁地抬起他的右手，随着老师衣袖的滑落，他突然间发现右手腕底用医用胶带黏着一个东西，似乎是留置针管（没看清）。他就问老师怎么回事，老师赶紧用衣袖盖住了手腕，笑呵呵地连声回应说没什么。这时师母简单解释说，前两天刚去了医院，肾有些问题……看到郭老师的表情，他没有再追问下去。作为有骨气要尊严的知识分子，郭老师也许并不希望别人知道他的病情，更不希望别人为他担忧。郭老师说没什么之后，又继续谈论中国传统法哲学的精义了。最后，当他依依不舍地告别老师和师母，走出门外边后，他的眼睛湿润了……回忆起跟随郭老师读博的时光，方师弟认为，在授课和学业指导上，郭老师视野开阔，知识渊博，分析问题往往高屋建瓴，从不拘泥于传统见解，并经常鼓励学生们进行学术创新。而在为人处世上，郭老师更是以其极为宽厚的胸襟、百倍善良的爱心，感动着他，鼓舞着他，塑造着他，直到今天他仍然遵循老师的教诲而以宽容为本、与人为善。在博士学位毕业论文的后记中，他这样写道："我的业师郭成伟教授，无论在学业上还是生活上更是给了我慈父般的关怀。可以说，从论文的写作思路、结构，到论文的修改和完成，整个过程无不凝聚着他的心血，闪烁着他的智慧，激荡着他的鼓舞。或许遗憾的是，由于本人学识有限，我怀疑并没有将业师的指导意见完全透彻地表达出来，这是我的诚惶诚恐之处。不过，令我感到欣慰的是，业师教书育人的风范深深地影响了我，使得我这个教师同行终身受益。"后来他的博士学位论文成功申报成为国家社科基金后期资助项目，在结项成书（《天学与法律》）的后记中他又写道："我一向认为，作为博士学习的关键所在，不在于学到了多少具体的知识，而在于是否把握了学术研究的门径。在此点上，我从郭老师那里获益良多。他那种开阔的视野，高远的眼界，特别是对学术自由和创新的宽容和尊重，深深地影响了我，也鼓舞了我！不仅如此，在我博士毕业后，郭老师同样一如既往地关心和帮助我的专业研究。每次遇到学术成果鉴定或推荐之时，郭老师总是很爽快地答应并及时完成，那种对学生的关心和热情令人感动！本书的序言之一就承载了他的谆谆教诲和满怀爱心！"郭老师就是这样一位学问渊博的经师，更是一位不可多得的德高望重的人师！

另一位同门冯江峰师弟的回忆文章《最后的一课》也获得了较高的关注。我们都知道，老师一生的著述，除《社会犯罪与综合治理》等专著（中国政法大学出版社1994年版）外，主要体现于《郭成伟教授论文集》（中国方正出版社2006年版）以及《思源集——郭成伟教授论文及著述选集》（中国检察出版社2011年版）。前者后附了"郭成伟教授论著目录"，收录了2005年之前出版的专著26种、整理文献与编写工具书11种、教材10种；后者则收录了老师的代表性论文9篇、题序6篇、为《中国法律年鉴》"中国法制史学"部分撰写的文稿17篇（时间跨度从1988年至2011年）以及论著节选20篇。冯师弟收集到一份中国政法大学法制史教研室20世纪80年代的油印资料，是郭老师撰写的《论包拯的狱政思想》，这篇文章在老师的文集中没有收录，于是他带上文章在2023年7月26日去拜见老师和师母。老师给他看了自己刚发表的论文，就是在2023年第2期《中国政法大学学报》刊出的《中国古代社会治理体系与治理能力研究》。法制史的专业论文需要查找很多资料，老师已经年近八旬，这两年身体明显消瘦，在没有任何科研任务的情况下，还笔耕不辍，这让冯师弟感佩不已。快到午饭时间时，冯师弟提出来请老师和师母吃个便饭，两位老人不让他打车。冯师弟写道："在七月的这个中午，老师、师母和我坐了两站公交去吃午饭，老师总是为学生考虑，不想让学生花钱。……席间师母劝我多吃点肉，在师母的眼里，我还是那个年轻、能吃肉的小伙子。……用餐结束，我去结账，老师把我拦住了，老师说：'我来结账，我有这家饭店的卡，可以打折。'一如上学时，经常是老师请我们这些学生吃饭。我专程来看望老师，可是都没有结成账！"冯师弟还回忆道，谈及当下的社会热点问题，老师说："党的十八大以来，中央加大了反腐力度，政法系统有不少干部被抓。我感到高兴的是，在我教过的硕士生、博士生中，没有一个学生腐败，没有一个被抓起来的。我们作为老师，在教育学生的过程中，不仅要教给学生学问，还要教给学生做人做官的道理，要清廉做官，要守住底线。"官员的廉洁问题一直是老师研究的重点内容，他对于中国古代的官箴文化有很深入的研究。

听冯师弟说，这篇文章最初的标题是"纪念和老师的一顿午餐"，以贴近生活。仔细考虑，改为"纪念郭老师的最后一课"。因为于学生而言，不论什么时间，都在向老师学习。那既是一顿午餐，也是老师的最后一课。

上述两位师弟的叙述，反映了我们诸位同门的心声。诚如有学者所指出的那样："郭教授是他那一代法律史学人中为数不多的兼治中国法制史与外国法制史、古代法制史与现代社会治理的学者之一。"老师在繁重的行政服务、指导硕士研究生和博士研究生的同时，从未放松其学术研究。而作为"双肩挑"的教授，在服务于学术公益之时，就个人的学术发展而言，不能不有所牺牲。其实，老师心中一直有自己的研究规划。方潇师弟在上文中有提到，郭老师说他有一个宏愿，就是有生之年想写出一本《中国传统法哲学》的著作！他认为，中国法律史学界关于中国传统法哲学的研究太少了，非常不足，而这个传统法哲学又太重要了，是中国传统法律的真正精髓。

老师享年七旬有七，于一个法律史学者而言，在其学术炉火纯青之际，撒手人寰，还是非常令人遗憾的。据我所知，老师多年来投入很大心力，和田涛老师、王宏治老师、马志冰老师合作，一起点校整理黄山书社1997年影印出版的那套《官箴书集成》十册，以便学界利用，可惜至今仍未能完成。老师生前还有一部书稿《社会犯罪与综合治理》，已交给光明日报出版社准备出版。这本书可以说是郭老师一生勤勉治学的代表作，曾由张晋藩先生作序、于1994年由中国政法大学出版社出版，是当时将社会犯罪与综合治理相结合而推出的首部学术专著，在学界享有很好的口碑和声誉。老师退休后又抱病对该书进行了认真细致的修订，增加了《古代慎刑研究三论》和《中国古代社会治理体系与治理能力研究》这两篇最新研究成果，使该书在体系和内容上进一步完善。该书预计于2024年正式出版，也算是对老师在天之灵的一个告慰。

回想老师生前的点点滴滴，我最喜欢的一篇文章是2000年陈亚莉老师对他的专访，题目是《凤凰的更生——访郭成伟教授》，载于《法大成人教育》2000年第2期，后来又作为附录收入《郭成伟教授论文集》。在那次访谈中，老师开篇就谈道："前事不忘，后事之师。今日之中国乃历史之中国的延续。因此，历史学具有很强的生命力。特别是中国法制史学科，总结以往治国的经验，为我国的法治实施提供积极的历史借鉴，正焕发出鲜活的生命光彩。"在谈及自身的学术体会时，老师强调，"研究中国法制史必须扎根于中国国情的基础之上"，而"史料的鉴别和整理工作是法制史学研究的基础性工作"。为此，他和田涛同志点校了张鷟的《龙筋凤髓判》（中国政法大学出版社1996年版）和《明清公牍秘本五种》，整理了清代的城市法规39种（《清末北京城市管理法规》，北京燕山出版社1996年版），后来老师又独自点校整理了《大元通制条格》（法律出版社2000年出版）。在谈及《社会犯罪与综合治理》一书时，老师直言他写这部专著的初衷："就是因为自己深切体会到当今社会发展所面临的严重的社会犯罪，不能仅仅靠突击性的严打，这仅仅是治标的方法。我们还要靠治本的方法，即综合治理的方法。为此我花了许多时间搜集了从古代到近代综合治理的经验和教训，并归纳其经验，总结其规律。同时我还去监狱进行了实地考察，其间耗时10年，总结出古代近代综合治理的基本经验，我认为这是本很有现实意义的书。"说到他和南京大学钱大群教授合写的《唐律与唐代吏治》，郭老师说："在总结唐代这段历史时，给我印象最为深刻的是当时实行的'群相制'。这一制度在发挥群相作用，防止个人专断方面，给我很多的启发。此外，唐代完备的监察制度也给我们很多启示。"

而让我终生难忘、特别感动的，是老师大约在2011年追忆他的老师的一篇文章《回忆导师曾炳钧教授——从爱国书生到民主斗士》。该文最初发表于《法大人》，由郭老师口述，滕焕阮整理，艾群编辑，后来收入《思源集——郭成伟教授论文及著述选集》。郭老师是曾炳钧教授的关门弟子，是1979年北京政法学院复办以后曾炳钧先生带的唯一一届中国法制史的研究生，当时他和江兴国老师两个人师从曾先生。他认为，"曾先生的一生是很了不起的，他从一个爱国的民主主义者最后转向了共产主义者"。老师深情地回忆了在抗战时期，曾先生将自己的生命置之度外，接受在美国的中共地下党的委托，冒着被德日潜艇击沉的风险，将一船国内急需的飞机和船舰零件漂洋过海押运到仰光，又从缅甸走陆路进入中国的云南，圆满完成任务。郭老师认为，从这个事情来看，曾先生"不单是一种书生的爱国，还有一种献身国家的精神，体现出他的高尚人格"，无怪乎"最后以八十岁的高龄加入了中国共产党"。在他看来，"曾先生一生追求进步，心怀坦荡，不计前嫌，不像有些人老是念念不忘自己受的冲击委屈"，尽管"最能够发挥他学术专长的黄金时代都在政治运动当中耗费了"。说起先生的为学，郭老师认为，"可以用四个字概括，严谨、科学"。"曾先生在1957年前后发表了一篇很重要的文章《论法的继承性》，刊登在《政法研究》上。"而在当时比较特殊的形势下，"曾先生以科学分析的方法、严谨的治学态度来研究法的继承性，这是冒着很大风险的"。回忆起曾先生的为教，郭老师印象深刻的是，曾先生"让我们在研究生学习期间着重看原始资料，看第一手资料，接触最经典的书籍"，"不主张我们立刻搞科研，他说我们的基础不稳固，写的文章不足以体现出科学的精神和创新的意识，学历和学识还不够，所以不要着急写文章，先把东西看懂钻研透，将来有了成形的东西再写再去发表"。"曾先生的为教还表现在平等地对待学生，诲人不倦。他没有架子，也不是高高在上，指手画脚，对学生和蔼可亲非常平和，但是该严格的时候也绝不放任我们。"在郭老师的记忆中，"曾先生教我们的时候已经76岁了"，"曾先生是在美国名校名师的指导下把最先进的学术思想融汇到自己学术当中，在此之前他的国学就已经有很深的功底，所以他把中西学贯通在一起，兼学并用，视野开阔，学术思想包容，有一种大儒大雅的知识分子的风范"。在这篇文章的最后，郭老师缓缓地说道："我们这批人有着特别的使命，就是承上启下，传递衔接。先生已经仙逝，而当时新的一代还没有起来，所以我们在老先生和新一代的人之间起了搭桥铺路的作用，这就是我们的使命。"

今天再一次阅读这些文字，我觉得郭老师在为人、为学、为教等方面，都无愧于是曾先生的弟子和出色的传承人。他那种自强不息的精神和宽仁温厚的品格也一直在感染和激励着他的学生们。在老师离世的第七天（8月16日），苗鸣宇师弟和其他同门精心制作了"思源——我们的追思"纪念专号，将讣告、生平、告别、唁函、挽联、吊文、记忆等相关视频、图片和文字等汇总到一起，在"水去法来"公众号发布，以寄托我们无尽的哀思。在2023年11月17日老师离开我们的第一百天，苗师弟和其他同门又特意制作了百日祭增补版纪念专号，以表达我们对恩师深沉的缅怀。

2023年12月3日，由我负责组织北京市法学会中国法律文化研究会2023年年会，会长柴荣老师以及从天津赶来的侯欣一老师等人，均提议会上为郭老师默哀。考虑再三，我觉得临近年底，办会还是要突出祥和的主题，不想把气氛搞得太沉重，所以没有照办，而是借着筹办会议的机会，设计了一个"礼敬师长"的环节，在感谢郭老师作为特聘学术顾问对研究会发展所做的贡献时，在大屏幕上展示郭老师2019年参加年会并做主题演讲的照片及会议合影，同时请出会场里郭老师最年长的弟子姜登峰老师到主席台，由我的研一新生为登峰老师献上一束鲜花，以示学术的薪火相传、老师未竟的事业仍在由其学生们继续推动！现场反响很好，我想假若恩师地下有知，一定也会深感欣慰的。而为了更好地告慰恩师，我们每个人也都将继续努力！

2024年1月28日，恩师被安葬于八宝山革命公墓。3月6日，师母和女儿小颖将恩师毕生的珍贵藏书一千多册，悉数无偿捐赠给了设在法大图书馆的"蓟门法史书苑"。据负责此事的法律史学研究院顾元院长讲,这是该书苑自筹办以来所收到的最大也是最珍贵的一笔捐赠,必将造福于法大学子和学界同人。

"三尺讲台存日月,一支粉笔写春秋。天长地久有时尽,师恩绵绵无绝期!"恩师音容宛在,我们永远怀念您!

(供稿:中国政法大学法学院教授 姜晓敏)

论文选刊

编者按

为充分反映本年度中国法律史学研究的面貌、成就和水平，本书编委会特组织评审推选年度优秀论文，全文收录于《中国法律史学年鉴》，以飨学界。在具体工作中，本书编委会本着严肃认真、优中选优的基本态度，共分三轮开展评选工作。

第一轮评选由《中国法律史学年鉴》编委会委员、中国人民大学书报资料中心法学学科执行主编刘明昭从论文规范性、学科引领性的角度，初步选取中国法律史学科2023年度公开发表的期刊论文，时间截止到2024年1月5日。此后，又通过两轮筛选，将"人物自传式论文、综述类论文、地方性考证、文学中的法史、书评、论证简约类通识性文章、课程教学及改革"类作品，"非法史学者（专研性）、页码低于7页（含）、组文、同一作者保留一篇、文章论证十分基础的"类作品剔除，保留99篇期刊论文进入第三轮筛选。第三轮筛选则综合考虑论文下载量、选题影响力、论证丰富度等因素，为入选论文赋级，最终确定一级论文2篇、二级论文14篇、三级论文46篇、四级论文37篇。

第二轮评选由《中国法律史学年鉴》编委会各位委员在第一轮评选所得99篇论文中选取10篇论文，每位编委还可在10篇正选论文之外另选2篇备选论文。鉴于第一轮评选主要面向期刊论文，未能涵盖集刊等出版物，经编委会议定，编委会成员可在第二轮评选中自行另选优秀论文推荐，力避沧海遗珠之憾。第二轮评选中，共有44篇论文得到编委推荐（含仅得备选票者及编委另选者）。这些论文以得票总数为序，得票总数相同者按所得正选票多少为序，所得正、备选票数目相同者按作者姓名音序排序，以得票在2票及以上为分界线，取前24篇进入第三轮评选。

第三轮评选在第二轮评选所得24篇论文的基础上，再加《中国社会科学报》2024年1月15日刊发之《2023年法学研究发展报告》所特别介绍之6篇中国法律史学论文，在排除1篇短篇学术时评后，共得29篇论文，由《中国法律史学年鉴》编委会进行终评投票，取得票最多的10篇论文为最终入选者。根据最终的投票情况，共有11篇论文得票在6票及以上。经编委会研究决定，本次收录的"年度优秀论文"最终确定为11篇。

本次收录的年度优秀论文按照第三轮评选（终评）得票多少排序，得票相同者按作者姓名音序排序。每篇文章均注明作者及其所在单位，并标明文献来源。部分文稿与首发于相应学术期刊的文本略有出入，正式引用时请查核原文。

官无悔判：往日遭际、古代语境及其现代意义挖掘

霍存福[*]

摘要：对"官无毁判"的訾评，最早出现于谢觉哉1943年的会议发言及日记；对"官无悔判"的大规模批判，在1952年司法改革运动中达到了高峰；流风所及，至今仍有对其持批评或否定态度者。批判者将其视为旧司法被动、教条、形式主义的反映，有来历，有典据；否定者将其作为旧衙门颟顸、专横的代名词，则可能是一个重大误解。因为"官无悔判"的原型是"官无悔笔"，语境是"官无悔笔，罪不重科"。如今，除需要稍费笔墨为其正名、确诂其古义外，还应挖掘并赋予其在当今的现代意义，揭示其与"一事不再理"（或"禁止双重危险原则"）等民事、刑事诉讼原则的相通蕴意，可以为中华古法谚的创造性转化与创新性发展提供一个导向性的范例。

关键词：官无悔判；官无悔笔，罪不重科；司法改革运动；一事不再理；禁止双重危险原则；创造性转化与创新性发展

"官无悔判"一词，在大学课堂上听乔伟老师讲过；后来读《谢觉哉日记》，才知道也作"官无毁判"。谢老1943年12月4日的日记写道：

> 从各方面听取群众对司法的意见，听取当事人对审判的意见，从而检查自己工作哪些需要改进。——我们现在没有这样做，过去也没有这样做。关在法庭上写判决，"官无毁判"，"不服，你上诉好了"。不仅不搜集政府、团体、群众的意见，甚至上级法院和下级法院也不互相知道和交换经验。……由此发生下列一系列问题……三、形式绝对化——如检察问题，终审机关问题，"官无毁判"问题等，甚至全无内容的审讯笔录、判词等。……毛病就出在这里。……须在思想来一彻底转变，司法工作才能逐渐建立起来。……司法上的思想转变比其他工作要困难，因为它有很深的教条传统，因为他要照顾各部门工作和全社会的诸要求，因为他要实际解决问题。[1]556—557

谢老提出，新民主主义司法须为人民大众服务，坚持司法走群众路线；他反对国民党旧式司法的孤立、被动、隔绝以及教条、形式主义，认为其固守条文第一、经验第一、形式第一，并认为"官无毁判"是其"形式绝对化"的表现之一。所谓"形式"，他自注为"组

---

[*] 作者系沈阳师范大学法学院教授。

织、手续法等"。① 侯欣一教授研究谢觉哉法律思想时，依日记原文使用了"官无毁判"一词。[2]90 同时他也注意到了王子宜 1945 年总结中使用的是"官无悔判"。② 刘全娥教授追踪档案，查到谢老当时的发言记录是"官无回判"，并以意将其改为"悔"字。③ 两相比较可知，谢老日记系润饰当天的会议发言而成；而会议记录，未经发言者校对，容有错别字，故"回"可以是"悔"或"毁"，因音近而讹。日记中"官无毁判"两次出现，当非谢老误书，或出版校对之误。谢老用"毁"字，典据虽不明，但"毁"指"毁灭"，其含义也是弃毁原判、重来一次，意义与"官无悔判"也相近，只是所含主观成分稍逊。不过，因"官无毁判"仅有这一两个用例，所以，我们仍将使用常见的"官无悔判"。④

我一直琢磨乔伟老师是如何习得"官无悔判"一词的。是读古书，还是其他渠道？在草写本文过程中，我检索了 1952 年司法改革的资料，方知那时曾有过对"官无悔判"等"旧法观点"的激烈批判。其时，他正在东北人民大学（现吉林大学）法律系读书，那是他熟识该词的第一个机会。后来他在学校图书馆线装库工作，应该是他从古史资料中接触该词的第二个机会。

一、批判"官无悔判"：过程、表现、内容、定性、特征

对"官无悔判"的批判，是 1952 年肃清旧法思想和旧司法作风的司法改革运动的一项

---

① 谢老以三个"我们现在没有这样做，过去也没有这样做"，分别指出了边区司法诸表现：1. 司法的孤立——抱司法不参与立法的观念，未通过司法了解边区的问题和人民需要，没有为土地、婚姻、钱债、刑法等立法提供一些特殊例证，积极佐助立法；2. 司法的被动——不听取群众、当事人、政府、团体等的意见以改进工作，而是关门写判决，坚持既判力，不服请上诉；3. 司法的隔绝——没有将党的政策的实施在司法上予以具体运用，并由此发现政策不足，提出并求得修正。值得注意的是，"既判力"一词作为对立观点，很突出地出现于谢老日记中。

② 侯欣一教授注意到王子宜《在陕甘宁边区第二届司法会议上的总结（1945 年 12 月 29 日）》中使用的是"官无悔判"一词："关于'勇于改正错误'的意思，是指反对旧型审判所谓'官无悔判'的胡说。我们司法人员，应该是一发现错误，就勇于改正。自己发现的，自己改正，别人发现了并加以改正以后（例如二审撤销一审判决）自己应该向别人学习。抱成见，好面子，或托词执行问题等现象，根本要不得，应坚决扫除干净。"侯欣一：《从司法为民到人民司法：陕甘宁边区大众化司法制度研究（1937—1949）》（增订版），生活·读书·新知三联书店 2020 年版，第 435 页。

③ 刘全娥：《从支持、否定到废除：谢觉哉六法全书观的十年历程》，《延安大学学报（社会科学版）》2018 年第 5 期。谢老发言记录云："第二，我们过去对司法的形式问题，也由于不从群众观点出发，现在发现的问题，我们过去检查【察】制度的、重审制度的问题，因'官无回判'，你不服就上诉，把这看作是司法上很要紧的东西。"《边区高等法院雷经天、李木庵院长等关于司法工作的检讨会议的发言记录（1943.12）》，陕西省档案馆，卷宗号：15-96，刘全娥教授提供复印件。

④ 谢老指出，由于司法的上述诸弊端，遂使边区司法发生了一系列问题：1. 司法独立问题——在旧社会有好处，在新社会害处有三，与行政不协调，与人民脱节，执行政策不够；2. 把司法看作超阶级的——"六法全书"等；3. 形式绝对化——有检察问题，终审机关问题，"官无毁判"问题；4. 干部问题——重书本知识，不重实际经验。1952 年，边区时的这些问题，在一定程度上都重现了。从而，坚持"由党和阶级的观点出发来处理案件"，重现了与旧司法观点的冲突，只是这次演变成司法改革运动。

重要内容。

（一）运动的过程与旧法思想（观点）、旧司法作风的主要表现

司法改革运动历经9个月，始1952年6月，终1953年2月。

运动的动议，由政务院政治法律委员会提出。主要时间节点是：5月24日，董必武、彭真联名致函周恩来并报毛泽东、中共中央，呈送《政务院政法委员会1952年下半年工作要点（草案）》，提出开展司法改革，对各级人民法院进行彻底改造和整顿的计划。5月30日，政务院第138次政务会议批准这一工作要点。7月6日，董必武、彭真以分党组名义联名向周恩来并毛泽东、中共中央报告司法改革和司法干部补充、训练问题的情况和意见。7月9日，中共中央下发《中央同意七月六日政法分党组报告》的批文。[①] 8月13日，政务院第148次政务会议批准了司法部部长史良作的《关于彻底改造和整顿各级人民法院的报告》。8月17日，《人民日报》发表社论《必须彻底改革司法工作》。8月30日，中共中央发布《关于进行司法改革工作应注意的几个问题的指示》。

5—6月同时进行的，有三件事：一是派员分赴各地各级人民法院进行全国性视察；二是在京举办全国性政法干部会议；三是华东区最早进行司法改革。1952年5月，由中央政法各机关联合组织的4个视察组，分别对5个大区的人民法院进行了一个多月的视察。6月中旬，华东地区召开大区政法工作会议，在全国率先进行司法改革。6月16日，政务院政法委又会同中央教育部、人事部在京召开政法干部训练会议，着重讨论司法改革和司法干部补充、训练问题。

史良报告指出，运动所针对的问题，是"在'三反'运动中，暴露了全国各级人民法院还存在严重的组织不纯和思想不纯的现象"。因而，要"从上而下地、有计划有步骤地开展一个反旧法观点和改革整个司法机关的运动"，以"肃清国民党反动的旧法思想和旧司法作风残余"。[3] 所谓"组织不纯"，指全国各级法院中旧司法人员占比过高，约占22%，其中，多数人很少有进步，有些甚至是反动的，而且，其中一部分人还是贪赃枉法分子。这需要从政治上、组织上着手清理，以"保持与提高纯洁性"。所谓"思想不纯"，有诸多表现：第一，"旧司法人员中很多存在着严重的旧法思想和旧司法作风，在处理案件中，没有革命立场和群众观点，敌我不分，按旧法判案，推拖作风，因而办案中不断给人民群众造成重大损失"；第二，"在人民法院中有些老干部在思想上被旧司法人员、旧法观点所俘虏与腐蚀，甚至堕落蜕化"；第三，"有些地方人民法院负责人阶级立场模糊，旧法观点浓厚，对旧司法人员中的坏分子和旧法观点的危害性，毫无警觉"；第四，"一些人民法院的老干部虽自己并未学过旧法，但对人民司法建设有很大的盲目性，误以为旧司法人员是'专家''懂业务'，甚至要他们带徒弟，号召青年干部向他们学习，过高地估计这些旧司法人员的作用"。总之，旧司法人员、旧法观点与旧司法作风，与一些法院的老干部、负责人的

[①]《董必武传》撰写组：《董必武传：1886—1975》（下），中共中央文献出版社2006年版，第790页。参见陈光中、曾新华《建国初期司法改革运动述评》，《法学家》2009年第6期；董节英：《1952年北京市的司法改革运动》，《北京党史》2007年第2期。

干部问题两相交织，被认为事态严重，"特别是对那些腐烂不堪的旧法观点和作风占主导的人民法院，群众已有愤怨"，因而，"彻底改造和整顿各级人民法院"①，进行司法改革是非常迫切的了。②

6月24日，政法干部训练会议期间，政务院政法委员会主任董必武、副主任彭真都进行了讲话。二人皆指出，"中央政法委员会一九五二年下半年的工作要点"，是"肃清反动的司法作风的残余，彻底改造和整顿各级人民法院，从政治上、组织上、思想作风上保持和提高人民法院的纯洁性"[4]70—74。但二人讲话各有侧重，董必武更强调法院对旧司法人员的组织上的整顿和改造，彭真更关注对旧司法人员的思想、作风改造问题。

（二）旧法观点、旧司法作风的内容与其定性

董必武讲话所言法院组织上的问题，大多已反映在史良的报告中。而涉及旧司法人员的思想、作风者，董老有两个估计。第一，关于改造比率问题，"他们一般均未经过彻底改造，还存有非常严重的旧法思想和旧司法作风，对我们的人民法院起着严重的侵蚀作用，以致有的法院整个烂掉"；"有一部分旧司法人员，思想作风已有些改造并有进步表现，但为数不多（大体占百分之二十左右）"。第二，关于现实表现方面，"他们思想上充满了反革命反人民的法律观念"。"从各地报告看来，这些旧司法人员受到批评者多，受到锻炼者少，他们的表现一般是没有立场或者是反动立场，不但不能很好地为人民服务，甚至包庇与帮助反革命分子残害人民；在作风上则是严重地脱离群众，只会'坐堂问案'，写些冗长陈腐的'判决'。而对人民群众的利益和党与人民政府的政策则根本不关心，相反还到处散布反动的旧法观点，起着很不好的影响。"[5]120—121

---

① 史良：《关于彻底改造和整顿各级人民法院的报告》（1952年8月13日政务院第一百四十八次政务会议批准），《人民日报》1952年8月23日第1版。参见武延平、刘根菊等编《刑事诉讼法学参考资料汇编》（中册），北京大学出版社2005年版，第731—732页。

② 当然，在此之前，自1950年1月、7月、8月至1951年7月，领导人如董必武4次讲话和谈话中，就不间断地强调改造旧司法人员思想与作风的必要性和必然性。这表明，对旧司法人员的改造，在中华人民共和国建立伊始就已经是摆上日程的问题。到1952年，已是必须进行的了。1950年1月4日，中国新法学研究院开学典礼，董必武作《旧司法工作人员的改造问题》的讲话，强调"本院的任务是改造过去旧的司法工作人员、律师以及在学校教授法律的教员"；改造的范围是"思想、工作作风与生活习惯"。1950年7月26日，第一届全国司法会议开幕，董必武致辞《要重视司法工作》，又讲到"旧司法工作人员经过一番改造后，可以吸收其中的一部分"，作为各级司法干部，他们"非经改造不可"。8月12日，董必武在《对参加全国司法会议的党员干部的讲话》中说："人民司法的基本精神，是要把马、恩、列、斯的观点和毛泽东思想贯彻到司法工作中去。旧司法人员固然不能做到这一点，我们党内一些同志恐怕也还是成问题吧！人民司法基本观点之一是群众观点，与群众联系，为人民服务，保障社会秩序，维护人民的正当权益。"1951年7月，董必武作《同政法部门党员负责同志谈话要点》，提出拟召开的第二次全国司法会议议程，有一项是"检查第一次全国司法会议后肃清六法全书观点的情况，如果一年来六法全书的观点尚未受到致命的打击，会议必须研究今后如何才能打击到它的要害"。以上讲话及谈话，见董必武《董必武法学文集》，法律出版社2001年版，第26—85页。

关于旧法观点，早在 1951 年 7 月，董必武就提出"肃清六法全书观点"。[5]851952 年 6 月 20 日，董必武在中央政法委委务会议上提到一个"旧法观点"，说"有些人不承认（政府组织法、法院组织法和财经部门的一些法令、条例）那是法"，也即只承认"六法全书"①是法。[5]118 加上"坐堂问案"、关门写判的旧司法作风，董老所指出的旧法观点和旧司法作风，主要是上述两项。

彭真在 1952 年 6 月 24 日的讲话，对旧法观点、旧司法作风列举更多，并以定义的形式，为两者定性。他指出："旧法观点就是从北洋军阀到国民党基本上一脉相传的、统治人民的反动的法律观点"，"旧的司法作风就是脱离群众、关起门来办公事的衙门作风"。紧接着，他历数了诸如"法律是超阶级的""无法可司（实际上要用反动的'六法'观点断案）""法律不究既往"三个旧法观点，以及"传、问、拖"的烦琐程序等旧司法作风。在列述"旧的司法作风"之后，彭真又说："有的人认为法院即使发现自己把案子判错了，也不能改，据说是为了维持法律的'尊严'和稳定性。难道法律的尊严是建筑在坚持错误上面的吗？我们要坚持以事实为根据，法律为准绳，发现冤案、错案就纠正。"[4]70—73 这段附缀在"旧司法作风"之后的有关"判错不能改"的议论，内容也即"官无悔判"，实际上属于旧法观点，而不是旧司法作风。

总之，"无法可司"就是董必武所批评的不承认共产党的法令和条例为法、只承认"六法全书"为法的观点，两位领导人这里开列出的旧法观点共四个；旧司法作风则有"坐堂问案"、重形式上的判决书两项。一年后，彭真总结司法改革时，说到了"六法全书"观点、"法律是超阶级、超政治的""办案是单纯技术工作""一案不再理""官无悔判"五个旧法观点。[6]782 两年后，董必武总结提到"法律是超阶级超政治"的旧法观点，及"孤立办案、手续烦琐、刁难群众等衙门作风"。[6]800 有学者以为，像"法律面前人人平等""司法独立""依法律程序办案"等所谓旧法观点，是随着运动的开展逐渐增加起来的。②

以时间计，彭真 1952 年 6 月 24 日讲话云"旧法观点"是"从北洋军阀到国民党基本上一脉相传的"，至史良给总理的报告称"肃清国民党反动的旧法思想和旧司法作风残余"，再到 8 月 30 日《中共中央关于进行司法改革工作应注意的几个问题的指示》指出"肃清资产阶级的

---

① "六法全书观点"似有广、狭二义。广义指所有旧法观点；狭义即"新中国无法"论，只承认六法全书是法，不承认共产党的法令、条例是法。
② 参见李玉生《司法改革运动述评》，《南京社会科学》1999 年第 9 期。他认为，1952 年司法改革运动，"随着运动的开展，旧法观点越来越多，甚至把'法律面前人人平等'、'司法独立'、'依法律程序办案'这样一些反映人类优秀法律文明成果的基本的法制原则都当作旧法观点加以抨击和批判"。如李光灿、李剑飞在《肃清反人民的旧法观点》（《人民日报》1952 年 8 月 22 日）中列出 5 种：1."法律面前人人平等"与"既往不究"；2."司法独立"；3."没有程序或程序不完备，就无法办案"（衙门化，老爷作风，旧的机械程序，坐堂问案，拖延办案）；4."司法应有自己的工作路线和方法，搞运动不是法院的事"（脱离群众运动、中心工作，孤立办案）；5."对国家和人民利益漠不关心"。参见铁犁、陆锦碧《一场有缺陷的司法改革——建国以来法学界重大事件研究（十三）》，《法学》1998 年第 6 期。此外，也被归纳成"法律超阶级、超政治"论、"新中国无法"论、"旧法可用"论、"法律技术"论等，参见李光灿、王水《批判人民法律工作中的旧法观点》，《学习杂志》1952 年第 7 期；武延平、刘根菊等编：《刑事诉讼法学参考资料汇编》（中册），北京大学出版社 2005 年版，第 735—736 页。

旧法观点",①定性虽未大变,但主体、对象逐渐限缩为国民党、资产阶级,这是一个变化。

不过,彭真讲话,有其历史依据。中共中央《关于接管平津国民党司法机关的建议》(一九四九年一月二十一日中央书记处通过)曾指出:"原推事、检察官、书记官长等一律停止原来职务,因这些人在思想上充满了反革命反人民的法律观念,即封建阶级与官僚垄断资本阶级以武力强制执行的关于经济制度、社会生活和国家秩序底观念形态"②,这是对旧法观念的较早概括。一般认为,北洋军阀以封建地主阶级为其主要的社会基础,但某些部分在一定时期带有不同程度的资产阶级性质,故封建阶级与北洋军阀可以互相指代。而后来强调"旧法观点"是国民党、资产阶级的观点,不再强调其封建阶级或地主阶级的社会基础和其封建主义意识形态,或许是因为其内容的构成方面的问题。比如,在历史发展中,稍有价值的封建思想"大多已为资本主义社会的法律思想所吸收","旧法思想单指资本主义社会的法律思想"③,这可以备一说。当今学者认定,"官无悔判""法言难改"是"资产阶级法学观点"④,应是渊源

---

① 中共中央文献研究室编:《建国以来重要文献选编》(第三册),中央文献出版社1992年版,第316页。原文为:"各级人民法院机构的改造和反对旧法观点是相互联系的,应将二者结合进行。但肃清资产阶级的旧法观点,乃是长期的思想斗争,而对法院的组织整顿,特别是清除那些坏的无可救药的旧司法人员,调换那些旧审检人员,代之以真正的革命工作者,则是可以在一次短期的运动中基本上解决问题的。所以这次司法改革运动,必须是从清算旧法观点入手,最后达到组织整顿之目的。"

② 中央档案馆编:《中共中央文件选集(一九四九年)》,中共中央党校出版社1992年版,第61—62页。其后讲到司法政策,又云:"对留职录用之司法机关技术人员,应即进行宣传解释以无产阶级为领导的、工农联盟为主体的人民民主专政国家之司法政策与保护帝国主义、封建地主、买办军阀官僚特权的国民党专政之司法政策的根本区别",也属于定性。

③ 刘焕文云:"旧法思想包含甚广:就形式说,有实定法思想与法理学;就内容说,包括一切剥削社会的法律思想,但奴隶社会及封建社会的法律思想多带有神权色彩及封建伦理观念,稍有理论价值,而又能为资产阶级服务的,大多已为资本主义社会的法律思想所吸收。因此,资本主义社会以前的法律思想无特别说明必要。这里所说的旧法思想,单指资本主义社会的法律思想。至于实定法因其常受法理学的理论指导,两者难于割裂,所以这里所说的旧法思想又兼指两者。"刘焕文:《在"百家争鸣"中谈旧法思想》,《华东政法学报》1956年第2期。

④ 陈光中主编:《中国刑事诉讼程序研究》,法律出版社1993年版,第334页。其"第九章审判监督程序"由徐益初执笔。原文为:"我国的审判监督程序,不论是从审查范围的全面性,申诉权利的广泛性,监督职权的普遍性等方面,对于纠正已经发生法律效力的判决、裁定中的错误,是采取了积极的、主动的态度,坚持实事求是、有错必纠的原则,这同那种所谓的'官无悔判'、'法言难改'的资产阶级法学观点是完全不同的。"参见王敏远《刑事诉讼法学研究的转型——以刑事再审问题为例的分析》,《法学研究》2011年第5期。又说:"忠实于事实真相,忠实于法律制度,实事求是,有错必纠是我国刑事诉讼始终坚持的方针。即使判决、裁定已经发生法律效力,但一经发现有错误,不论是在认定事实上,还是在适用法律上,也不论是对原被告人有利的,还是不利的,都要通过审判监督程序重新审理,加以纠正,从而使无辜受罚者得到平反昭雪,轻纵的罪犯受到应得的惩罚,这就从法律程序上有力地保证这一方针的实现。"陈光中主编:《刑事诉讼法学》(新编),中国政法大学出版社1996年版,第420页以下;卞建林主编:《刑事诉讼法学》,法律出版社1997年版,第423页以下。

于中央文件①。

（三）"官无悔判"的相应法律术语及其特征

彭真对"官无悔判"的通俗说明，要点有二。其一，对"官无悔判"的内容及特征的定义性描述；其二，关于"官无悔判"对立面的思想路线揭示。

1. "官无悔判"俗语与"一事不再理"术语

彭真是最早批评"官无悔判"这一旧法观点的；他的批评，涉及"官无悔判"的内容及特征："有的人认为法院即使发现自己把案子判错了，也不能改，据说是为了维持法律的'尊严'和稳定性。"[4]70—73 后来，政法系统干部陆续撰文，对这一通俗说法予以进一步申说。其中两位干部的说明更准确、更专业化一些。

第一位是时任司法部干部教育司副司长的王汝琪。②在《正确开展司法改革运动》一文中，她说：旧司法人员"保持着反动法官的'推事作风'，歪曲地强调'不告不理'、'一事不再理'（就是一件案子只审理一次的推诿作风）；办一案只管一件事，不叫'案中开花'；明知判错了也不改判，还说'官无悔判'"。[6]735—736 这最后一项，明确指出了"明知判错了也不改判"的理由或原理是"官无悔判"。

第二位是时任华东军政委员会政法委员会副主任的魏文伯。在《彻底进行司法改革工作必须贯彻群众路线》一文中，他指出，当时部分司法工作人员思想和作风不纯，在程序方面的表现是："搬用国民党束缚人民群众的一套反动旧司法程序，应有尽有，毫无减色。不问案件内容如何，只要不合'程序'，一律驳回；于是说'没有诉状，就无法受理'。在发现下级审判错误而当事人未上诉的情况下，就根据'法律上原则'，'一事不再理'；在明知道案子发生经过详情及其严重程度时，亦'不告不理'；当刑事中涉及民事或民事涉及刑事，甚至由此发现反革命事件时，亦必须'另行起诉'、'另案处理'，否则，即置之不理。"[6]738 其中所使用的"一事不再理"，是标准的法律术语；而"发现审判错误而不再理"，通俗说法

---

① 但全面的提法，还应理解为"清除包括封建思想意识在内的旧法观点"，是"树立马列主义法律观"的前提条件。李良在《"百家争鸣"和法律科学》（《华东政法学报》1956年第2期）中说："过去为了树立马列主义法律观，清除包括封建思想意识在内的旧法观点，完全有此必要，而且成绩很大，只是过分强调了这一面。"因之，不再提封建阶级、北洋军阀，虽不会是当时有意的疏漏，但可能带来了问题：反资产阶级有余而反封建不足。有人以为，由于突出了反资产阶级而淡化了反封建主义，导致了后来的法律虚无主义。其实，半殖民地半封建社会意味着地主阶级与资产阶级、封建主义和资本主义的混合。反资未同时反封，导致封建主义毒素未肃清，贻害无穷。

② 王汝琪（1912—1990），又名王里，女，祖籍江苏无锡，1912年出生在河北柏乡。1931年考取复旦大学法律系，毕业后曾在济南教书，后任上海妇女界抗日救国会宣传部部长。1940年3月到达延安，在中共中央妇女运动委员会从事研究工作。1948年任解放区妇联筹委会代秘书长。1950年2月，调任司法部工作，任干部教育司副司长、宣传司司长等职。1957年夏季，在"整风反右运动"中受到冲击；"文化大革命"中受迫害。"文化大革命"后回北京，任司法部公证律师司司长。

也即"官无悔判"。

1957年,魏文伯谈及当年司法改革清算程序方面的旧法观点,对"官无悔判"的表述,也是如此:"在发现下级审判错误而当事人不来上诉的情况时,就根据旧法所谓'一事不再理'的原则,置之不理。"①

至此,我们注意到:从1943—1945年的延安,到1952年的中国司法界,"官无悔判"这一官场俗语,与"一事不再理"的法律术语,出现了跨越时空的联结,成就了古今中西制度与思想的空前类比。而意义相近或相关的术语,如"既判力""法律尊严""稳定性(安定性)",也在主张者或批判者的口中,先后出现了。它们无疑是由通晓近代西方法律的程序原则,并熟稔中国古代传统的人,才有资格、有能力将这二事联结起来。但很不幸,在1943—1945年的延安、在1952年的中国,它们都成了问题,成了代表旧法观念的糟粕而被批判。尽管"一事(案)不再理"有时被作为旧法观点,有时被叫作"推诿作风",定性不一;且有时也有人将"一事(案)不再理"与"官无悔判"分开来谈论,但它们属于"程序法定论"的旧法观点之一,而在大多数的批判场合被提到。

2."官无悔判"与"实事求是,有错必纠"的理念之争

彭真讲话,直揭"官无悔判"与"实事求是,有错必纠"理念的对垒:"官无悔判"论认为,"为了维持法律的'尊严'和稳定性",即使发现"案子判错了,也不能改"。批判者质问:"难道法律的尊严是建筑在坚持错误上面的吗?"因此,"我们要坚持以事实为根据,法律为准绳,发现冤案、错案就纠正。"[4]70—73

到1956年3月,彭真在第三次全国检察工作会议的报告中,又一次并且是第一次明确提到"官无悔判"四字:"为什么要有这些监督程序呢?原因就是可能发生一些错误,发现了错误,就要坚决纠正,并尽可能将错误减少到最小的限度。旧法观点说什么'官无悔判',这是荒谬的理论。对发现的错捕、错判案件坚决及时地纠正,是对党、对国家、对人民负责的态度。冤枉好人而毫不在乎,或者放纵了真正的反革命分子,都是对党、对国家、对人民不负责的态度。"[4]116

同年4月,在全国公安厅局长会议上的报告中,彭真又说:"发生了错误怎么办?那就要纠正,有错必纠。我们还是靠这一条。有一种旧法观点,说法院的判决要保持稳定性,要维护法律的尊严,有人竟然还说什么'官无悔判',即使判错了也不能改。这是错误的观点。案子都判错了,还有什么稳定呢?所以,有了错误就要改正。下级法院、上级法院、公安机关、检察机关都可以提出来,要求纠正。这样做,不但不会丢人,不会丧失威信,而且威信

---

① 1957年12月魏文伯作报告,回忆1952年司法改革说:"这些具有国民党反动旧法观点和旧作风的旧司法人员及少数坏分子,其主要特点是:……第二,搬用国民党束缚人民的一套反动旧司法程序。不问案情如何,没有诉状概不受理;在发现下级审判错误而当事人不来上诉的情况时,就根据旧法所谓'一事不再理'的原则置之不理;即使明知案情严重,也'不告不理';当民事案件中涉及刑事问题,或刑事案件中涉及民事问题,甚至由此发现反革命案件的,也要'另案办理',推出不管;如某些案件非处理不可,则又百般拖延,耽误劳动人民很多劳动生产时间。"魏文伯:《从司法改革问题谈起》,《法学》1958年第1期。

会更高，更会取得群众的信任、拥护。"[4]121—122

我们知道，中国共产党的思想路线就是实事求是。延安时期，毛泽东在总结中国共产党的历史经验与教训时，借用中国古典，提出了"实事求是"的口号，这一口号后来被作为党的思想路线的概括表述。实际也即坚持辩证唯物主义、历史唯物主义的思想路线，反对唯心主义、形而上学的思想路线（毛泽东在延安时反对的主要是主观主义尤其是教条主义）。党的实事求是的思想路线，在司法工作中形成的具体原则，就是"以事实为根据、以法律为准绳"。彭真1952年讲话对这一原则的概括是最早的。后来，在1956年全国公安厅局长会议上的报告中，彭真又提出"上诉审也要以事实为根据，以法律为准绳"。[4]122 1979年《中华人民共和国刑事诉讼法》①、1983年《民事诉讼法》、1989年《行政诉讼法》三大诉讼法，均将"以事实为根据，以法律为准绳"作为原则性规定。这意味着，中国的程序法已经陆续贯彻着这一思想路线和认识路线。

3. 批判"官无悔判"与运动中的认错、改判举措

那么，力图贯彻实事求是思想路线的1952年司法改革，在与"官无悔判"的对垒中，又有哪些相应的举措呢？

1952年11月10日，《北京市人民政府党组关于司法改革运动第二阶段的总结报告》说："发现有个别审判人员认为'官无悔判'，坚持错误。"②这当然会做相应的纠正。

据研究，西南地区的普通群众对"官无悔判"的反应，出奇地大，已不局限于审判人员这种专业人员的范围了。缘在与之相应的认错与改判，与"官无悔判"的无悔、不改两个要节，形成了很大的反差。虽然，就运动内容而言，西南地区与全国相比，并无相异之处。③

比如，西康省汉源县人民法院，对不法商人魏全鑫违抗税收案，予以改判。因过去对魏全鑫案处理太宽纵，不仅没有法办他，还减少了对他的罚金；对他的犯罪事实也了解不够，致使他之后更不守法，不但不交以前的欠税，当年第三季度的也不交了。改判大会于1952年11月26日召开。法院张副院长作报告，强调人民法院判错了案就要改判，概述了案件的案情，作了诚恳的检讨，改判魏全鑫徒刑三年，限期交清欠税。

---

① 1979年6月7日、6月26日，彭真分别在第五届全国人大常委第八次会议、第五届全国人民代表大会第二次会议上所作的报告，都讲到《刑事诉讼法（草案）》"规定了法院、检察院和公安机关办案必须'以事实为根据，以法律为准绳'"。彭真：《关于刑法草案和刑事诉讼法草案的说明（一九七九年六月七日）》《关于七个法律草案的说明（一九七九年六月二十六日）》，载彭真《论新中国的政法工作》，中央文献出版社1992年版，第153、163页。

②《中共北京市委关于司法改革运动第二阶段总结向中央、华北局的报告（1952年11月22日）》，载北京市档案馆、中共北京市委党史研究室编《北京市重要文献选编.1952年》，中国档案出版社2002年版，第633页。该报告提到的其他旧法观点有："法律不溯既往"、契约自由、"无法可司""原告举证责任""逼供信"等。

③ 就运动内容而言，西南地区与全国一样，也是"彻底清除诸如'法律面前人人平等'、'司法独立'、'程序至上'等所谓的旧法观点。同时，通过对'推事主义'、'程序主义'、'坐堂问案'、'条文主义'、'文牍主义'等司法作风的批判，树立起'巡回就审'、'公开审判'等便利人民、服务人民的群众路线的司法审判作风"。胡伟：《1952—1953年西南地区司法改革运动研究》，博士学位论文，西南政法大学，2008年，第30—41页。

对这种新奇事情，有的群众说："以前哪有官判错了案，还开大会改判，向群众承认错误？现在真是人民的法院。"[7]58 这种改判大会影响很大，会后有群众反映说："改判会，是从来都没有过的，在书上也没有见过。以前判案是'官判如山崩'，老百姓见官就吓倒了。今天人民政府硬是对人民关心，硬是为人民做事的。"[7]58

雅安市人民法院，对群众提出的检举材料，由清案工作人员代表法院向群众道歉，承认错误。比如，包括"作风恶劣，态度不好，无诉状不理等"，市区各组均分别公开向群众检讨，群众到会共计人数三千人以上。"河北组经检讨后，群众即说：'从来没有看到过官向群众检讨的，自古官无错办，而今天人民法院的审判员做错了，就向群众检讨。'"[7]62

云南省楚雄县，"农民李兴有被地主诬告，留用的旧司法人员陈润，轻信地主口供，丧失立场，判处李兴有徒刑，造成冤狱"。该案件得到改判，并同时处理了贪赃枉法的法院干部崔炳鑫。一位白发苍苍的老大爹感动地说："我活了六七十岁，从宣统、光绪年间，也没有瞧见过办案不公的法官要惩办，错判案子要改判，毛主席真是个好主席。"[7]65

当然也不是没有例外，例外来自司法系统。

以陕西省人民法院榆林分院的司法改革为例，榆林区司法改革组以为：榆林作为老区，其"旧司法人员的比例相对要小得多，因此司法改革的重点就从改造旧司法干部、'纯洁组织'，转变为'以检查思想观点和旧衙门作风（包括反对人权）方面为主'，比如'政策观念的模糊，错判案件，干部要私情，随便打骂捆绑与关押人'"。[8]148 这样，通过"自我检讨、相互揭发、群众揭发、检查案卷"，思想整顿工作找出了司法工作中存在的问题，主要包括"政策观点模糊""敌我不分，仁慈观点""违法乱纪，旧衙门作风""拖延积案，应付态度，只管判决，不顾后果"这四种。[8]150

为此，榆林分院专门组织编写了《旧法观点、旧衙门作风的几件具体事例》的学习材料，材料中采取"以案说理"的方法，将"旧法观点、旧衙门作风"归纳为十类："重男轻女，支持封建"；"刑讯逼供"；"喜欢庭审，不愿下乡"；"旧衙门作风"（如审讯中"拍桌子瞪眼睛"）；"不告不理，告也不理"；"坐堂问案，冤押好人"；"臆科徒刑，感情用事"；"只管判决，不管效果"；"民刑分家，拖延时日"；"违法乱纪，侵犯人权"。[8]150

这样细密的清单，竟然没有相对专业的"一事不再理"或通俗的"官无悔判"字眼出现，可能与延安时期清理过有关，也可能在偏于一隅的榆林地区，这样的高雅实在与现实的法律生活无关，即使对于法院系统干部而言。

刘风景教授曾归纳说，1952年司法改革在破除旧法观点的同时，也确立了新法观点。其所总结的第四项"有错误即改正"，就是针对"官无悔判"的。

通过对"官无悔判"的旧法观点的批判，司法干部们树立了"实事求是，有错就改"的新法观点。广大司法干部认识到人民的司法机关要为人民服务，只有对人民严肃负责，有错就改，才能在人民群众中树立威信。最高人民法院以及沈阳、西安、太原等地方人民法院采取各种方式,改判过去处理不当的案件,得到广大人民群众的赞扬。[9]103

"实事求是,有错就改"的新法观点的树立,无疑具有决定性意义,至今仍是重要的司法原则。而司法改革中的改判,是新法观点、新司法作风对旧法观点、旧司法作风的压倒性变革,也是实事求是的思想路线、认识路线取得胜利的符号。

4. 对"官无悔判"的官方总结与学者反思

1953年,彭真总结司法改革运动的成绩,"尖锐地批判了'六法全书'观点和'法律是超阶级、超政治的'以及'办案是单纯技术工作'、'一案不再理'、'官无悔判'等反动的或错误的思想;对于因立场不稳、受反动的旧法观点侵蚀、染上了脱离群众的衙门作风的一部分干部亦作了严肃的批判,从而基本上划清了新旧法律的思想界限"。[6]782 "官无悔判"作为"实事求是、有错就改"新法观点的对立面,在"树立人民司法工作新观点、新作风"[6]738方面,又与"群众路线的观点和作风"[6]752相契合。比如,北京市就是通过"组织典型检讨大会,将抽象的理论观点应用于具体案件分析中",进一步批判"官无悔判"等旧法思想的。[10]22

但整个肃清旧法思想的问题,情况颇复杂。如江西省,当时批判的旧司法作风有坐堂问案、不告不理、法言法语等,而旧法观点则有"未遂""初犯""年龄""职务犯罪""自卫""成分""时效"等。[11]12 赵晓耕、段瑞群注意到:1952年9月10日,"北京市司法改革委员会发布《关于开展司法改革运动的公告》,号召全市人民揭发一切诉讼上的不合理现象。这个阶段发现的主要的旧司法观点是强调'契约精神''先公后私''同情资本家''为封建残余势力辩护''无法可司''官无悔判'等"。[12]151 董节英例举说,当时有"坐堂问案""法律不溯既往""契约自由""官无悔判"等旧法思想。[10]22 因之,陈光中、曾新华总结道:"此次运动对旧法观点未能采取实事求是的具体分析态度而予以全盘否定,实际上使得一些符合现代法治精神的原则、制度和观点以及诸多体现司法工作规律的审判程序和方式遭到批判和摒弃。"[13]4 刘凤景评价说:"法律之中也有许多公理性成分,诸如法律面前人人平等、契约自由、权利神圣、审判独立、不咎既往、罪刑法定、不告不理等。这些法治社会不言而喻的法律公理,在1952年司法改革运动中都被作为旧法观点而遭到批判和否定。"[9]104 "官无悔判"问题也当如是。它本是优秀法律文明成果,却被当作旧法观点之一加以批判和肃清。当年的批判颇值得检讨。

二、"官无悔笔,罪不重科":古代语境及其原义

对于"官无悔判"的性质与意义,需要从其建基的思想基础来进行分析;而欲了解其思想基础,则不得不从其原型"官无悔笔"谈起。明代俗语"官无悔笔,罪不重科",在"官无悔笔"之下,尚有"罪不重科"。这一语境,规定了"官无悔笔"的意义。不过,在这个搭配出现之前,"罪不重科"单独使用的情况,出现于更早的宋代。

(一)"罪不重科"在宋代

"罪不重科"一语,始见于北宋佛教文献。据说,其初本为衙门司法用语,后被禅师借

用，成为宗教语汇。①后世也作"罪无重科"，如清朝小说。②"不""无"，意义相同；"重"，指重复。"罪不重科"意谓：犯一次罪不能惩处两次，或同一罪行不会被惩罚两次。

1. 禅门的"罪不重科"

学者说，"禅门中，禅师常引用世俗生活中的衙门俗语来开示佛法"。比如，"罪不重科"这一衙门俗语，就"被禅门师徒借来表达禅门深奥的义理"。[14]50 李遵勖（？—1038）编《天圣广灯录》卷十九《韶州广悟禅师》："有僧出来礼拜，师便打，学云：'正遇作家。'师云：'罪不重科。'"[15]336 意谓：参禅悟道之僧，出来向禅师礼拜请益，便已违反了禅门自证自悟的原则，犯下了一重罪行；而其在禅师之"打"下仍不悟，而言"正遇作家"，是又犯下一重罪行。禅师以"罪不重科"说明学僧前后两次犯下了相同的罪行——不觉悟自证自悟的道理，而重重向外请教。

之所以如此，是因为"禅师对学人悟道情况的勘验，类似于衙门中县官对犯人犯罪情况的审判，故禅师才能以衙门中县官自比，也才能借用其审事断案的俗语来表达禅意"。[14]50 尽管这样的俗语在进入禅门之后，又被添加了崭新的宗门义，但其原本含义并未被泯灭。

这里的"打"，也即"棒"，所谓"行棒行喝"之一，是禅宗接引学人的手段。对于学人所问的问题，师父往往不用语言来答复，而是使用棒击打其头部，或者冲其大喝，促其醒悟。这样的"棒"打及相应的"罪不重科"，宋释普济撰《五灯会元》中记有另外3例。卷十五《襄州洞山守初宗慧禅师》：

> 问："非时亲觐，请师一句。"师曰："对众怎生举？"曰："据现定举。"师曰："放汝三十棒。"曰："过在甚么处？"师曰："罪不重科。"[16]1237

又，卷十五《明州雪窦重显禅师》：
> 有僧出，礼拜起曰："请师答话。"师便棒。僧曰："岂无方便？"师曰："罪不重科。"复有一僧出，礼拜起曰："请师答话。"师曰："两重公案。"曰："请师不答话。"师亦棒。[16]1290—1291

又，卷二十《庆元府天童密庵咸杰禅师》：

> 僧问："虚空销殒时如何？"师曰："罪不重科。"[16]1808

这些都是禅师"对学人的禅悟情况进行勘验，看其悟道与否"。因"这个过程与衙门官

---

① 当时这种借用很多。学者归纳了审事断案、捉贼公干、制度体例3类共17个衙门俗语，"罪不重科"属于第一类。参见李艳琴《禅籍衙门俗语宗门义管窥》，《宜春学院学报》2013年第8期。

② （清）李绿园《歧路灯》第六十九回《厅檐下兵丁气短，杯酒间门客畅谈》："虎镇邦发话道：'这赌场已经县里断过，料着罪无重科。我只是要银子。'"参见张鲁原编著《中华古谚语大辞典》，上海大学出版社2011年版，第391页。

员审断案子的情形十分相似"，[14]50 故禅师乐于使用该俗语，直指诸僧所犯的重重向外请教之过，居高临下，言简意赅。

宋元之际，禅门言"罪不重科"者，他书也有记载。如《续藏经》有《通玄百问》，系三人作品，玉溪通玄庵圆通大禅师设问，摩诃菩提兰若万松和尚（行秀）仰答，龙严林泉老人颂。①其第二问是：

【问】玄、玄玄处亦须呵。且道有甚么过？
【答】罪不重科。
【颂】罪不重科，闲管多罗。未语已前早错，那堪变态诸讹。阿呵呵，玄与玄玄争甚么。[17]701

行秀，即万松行秀，宋末元初之曹洞宗名僧；从伦，号林泉，元初曹洞宗禅僧，生卒年不详。参谒燕京报恩寺万松行秀有省悟，为其法嗣，初住万寿寺，并继其师主持报恩寺。上述问答，仍是宋代禅门风气。

上述使用"罪不重科"一语的禅师，较早的为云门二世韶州广悟禅师，即韶州双峰山竟钦和尚（910—977）；次为洞山守初禅师（910—990），他们均圆寂于入宋之后（分别为宋太宗太平兴国二年、宋太宗淳化元年）；②再次是云门宗第四世雪窦重显（980—1052），卒于仁宗皇祐四年，三人皆属北宋。只有临济宗第十四世密庵咸杰禅师（1118—1186），生于北宋末的宋徽宗重和元年，卒于南宋孝宗淳熙十三年，跨越两宋。而万松行秀（1166—1246）禅师，为曹洞宗第十四代宗主，跨金、元两朝，皆受礼遇。因而，准确地说，"罪不重科"一语，至晚在宋初即被禅门借用，绵延两宋直至金、元。

2. 衙门的"罪不重科"

释家借用是如此，那么，在实际的司法领域，"罪不重科"的使用情况如何呢？从记载看，至晚到南宋孝宗（1127—1194）时，"罪不重科"已见诸案例描述。虽比禅师借用晚了百年，但毕竟为我们串起了考察的线索。

南宋洪迈《夷坚支庚》支庚卷十《吴淑姬、严蕊》载：

又，台州官奴严蕊，尤有才思，而通书究达今古。唐与正为守，颇属目。朱元晦提

---

① 《通玄百问》一卷，又作《通玄问答集》。青州一辩法嗣宋代僧通玄圆通问，万松行秀答，南宋理宗淳祐四年（1244）刊行。收于《续藏经》第一一九册。系江西广信府通玄庵之圆通，设百问以激励学人，并宣扬祖道。林泉从伦于其师万松一一作答之后，次第附颂，生生道人徐琳刊行之。世人常以之与青州一辩之青州百问合称《通玄青州二百问》，而并行流通。

② 分见《景德传灯录》卷二十二《韶州双峰山竟钦和尚》,《大正藏》第51册，第385页；（宋）惠洪：《禅林僧宝传》，吕有祥点校，中州古籍出版社2014年版，第58、74页。参见葛洲子《北宋云门宗僧人数量考实》,《南京晓庄学院学报》2016年第3期，第110页及注⑤、注⑦，第111页及注⑪。

举浙东，按部发其事，捕蕊下狱。杖其背，犹以为伍伯行杖轻，复押至会籍，再论决。蕊堕酷刑，而系乐籍如故。岳商卿霖提点刑狱，因疏决至台，蕊陈状乞自便。岳令作词，应声口占云："不是爱风尘，似被前身误。花落花开自有时，总是东君主。去也终须去，住也如何住？若得山花插满头，莫问奴归处。"岳即判从良（景裴说）。[18]1217

洪迈（1123—1202），字景卢，号容斋，饶州鄱阳人。南宋绍兴十五年（1145）进士，淳熙年间，知婺州。官至翰林院学士、资政大夫、端明殿学士、宰执。著有《野处类稿》《容斋随笔》《夷坚志》等。严蕊虽被"杖背""再论决"，但其才女特质，是洪迈描绘的重心，也被理解为是其命运起伏的由来。①至宋末元初周密《齐东野语》卷二十《台妓严蕊》，其"杖背""再论决"一事，被重点加工，且严蕊也由"才女"变成了"才女+美女+侠女"：

> 天台营妓严蕊，字幼芳，善琴弈歌舞、丝竹书画，色艺冠一时。间作诗词有新语，颇通古今。……唐与正守台日，酒边，尝命赋红白桃花，即成《如梦令》云：……（唐）与正赏之双缣。……
>
> 其后朱晦庵以使节行部至台，欲摭（唐）与正之罪，遂指其尝与蕊为滥。系狱月余，蕊虽备受棰楚，而一语不及唐，然犹不免受杖。移籍绍兴，且复就越置狱，鞫之，久不得其情。狱吏因好言诱之曰："汝何不早认，亦不过杖罪。况已经断，罪不重科，何为受此辛苦邪？"蕊答云："身为贱妓，纵是与太守有滥，科亦不至死罪。然是非真伪，岂可妄言以污士大夫？虽死不可诬也。"其辞既坚，于是再痛杖之，仍系于狱。两月之间，一再受杖，委顿几死……
>
> 未几，朱公改除，而岳霖商卿为宪，因贺朔之际，怜其病瘁，……即日判令从良。继而宗室近属，纳为小妾以终身焉。《夷坚志》亦尝略载其事而不能详，余盖得之天台故家云。[19]374—376

《齐东野语》保留了《夷坚志》描摹的主线，洪迈云严蕊在台州"杖背"，周密说她"不免受杖"，这是初审；至绍兴，洪迈云严蕊"再论决"，周密说"再痛杖之"，这是复审。但

---

① 洪迈主撰《四朝国史·周敦颐传》，被朱熹指出错误，故在庆元二年（1196）被劾落职，又被指为伪学逆党，遭禁锢中，以得其弟洪景裴的口气，编造了官妓严蕊的才女形象。学者考证，其时浙东提刑是张诏，浙西提刑是傅琪，而非岳霖。且此《卜算子》词，非严蕊所作，而是唐仲友的表弟高宣教。王国维《人间词话》："宋人小说，多不足信。如《雪舟脞语》谓：台州知府唐仲友眷官妓严蕊奴。朱晦庵系治之。及晦庵移去，提刑岳霖行部至台，蕊乞自便。岳问曰：去将安归？蕊赋《卜算子》词云'住也如何住'云云。案此词系仲友戚高宣教作，使蕊歌以侑觞者，见朱子《纠唐仲友奏牍》。则《齐东野语》所纪朱唐公案，恐亦未可信也。"朱熹第四次劾仲友疏："至五月十六日宴会，仲友亲戚高宣教撰曲一首，名《卜算子》，后一段云：去又如何去，住又如何住。但得山花插满头，休问奴归处。"鲁迅《且介亭杂文·论俗人应避雅人》："道学先生是躬行'仁恕'的，但遇见不仁不恕的人们，他就也不能仁恕。所以朱子是大贤，而做官的时候，不能不给无告的官妓吃板子。"

故事显然有重大的加增：严蕊由原来的被动受杖，演绎成主动的不招供——"一语不及唐"，因而使审问者"久不得其情"。尤其是对第二次受杖的合法性问题，提出质疑——通过劝其招供的狱吏之口，道出了司法上的规则——"况已经断，罪不重科"。严蕊更具有了不肯自诬，也不诬人的侠义形象。

故事至此，洪迈最早定了调子：朱熹是酷吏，无片言只语供词而予人以"酷刑"；岳飞之子岳霖是"疏决"囚徒的良吏，也顺道做了一件纵放乐人乐籍的善事。周密顺着这一基调：绍兴知府要做给朱熹看，为给朱使节一个面子，致使严蕊"一再受杖"，没有遵守小吏指出的规矩；再设计出严蕊"一再受杖，委顿几死"的楚楚可怜的情节；并为严蕊演绎出一段台词，使她变成了拼死相抗以捍卫真相、保护无辜者的侠女；以及最后做了宗室小妾，得以善终之报的完美结局。

明末凌濛初编著《二刻拍案惊奇》卷十二《硬勘案大儒争闲气，甘受刑侠女著芳名》，情节在《齐东野语》的基础上略微改动，增加了细节。大抵台州审讯是朱熹主持，至少是在他指导下进行的：

> 朱晦庵提举浙东常平仓，正在婺州。……遂行一张牌下去，说："台州刑政有枉，重要巡历。"星夜到台州来。……当日下马，就追取了唐太守印信，交付与郡丞，说："知府不职，听参。"连严蕊也拿来收了监，要问他与太守通奸情状。晦庵道是仲友风流，必然有染；况且妇女柔脆，吃不得刑拷，不论有无，自然招承，便好参奏他罪名了。谁知严蕊苗条般的身躯，却是铁石般的性子。随你朝打暮骂，千箠百拷，只说："循分供唱，吟诗侑酒是有的，曾无一毫他事。"受尽了苦楚，监禁了月余，到底只是这样话。晦庵也没奈他何，只得糊涂做了"不合蛊惑上官"，狠毒将他痛杖了一顿，发去绍兴，另加勘问。一面先具本参奏，大略道："唐某不伏讲学，周知圣贤道理，却诋臣为不识字。居官不存政体，亵昵娼流。鞫得奸情，再行复奏，取进止。等因。" [20]147

绍兴的审讯，是绍兴知府主持的：

> ……只可怜这边严蕊吃过了许多苦楚还不算，帐出本之后，另要绍兴去听问。绍兴太守也是一个讲学的，严蕊解到时，见他模样标致，太守便道："从来有色者，必然无德。"就用严刑拷他，讨拶来拶指。严蕊十指纤细，掌背嫩白。太守道："若是亲操井臼的手，决不是这样，所以可恶！"又要将夹棍夹他。当案孔目禀道："严蕊双足甚小，恐经折挫不起。"太守道："你道他足小么？此皆人力娇揉，非天性之自然也。"着实被他腾倒了一番，要他招与唐仲友通奸的事。严蕊照前不招，只得且把来监了，以待再问。[20]148

对制度的演绎，自周密开始；而凌濛初这一段小说演绎，太守、拶指、夹棍，皆为周密记载所无。

严蕊到了监中，狱官着实可怜他，分付狱中牢卒，不许难为，好言问道："上司加你刑罚，不过要你招认，你何不早招认了？这罪是有分限的。女人家犯淫，极重不过是杖罪，况且已经杖断过了，罪无重科。何苦舍着身子，熬这等苦楚？"严蕊道："身为贱伎，纵是与太守有奸，料然不到得死罪，招认了，有何大害？但天下事，真则是真，假则是假，岂可自惜微躯，信口妄言，以污士大夫？今日宁可置我死地，要我诬人，断然不成的！"狱官见他词色凛然，十分起敬，尽把其言禀知太守。太守道："既如此，只依上边原断施行罢。可恶这妮子崛强，虽然上边发落已过，这里原要决断。"又把严蕊带出监来，再加痛杖，这也是奉承晦庵的意思。叠成文书，正要回复提举司，看他口气，别行定夺，却得晦庵改调消息，方才放了严蕊出监。严蕊恁地悔气，官人每自争闲气，做他不着，两处监里无端的监了两个月，强坐得他一个"不应"罪名，到受了两番科断；其余逼招拷打，又是分外的受用。……[20]148

这段在周密基础上再加刻画。道理上"已经断过，罪无重科"，以及实际中"虽然发落已过，这里原要决断"与"再加痛杖"两个方面的强调，重复了周密的记载，还算忠实地保留了原作的核心要素。其后的诗篇，对叙事部分予以总结：

后人评论这个严蕊，乃是真正讲得道学的。有七言《古风》一篇，单说他的好处：天台有女真奇绝，挥毫能赋谢庭雪。搽粉虞候太守筵，酒酣未必呼烛灭。忽尔监司飞檄至，桁杨横掠头抢地。章台不犯士师条，肺石会疏刺史事。贱质何妨轻一死，岂承浪语污君子？罪不重科两得答，狱吏之威止是耳。君侯能讲毋自欺，乃遣女子诬人为！虽在缧绁非其罪，尼父之语胡忘之？君不见，贯高当时白赵王，身无完肤犹自强？今日蛾眉亦能尔，千载同闻侠骨香！含颦带笑出狴犴，寄声合眼闭眉汉。山花满头归去来，天潢自有梁鸿案。[20]150

尤其"罪不重科两得答"，讲出了理论规则与实践执行的背离，与叙事部分主旨相同。"罪不重科"无论是官府约定俗成的习惯，还是源自法律令的规定，其"已经断决过的罪行，不会再受第二次科决"，则是明显的规矩。只是当时受制于特别的人事，规矩被故意打破了。

洪迈、周密所记，为当代人记当时事，但也有个确当性问题。①近来学者多次指出周密记述之误，尤其将严蕊塑造成"才女＋美女＋侠女"的形象，明人凌濛初又在此基础上更进一层，皆与实际相悖。①

---

① 周密（1232—1298），字公谨，先世居济南。宋室南渡，曾祖随高宗过江。理宗时，为临安府幕职，监和济药局。景炎初（1276），迁义乌令。为元兵所逼，解职归里，入元不仕。著书数十种，有《武林旧事》《齐东野语》等。

朱熹（1130—1200）所谓的"使节"之职，指其于宋孝宗赵昚淳熙八年（1181）八月被任命为提举浙东常平茶盐公事，置司于绍兴府。"行部至台"，即朱熹淳熙九年（1182）巡视浙东，发现台州刺史唐与正（字仲友）不公不法事，遂于淳熙八年七月十九日至九月四日的短短三个月里，六次上奏弹劾台州知州唐仲友，直至朱熹九月十二日去任归家。唐仲友罪状有"促限催税、违法扰民、贪污淫虐、蓄养亡命、偷盗官钱、伪造官会等事"。[21]736 尤其"逾度于官妓，其子又颇通贿赂"，[22]"罪赃应死"。[23]721 唐仲友案的干连人犯，主要有伪造官会子的蒋辉（断配台州。朱熹谓其死罪亡命之人，藏隐于台州府衙），招权纳贿的官妓严蕊等。初在台州司理院审讯，因唐仲友以"严蕊系狱之故，中怀忿切，公遣吏卒突入司理院门拖拽推司，乱行捶打"，[23]722 转送绍兴府司理院。②"及至本州结录引断（严）蕊等罪案，仲友又遣客将张惠传语通判赵善伋云：'已得指挥，差浙西提刑前来体究，未可引断。'"[23]722

同时，营妓严蕊，也非无辜之人。朱熹所查实的情节有：唐仲友"少曾坐厅受领词状……弟妓早晚出入宅堂，公然请嘱，每事皆有定价，多至数千缗"。[23]687 仲友"自到任以来，宠爱弟妓，遂与诸子更相逾滥。行首严蕊稍以色称，仲友与之媟狎，虽在公宴，全无顾忌。公然与之落籍，令表弟高宣教以公库轿乘钱物津发，归婺州别宅。严蕊行时，系是仲友祖母私忌，乃假却在宅堂，令公库安排宴会钱送。严蕊近来又与沈芳、王静、沈玉、张婵、朱妙等更互留宿宅堂，供直仲友洗浴"。[23]693 仲友"又悦营妓严蕊，欲携以归，遂令伪称年老，与之落籍。多以钱物偿其母及兄弟。据司理王之统供，今年五月满散圣节，方知弟子严蕊、王蕙、张韵、王懿四名，知州判状放令前去，即不曾承准本州公文行下妓乐司照会。……其严蕊、沈芳之徒，招权纳赂，不可尽记"。[23]680—681 又"据叶志等供，草簿内，仲友以公库钱六百九十九贯五十二文，买暗花罗等，与弟子严蕊等制造衣服。其严蕊等亦以供招件数，在案分明"；"人户张见等状诉仲友与弟子行首严蕊情涉交通关节，及放令归去"后于黄岩县郑爽家追到严蕊。"据供，每遇仲友宴会，严蕊进入宅堂，因此密熟，出入无间，上下合干人，

---

① 该事自（宋）洪迈《夷坚志》支庚卷十、周密《齐东野语》卷二十之后，（明）蒋一葵《尧山堂外纪》卷六十、冯梦龙《情史》卷四"情侠类"，（清）沈雄《古今词话》"词辨上卷"、潘永因《宋稗类钞》卷四、冯金伯《词苑萃编》卷十四"纪事五"、江顺诒《词学集成》卷八，均有演绎。

②《晦庵集》卷十八《奏状•按唐仲友第一状》，七月十九日上，云"知台州唐仲友催督税租，委是刻急……急于星火，民不聊生。又闻本官在任，多有不公不法事件，众口喧哗，殊骇闻听"；《按唐仲友第二状》，七月二十三日上，专门揭露唐的第一条罪行，强令各县提前如数交齐夏税，派员催督，甚至扣押知县；《按唐仲友第三状》，七月二十七日上，从残民、贪污、结党、淫恶4个方面列出唐之24条罪状；卷十九《奏状•按唐仲友第四状》，八月八日上，列20条罪状；《按唐仲友第五状》，八月十日上，指出唐仲友的气焰嚣张是"有人阴为主张，济语消息"，揭露了从宰相、侍从、台谏直到台州的"台省要官子弟亲戚"的上下串通勾结，径直提出要么将唐仲友"早赐罢黜，付之典狱，根勘行遣，以谢台州之民"，要么"议臣之罪，重置典宪，以谢仲友之党，臣不胜幸甚"，表示了他破釜沉舟的奏劾决心；《按唐仲友第六状》，九月四日上，在自己的江西提刑任命正式下达前，集中揭露唐仲友的贪污偷盗和伪造官会两大罪行。

并无阻节。"并称"今年二月二十六日宴会夜深，仲友因与严蕊逾滥。欲行落籍，遣归婺州永康县亲戚家。说与严蕊：'如在彼处不好，却来投奔我。'至五月十六日宴会，仲友亲戚高宣教撰曲一首名《卜算子》，后一段云'去又如何去，住又如何住。但得山花插满头，休问奴归处。'五月十七日仲友贺转官宴会，用弟子只应，仲友复与严蕊逾滥。仲友令严蕊逐便，且归黄岩住下，来投奔我，遂得放令逐便。"严蕊曾给唐仲友写信，以免除其兄周召的黄岩县"拦头"（承管税务等事的役吏）一职，仲友追相关人到州，当厅免断放罢。临海县贴司（掌书写、造帐等事务的低级吏人）徐新，为免除被差卖官酒一事，"许严蕊钱一百贯文省，托嘱仲友免卖"，实受贿钱四十二贯二八四十文。严蕊与弟子朱妙"入宅打嘱仲友，免断杨准藏伉弟子张百二事，许钱一百贯文，并受过青纱冷衫段水线鱼鲞等"。[23]701—703 朱熹所查实的这些情节包括，严蕊"除与唐仲友淫乱之外，曾多次干预讼事和行政，招权纳贿"；[24]"朱熹六劾唐仲友，有人证物证旁证，事实清楚，法理严谨"，且皆其自供。[25] 严蕊还与其他官妓一起，接受过唐仲友长子十八宣教借马三匹供其乘骑。[23]703 且严蕊涉案被囚，唐仲友竟公然派遣台州隶卒闯入绍兴府司理院大打出手。后来，由于宰相王淮的包庇及孝宗的纵容，朝廷只是收回了对唐仲友的江西提刑的任命，别无其他惩处，也未另行差官体究。

周密记严蕊事渲染过度，那么，其所涉及的"罪不重科"是否真实？

从周密记载看，说出"罪不重科"的是绍兴府的"狱吏"。明凌濛初小说中说出这句话的是绍兴府监狱的"狱官"，即具有领导地位的监狱长；但绍兴知府重述了"罪不重科"的话——"虽然发落已过，这里原要决断"，因而带出监狱，"再加痛杖"。这明示了上下都知道这一规则，至少南宋时是这样。因而，"罪不重科"，北宋僧人说宋制，南宋士人记宋事，其在宋代是制度，已然是事实。所以，我们说"罪不重科"出现于两宋，是有充分依据的。

（二）"官无悔笔，罪不重科"在明代

明代的"罪不重科"，是与"官无悔笔"一起出现的，这是它的语境。

1. 酒令引俗语"官无悔笔，罪不重科"

明冯梦龙《古今谭概》第二十九《谈资部》"梅、郭二令相同"条，引袁节推《酒令》云：

> 禾字本是禾，加口也是和，除却和加口，加斗便成科。语曰："官无悔笔，罪不重科。"[26]905

其含义，指做官的写了判词，就不能再加改变，因为一罪不能判罚两次。这是通过现场作酒令而凑成的著名对子。该酒令要求，"拆字入俗语二句"，全文以及事情的来历为：

> 苏州钱兼山、郭剑泉二宦，初甚相善，晚以小嫌成讼。袁节推断之，未服。某宦置酒解和，并邀袁公。
>
> 郭为令曰："良字本是良，加米也是粮。除却粮边米，加女便为娘。语云：买田不买粮，嫁女不嫁娘。"盖有所刺也。

钱曰:"其字本是其,加水也是淇。除却淇边水,加欠便成欺。语云:马善被人骑,人善被人欺。"

袁曰:"禾字本是禾,加口也是和。除却和边口,加斗便成科。语云:官无悔笔,罪不重科。"

某官执酒劝曰:"工字本是工,加力也是功。除却功边力,加糸便成红,语云:人无千日好,花无百日红。"①[26]904—905

既然说"拆字入俗语二句",故各人的"语云",都是流行熟语,且前、后两句都有连带关系。

首先,郭剑泉所说俗语有"买田""嫁女"事,估计两家争端也因其间的买卖、婚配引起,②或因买田时过割钱粮不顺,或因婚配受到母亲的过多干预。钱兼山回应说,他在此间受到了欺负,老实人声称遭遇了不公平。"买田时不能把田赋也一起顶下,就像嫁女时不可能连亲娘也要一起嫁来。"③

其次,袁节推是断案官,这次也仍以对双方的劝和以及规劝服判为主线,关键词一是"和",二是"科"。我既然加"口"劝和,你们就不要加"斗"成科,在规矩上,我不能推倒判决,再重新判决一次。"官无悔笔,罪不重科"指官员判案要慎重,一旦判决,便不能更改。

最后,劝和的官员说"人无千日好",该句本指人的青春短暂,此处比喻友情难以持久,即朋友间出现纠葛也属正常,要理解,关键是体味劝和者的"加力"之"功",请双方看在以前交情的份儿上,重修旧好,不要再算旧账,加深嫌隙。

清杜文澜撰《古谣谚》卷七十:"袁节推引俗语。《谭概》:袁节推酒令引俗语云:'官无

---

①《古今谭概》前节记梅令之"拆字入俗语二句"句对,为:"蜀人杜渭江朝绅,令麻城,居官执法,不敢干以私。一日宴乡绅,梅西野倡令,要拆字入俗语二句。梅云:'单奚也是奚,加点也是溪。除却溪边点,加鸟却为鸡。俗语云:得志猫儿雄似虎,败翎鹦鹉不如鸡。'毛石崖云:'单青也是青,加点也是清。除却清边点,加心却为情。俗语云:火烧纸马铺,落得做人情。'杜答云:'单相也是相,加点也是湘。除却湘边点,加雨却为霜。俗语云:各人自扫门前雪,莫管他人瓦上霜。'又云:'单其也是其,加点也是淇,除却淇边点,加欠却为欺。俗语云:龙居浅水遭虾戏,虎落平阳被犬欺。'"

②梁敬錞《宁夏輶轩录》云:"财赋与金融。宁夏财政,最宜注意者,厥为田赋问题,因其流弊日深,故其应行整顿尤切。考其积弊,约有数端:……(二)民间买卖田地,固亦常有,但县府红册,所载姓名,仍系道、咸之时,而农民又多狃于'买田不买粮'之恶习,致成有田无赋,或有粮无地之弊;……以上皆为土地制度之流弊,而田赋所以税减也。……然则欲图根本均平之方,而增税赋收入之裕,必需从清丈着手,为当务之急。……"载《东方杂志》1934年第31卷。

③卢润祥:《我国俗语研究的新贡献——〈中国俗语大辞典〉评介》,《语文建设》1990年第4期。"买田不买粮,嫁女不嫁娘"指买田地不能把土地的各种赋税也算在买价内,嫁女儿不能把女儿的母亲也陪嫁出去,即做生意要合情合理。"粮":旧指征收的土地税以及各种捐税。

悔笔，罪不重科。'"[27]791—792 清周亮工《字触》卷五：苏州钱兼山、郭剑泉因买田发生争执，经太守判决，还在闹意气。意谓他断案目的是替二人和解，请二人尊重官府，维持原判。[28]82

2.钱兼山、郭剑泉、袁节推其人其事

钱兼山，即钱有威，字惟重，明嘉靖二十九年（1550）庚戌科进士（三甲，赐同进士出身），官南京刑部郎中，著有《广川集》。林大春与张时、钱有威并称"守部三杰士"。钱有威"经术明习，于人无择，生徒满京师"。

郭剑泉，明杨继盛有《题郭剑泉岁寒松柏卷》："'君去霜台无御史，君来秋省有刑官。百年节操惟松柏，休负当时旧岁寒。'松柏虽岁寒不凋，然色视春夏少异矣。及至春夏，欣然苍翠，若与桃李争芬芳者，视岁寒时又异焉。不知岁寒之色为本色耶？春夏之色为本色耶？则松柏者，固随时异矣。然则吾人之操，当出乎松柏之上，可也。剑泉山立之操，故常变合一，松柏恶足以拟之耶！"[29]169—170 又《文氏一门行书诗卷》载文嘉作品，由《郭剑泉侍御谪永安》等四篇诗文组成，其书法率意洒脱而不失法度。①

明李春芳撰《李文定公贻安堂集》，有《侍御郭剑泉年丈出命未安序》《同年束造陈君擢山西宪副序》《副郎回堂濮君之南秋曹亭》《姻丈怀堂袁君节推鉴莱序》等，这是他的交游。

袁节推，《明史》无传。从宜兴李延谧墓志得知，袁节推曾从师于他。李延谧（1505—1582），明贡生、举人，任广东龙门县令，云南徵江府学教授，河北河间（益都）府学教授，著有《四书大成录》。从交游看，袁节推与沈炼、陈鹤、黄廷用、欧大任、黎民表等人交往颇深，5人皆与其有诗词唱和，且多为送行诗，从诗中可以考见袁节推的任官及经历。

袁节推任官，释褐为绍兴府推官，继任松江府推官。

明沈炼②《青霞集》卷六，有《送袁节推考绩》五言律诗：

平生识明府，为吏却黄金。罗袖回沧渚，香飙出蕙林。
赠行嗟宝剑，念别怅瑶琴。难以一杯酒，酹君千载心。[30]86

沈炼《青霞集》卷一《赠袁节推考绩序》，叙及袁节推履历："公以弱冠之年，射策高等，出掌刑狱之司，以弼方牧之职。"[30]17 同卷《送袁节推考绩序》又云："余郡推袁使君之莅吾越，束带而视事，庭宇肃然，怀私望幸者股栗而退缩，含冤茹苦者不言而昭露，片辞发口

---

① 朱立红编译《笑书》有"郭剑泉为令"条，载赵国华、刘国建主编《新编小五经四书》，湖北人民出版社2006年版，第268页。

② 沈炼（1507—1557），字纯甫，号青霞，会稽（今绍兴）人。明嘉靖十年（1531）举于乡，十七年（1538）中进士。始任溧阳知县，与御史争执，卒得诋，徙茌平知县。二十三年（1544）丁父忧，与同里陈鹤、徐渭结"越中十子"社。服阕后，三仕县令，执政清廉，惠爱于民。后官锦衣卫经历，疏论俺答请贡事，并劾严嵩。廷杖谪戍，复为嵩党路顺构入蔚州妖人阎浩案中弃市，天下冤之。隆庆初，赠光禄寺少卿。天启初，追谥忠愍。事迹见《明史》本传。著有《青霞集》。

而群噪夺魄，垂墨在牒而舞文之吏束笔也，是以不出堂序，而廉平之化布于穷谷。"[30]17—18 袁节推"莅吾越""余郡"，即绍兴府；"郡推"，即推官。《明史》卷七十五《职官志四》："府。知府一人，正四品；同知，正五品。通判无定员，正六品；推官一人，正七品。……推官理刑名，赞计典。各府推官，洪武三年始设。"[31]1849 由此可知，袁节推初官为绍兴府推官。

进士释褐为府推官者，明代不乏其人。①

陈鹤《送袁节推奏绩北上》，与沈炼诗作于同时：

斜日半帆明，西江浪正平。风云双阙路，吴越两乡情。
树绿沉山影，天空落雁声。孤舟渔浦夜，共语一灯清。[32]216

陈鹤（1504—1560），字鸣野，一作鸣轩，字九皋，号海樵，一作海鹤，又作水樵生，明山阴（今浙江绍兴）人。颖悟绝群，年十余，已知好古。置奇帙名贴日夜诵览。十七袭祖荫得百户，郁郁负奇疾，弃官著山人服。世宗嘉靖年间举人，著有传奇《孝泉记》。诗云"吴越两乡情"，或袁节推为吴人。

沈炼、陈鹤为"越中十子"，袁节推能得沈炼、陈鹤赠诗，可知其在越任职时打入了该交际圈子。

后来，袁节推又曾任松江，黄廷用《少村漫稿》卷上有《赠公孺袁节推之任松江》诗：

投珠献璧喜相逢，日夕徘徊在汉宫，白雁云间千里隔，黄花雪里一尊同。
深愁西北干戈振，见说东南杼轴空。狱院枝头巢鸟雀，行看露冕向春风。[33]30b

黄廷用（1500—1566），字汝行，号砺峰，号四素居士，学者称"少村先生"，莆田人。嘉靖十四年（1535）进士，选庶吉士，授翰林检讨，历司经局洗马兼翰林侍讲，以言官论，出为衡州府通判，累官至工部右侍郎，又被论罢归。嘉靖四十一年（1562），倭寇破莆田，被执不屈，戚继光兵至得脱归。著有《少村漫稿》。据此，袁节推字公孺，诗云"狱院枝头巢鸟雀"，则袁节推仍任推官无疑。

袁节推还与欧大任（1516—1596）、黎民表（1515—1581）有交游。欧大任有《十七夜同何太仆卢方伯袁节推集黎秘书宅》，黎民表有《十七夜何太仆卢方伯欧文学袁节推过集》，二人均为"南园后五子"中人，从而与广东文人有交集。

综上，关于"官无悔笔，罪不重科"，系明人引明语，一方面，它表明宋、明为一系，"罪不重科"为两朝前后相承的原理、原则；另一方面，它又与"官无悔笔"结合成句，有

---

① 吴时来，字惟修，仙居人。嘉靖三十二年（1553）进士，授松江推官。毕自严，字景曾，淄川人。万历二十年（1592）进士，除松江推官。年少有才干，征授刑部主事。陈子龙，字卧子，松江华亭人。生有异才，工举子业，兼治诗赋古文，取法魏、晋，骈体尤精妙。崇祯十年进士，选绍兴推官。详见《明史》各本传。

语境创设之效。

就前者而言，从"官无悔笔，罪不重科"两句的关系来看，后者（罪不重科）是说明前者（官无悔笔）的：之所以"无悔"或"不悔"，是为保障判决的稳定性、严肃性，从而使得一罪不再被重新科断或第二次科断。

但"官无悔笔，罪不重科"句式，无疑规定了"官无悔笔"的语境，"无悔"是针对"罪不重科"的。这一点，"官无悔笔"在后来的使用上，也是突出了其严肃性甚至稳定性的一面。如"君无戏言，官无悔笔"，[34]193"君言""官笔"被视为同等的东西，都严肃、正式、权威而应予信守；相反，与之形成鲜明对比的是，"民可戏言，官无悔笔"①，[35]672老百姓可以随便说话，开玩笑，关系不大；官府办事却要慎重，下笔便不能反悔、改动。

南宋衙门的"罪不重科"，语境属刑事之罪，具体说，涉及的是杖刑。其他刑罚是否也适用，书缺有间，不好揣摩。明代"官无悔笔，罪不重科"，场景是民事争讼。至清代，李绿园《歧路灯》第六十九回《厅檐下兵丁气短，杯酒间门客畅谈》："虎镇邦发话道：'这赌场已经县里断过，料着罪无重科。我只是要银子。'盛希侨道：'谭贤弟，这事经过官么？'绍闻道：'经过官。'盛希侨笑道：'姓虎哩，收拾起罢。赌博经官，这悬赃就是该入库的。你家有库，我就缴；你若无库，俺弟兄们就不欠你一分一厘。我有罪，请回罢。俺还有正经话计议哩。'虎镇邦无言可答。"[36]495此时则可能涉及刑事罪。

3. 官箴中的"罪无重科"

明代官箴中有"罪无重科"，可见酒令所引俗语，也不是绝响。

明不著撰人《牧民政要·慎罚（凡十六条）》，有三条主张"勿再罚"的箴言，值得重视。文云：

> 事经两衙门勿再罚。一事告两衙门，尊则归之，相等则分之。倘彼先追罚，则此置不问可也。
>
> 事经问结后勿再罚。人民构讼，每有牵扯问结之事者，官为查卷置之，止以今事断之，罪无重科也。
>
> 一人同时两犯勿再罚。二罪俱发，以重者论；罪各等者，从一科断。若前发已经论决，后发若等，勿论；重者，更论之。亦通计前罪，以充后数。此律文一定，不得擅违。[37]682—683

第三条，属于数罪并罚问题，无论同时"俱发露"，还是前后"发露"，基本实行重罪吸收轻罪原则。"此律文一定，不得擅违。"见《大明律·名例律》"二罪俱发以重论"条，《大清律》同。虽说也是"勿再罚"，但与"罪不重科"无关。先予排除，在此不作讨论。

第一条，同一件事告到两衙门，如果两造有尊卑之分（辈分不同），则卑者之案应归并到尊者所告之官署，合并处理；如果两造没有尊卑之分（同辈），则各由所告官署追问。这

---

① 吴伦《睁睁眼》："有道是：民可戏言，官无悔笔。这事你看着办吧！"

是当事人双方涉及尊卑关系的伦理背景。但在"分之"的情况下,"倘彼先追罚,则此置不问可也",即甲官署已罚,乙官署就不能再问罪,显然属于"罪不重科"。自然,这里的细节,箴言没有明确提供。比如,两衙门之间的关系如何,是层级高低不同的机构,还是层级平行的机构?从可以"归之"以及"分之"的情况看,似乎是平行机构。

第二条,"事经问结后勿再罚",即已问罪结案则不再罚,明言"罪无重科",最为直接、明显和确定。从其叙述看,"牵扯"到"问结之事",官府可以查案卷,但要置之不理。仅仅以所告"今事"断之,已经"问结"之往事,虽告也不再追罚。

三、三度提及"官无悔判":制度创新背景及现代意义挖掘

"官无悔判",继20世纪40年代初提、1952年再提,到80年代中期至今,已经是第三度提及了。今日提及"官无悔判",与前两次的批判虽没有直接关联,大多是由现实的司法或者审判所存在的问题而引发,但深层问题却仍是制度、理念的取舍。而理解不同、立场不同,论者大抵可分为两个阵营,一为否定派,二为肯定派;在前者,"官无悔判"被当作坏传统;在后者,则被视为好传统。

(一)被当作坏传统的"官无悔判"

1. 反封建遗留,继反其当今变种

否定派认为,"官无悔判"是封建主义遗毒,应当彻底扫除。但其间又有区别,可以分为两派。

(1)"官无悔判"被理解为官府或官员为自保而不改正错误判决

2011年出版的一本白话故事集,对北宋向敏中所断一个案件的解读,使用了"官无悔判"一语。

此事原载宋司马光《涑水纪闻》卷七《辨冤僧狱》:

……有僧……不堪掠治,遂自诬。……于是密遣吏访其贼,食于村店,有妪闻其自府中来,不知其吏也,问曰:"僧某狱如何?"吏绐之曰:"昨日已笞死于市矣。"妪叹息曰:"今若获贼,如何?"吏曰:"府已误决此狱,虽获贼,不敢问也。"妪曰:"然则言之无害。彼妇人,乃此村少年某甲所杀也。"吏问:"其人安在?"妪指示其舍。吏往捕,并获其赃,僧始得释。①

其中,"吏曰:'府已误决此狱,虽获贼,不敢问也'"一句,编者翻译为:"那官吏说:'官无悔判,就算是判错了也要错到底。现在即使抓住了真的凶手也不会再追究了。'"[38]65 这

---

① (宋)司马光撰,邓广铭、张希清点校:《涑水纪闻》,中华书局1989年版,第140页。《涑水纪闻》该句"吏曰:'府已误决此狱,虽获贼,不敢问也。'"桂万荣《棠阴比事》"向相访贼"作"吏云:'府已误决,不复敢问。'"明冯梦龙《智囊全集》第三部《察智·向敏中》作"曰:'已误决此狱,虽获贼亦不问也。'"前二书皆强调情绪倾向的"不敢问",后者无。

是说：府官为回护前短，不敢纠错、不会翻案，只会将错就错。这里的"官无悔判"，是官府或官员为自保而不改悔错误判决，反映封建官员们的自私、算计，自然缺乏爱民意识、反省精神、职业操守。其实，宋代只有"罪不重科"，尚无"官无悔判（笔）"与之形成组合；而且这里的"误决不敢问"，也绝无"一事不再理"意味。

如此意义上的"官无悔判"，当今也有人持这种认识。2013年，龙宗智教授撰文探讨聂树斌案件之申诉与再审的波折云：

> 然而，驳回聂案申诉，除了对个体的不公正，将面临一个最大的问题，就是社会公众和专业人士对此案的长期质疑。为什么对一个可能的错案（而且研究过此案的多数人可能认为错案概率不小）不纠正，仍是"官无悔判"？还是"讳疾忌医"？质疑之声难免长期不绝于耳。受损害的，仍然是司法的公信力。[39]10

大抵把"官无悔判"看作封建遗毒的变种而予以质问，将其作为现实批判的工具。

（2）"官无悔判"被理解为官府或官员为维护官威而拒绝改变判决

2009年7月，彭真之子傅洋律师接受采访时说："父亲领导政法工作时，一贯在领导执法机关坚决依法惩治犯罪的同时，强调必须严禁非法拘禁、严禁'逼供信'，反对'官无悔判'的封建执法观。"[40]2016年7月15日，傅洋接受了"深读"的专访，又一次讲道，"父亲一方面领导执法机关坚决依法惩治犯罪，另一方面始终强调必须严禁'逼供信'，批判'官无悔判'的封建执法观"；并提到父亲在1956年3月的第三次全国检察工作会议上就曾指出："错捕、错判要坚决纠正、平反，因为我们的国家是代表人民的，是实事求是、光明正大的，不冤枉好人。"傅洋表示："在当下依法治国的大环境下，不论民事还是刑事案件，不管是否终结，只要发现了错误就应该纠正，不应当有'官无悔判'的思想。"[41]

有错必纠的司法理念，来自实事求是的思想路线，与官府、官员自保而不改悔，境界自然不同；而"官无悔判"有一层意义，包含了封建时代官员所秉持的理念在内。尽管其中不免反映封建的司法专横、颟顸作风，但毕竟也有可取处。

比如，清代"杨乃武、小白菜案"，今人解读时，也有加上"官判无悔"一层意思的。情节是：余杭知县刘锡彤将杨乃武、小白菜及相关卷宗押送杭州府。该案初审结束，正式进入二审程序。今人议叙其故事云：

> 不过，刘锡彤认为杨乃武不在余杭的证词是伪证，不值得上报，就擅自扣押。而且，他在初审报告中，谎称试毒的银针已用皂角水擦洗，结果"青黑不去"，与《洗冤录》所载服砒中毒情形一致等。
>
> 在古代官员脑子里头往往有这样四个字儿——官判无悔，我一开始就做出这样的判断，而且在我的眼中，杨乃武、小白菜如果真有染的话，那是大逆不道的事儿，那是伤风败俗的事儿，那做官的一定要对这种事儿严惩不贷，心中那种厌恶就已经带出来了，再加上官判无悔，刘锡彤自然不会轻而易举改变自己的观点。[42]180

这样的议论，虽属揣测，但大抵符合情境中的官员逻辑。它与"误决不敢问"的惧怕承担误判责任不同，此处则是他自信自己出于公心，并且坚信自己措置无误，且他要维护的是官署的权威，类似《十五贯》中的"过于执"。

当然，区分这两种对"官无悔判"的理解，有时也很困难。2005年，检察官徐志刚在分析"相当一部分冤错案件的受害者得不到应有的（刑事）赔偿"时，讲了4个原因。其中一个是"在'维护司法机关权威'的旗帜下，'官无悔判'的观念仍占统治地位"。[43]66"官无悔判"是维护官威的古老而堂皇的借口。2010年，董开军大法官指出，近年来"错案或瑕疵案""纠正起来相当不容易"的原因，其中"一个很大的障碍在于思想上存在'官无悔判'的观念"；其表现是"先入为主，固执己见，不愿改、不想改"。①

（3）与"官无悔判"相伴随的旧时代某些政法制度、法律原则、司法现象

与1952年的批判相隔30余年，20世纪80年代中后期，"官无悔判"又被人们重新提起。

1985年，黄明利撰文提出清除"官无悔判"习气。主张"整顿现有司法干部队伍"，其中思想整顿就包括"进一步清除办案中'左'的思想影响，杜绝徇私枉法现象；扫除官无悔判习气"，[44]71大抵将其划入旧时代的遗留。1987年，冯永政撰文指出："封建法律文化的影响不可低估，至今还因袭在一些同志的头脑中。如：'治民'主义、义务本位、法自君出、以刑代法、清官政治、官无悔判等。这些封建主义的东西，又和我国一百多年的半封建半殖民地社会形成的奴才思想以及资本主义的腐朽思想结合在一块，形成了十分奇特的'混血儿'"，[45]47将其归类为封建主义、封建法律文化，且明确指出还混杂了其他。

从2005年至2012年，冯玉军教授在电视台讲述明、清两朝奇案的来龙去脉，其两条主线，一是"分析这些案件产生的历史、文化、政治、体制和技术等原因"，二是"详细探讨了君主专制、司法专横、有罪推定、刑讯逼供、官判无悔等封建司法痼疾"，过程中又"一一阐明了各种法律程序以及罪行证据的甄别查实问题"。[46]

其间，单讲"官无悔判"的虽也有，如2013年，广州市番禺区人民法院调研科卜晓虹说，要"根除'官无悔判'的封建主义司法思想"，[47]但相对较少。如前所述，大多数是将"官无悔判"与封建的政治法律制度（如君主专制、法自君出、以刑代法、刑讯逼供）、法律原则（治民主义、义务本位、有罪推定）、法律现象（清官政治、司法专横、徇私枉法）等一并提及的。其中"官无悔判"的用法，有属于第一种理解者，徇私枉法等现象往往与其相伴随；

---

① 董开军：《法官思维：个性与共性及其认识误区》，《中国法学》2010年第6期。在论证中，董法官将"官无悔判"与裁判的既判力切割开来，提出"'官无悔判'是一种应当摒弃、不正确的思维，与遵从司法裁判的既判力是两码事"。他进而认为，从法律思维的认识论来看，"官无悔判是一种机械思维的表现"；从价值论来看，"官无悔判"追求的"是一种机械的判决安定性"。而在根本上，因"少数法官庸俗化、绝对化地理解司法裁判的既判力，甚至将维护既判力与依法纠错对立起来"，因此，"法官思维应该以正确和正义为导向，而不是以片面地追求判决的秩序性为依归"。最终，他主张回到"实事求是，有错必纠"的思想路线上。该文后来发表在《人民司法》2012年第5期，删去了"'官无悔判'是一种应当摒弃、不正确的思维"至"而不是以片面地追求判决的秩序性为依归"一段论证。

有属于第二种理解者,清官政治、司法专横等现象往往与其共生,但多数偏向于前者。

2016年,老律师林洪楠直言:"如果不改变'官言九鼎、官官相护、官无悔判'的现状,冤假错案就还会发生。"[48]他所"代理的一些案件已经获得了平反,但他却认为还远远不够。因为很多案子的真凶并未缉拿,追责也难以启动。'有一些领导现在还在位,他不愿意去追责,一追就追到他头上了。'"[48]

2009年,有研究者指出,"司法申诉难,主要原因是'司法潜规则'的拦路虎阻截,那就是'官不悔判'"。因为,"到法院申诉,要求按审判监督程序再审,实质就是,到法院告法院,告法官。这就很难避免部门保护,很难打破关系网":

> 悔判,还是不悔判?悔,则面临责任追究,可能权杖不保,还要"得罪人":得罪领导,得罪同事,或者得罪下属,害怕以后自己不小心也有把柄被别人抓住,招来报复,甚至招灾引祸;不悔,则等同于将错误坚持到底,但只要不翻案,个人乃至个人背后的集体的风险都会大大降低,还不会"得罪人":不会得罪领导,得罪同事,或者得罪下属,不必害怕以后招来报复,招灾引祸。[49]147

因之,与现实的利益交集,构成了"官无悔判"旧传统继续存在的基础。这是无数具体利益考量之间的纠结。人们要求肃清"官无悔判",就是因为当下总有司法机构回护自己——讳疾忌医、坚持错误。

必须指出的是,对"官无悔判"的第一种理解,是当代人望文生义的误解,人们把它看成"官言九鼎、官官相护"封建时代的官场病。法学教授、律师、法官、检察官们皆认定"官无悔判"观念或习气的封建司法属性,认为其是痼疾,应反对,应批判,应根除。而认定其封建性质,着眼点不在过往而在今日,在于它在当今的变种或者现实表现——护短而不改悔。这种批评虽然往往有的放矢,但给人以"借题发挥"的印象。尤其是它的本来语境,是"官无悔笔,罪不重科",真正的意义在"罪不重科"。即是说,"官无悔笔"是形式,"罪不重科"才是内容。

2. 制度创新与制度改进背景下的反"官无悔判"

20世纪90年代之后,反对派在提及"官无悔判"时,多与司法新制度的创设与执行有关。因而,"官无悔判"多是作为新制度的反衬而出现的。

(1) 行政诉讼制度的创设

1991年,鉴于"行政执法不良"及行政诉讼提起之难,春茹、陆石溯源说:"两千多年的积淀毕竟太深厚,'官本位'的潜在影响使我们的一些行政官员仍难免颐指气使,而由'草民意识'所派生出来的'怕讼''耻讼'以及'民不告官''官无悔判'等封建社会意识,也还没有彻底清除。"[50]651999年,肖峰昌评价行政诉讼的作用,谓"1982年3月颁布的《中华人民共和国民事诉讼法(试行)》第三条规定,'法律规定由人民法院审理的行政案件,适用本法规定'。这一规定打破了'下不犯上''官贵民轻''官无悔判'等延续了几千年的陈腐观念,开创了我国行政诉讼制度的先河"。[51]11989年《行政诉讼法》颁布,对违法行政行为可以直接提起行政诉讼。

（2）国家赔偿制度的创设

1994年5月12日，第一部《国家赔偿法》正式颁布，1995年1月1日实施。该法规定了行政赔偿、刑事赔偿两类赔偿，这在我国是个创举。这样，"以宪法规定为依据，以《国家赔偿法》为核心，以其他法律、法规相关规定为辅助的中国国家赔偿法律制度，自此在拥有数千年'官贵民轻''官无悔判''官官相护'封建传统的中华神州大地正式确立"。[52]212005年，面对国家赔偿制度实施十年来，各级人民法院审理国家赔偿案件不尽如人意的局面，陈春龙从思想根源和制度层面做了深入剖析：《国家赔偿法》的贯彻实施难，首先是观念上的原因，我们有着数千年的'官贵民轻''民不告官''官无悔判'的封建传统。官府把你抓了就抓了，错了就错了，放了你你还要感恩戴德，怎么还要向你'赔不是'？老百姓心中根本没有向国家索赔的意识，官员心中的认识也不到位。"[53]。

2015年1月8日，最高人民法院副院长陶凯元在接受记者采访时说："《国家赔偿法》的制定和实施，改写了几千年封建社会'民不告官''官无悔判'的传统，开启了'官赔民'的新制度，标志着保护人权的宪法基本原则得到了庄严兑现，揭开了法治国家、法治政府建设的新篇章。"[54]12020年5月，《国家赔偿法》施行25周年，最高人民法院副院长陶凯元在接受访谈时说："制定国家赔偿法、建立国家赔偿制度是社会文明进步的重要标志，是法治天平上的重要砝码。25年前，《中华人民共和国国家赔偿法》正式施行，这是值得载入史册的一件大事，具有重大的政治意义和法治意义，因为它进一步改写了我们几千年封建社会'民不告官''官无悔判'的传统，开启了'官赔民'的新制度，翻开了民主法治建设的新篇章。"[55]

（3）审判监督程序或再审制度的完善

进入21世纪，对"官无悔判"的议论，不再局限于宏观议论或行政诉讼、国家赔偿一隅，而多与审判监督程序或再审等司法制度相联结。

2000年1月，王利明教授著书论证审判监督程序的必要性时说："错误的裁判是客观存在的，对此我们应当严格执法，努力维护司法公正和程序正义，纠正失误的裁判，这样才能体现实事求是、有错必纠的原则，才能充分体现司法机关忠实于法律、忠实于事实的精神。如果采取'官无悔判'的封建的司法原则，对这些错误的裁判不予纠正，既不能体现司法的公正，也不利于对当事人权利的充分保护。正是为了对已经生效的判决和裁定，因发现确有错误而应当予以纠正，法律设定了审判监督程序。"[56]474

2000年8月，何兵、潘剑锋发表论文，一方面强调我国的"再审"是"在制度设计时坚持'实事求是，有错必纠'原则，意欲通过完备的再审制度使案件事实得以真实地、完整地再现，彻底扫除'官无悔判'的封建思想；强调无论在事实认定或法律适用上，只要确有错误即应通过再审制度加以纠正"；另一方面指出在我国三大诉讼中皆有的再审制度，实践中未能维持判决的安定性，与世界各国立法皆采"一事不再理"原则的主流不合，有改造之必要，并提出了具体的改造方向和措施。[57]417—426

无疑，与封建法律制度（官贵民轻）、法律原则（民不告官、下不犯上）、诉讼观念（怕讼、耻讼）、法律现象（官官相护）等并列的"官无悔判"，大略也具有制度、原则、观念、现象的品质和成分。最重要的呈现是，与"官无悔判"相反对的审判监督程序、再审程序所体现的实事求是、有错必纠的原则，出现了新问题：一则"实践中未能维持判决的安定性"，二则"与世界各国立法皆采'一事不再理'原则的主流不合"，为此提出了一些具体的改造方向和措施。这是一个新的气象，预示着"官无悔判"可能回到了它本该着落的地方——反"官无悔判"。"官无悔判"损害了"既判力"（1943年延安谢老日记）和"安定性"（2000年），因而可能有必要回归主流：中国也应采取世界各国立法皆采取的"一事不再理"原则。而这，是"官无悔判"的本意——"罪不重科"之真正所在。

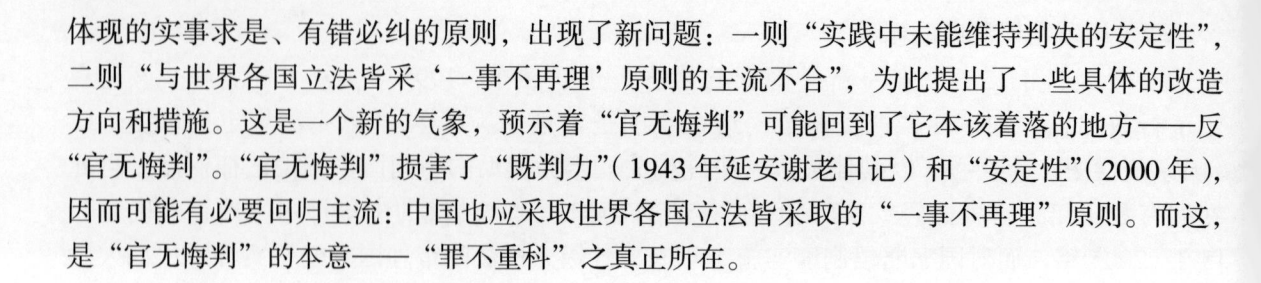

（二）被视为好传统的"官无悔判"

肯定派对"官无悔判"的肯认，直将其视为判决安定性、权威性的代表，这符合其"罪不重科"的语境。

1."官无悔判"所肯认的判决安定性、权威性

2006年，"湖南省新田县教育局原局长文某受贿案"，县法院一审判决有期徒刑五年，永州市中级人民法院二审判决有期徒刑三年缓刑四年，湖南省高院撤销市中级人民法院判决，指定其再审。江苏省泰州市检察官邹云翔，撰文《别忘了"官无悔判"》云：

> 中国古代就有一句"官无悔判"的说法，按照现在的说法就是要尊重生效判决，在不损害原案当事人正当期待的前提下，维持生效判决的安定性。可是湖南省高院却以再审的形式，撤销了一个有利于原案被告人的生效判决，而以给其更重刑罚为宗旨，启动了再审程序。这样非常规、涉嫌违反正当程序的做法，让人吃惊。[58]

这是刑事程序的古今对比。民事程序领域也有类似比较。

2006年，毕玉谦论民事再审云："根据诉权基本原理以及民事诉讼的本质属性，当事人是提起再审之诉的主体，甚至应当是唯一的主体。人民法院（包括院长在内）不应作为这一主体，这是由法院面对诉讼事件所处的中立性、消极性、被动性地位所决定的。法院所作出终局裁判的一个重大司法功能在于定分止争，宣告解决纠纷的程序已到此完结，'官无悔判'。因此，由法院作为主体主动提起再审，从而使得原本在法律上已经完结的程序重新开始，这既有违法院的审判职能，又会损害司法的权威性。"[59]24

2011年，徐纯志撰文，建议民事程序"设置有限三审终审制""取消法院提起再审和当事人申请再审的程序规定"。他指出：

> 二审后如不是法律适用问题、当事人无法提起三审或当事人不提出法律适用问题三审而致裁判生效，亦属正常经过两审法官把关的生效裁判，法院亦不可自提再审、更不应受理当事人申请再审，所谓"官无悔判"是也。这个词虽是反映了封建司法官吏的司法原则，在当时诉讼救济程序不完善情况下，确实不妥，不利于保障当事人的合法权益，但现在诉讼程序完善了并能给当事人充分的程序保障，不服一审可上二审，有的还可打三审，程序的设置足以使错误的裁判得到上级法院的纠正，因此，本级法院不宜再对自身作出的裁判加以否定，否则权威难塑，"官无悔判"在现代司法理念中焕发出新

的现实意义。[60]

作者甚至期待将"官无悔判"纳入现代司法理念中，使其焕发出新的现实意义。

2. 从否定"官无悔判"、坚持"实事求是、有错必纠"到赞成引进国外司法理念与规则、原则

刑事诉讼法学界一些学者曾秉持司法机关应当积极、主动纠错的再审理论，因而起初对"官无悔判"是持批判态度的。1993 年，徐益初研究员写道："我国的审判监督程序，从审查范围的全面性，申诉权利的广泛性，监督职权的普遍性等方面，对于纠正已经发生法律效力的判决、裁定中的错误，是采取了积极的、主动的态度，坚持实事求是、有错必纠的原则，这同那种所谓的'官无悔判''法言难改'的资产阶级法学观点是完全对立的。"[61]334 对再审及"官无悔判"的这一看法，作为书籍主编的陈光中教授，应该是支持的，至少是默许的。

但随着 1998 年我国签署联合国《公民权利和政治权利国际公约》①，陈光中教授及刑事诉讼法学界的许多人，开始主张"理性地对待'实事求是，有错必纠'的指导思想，认识到其在刑事再审中的局限性，应使其与司法公正、人权保障、程序的安定性等现代化的司法理念相结合，以指导刑事再审程序的改革"。[62]21 2005 年，陈光中教授撰文讨论引进和确立"禁止双重危险原则"，指出"传统观念强调'实事求是，有错必纠'，单纯追求实体公正，存在着历史的局限性，必须加以改革和更新"；主张"现代化的再审程序必须把追求公正、纠正错判和既判力理念、禁止双重危险规则结合起来，从而达到打击犯罪和保障人权相结合、实体公正和程序公正并重的目的"。[63]172—173 2006 年在《中华人民共和国刑事诉讼法再修改专家建议稿与论证》中，陈光中教授主张确立相对的"一事不再理"原则，并在此基础上改革我国的刑事再审程序，[64]12 增加"在人民法院作出生效裁判之后，任何人不得因同一行为再次受到起诉和审判，但是法律另有规定的除外"条款；[64]265 建议对启动再审尤其是启动对被告人不利的再审，规定严格的条件。[64]637 2013 年陈光中教授主编《刑事诉讼法》教材（第五版），谈到 2012 年《刑事诉讼法》修改，指出其"对审判监督程序的改革尚未到位，《刑事诉讼法》没有结合中国国情引进和确立禁止双重危险规则"，[65]390—391 为其一大不足，②重申了该主张。

刑事诉讼法学界从认同"实事求是，有错必纠"原则，到认同"禁止双重危险"原则，这一变化被王敏远称作刑事诉讼法学研究的一个转型。[62]20—28 但实际上，陈光中教授提出将"追求公正、纠正错判和既判力理念、禁止双重危险规则结合起来"，仍是折中的：没有完全否定实事求是、有错必纠原则、理念，而是为其留有余地；同时引进既判力理念、禁止双重危险规则。

---

①《公民权利和政治权利国际公约》第 14 条第 7 款规定："任何人已依一国的法律及刑事程序被最后定罪或宣告无罪者，不得就同一罪名再予审判或惩罚。"

② 批评 2012 年《刑事诉讼法》修改没增加"禁止双重危险"原则的学者很多，如周国均、刘根菊《新〈刑事诉讼法〉的三大助力之法理蕴涵探究》，《湖北警官学院学报》2012 年第 4 期。

3. 理念转变与两大法系原则的选择问题

为刑事再审程序改革，陈光中教授从强调程序的安定性、既判力理念，到提出引进禁止双重危险规则，再到建议确立相对的"一事不再理"原则，前后有个微小变化。大陆法系讲一事不再理，英美法讲禁止双重危险原则。中国学者及法官、检察官，在这方面各有选择。

倾向于英美法范畴的，有其代表。2006年，邹云翔检察官指出，"现代法治要求，法院依法对被告人作出的判决裁定一旦生效，根据一事不再理或禁止双重追诉的原则，将不得再行起诉"，并且"不能因为法官们判断的不同而使得当事人蒙受双重起诉的风险"。[58]2006年7月福建省平潭县发生的"念某投毒案"，李玉华教授谓其"将禁止双重危险问题摆到了公众面前"。[66]672014年8月下旬，福建省高级人民法院对念某作出无罪的终审判决。但在11月，当念某到有关部门办理出入境手续时，被告知限制出境。据悉是因平潭县公安局已于9月对投毒案重新立案，并将念某再度确定为犯罪嫌疑人。2006年发生的这起案件，让念某经历了四次死刑判决、八年牢狱之灾。龙宗智教授指出：现在，以同一事实将无罪定谳公民再度确定罪嫌并对其启动刑事程序，使公民面临"双重危险"，其合法性与正当性引起社会普遍质疑。[67]43—52

倾向于大陆法系范畴，并认为中国的"官无悔判"与大陆法系"一事不再理"相近的，也大有人在。2017年，最高人民法院第二巡回法庭胡云腾大法官，就"孙某等人再审案"答记者问时说：在"生效裁判的事实认定、法律适用和政策把握总体上并无错误"的情况下，其判决的"既判力、安定性和权威性应当予以尊重和维护"。他指出："我国刑事法律虽然没有明确规定一事不再理原则，也没有规定'官无悔判'之类的原则，但是，人民法院的判决一旦作出，非经法定正当程序不得改变，这也是全面依法治国必须坚持的一项法治原则"。[68]2020年，袁春湘发文认为，"西方国家自古罗马以来实行'一事不再理'原则，所谓'官无悔判'，坚持既判效力"。[69]32020年，张建伟撰文云："再审难，有其诉讼机制原因。诉讼案件，一旦形成确定判决，就形成既判力。乌尔比安曾言：已决案件被视为真理。这就是说，裁判一旦作出并且生效，应当保持稳定，不容许随意改变。我国古代也有'官无悔判'的说法，意思是判决一旦作出，司法官员既而悔之，亦不得朝令夕改，使变动不居。"[70]

在这方面，2001年，谢佑平教授提出的协调诸种"诉讼价值"，使得多元兼容、相互制衡，是一种很好的思路。如对"一事不再理"原则的重新诠释和使用，合理抑制"实体真实"这一价值目标，使之与人权保障、诉讼效益另外两个价值目标实现平衡，[71]73—79 改变过去"实事求是、有错必纠"原则下追求"实体真实"这个单一的、绝对的价值目标的状态。

2014年，施鹏鹏教授撰文，除解读大陆法系刑事既判力理论的历史生成、当代意涵、理论依据、效力类型以及阻却制度等基础问题外，该文的倾向性意见是：中国在刑事诉讼制度上与大陆法系主要国家和地区"具有更高的相似性"，较英美法系"具有更大的借鉴意义"，因而英美法系的"禁止双重危险原则"——重在程序的形式正义，"与中国时下大陆法系的刑事诉讼传统存在严重的价值、制度乃至技术冲突"；而大陆法系的"一事不再理"——既判力的否定效力——重在实体的实质正义，却可能与中国当下接洽。因为"大陆法系国家和地区普遍重视'实质真实'，但并不以牺牲'程序安定'为代价"；而"中国刑事诉讼长期奉行'客观真实'的理念，对程序安定性考虑不足"，所需要做的就是补足"程序安定"。所以，"认真对待程序安定的诉讼价值观"，引入既判力理论，确立既判力制度，将"实事求是""有错必纠"的司法理念下所缺乏的判决权威性及程序安定性补足，克服再审程序启动的随机性和任意性，并奉行"禁止不利于被告的变更"原则这一刑事既判力阻却制度，严格限制非常上诉与再审程序的启动。[72]

弃英美法系"禁止双重危险"原则，而用大陆法系"一事不再理"原则，或许陈光中教授也是考虑了中国法律属于大陆法系系统的缘故。当然，我们的考虑尚不止此，应该有更广阔的视野。

"一事不再理"原则初现于罗马法，又继受于中世纪教会法，近世法国、德国相继确立既判力原则，规定"一事不两罚"原则。在中国，"罪不重科""官无悔笔，罪不重科"分别出现于宋（960—1279 年）、明（1368—1644 年）两朝，时间上恰值欧洲中世纪，司法实践中有确实的案例证明。这表明，中国与西方在古代对同一问题有相通的立场和考量。

对于大陆法系"一事不再理"，我国台湾地区学者郑玉波的《法谚（一）》第 338 条，引拉丁文谚语：Non bis in idem，译为一事不再理。（英：No one ought to be tried twice for one and the same cause.）拉丁文"bis"为二度之意，"idem"为同一之意，一事不再理为诉讼法上一大原则。① 而中国大陆学者对"官无悔笔，罪不重科"的英译是：Court decisions cannot be changed, and a criminal cannot be sentenced twice for the same crime。② 译文明显突出了刑事罪的成分，当是严格依据字面而译；而英文转译拉丁文，其"一事不再理"则涵括民事与刑事案件在内。

那么，把这个西方法律原则引入中国《刑事诉讼法》，有人担心这样做会有"西化"之嫌，或者担心它"水土不服"，其实都大可不必。正如前述，"罪不重科""官无悔笔，罪不重科"本来在中国本土发生过，尽管它与当今的相应理念与制度相比，显得片段化、背景窄、不系统，朴陋一些——比如，它没有权利保障的背景，没有程序安定的深虑，但它在古代中国曾有亮眼表现，尽管古代中国没有它茁壮成长的体制机制，使得它一直是个嫩芽；但它毕竟是根基，"罪不重科""官无悔笔，罪不重科"所肯认的裁判的安定性、权威性、既判力因素，③ 可以作为引进新的司法原则的内生观念与机制使用。我们可以据此扩而充之，使其得到创造性转化，并在赋予新的意义和内容后，得到创新性发展。当今中国的现代法治能

---

① 郑先生在拉丁文法谚下，除罗列中文、英文的相应译文外，还罗列了法文、德文、日文的译文："法：Pas deux fois sur la même chose；德：Nicht zweimal in derselben sache；日：同一事件に対しては再びせず。"其释词与学理解释相对简单，法条则以我国台湾地区两大诉讼法为据。参见郑玉波《法谚（一）》，法律出版社 2007 年版，第 182—183 页。

② 曾东京主编：《汉英双解熟语词典》，上海大学出版社 2014 年版，第 968 页。又，吴光华主编《汉英辞典：新世纪版》译"罪不重科"作：One should not be punished twice for the same crime 或 A crime should not be condemned twice，上海交通大学出版社 2001 年版，第 1678 页。

③ 谈到作为程序规则的"官无悔判"，难得地存在于中国古代个别时期的个别人身上。它们没有体制和机制做保障，犹如昙花一现；皇帝制度、长官制度随时可以摧折它，但这并不表明它的出现和存在没有意义。对此，刘全娥教授说：它代表着"古代的司法确定性、司法权威性。古今有同理"。

为它提供生成长大的空间和环境。

当然，在此期间，我们少不了要检讨当今。比如，20世纪90年代初，季卫东教授就曾论及，"现行审判制度规定了两审终审，颇有一事不再理的意味。但是审判监督程序的规定表明，我国的判决仍然缺乏既判力和自缚性，审判权之间的相克关系仍然很薄弱"。他注意到，这样的问题不仅是现在才有的，而是古已有之的："当事人可以出尔反尔，任意反悔；案件可以一判再判，随时回炉；司法官可以先报后判，多方周旋；上级机关可以复查提审，主动干预。"事情出在中国文化和制度上，"从文化传统和制度原理两方面寻找答案"，他注意到"当事人的翻案权""上级机关的复审权"两项。[73]与此同时，我们可能还得反思过往。比如档案显示，长沙1945年后"法官在刑、民案件决讼中采'自由心证'原则"，"且'官无悔判'，二审、再审仅徒具形式，冤假错案根本无法纠正"；且刑事案件虽三审而终，"但第三审最高法院只就裁决适用法律是否正确进行审查，法律虽对上诉有再审之规定，但以'官无悔判'为原则，往往驳回了事"。[74]168、187实状究竟如何，也得细究。

在此应强调的是，我们所缺乏的东西，可以叫从国外引进、"移植"；我们拥有的，包括曾有过的东西，则可以叫"嫁接"——它讲究的是"亲和力"：接穗和砧木在内部组织结构上、生理和遗传上，彼此相同或相近，从而具有互相结合在一起的能力。"官无悔笔，罪不重科"的本土资源，大陆法系"一事不再理"的理念与制度，正具有这样的"亲和力"，完全可以中西合璧。因此，在《中华人民共和国刑事诉讼法》中确立"一事不再理"原则，阐明其与"官无悔笔，罪不重科"的相通含义，是对中国法律文化传统的有效继承，是创造性转化古代法文化元素，并使其得到创新性发展的过程。创造性转化反映其中西同理、古今同则的一面，创新性发展显示其新义赋予和添加的一面。它完全可以作为活态传承的一个导向性范例来对待。

【附言】本文在写作过程中，曾请援中国人民大学赵晓耕、其学生段瑞群查找1952年北京市司法改革资料；请援天津财经大学侯欣一教授、西北政法大学刘全娥教授提供延安时期涉及"官无悔判"内容的会议记录档案。在修改定稿过程中，又先后请教了西北政法大学刘全娥教授、广西大学孙记教授、浙江大学牟绿叶副教授，吸收了他们有关陕甘宁边区法制史资料与史实处理及刑事诉讼法原理、原则理解方面的意见和建议。辽宁大学法律史专业博士生万文杰同学帮我按期刊要求通改了注释体例，并重新检索、校对了引用网上资料。在此一并表示感谢。

[参考文献]

[1]《谢觉哉日记》（上册），人民出版社1984年版。

[2]侯欣一：《谢觉哉司法思想新论》，《北方法学》2009年第1期。

[3]史良：《关于彻底改造和整顿各级人民法院的报告》（1952年8月13日政务院第一百四十八次政务会议批准），《人民日报》1952年8月23日第1版。

[4]彭真：《论新中国的政法工作》，中央文献出版社1992年版。

[5] 董必武:《董必武法学文集》,法律出版社 2001 年版。

[6] 武延平、刘根菊等编:《刑事诉讼法学参考资料汇编》(中册),北京大学出版社 2005 年版。

[7] 胡伟:《1952—1953 年西南地区司法改革运动研究》,博士学位论文,西南政法大学,2008 年。

[8] 强世功:《法制与治理——国家转型中的法律》,中国政法大学出版社 2003 年版。

[9] 刘风景:《司法理念的除旧与布新——以 1952 年司法改革对旧法观点的批判为素材》,《北方法学》2009 年第 1 期。参见《人民司法机关应该有错就改》,《人民日报》1952 年 12 月 22 日第 3 版。

[10] 董节英:《1952 年北京市的司法改革运动》,《北京党史》2007 年第 2 期。

[11] 欧阳武:《开展全省司法改革运动的报告——经一九五二年十月廿一日江西省人民政府委员会第十一次会议通过》,《江西政报》1952 年第 10 期。

[12] 赵晓耕、段瑞群:《1952 年司法改革运动与法学界的反思——以北京市旧司法人员清理与改造为视角》,《北方法学》2017 年第 2 期。

[13] 陈光中、曾新华:《建国初期司法改革运动述评》,《法学家》2009 年第 6 期。

[14] 李艳琴:《禅籍衙门俗语宗门义管窥》,《宜春学院学报》2013 年第 8 期。

[15] 李遵勖辑:《天圣广灯录》,朱俊红点校,海南出版社 2011 年版。

[16] 释普济撰:《五灯会元》,文渊阁影印四库全书第 1053 册,上海古籍出版社 1987 年版。

[17] 河北省佛教协会虚云印经功德藏倡印:《大藏新纂·续藏经》(第 67 册),南宫市印刷有限责任公司 2016 年印制。

[18] 洪迈:《夷坚志》,何卓点校,中华书局 2006 年版。

[19] 周密:《齐东野语》,张茂鹏点校,中华书局 1983 年版。

[20] 冯梦龙:《二刻拍案惊奇》,漓江出版社 2018 年版。

[21] 束景南:《朱熹年谱长编》,华东师范大学出版社 2001 年版。

[22] 楼上层辑:《金华耆旧补》,道光十一年刻本。

[23] 朱子撰:《晦庵集》,文渊阁四库全书第 1143 册(第一册),上海古籍出版社 1987 年版。

[24] 俞兆鹏:《论朱熹按劾唐仲有事件——兼论朱熹的政治思想》,《江西社会科学》1991 年第 2 期。俞兆鹏:《从朱熹按劾唐仲有看南宋贪官与营妓的关系》,《江西社会科学》2005 年第 2 期。

[25] 王正:《朱熹六劾唐仲有新考》,《台州学院学报》2019 年第 4 期。

[26] 冯梦龙纂:《古今谭概》,海峡文艺出版社 1985 年版。

[27] 杜文澜辑:《古谣谚》,周绍良校点,中华书局 1958 年版。

[28] 周亮工辑:《字触》,商务印书馆 1936 年版。

[29] 王家棫编纂:《国魂诗选》(上编),上海印刷所 1934 年版。

[30] 沈炼撰:《青霞集(外三种)》,上海古籍出版社 1993 年版。

[31] 张廷玉等撰:《明史》,中华书局 1974 年版。

[32] 张豫章等辑:《御选宋金元明四朝诗》,《四库提要著录丛书》集部·196,北京出版社 2010 年版。

[33] 黄廷用:《少村漫稿》,中国国家图书馆藏明代刻本。

[34] 中国民间文学集成全国编辑委员会、中国民间文学集成浙江卷编辑委员会编:《中国谚语集成·浙江卷》,中国 ISBN 中心出版,1995 年。

[35] 马建东、温端政主编:《谚语辞海》,上海辞书出版社 2017 年版。

[36] 李绿园:《歧路灯》,新世界出版社 2013 年版。

[37] 佚名撰:《牧民政要》,载杨一凡主编《历代珍稀司法文献》(第二册),社会科学文献出版社 2012 年版。

[38] 云飞扬主编：《中国通史故事系列：宋·辽·夏·金》，北方妇女儿童出版社2011年版。

[39] 龙宗智：《聂树斌案法理研判》，《法学》2013年第8期。

[40] 阎军、李群：《彭真之子傅洋：父亲引领我和共和国法治一起成长》，《法制日报》2009年7月7日。

[41] 陈威：《彭真之子谈呼格案、聂树斌案：发现错误应纠正》，《法制晚报》2016年7月15日。

[42] 许越、薛瑛主编：《秘境观察之历史探秘》，北京邮电大学出版社2010年版。

[43] 徐志刚：《刑事赔偿归责原则与构成探讨》，《湖南社会科学》2005年第5期。

[44] 黄明利：《司法改革问题之我见》，《政法论坛》1985年第1期。

[45] 冯永政：《浅谈法制建设中的观念变革问题》，《理论学刊》1987年第2期。

[46] 冯玉军：《法律的印迹》，经济科学出版社2013年版。

[47] 广东省广州市番禺区人民法院卜晓虹：《从失衡到平衡：行政再审启动模式的反思与重构——以行政诉权保障为切入点》，广东审判网，发布时间：2013年11月22日。

[48] 陈郁：《林洪楠：要改变"官无悔判"的现状》，《清风》2016年第1期。

[49] 张设华、张云霞：《官不悔判与破解申诉难机制之构想》，《消费导刊》2009年第10期。

[50] 春茹、陆石：《行政执法不良原因小析》，《现代法学》1991年第2期。

[51] 肖峰昌：《浅议完善我国行政诉讼制度》，《山西省政法管理干部学院学报》1999年第Z1期。

[52] 陈春龙：《中国国家赔偿法律制度的确立、发展与健全——纪念〈中华人民共和国家赔偿法〉颁布20周年》，《哈尔滨工业大学学报（社会科学版）》2014年第5期。

[53] 杨子云：《陈春龙，一个法学家的十年》，《法律与生活》2005年3月上半月。

[54] 罗书臻：《以新姿态推动国家赔偿工作实现新发展——最高人民法院副院长陶凯元访谈》，《人民法院报》2015年1月8日第1版。

[55]《砥砺奋进攀高峰 担当作为谱新篇——最高人民法院副院长陶凯元访谈》，《人民法院报》2020年5月12日。

[56] 王利明：《司法改革研究》，法律出版社2000年。

[57] 何兵、潘剑锋：《司法之根本：最后的审判抑或最好的审判？——对我国再审制度的再审视》，《比较法研究》2000年第4期。

[58] 邹云翔：《别忘了"官无悔判"》，《四川新闻网—成都晚报》，2006年8月1日，https://news.sina.com.cn/c/pl/2006-08-01/051410590443.shtml，2023年9月6日。

[59] 毕玉谦：《关于改造我国现行民事再审制度的基本构想》，《中国司法》2006年第2期。

[60] 徐纯志：《我国民事诉讼救济程序之缺陷与重构》，110法律咨询网，2007年5月5日，https://www.110.com/ziliao/article-25917.html，2023年9月6日。

[61] 陈光中主编：《中国刑事诉讼程序研究》，法律出版社1993年版。

[62] 王敏远：《刑事诉讼法学研究的转型——以刑事再审问题为例的分析》，《法学研究》2011年第5期。

[63] 陈光中、郑未媚：《论我国刑事审判监督程序之改革》，《中国法学》2005年第2期。

[64] 陈光中主编：《中华人民共和国刑事诉讼法再修改专家建议稿与论证》，中国法制出版社2006年版。

[65] 陈光中主编：《刑事诉讼法》（第五版），北京大学出版社2013年版。

[66] 李玉华：《从念斌案看禁止双重危险原则在我国的确立》，《法学杂志》2016年第1期。

[67] 龙宗智：《念斌被再度确定为犯罪嫌疑人问题法理研判》，《法制与社会发展》2015年第1期。

[68] 法制网记者刘子阳：《再审改判体现对人权的司法保障 最高法院第二巡回法庭负责人就孙宝国等人再审案答记者问》，《法制日报》2017年1月24日。

[69] 袁春湘：《中国特色社会主义审判制度的本质属性》，《人民法院报》2020年4月2日第5版。

[70] 张建伟：《再审，为何是一扇很难开启的门》，2019年10月25日，微信公众号"王誓华高端刑辩"，https://mp.weixin.qq.com/s/Deuux6KnBjsv_b9EuEUjbg，2023年9月6日。

[71] 谢佑平、万毅：《一事不再理原则重述》，《中国刑事法杂志》2001年第3期。

[72] 施鹏鹏：《刑事既判力理论及其中国化》，《法学研究》2014年第1期。

[73] 季卫东：《比较程序论》，《比较法研究》1993年第1期。

[74] 蔡立人主编：《长沙市志》第4卷，湖南人民出版社1999年版。

（原载《吉林大学社会科学学报》2023年第6期，第135—157页）

根据地政权国家机构的理念、立法和实践

侯欣一*

摘要：革命问题首要是政权问题。中国共产党成立之初，对革命问题思考得多，对政权问题，特别是国家机构问题思考得相对不足。伴随着根据地政权的建立，既有的马克思主义国家理论，包括苏俄的经验对乡村根据地政权的指导作用颇为有限。换言之，究竟应该设置什么样的国家机构才能满足军事动员、政治革命与社会治理的多重需要，同时符合乡村和战争环境，尚需探索。经过实践，中国共产党逐渐形成了有关国家机构问题的基本认知，并凝练出民主、高效、灵活等国家机构设置的基本原则和一体化的运行逻辑，在此基础上对国家机构不断调整，其影响远及当下。

关键词：根据地政权；工农兵代表大会；民主集中制；灵活；高效

中国共产党成立之初，对如何在中国发动阶级革命的问题思考得多，对执政问题尚无系统的思考。1927年"八七会议"后，中国共产党从城市转移到偏僻的乡村，陆续在国民党统治的薄弱地区建立了若干根据地政权，开始了革命加执政的最初尝试。革命与执政明显不同。革命，特别是以武力方式进行的革命，必须弄清谁是我们的敌人，谁是我们的朋友这些政治问题，并通过专政的方式加以实现；执政则需要理性，需要兼顾、平衡各方利益，即必须对权力合理划分，科学配置，设置系统、稳定的组织机构，辅之以严格的程序，进而形成一种权力运行模式和运行逻辑。换言之，执政需要建构合理的权力机构体系，需要政治技术。长期以来，学界对根据地政权的研究偏重国体方面，相关研究旨在厘清其阶级本质，[1]而对国家机构方面重视不够。这不仅限制了学界对根据地政权独特性、得与失的深度思考，也使根据地政权法律制度的研究少了几分时代气息。本文通过理念、立法和实践等多个层面对根据地政权的国家机构问题进行讨论，并将国家机构与中国共产党、与军队、与所处的乡村环境进行关联观察，丰富学界对根据地政权国家机构问题的认识。

一、问题之预设

早期中国共产党是纯知识分子构成的政党，其成员生活在国家、社会、学术剧烈转型的特定时期。剧烈转型所产生的种种不适在他们身上表现得极为明显。他们年轻、敏感激进，

---

* 作者系天津财经大学法学院教授。

[1] 如王永祥《中国现代宪政运动史》，人民出版社1996年版；谢一彪《中国苏维埃宪政研究》，中央文献出版社2002年版；韩大梅《新民主主义宪政研究》，人民出版社2005年版。

热衷政治，不愿沉浸于书斋，富有拯救中国和改造社会的激情，是典型的职业革命家。

（一）思想基础和特色

中国共产党对国家机构问题的认知较为独特，辨识率极高。

第一，关注伦理革命。1916年，尚未接受马克思主义的陈独秀撰文指出："甲午以还，新旧之所争论，康、梁之所提倡，皆不越行政制度良否问题之范围，而于政治根本问题去之尚远。"何为中国政治的根本问题，陈独秀认为是儒家伦理。"君为臣纲，则民于君为附属品，而无独立自主之人格矣。父为子纲，则子于父为附属品，而无独立自主之人格矣；夫为妻纲，则妻于夫为附属品，而无独立自主之人格矣。率天下之男女，为臣，为子，为妻，而不见有一独立自主之人者，三纲之说为之也。"基于此，陈独秀公开指出："可见国家也不过是一种骗人的偶像，他本身亦无什么真实能力。"①系统接受过现代法政学科教育的李大钊也持这一观点。在陈独秀、李大钊看来，政治制度问题，特别是国家机构是否合理等问题只是中国诸多问题的表象，困扰中国进步的根本问题是对国人日常生活起支配作用的儒家伦理。为此，他们联手发起了"五四新文化运动"，希望通过伦理革命重塑中国文化，实现人格独立，进而拯救中国。陈独秀、李大钊的观点深深地影响着毛泽东、瞿秋白、邓中夏、李立三、张国焘等未来的中国共产党领导人。

第二，以民主为批判武器。"五四新文化运动"后，民主、民治、平民主义等主张获得了中国知识界的热捧，并迅速成为各派普遍接受的最高价值。民主是一种政治制度，在近代中国大凡鼓吹民主者，其主张总是与三权分立、君主立宪、代议制或"好人政府"等某一具体政体，以及国家机构联系在一起。早期中国共产党彻底否定君主和绅主，主张劳工治国或工农治国；但又更多地将民主与政事而非政制关联在一起。他们将民主作为一种批判武器，用以批判现实，用以军事和社会动员。如早期中国共产党习惯把中国历史及现实政治的腐败、外交上的失败、民众生活的苦难统统归咎于政治上缺乏民主，进而否定政治改良。毛泽东曾悲愤地说，民国废除了皇权，但"在土豪劣绅霸占权力的县，无论什么人去做知事，几乎都是贪官污吏"。②因而，"政治改良一途，可谓绝无希望"。③至于民主究竟该如何实现，大都以人民当家做主一言以蔽之，很少涉及民主必须依附的政体和操作技术。

早期中国共产党就是带着对中国传统政治体制的厌恶，对民国初年议会政治导致的议而不决现实的不满，以及移植而来的西方理论未能解决中国问题的失望，走上中国政治舞台的。为此，他们不屑于思考国家机构问题。

（二）对"十月革命"后苏维埃政体的理解

俄国"十月革命"爆发后，消息即刻传入中国。但由于信息混乱和认识隔膜，中国知识

---

① 《陈独秀文章选编》（上），生活·读书·新知三联书店1984年版，第106、103、277页。
② 《毛泽东选集》（第一卷），人民出版社1991年版，第29页。
③ 《毛泽东给向警予》，载中国革命博物馆、湖南省博物馆编《新民学会资料》，人民出版社1980年版，第76页。

界对革命之后所建立的俄式苏维埃政权所知不多。如革命之后建立的俄式苏维埃究竟是一个什么样的政体，设置了哪些国家机构，中国知识界所知大都较为笼统。毛泽东在与他人的交谈中说到自己的理解："俄国的'布尔什维克'，照他的主义讲，就是要组织纯粹工民的共和国，以工民办理国家的事务，他也有政府，也有宪法，并不是'无政府'。"①一句"也有政府，也有宪法"颇有代表性。

建党之后，中国共产党关注的核心问题是如何在中国动员民众发动阶级革命。鉴于党员人数较少，自我感知执掌政权还十分遥远。此外，受传统中国精英文化的影响，即便是在激进的左翼知识分子内心也仍然残存着底层民众能否执掌政权的疑虑。因而，对未来的政权问题缺乏系统性思考，只是在党的决议里依照马克思主义原理和苏俄经验，提出本党"承认无产阶级专政""承认苏维埃管理制度"②的笼统主张。"无产阶级专政"指的是一种由无产阶级领导向无阶级社会过渡的国体。它应该出现在现代工业得到充分发展的地区，目的是在经济活动，乃至日常生活中彻底消除劳动对资本的依赖；而"苏维埃管理制度"则是一种委员会制的政体，依照俄国布尔什维克的经验，参加者只能是工、农两个人数最多的底层阶级。

（三）从领导农民运动中获得的经验

1924年，在共产国际的主导下，中国共产党与改组后的国民党进行合作，发动了以"打倒列强、除军阀"为宗旨的国民革命。以陈独秀为代表的党的早期领导人强调国民革命的性质仍然是民主革命，其结果只能是建立资产阶级的政权，因而民主革命理所当然地应该由国民党来领导。国民革命中，在共产党和国民党左派的动员下，广东、两湖一带的农民运动迅速展开，沉寂的乡村不再沉寂。社会各界对此褒贬不一，一些人将其称为"痞子运动"。1927年1月，毛泽东深入湖南长沙、湘潭、湘乡等五县，历时一个多月详细考察了湖南的农民运动，撰写《湖南农民运动考察报告》一文，系统地思考了如何在传统乡村发动农民进行阶级革命的现实问题。结论是：成立以贫雇农等底层农民为主的准政治组织——农民协会，替代旧有的乡绅权力体系。农民协会的攻击目标包括土豪劣绅、不法地主、各种宗法思想和制度、城里的贪官污吏、乡村中的恶劣习惯。且攻击必须是急风暴雨式的，顺之则存，逆之则灭。"必须建立农民的绝对权力。必须不准人恶意地批评农会。必须把一切绅权都打倒，把绅士打在地下，甚至用脚踏上。……每个农村都必须造成一个短时期的恐怖现象……矫枉必须过正。"③湖南农民运动是利用马克思列宁主义的阶级斗争理论发动的，并建立了完全属于底层民众的准政权。这种革命运动及围绕政权的实践与人类既有的政权知识反差极大，不妨称为"人民民主专政理论"的初级版。农运中创造的"一切权力归农会"的经验，对早期中国共产党人的政体观、对日后中国革命与中国社会的影响不可估量。

总之，根据地政权创建之前，中国共产党对国家机构问题的思考尚未展开。导致这一现

---

① 《盲目的中国人》，《湘江评论》1919年7月28日第3版。
② 中央档案馆编：《中共中央文件选集》（第一册），中共中央党校出版社1989年版，第3页。
③ 《毛泽东选集》（第1卷），人民出版社1991年版，第14、17页。

象的原因，不完全是准备不足，还与其对国家机构问题的看法密不可分。

二、根据地政权国家机构之理念

1927年8月7日，中国共产党在汉口召开紧急会议，选举产生新的中央领导机构，并决定在长沙、广州等大城市发动武装暴动，向世人展现继续革命的勇气，同时尽快创建统一的全国性政权。同年秋，鉴于敌强我弱的现实，毛泽东率领参加秋收起义的一部分军队不再攻打大城市，掉转方向至湘赣边界的乡村，边休养、边继续从事武装暴动。乡村与城市完全不同，这一转变促使中国共产党对政权与国家机构问题有了新的认识。

（一）革命要想成功离不开政权和国家机构

武装暴动爆发之初，均成立了暴动革命委员会。一些暴动委员会内部组织还颇为严密。如1928年7月10日，中国共产党福建临时省委给闽西特委发出指示信，强调为了推动闽西暴动，"马上成立闽西暴动委员会。……暴动委员会之下，为了工作便利起见，可设七处：（1）秘书处，（2）军事处，（3）裁判处，（4）财政处，（5）宣传处，（6）交通处，（7）谍报处。军事、裁判、财政三处事务比较繁多，可设委员会处理之"。[①]但即便如此，暴动革命委员会的局限性即刻呈现了出来。

第一，无法平衡革命与秩序的关系。暴动之初，一些起义军以单纯的烧杀为手段回击国民党对共产党人的残酷屠杀。毛泽东很快意识到这种行为会引发社会的恐慌，及时发文加以制止，"除了最反动的长官、豪绅地主，经过当地的苏维埃或革命委员会宣布他的罪状执行枪决，以及焚烧反动的豪绅地主的房屋外，此外秋毫无犯"。[②]但由于缺乏稳定的国家机构加以落实，临时性的暴动革命委员会发布的命令作用有限。

第二，无法避免组织混乱。1929年7月，中国共产党闽西第一次代表大会发出呼吁，仅有暴动革命委员会是不行的，要尽快创建政府组织："革委会内组织凌乱，办事没有分工，以致各事分布不开。办理异常迟滞，充满了官僚气习。有些地方如上杭东三区东四区等处政权为土豪地主所把持，有的竟为流氓所占据，如白沙等处，政权反被利用以剥削农民。这个现象是新政权致命的伤痕。"[③]

与此同时，中国共产党还懂得了以下两点。一是司法机关的重要性。1927年11月，彭湃在广东潮汕地区率先创建了中国共产党历史上最早的地方政权，先后在陆丰和海丰召开工农兵代表大会，选举产生了陆丰、海丰县苏维埃政府，杨望等13人被选为海丰县苏维埃政

[①]《中共福建临时省委给闽西特委指示信：关于闽西农暴与建立苏维埃问题》，载林卫里主编《闽西苏区法制史料汇编》，龙岩市中级人民法院、古田会议纪念馆2008年合编，第144页。

[②] 周里：《谈井冈山斗争》，载井冈山革命根据地党史资料征集编研协作小组、井冈山革命博物馆编《井冈山革命根据地》（下），中共党史资料出版社1987年版，第205页。

[③]《中共闽西第一次代表大会关于苏维埃政权决议案》，载江西省档案馆、中共江西省委党校党史教研室编《中央革命根据地史料选编》（下），江西人民出版社1982年版，第16页。

府执行委员，林彬等14人被选为海丰县苏维埃裁判委员会委员，明确将政府机关与裁判机关加以区分。二是革命精神与执政能力并不天然兼备。1930年4月14日，福建连城县芷溪乡苏维埃主席致函区苏维埃，报告乡苏维埃换届的结果，同时挽留乡苏维埃主席黄仕潮同志留在本乡工作，函件说："惟仕潮同志老成练达，又兼娴习政务，敝乡群众最为信仰。故于日昨一致挽留，如果迁调他处工作，不独敝乡群众失所依靠，即各执委办事亦感困难。应请区政府列位同志准予挽留，俾勿他调，以副本乡八千群众之厚望。"①

（二）国家机构功能定位

懂得了国家机构的重要性之后，中国共产党又开始了对国家机构功能的思考。

第一，有利于军事动员。进入乡村之后，军队的供给成了最大的问题。因而，根据地政权的首要任务是军事动员。面对着国民党军队的一次次围剿，根据地和红军承受着巨大的生存压力，必须不断地壮大自己。但壮大自己的结果又势必加重对人力、物力和财力的需求。中央苏区的一些地方就曾出现过动员过度，导致民众外逃的现象。②因而，如何让政权组织在诸如扩红、查田、交公粮、站岗放哨，以及自卫等紧急且艰巨的任务中发挥更有效的作用，同时减少国家机构自身对物资资源的消耗自然成了根据地政权设立组织机构时首先考虑的问题。

第二，有利于镇压敌对分子的反抗。以暴力方式进行的阶级革命势必会遭到被专政者的反抗。因而，如何有效镇压被专政者的反抗，维护新政权的安全自然成了执政者关心的问题。湖南农民运动爆发后，一些地区出现了乱捕，甚至乱杀的现象，引起各界恐慌。中国共产党湘区负责人李维汉说："1926年12月，区委决定通过国民党省党部会同省政府组织湖南省审判土豪劣绅特别法庭，省党部推定谢觉哉、易礼容、邱维震为委员。我也曾两次找县长商谈，催促长沙县成立审判土豪劣绅特别法庭。1927年1月，省政府公布了《湖南省惩治土豪劣绅暂行条例》。这些措施都是对蓬勃发展的农民运动的支持，也是力图使这场农村革命有秩序有纪律地进行的一种尝试。"③这一经验对根据地政权影响较大。在根据地政权的早期，正规的法院组织一直未能建立，由各种临时性的法庭从事审判工作即是出于此种考量。

第三，有利于社会治理。共产主义制度是一种在中国本土文化中很难寻找到渊源的愿景，即便是分阶段实现，也必须对中国社会进行彻底改造。因而，无产阶级革命，绝不能简单地理解为政治权力的更迭，必须对经济、社会、文化等子系统进行彻底改造。为此，根据地政权一经成立便把改造传统乡村生活方式、经济发展模式和传统社会结构作为己任，国家机构的设置也必须满足这种需要。

第四，有利于体现国家机构的人民性。根据地政权从创建的那天起便把国家机构的人民性作为自己的道德性追求。这种追求不仅体现在国家机构的名称、宗旨、办事程序等外在方

---

① 张侃、李小平：《1929—1930年闽西乡村苏维埃政权的执政实践——以"芷溪苏维埃政府公文底稿"为中心的分析》，《东南学术》2017年第1期。

② 参见李一氓《李一氓回忆录》，人民出版社2015年版，第159页。

③ 李维汉：《回忆与研究》（上），中共党史资料出版社1986年版，第96页。

面,也体现在维护民众的权益这一核心方面。1929年12月17日,福建连城县芷溪乡苏维埃致函连南革委会,反映群众呼声,纠正农会任意罚款、没收等不妥做法。"本日据敝乡黄际良家报称,黄际良之子并母亲被礼本乡农会扣留,不知何故。该乡农会累次押难来往行人,?杨福东本一画像工人,亦被该农会累次扣留,罚去豪洋四百角,已交去百二角。再黄佛义之烟叶亦被扣留,要罚壹百元,至今尚未释放解决。本来我们农会实为工农无产阶级解除痛苦,乃该农会乱行扣留来往行人,实属不合,为此报告贵会,望致函该乡农会,即刻释放黄际良之子并母亲,并取消杨福东罚款,交还黄佛义烟叶。"①

经过一系列摸索,中国共产党有关创建乡村根据地政权和国家机构的理念日渐成熟。共产国际的代表评价说,中国共产党早期的政权实践是"试图躲在自己的区域内,用万里长城将自己同外界隔开,建立一个摆脱赋税、摆脱地主统治等等的国家"。②

三、根据地政权国家机构之立法

中国共产党领导的乡村根据地政权实践因共产国际的介入发生了根本性变化。1931年11月7日,在共产国际一再督促下,中国工农兵苏维埃第一次全国代表大会在群山环抱的江西瑞金召开,正式宣告中华苏维埃共和国成立。大会选举产生了中华苏维埃共和国最高政权机关——中央执行委员会,毛泽东当选为中央执行委员会主席。俄式苏维埃国家制度正式在中国落地。抗战爆发后,为了适应国共合作,中国共产党搁置了苏维埃制度,在根据地政权内仿行南京国民政府的体制,国家机构为之一变。

(一)中华苏维埃共和国之国家机构

第一,最高政权机关。《中华苏维埃共和国宪法大纲》第三条规定:"中华苏维埃共和国之最高政权为全国工农兵会议(苏维埃)的大会。在大会闭会的期间,全国苏维埃中央执行委员会为最高政权机关。"③全国苏维埃代表大会作为最高政权机关,含义有二:一是全国苏维埃代表大会位于国家机构体系的最顶端,实行一院制,不存在同位阶的竞争者;二是全国苏维埃代表大会拥有所有的国家权力,是一个全权性的代表大会,并非仅拥有某一类型的国家权力,且可以根据需要对某一类型的权力进行划分。1934年制定《中华苏维埃共和国中央苏维埃组织法》规定,设立执行委员会主席团作为执行委员会的常设机构。主席团法定人数最高不得超过25人,职权为"监督《中华苏维埃共和国宪法》及全国苏维埃代表大会中央执行委员会的各种法令及决议之实施""有停止或变更人民委员会和各人民委员部的决议和法令之权""有颁布各种法律命令之权,并有审查和批准人民委员会和各人民委员部及其他

---

① 张侃、李小平:《1929—1930年闽西乡村苏维埃政权的执政实践——以"芷溪苏维埃政府公文底稿"为中心的分析》,《东南学术》2017年第1期。
② 《米特凯维奇的书面报告〈中国苏维埃经验〉》,载中共中央党史研究室第一研究部译《联共(布)、共产国际与中国苏维埃运动(1927—1931)》(第7卷),中共党史出版社2020年版,第466页。
③ 厦门大学法律系、福建省档案馆选编:《中华苏维埃共和国法律文件选编》,江西人民出版社1984年版,第7页。

所属机关提出的法令、条例和命令之权""解决人民委员会与各人民委员部之间的关系问题,及各省苏维埃之间的关系问题"。①主席团由此成为中央执行委员会闭会期间全国最高政权机关。全国工农兵代表大会—中央执行委员会—主席团,经过层层授权,最终将全国代表大会的绝大多数权力交由其中25人,第二次苏维埃代表大会选举产生的主席团成员事实上只有17人。中央执行委员会下设平行的最高法院、人民委员会(政府)和审计委员会。人民委员会由外交、军事、劳动、土地、财政、司法、内务、教育、检察九部加政治保卫局构成。"处理日常政务,发布一切法令和决议案。"既有的研究一再强调根据地政权政体的特点是议行合一,议行合一分为机构合一、职权合一和人员合一等不同的制度安排。严格地讲,苏维埃制度实行的是人员合一,而非机构合一、职权合一。

第二,地方权力机关。中华苏维埃共和国实行单一制。按照《中华苏维埃共和国地方苏维埃暂行组织法(草案)》(1933年)、《中华苏维埃共和国中央苏维埃组织法》(1934年)、《裁判部暂行组织和裁判条例》(1932年)之规定:地方设省、县、区、乡四级行政区域。省苏维埃执行委员会为省级最高权力机关,下设财政、土地、军事、检察、内务、劳动、教育、粮食等部;县、区与省级机构大致相同;乡苏维埃不设执行委员会,亦不设主席团,只设主席一人,同时可根据需要设委员会若干。

第三,权力配置。中华苏维埃共和国的国家机构颇为系统,横向和纵向均如此,且与中国历史上已有的政体截然不同:一是立法权分散配置。全国苏维埃代表大会拥有制定、修改宪法和其他法律之权,中央执行委员会有颁布各种法律和法令之权,人民委员会有制定本部各种法令和条例之权;最高法院有对一般法律进行解释的权力。二是行政权中与经济民生相关的机构众多,体现了设计者急于发展经济的想法。三是司法权分工细致。司法审判与司法行政分开,最高法院之外,于政府之内另设司法部负责司法行政事务;政治案件审判由专门的政治保卫局负责;检察机构则属政府系列。四是监督权地位突出。中央执行委员会下平行设有法院、政府和审计委员会三个国家机关。三者分工明确,彼此制约。在既有的国家机构体系中,司法机关、行政机关与监督机关平行者较为少见。

(二)陕甘宁边区的"国家机构"

抗战爆发后,国共重新合作,参照南京国民政府的体制,陕甘宁边区的"国家机构"以新的模式开始运行。

第一,参议会。1939年1月,陕甘宁边区召开第一届参议会,通过《陕甘宁边区各级参议会组织条例》。其中规定,"边区各级参议会为各级民意机关",职权包括:"议决边区之单行法规""选举边区政府主席、边区政府委员及边区高等法院院长""监察及弹劾边区各级政府之政务人员"等。②此后根据需要,再将参议会由民意机关改为人民代表机关,即由单纯

---

① 厦门大学法律系、福建省档案馆选编:《中华苏维埃共和国法律文件选编》,江西人民出版社1984年版,第84页。

② 张希坡编著:《革命根据地法律文献选辑》(第三辑第二卷),中国人民大学出版社2018年版,第96页。

的反映民意，上升为既反映民意，又代表民意的权力机关。边区、县两级参议会设有正、副议长各一人，与推选产生的另外3名参议员组成常驻会，在参议会休会期间监督政府对参议会决议的执行情况。参议会设有秘书处，下设文书、议事、总务、警卫四科。[1]为强化参议员的权利，规定参议员在会议期间的言论受法律保护，言论免责。

第二，边区政府。《陕甘宁边区政府组织条例》（1939年）规定，陕甘宁边区政府为边区参议会的执行机关，"对于边区行政，得颁发命令，并得制定边区单行条例及规程。但关于增加人民负担，限制人民自由，确定行政区划，及重要行政设施，须得陕甘宁边区参议会之核准或追认"。[2]边区政府设政府委员会，由参议会选举的13名政府委员组成，并从其中选举一人为主席，即明确规定边区政府实行集体领导制。政府对参议会负责，同时规定政府对本级参议会的决议案认为不妥时，可详具理由送回参议会复议；对不称职的参议员可以通过一定程序提请参议会罢免。边区政府下设秘书处、建设厅、农工厅、教育厅、民政厅、法院、保安司令、审计处。县政府设一、二、三科和承审员。县和边区之间设行政专员。区则设助理员。就参议会与政府的关系而言，陕甘宁边区设立之初，"国家机构"具有议会制的特点，参议会与政府委员会人员分立，被一些人称为议行并列的二元论。1944年3月25日，在陕甘宁边区高干会议上，边区政府委员会主席林伯渠指出："我们必须从二元论回到一元论，即从二权并立论回到民主集中制。必须承认参议会和政府都是政权机关，都是人民的权力机关。"[3]此后不久，根据地政权便打破了这一界限，允许当选为政府委员会委员者继续担任参议会议员，重新回到了人员合一的体制。

第三，陕甘宁边区高等法院。《陕甘宁边区高等法院组织条例》（1939年）第五条规定，"边区高等法院独立行使其司法职权"，接受边区政府的领导。边区政府秘书长李维汉对此体制解释说：陕甘宁边区"司法工作的领导体制存在两个特点：第一，由高等法院全面负责审判、检察和司法行政三种职能。……第二，高等法院对边区参议会负责，日常工作则由边区政府直接领导，实质就是置司法于行政领导之下。……这是过渡时期的权宜之计，是适合边区的战时和农村环境的，但是也确实遇到了不少困难"[4]。县设司法处，归县级政府领导。

苏维埃模式下的国家机构和陕甘宁边区适用的"国家机构"均非中国共产党自主设计或选择的结果。前者由苏俄和共产国际主导，后者是国共合作之需要。

四、根据地政权国家机构之建构

《中华苏维埃共和国第一次全国工农兵代表大会宣言》（1931年11月）第七条规定："苏

---

[1] 参见甘肃省社会科学院历史研究室编《陕甘宁革命根据地史料选辑》（第一辑），甘肃人民出版社1981年版，第186—191页。

[2] 陕西省档案局编：《陕甘宁边区法律法规汇编》，三秦出版社2010年版，第26页。

[3] 陕西省档案馆、陕西省社会科学院编：《陕甘宁边区政府文件选编》（第八辑），档案出版社1988年版，第109页。

[4] 李维汉：《回忆与研究》（上），中共党史资料出版社1986年版，第534页。

维埃政权的组织,是采取民主集中制的原则。"①这是已知的根据地政权正式文件中对民主集中制的最早表述。此后,中国共产党一再强调,民主集中制是根据地政权国家机构的最本质特征。"民主集中制"包括"民主"和"集中"两个方面,它通过人民与政权机关之间的关系、代表机关与同级国家机构之间的关系、中央机关与地方机关之间的关系三个层面加以体现,②即人民通过选举产生代表会议;其他国家机关都由代表机关产生,对代表机关负责,受代表机关监督;下级服从上级,部分服从整体。但在传统乡村,这一原则能否实现,以及如何实现则成了颇为棘手的问题。

(一)存在的问题

第一,制度设计过于复杂。苏维埃制度对于战争环境下的中国农村和农民来说,技术过于复杂,短时期内很难真正有效运行。以第二届苏维埃代表大会为例。为了追求民主,二苏大计有正式代表693人、候补代表83人、列席代表1500人。代表不仅人数多,且来自各根据地,因而,会期不可能太长。二苏大于1934年1月22日至2月1日召开,会期11天。讨论通过了《中华苏维埃共和国宪法大纲(修订)》、《苏维埃建设决议案》、《关于苏维埃经济建设的决议》、《关于红军问题决议》、《第二次全国苏维埃代表大会宣言》以及《关于国旗、国徽、军旗的决定》等法令和重大事项,并选举产生中央执行委员会。如此短的时间内讨论如此众多的重要决议,讨论时间很难保障。全国代表大会如此,基层也不例外。按照地方组织法规定,乡苏维埃每十天开会一次。对于人员居住相对分散,且文盲率极高、缺乏基本政治常识的底层民众来说,这一规定更是很难真正做到。

第二,实践中的困惑。1929年2月的一份调查报告反映说:"群众对于苏维埃的认识很微弱,只知道埃政府是他们的政府,而不知道埃政权的内容,一般农民都应有实际参加政权的权利,就是常常要开群众大会、代表大会讨论他们自己的事情。他们并不知道政权有二,一为代表会议,一为执委会,不知道代表会议才是合法的政权机关,而执委会不过是代表会闭会后,受代表会委托的执行代表会议的处理日常事务的机关,更不知在一哄而聚的群众大会之中能讨论问题,必须假手于代表会议。他们以为选出几个人坐在机关里,就叫作做苏维埃,所以各级机关常时只有执委会议(甚至执委会还少开,只有主席、财务、赤卫或秘书只几个人处理一切)而没有代表会议。"③

由于缺乏民众的广泛参与和监督,历代王朝普遍存在的贪污腐败问题又以新的方式出现:"没有代表大会作依靠的执行委员会,其处理事情,往往脱离群众的意见,对没收及分配土

---

① 中共江西省委党史研究室等编:《中央革命根据地历史资料文库·政权系统》(第6册),中央文献出版社、江西人民出版社2013年版,第46页。

② 参见陈明辉《新中国国家机构体系的生成:1927—1954》,《荆楚法学》2022年第4期。

① 《杨克敏关于湘赣边苏区情况的综合报告》,同前注10,江西省档案馆编书(上),第49页。实践中的困惑很大程度上是由于制度设计一定程度上超越了实践主体已经形成的"常识","常识在任何时代任何社会都是其基础的构成成分,常识不仅参与了社会的型构而且成为支撑和维持社会存在的重要力量"。姚建宗:《法律常识的意义阐释》,《当代法学》2022年第1期。

地的犹豫妥协,对经费的滥用和贪污,对白色势力的畏避或斗争不坚决,到处发现。"①

(二)以自主经验对移植的制度进行改造

经过实践,中国共产党发现只要按照"民主集中制"的原则对立法中的政体进行改造,移植的制度便可以为我所用。

第一,如何民主?在中国共产党的话语中,民主就是人民当家做主。对于广大底层民众而言,当家做主主要体现为直接参与基层政权。中国共产党为此做了许多尝试,最为核心的是缩小行政区划。毛泽东说:"苏维埃取消了旧的官僚主义的大而无当的行政区域,把从省至乡各级苏维埃的管辖境界都改小了。这是什么意义?这是使苏维埃密切接近民众,使苏维埃因管辖地方不大得以周知民众的要求,使民众的意见迅速反映到苏维埃来,迅速得到讨论与解决。"②为此,《中华苏维埃共和国划分行政区域暂行条例》(1931年)规定:中华苏维埃共和国地方设省、县、区、乡四级。不仅层级多,且四级的面积较之传统中国和中华民国均大幅缩小。其中,在乡苏维埃(乡苏)和市苏维埃(市苏),山地:每乡管辖纵横不得超过十五里,人口不得超过三千;平地:每乡管辖以五里为主,最多不超过十里,人口不得超过五千。在市苏,除城市范围外,加入附近二里的地方。在区苏维埃(区苏),山地:管辖数乡,最多不得超过九乡,地域纵横不得超过四十五里;平地:管辖数乡,不得超过十二乡,纵横不得超过三十里。在县苏维埃(县苏),山地多的县,县苏管辖范围至多不得超过十二个区苏;平地多的县,县苏管辖范围不得超过十五个区苏。1933年7月,再发布《中华苏维埃共和国划分行政区域的决议》,将各级行政区域管辖面积进一步缩小,人数进一步减少。此举尽管无法增加基层民众决定国家大事的可能,但毕竟增加了基层民众参与基层政权的机会。但行政区划的增加,又可能导致行政开支的增加。

第二,怎样集中?民主不易,集中则相对简单。

一是规定下级服从上级、局部服从整体。《中华苏维埃共和国地方苏维埃暂行组织法(草案)》第九十五条规定:"区及县属市的各部,直隶于县的各部,县及省属市的各部,直隶于省的各部;省及中央直属市的各部,直属于中央的各部;成为直的组织系统,下级绝对服从上级。"③南京国民政府时期,县为自治单位,陕甘宁边区参议会在立法上不便再提县级政府绝对服从边区政府,并赋予了县参议会可以"创制与复决本县(市)单行法规"的权力,即县参议会并不负责执行上级参议会或上级政府的决议和命令,趋向地方分权。文本上的规定毕竟容易,问题是如何落实上下级的服从关系。综观根据地时期的做法,首先是借助政令强调上、下级之间的服从关系。陕甘宁边区的立法规定,县为自治单位,但1943年陕甘宁边区政府发布政令,指出各级政府在实际工作中存在着"本位主义,不顾大局的现象;还存在有独断专行,不尊重统一领导的现象;还存在有对政策和法令阳奉阴违不守法纪的现象。因

---

① 《毛泽东选集》(第1卷),人民出版社1991年版,第72页。
② 卓帆:《中华苏维埃法制史》,江西高校出版社1992年版,第73页。
③ 厦门大学法律系、福建省档案馆选编:《中华苏维埃共和国法律文件选编》,江西人民出版社1984年版,第56页。

此，集中权力，统一领导，就成了今天政权机关中的一个主要问题"①。其次是借助党的组织系统。中国共产党是依照列宁主义组建的政党，党内纪律严明。陕甘宁边区规定"在三三制政权中，党员与党员之间，对于一切政策与关系重大的具体问题，应该采取完全一致的立场与态度，不能有所分歧。非如此，党就不能对三三制政权实行领导。党员与党员之间尤其不能有互相攻击、互相排挤等现象（如果发生这种分歧和现象，党委与党团应立即加以约束和解决）。这是必要遵守的法律，不能丝毫通融"。②这些措施有效地保证了国家机构上、下级之间的绝对服从。

二是同级国家机构之间重心向行政机构倾斜。以司法机关为例。苏维埃时期，立法上，最高法院和中央人民政府为平行的国家机关。③政权实践中，由于种种原因，最高法院一直未能设立，需要审理具体案件时大都以临时性的"苏维埃法庭""革命法庭"处理之。直到1937年7月12日，陕甘宁边区高等法院宣告成立，中国共产党终于有了属于自己的法院组织，但体制上又将边区高等法院置于陕甘宁边区政府的领导之下。因而，在陕甘宁边区，"司法半权"是一个颇为流行的提法。司法半权是指各级司法机关在行政上隶属于同级政府，但独立审判。

三是强化监督。为了强化集中，中央苏区建立起了一套纪律严明、面向群众的监督系统。各级政府设立工农监察部和工农控告局，负责对干部进行监督。《工农检察部控告局的组织纲要》规定，"在工农集中的地方"，可设立控告箱，以便于群众随时控告、举报苏维埃干部"贪污浪费、官僚腐化、或消极怠工现象"，"还可以指定不脱离生产的可靠工农分子代替控告局接收各种控告"。④不仅如此，工农监察部还经常组织以青年团为主的"轻骑队"和有选举权的人民参加的"突击队"对各部门、国家企业进行突击检查，发现问题后报告有关部门进行处理。⑤监督机构的设立及有效运行，一定程度上保证了政令的畅通。

（三）实践特征

仔细辨析，根据地政权的国家机构实践上又呈现另一番景象。

第一，党、政、军人员职能混同。根据地政权是中国共产党领导、人民军队保护和国家机构有效运行三者合一的产物。其中，党的领导是灵魂，人民军队是基础。1928年7月9日，中国共产党第六次全国代表大会通过《苏维埃政权组织问题决议案》，明确了党与根据地政

---

① 陕西省档案馆、陕西省社会科学院编：《陕甘宁边区政府文件选编》（第八辑），档案出版社1988年版，第95页。

② 陕西省档案馆、陕西省社会科学院编：《陕甘宁边区政府文件选编》（第八辑），档案出版社1988年版，第114页。

③ 厦门大学法律系、福建省档案馆选编：《中华苏维埃共和国法律文件选编》，江西人民出版社1984年版，第87页。

④ 厦门大学法律系、福建省档案馆选编：《中华苏维埃共和国法律文件选编》，江西人民出版社1984年版，第416页。

⑤ 参见《轻骑队的组织与工作大纲》，载中国井冈山干部学院主编《斗争（苏区版）》（第3辑），中国发展出版社2017年版，第110—112页。

权的关系，指出"党在准备暴动中的主要任务，在于造成那维持并巩固苏维埃政权的先决条件。夺取了某地方的政权以后，党的主要困难，便在维持并巩固这个政权的问题"①。次年召开的红四军第九次代表大会，通过决议案明确规定，中国的红军"是一个执行阶级的政治任务的武装集团。特别中国现在的工作上，他决不仅是单纯的打仗的，他除了打仗一件工作之外，还要担负宣传群众，组织群众，武装群众，帮助群众建设政权等重大任务"②。党与军队的定位不可避免地导致了根据地内党、政、军人员职能的混同。一方面，"普遍公开的宣传，军队要多。如标语，各地党同苏维埃的绝少。而军队中的标语，又多是军队方面的。当地军队在民众中的影响比党、政府的地位高……"③另一方面，"党在群众中有极大的威权，政府的威权却差得多。这是由于许多事情为图省便，党在那里直接做了，把政权机关搁置一边。这种情形是很多的"④。

第二，同级国家机构之间淡化分权观念。根据地政权的国家机构均有着明确的职能划分，且行政、司法、监督等分工清晰。但与此同时，又必须明了根据地政权划分机构是为了工作的需要，而非适应权力类型。彭真说，抗战时期的晋察冀边区"从边区政府起到村政府，都建立了民政、财政、教育、实业和司法等五个工作部门，从上至下地建立起完整的工作系统，特别是在村级并且建立了民政、财政、教育、生产和调解（实即村政府的司法机关）等五个委员会"。⑤既然是工作部门，当然可以根据工作需要对机构进行调整，此外，机构之间也应相互配合。1946年，陕甘宁边区出于建设正规化政府的需要，准备起草《政府组织法》。边区参议会副议长谢觉哉在日记中说："鹿鸣同志来谈政府组织如何起草问题。我意应根据实际，各厅处职权重行审查。那些是权，可以这样做；那些是职，必须这样做。职可以包括作风、工作制度等进去。"⑥权、职、责分明是现代国家机构设置的基本要求，谢觉哉这里所说的"权"显然不是权力类型。

第三，纵向方面强调贯通式的管理。总体而言，根据地政权的国家机构严格按照法定的层级设立，各层级机构的权限也较为清晰，具有明显的科层制特征。但实际运行中根据地政权则不断尝试打破科层制的束缚，追求一种贯通式的运行模式。

一是上级对下级分管事务直接过问。在科层制体制下，上级对下级主管事务能够直接过问，根据地政权的做法是：从技术上简化程序和数字化管理。根据地政权一再强调：要"根据简单、明了、易学、易行的原则，重新厘定科学的公文程式。彻底扫除旧的文牍主义，抛

---

① 张希坡编著：《革命根据地法律文献选辑》（第二辑上卷），中国人民大学出版社2017年版，第148页。
② 中央档案馆编：《中共中央文件选集》（第五册），中共中央党校出版社1990年版，第801页。
③ 《中共湖南省委巡视员杜修经的报告》，转引自黄琨《革命与乡村——从暴动到乡村割据：1927—1929》，上海社会科学院出版社2006年版，第156页注87。
④ 《毛泽东选集》（第1卷），人民出版社1991年版，第73页。
⑤ 彭真：《关于晋察冀边区党的工作和具体政策报告》，中共中央党校出版社1997年版，第28页。
⑥ 《谢觉哉日记》（下），人民出版社1984年版，第964页。

弃烦琐的贵族式的公文程式。这些华而不实的废物，是旧的官僚师爷们盘踞要津，阻挠新的优秀干部和广大人民参加政权的一种工具。它使大批新干部的提拔和当选遭受困难，它使工作迟缓，行政效率低下"。而"合并与取消一切重叠骈枝的机关，这不但节省了大批干部，并且使上下级关系比较直接，工作速度大大提高，减少了政府机关中官僚主义生长发展的机会"。①此外，根据地政权具有明显的数字化管理特征。如抗战时期，延安市为强化社会治理，发动"十一运动"，提出了数字化的治理标准，规定"一、每户有一年余粮。二、每村有一架织布机。三、每区一个铁匠铺，每乡一个铁匠炉。四、每乡一个民办学校和夜校，一个识字组和读报组，一个黑板报，一个秧歌队。五、每人识一千字。六、每区一个卫生合作社，每乡一个医生，每村一个接生员。七、每乡一个义仓。八、每乡一个货郎担。九、每户一牛一猪。十、每户种活一百棵树。十一、每村一个水井，每户一个厕所"。②借助于简化程序和数字化管理，上级机构对下级机构主管的事务直接过问成为可能。

二是发动普通民众直接给领导人提意见。根据地政权对官僚主义始终保持高度的警惕。边区领导人习仲勋说："在我们这里，假如有一个司法人员，仍然是'断官司''过堂'板起面孔，摆起架子，叫人家一看他，是个'官'，是个'老爷'，那就很糟糕。"③为此，他们不断发动民众给领导人提意见。如1941年陕甘宁边区志丹县参议会上，一个叫吕迎祥的妇女批评县长："我也发表一下意见，第一要评判县长和保安科秘书一样，常和婆姨闹矛盾，婆姨汉不讲亲爱，我看这真麻达，没有起模范。还有第二是县长的婆姨和保安科秘书的婆姨，一天到晚醋酸样骂架子，和老百姓婆姨发生无原则纠纷，我看这也没起模范。我建议我们妇女议员要提一条夫妻亲爱、妇女团结的提案。"④尽管"这种地方层次的参与并不包括任何制度上的设计，能让农民越过地方的党干部向更高层次的政府表达其所关心的问题"⑤，但毕竟给掌权者带来了一定的压力。

第四，国家元首空缺。根据地政权的宪法文件中缺乏关于国家元首的明确规定。《中华苏维埃共和国宪法大纲》和《中华苏维埃共和国中央苏维埃组织法》中规定的中央执行委员会"主席"只是中央执行委员会的组成人员，而非拥有特定职权的独立机关。对此现象，以往学界未给予特别关注。在传统中国，"皇帝"是中国政治制度的核心制度，在进入现代中国后，"总统"则成了人们最为关注的职位，中国共产党对此历史和现实自然清楚。之所以会有如此现象，固然可以用中华苏维埃共和国并非真正意义上的国家进行解释。然而，如果我们将视线平移到其他领域则又可以发现，在中华苏维埃共和国的历史上，大礼堂、新的纪元、国家银行、国旗、国徽、军

---

① 彭真：《关于晋察冀边区党的工作和具体政策报告》，中共中央党校出版社1997年版，第33、34页。
② 杨东：《乡村的民意：陕甘宁边区的基层参议员研究》，山西人民出版社2013年版，第347页。
③ 《习仲勋文集》（上卷），中共党史出版社2013年版，第29页。
④ 陕西省妇联妇运史小组：《陕甘宁边区妇女运动专题选编》，内部资料1984年编印，第33页。
⑤ ［美］王国斌：《转变的中国——历史变迁与欧洲经验的局限》，李伯重、连玲玲译，江苏人民出版社1998年版，第231页。

旗、印章、首都、纪念碑、货币，以及各种机关报刊等，一个现代国家需要的外在标识几乎一应俱全。因而，这一解释显然缺乏解释力。当然，淡化国家元首的结果，有利于强化和突出中国共产党的领导。

结语

最后对本文讨论的问题归纳如下。

第一，历史成因。根据地政权有关国家机构理念的形成、立法和实践的展开，是20世纪上半叶中国左倾知识分子，共产国际特别是苏俄经验，以及中国乡村及战争环境三种力量共同作用的结果。早期中国共产党人热衷革命，有了政权后他们迫切希望建立一套既有基本现代气息，又能便于自己使用的国家机构，满足军事动员、政治革命和社会治理的多重需要；乡村和战时环境进一步加剧了这种选择。为此，根据地政权对于一切追求政权正规化、增加政权运行成本的主张都极为敏感，始终强调国家机构必须高效、因陋就简。[①]湖南农民运动提供的"一切权力归农会"和苏俄提供的"一切权力归苏维埃"的经验使中国共产党最终找到了可以操作的制度样态。久而久之，因陋就简成了根据地时期政权建设的一种方法论。

第二，如何看待根据地政权国家机构的实践。关于根据地政权的国家机构，中国共产党和中间人士都有过中肯的评价。党的领导人一再强调，根据地政权国家机构的优点是高效、力量和灵活。民主集中制为此提供了可能。毛泽东说："只有采取民主集中制，政府的力量才特别强大。"这是因为，"民主和集中之间，并没有不可越过的深沟，对于中国，二者都是必需的"。[②]具体而言，民主既可以动员广大的底层民众，又能满足时代要求，国家机构唯此才有力量；而集中则可以解决问题，实现对"高效"的追求。更为重要的是，两者又可以灵活变动，之间没有绝对的鸿沟，因而，共产党始终强调必须坚持。与此同时，根据地政权也公开承认灵活的分寸极难把握，极易造成工作的混乱。陕甘宁边区机关报《解放日报》曾以鲜活的事例对这一体制的问题做过剖析："当某种任务一到乡，所有的干部便全体集中力量去突击限期完成，这样就会'东抓一把，西抓一把'，结果把日常工作丢开了。文化主任因动员驴子没有督促学校开学，锄奸主任常去收集公债。当谣言四起时，找不到自己的组员；或者因工作'抓'完，必得松弛一下，各部门当突击工作时，本身工作哪里顾得，于是有些

[①] 延安时期，《解放日报》曾专门发文对主张政权建设正规化的思想和做法进行批判："他们所设想的'正规化'，是要达到那样理想的地步，要求我们的组织要那样的齐全，我们的分工要那样的细密，我们的人员要那样的专门，我们的办事要那样的'科学'，照这些同志所理想的'正规化'，那就要把我们的政权机构变成一副比现有的更为庞大而复杂的组织。可是这些同志却忽略了一件'小事'，就是我们现在所处的是落后的农村环境与抗战的困难时期，这种正规化虽然是好的，可是今天的条件还限制着我们，不能实现，如果勉强做去，那就只有变成形式主义。"《陕甘宁边区政权建设》编辑组编：《陕甘宁边区的精兵简政》（资料选辑），求实出版社1982年版，第72页。

[②]《毛泽东选集》（第二卷），人民出版社1991年版，第383页。

干部干脆说,'有事大家干,没事回家园',日常工作便放弃了。"①类似的问题不断重复,且未找到有效的解决办法。当然,评价并不涉及如何防止权力可能的滥用。

中间人士则评价说:"在吸引民众参加公共生活一事上,延安人从老百姓所最关心切己的生产运动出发,教会了他们开会、讨论与组织。但是,狭义的政治方面的民主,则尚须保留评判。他们对边区的舆论管理,行政与司法的实际关系,各党派的竞争机会等,按旧民主的标准,仍觉得还存在不少缺憾。"②

第三,必须高度重视国家机构问题。根据地政权建设史一再警示我们,国家机构问题绝非小事,机构设计合理,运行良好,不仅有利于社会治理,防止权力滥用,还会带来意想不到的效果。以最高政权机关为例,陕甘宁边区为了适应抗战需要,政权建设上实行三三制,规定各级参议会的议员,政治上左、中、右三派各占三分之一。但选举中这套政治话语却遇到了难题。据当事人回忆:"群众问:划分左派、右派和中间派的标准是什么?要我说出个条条道道,并举出例子,村里的人谁是左派,谁是右派,谁是不左不右的中间派?这下可把我难住了。"再向领导请示,没有人给出一个可以操作的标准。与他人商量后,"最后一致得出了这样的结论,一、左派,就是有入党要求的积极分子。……二、中间分子,就是'老好人',只管过自己的小日子,对别的事不闻不问。这号人倒是很多,但谁也不同意选这号人当乡干部。三、右派,就是认为当干部,当积极分子的人都是傻瓜,都不是正经过日子的人"③。解释后民众听懂了,却早已偏离了原有的政治含义。最终的结果是,陕甘宁边区各级参议会议员中出现了一批共产党和民众都认可的议员,他们政治上难分左右,但为人厚道,有能力并愿意为民众服务。这些议员的出现增加了边区政权的弹性,促使根据地政权的一些政策从激进变得温和,最终赢得了民众对根据地政权的拥护。

谢觉哉颇有感触地说:"我们有些同志就轻视政权,不愿做政府工作,不研究政权的建立。推翻旧的是很痛快的,但建立新政权却是一件复杂的艰难的麻烦的工作。延安有很多'家',但政治家却很少,却不容易。"④此乃肺腑之言。

（原载《当代法学》2023年第1期,第149—160页）

---

① 杨东:《乡村的民意:陕甘宁边区的基层参议员研究》,山西人民出版社2013年版,第354页。
② 参见赵超构《延安一月》,上海书店1992年版,第247—248页。
③ 《延泽民文集》（第八卷）,黑龙江人民出版社2000年版,第33页。
④ 谢觉哉:《关于民主选举问题（节录）》（1941年11月3日）,载《谢觉哉文集》,人民出版社1989年版,第504页。

近代中国统一法律适用的实践

聂 鑫*

摘要：统一法律适用（解释）是近代中国司法改革的重要目标。清末《法院编制法》即明文赋予最高审判机关以统一解释法令权，从北洋政府大理院时期到南京国民政府最高法院、司法院时期，最高审判机关判决例与解释例的制作规则日趋完善，"司法造法"的编辑体例也逐渐定型。面对政治分立与积案如山的挑战，最高审判机关仍普遍地行使终审权，这是实现统一法律适用的基础。判例要旨及其汇编呈现出明显"法条化"的特色，这适应了当时司法现状，也与"律例并行"的传统暗合。民国时期的解释例也是"广义的判例"，司法解释呈现出"裁判化"的特色。近代中国的制度建设与司法实践，对于当代中国的统一法律适用亦有一定的参考价值。

关键词：最高审判机关；司法统一；终审权；判例要旨；解释例

2022年1月26日，最高人民法院召开了统一法律适用工作领导小组第一次会议暨裁判要旨梳理提炼部署会。近年来，最高人民法院通过制定司法解释，发布指导性案例与推进类案检索，完善专业法官会议机制与发挥审委会的职能作用等一系列工作，共同服务于统一法律适用这一核心目标；此次会议又特别突出了裁判要旨的梳理提炼工作。[1]其实，作为"司法统一"的核心内容，统一法律适用或者说统一法律解释是近代中国司法改革的重要目标。当时，最高审判机关主要通过行使第三审之终审权、发布判例要旨与司法解释等方式来统一法律适用；而判决例与解释例制定、汇编同样有专门的会议机制，判例要旨的概念也产生于那个时代。[2]以下，本文将梳理近代中国统一法律适用的制度建设成果，研究近代最高审判机关行使终审权、编辑判决例与统一解释法律的工作实效与特色，或许能为今天最高人民法院的统一法律适用工作提供有益的参考。

一、最高审判机关统一法律适用之法源

为落实统一法律适用，始于清末司法，近代中国就将最高审判机关统一解释法令权写入了法院组织立法，将最高审判机关定位为"统一律例解释所设之官署"，赋予其发布判例及解释例的权力。中华民国建立后，更通过《大理院办事章程》《大理院编辑规则》《最高法院办

---

* 作者系清华大学法学院教授。
[1] 参见最高人民法院官网：https://www.court.gov.cn/zixun-xiangqing-343891.html，2023年4月12日。
[2] 参见侯欣一《司法统一：困境与出路——以民国时期的司法实践为例》，《法学评论》2022年第6期。

事章程》《司法院统一解释法令及变更判例规则》等一系列规定，为最高审判机关统一法律适用职权的行使提供制度保障。

（一）清末大理院统一解释法令权之创设

从晚清到民国的司法改革主要是"直接习自日本，间接取自德国"，继受的是大陆法系法律传统。不过，在最高审判机关的法律解释权及其判例的拘束力问题上，德日有明显差别：德国严守大陆法系司法权与立法权的严格区分，并且否定判例法的地位，日本在这两个问题上则相对灵活。在德国，与制定法甚至习惯法不同，判决先例不具有规范意义上的效力，"不具有法源的性格，只是'认识法律的来源'或'习惯法的来源'"；而日本没有完全固守大陆法系的成文法传统，日本最高审判机关负有统一解释法令的任务，且其判例对于下级法院有拘束力。[1]德国 1877 年《裁判所编制法》并未赋予其最高审判机关帝国裁判所除审判权以外的其他职权。[2]而根据日本 1890 年的《裁判所构成法》，"大审院行裁判时，就法律所表之意见，乃因一切诉讼之事羁束其下级裁判所"（第 48 条）。[3]1906 年清廷颁布《大理院审判编制法》，该法第十九条基本照搬日本立法规定："大理院之审判，于律例紧要处表示意见，得拘束全国审判衙门。"（按之中国情形须请旨办理）[4]

1910 年清廷颁布《法院编制法》，该法规定，大理院长官"有统一解释法令必应处置之权，但不得指挥审判官所掌理各案件之审判"（第三十五条）；"大理院及分院札付下级审判厅之案件，下级审判厅对于该案，不得违背该院法令上之意见"（第四十五条）。"统一解释法令之主义"除拘束下级法院外，也需要在大理院自己的审判实践中予以贯彻，《法院编制法》也特别对此作出两条规定："大理院各庭审理上告案件，如解释法令之意见与本庭或他庭成案有异"，由大理院长官根据案件类别"开民事科或刑事科或民刑两科之总会审判之"（第三十七条）；"大理院分院各庭审理上告案件，如解释法令之意见与本庭或他庭成案有异，应呈请大理院开总会审判之"（第四十四条）。[5]

立法者将大理院定位为"统一律例解释所设之官署"，而统一律例解释包括发布判例与解释例两种方式："大理院为民事或刑事之判决，通行其判决录于全国之下级审判厅，使供参考；有时下级审判厅提出解释律例上之质疑于大理院，则覆以大理院之意见，使供参考是也。"之所以如此规定，乃是因为，其一，"新定刑律，意取简赅，非有解释之书足以资为依据"；其二，"东

---

[1] 参见林孟皇《台湾判例制度的起源、沿革、问题与改革方向》（下），《月旦法学杂志》2011 年第 9 期。
[2] 参见李秀清、陈颐主编《德国六法》，商务印书馆编译所编译，冷霞点校，上海人民出版社 2013 年版，第 46—47 页。
[3] 李秀清、陈颐主编：《日本六法全书》，商务印书馆编译所编译，黄琴唐点校，上海人民出版社 2013 年版，第 25 页。
[4] 上海商务印书馆编译所编纂：《大清新法令（点校本）》（第一卷），李秀清等点校，商务印书馆 2010 年版，第 382 页。
[5] 怀效锋主编：《清末法制变革史料》（上卷），中国政法大学出版社 2010 年版，第 494—495 页。

西各国，凡最高审判衙门，均刊有判决录，所以揭示案由、模范全国也"。而第四十五条之所以如此规定，其理由是，"由大理院移付案件于高等以下各级审判厅时，若下级审判所依然固执自己意见，不第案件不能告终，且违反以大理院为统一解释法令机关之主义也"[①]。在立法者看来，大理院无论是司法解释还是颁布判决例，甚至包括移付案件至下级法院审理，其正当性来源于大理院统一解释法令之权。无论是最高审判机关的解释例还是判决例，均为法律解释之一种，或者可以说，解释例是狭义的司法解释，判决例则可视为广义的司法解释之一种。[②]

（二）北洋政府时期的制度传承与发展

北洋政府国会立法成绩有限，当时大理院统一解释法令的制度依据，仍然是沿袭前清《法院编制法》的上述规定。而1915年5月北洋政府修正之《法院编制法》（暂行）的条文，也只是在文字上略做修改以适合民国之国体，例如，前述条文中的大理院长官由"大理院卿"更名为"大理院长"，第四十五条的"札付"改为"发交"。[③]1919年5月《大理院办事章程》设置了专章（第五章）共九个条文，详细规定"大理院统一解释法令权之行使"。根据该章程，大理院该权力的行使可以是被动地"解答质疑"；也可以是主动以维护"公家利益"为理由，"径行纠正"公法人或公务员"关于法令之误解"（第二百零二条）。考虑到民初法律体系极不完备的现状，章程特别规定，"就法律无明文之事项者请求解答者，不得拒绝解答"，这在一定意义上赋予大理院"司法造法"的职权（第二百零五条）。而"请求解释文件及解答，应登载政府公报公示之"的规定，要求司法解释须登载于政府公报，这在公示的同时也赋予大理院解释规范性文件的效力（第二百一十条）。该章程第二百零六至二百零九条还规定了解释的办理与登记程序，"请求解释文件，由大理院院长分别民刑事类，分配民事或刑事庭庭长审查主稿。请求解释文件及其复稿，应经刑事或民事庭各庭长及推事之阅视。其与大理院裁判或解释成例有抵触或系创设新例者，应由各庭长及推事陈述意见；若有二说以上，经主张者之提议时，得开民事或刑事推事全员会议"（第二百零六条）。[④]另外，根据1913年4月《大理院通告关于请求解释法令权限文》，"查法院编制法，本院有统一解释法令之权。惟请求解释者，自系以各级审判厅及其他公署为限。其有以私人资格或团体名义函电质疑者，概置不复"。[⑤]《大理院办事章程》第二百零四条也作出类似的规定。

大理院发布司法解释有《法院编制法》第三十五条的明确授权，关于其创制判例权，《法院编制法》第三十七条、第四十四条的规定则比较模糊，仅规定大理院的成案对自身有约束力，未提及对于下级法院的效力。大理院主要是在终审权的加持之下，通过解释例来"自我赋权"的。例如，大理院在1914年3月的统字105号解释中明确，"诉讼通例，惟最高法院

[①] 王士森编：《法院编制法释义》，上海商务印书馆1912年版，第29、35页。
[②] 参见方乐《民国时期法律解释的理论与实践》，北京大学出版社2016年版，第25页。
[③] 参见司法部编印《改订司法例规》，司法部1922年版，第61—62页。
[④] 《大理院办事章程》，《政府公报》1919年第1204期。
[⑤] 司法部参事厅编：《司法例规》，司法部1914年版，第399、511、1278页。

判决之可为先例者，始可称为判决例"；这意味着最高审判机关垄断了判决例的创制权，且并非大理院所有判决均可作为判决例援引，必须经大理院选编其中"可为先例者"。大理院1916年6月作出的统字第460号解释解决了判例的优先适用问题："查本案判例解释有歧义者，应以最近之判例或解释为准"；而1923年4月作出的统字1809号解释则明确了"院判在《判例要旨汇览》刊行前未入汇览者，即不成为例"。①大理院判例创制权的获取有其特殊的历史背景：其一，在19世纪末20世纪初新法学思潮的冲击下，"英美法系重判例，大陆法系重成法"非此即彼的二分法有所松动；其二，第一次世界大战德国败北，概念法学"日益失势"，大陆法系开始重视判例研究。更重要的是，"我国自逊清末年，虽已继受大陆法系，然成文法典多未颁行。当新旧过渡时期，不能无所遵循。前大理院乃酌采欧西法理，参照我国习惯，权衡折中，以为判决。日积月累，编为判例，各法原则，略具其中；一般国人，亦视若法规，遵行已久。论其性质，实同判例法矣"。②

1918年8月，大理院还专门颁行了《大理院编辑规则》共21条，将解释例与判决例的汇编规则一起规定：大理院为编辑判例汇览、解释文件汇览等设置编辑处（第一条）；判例、解释文件汇览的编辑由大理院院长指定本院现任推事或聘请曾任本院推事人员担任（第二条）；"判例汇览、解释文件汇览大别为二类，一民事、二刑事。民刑事之分类，除依现行法规编定目次外，得参酌前清修订法律馆各草案及本院判例所许之习惯法则；但先实体法后程序法，先普通法后特别法"（第五条）；判例汇览、解释文件汇览内容应包括眉批、要旨、参考旧例（或旧解释）、参考法文、参考解释文件（或判例）、年份、某字号次（第六条）；"一例关系二以上法则者，应数处并录之"（第七条）；章程还特别规定1912—1918年的判例汇览、解释文件汇览可汇编为一册，之后的判例及解释文件均应"按月编辑，半年度汇为一册"（第九条）；判例及解释文件汇览每册应附"凡例目录及分类索引"（第十条），其中判例汇览还应附有历年推事一览表（第十一条）；"判决录、解释文件录刊载裁判或解释文件全文，但得以各该汇览已摘取要旨之文为限"（第十二条）。③应当说，《大理院编辑规则》出台后，民国解释例及判决例的编辑体制与汇编形式基本定型。

（三）南京国民政府司法解释权与终审权的分离

1927年南京国民政府成立，改大理院为最高法院，一方面为全国民刑案件终审机关，另一方面行使法令解释权。1928年10月，国民政府修正《国民政府组织法》，根据孙文五权宪法学说设置行政、立法、司法、考试、监察五院，其中，司法院为最高司法机关。最高法院与行政法院、公务员惩戒委员会、司法行政部并为司法院的内设机关（《司法院组织法》第

---

① 郭卫编著：《民国大理院解释例全文》，吴宏耀、郭恒点校，中国政法大学出版社2014年版，第320页。
② 郭卫编：《大理院判决例全书》，吴宏耀、郭恒、李娜点校，中国政法大学出版社2013年版，戴修瓒序，第2页。
③ 《大理院编辑规则》，《政府公报》1918年第914期。

一条）；司法院院长经最高法院院长及所属各庭庭长会议议决后，行使统一解释法令及变更判例之权（《司法院组织法》第三条）。[1]最高法院虽名为"最高"，事实上仅为民刑事案件的全国终审审判机关（《最高法院组织法》第一条）。作为司法院的内设机关，最高法院在终审判决签发与判决例、解释例的制定上，须遵循司法院院长意见。[2]从职能上看，最高法院审理民刑事上诉案件，同时也承担法律解释及判决例制作等工作。虽然最高法院在某种程度上有造法之功能，但其所拟判决例或解释例，须报请司法院审定和国民政府备案，方能生效刊行。与北洋政府解释例、判决例均由大理院发布不同，南京国民政府在司法院设立后，其解释例以司法院名义汇编刊行，而判例要旨则由最高法院编辑发布。

1929年1月《司法院统一解释法令及变更判例规则》将解释程序分为书面议决与会议议决两种。（1）书面议决：由司法院院长将申请发交最高法院院长，由其分别民刑事类、分配民事庭或刑事庭庭长拟具解答案（第四条）；相关庭长拟具解答案后，应征求各庭庭长意见（第五条）；经各庭庭长签注意见后，复经最高法院院长赞同者，由其呈送司法院院长核阅，司法院院长亦赞同时，该解答案即作为统一解释法令会议议决案（第六条）。（2）会议议决：在相关庭长拟具的解答案有疑义的情况下，就必须要通过会议议决；若最高法院院长或过半数之庭长对于解答案有疑义，由最高法院院长召集统一解释法令会议；虽然最高法院院长及庭长对解答案无疑义，但司法院院长认为有疑义时，司法院院长亦得召集之（第七条）。统一解释法令会议以司法院院长、最高法院院长及各庭庭长组成，司法院院长为会议主席；开会时应由上述人员三分之二出席，出席人员过半数之统一，始得议决；如可否同数，取决于主席（第八条）。如司法院院长对议决案尚有疑义，得召集最高法院全体法官加入会议复议之；复议时以司法院院长，最高法院院长、庭长及全体法官三分之二出席，出席人员三分之二以上议决之（第九条）。司法院院长对于判例认为有变更之必要时，可依据上述第八条、第九条之规定召集会议行之（第十条）；"最高法院院长对于判例认为有变更之必要时，应呈由司法院院长照前项办理"。根据该规则第三条，提请司法解释必须满足四要件：其一，提请解释主体为公署、公务员或法令认许之公法人；其二，须与提请主体职权有关之事项；其三，须针对法令条文之疑义；其四，须为抽象之疑问。[3]

1927年12月最高法院公布之《最高法院办事章程》特别规定："本院判决例每六个月编纂一次印行"（第三条）；"各庭重要裁决应摘录要旨备查，并通知其他各庭"（第二十九条）。[4]可事实上，判决例的编辑进度迟缓，章程的规定无法落实。据最高法院报告称："判例为法律渊源之一，本院裁判之案件，其法律见解有拘束下级法院之效力。故本院判例实有编辑刊行之必要。"由于判决例编辑进度缓慢，为推进工作，最高法院于1932年特设编辑委员会；

---

[1] 参见夏新华等整理《近代中国宪政历程：史料荟萃》，中国政法大学出版社2004年版，第857页。
[2] 关于司法院（最高司法机关）与最高法院（民刑案件最高审判机关）的不同定位及其相互关系，可参见聂鑫《民国司法院：近代最高司法机关的新范式》，《中国社会科学》2007年第6期。
[3] 参见《司法院统一解释法令及变更判例规则》，《最高法院公报》1929年第3期。
[4] 参见《最高法院公报》1928年第1期。

全体最高法院推事均为编辑、庭长为总编辑，各科科长为事务员、书记官长为事务主任；"分工合作、随时督促，顾以院务殷繁，各员均以余力兼任"；"凡可以阐明当时法律旨趣之事例，靡不尽量收集，蔚为大观"①。根据1941年1月颁布的《最高法院民刑事纪录科办事细则》，判例编辑的工作机制为："各庭裁判案件著为判例者，应由本庭科长，督同指定之书记官，摘录要旨，连同裁判书印本，随时送请庭长推事核阅后，再分送他庭庭长推事。"②关于判例的援用与变更，《最高法院处务规程》规定："凡判决无判例可援者，应庭长命令书记官摘录要旨备查，并通知各庭"（第二十七条）；"凡从前有判例可援，而庭长认为不适用者"，应由民事或刑庭开总会议决变更之（第二十八条第一款）；变更既有判例须经最高法院院长及司法院院长赞同，如果最高法院院长或者司法院院长有异议，则应参照上述《司法院统一解释法令及变更判例规则》第十条规定的程序办理（第二十八条第二款）。③

在民国初年的制宪讨论中，就有不少人呼吁将最高审判机关的法令解释权扩展到宪法解释领域，并且写入宪法。到1935年"五五宪草"，不仅将司法院统一解释法律命令之权写入宪法草案（第七十九条），还进一步规定，"宪法之解释，由司法院为之"（第一百一十二条）。④1946年通过的宪法将以上两条合一，在"司法"一章中规定，"司法院解释宪法，并有统一解释法律及命令之权。"（第七十八条）⑤根据1947年12月修正的《司法院组织法》，以上职权由类似于德国宪法法院的大法官会议行使。至此，最高司法机关之内的司法解释权与终审权（包含判例制作权）分属不同的机关，前者由大法官会议独立掌理，后者则主要由最高法院行使。

其实，在近代中国最高审判机关（司法机关）的职权中，终审权与司法解释权相较，终审权更为重要；甚至有人认为，失去了终审权、仅掌理解释权的司法院大法官"不仅失去其重要性，且亦变为无事可做之'闲员'、'赘官'了"⑥。而宪法解释的重要性又弱于法令解释，"五五宪草"之所以将宪法解释权交由司法院兼理，其理由之一是，"此种解释事件不常发生，专设解释机关固无必要，甚或易起纠纷"⑦。

二、最高审判机关终审权与司法统一

欲实现一国之内的法律适用统一，最高审判机关除依靠统一法令解释与判例要旨汇编外，必须以其终审权作为基础。

---

① 参见最高法院编《三年来之最高法院》，1934年自刊，第97页。
② 参见《最高法院年刊》1941年第1期。
③ 参见《最高法院公报》1929年第3期。
④ 参见立法院中华民国宪法草案宣传委员会编《中华民国宪法草案说明书》，正中书局1940年版，第54、97页。
⑤ 夏新华等整理：《近代中国宪政历程：史料荟萃》，中国政法大学出版社2004年版，第1110页。
⑥ 雷震：《制宪述要》，（香港）友联出版社1957年版，第41页。
⑦ 参见立法院中华民国宪法草案宣传委员会编《中华民国宪法草案说明书》，正中书局1940年版，第97页。

（一）民初政治分立下的司法统一

清末修律以来，近代中国以德日立法为蓝本，建立了三审终审的审级制度，民事、刑事诉讼法均规定第三审为法律审。根据《大清刑事诉讼律（草案）》，无论是第三审"普通上告"还是判决确定后之"非常上告"，其首要目的均为统一法律适用："仅许以法律问题为上告之理由，即为上告之特色也"，法律问题"非统一解释不足以维持威信"，"故使于第三审上告时，更为审判"；"非常上告为判决确定后更正违法判决之程序。有专以保护受刑人为宗旨，仅许为有利于被告人之上告者；有专以统一解释法律为宗旨，而不问有利于被告人与否者。本律采用第二主义。惟为保护受刑人起见，特规定第四百六十三条以限制之"。[①]清朝覆灭后，北洋政府继续援用晚清修律的法制成果，包括四级三审的审级制度；而审级制度的顶端，就是位于中央的大理院。

中华民国创立不久，便于1912年12月1日在北京召开了第一次中央司法会议，"司法统一"是与"司法改良"并列的两大会议主题之一。[②]晚清以来，中国中央政府的司法主权在内受到地方督抚"就地正法"等制度的蚕食，对外遭到列强领事裁判权的侵蚀；对内统一司法与对外收回法权也成为中央政府司法工作的核心目标。在制度上，民国时期的司法权为中央事权，地方司法人员的任命奖惩由中央的司法部掌理。"各省司法行政，在国民政府成立以后，由中央直接监督，而与省行政机关不发生关系。国民政府成立以前，曾设有省行政长官受中央特别委任，监督省内司法行政之制度。所谓特别委任者，即谓此项职权非省行政长官所当然具有，而须于中央特别委任后始得具有。"[③]

有学者以大理院审理各省上诉案件的情况为指标，制作了"1916—1927年大理院审理各省上诉案件情形"表，来反映"各地与北洋政府在审判系统上是断裂还是统一"。研究发现：（1）"大理院对来自直隶等北方16省，热河等3个特别区，南方的四川、广西，以及东省特别区域的上诉案件进行了审理"；"真正与大理院中断审级管辖关系的有广东、云南、贵州、湖南4省"。（2）广东军政府建立后，于1919年自设最高审判机关，是广东等省与大理院中断审级管辖的主要原因；"不过，广州的大理院成立后，其管辖范围和实际影响力还比较有限，虽然名义上管辖广东等8省，其实有6省在多数年份仍然以北京的大理院为最高审判机关"。（3）南方政权在云南、贵州设有大理院分院，是这两省上诉案件未达于大理院的主要原因。（4）在联省自治运动（省宪运动）中，1922年颁行的湖南省宪法规定，省高等审判厅为本省案件最高审判机关，导致在这一时期该省没有上诉至大理院的案件；直至1924年11月湖南修改省宪，才与北洋政府恢复审级管辖关系。（5）总的来说，尽管北洋时期的政治分立对司法统一造成一定影响，但"由于政治分立的复杂性以及司法领域本身的专业化倾向等因素，中央司法权至少在形式上实现了全国绝大多数省区的统一，成功

[①] 参见吴宏耀、郭恒编校《1911年刑事诉讼律（草案）——立法理由、判决例及解释例》，中国政法大学出版社2011年版，第358、423页。

[②] 参见《许总长中央司法会议开会演说词》，《司法公报》1913年第4期。

[③] 钱端升等：《民国政制史》（下册），上海人民出版社2008年版，第464页。

抵制了司法权的地方化"。①

尽管北洋政府中央政局不稳，地方割据势力坐大，甚至联邦制也成为当时的宪制选择之一；但无论拥护联邦制还是单一制，司法统一在当时仍有一定共识。如前段所述，联省自治运动在一定程度上对司法统一造成挑战；针对湖南省宪法与浙江省宪法将省法院作为本省民刑事案件终审法院的规定，同样鼓吹联邦制的张君劢特别著文《法律生活之统一》，予以明确反对。张君劢强调，一国之内的法典与审判机关必须统一："一国之中，文字同、法律同、生活同，则私法上之财产家族、公法上之犯罪当然以同一方法绳之；否则狡黠者因各省法典之不同，而知所趋避，此大不可也。且审判机关所以断曲直、定是非，贵能公平也，若中央法院所判者，在各省视为不合情理，是安在其能公能平乎？若甲省所判者，乙省视之为不合情理，是安在其能公能平乎？"张君劢将联邦制国家分为三类："法典不统一，而法院由各省自定编制"的美国，"法典统一，而法院由各省自行编制"的瑞士，与"法典统一，而法院编制全国一律"的德国。他认为，德国司法的优势即在于全国之法院出于同一系统，其中央的最高法院（"宗国法院"）是"执法之最高机关"，"法律之最终解释权即操之此机关，故解释之统一，可得而保持"。②

（二）作为终审机关的最高法院

1932年10月28日，南京国民政府公布《法院组织法》（1935年7月1日施行），最高法院成为全国唯一的第三审法院。该法将审级制度由清末以来的四级三审制改为三级三审制，从中央到地方设最高法院、高等法院、地方法院三级，以三审为原则、二审为例外。③立法者选择三审终审制的理由有二：其一，为保护人民权利；其二，"为统一全国法律之解释"，"各法院适用法律，解释法规，见解难免互异，国家为谋审判之审慎缜密计，对于法院，一方承认其有独立解释适用法律之特权，他方又许不服判决者，上诉达于最高法院而后已，盖以求法规适用上解释之统一"。④除改采三级三审制外，《法院组织法》的另一个重大变化是不再设立最高法院分院，因为最高审判机关设置分院在理论与实践上均有害于法制的统一。在《法院组织法》制定过程中，关于最高审判机关是否设置分院存在争议，本来中央政治会议所开列的立法原则第六项仍规定，"在交通未发展以前，得于距离中央政府所在地较远之处，设立最高法院分院，但关于统一解释法令之事项，应加以限制"；1932年7月立

---

① 参见唐仕春《北洋时期的政治分立与司法统一》，《近代史研究》2013年第4期。
② 参见张君劢《法律生活之统一》，《法学季刊》1922年第3期。
③ 作为例外的二审终审主要有以下情形：其一，根据1935年《民事诉讼法》第四百六十三条，对于财产权之上诉，"其上诉所得受利益不逾五百元者不得上诉"，其所定额数，最高司法行政官署可根据各地经济情况不同，以命令形式在三百元至一千元之间浮动；其二，根据1935年《刑事诉讼法》第三百六十八条，《刑法》第六十一条所列各罪，指犯盗窃、欺诈、侵占等罪，或犯最重本刑为三年以下有期徒刑、拘役或罚金之罪，且情节轻微、"显可悯恕"者，经第二审判决，不得上诉于第三审法院。参见郭卫编《六法全书》，会文堂新记书局1941年版，第281、407、464页。
④ 谢振民编著：《中华民国立法史》（下册），张知本校订，中国政法大学出版社2000年版，第1048页。

法通过前夕，司法行政部部长罗文干提案修正上述立法原则，强调"最高法院设立分院，立法例中绝无仅有，盖以最高法院判决有统一全国法令解释之功用，设立多数法院，易致分歧"；最终中央政治会议又确立了"最高法院唯一"的原则并在立法中予以贯彻。[1]立法者认识到，除统一解释法律命令权外，最高法院的终审权也发挥着统一法律适用的功能；至于幅员辽阔、交通不便的问题，由于第三审主要采用书面审，司法文书通过邮政传递，"最高法院唯一"并不会过度增加案件当事人的讼累。

笔者根据《民国司法志》所载数据整理表格如表1所示，从中可以大致了解当时第一审、第二审与最高法院第三审的民、刑事案件审理案件数目及其比例。[2]总的来说，民刑事案件第二审结案数与第一审结案数比例在1∶5到1∶3之间浮动；除个别年份（如1940年、1941年的民事结案数与1946年的刑事结案数）比例相对悬殊，甚至达到1∶20外，民刑事案件第三审案件结案数大致与第二审案件结案数比例的中位数接近1∶10，也就是说，当时最高法院理论上可审查十分之一左右的第二审案件。考虑到今天中国的人口总数约是当时的3倍，即使与今天最高人民法院相比，南京国民政府最高法院的年结案总数也是相当高的。究其原因，当时的审级制度为三审终审，最高法院要受理大量第三审上诉案件；而1935年《法院组织法》施行后改四级三审为三级三审后，作为唯一的第三审法院，最高法院受理案件数目也随之有较大幅度增长。

表1 南京国民政府时期部分年份民刑事三审法院结案情况（单位：件）[3]

年份	民事结案数 第一审	民事结案数 第二审	民事结案数 第三审	刑事结案数 第一审	刑事结案数 第二审	刑事结案数 第三审	民刑案件第三审结案数量总计
1938	129068	37574	4083	84828	29262	3431	7514
1939	133601	40570	3239	92021	30366	4800	8039
1940	153877	51632	2737	135814	41031	4289	7026
1941	196863	68366	3061	143182	42751	4132	7193
1944	222050	59352	8704	141568	30471	2930	11634
1945	267046	57666	9073	189551	36654	3152	12225
1946	446625	86983	8301	362979	67725	4773	13074

据统计，当时最高法院"每一主任推事，每月结案，总在十八件至二十件左右"，一年累计下来结案总数超过两百件，"照目前这个办案的数目，已是打破全世界最高审判机关推

---

[1] 谢振民编著：《中华民国立法史》（下册），张知本校订，中国政法大学出版社2000年版，第1043—1049页。
[2] 由于只有结案数目，没有案件受理数目，所以不能完全反映各级司法机关的工作量；另外，由于法定的轻罪案件和小标的额财产纠纷案件实行二审终审，所以有为数不少的二审案件无法上诉到最高法院。
[3] 参见汪楫宝《民国司法志》，商务印书馆2013年版，第68页。

事办案的纪录了"。①随着受理第三审案件数的持续增加，最高法院法官人均办案数也进一步增长；为清理积案，当局也多次增加审判庭与法官编制，但受司法人才、财政预算与最高法院规模的局限，"案多人少"的矛盾始终未能根本缓解。最高法院受理案件数量居高不下的另一个原因，是在审判实践中"第三审为法律审"的法定原则无法贯彻；但其根源是下级法院审判质量堪忧，最高法院为保障诉讼当事人权益、不得已频频介入事实审。据统计，当时经最高法院审判，第二审判决"被废者仍尚有十分之三而强"②，由此亦可见最高法院大规模受理案件之必要性。

最高法院受理案件过多，甚至由法律审扩张至事实审，难免造成法官终日埋首于个案审理工作而"不知抬头看路"，影响最高法院法律统一适用功能的发挥。但是，最高法院审理案件的基数较大，这对于司法统一也未见得全然是负面的；毕竟判例要旨汇编乃是"寄生"在最高审判机关终审权之上，如果作为"皮"的终审案件样本太少，作为"毛"的判例要旨也难以有效提炼。一方面，判例要旨的拘束力毕竟是事实上的而非法律上的，最高法院需要通过日常行使终审权，让地方各级法院随时感受到其权威，这也有利于最高审判机关判例要旨（包括司法解释）得到下级法院一体遵循。另一方面，实践中最高法院受理的每个案件不可能都具有法律指导意义，必须以一定规模和多类型的案件为基础，才能抽象出足够质量的判例要旨来指导下级法院审判、普遍实现法律统一适用。

据学者估计，大理院在其存续的十多年时间里先后共作出两万多件判决，其中得以"著为先例"的仅有一千多件，当然也不乏从一个案件中抽象出多个判例要旨者。③以可考的司法统计史料为基础，笔者整理了南京国民政府时期部分年份的判决例产出情况表。如表2所示，1928—1940年，由最高法院审结并从具体案件中抽象裁判要旨、制成判决例的比例最高达8%左右；1932—1934年，最高法院第三审审结案件数量大幅上升，而判决例产出数量却相应减少，"著为先例"之比例一度下降至2%上下；1938年以后，估计是受日军侵华战争影响，最高法院案件审理数量有显著下降，而判决例产出比则有所回升。

表2 南京国民政府时期部分年份判决例产出比情况（单位：件，%）④

年份	最高法院审结案件数量	年度判决例作出数量	判决例产出比
1928	3688	161	4.37
1929	6965	535	7.68
1930	8212	526	6.41

---

① 最高法院编：《三年来之最高法院》，1934年自刊，第162页。
② 最高法院编：《三年来之最高法院》，1934年自刊，第109页。
③ 参见《"民事判例制度的过去、现在与未来"座谈会会议综述》，《月旦裁判时报》2013年第10期。
④ 结案量数据参见汪楫宝《民国司法志》，商务印书馆2013年版，第68页；《国内要闻：最高法院成立迄今收结案件统计》，《中华法学杂志》第5卷第10、11、12号合刊，1934年，第235页。判决例数据参见最高法院判例编辑委员会编《最高法院判例要旨合订本（1927—1940）》，大东书局1944年版。

续表

年份	最高法院审结案件数量	年度判决例作出数量	判决例产出比
1931	7297	405	5.55
1932	10103	212	2.10
1933	14675	350	2.39
1934	12049	205	1.70
1938	7514	236	3.14
1939	8039	485	6.03
1940	7026	582	8.28

三、判例要旨汇编与"司法造法"

就其内容与形式来说，最高司法机关发布的判例是"广义的司法解释"，判例要旨高度"法条化"，判例要旨汇编"形同造法"。

（一）判例要旨的独特性

近代中国的判例制度肇始于民初大理院，"旧制，民事有公断、有处分而无裁判，嗣续婚姻外几无法文可据；刑事可比附援引，强事就法往往而有。民国以后大理院一以守法为准，法有不备或于时不适，则借解释以救济之；其无可据者，则审度国情，参以学理，著为先例"。[1]所谓大理院判例在形式上与立法条文相差无几，它并不收录判决书的全文，而是略去案件事实，从中选出具有普遍规范性的、"最精要"的寥寥数语，构成"判例要旨"；而要旨的选取，并不拘泥于英美判例法下的判决主文与附带意见之区分，"凡认为关键文句，可成为抽象原则者，即将其摘录为判例要旨"；"为了避免体系内部矛盾和便于司法运用，大理院所著成的民事判例、解释例，采用统一的样式加以汇编"，"依准《大清民律草案》的体例结构，以条为单位，按照编、章、节的顺序编排"。[2]

"精确地讲，大理院所援引的是'判例要旨'，而非'判例全文'"，"判例及要旨并无附加案件的事实"；"大理院的判例制度虽具有'司法兼营立法'的准立法功能，但判例仍只是在补充成文法的欠缺，它终究与英美法的判例性质有异。因为判例法应当包括整个案件事实在内，但是当时只是从判决理由中选出几句抽象的话而已"。[3]判例要旨不仅与英美法系的判

---

[1] 参见大理院编辑处《大理院判例要旨汇览》（第一卷），1919年自刊。
[2] 参见黄源盛《民初大理院与裁判》，（台北）元照出版有限公司2011年版，第172—174页。
[3] 参见《"民事判例制度的过去、现在与未来"座谈会会议综述》，《月旦裁判时报》2013年第10期。

例（"硬裁判法"）存在根本差异，与大陆法系的判例（"软裁判法"）也有所不同。"德国通说认为真正的法源只有成文法与习惯法，判决先例不具有法源的性质，只是'认识法律的来源'或'习惯法的来源'而已"，故而德国"并无所谓的判例制度，只有终审法院的'一贯见解'或'向来的见解'"，仅具有事实上的影响力而无规范上的效力。早期日本与民国判例要旨汇编类似，其摘录最高审判机关（大审院）的判决录中"仅有揭示判决的理由"，而案件事实则并没有在裁判选集中出现，但其判决理由的抽象程度不如判例要旨；在学者的推动下，1921年日本改采案例事实与法律见解合一的判例制度。①

抽象的判例要旨之所以会对下级法院产生实质影响力，除最高审判机关终审权对下级法院造成遵循终审法院判例的压力之外，还有如下几个原因：（1）判例要旨"去掉案例事实之后，产生抽象内容化的法律效果，此即被当作规范使用的真正原因"；（2）以官方文件的形式公布判例要旨，"不但具有规范内容还有外观形式，会被误以为具有规范拘束力"，"因此实务上常有判决会去引用判例决议之内容"；（3）立法者因为"有意无意的疏忽"，默认了最高审判机关"造法"的权力，有时立法者在立法理由中甚至会承认最高审判机关判例具有法律意义上的拘束力。②有学者把判例的功能分为"找法""正法""统法""补法"四个层次，就近代中国的立法与司法现状而言，"判例的找法和正法功能特别彰显，统法还谈不到，补法则陈义太高"；"即使法典已经颁布，判例仍要承担填补法教义学空白的功能"；"为了引导欠缺解释能力的审判者，有些基本只用到文义、文理解释的判例都被选编进去"；哪怕是今人看来毫无"技术含量"与参考价值的判例要旨，在当时可能也避免了"或多或少"的法律适用错误。③

大理院于1919年12月首刊《大理院判例要旨汇览正编》三卷，1924年12月又出版《大理院判例要旨汇览续编》二卷。其编纂方式"以法为类""以条为序"，"一方面，体现了判例对于成文法的辅助性质；另一方面，又适宜于使用者按法典、法规、法条的有序排列查阅判例，从而使数百个乃至数千个'判例要旨'在成文法典的提纲挈领下，秩序井然、杂而不乱"。④尽管如前所述，大理院判决例对下级法院并无法定的约束力，但是在最高审判机关终审权的加持下，判例要旨在审判实践中具有"实质的约束力"："各级法院遇有同样事件发生，如无特别反对理由，多下同样之判决，于是于无形中形成大理院之判决而有实质的约束力之权威"；大理院出版判例要旨汇编后，"承法人士无不人手一编，每遇讼争，则律师及审判官皆不约而同，而以'查大理院某字号判决如何如何'为定讞之根据。此种现象，迨于今之最高法院时代，犹不稍杀。"⑤南京国民政府最高法院于1927年11月成立，于1934年春

---

① 参见林孟皇《台湾判例制度的起源、沿革、问题与改革方向》（下），《月旦法学杂志》2011年第9期。
② 参见《"民事判例制度的过去、现在与未来"座谈会会议综述》，《月旦裁判时报》2013年第10期。
③ 苏永钦：《司法造法几样情——从两大法系的法官造法看两岸的司法行政造法》，载王洪亮等主编《中德私法研究》（第17卷），北京大学出版社2019年版，第21—32页。
④ 黄源盛：《民初大理院与裁判》，（台北）元照出版有限公司2011年版，第114—115页。
⑤ 胡长清：《中国民法总论》，商务印书馆1935年版，第36页。

"沿袭旧例,第一次刊行《判例要旨》,其题材完全沿袭大理院之判例要旨";而"判例之'援用',依现状殆与'适用'画上等号,法官于具体案件援用判例时,殆多目为抽象的一般法规,以之为大前提,未尝判断其所由生之重要事实与正在审理中具体个案之重要事实是否同一,即径予套用"。①

(二)判例要旨的合理性

当代也有人用英美判例法的范式或大陆法系的权力分立传统来评判近代中国之判例要旨,认为判例要旨的编辑体例与抽象立法无异,与事实割裂、"不伦不类"、不是真正的判例法,更违反了司法与立法分权的原则。其实,片面的英美判例法或大陆法系的制定法体系,都不适合当时中国国情。而判例要旨这一形式不仅与古代中国的司法传统暗合,更符合近代中国的现实需要,能够在法律体系不健全、地方主义盛行、审判人员总体水平不高、"案多人少"的背景下实现法律适用的统一,其理由如下。

其一,古代中国虽有成文法的传统,但"判例之为用,亦旧行于本土";清朝又继承了明朝之条例,开创了律例并行的新传统,"数百年来,律例并称,初不待有明文规定,下级法院始终遵循沿用"。②"'例'是一种'亚律'(sub-statute),具有'判例'的意义","中国传统法律对'律'与'例'的整合,其实也是对中国式的'成文法'与'判例法'的整合'"。③"简约而稳定的律文与成文化却不失灵活性的条例相互结合,这是中国古代律例统编的重要经验。"④中国法制近代化虽然以师法德日为主,但基于自身"律例并行"的传统,也并未全然接受大陆法系的成文法教条。另外,清末以来,英美法政思想在知识界影响很大,第一次世界大战英美胜利、德国败北,也让时人更倾向于对英美法系的判例法经验兼容并蓄。

其二,民初法律移植尚处于邯郸学步的阶段,国会作为立法者又不作为甚至乱作为,由此造成的法律真空亟须最高审判机关在司法实践中予以填补。从中国司法传统上看,从具体成案中抽象出一般规则(条例),是清代刑部的重要职权;清末司法改革将刑部的审判权移交给大理院,而大理院在行使最高审判权的同时通过颁行判例要旨来统一法令解释,与刑部可谓一脉相承。论者如用西方宪制理论来解读大理院(最高法院)的"司法造法",难免以为其侵夺了立法机关的权限、破坏了分权的原则;但站在当时审判的现实需要与中国司法传统来看,就"见怪不怪""习以为常"了。

其三,近代中国始终存在地方分离主义的问题,国家的司法改革目标与地方的实践存在背离:"国家进行司法改革的目标是要实现司法现代性,而地方却另有考虑,二者在动机上

---

① 黄源盛:《民初大理院与裁判》,(台北)元照出版有限公司2011年版,第2—3页。
② 参见黄源盛《民初法律变迁与裁判(1912—1928)》,(台北)政治大学法学丛书编辑委员会2000年版,第64页。
③ 林端:《韦伯论中国传统法律:韦伯比较社会学的批判》,中国政法大学出版社2014年版,第52、55页。
④ 参见张生《中国律例统编的传统与现代民法体系中的指导性案例》,《中国法学》2020年第3期。

存在矛盾";"前者倾向于追求自上而下的规范化、标准化和统一化，而后者则倾向于对正式建立的规范和形式以非规范化的做法加以违反、侵蚀和破坏"。①从中国古代经验来看，《大清律例》之所以强调成案"未经通行、著为定例"者不得援引，便在于担心地方官"混行牵引"导致中央司法权乃至立法权的失控。判例要旨与判例相较，前者的确定性更高，留给法官的裁量空间更小。由最高审判机关颁行法条式的判例要旨（"亚律"），在客观上限缩了下级审判机关"上下其手"的空间。

其四，近代中国受人才与经费等客观条件的限制，新式法院与行政长官兼理司法衙门并存、审判人员素质参差不齐；与相对精英化的最高审判机关相对照，下级法院人才及设施普遍不够完善。在中央、各省会和重要城市，都有新式的法院、施行新式的诉讼程序，而中央的大理院（最高法院）堪称新式法院的典范；"但在其他大多数的城乡，法律的执行与诉讼纷争的解决，相较于前清时代，进展可能并不太多"。②与此同时，从中央到地方各级法院"人少事繁""案积如山"的问题十分突出。当局虽然力求在司法效能上"达到'妥'、'速'两义"，可是，"以目前之庭数与推事员额，恐已鞠躬尽瘁无可再进"。③在司法审判中引入英美式的判例法制度来实现"类案同判"，这虽然"立意高远"，但难免与大陆法系造就的"准公务员式"法官的职业素养不相匹配。就民国法院的现实状况来看，审判人员的总体素质与德日法官相比尚有较大差距，遑论英美法官；下级法院不仅在法律适用上，甚至在事实认定上都无法令人放心。从最高审判机关的判例中抽象出一般规则（判例要旨），并如同体系化立法一般分门别类汇编颁行，这适应了当时审判人员的职业素养实际与审判实践中"案多人少"的现状。法官只需简单套用判例要旨确立的一般规则作为大前提，以案件事实为小前提，由此作出结论（判决）。这样既可以在法官总体专业水平不高的背景下统一法律适用，又节约了法官"找法"的时间成本，可谓"妥""速"兼顾。而通过"司法造法"确保判例要旨这一法律适用"大前提"的充分供给，是当时最高审判机关不可或缺的重要职能。

四、解释例是"广义的判例"

由最高审判机关（司法机关）行使统一解释法令权，并将其解释汇编，使之成为各级法院及官署一体遵行的抽象法源，这是近代中国最具特色的司法制度之一。据统计，北洋政府大理院共发布"统字"解释例2012号，南京国民政府最高法院在司法院成立前共发布"解字"解释例245号，司法院在1948年大法官会议成立前共发布解释例4097号（其中，第1—2875号冠以"院字"，自2876号以后则冠以"院解字"）；另外加上大法官会议成立后于

---

① [美]徐小群：《现代性的磨难：20世纪初期中国司法改革（1901—1937）》，杨明、冯申译，中国大百科全书出版社2018年版，第16页。

② 参见欧阳正《民国初期的法律与司法制度》，载那思陆《中国审判制度史》，（台北）正典出版文化有限公司2004版，第345页。

③ 参见范忠信、尤陈俊、龚先砦编《为什么要重建中国法系——居正法政文选》，中国政法大学出版社2009年版，第322—324页。

1949年1月作出的两项解释，整个民国时期的司法解释共计6356件。[①]

（一）解释例与判决例之同异

如前所述，大理院解释由大理院院长根据案件类型分配民事或刑事庭庭长审查主稿，文稿须经刑事或民事庭各庭长及推事之阅视；如有疑义，可召集民事或刑事推事全员会议议决。南京国民政府司法院成立后，其司法解释由司法院院长经最高法院院长及所属各庭庭长会议议决，以司法院的名义核准刊行；实际的解释工作仍主要由最高审判机关（最高法院）办理："就法令条文请求解释者，均由本院解答。其办理之程序，原由承办庭长拟具解答案送由各庭庭长及院长签名赞同。嗣以书面讨论恐难详尽，为郑重计乃一律改为会议讨论。定每星期一为统一解释法令会议之期，偶遇案件繁多则随时召集会议。因请求解释之问题多属疑难，其影响亦至重要，故常有讨论多次者。若多次仍不能解决，则召集全院推事加入复议；或用书面分送表决，再送司法院核定公布。"[②]司法院院长与最高法院分享法令统一解释权，司法院院长享有组织权和一定的否决权，最高法院院长、庭长具体负责解释工作，全体推事享有复议表决权，彼此互相制衡。这是一个首长负责、专业分工、民主表决相结合的制度设计，与审判组织有异曲同工之处。[③]最高法院在其繁重的终审工作压力之下，仍固定安排每周一为统一解释法令会议时间，可见其对司法解释工作之重视。

如前所述，解释例与判决例都属于广义的司法解释，它们必然有一些共通之处。（1）解释例与判决例基本由同一机关办理，院长、庭长、推事分工负责，二者的汇编方式与编辑规则也基本同一，而最高审判机关一向是审判、判例要旨汇编与司法解释工作并重。（2）解释例的来源通常也是实际的案例，"判例以外，大理院针对下级法院或其他机关所提的抽象法律问题还做成解释，其中多数仍为实际案例，仅依规定将某甲、某乙隐蔽后始得受理"[④]。（3）在解释例与判决例中有拘束力的都是抽象的要旨，"解释例中真正有约束力的也是解释例要旨，即解释例中抽象规则的部分"[⑤]。

但是，近代中国的解释例与判决例相较，仍有如下几个明显的差异。（1）判决例是最高审判机关主动从大量的判决中，自主选取少部分具有统一法律适用意义者，而解释例则为依申请所作被动的答复。尽管根据前述《大理院办事章程》第二百零二条，大理院解释权的行使可以是被动地"解答质疑"，也可以是主动地"径行纠正"公法人或公务员"法令之误解"，但在司法实践中并未见主动解释者。（2）判决例为裁判文书，其抽象出来的判例要旨更"具有明显的成文化倾向"；而解释例则为公文形式，"风格简单明了，就呈请解释的内容

[①] 参见"国史馆"编印《中华民国史法律志》（初稿），（台北）1994年自刊，第45、48页。
[②] 最高法院编：《三年来之最高法院》，1934年自刊，第96页。
[③] 参见聂鑫《民国司法院：近代最高司法机关的新范式》，《中国社会科学》2007年第6期。
[④] 苏永钦：《司法造法几样情——从两大法系的法官造法看两岸的司法行政造法》，载王洪亮等主编《中德私法研究》（第17卷），北京大学出版社2019年版，第28页。
[⑤] 侯欣一：《创制、运行及变异：民国时期西安地方法院研究》，商务印书馆2017年版，第168页。

直接答复，便于遵照执行"。①（3）最高审判机关（司法机关）编辑刊行的判决例与解释例汇编，前者仅有判决要旨及根据要旨概括的提要，内容高度抽象，在形式上与立法条文基本相同；而后者包含内容较为丰富、信息量更大，除完整的答复函件外，还附有申请解释机关的"原电"，或在复函中将原申请解释函件内容予以摘要。

（二）司法解释的"裁判化"

解释例名义上只回答抽象法律问题，但实际上仍来源于下级法院或其他官署处理的具体案件或法律适用争议，司法解释也因此走向"裁判化"。在解释例所附"原电"或摘录的函件要点中，经常包括案情摘要，甚至列出甲、乙两说供最高审判机关决断，可以说是案件事实与理由俱备。从这个角度讲，解释例甚至比判决例（判例要旨）更像传统意义上的判例。由此或可得出如下结论：不仅判决例为广义的司法解释，解释例亦为广义的判例。为了更直观地展现解释例的判例属性，试举大理院统字第 550 号解释②如下。

民国五年十二月七日大理院复广西高等审判厅电

> 广西高等审判厅：
> 六零号函悉！本例乙应依《刑律》三一二条处断。
> 大理院庚印

附：广西高等审判厅原函。

> 径启者：本年二月二十九日，曾以第六零号公函，函请贵院解释一法律问题，内称例如甲妇有寡媳乙，招赘丙为夫后，乙、丙同谋，将甲妇杀死，或谓乙虽招赘他人为夫，其对于甲，仍为姑媳关系，应依《刑律》三百十二条处断；或谓乙既招赘他人为夫，与改嫁无异，服制关系已断绝，应依第三百十一条处断。二说未知孰是，谨请贵院解释示遵等语。迄今为日已久，未奉示复，相应再行函请贵院，迅赐解释示遵，悬案待决。
> 此致大理院院长！

对于司法解释的判例化与地方法院、官署滥行申请解释的现象，当时也有不少人持批评态度："统一解释云者，当谓法院相互见解释现有抵牾之时，示以准绳，俾知适从耳。今大理院解释法令范围过广，各级审检厅遇有法令疑义，辄请解释，甚或将具体事实，易以甲、乙、丙、丁等代名词，函电商榷，不待上诉，先示意见，既违反审判之责任，亦非统一解释之本旨。至检察官代表国家，居于原告地位，犯罪是否成立，公诉应否提起，果有疑义，应请示该管长官，尤不应咨询法院之意见。此后拟加相当限制，除法院间解释抵牾及就律文抽

---

① 参见蒋秋明《南京国民政府审判制度研究》，光明日报出版社 2011 年版，第 265 页。
② 郭卫编著：《民国大理院解释例全文》，吴宏耀、郭恒点校，中国政法大学出版社 2014 年版，第 554 页。

象解释者外，概不答复，以符立法之本意。"[1] 王宠惠这篇文章发表于1920年，从实际情况看，其批评对司法实践并未产生影响，此后大理院作出解释之情形依然如故；当时"正值我国改良法律之时期，各级法院对于民、刑事件之疑义滋多，而大理院之解释亦不厌长篇累牍，论述学理，引证事实，备极精详"。[2] 从另一个角度看，各级审判机关、检察机关、政府机关遇到法律适用问题（甚至事实认定问题）积极申请解释，亦可见最高审判机关统一解释法令工作在当时得到普遍认可。

其实，关于呈请解释函件详细罗列具体案件事实的问题，大理院也曾作出统字第98号解释："查阅该电内容，虽有干支等代名词，而实则一具体之案件。本院向例关于具体之案件，概不答复。该厅纵依一定程序请求解释前来，亦不在本院答复之列。"[3] 与大理院相较，南京国民政府司法院先后通过多个司法解释（如院字第126、153、640、1199号解释）来反复申明，进行更严格的限制。反复强调"胪列具体事实请求解释，依《统一解释法令及变更判例规则》第3条，应不解答"；"就具体事实请求解释，不拟予以答复"；"至其余胪列具体事实部分，与《统一解释法令及变更判例规则》第3条第2项不合，应不予解释"。[4] "可是，由于诉讼中的'事实'与'法律'并不存在本体论或认识论的根本区别，难以通过定义来直接甄别'事实问题'与'法律问题'"；"大陆法系法治发达国家如德国、日本似乎也并未形成清晰可用的区分标准"；甚至有法官在判决书中感慨道："没有规则或原则可以'无差错地将事实认定与法律结论区别开'"；"实用主义的进路在所难免"，主要"服务于统一司法与续造法律的目的"。[5]

实践中绝大多数的司法院解释例，仍来源于就具体案件事实而提出的法律适用问题，尽管其在解释中尽可能把具体案情抽象化。考虑到最高法院在审判实践中同样无法贯彻"第三审为法律审"的法定原则，我们也可以理解为什么司法院解释对于"胪列具体事实请求解释"的问题屡禁不止，甚至欲罢不能。以司法院1929年作出的院字第3号解释[6]为例，湖南高等法院在呈请解释函中罗列案件事实，并提出甲、乙两说及各自理由，最高法院采用乙说并附原函公布如下。

令湖南高等法院院长陈长簇：

为令遵事该法院上年第三三八六号公函致最高法院，请解释非讼事件之程序应采用何说一案，兹据最高法院拟具解答案呈核前来。

---

[1] 王宠惠：《改良司法意见》，载张仁善编《王宠惠法学文集》，法律出版社2008年版，第283页。
[2] 郭卫编著：《民国大理院解释例全文》，吴宏耀、郭恒点校，中国政法大学出版社2014年版，"编辑缘起"第1页。
[3] 郭卫编著：《民国大理院解释例全文》，吴宏耀、郭恒点校，中国政法大学出版社2014年版，第314页。
[4] 参见公丕祥主编《近代中国的司法发展》，法律出版社2014年版，第652页。
[5] 陈杭平：《论"事实问题"与"法律问题"的区分》，《中外法学》2011年第2期。
[6] 《司法院训令：院字第三号（十八年二月十六日）：令湖南高等法院院长陈长簇：解释非讼事件程序训令（附原函）》，《司法公报》1929年第8期。

查来函列举甲、乙两说，应以乙说为是。

附原函。

径启者案据常德市地方法院院长钟馥呈称

兹有某甲因房屋失火，其价置乙或丙产业所有契据，概被焚毁，甲恐权利无所附托，具状向法院声请备案，查关于非讼事件之程序，从无明文规定足资依据，此项请求究竟应否照准，颇滋疑问，讨论结果，约有二说：（甲）说谓现行法例如保护心神耗弱者，及浪费子弟产业，各地方向有呈请法院立案之习惯，得予准案，至管有人丧失其产业之契据时，虽无先例可援，而律以民事得为类推解释之义，此项请求自非法律所不许。（乙）说谓不动产登记，固以所在地之法院或县长公署为管辖，惟湘省尚未施行该条例以前，无论此项请求是否适于习惯，应由县长公署以职权为之处置，法院无受理之必要，二说主张各有理由，如采乙说已无问题，若采甲说又应具备何种书状，践行何种程序，及其他如何手续以凭办理，案悬以待，理合呈请钧院指示祇遵等情。

综合来看，近代中国的解释例有如下四个特点：（1）职权行使的被动性，解释系根据法定的机关、公务员与公法人之提请作出；（2）尽管最高审判机关反复强调对具体案件"概不答复"，但实际上提请解释的问题通常仍来自具体案件或争议；（3）从文书的形式与内容看，除作为要旨的简短答复外，解释例也常附有事实与理由；（4）解释由最高审判机关资深法官（专业庭庭长）负责主稿、其他庭长与院长共同议决。职权行使被动性、以抽象形式"包装"的具体审查、法律文书判例化、由专业法官合议，这些特点与法院审判工作的特性高度类似，司法解释由此呈现出高度的"裁判化"倾向。

在一定意义上，司法解释的"裁判化"可能也推动了其解释组织的"法庭化"。1928年《司法院组织法》创设了由司法院院长、最高法院院长及各庭庭长统一解释法令会议这一组织形式；到1947年12月修正的《司法院组织法》最终确定由大法官会议来行使统一解释宪法与法律命令权，司法解释不仅扩展到宪法解释领域，更设置了专门机关（大法官会议）与专职人员（大法官）来行使该项权力，负责司法解释的组织基本完成了"法庭化"的过程。

五、结论

研究近代中国统一法律适用的制度建设与最高审判机关的司法实践，从中或可总结出如下特色（经验），对今天亦有些许借鉴的价值。

（一）终审权在统一法律适用中的作用

作为最高审判机关，无论其"司法造法"如何抽象，仍应以具体的案件审判为出发点和落脚点：其一，由最高审判机关实际行使终审权，是在广土众民的中国实现司法统一、保障人民权益的必由之路。其二，最高审判机关解释例与判决例对下级法院的拘束力，必须以其终审权作为后盾。其三，最高审判机关判例要旨的提炼，需要以相当规模的终审案件为基础，方能保障其质与量。

（二）判例要旨"法条化"及其合理性

近代中国特色的判例制度，与英美法系或大陆法系的范式均有根本差异；当时所谓"判例"，在形式上与立法条文相差无几，对于下级法院具有普遍拘束力。最高审判机关颁行的判例要旨并不收录判决书全文，而是略去案件事实甚至理由，仅选取判决书中具有普遍规范性的"寥寥数语"；判例要旨汇编则参照法典体例，以条为单位，按照编、章、节的顺序编排。尽管判例要旨汇编"失于抽象"，且有"司法造法"之嫌，但其与中国"律例并行"的传统暗合，更适应了近代中国法制不完善、地方主义盛行、审判人员专业水平参差不齐与"案多人少"的现状，发挥了"找法""正法"，甚至"统法"的功能，简单、高效地实现了法律适用统一。

（三）司法解释"裁判化"与大法官会议的创设

有学者把民国时期的判例要旨视为"广义的司法解释"，但很少有人注意到，作为"狭义的司法解释"之解释例也是"广义的判例"。近代中国的统一法令解释机制有以下"裁判化"的特色：职权行使被动性、以抽象形式"包装"的具体审查、解释例文书判例化、解释工作由专业法官合议。司法解释的裁判化在一定意义上推动了司法解释组织的"法庭化"，特设解释机关"大法官会议"由此呼之欲出。

（原载《法学研究》2023年第4期，第189—205页）

传统中国的异姓收养及其近代法律境遇

蔡晓荣*

摘要："异姓不养"是传统中国调整收养关系的核心原则，但收养异姓甚至以异姓为嗣的现象在民间收养实践中并不鲜见。清末民初，在因袭立嗣旧制的前提下，立法和司法层面均表现出某种弛缓异姓收养之禁和扩张异姓养子权利的迹象。南京国民政府时期，《中华民国民法》摒弃宗祧继承，将异姓收养纳入合法收养的范畴。但为缓解新法律与旧的收养秩序之紧张关系，最高司法机关亦借助系列判例和解释令对立嗣旧制予以适度包容，同时参酌民间异姓乞养习惯对养子之权利加以限制，实际上是将欧陆各国收养法例与传统中国的立嗣制度和异姓乞养习俗熔为一炉，从而成为中国近代亲属法转型过程中的一个成功范例。

关键词："异姓不养"；立嗣；乞养异姓；收养法；收养秩序

基于承祭祀、绵宗祧之宗法传统，立嗣成为传统中国收养关系的最典型样态。因嗣子之选立以同宗或同姓为限，"异姓不养"遂演变为调整收养关系的核心原则。然而与之相对应的是，缘于各种复杂的社会动因，民间收养实践中收养异姓甚至异姓承嗣的现象并不鲜见。及至近代，随着现代意义上的收养制度逐步确立，异姓收养的合法化才得以最终实现。

关于中国历史上的收养法律问题，前人相关研究主要从以下几个方向展开。其一，对立嗣的内涵、社会功能、适用对象、具体规则及立嗣纠纷之司法裁判等展开研究，揭示立嗣这一兼具身份继承和财产继承的收养方式所具有的特殊意义。[1]其二，从断代史视角对不同历史时期的收养问题进行微观考察，梳理和归纳收养的主要类型，并从多元视角剖析复杂收养格局形成的具体原因。[2]其三，以乞养异姓和"异姓为嗣"为侧重点，考述异姓收养在传统

---

*作者系苏州大学王健法学院教授。

[1] 参见[日]滋贺秀三《中国家族法原理》，张建国、李力译，商务印书馆2003年版，第254—301页；[美]安·沃特纳《烟火接续：明清的收继与亲族关系》，曹南来译，浙江人民出版社1999年版；俞江《清代的立继规则与州县审理——以宝坻县刑房档为线索》，《政法论坛》2007年第5期；卢静仪《民初立嗣问题的法律与裁判》，北京大学出版社2004年版。

[2] 参见柳立言《养儿防老：宋代的法律、家庭与社会》，载氏著《宋代的家庭和法律》，上海古籍出版社2008年版，第375—407页；金眉《唐宋养子制度变动研究——以异姓男的收养为考察对象》，《法制与社会发展》2011年第4期；臧健《收养：一个不可忽略的人口与社会问题——宋元民间收养习俗异同初探》，载张希清等主编《10—13世纪中国文化的碰撞与融合》，上海人民出版社2006年版，第223—252页；刘晓《元代收养制度研究》，《中国史研究》2000年第3期；汪庆元《明代徽州"义男"考论》，《中国社会经济史研究》2004年第1期；孔潮丽《清代台湾家庭收养初探——基于〈台湾社会生活文书专辑〉的考察和分析》，《中国社会经济史研究》2011年第4期。

中国发生和发展的多重史境，并阐析其所涉之礼法与习俗的冲突问题。[1]其四，关注中国近代收养制度变革过程中异姓收养与立嗣制度的冲突与协调问题，从立法和司法两个层面复原清末至民国养子权利的变迁历程。[2]以上研究的学术关切主要集中于立嗣（含异姓承嗣）层面，对传统中国收养关系的非典型样态——异姓乞养涉及甚少。此外，前人对于中国历史上的异姓收养问题，大多立足于断代史视角的考察，缺乏长时段、过程性的研究，对于传统社会异姓收养与近代收养法之历史勾连，相关讨论并不充分。

本文赓续前贤之议，拟进一步追问以下问题：作为立嗣这一主流收养方式的一项补充性措施，传统中国异姓收养的历史实态如何呈现？其在传统社会滋长和顽强存续的社会动因有哪些？清末民初的立法和司法实践，在纾缓异姓收养之禁和扩张异姓养子权利方面做出了哪些努力？南京国民政府时期的收养制度，作为中国近代亲属法成功转型的一个典型范例，其围绕异姓收养的合法化这一核心目标，如何实现新法与旧俗的交合互融？以上问题是我们理解历史中国收养法从传统到近代转型的一条关键线索。

一、传统中国异姓收养的历史实态及社会动因

（一）"异姓不养"为传统中国调整收养关系的核心原则

传统中国素重宗祧继承，"继承的目的，全在上奉祖先的祭祀，下续男子的血统"。[3]然而，由于自然或其他社会客观因素，无子乏嗣现象势不能免，为避免家祀断绝，立嗣这一独特的收养方式遂应时而生。质言之，立嗣实际上是融宗祧继承和收养于一体的一种礼法安排。然基于强固的"血食"[4]观念，嗣子往往又在同宗男性卑亲中择立。《礼记·月令》云："无子者，听养同宗于昭穆相当者。"唐《户令》援之规定："诸无子者，听养同宗于昭穆相当者。"[5]《宋刑统》于此一袭如故。《元典章》在承袭金朝立法基础上亦规定："诸人无子，听养同宗昭穆相当者为子。如无，听养同姓。"[6]这表明，元代实际上附条件认可立非同宗之同姓养子为嗣，此条律文又直接影响了明、清两代的相关立法。《大明律·户律》"无子立嗣"

---

[1] 参见 Arthur P. Wolf and Chiehshan Huang, *Marriage and Adoption in China*, 1845–1945, Stanford University Press, 1980, pp.202-215; 赵凤喈：《中国妇女在法律上之地位（附补编）》，（台北）稻乡出版社1993年版，第20—24页；栾成显：《明清徽州宗族的异姓承继》，《历史研究》2005年第3期；杜正贞："异姓为嗣"问题中的礼、法、俗——以明清浙南族规修订为例，《历史研究》2017年第3期；王跃生：《清代和民国初期异姓立嗣承继问题考察——以制度为基础》，《山东社会科学》2016年第10期；等等。

[2] 参见张亚飞《立法与司法的断裂与融合：晚清民国时期收养制度之变迁》，《历史教学（下半月刊）》2012年第7期。

[3] 宗惟恭：《民法继承浅释》，上海法学编译社1932年版，第8页。

[4] 所谓"血食"，指祭祀祖先时用带血的牺牲之肉行祭。这种"血食"要由与死者有血统关系的男系子孙提供。"诚以血不相属，则气不相通，气不相通，则祭无由格。"徐朝阳：《中国亲属法溯源》，上海商务印书馆1930年版，第149页。

[5] [日] 仁井田陞：《唐令拾遗》，栗劲等编译，长春出版社1989年版，第141页。

[6] 陈高华等点校：《元典章》卷十七"户部三·户计·继承·禁乞养异姓子"，天津古籍出版社2011年版，第603页。

条和《大清律例•户律•户役》"立嫡子违法"条均规定："无子者，许令同宗昭穆相当之侄承继，先尽同父周亲，次及大功、小功、缌麻。如俱无，方许择立远房及同姓为嗣。"①上引律令皆明确了立嗣的一个核心要件——"同宗昭穆相当者"。宗族内尊卑有序，嗣父与嗣子形成的虽为拟制亲子关系，但倘若辈分不当，势必导致亲等凌乱、名分乖违。然为纾解同宗缺乏昭穆相当者，或虽有但不愿入嗣的困局，作为权宜之策，又将选立嗣子的范围，由"同宗"扩及"同姓"。

唐代鉴于异姓乱宗现象愈演愈烈，特将收养异姓男设为禁条。《唐律疏议•户婚律》云："养异姓男者徒一年，与者，笞五十。"不过为救护弃儿，上引唐律又设定一条但书："其遗弃小儿年三岁以下，虽异姓，听收养，即从其姓。"该条之"疏议"则增加了"养女者不坐"的规定。②以上律文，《宋刑统》袭之。③元代亦规定，"养异姓子者有罪"。④明清律均仿唐律规定："其乞养异姓义子以乱宗族者，杖六十。若以子与异姓人为嗣者，罪同"，"其遗弃小儿，年三岁以下，虽异姓仍听收养，即从其姓"。⑤

要而言之，自唐以降，各朝涉及收养之立法皆奉"异姓不养"为核心原则，但出于恤孤之道德关怀，又设乞养三岁以下遗弃小儿之规定，将其作为"异姓不养"的例外。

（二）传统中国异姓收养之历史实态

"异姓不养"为传统社会礼法所定之核心原则，然诸多材料表明，民间收养实践往往悖法礼而行，无视这种禁令，即"这样禁止以异姓为养子在事实上恐无多大效力"⑥。从相关史料记载看，收养异姓男甚至立异姓为后的现象在各朝代均不乏见。《诗经•小雅•小宛》有云："螟蛉有子，蜾蠃负之。教诲尔子，式谷似之。"古人以此隐喻，借称养子为螟蛉或螟蛉子。东汉时，允许宦官蓄养义子世袭封爵。⑦顾炎武在《日知录》中亦云："异姓为后见于史者，魏陈矫本刘氏子，出嗣舅氏。吴朱然本姓施，以姊子为朱后。"⑧唐杜佑撰《通典•异姓为后议》引东晋范宁《与谢安书》谓："称无子而养人子者，自谓同族之亲，岂施于异姓？

---

① 怀效锋点校：《大明律》，法律出版社1999年版，第241页；田涛、郑秦点校：《大清律例》，法律出版社1999年版，第179页。

②（唐）长孙无忌等：《唐律疏议》，刘俊文点校，中华书局1983年版，第237页。

③ 参见（宋）窦仪等撰《宋刑统》，吴翊如点校，中华书局1984年版，第193页。

④ 陈高华等点校：《元典章》卷十七"户部三•户计•继承•禁乞养异姓子"，天津古籍出版社2011年版，第603页。

⑤ 怀效锋点校：《大明律》，法律出版社1999年版，第47页；田涛、郑秦点校：《大清律例》，法律出版社1999年版，第178页。

⑥ 杨鸿烈：《中国法律思想史》，中国政法大学出版社2004版，第269页。

⑦《后汉书•顺帝记》载："初听中官得以养子为后，世袭封爵。"（南朝宋）范晔、（晋）司马彪撰：《后汉书》（上册），岳麓书社2009年版，第83页。

⑧（清）顾炎武：《日知录》，周苏平、陈国庆点注，甘肃民族出版社1997年版，第1010页。

今世行之甚众，是谓逆人伦昭穆之序，违经绍继之义也。"①唐代之前，由于律无明禁，导致收养异姓甚至以异姓为后的现象大量存在。其后，唐律虽对收养异姓男科以刑罚，但收养异姓在民间仍难禁绝。至唐末五代，受胡风与战乱影响，权贵阶层为培植私人势力大肆网罗异姓养子，"李克用、王建之属，皆喜为之"②，而社会各阶层也竞相效仿，导致异姓收养之风盛极一时。

在宋代，虽然律法循唐律严禁收养异姓男，但民间收养异姓子甚至立异姓为嗣的现象仍颇为多见。宋人袁采诉曰："养异姓之子，非惟祖先神灵不歆其祀，数世之后，必与同姓通婚姻者，律禁甚严，人多冒之，至启争讼。设或人不之告，官不之治。"③《名公书判清明集》亦载："邢林、邢柟为亲兄弟，邢林无子，邢柟虽有二子，不愿立为林后，乃于兄死之日，即奉其母吴氏、嫂周氏命，立祖母蔡氏之侄为林嗣"；而吴氏、周氏实系"养蔡之子，为邢之后"。④终宋一代，尤其是南宋时期，由于战乱不断、灾歉连年，民众流离失所，常弃子于道，故朝廷多次发布倡导收养遗孤的诏令。哲宗绍圣三年（1096年）诏曰："遗弃饥贫小儿三岁以下，听收养为真子孙。"⑤宁宗嘉定二年（1209年）七月诏，"荒歉州县，七岁以下男女，听异姓收养。著为令"。⑥此诏令将收养异姓子的年龄由3岁提高至7岁。由此可见，宋代收养异姓现象的大量出现，实际上与朝廷为应对严重的社会问题，对异姓收养采取较为宽松的政策有关。

及至元代，朝代更迭所带来的战乱和灾祸，加之"当时有很多人对传统立嗣的原则规定漠不关心"⑦，进一步加剧了民间收养关系的混乱。元代收养异姓之风在南方，尤其是福建一带颇为盛行。至元二十九年（1292年），福建廉访分司的牒文称："南方士民为无孕嗣，多养他子以为义男，目即螟蛉。姓氏异同，昭穆当否，一切不论……有不睦宗亲，舍抛族人而取他姓为嗣者，有以妻之弟侄为子者，有以后妻所携前夫之子为嗣者，有因妻外通、以奸夫之子为嗣者，有由妻慕少男养以为子者，甚至有弃其亲子嫡孙，顺从后妻意而别立义男者，有妻因夫亡，听人鼓诱，买嘱以为子者……由是民间氏族失真，宗盟乱叙，争夺衅作，迭兴词讼。"⑧另如元末吴海在《魏氏世谱序》云："彼陈氏弃其宗而立他姓，魏氏亦弃其宗而后他姓，皆失之大者"，"则魏不遗其先，而陈自灭其后矣。今世之姓氏溷殽，往往类此盖十有

---

① （唐）杜佑：《通典》中册，岳麓书社1995年版，第984页。
② 李宜琛：《现行亲属法论》，上海商务印书馆1946年版，第124页。
③ （宋）袁采：《袁氏世范》卷一"养异姓子有碍"，中华书局1985年版，第16页。
④ 中国社会科学院历史研究所宋辽金元史研究室点校：《名公书判清明集》，中华书局1987年版，第201页。
⑤ （元）脱脱等：《宋史》（第二册）卷十八"哲宗二"，中华书局1977年版，第345页。
⑥ （元）脱脱等：《宋史》（第三册）卷三十九"宁宗三"，中华书局1977年版，第754页。
⑦ 刘晓：《元代收养制度研究》，《中国史研究》2000年第3期。
⑧ 陈高华等点校：《元典章》卷十七"户部三·户计·继承·禁乞养异姓子"，天津古籍出版社2011年版，第602—603页。

五六"。①元代异姓收养风气之盛，由此可窥一斑。

明清时期，收养异姓之禁较之宋元更趋严格，但民间的收养实践仍以渐进方式突破法律限制，收养异姓甚至异姓承嗣积久成俗，不但乡里之间不以此为嫌，甚至宗族内部亦采取一种容忍接纳的态度。安·沃特纳（Ann Waltner，中文名又称"王安"）根据《新安程氏统宗世谱》的统计结果，280多个收养事例，其中15例为程氏以外的异姓。②栾成显据《腴川程氏宗谱》进行统计，发现该宗族明清时期"自百一世至百十世登录男子计4460人，其中包括异姓继支477人，异姓继支所占比例为10.7%"。③孔潮丽通过对台湾学者洪丽完编著的《台湾社会生活文书专辑》进行研究，发现其辑录之160件清代台湾地区社会生活文书，有34件直接或间接涉及收养，其中异姓收养不少于20例。④

在民初的民事习惯调查报告中，关于异姓收养之载述更是俯拾皆是。基于民事习惯的历史因袭性，我们仍可从这些广泛适用于清末民初各地的收养习惯中管窥传统社会异姓收养在民间的运作实态。

第一，抱养外无血缘关系之异姓子承嗣。直隶、山西、江苏、安徽、福建、湖北、绥远、陕西、察哈尔、热河、甘肃所属诸县，抱养或价买异姓子承继宗祧和财产者，均较为多见。⑤浙江吴兴，"全邑境内均行此习惯，乡间更十户而三、四焉"。⑥异姓承嗣，虽不合礼法，但乡里百姓乐意为之，且相沿既久，同族中亦多认为合法承继，并不加以干涉。

第二，收养外甥或内侄等异姓外亲承嗣。如山西诸多县域，"无子者因族中无可承继，有以姊妹之子为嗣者，名曰以甥继舅；有以妻兄弟之子为嗣者，名曰以侄继姑"。⑦江西、福建、湖南、陕西所属各县，无子者以甥或妻兄弟姊妹之子为嗣子者，均不乏见。⑧收养外甥或内侄并立为后嗣，虽有悖礼法所定"异姓不养"原则，但于情于理尚能接受，因为就血统而言，甥与舅或姑与侄之间存在血缘亲情，故此种通融办法多为族人所接受。

---

① （元）吴海编著：《闻过斋集》（第1册），文物出版社1982年版，第67页。

② 参见［美］安·沃特纳《烟火接续：明清的收继与亲族关系》，曹南来译，浙江人民出版社1999年版，第80页。

③ 栾成显：《明清徽州宗族的异姓承继》，《历史研究》2005年第3期。

④ 参见孔潮丽《清代台湾家庭收养初探——基于〈台湾社会生活文书专辑〉的考察和分析》，《中国社会经济史研究》2011年第4期。

⑤ 参见前南京国民政府司法行政部编《民事习惯调查报告录》（下册），胡旭晟等点校，中国政法大学出版社2000年版，第762、830、842、848、851—852、859、873、922—937、947、952、1048、1009、1049、1056、1063、1065—1066页。

⑥ 前南京国民政府司法行政部编：《民事习惯调查报告录》（下册），胡旭晟等点校，中国政法大学出版社2000年版，第909页。

⑦ 前南京国民政府司法行政部编：《民事习惯调查报告录》（下册），胡旭晟等点校，中国政法大学出版社2000年版，第825、845、849页。

⑧ 前南京国民政府司法行政部编：《民事习惯调查报告录》（下册），胡旭晟等点校，中国政法大学出版社2000年版，第877、925、985、999页。

第三，乞养异姓子但不承嗣，或以养女及亲女招婿为子。山西解县、湖北京山等县，抱养异姓义子只从姓相依，不得为嗣，生前不准入嗣祭扫，死后亦不得安葬祖茔，并不准列名谱牒。①在安徽天长等县，"无子之家往往以善堂领养之女，及亲生女招婿养老，即承宗祧"。②在江苏句容县，"无子者类多招婿为子，其婿即于入赘时更易姓名，写立赘书为据，名为赘书，实与继书无异"。③此种异姓乞养，既有养子，也有养女，甚至还包括赘婿，亦不以三岁以下遗孤为限。然囿于旧制，乞养异姓之子虽可改从养父之姓，仍不得立为后嗣。若以养女或亲女招婿为子，则既可更易姓名，亦可继承宗祧和一切财产。此为人之常情，相沿既久，民间亦视为理所当然。

（三）异姓收养在传统中国顽强存续之社会动因

在传统中国，民间收养实践中收养异姓的现象屡见不鲜，甚至不以缺乏子孙为限。其收养目的因人而异，表现形式因地而别。究其缘由，大凡不出以下数端。

第一，恤孤济弱之古风及普遍存在的社会同情心理，使乞养异姓孤幼为国家和社会所认同。年幼孤儿因无人抚养难以存活，乡邻出于恻隐之心收养哺育之，古往今来皆视为美德，甚至国家还对收养人在赋役征收上实行宽免。《管子·入国》云："所谓恤孤者，凡国、都皆有掌孤，士民死，子孤幼，无父母所养，不能自生者，属之其乡党、知识、故人。养一孤者一子无征，养二孤者二子无征，养三孤者尽家无征。"另如前文所述，作为"异姓不养"的例外，自唐迄清，历代律令均设有乞养三岁以下遗弃小儿之明文。

第二，人口因素或群居环境使异姓收养成为一种被动的继嗣方式。部分地域因地旷人稀，或万姓杂居，或兵燹后人丁骤减，导致族中缺乏昭穆相当之人，或虽有其人但因关系不睦，或子侄愚鲁，一方不愿入嗣，另一方则不愿接受，故纳异姓子或婿为嗣。如江苏奉贤县，地广人稀，极少聚族而居，故无子嗣者每多收养义子或招赘婿承嗣；安徽广德、浙江吴兴一带，自太平天国运动后，户丁稀少，乏嗣之家多以异姓子承嗣。④

第三，基于生存伦理，异姓收养成为平衡人口养育能力的一种重要途径。由于生理原因和恶劣的医疗卫生条件，不育或丧子者均不乏人，⑤而多育子女者亦比比皆是。前者虑及老

---

① 前南京国民政府司法行政部编：《民事习惯调查报告录》（下册），胡旭晟等点校，中国政法大学出版社2000年版，第838、970页。

② 前南京国民政府司法行政部编：《民事习惯调查报告录》（下册），胡旭晟等点校，中国政法大学出版社2000年版，第865页。

③ 前南京国民政府司法行政部编：《民事习惯调查报告录》（下册），胡旭晟等点校，中国政法大学出版社2000年版，第857页。

④ 参见前南京国民政府司法行政部编《民事习惯调查报告录》（下册），胡旭晟等点校，中国政法大学出版社2000年版，第856、865、909页。

⑤ 武雅士和黄介山对台湾北部九个地区的统计数据表明，1906—1910年，上述地区共出生666个男婴，但有32个未及满月即夭亡。参见 Arthur P. Wolf and Chiehshan Huang, *Marriage and Adoption in China*, 1845–1945, Stanford University Press, 1980, p.205。

有所养或排遣晚年孤寂，多乞养或收买异姓子女；后者因无力抚养，亦愿出让子女供他人收养。近代江西赣南一带，"贫家生女，以抚养维艰，常有用竹篮悬挂人所视见之处……以待取养"。① 有时这种收养关系的成立还会伴随金钱交易（虽不是必然），如江西所属诸县，收养者应给予被收养人生身父母一笔经济补偿——"恩养钱"。② 在清代台湾、厦门、泉州、福州一带，甚至还出现以收养为目的的男童买卖市场。③

第四，收养异姓是传统社会实现人力资源重新配置的一种重要方式。有研究指出，传统中国收养制度的主要功能之一是实现人力资源的再分配。④ 收养异姓男在此方面体现得尤为明显。明代后期，伴随福建沿海地区商业贸易的发展，收养义子成为一种普遍的社会习俗。商贾之家常以他人之子为子，使之冒险越海通商，而己子则坐享其利。⑤ 另外，中国农村地区的部分富农，常有因儿女年幼，家中缺少劳力，遂收养男子，约定亲生子成年后，给以若干财产，许其自立门户，即长江上游所谓"操作儿子"。⑥ 在陕西洋县，"人民有子，因幼不能操作，遇有异乡贫无聊生者，招为义子"。⑦ 此外，就"招婿为子"这一独特的异姓收养方式而言，其实质乃是"较穷的宗族不可能一直维持其人力资本，而更富有的宗族则可能采用入赘的形式购买更多的男丁"⑧。

综上可知，在传统中国，礼法虽对异姓收养，尤其是异姓承嗣采取一种严格限制的立场，但由于收养所具有的多重社会功能能够满足人们不同的现实需求，使得民间的收养行为突破官方法律所设定的禁条，从而导致异姓收养在实践层面呈现一种复杂多元的态势。

二、清末民初异姓收养在立法和司法层面的承与变

（一）纾缓异姓收养之禁的立法尝试

清末法律修订馆于宣统三年（1911年）编订完成之《大清民律草案》，其"亲属编"仅规定立嗣一种收养模式。该编第四章"亲子"部分设"嗣子"一节，就立嗣要件、立嗣

---

① 施沛生编：《中国民事习惯大全》第三编"亲属·亲子之习惯"，上海书店出版社2002年影印版，第14页。

② 参见前南京国民政府司法行政部编《民事习惯调查报告录》（下册），胡旭晟等点校，中国政法大学出版社2000年版，第881—882页。

③ 参见 Arthur P. Wolf and Chiehshan Huang, *Marriage and Adoption in China*, 1845–1945, Stanford University Press, 1980, pp.204-205. 其实贩卖幼婴，自唐代以来就一直是法律严厉打击的对象。唐律规定，贩卖十岁以下之人，不论和、略皆处死刑。参见刘晓林《唐律中的"人口买卖"：立法的表达、量刑及其逻辑》，《当代法学》2022年第3期。

④ 参见［美］安·沃特纳《烟火接续：明清的收继与亲族关系》，曹南来译，浙江人民出版社1999年版，第82页。

⑤ 参见郑振满《明清福建家族组织与社会变迁》，北京师范大学出版社2020年版，第28页。

⑥ 参见陶汇曾《民法亲属论》，上海会文堂新记书局1937年版，第170—171页。

⑦ 施沛生编：《中国民事习惯大全》第三编"亲属·亲子之习惯"，上海书店出版社2002年版，第10页。

⑧ ［美］络德睦：《法律东方主义：中国、美国与现代法》，魏磊杰译，中国政法大学出版社2016年版，第78页。

权、立嗣登记与撤销，以及嗣子归宗等问题予以详尽规定。值得注意的是，《大清民律草案》虽未对异姓收养设有明文，但将立嗣之对象，由同宗同姓扩及异姓外亲和女婿。其第一千三百九十一条规定："若无子者不欲立同宗兄弟之子，得由其择立下列各人为嗣子：一、姊妹之子；二、婿；三、妻兄弟姊妹之子。"其立法理由谓："寻常异姓，本属路人，无骨肉之亲，以其为嗣，诚大不可。至异姓而为近亲属，则微有不同。论血脉则彼此姻娅，同根一本，较同宗之人或犹近也。论情谊，则往来亲密，自幼团聚，较宗亲或犹亲也。宗亲同宗俱可承嗣，而异姓亲属独断断然以为不可，似非人情所近……夫人情之至，即理之所通，准之古事，酌之人情，似不如明定专条。"①

此条规定异于旧律，事实上认可了民间立异姓外亲或婿为嗣这一习惯做法，亦可视为异姓收养的有限拓展。此外，《大清民律草案》"继承编"第一千四百六十九条复规定："乞养义子，或收养三岁以下遗弃小儿，或赘婿，素与相为依恃者，得酌给财产。"②从立法渊源上看，本法条虽因袭了大清律之相关规定③，但在立法技术上实现了旧律和新法的妥适衔接。

《大清民律草案》因清廷覆亡未及施行。1915年，北京政府法律编查会编成《民律亲属法草案》，为中国近代第二部亲属法草案。该草案关于收养问题，一如前草案"亲属编"，仅设"嗣子"一节规定承嗣问题。不过其第七十八条仍仿前草案第一千三百九十一条规定："无前条宗亲亲属，或虽有而不能出嗣者，无子者得择立左列各等人为嗣子：一、姊妹之子；二、婿；三、妻兄弟姊妹之子。"④1925年至1926年，北京政府修订法律馆纂成之民国《民律草案》，一方面仍援《大清民律草案》在"亲属编"第四章"亲子"部分设"嗣子"一节，唯将立嗣要件、立嗣权、嗣子归宗等事项移入"继承编"第二章"宗祧继承"部分，实质内容则无二致；另一方面又模仿欧日民法典，在"亲属编"第四章"亲子"部分另辟"养子"一节，设17个条文，就异姓养子及异姓收养问题详加规定。《民律草案》第一千二百一十七条将"养子"界定为"三岁以下遗弃小儿，被人收养，或以义男名义入异姓人家为人子者"。第一千二百一十八条至第一千二百二十一条胪列了收养的要件：未成年人不得收养；有配偶者收养或为他人养子须经配偶同意；十五岁以下为人养子者，须由其父母代为允许。第一千二百二十二条规定，收养关系自呈请户籍登记之日生效；第一千二百二十四条至第一千二百二十六条列举收养关系的撤销情形；第一千二百二十八条和第一千二百二十九条规定，养子有权酌分养父母之部分财产；第一千二百二十七条规定，养子须从养亲之姓；第一千二百三十条至第一千二百三十三条规定，收养关系之解除。⑤由上可知，民国《民律草

---

① 商务印书馆编译所编：《中华六法（三）民律下》第四编亲属，上海商务印书馆1922年版，第81页。
② 杨立新点校：《大清民律草案·民国民律草案》，吉林人民出版社2002年版，第188页。
③《大清律例·户律·户役》"立嫡子违法"条："义男、女婿为所后之亲喜悦者，听其相为依倚，不许继子并本生父母用计逼还，仍酌分给财产……其收养三岁以下遗弃之小儿，仍依律即从其姓。但不得以无子遂立为嗣，仍酌分给财产。"田涛、郑秦点校：《大清律例》，法律出版社1999年版，第179页。
④ 台湾"司法行政部"编：《中华民国民法制定史料汇编》（下册），1976年印行，第55页。
⑤ 杨立新点校：《大清民律草案·民国民律草案》，吉林人民出版社2002年版，第364—366页。

案》对异姓收养问题在立法层面进行了首次表达，并为南京国民政府时期实现异姓收养的合法化提供了有益的指引。

（二）司法实践中异姓收养的弛禁及养子权利的变化

清末民初，各地审判厅审理的"异姓乱宗"案件仍复不少，该类案件大多关涉异姓养子的身份权和财产权，而审判机构所为之裁判，则生动映现了司法官员在处理该类案件时对情理和习惯所抱持的态度。

在宣统三年（1911年）贵阳地方审判厅裁处之熊升妹诉熊周氏、熊小发"异姓乱宗"一案中，熊周氏"幼嫁沈姓，夫亡，遗一子名小发"，"熊培兰因正室鲜于氏无子，娶以为妾，小发时仅二岁，随母过户寄养。久之周氏无出，复娶杨氏，仅生一女"。"宣统三年正月，培兰病故后，遗有板房一所"，田地若干。"培兰有同祖弟熊培恩，生有二子，长名升妹，次名二发，以序当立升妹为嗣，周氏以培兰在时曾立约允嗣小发为嗣，不愿族人干涉，而族人熊建章以约系伪造，小发不应为嗣，督使升妹兄弟，声言驱逐，彼此争执"。贵阳地方审判厅判令："异姓乱宗，律有明禁，小发以沈姓子随母改适，无论熊培兰曾否立约允许，照例均不准为嗣"，但"小发随母同居，恩养日久"，"亦应酌量分给，使母子相为依倚，以符定律而协人情"。①在1913年浙江第九地方审判厅审理的柴小土"异姓乱宗"一案中，"张郭氏初适柴姓，遗腹生一子取名小土。甫三岁，度日维艰，挈子再醮张万椿为继室。未满三月，万椿又亡，遗下三子"，"年皆幼稚，均由张郭氏抚养成人"。1912年1月，张郭氏邀集族人"将柴小土入继张门为嗣，立有继约，所有遗产四股均分"。"远房张燮炎以其异姓乱宗，私增家谱"提起诉讼。该审判厅审理后判决："我国素重宗法，异姓不得乱宗"，"张万椿既有实子三人，自无庸入继。然柴小土年甫三岁即入张家，谓之张万椿之养子，载明于张氏宗谱中，似于情法两得其平"；"其分得之遗产，兄弟间既无异言，应无庸议"。②该两案案情略似，审判官员在裁判中一方面重申异姓养子不得承嗣之禁例，③另一方面又斟酌情理，确认随母改适之异姓养子有酌分遗产之权。后一案实际上还以民间习惯为据，明确了异姓养子在注明"养子"的情况下，可登录养父家的族谱。

民国初年因法制不备，作为最高司法审判机构的大理院，其审理家事案件，仍主要适用"现行律民事有效部分"。而源于旧律的"现行律民事有效部分"，关于异姓收养仅有"其遗弃小儿年三岁以下，虽异姓仍听收养，即从其姓，但不得以无子遂立为嗣"，以及"义男、女婿为所后之亲喜悦者，听其相为依倚……仍酌分给财产"两项规定。④为因应异姓收养在

---

① 汪庆祺编：《各省审判厅判牍》，李启成点校，北京大学出版社2007年版，第128—129页。
② 《浙江第九地方审判厅判决柴小土异姓乱宗一案》，《浙江公报》1913年总第395期。
③ 这与清代司法实践中不承认异姓养子享有合法承嗣权的裁判思路并无出入。关于清代异姓承嗣案件司法审理的研究，参见王奥运《清代异姓不嗣案的审理及其启示》，《法律适用》2020年第20期。
④ 郑爱诹编辑：《现行律民事有效部分集解》，上海世界书局1928年版，第四章"亲子"第12页，第二章"承继"第73页。

当时社会普遍存在之客观现实，大理院亦折中新旧，于适用旧律外，复参酌欧陆收养法理，并糅以情理和本土习惯，创制了诸多涉及异姓收养的判决例和解释例，一定程度上弛缓了异姓收养之禁，亦扩充了异姓养子在身份和财产上的若干权利。

第一，扩大了异姓收养的范围及当事人的自主选择权。大理院四年（1915年）上字第1971号、七年（1918年）上字第195号、八年（1919年）上字第507号判例要旨分别谓："已有亲生子之人，虽不准立他人为嗣子，而收养他人为养子（一称义子），则固为法所不禁"；"乞养义女，非法所不许"；"一人得为数房义子，不用兼祧之种种限制"。①以上判例要旨明显已突破旧律仅得收养三岁以下遗弃小儿之规定。其中，大理院七年（1918年）上字第195号判例颇值玩味。在该案中，上告人程宝玉于三岁时为被上告人盛绍唐抱养。程宝玉称，乞养义女非法所许，故被上告人不得对其行使主婚权。大理院依据旧律"所后之亲与义男、女婿间之法律关系"的相关规定认为，"所谓义男、女婿当然包括义女。上告人等谓乞养义女非法所许，殊有不当"。②该判例将养女纳入"义男、女婿"范畴，显然是采取扩大解释方法，将社会上相沿成习但又游离于法律调整之外的收养义女行为纳入合法收养范围。

关于收养关系之成立和解除，大理院八年（1919年）上字第283号、四年（1915年）上字第610号、十一年（1922年）上字第843号判例要旨分别谓："收养义子，不须族人同意"；"养子依法离异，系单独之不要式行为"；"非三岁以下之养子，得自由回复其本姓，独立经营之财产亦得携回"。③上述规定进一步扩大了当事人在确立和解除收养关系上的自主权。值得注意的是，大理院五年（1916年）上字第1123号判例亦结合民间异姓收养实践对法律上之"养子"进行了明确界定。在该案中，上告人刘有生称，被上告人刘朱氏系其继父刘心乡娴妇，刘朱氏曾与莫兰亭生子莫洪顺。刘心乡身故之后，刘朱氏称莫洪顺为刘心乡义子，应酌分财产。上告人认为，莫洪顺实系其继父之干儿子，并非义子，无权酌分财产。大理院经审理后认为，现行律虽有异姓义子酌给财产之规定，但至于何为异姓义子，并未详加说明。所谓异姓义子，"当指抚养在家，已脱离其本宗者"，"与习惯上所称干父、干儿子不同，不能即视干儿为义子"。④就本判例而言，因旧律并未对"异姓义子"进行界定，大理院遂采用法律漏洞补充之解释方法，对异姓养子予以明确界定，其界定思路与欧陆收养法理相符，与民间异姓收养习俗亦互为暗合。

第二，异姓养子的身份权和财产权，已有明显扩充。关于身份权，虽然大理院反复重申异姓义子不得承嗣，但大理院四年（1915年）上字第270号判例要旨明定养子可以"与闻养

---

① 郭卫编著：《大理院判决例全书》，吴宏耀、郭恒、李娜点校，中国政法大学出版社2013年版，第419—420页。

② 黄源盛纂辑：《大理院民事判例辑存·亲属编》（上册），（台北）犁斋社2012年版，第313—314页。

③ 郭卫编著：《大理院判决例全书》，吴宏耀、郭恒、李娜点校，中国政法大学出版社2013年版，第418—420页。

④ 黄源盛纂辑：《大理院民事判例辑存·亲属编》（下册），（台北）犁斋社2012年版，第946—949页。

亲殡葬之事"；大理院四年（1915年）上字第1303号判例要旨肯定"异姓义子得附葬祖坟"；大理院八年（1919年）上字第325号判例要旨称养子可登入族谱，其"与异姓乱宗无涉"。①大理院的解释例似乎走得更远。大理院七年（1918年）统字第814号解释称："以异姓子为嗣，虽为律所明禁，但历久未经告争权人主张其无效，消灭其身份，则甲之子孙，仍系乙姓之后。"②大理院七年（1918年）统字第853号解释，则对上述要旨再作重申。③此外，大理院八年（1919年）统字第966号解释亦强调："纵因异姓等理由，不能谓为承继合法，然追其终身并无发生争执，自应认其承继关系业已确定。"④上述解释例要旨，明显带有迎合民间异姓承嗣习惯的倾向。至于异姓养子之财产权，大理院三年（1914年）上字第1255号判例要旨称：养子归宗，"不许携回分得财产，惟伙置产业在外"；大理院四年（1915年）上字第2432号判例要旨谓："养子立继前可管理遗产"；大理院八年（1919年）上字第750号判例要旨谓："以祀产收益之一部分划归义子，其契约不为无效。"⑤由上可以略见，异姓养子之财产支配权能已渐有提升。

清末民初，异姓收养的法律调整体现出依违于新、旧之间的特点，一方面，其整体上并未突破异姓不嗣的旧律禁条；另一方面，立法和司法层面均表现出某种弛缓异姓收养之禁和扩张异姓养子权利的迹象。这些立法和司法实践中的新变化，事实上对当时社会普遍存在之异姓收养涉及的关键问题予以了委婉回应。

三、异姓收养在《中华民国民法》中的确立及社会因应

（一）异姓收养在《中华民国民法》中的确立

1927年6月，南京国民政府设立法制局负责草拟及修订各项法律。1928年10月，由燕树棠草拟之《亲属法草案》告成，随后呈交国民政府移付立法院核议，是为中国近代第四部"亲属法草案"。然因当时立法院尚未成立，草案旋被搁置。⑥该草案第四章"父母与子女之关系"部分设置5个条文对收养关系加以规定。第四十五条谓："收养他人之子女为子女时，其收养者称为养父或养母，被收养者称为养子。养子视为嫡子。"第四十六条规定，收养须具备以下条件：一是收养人须年满40岁以上；二是被收养人至少须10岁以上；三是被收养人若与收养人有亲属关系，须辈分尊卑相当；四是收养人有配偶时，收养他人须得其同

---

① 郭卫编著：《大理院判决例全书》，吴宏耀、郭恒、李娜点校，中国政法大学出版社2013年版，第418—419页。

② 郭卫编著：《民国大理院解释例全文》，吴宏耀、郭恒点校，中国政法大学出版社2014年版，第697页。

③ 郭卫编著：《民国大理院解释例全文》，吴宏耀、郭恒点校，中国政法大学出版社2014年版，第718页。

④ 郭卫编著：《民国大理院解释例全文》，吴宏耀、郭恒点校，中国政法大学出版社2014年版，第785页。

⑤ 郭卫编著：《大理院判决例全书》，吴宏耀、郭恒、李娜点校，中国政法大学出版社2013年版，第418—419页。

⑥ 参见谢振民编著《中华民国立法史》（下册），中国政法大学出版社2000年版，第749—750页。

意；五是未成年人被收养须得其亲生父母同意。第四十七条规定，收养关系可依当事人协议或法院判决解除。第四十八条规定，无子女者可选立嗣子，立嗣条件参照前述收养条件。第四十九条规定，嗣子视为所嗣人之嫡子。① 由是可见，该草案虽仍将收养关系析分为一般意义上的收养与立嗣两个层面，但规定嗣子之设立参照一般意义上的收养，其主次关系一目了然。该草案的部分条文后来为《中华民国民法》"亲属编"所吸收。

1930年7月，南京国民政府立法院院长胡汉民等提请中央政治会议核定《中华民国民法》"亲属""继承"两编立法原则。嗣后中央政治会议议决通过《继承法》立法原则，其第一点明确规定："宗祧继承无庸规定。"② 同年12月，南京国民政府正式公布《中华民国民法》"亲属"和"继承"两编，并定于1931年5月5日施行。《中华民国民法》（亲属编）第三章"父母子女"部分，贯彻废除宗祧继承原则，取消了前几次草案关于嗣子之规定，同时参酌法、德、日、瑞士等国民法典中的收养法例③，设12个条文对收养问题详加规定。④ 至此，异姓收养最终在立法层面实现了合法化。下面试将其主要内容分述如次。

第一，收养的实质要件。（1）收养者应长于被收养者20岁以上。关于收养者与被收养者之年龄间隔，我国立嗣旧制以"昭穆相当"为要件，至于年龄则无明确要求。大理院三年（1914年）上字第447号判例云："无后立嗣，但须昭穆相当，不失次序，虽年长于被继承人者，亦可有效。"⑤ 考之域外相关立法例，法、德及瑞士民法典皆明定收养者须年满50岁或40岁，收养者与被收养者年龄间隔为15岁或18岁以上。《中华民国民法》第一千零七十三条博采各国之长，仅规定收养者应长于被收养者20岁以上。（2）有配偶者收养子女应与配偶共同为之，被收养时应征得配偶同意。就域外相关立法例观之，《法国民法典》仅规定有配偶者收养子女须经其配偶同意；德国和瑞士民法典则规定有配偶者收养子女或被收养，均应征得配偶同意；日本《民法典》规定有配偶者收养子女须与配偶共同为之，若欲为他人养子女，仅需配偶同意即可。为保全夫妻情感、维持家庭和平，《中华民国民法》第一千零七十四条和第一千零七十六条仿日本立法例，亦作如是规定。（3）一人不能同时为两人之养子女。我国固有习惯允许独子兼祧，一子可为两门之后。考虑到宗祧继承已废，《中华民国民法》第一千零七十五条仿域外立法例，规定除一人可为配偶两人之养子外，不能同时为其他人之养子。

第二，收养的形式要件。《中华民国民法》第一千零七十九条规定了收养的形式要件——

---

① 台湾"司法行政部"编：《中华民国民法制定史料汇编》（下册），1976年印行，第357页。
② 谢振民编著：《中华民国立法史》（下册），中国政法大学出版社2000年版，第787页。
③ 各国立法例参见李浩培等译《拿破仑法典（法国民法典）》，商务印书馆1997年版，第51—54页；朱德明译：《德意志民法》，司法公报发行所1921年版，第294—298页；[日]梅谦次郎：《日本民法要义（亲族编）》，陈与荣译述，上海商务印书馆1913年版，第156—193页；《瑞士民法（九、一〇）》，《法律评论（北京）》1936年第14卷第9—10期合刊，第7—8页。后文所涉相关法条均出自以上文献。
④ 参见吴经熊主编《中华民国六法理由判解汇编》（第2册），上海会文堂新记书局1948年版，第962—966页。后文所涉相关法条均出自此处。
⑤ 天虚我生编：《大理院民事判例》（壬编），中华图书馆1920年版，第33页。

原则上须用书面形式为之，但"自幼抚养为子女者"除外。揆诸我国立嗣旧制，"继单并非继承成立之要件，苟有立继之事实，即无书据，亦不得无故否认"。①大理院九年（1920年）统字第1376号解释亦称："查立继行为，并不以书据为要件。"②近代各国立法例大多规定收养为要式法律行为，《中华民国民法》一方面强调收养应以书面形式为之，另一方面为便俗计，又规定自幼抚养为子女者，无须另立书据。

第三，收养之效力。《中华民国民法》第一千零七十七条和第一千零七十八条规定，收养行为成立后发生以下效力：一是养子女与养父母之关系，除法律另有规定外，与婚生子女同。所谓另有规定者，如《中华民国民法》第一千一百四十二条第二项规定："养子女应继分，为婚生子女二分之一。"此其与婚生子女地位不同之处。二是异姓养子女应从养亲之姓。德国和瑞士民法典均作如是规定。我国旧制及一般习惯，乞养异姓多从收养者之姓。《中华民国民法》第一千零七十八条为维持家制，亦设此规定。

第四，收养关系的终止及终止后之效力。《中华民国民法》第一千零八十条至第一千零八十三条仿域外相关立法例，一方面规定，收养关系可依双方合意或由法院判决宣告终止，另一方面亦规定，收养关系终止发生以下效力：（1）无过失一方因而陷于生活困难者，可请求另一方给予一定金额的经济补偿；（2）养子女自收养关系终止时起，恢复本姓，并恢复其与本生父母之关系。

（二）民间收养观念与收养实践对新收养法的社会因应

《中华民国民法》"亲属编"参酌大陆法系诸国收养法例，革除宗法遗习，摒弃立嗣旧制，同时亦借助符合形式理性的法律条文，将传统社会作为事实存在的异姓收养行为纳入法律调整范围，进而在法律文本层面构建了现代意义上的收养制度。然而，一般民众之收养观念及收养实践对于此种立法上的新变化产生了哪些社会因应？下面试结合其时之部分经验材料对此再作考察。

第一，大都市的收养实践，已在一定程度上受到新收养法的影响。世界法律发展史的经验表明，"立法活动可能会废止自然形成的约定和惯例"。③新收养法施行后，关于终止收养关系的家事纠纷及讼事报道在上海一隅之报章屡屡可见。兹列举两例以窥一斑。1935年7月，51岁的龚子青延请律师具状上海第一特区地方法院，请求判令与28岁的养子龚瑞生终止收养关系。其诉状称：养子龚瑞生，自幼螟蛉，抚育成人并为其娶妻室。无奈瑞生甘趋下流，先后浪费家财达二百万余金，屡诫不悛，父子之情，可谓恩断义绝，唯有请求判决与养子瑞生终止收养关系。④1937年3月，寓沪粤人梁杏卿及其妻陈佩琼，因养女李秀珍（时年19岁，被收养时仅5岁）窃取家中物件潜逃，延请律师具状上海第一特区地方法院，请求依据《民

---

① 朱采真：《宪法新论》，上海世界书局1929版，第17页。
② 参见郭卫编著《民国大理院解释例全文》，吴宏耀、郭恒点校，中国政法大学出版社2014年版，第1045页。
③ [意]布鲁诺·莱奥尼等：《自由与法律》，秋风译，吉林人民出版社2011年版，第22页。
④ 参见《养子甘作下流，养父欲终止收养》，《时事新报（上海）》1935年7月7日第2版。

法》第一千零八十一条判令终止与李秀珍的收养关系。开庭时李秀珍携律师戴继恩到庭,声明对于终止收养并无异议,唯骤失所依,生活陷入困难,要求原告酌给生活费若干。经法庭劝解,原告夫妇同意给付李秀珍生活费20元,双方当庭签立解除收养关系的协议。①由上可以略见,当时部分当事人在律师的帮助下,已知晓援用新收养法来解决收养纠纷。

第二,当事人以收养为手段,以立嗣为目的的收养活动,仍在社会上普遍存在。南京国民政府时期,随着家庭结构和社会观念的变化,家族制度虽逐渐分解,宗法观念亦呈现出某种弛放倾向,但由于"亲属制度仍然是父系父权父治,抽象的宗法系统,因此仍得以存在"②,一般民众受宗法观念熏陶既久,民间的立嗣行为并不因新法废置宗祧继承而根绝。例如,在1935年4月发生于上海的一起终止收养纠纷案中,施高氏因其子早故,膝下乏嗣,故于1932年间领养施金发为嗣孙。③又如,1936年9月,上海奉贤县县民管才根,仅生一女,为续嗣计,于1932年收养附近乡民朱才生之弟朱光明,俟其长成再将女许配为妻。④该两起收养事例均发生于《中华民国民法》"亲属编"施行以后,究其实质,前者系代已故之子领养异姓孙续嗣,后者则为招婿承嗣。岭南大学社会学系刘耀荃于1948年对广州近郊鹭江村的社会调查结果显示,该村异姓嗣子的人数约有30人。⑤以上似乎表明,剥离于新收养法之外的立嗣旧制,已衍化为一种新习俗,在宗法观念的支配下,人们的收养行为仍"受习俗而非法律所支配"⑥。

第三,民间的收养秩序,多数情况下仍处于一种自发的事实收养状态。南京国民政府时期,中国的婴幼儿死亡率依然过高,⑦加之战乱频仍,遗孤人数有增无减,无论是基于家庭需求还是社会需要,收养仍具有广泛的社会基础。民国学者乔启年于1929年至1931年间,对中国11省内22处地方的12456户农家人口及家庭结构的抽样调查表明:养子占人口总数的比例,全国平均约为0.3%;养女和童养媳占人口总数的比例,全国平均约为0.3%和0.5%。⑧这些收养关系的发生,其实大多处于自发状态,普通民众并未严格按新收养法规定的收养要件收养子女。申言之,各地因历史原因积淀而成的异姓收养习惯,仍在相当程度上继续支配着人们的收养观念和收养行为。

---

① 参见《请求终止收养当庭和解成立》,《时事新报(上海)》1937年3月19日第2版。
② 陶希圣:《婚姻与家庭》,上海商务印书馆1934年版,第91—92页。
③ 参见《终止收养案》,《茸报》1935年4月19日第3版。
④ 参见《终止收养》,《茸报》1936年9月17日第3版。
⑤ 参见刘耀荃《鹭江村的权力结构》,载李文海主编《民国时期社会调查丛编》(第三编中册),福建教育出版社2014年版,第602页。
⑥ Everett E.Hagan, *On the Theory of Social Change:How Economic Growth Begins*, The Dorsey Press, 1962, p.56.
⑦ 据民国学者的调查统计,1927年,中国的婴幼儿死亡率仍高达27.5%,而同时期的英、美、法、德等国,则均为10%以下。参见孙本文《现代中国社会问题》(第1册),上海商务印书馆1946年版,第179页。
⑧ 参见乔启明《中国农村人口之结构及其消长(附图表)》,《东方杂志》第32卷第1号。

《中华民国民法》"亲属编"在立法层面构建了一个迥异于传统的收养制度，将异姓收养纳入合法收养的范畴。不过亦有学者对其提出批评："关于养子制度之内容，虽比之旧律，已大进步，然犹狃于遗习，重其继承作用而忽视其社会政策之意义。"[①]此外，新收养法虽然取消了立嗣和嗣子的规定，但由于旧的立嗣观念在人们心目中根深蒂固，而各地异姓乞养习惯又自发地融于收养实践之中，这又使得新法与旧俗之间不可避免地产生了某种张力。

四、南京国民政府最高司法机关调和新收养法与旧习俗的努力

南京国民政府时期，最高法院依照法定程序作出的判例和司法院大法官会议作出的解释令，成为该时期成文法典的重要补充，它们可以对成文法加以补充解释或进行实质意义上的修正。《中华民国民法》"亲属编"颁布后，为配合新法之施行，斯时之最高法院结合具体个案之裁判，著成与收养相关判例18例，司法院亦有相关解释令11例。[②]揆其要旨，约分以下数端。

（一）阐明新收养法关于收养不以同宗同姓或男子为限的立法本旨

最高法院二十二年（1933年）上字第1734号判例要旨云："民法并无宗祧继承之规定，惟许收养他人子女为子女，此种收养关系自可由收养人之一方与被收养人之一方依法为之，无他人干涉之余地。"在本案中，上诉人汪地霪、被上诉人汪地霈及汪地霔系同胞兄弟，汪地霈无子，故抱养次兄汪地霪之子。上诉人诉称，其为长兄，依宗祧旧例汪地霈应先抱养其子，并诉请确认被上诉人之收养行为无效。最高法院审理后认为，现行民法并无宗祧继承之规定，收养人与被收养人依法成立收养关系，他人无权干涉，并据此驳回上诉人之上诉。[③]最高法院二十六年（1937年）上字第495号判例要旨亦谓："收养者虽无子女，而其收养异姓之人为子女，不收养同宗之人，自非收养者之侄辈所得干涉。"司法院二十年（1931年）院字第550号解释令称："民法上并无所谓宗祧继承，至收养他人子女，无论被收养者是否异姓，均无不可。"司法院二十二年（1933年）院字第907号解释令谓："本有亲生子女者，得收养他人之子女为子女。"

《中华民国民法》第一千九百七十二条规定："收养他人之子女为子女时，其收养者为养父或养母，被收养者为养子或养女。"该法条仅概括地规定了收养关系及养父养母与养子养女之称谓，但亦明确了收养的意义在于形成一种法律上的拟制亲子关系，其与宗祧继承无

---

① 陶汇曾：《民法亲属论》，上海会文堂新记书局1937年版，第170—171页。曹杰亦表达了类似观点，其称："英国与苏俄所采之收养制度，以养子之福利为前提"，"独吾犹狃于遗习，重视其继承作用，而忽略其社会政策的意义"。曹杰：《中国民法亲属论》，上海会文堂新记书局1946年版，第179页。

② 这些判例及解释令要旨，具体参见最高法院判例编辑委员会编《最高法院判例要旨（1932—1940）》（上册），上海大东书局1944年版，第106—108页；陈顾远编：《民法亲属实用》，上海大东书局1946年版，第155—169页。下文不再赘列出处。

③ 参见《汪地霪与汪地霈因请求确认收养无效事件上诉案》，《法令月刊》1934年总第214期。

涉。上述判例和解释令要旨围绕该法条，结合具体个案之裁判，将养子女与旧制之嗣子进行了明确界分，嗣子以继承宗祧为目的，仅限于同宗同姓之男性卑亲；养子女则无论同宗与否，同姓抑异姓、男子或女子均无不可。同时，上述判例和解释令要旨也明确表达了保护收养人收养自由的观点。

（二）努力弥合立嗣旧制与新收养法之间的张力

首先，将立嗣的若干要件，巧妙融入新创立的收养制度之中。《中华民国民法》第一千零七十三条仅规定收养者之年龄应长于被收养者20岁以上，其"只有年龄之限制，而无尊卑之限制，自属立法疏漏"①。为弥补此疏漏，司法院二十一年（1932年）院字第761号解释令基于伦理考量，补充规定"旁系血亲在八亲等以内、旁系姻亲在五亲等以内，辈分不相当者，自不得为养子女"。此项解释，与立嗣要件中的"不失昭穆"大抵无异。

其次，对新法施行前所为立嗣行为的法律效力仍予以确认。在最高法院二十三年（1934年）上字第3992号判决中，被上诉人刘邢氏系刘元璋之妻，刘元璋于1922年身故无子，刘邢氏择立刘一升为嗣子。上诉人刘延璋起而诉争，要求确认收养关系无效。最高法院经审理认为，该立继行为系在民法继承编施行之前，故依法不应适用民法收养子女之规定。②最高法院二十九年（1940年）上字第903号判例要旨亦称："被上诉人之年龄仅少于上诉人十余岁，虽与民法第一千零七十三条之规定不符，但上诉人之立嗣，既在民法亲属编施行以前，当然无民法第一千零七十三条之适用。"

再次，对新法施行后民间自发的立嗣行为并不严行禁止，如符合收养要件，仍援新法所定收养法律关系加以认定。在最高法院二十二年（1933年）上字第621号判决中，被上诉人武李氏之夫武建铭于1931年5月病故，被上诉人因无子择立武忍柱为嗣子。该立嗣行为系在民法继承编施行之后。上诉人武鸿章借词阻挠，双方因此肇讼。最高法院经审理认为，因民法继承编已废除宗祧继承，故被上诉人择立嗣子之行为，虽无宗祧继承之可言，但仍应视为收养关系，此种以立嗣为名之收养关系的成立，属于当事人之自由，他人无权干涉。③最高法院二十九年（1940年）上字第702号判例要旨则对上述见解予以再次重申："民法亲属编施行后，无子者于其生前以他人之子为子，合于民法上收养他人子女之规定者，虽当事人不称养子而称为嗣子，亦不得谓非民法上所称之养子。"

最后，将新法实施后的废继行为视同为终止收养关系。在最高法院二十二年（1933年）上字第748号判决中，上诉人黄海昌与被上诉人黄袁氏因请求废继事件涉讼，上诉人为被上诉人故夫之嗣子，被上诉人因上诉人将其租谷擅自收去，致生活无着，故请求废继。最高法院经审理认为，民法亲属编施行前所立嗣子，如于民法亲属编施行后请求废继，自应适用新法关于终止收养关系之法理予以判定。④司法院二十九年（1940年）院字第1174号解释令亦

---

① 曹杰：《中国民法亲属论》，上海会文堂新记书局1946年版，第185页。
② 参见《刘延璋与刘邢氏等因确认收养关系不成立事件上诉案》，《司法公报》1936年第91号。
③ 参见《武鸿章与武李氏因请求确认继承事件上诉》，《司法公报》1933年第81期。

称："民法亲属编施行后所发生之废继事件，既无法律可资援引，即应依民法总则第一条以终止养子女收养关系之法条，作为法理采用。"其见解与上述裁判要旨如出一辙。

（三）衡诸固有法和民间异姓乞养习惯对养子权利施加一定限制

就固有法而言，异姓义子既无身份继承权，亦无财产继承权，仅在为"所后之亲喜悦"时，可酌分养亲财产。如前所述，《中华民国民法》虽原则上规定养子女可视同亲生子，但其"继承编"第一千一百四十二条第二项又明定，养子女在继承养父母之遗产时，其应继分仅为婚生子女之二分之一。司法院二十二年（1933年）院字第907号解释令亦对此再加重申，强调"将来遗产之继承"，"养子女之应继分为婚生子女之二分之一"。揣其用意，或为不使新创设之收养制度与固有法疏离过远，爰为折中，虽赋予养子女财产继承权，但仍对其施加一定限制。此外，关于收养之异姓子是否可登入族谱，各地习惯不一，最高法院之判例仍在一定程度上尊重了各地既有之习惯。在最高法院二十一年（1932年）上字第57号判例中，上诉人阮清璧与被上诉人阮五芳因登谱涉讼，安徽高等法院适用《中华民国民法》第一千零七十七条之规定，认为阮道隆虽为被上诉人阮五芳的异姓养子，作为阮姓修谱总理的阮清璧，仍不得拒绝将其登入族谱。最高法院终审则认为，阮道隆作为被上诉人收养的异姓子，其登入族谱应"依其谱例之本旨，载明为养子，以别于真正之婚生子"。②最高法院二十一年（1932年）上字第2907号判例，又再作委婉退让，强调异姓养子"登入族谱之资格，依族规之所定，其族规禁止此种养子登入族谱者，仍不得登入族谱"。至于异姓养子是否可充任族长，司法院二十二年（1933年）院字第883号解释令称："选充族职并非养子女、养父母间之关系，自得依该族规约办理。"由上可知，最高法院和司法院为顾全旧俗，将涉及异姓养子宗族管理的事项，委诸习俗予以调整。因此，异姓养子在宗族管理事务中的相关权利，事实上仍在一定程度上被限制。

南京国民政府时期，最高司法机关为调和新收养法与立嗣旧制及民间异姓收养习惯之紧张关系，采取了一种务实的策略，一方面重申收养不以同宗同姓或男子为限之立法本旨，另一方面亦对传统的立嗣旧制和民间异姓乞养习俗进行适度包容。这种司法努力，成为南京国民政府时期构建新的收养秩序的重要推力。

五、结语

考察传统中国的异姓收养及其近代法律境遇，从法律与社会的视角展开分析，可以进一步揭示历史中国收养法和收养秩序变动的复杂性。首先，法律并非一个超越社会、孤立自存的本体。传统中国以"异姓不养"为核心原则的立嗣制度及其系列礼法安排，因过分强调收养的继承功能，故无法完全覆盖民间为因应各种复杂社会需求所产生的收养活动，于是在立

---

① 参见《黄海昌与黄袁氏因请求废继事件上诉案》，《司法公报》1933年第82期。
② 参见郭卫、周定枚编《最高法院民事判例汇刊》（第5期），上海法学书局1934年版，第44—46页。

嗣制度之外又滋长成各类与前者相背离的异姓乞养习惯，这使传统中国的收养秩序呈现出礼律规范这一"大传统"与民间习惯规范这一"小传统"二元并立的势态。[①]其次，清末以迄民国，立法精英们经过持续努力，引入了大陆法系的收养法规则以改造传统的收养制度。然而，由于法律制度可以划分出技术规范性内容和社会文化性内容两个层面。其中，法的技术规范性内容是中立和价值无涉的，能够相当容易地被立法者植入新法典或剥离于国家的法律体系之外；但法的社会文化性内容则深嵌于特定社会秩序中。在此新旧转捩过程中，被旁置之立嗣制度及新收养法无法完全涵摄的部分民间异姓乞养习惯，其内嵌的社会文化性内容则被积淀下来，并仍以哈耶克所称的"内部秩序"[②]的形式潜移默化地支配着普通民众的收养观念与收养行为。最后，从司法社会学的角度观之，司法活动是弥合法律与社会紧张关系的最活跃因素。司法活动不应只依国家法律来判决，也应考虑其他非国家法的"活法"（living law）的存在，国家法的漏洞可以通过"法官创法"来填补。[③]应当说，无论是民初大理院还是南京国民政府最高司法机关，均借助司法判解，通过扩大解释或法律漏洞补充等方式，开展了整合国家法律与旧习俗的创造性活动，创立了另类形式的收养规则，进而增强了国家法的正当性与有效性。概而论之，在近代中国，经由立法与司法的协同合作，至南京国民政府时期，一个以实现异姓收养合法化为目标的现代意义上的收养制度得以最终确立。这种新的收养法制，将欧陆各国收养法例与传统中国的立嗣制度和异姓乞养习俗熔为一炉，从而成为中国近代亲属法转型过程中新法与旧俗交合互融的一个成功范例。

（本文原载《法学》2023 年第 7 期，第 30—44 页）

[①] "大传统"是知识精英所代表的文化，"小传统"是农村中多数农民所代表的文化；前者代表国家与权力，后者代表基层社会。参见［美］罗伯特·芮德菲尔德《农民社会与文化：人类学对文明的一种诠释》，王莹译，中国社会科学出版社 2013 年版，第 95 页。

[②]［德］格尔哈德·帕普克主编：《知识、自由与秩序》，黄冰源译，中国社会科学出版社 2001 年版，第 95 页。

[③] 参见林端《儒家伦理与法律文化：社会学观点的探索》，中国政法大学出版社 2002 年版，第 422 页。

从保辜制到因果关系的承与变
——以民国大理院及最高法院判例为中心

黄源盛[*]

摘要： "保辜"是传统中国旧律中对殴伤等案件认定刑事责任所专门设定的律条。此制行之达两千余年之久，时至晚清民初的法律变革，终遭扬弃，而为近代欧陆刑法的"因果关系"所取代。究其实，此两者间虽有时空的断裂性，却也有某种程度的类似性。保辜虽受制于历史的局限性，完全以时间的经过作为标准，采取法定形式主义，未免过于僵固；但在当时的时空背景及社会条件下，能以客观的经验对因果联络关系加以适度的节制，具有限制滥罚的作用，尤其是利用辜限为被害人延医调治的保辜义务，仍有其一定的实用性与合理性。而近世刑法则单纯就实质因素考，并以此作为因果关系存否的基准，属于不成文的不法构成要件，否定了辜限，体现出因果关系的另一新发展阶段。

关键词： 保辜；因果关系；判例文化；结果犯；构成要件

一、引言

世间森罗万象，如是因，如是果，犯罪行为的结果犯亦然。翻开刑法史页，不论传统还是近现代，行为之所以有侵害性，因其对一定的法益具有影响力，一旦此影响力发生现实的作用，即产生犯罪的结果，故行为与结果之间，基于影响力，而存有密切的联结关系，在传统中国刑律上谓之"保辜"，当今学理则称为"因果关系"。而不论古之保辜，抑或今之因果关系，系指一定的前行事实与一定的后行事实之间，所具有的某种必要的原因与结果的联结关系。不过，这两个概念并非自然科学或宗教上的概念，也非单纯事实上的概念，而系法律上的概念。

粗略来说，所谓保辜者，是传统中国刑律中对殴伤等案件认定刑事责任所专门设定的律条，此处的殴伤，包括斗殴伤、谋杀已伤、故杀已伤、误伤、戏伤、过失伤等，即因窃盗及强盗、因强奸而伤等结果犯及结合犯之殴、伤、杀等，亦均适用。简言之，即限期养伤、保留罪名之意。凡殴伤罪伤情未定，皆立限以待，视行为后果明朗后，再予处断。察其用意，原系以行为人为其规范的对象，至于被害人仅间接受到保护而已，即取得所谓的"反射利益"。保辜制行之达两千余年之久，及至晚清，历经前所未有的冲击与碰撞，列强威势叩关，

---

[*] 作者系中南财经政法大学文澜学者讲座教授、福州大学法学院讲座教授。

清政府被迫采取因应措施，在西风东渐的吹拂下，从政治、经济、社会到法律文化，无一不受到严峻的挑战。就法律制度与法律规范而言，必须与世界接轨，因此有修律大臣沈家本（1840—1913年）领衔推动法制近代化的变法修律举措。

检视近现代刑法，许多法律专门用语或概念并非明文规定于法典之中，而是透过学说或法院的判决所逐渐形成，"因果关系"即是一例。"因果关系"一词，为传统中国法制中所无，系来自日文的和制汉语，而其根源又由来于欧陆刑法。有疑义的是，刑法上的因果关系既为定罪责的第一要件，然它的存在与否到底该如何认定。学说相当纷歧，如条件说、原因说、相当因果关系说等，各有其理论基础与内涵，而这些概念也经常出现于民国时期大理院及最高法院的判决书中。[①]对于司法从业人员而言，刑法上的因果关系的概念乃继受自欧陆及日本近代刑法理念而来，不禁想问：中国传统法中的保辜，能否与因果关系完全画上等号？何以晚清变法修律之后，保辜制即"杳如黄鹤"？而民国时期的司法官员又如何通过判决例使保辜与因果关系这两种法律概念顺利衔接？

盘点既有相关资料，言古者，绝大多数偏于唐、明、清三代保辜制的探讨；而论今者，又都倾向于欧陆法中因果关系理论的阐释。如果，我们认可通古今之变，以究当前之法是法史学的研究目的与方法之一，那么，对于传统旧律中的保辜制与近世刑事思潮下的因果关系论，从法律史学与当代刑法学的科际整合观点，采取脉络化的研究法，以历史时代为经，以案例导向为纬，并结合部门法中的法释义学与法实证的个案研究取径，特别是针对脉络化的转换与去脉络化后的再脉络化现象，做一深刻的厘清，自有其历史与时代的意义存焉。

二、传统中国刑律中保辜的缘起及其消亡

一切缘起，缘起一切。保辜制究竟起源于何时，由于史料不足征验，已难以确切考证。《春秋·公羊传·襄公七年》载："襄公七年十有二月，公会晋侯……于鄢。郑伯髡原如会，未见诸侯；丙戌，卒于操……操者何？郑之邑也。诸侯卒其封内不地，此何以地？隐之也。何隐尔？弑也。孰弑之？其大夫弑之。曷为不言其大夫弑之？为中国讳也。曷为为中国讳？郑伯将会诸侯于鄢，其大夫谏曰：'中国不足归也，则不若与楚。'郑伯曰：'不可。'其大夫曰：'以中国为义，则伐我丧；以中国为强，则不若楚。'于是弑之。郑伯髡原何以名？伤而反，未至乎舍而卒也。未见诸侯其言如会何？致其意也。"春秋鲁襄公七年（公元前566年），郑伯髡前往鄢地参加晋侯所召开的诸侯大会，途中被反对他的大夫刺伤，尚未返回到住处，即告死亡。东汉经学家何休（129—182年）对这段史事注云："古者保辜，诸侯卒名，故于如会名之，明如会时为大夫所伤，以伤辜死也。君亲无将，见辜者，辜内当以弑君论之，辜外当以伤君论之。"唐人徐彦疏曰："其弑君论之者，其身枭首，其家执之；其伤君论之者，其身斩首而已，罪不累家，汉律有其事。然则知古者，保辜者亦依汉律。律文多依古事，故知

[①] 参见韩忠谟《刑法原理》，作者1982年自版，第118—137页。韩氏亦举多个实例，说明北洋政府大理院及国民政府时期最高法院判决所采的相关见解。

然也。"①汉时即谓"古者保辜",可见,在汉代之前就已有保辜之制。至于其确实年代,说法不一,有谓可能首创于西周,也有认为创立于春秋、战国或秦汉时期。②

东汉许慎《说文解字》提及:"嫭,保任也,从女辜声。"《订正六书通》谓:"嫭,保任也。音辜。律有保辜,当是此字。"然《正韵》无"嫭"字,但作"辜",或可说,明"嫭"通"辜"。③传统中国,在刑律中明文规定保辜制的,就目前文献看来,似首推秦、汉之际。《睡虎地秦墓竹简·法律答问》云:"人奴妾笞(答)子,子以月古死,黥颜,畀主。"此处"以月古死",有认为宜解为"以辜死",整体文意谓,私家奴婢笞打己子,因病于辜限内死亡,应在头上和颧部刺墨,然后交还主人。④此外,唐颜师古(581—645年)对西汉史游《急就篇》卷四之"疻痏保辜"注云:"殴人皮肤肿起曰疻,殴伤曰痏。保辜者,各随其状轻重,令殴者以日数保之,限内至死,则坐重辜也。"意谓,根据伤害情节的轻重,由官府立下期限,限满之日,根据被害者的伤情,决定应科的刑罚。汉律将伤害的保辜期限规定为二旬,若二旬内被害人因伤死亡的,即以杀人罪论。《汉书·高惠高后文功臣表》曾记载:"元光五年,侯德嗣,四年,元朔三年,坐伤人二旬内死,弃市。"此处意谓,单德伤害他人,依汉律,被害人在二十日内身死者,以杀人罪论,故科以弃市之刑。另据张家山汉墓竹简《二年律令·贼律》:"斗伤人,而以伤辜二旬中死,为杀人。"其中所云"为杀人",即是以"斗杀人"论罪,应科以弃市的刑责。⑤足见汉代对保辜制已有了规范的雏形。

(一)唐律中保辜的态样与适用

集中华法系立法大成的《唐律疏议》(以下简称《唐律》),沿袭前代,将保辜的适用加

---

① 李学勤主编:《十三经注疏(标点本):春秋公羊传注疏》,北京大学出版社1999年版,第425页。不过,蔡枢衡认为,"作传的何休不懂刑法","实则传文有意强调杀伤行为与死亡间的结果关系明确,虽属情见乎词,要与保辜制度无关。意图弑君,便属死有余辜,何待实行? 更何待死亡?"参见蔡枢衡《中国刑法史》,广西人民出版社1983年版,第208页。

② 刘俊文认为,周秦之际已经有之,参见刘俊文《唐律疏议笺解》(下册),中华书局1996年版,第1484页。蔡枢衡认为:"《周礼》不言保辜,足见殷代尚无保辜制度。保辜制度也不可能创始于春秋、战国和秦、汉。由此可见,保辜制度理当创始于西周,很可能是成康时代的新猷。"参见蔡枢衡《中国刑法史》,广西人民出版社1983年版,第208页。沈家本认为,唐代保辜制应源自汉代,参见沈家本《历代刑法考·汉律摭遗》,中华书局2006年版,第1469页。

③ 参见朱红林《张家山汉简〈二年律令〉集释》,社会科学文献出版社2005年版,第32页。

④ "以月古死"有解为子因此患病而死,将"月古"解为病,参见《睡虎地秦墓竹简》,载《中国珍稀法律典籍集成》(甲编第一册),科学出版社1994年版,第572页。但张家山汉简整理小组指出,此处宜解为"以辜死"。参见朱红林《张家山汉简〈二年律令〉集释》,社会科学文献出版社2005年版,第32页。

⑤ 参见张家山汉墓竹简整理小组《张家山汉墓竹简(二四七号墓)》,文物出版社2001年版,第217页。另参见彭浩等主编《二年律令与奏谳书——张家山二四七号汉墓出土法律文献释读》,上海古籍出版社2007年版,第99页。张家山汉简另有两条有关保辜制的规定,即"父母笞子及奴婢,子及奴婢以殴笞辜死,令赎死。""诸吏以县官事殴城旦舂、鬼薪白粲,以辜死,令赎死。"

以类型化，分为三种态样。①囿于主题，本文将重心限缩在"因果律的保辜"上。

首先是因果律的保辜。严格说来，《唐律》的年代尚无"因果关系"这一名词，与近现代的因果关系概念有所区别，笔者乃以"因果律的保辜"称之。《唐律》对殴伤等犯罪，视犯罪所用的方法、凶器危险性的大小以及伤势程度，规定一定的保辜期限，然后视被害人是否于限内死亡，定其应负斗殴杀人或本殴伤罪之刑责。《唐律疏议·斗讼律》保辜条（总第三百零七条）规定："诸保辜者，手足殴伤人限十日，以他物殴伤人者二十日，以刃及汤火伤人者三十日，折跌肢体及破骨者五十日。殴伤不相须，余条殴伤及杀伤，各准此。限内死者，各依杀人论；其在限外及虽在限内以他故死者，各依本殴伤法。他故，为别增余患而死者。"根据本律条，凡是殴伤人，皆立辜限，以时间的经过来定其刑责的相当性。一是按加伤器物而立辜限。其一，手足殴伤，限十日。即赤手空拳伤人，不论受伤与否，辜限皆为十日。其二，他物殴伤，限二十日。依《唐律》规定，"非手足者，其余皆为他物，即兵不用刃亦是"。这就明确规范了手足、刃及汤火伤人的辜限，除手足、刃及汤火之外的其他器物，即为此条所云之的"他物"。"兵不用刃"，指的是用兵器刃口之外的其他部位伤人，此种行为也属于以"他物"伤人。其三，以刃及汤火伤，限三十日。疏议曰："'以刃'，刃谓金铁，无大小之限。'及汤火伤人'谓灼烂皮肤。"即辜限为三十日的伤人器物限制为铜、铁之类的器物或汤火。辜限是为加重行为人的责任，可以说是行为人的危险（致死责任）负担期间。辜限越长则行为人刑责越重，辜限长短，视其所用器物危险性的大小而定，寓有禁止使用危险性器物殴伤人之意。二是依伤害程度而立辜限。折跌肢体及破骨者，限五十日。此时不问所加伤害系用何器物，骨折、骨节错位、骨头破损皆属对人的身体伤害较重的情节，一般人需要较长的时间才能恢复健康，因而除加伤器物外，另依伤害程度界定辜限。以上总结如表1所示。又，本条规定，在保辜限内死亡的，如别无伤处以外之故，依斗杀论，其刑为绞或斩；倘在限外及虽在限内，但因为别的原因，例如发生其他疾病而死亡的，仍以原来的殴伤罪论处，其刑为笞或杖。②综合看来，保辜期限的长短与加伤器物的危险性、伤害的严重程度间有着密切的关系。具体地说，加伤器物的危险性、伤害的严重程度都与辜限的长短成正比。这一律条明确了伤害行为与死亡结果之间的因果律，并对于产生死亡结果的相应加重处罚。可见，伤害越重，保辜期间越长，对犯人较为不利。③且被害人纵未在辜限内因伤而死，也不发生刑罚消减的效果，只受较轻刑罚的科处而已，从而即使保辜期间顺利经过，仍不得视为刑罚消灭的原因。

---

① 戴炎辉早期将唐律中的保辜分为三类：因果关系的保辜、平复减刑的保辜、堕胎从重的保辜。参见戴炎辉《唐律上之保辜》，（台北）《中华文化复兴月刊》1970年第11期。该文扩充版参见戴炎辉《我国传统旧律之保辜制》，载戴炎辉《传统中华社会的民刑法制》，（台北）财团法人戴炎辉文教基金会1998年版，第499页。

②《唐律》规定："诸斗殴人者，笞四十；伤及以他物殴人者，杖六十；伤及拔发方寸以上，杖八十。若血从耳目出及内损吐血者，各加二等。"（总第三百零二条）又规定："诸斗殴杀人者，绞。以刃及故杀人者，斩。虽因斗，而用兵刃杀者，与故杀同。"（总第三百零六条）

③ 仁井田陞认为，"保辜期间之规定乃刑罚加重原因"。参见［日］仁井田陞《中国法制史研究　刑法》，（日本）东京大学出版会1981年版，第177页。

表1　因果律的保辜之类型与辜限

	类型	辜限
依加伤器物而立辜限	手足殴伤	限十日
	他物殴伤	限二十日
	以刃及汤火伤	限三十日
依伤害程度而立辜限	折跌肢体及破骨者	限五十日

其次是平复减刑的保辜。《唐律》对于斗殴伤人的犯罪行为,另规定在辜限内伤愈者,得以减轻处罚。《唐律疏议·斗讼律》"殴人折跌肢体瞎目"条(总第三百零五条)规定:"诸鬬殴折跌人肢体及瞎其一目者,徒三年。辜内平复者,各减二等。"本条并不涉及斗殴行为与结果之间的因果律问题,只不过将辜限内伤势是否平复作为减轻处罚的要件,故可称其为"减刑的保辜"。

最后是处罚条件的保辜。《唐律疏议·斗讼律》"兵刃斫射人"条(总第三百零四条)规定:"诸斗以兵刃斫射人,不着者,杖一百。若刃伤,刃谓金铁,无大小之限,堪以杀人者。及折人肋,眇其两目。堕人胎,徒二年。"本条主要论及兵刃斫射人诸犯罪类型,而于最后一项杂以堕人胎之罪。所谓堕人胎,系指殴打孕妇,致其流产或早产而身体受损的伤害行为。堕胎行为的被害客体是母体,其所堕之子则否。疏议释曰:"堕胎者,谓在辜内子死,乃坐。谓在母辜限之内而子死者,子虽伤而在母辜限外死者,或虽在辜内胎落而子未成形者,各从本殴伤法,无堕胎之罪。……故保辜止保其母,不因子立辜,为无害子之心也。"也就是说,对于殴伤孕妇,倘孕妇在辜限内而死,斗人者论以斗殴杀人罪,而孕妇在辜限外死亡,或在辜限内因其他原因死亡,斗人者仅以殴伤法论处。至于孕妇若没有死亡,但胎儿在辜限内死亡,斗人者论以徒二年之刑;若胎儿在辜限外死亡,或虽在辜限内胎落,但并未成形的,不适用"堕胎罪"的刑罚。戴炎辉(1908—1992年)认为,因果关系的保辜,须就被殴伤人,论其致死与殴伤之间有无因果关系,而上文情形,乃依已由母体分离之子是否在辜内死亡,以定其是否为堕胎而予处罚,故此系处罚条件之问题。若就母体本身,论其致死与堕胎行为之间有无因果关系时,即是因果关系的保辜。[①]质言之,保母者,指因果律的保辜;保子者,则指处罚条件的保辜。处罚条件的保辜原则上只适用于堕胎,而因果律的保辜,则对一般殴伤行为均有其适用。[②]

虽然《唐律》对于保辜的规定力求明确,但在司法实践方面,很遗憾,唐代留存下来的案例相当稀少。所幸,1973年吐鲁番阿斯塔那出土的文书残卷中,记载有唐肃宗宝应元年(762年)高昌县"康失芬行车伤人案卷"。该案卷虽有残缺,但大致上仍可理解,其大要事

[①] 戴炎辉编著:《唐律通论》,戴东雄、黄源盛校订,(台北)元照出版公司2010年版,第99—100页。

[②] 依当代刑法理论,当犯罪成立时,立即对于该行为发生刑罚权,但某些犯罪类型纵使成立,刑罚权的发生却例外地附加在其他外在条件上,故称该条件为客观处罚条件,简称为处罚条件。

实为：民人史拂郍、曹没冒控告靳嗔奴的雇工康失芬因行快车，将史之子金儿、曹之女想子碾成重伤，经查证属实，最后，高昌县判康失芬保辜治疗，限满再作科断。据《唐律》"保辜"条的规定，伤人者可依律保辜，但并无辜限内责成犯人延医救治的内容。此案虽未明白指出所援引的律文，但基于伤人与保辜的事实与规定，康失芬提出"今情愿保辜，将医药看待，如不差身死，请求准法科断"。康失芬另提出保辜请求，并由何伏昏等人具状充当保人，谓"担保康失芬在辜限期间看护调理受害两男女，并保证其不逃脱。如果康在此期间逃走或者抵赖不承担责任，连保之人愿承康的全部罪行，并请求受重杖二十"。这一请求获得官府允准而予以责保外释，并批示"放出，勒保辜，仍随牙"，即放出监禁处，责令其保辜，但不许离开县司驻地。①

（二）明清律中保辜制的不变与变

关于保辜，宋承唐制，未加更动。降及明清，刑律中对保辜作了比《唐律》较为详明的规范。《大明律·刑律·斗殴》"保辜限期"条规定："凡保辜者，责令犯人医治，辜限内皆须因伤死者，以斗殴杀人论。其在辜限外，及虽在辜限内，伤已平复，官司文案明白，别因他故死者，各从本殴伤法。若折伤以上，辜内医治平复者，各减二等。辜内虽平复，而成残废笃疾，及辜限满日不平复者，各依律全科。手足及以他物殴伤人者，限二十日；以刃及汤火伤人者，限三十日；折跌肢体及破骨堕胎者，无问手足、他物，皆限五十日。"②《大清律》的规定大致上与《大明律》同。《大清律例·刑律·斗讼》"保辜限期"条注云："保，养也；辜，罪也。保辜，谓殴伤人未至死，当官立限以保之。保人之伤，正所以保己之罪也。"③亦即，

---

① 本段原始引文参见国家文物局古文献研究室、新疆维吾尔自治区博物馆、武汉大学历史系合编《吐鲁番出土文书》（第9册），文物出版社1990年版，第128—134页。该案之考析，参见赵晶《唐代"保辜"再蠡测——〈唐宝应元年六月康失芬行车伤人案卷〉再考》，《敦煌吐鲁番研究》2016年第1期；黄清连：《说保辜——唐代制度论》，载中国唐代学会主编《第二届国际唐代学术会议论文集》，（台北）文津出版社1993年版，第971—1005页；郑显文：《唐律中关于保辜的规定以〈73TAM509：8（1）、（2）号残卷〉为中心》，载郑显文《唐代律令制研究》，北京大学出版社2004年版，第36页；郑显文：《律令体制下的唐代交通管理法规》，载郑显文《律令时代中国的法律与社会》，知识产权出版社2007年版，第242—250页；陈登武：《论唐代交通事故处理的法律课题——以"康失芬行车伤人案为中心"》，《兴大人文学报》2005年总第35期；陈登武：《地狱·法律·人间秩序中古中国宗教、社会与国家》，（台北）五南图书出版公司2009年版，第377—427页。

② 明代《问刑条例》将律典所规定的辜限作了一些延伸，即在正限之外，规定余限（原二十日，外加十日；原五十日，外加二十日）以及限外死亡，果因本伤身死，情真事实者，仍拟死罪，奏请定夺。参见黄彰健编《明代律例汇编》（下册），台北"中研院"历史语言研究所1979年版，第827—830页。薛允升评曰："明律改为折伤以上，辜内医治平复者，各减二等，是折一二齿及一二指并刃伤人等类，均准减等矣，殊嫌未协。……如若此律所云，如折一齿及一指，本应杖一百，今限内医治平复，则止杖八十，而一齿已无有，一指已损伤矣，又何平复之有？是《唐律》手足限十日，他物限二十日，《明律》俱限二十日，亦不相同，例文又多处十日、二十日，名目更多矣！"参见薛允升《唐明律合编》（下册），（台北）商务印书馆1997年版，第492页。

③（清）沈之奇撰：《大清律辑注》，怀效锋、李俊点校，法律出版社2000年版，第722页。

在殴伤案件发生以后，要根据凶器及被害人的伤势，赋予被告一定的保辜期限，然后根据被害人伤势变化的结果予以定罪量刑。

相较之下，对于手足殴伤案件的辜限，明清律将《唐律》的十日改为二十日，而其他部分，在承袭《唐律》所定期限基础上，改为辜限内死者，依斗殴杀人律论绞。此外，明清律又增订：（1）辜限内责令犯人医治，《唐律》并无加害人为受害人延医救治的内容，明清律则明文规定；（2）辜限内平复，官司已经明立平复文案，别因他故致死，依殴伤法处断；（3）折伤以上，限内虽平复，而已成残废、笃疾，减二等处罚；（4）辜限满日犹未平复，至限外死亡，及平复而成笃疾，则损害已多，俱依律全科。明清律明确规定行为人在辜限内必须对被害人采取救治的措施，延医调治，从积极面防止危害结果的发生，所谓"原其医治之功，足以抵其所殴之罪"。① 如是规范，对被害人来说，相对公道。不过，清代律学家薛允升（1820—1901年）对于《问刑条例》于定律辜限外多加十日、二十日，认为系属较律加重，未免过严，而《唐律》原规定最为允当。②

翻阅有清一代史料，由于保存较为完整，有关保辜限期的案例相对丰富，兹举《刑案汇览》卷四十二和卷二十一所载两案为例。卷四十二案发生于乾隆三年（1738年）。该案中，李昌先自跌伤额门偏右，后被胞弟李茂殴伤，旋因跌伤，抽风身死，遂依弟殴胞兄伤科处。卷二十一案发生于嘉庆十八年（1813年）。该案说帖谓，"查任忠等所殴郑环子各伤，均非致命，尚不致于立时戕生。郑环子自将衣服脱去，以致受冻身死，与人无尤。原验尸躯形状，实系受冻所致。核与因患他病身死者无异，自应仍从本殴伤法"。由此两例得知，就被害人自患"他病"而言，系将因抽风致死排除在外，至于该项"他病"究于殴伤行为之前就已存在，或在殴伤行为以后始告发生，似在所不问。整体看来，传统中国刑律中的保辜制，对于认定殴伤致死案件中"行为"与"结果"之间的刑责归属关系，区分为罪轻与罪重、此罪与彼罪，有其一定的合理性，盖依当时的医疗科技，有些案件的伤情一时的确难以判定，需待一段时间的观察才能得出结论。同时，规定辜限内死亡加重、辜限内平复减轻刑罚的做法，有利于促使加害人在殴伤案件发生以后，为自身利益的考量而对被害人采取较为积极的救助措施，以防止危害后果的扩大发生。

（三）保辜制生与灭的因缘求索

保辜是传统中国认定有无因果律的特殊法律制度，绵延既悠且远。然而，就是这样一项极富特色的刑法规范，在近代欧陆刑法理论及刑事政策思潮的猛烈冲击下，于晚清变法修律之后的1911年《钦定大清刑律》以及民国刑法律条和司法实践中，已悄然转型。或许，世间事总归因缘和合，缘生缘灭本自然，而任何制度、规范的存续与消亡都必然有其缘由，保辜制自也不例外。言及保辜入律的法理依据，《唐律》"保辜"本条及疏议均未见示明，历来

---

① 参见［日］森田成满『清代刑法に於ける因果関系』，载『星薬科大学一般教育论集』1990年第8号，第95—151页；黄六鸿：《福惠全书》，（日本）汲古书院1989年版，刑名部。
② 参见薛允升《唐明律合编》（下册），（台湾）商务印书馆1997年版，第493页。

学界也罕见有详论其精义者，试揣测几点理由如下。

其一，传统中国的法理思维向来注重天人感通，强调人间事与自然界的因果关系，这是朴素的法律意识根源所使然。蔡枢衡（1904—1983年）认为："行为和结果在内容上是发展关系，在时间上是继起关系。在最初，发展关系和继起关系是混为一谈的。后来经验证明：继行为之后发生的现象不一定是行为的发展。为使隔时死亡案件的犯人只对自己行为的结果负责，于是出现了保辜制度。……除使犯人负担养伤义务外，实际是有意识地应用反映自然界因果联系的意识。对于刑法具有限制滥罚的作用，意味着刑法上的行为和结果间的因果关系理论的萌芽，标志着刑法史上的一种进步。"[1]蔡氏身为刑法学家，以近代刑法观念诠释保辜制，颇为中肯。其所谓的"对于刑法具有限制滥罚的作用"，或可延伸理解为，保辜制的本来目的虽非为被害人设计，但若因此尽可能避免被害人失去生命，对于加害者得给予减轻刑罚的机会。申言之，保辜制涉及两种定罪及量刑，即斗殴杀人罪和斗殴伤人罪。有些殴伤案件，如被害人不是在辜限届满之后因伤而死，只得论以殴伤罪，不能论以斗殴杀人未遂；如此一来，保辜期间的设定实有限制斗殴杀人罪（未遂犯）的适用，仍有限制构成某种结果犯的作用。[2]特别是到了有清一代，文献上频频出现"保辜可活两人命"；"所以重民命，而慎刑罚也"；"救人即以自救，何金钱之足惜，是以一纸保辜，活两人生命"。此外，保辜所涉及的，一面为实体法上的问题，一面亦为程序法上的问题。今人赵晶认为，《唐律》对于辜限的设定，其实也是为了确定法官得以判决此案的时间节点，以避免触犯所谓出入人罪的处罚。具体来说，就保辜条的规范内涵论，法官能够对殴伤行为进行定罪的时间起点，分为两种情况：第一，辜限内死亡者，以死亡之日为起点；第二，辜限内未死者，则限期满之日为始点。因保辜制涉及两种定罪及其量刑——杀人论和殴伤论，所以法官无从自由决定判决时点，即如果在这两个时间节点以前做出判决，则有可能"出入人罪"：如果法官在辜限未满之前判殴人者以杀人罪，而限满之前被殴伤人未死，他将面临"入人罪"的处罚；如果法官在辜限未满之前判殴人者以殴伤罪，而判决之后，限满之前被殴伤人死亡，他将面临"出人罪"的处罚。在这个意义上，《唐律》对于辜限的设定，其实也是为了确定法官得以判决此案的时间节点。[3]这种见解，具有新意。

其二，传统中国社会，为确定殴伤案件中的责任归属关系，以期能合理地论断其刑事责任之轻重，虽相当用心，但其最主要目的仍在社会秩序的维护。不过，由于其间的因果历程复杂，有司对于殴伤案件中伤害行为与死亡结果之间是否存在必然的联结关系，局限于当时医疗科技及鉴定的水平，尤其伤后历经若干时日死亡，倘仅单靠尸体的外表检验，是不可能对伤害与死因间的联结关系做出科学性的判断。[4]从而以一定的后果可能呈现的期限，来设

---

[1] 蔡枢衡：《中国刑法史》，广西人民出版社1983年版，第195—208页。
[2] 参见蔡墩铭《唐律与近世刑事立法之比较研究》，（台北）"中国学术著作奖助委员会"1968年版，第90页。
[3] 参见赵晶《唐代"保辜"再蠡测——〈唐宝应元年六月康失芬行车伤人案卷〉再考》，《敦煌吐鲁番研究》2016年第1期。
[4] 参见钱大群、夏锦文《唐律与中国现行刑法比较论》，江苏人民出版社1991年版，第148页；贾静涛《中国古代法医学史》，群众出版社1984年版，第22页。

定辜限的长短，以确定因果联结的有无，想来，这似乎也是一种权巧之道。

其三，传统中国旧律，刑罚的主要目的重在警戒作用，因此，刑罚的轻重程度力求与实害相当；尤其自《唐律》以降，对犯罪的处罚，并不采取抽象的、概括的态度，而系采取客观的、具体的主义，[①]同其罪质的犯罪，乃依其主体、客体、方法、犯意、处所、数量（日数、人数、赃数等）及其他情况，而分别另立罪名，各异其刑。换句话说，唐、明、清等律的立法构造，由于采取具体、客观的原则，致其罪名繁多，且对犯罪的科罚采取一罪一刑的绝对法定刑主义，故依行为的主客体、方法、实害程度及其他情况而规定其刑，试图疏缓刑罚一罪一刑，量刑范围极其狭小的僵固性。[②]以保辜制言，就相当重视时间的经过与刑责之间的相当性，也不忘考量特别情事的介入与因果关联是否中断的问题。例如，《唐律》"保辜"条曰："其在限外及虽在限内，以他故死者，各依本殴伤法。"疏议谓："他故，谓别增余患而死者。"

令人纳闷的是，晚清变法修律之后，保辜制突然消失于刑律条文之中，[③]整个刑法学界也一面倒地倾向于因果关系理论，绝口不再提保辜制，此何以故？事实上，传统中国法律文化有一极鲜明的特征，即在法典编纂上采取所谓礼刑混同的立法原则，[④]这种现象长达千年以上，直到晚清继受外国法，在拟订《大清新刑律》时，虽发生了所谓的"礼法之争"，"礼教派"与"法理派"对于某些议题呶呶争辩，却未见两派人士对保辜制的存否有何争议。即使1911年完成《钦定大清刑律》的立法后，在民国司法实务的适用上，似乎也呈现无缝接轨的景象。两种异质的法文化在新旧交替之际，为何能如此平顺？遍查各项史料，并无清晰言其始末者，姑且列陈其消亡原因数端。

其一，传统中国刑律，以辜限机械地判断殴伤案件中殴伤行为与死伤结果之间因果联结的有无，似乎只考虑那些一般的和必然的现象，而未考虑某些特殊的和偶然的情况；[⑤]司法运作上虽然认识到案件判断的复杂性，也想利用因果联结的阻断，例如，"以他故死者，虽在限内，仍依本殴伤法"，以限制刑事责任的范围，不过在处理实际案件时，明显将其过于简单化了，甚至在某些情况下，反而扩大了刑事责任的范围。何况，在殴伤案件中，想要科学地确定危害行为与死亡结果之间，是否存在因果历程的联结关系，不可能停留在刑法内部。对其判断，除受限于当时新的因果关系理论的阙如外，还窘迫于医疗检验科技的不足。为此，乃试图从制度本身切入予以对治，提出余期、宽限期等制度的构思。问题是，仅仅损

---

① 参见［日］小野清一郎『唐律に於ける刑法总则の规定』，《国家学会杂志》第52卷第4号；［日］仁井田陞：《中国法制史研究 刑法》，（日本）东京大学出版会1981年版，第248页以下。

② 参见戴炎辉编著《唐律通论》，戴东雄、黄源盛校订，（台北）元照出版有限公司2010年版，第30、99、137页。

③ 在1911年《钦定大清刑律》和1912年《暂行新刑律》中，有所谓的"有伤重致废弃业务至三十日以上之病者，为废疾"的规定，似仍寓有保辜的遗意。参见黄源盛《晚清民国刑法史料辑注》，（台北）元照出版有限公司2010年版，第310、418页。

④ 参见黄源盛《中国传统法制与思想》，（台北）五南图书出版公司1981年版，第218—254页。

⑤ 参见蔡枢衡《中国刑法史》，广西人民出版社1983年版，第209页。

益保辜制本身的立法设计，显然还是无法克服其固有的矛盾与缺陷。

其二，传统保辜制并非毫无优点。以"被害救治"而言，《唐律》虽未明示，实际运作上则或有之；明清律以来，以利导的方式，用律条明文规定，引使加害人对被害人进行延医调治，以补救行为来弥合被破坏的社会关系；且在加害人欠缺主观故意时，能积极救治被害人，防止二次伤害发生；当加害人具备数项减免情节时，还得以累减。[1]就立法价值来说，实有深层意义。然而，清末修律时，在西方法律思潮的强力吹拂下，保辜制无法避免被近现代刑法汰除的命运。

其三，晚清修律日籍顾问冈田朝太郎（1868—1936年）除主导《大清新刑律》的立法外，并在京师法律学堂讲授刑事法等课程，他的学说大大地左右了司法的走向。在他游学德国归国后，首先把欧陆近代刑法中"因果关系"的概念和专题导入日本刑法学界。[2]之后，又被当时大批游学日本的清廷法界精英转介到中国来，从而影响民国的学界与司法实务界。关于因果关系这个课题，基本上，冈田接受E.贝林（E.Belin，1866—1932年）与弗兰茨·冯·李斯特（Franz von Liszt，1851—1919年）"条件说"的立场，并对当时流行的"原因说"理论进行批判。他认为，把犯罪论中的原因理解为"人类违反常规的事情"，显然混淆了物理理论和道义上的义务论与法律上的义务论的区别；而将"引起结果最有力的事物"作为刑法上原因的理论，则难以在司法实践中顺畅操作。[3]冈田又认为，不应拘泥于当时多数学者主张的将原因与结果加以区别的观点。他认为，"分别产生结果之事情为原因与条件二者，其根本已谬，苟既生结果，则不得不视为一原因"；一个行为能否成为一个结果的原因，应当根据如果没有这个行为，同一结果是否还会发生来加以判断；譬如，倘若被害者为婴儿，即使仅为轻微殴打，也容易导致死亡，其殴打力道虽大，然无此行为，则可不生死亡的结果，故此即可论为原因也。[4]此外，冈田的"条件说"明显地表现在他对于因果关系中断的

---

[1] 清代律令有关于"累减"的规定："若折伤以上，辜内医治平复者，各减二等；下手理直，减殴伤二等，如辜限内平复，又得减二等。"此即所谓"犯罪得累减"。

[2] 参阅［日］渊脇千寿保『明治期における刑法上の因果関係理論の導入』，《日本大学大学院法学研究年報》总第42号。

[3] "原因说"谓结果之发生有多数条件时，应依某种基准来区别其到底是属于原因还是属于条件。唯有被认定为原因者，其与结果之间，才承认有刑法上的因果关系，其他则仅为单纯条件，不作为发生结果的原因。至于该以何种基准确定原因，学说上又有最重要原因说、最先原因说、最终原因说、最直接原因说、异常行为原因说等。其实，"原因说"是为限制"条件说"过度扩张因果关系的范围而产生，主要受到19世纪中叶自然科学考察方法的影响，根据区别原因与条件之方法，将因果关系限定在某一范围之内，以改善"条件说"范围过于宽泛的缺点。这种论点，虽有其学说史上的意义，但究竟该以何种原因较为重要或较具决定性，始终缺乏明确标准，致实务上难以遵行。而且，只承认一个条件而否定共同原因，是否妥适，也值得斟酌。盖并非所有结果的发生，都是由单一的条件所产生，事实上，犯罪由共同原因所造成者，亦属常见。如此一来，显然又将因果关系范围限制过严，亦有不妥。为此之故，"原因说"极少被司法实务界采纳。

[4] 参见［日］冈田朝太郎『法政讲义』，（日本）丙午社1907年版，第53—61页；［日］小林好信：『冈田朝太郎の刑法理論』，载吉川经夫等编『刑法理論史の総合的研究』，（日本）评论社1994年版。

主张上。在1903年刊行的《刑法讲义》中，冈田指出：在取决于被害人自己的行为、取决于第三人的行为，抑或掺入自然力的情况下，以致防止其举动所产生之影响时，可能作为原因的行为与结果的联系断绝，此时应当认为刑法中的因果关系已经中断。[①]事后看来，冈田的"条件说"以及"因果关系中断说"的主张，的确相当程度地影响了民初的刑法学界与实务界，同时也导致了保辜制的彻底消亡。

三、北洋政府大理院因果关系判例述评

晚清的法律近代化，在法典编纂方面，既导引了北洋政府时期各项草案的拟订，又促成了南京国民政府六法体系的形塑。其中，1912年的《暂行新刑律》、1928年的"旧刑法"乃至1935年的《中华民国刑法》（"新刑法"），无不脱胎于1911年的《钦定大清刑律》。[②]不过，法律概念并非仅从法典中所出，也有部分系通过司法实践而逐渐形成。因此，考察清末民国的法律继受，不能只着眼于法典的修订。在司法运作过程中，法曹对于欧陆及日本法律概念的理解与运用，也是不可或缺的研究途径。[③]如想厘清因果关系在民初的法律实务操作状况，积极寻绎北洋政府时期最高审判机关大理院（1912—1928年，以下简称"大理院"）以及南京国民政府最高法院（1928—1949年，以下简称"最高法院"）的判决先例是有其必要的。资料显示，传统保辜制从1912年起已全然遭到委弃，代之而起的是继受而来的因果关系理论。[④]兹趁整编大理院及最高法院刑事判例全文之便，各拣择案例数则，做较为详细的剖析，以明其衍化脉络。

（一）案例一：因奸冲经致死

本案见于大理院民国五年（1916年）上字第50号判例。判例要旨谓："李次莲妻张氏，因患昏迷病症，延李胜农至家祈禳，李胜农乘间，用邪术将李张氏奸污，医生诊断李张氏因奸冲经，稍受损害，肚腹胀痛，逾一年两月身死，大理院判以因奸致死罪，处死刑确定。"

本案发生于民国伊始，被告李胜农受邀至病家，为昏迷患者李张氏消灾祈福，岂料色欲熏心，趁机用邪术将其奸污，经延聘中医诊断，系因奸冲经，事隔一年两个月后，李张氏身亡。湖南高等审判厅判李胜农以强奸致废疾之罪，大理院则以该厅引律错误，改判为强奸致死罪，处死刑。

[①] 参见［日］冈田朝太郎『刑法问答录』，（日本）早稻田大学出版部1905年版，第50页；［日］大関龙一『刑法上的因果关系に関する论战前日本的学说と大审院判例』，（日本）《早稻田法学》2020年第2号。

[②] 关于1935年《中华民国刑法》的沿革流变，参见黄源盛《回顾与动向：1935年民国刑法及其八十年来修正述要》，《法治现代化研究》2018年第2期。

[③] 关于近代判例制度的法理分析与研究价值，参见黄源盛、施奕《从判例要旨到指导案例——法秩序一致性视野下的判例制度演绎》，《法治现代化研究》2020年第6期。

[④] 此等说法，可证诸大理院民国四年（1915）上字第700号判例、大理院民国五年（1916）非字第15号判例、大理院民国七年（1918）上字第199号判例等。

按，行为与结果之间，除形式犯外，必须有因果联络关系之存在，犯罪始得成立，此为近代刑法上的大原则。《暂行新刑律》"奸非罪"章第二百八十五条第一项规定："对于妇女以强暴、胁迫、药剂、催眠术或他法致使不能抗拒而为奸淫之者，为强奸罪，处一等或二等有期徒刑。"第二百八十七条第一项规定："犯前四条之罪致人死伤者，依左列处断：（一）致死或笃疾者，死刑、无期徒刑或一等有期徒刑。（二）致废疾者，无期徒刑或二等有期徒刑。"上述条文中有所谓"致死""致笃疾""致废疾"等，"致"字表示有严格的因果关系，即"因……所致""因……而起"。若行为与结果，其间并无因果联络关系存在，而适用此等条文科刑，即属拟律错误。质言之，奸非罪中"致死""致笃疾""致废疾"等，皆系对于犯罪行为直接所产生的结果，特别加重其刑的规定，如行为与结果间殊无联络关系存在，即不得适用此等加重条款。

本案原审是湖南高等审判厅，审理结果是论以强奸致废疾之罪。所称"致废疾"者，依《暂行新刑律》第八十八条第二项之规定，系指有减衰视能、听能、语能、一肢以上之机能之一者，或于精神或身体有至三十日以上之病，或有致废弃业务至三十日以上之病者。①原审如此下判，尚称合情合理，但大理院则以该院引律错误，认为应科以强奸致死罪，刑重至死。如此科断，颇有商榷之余地，其中最关键点在于，奸污与致死之间是否具有因果联络关系。以常理论，死亡距被奸之日，相距一年又两个月，究竟是否因奸致死，由于事发时日过久，已难断定。以法医学来说，在那个年代最有可能引发因奸致死者，或属传染梅毒之例，因梅毒经过较长久的时日仍可存续，的确有可能致人于死。不过，以民国初年的医疗技术，梅毒已非不可治之症，假定李张氏因奸传染梅毒而死，大理院判被告以因奸致死之罪，在适用法律上虽无可议，然事实上，仍有未妥。盖法律不外情理，旧律保辜期限之制虽已遭扬弃，立法者之本意，必不忍令犯罪者于所犯之外，对于意外之结果，更负如此重大之刑事责任。再就事实而言，遇有此种犯罪行为，裁判不可能尽待其结果发生而后确定。倘本案上告于大理院时，被害人尚未死亡，不知大理院将适用刑律何条以科罪？除维持原判之外，恐亦无他道可行。如此一来，犯人之命运不就专系于诉讼程序进行之迟早乎？而其中遂有幸与不幸之分，时人江庸（1877—1960 年）即认为，这显非刑罚存在之本旨。②

另就证据证明力来说，本案判决基础的唯一鉴定，仅凭中医所云之"因奸冲经"，此举是否有当？按，"冲经"即妇女行经时交合之谓，即使中医认为此举于妇女身体有害，也从未闻因此可以致人于死之说。西医则认为，此种行为，有时虽有可能引起子宫发炎，但并无致死之理，亦不认为会有其他伤害。事实上，李张氏本有昏迷之疾，李胜农乘间奸污，自初次祈禳后，必有相当期间，其致死原因，有可能死于风疾，或于被奸后另生他病。大理院并未直接审理，仅从书面上采用中医疑似之诊断，迳认为因奸致死，不免过于武断，而有证据力不足之嫌。何况，人命至重，犯罪情节或证据苟有可疑，理应发还更审，如更审仍不得所冀之结果，或因证据已消失，无从再行调查，或尸体已腐坏，不能再检验，而不能发回更审

---

① 参见黄源盛《晚清民国刑法史料辑注》，（台北）元照出版有限公司 2010 年版，第 418 页。
② 参见江庸《因奸致死之因果关系》，《法律评论》1923 年第 8 期。

者，此时可依罪疑唯轻的法理，不可单以下级审判厅引律错误为口实，而自行改判以较重的罪刑。①

观乎本案大理院之判决，其法理依据显然是采当时主流的因果关系理论中的"条件说"而来。此说认为：多数条件或事实相关联，在特定情势下，苟无前行诸条件，即无后发的结果，各个条件均系产生结果的必要条件，则皆应认为与结果有因果关系。申言之，条件说主张在特定情势下相结合的一切条件，均为发生结果之原因，是以行为纵与偶然事实相结合，而发生结果时，仍不失为有因果关系。学理上，条件说的因果推论实过于宽泛，与自然的或物理的因果关系常相混淆，在近现代刑法理论上被评为已超过决定刑责的需要。②

（二）案例二：铁瓢伤头殒命

本案见于大理院民国七年（1918年）上字第937号判例。判例要旨谓："以伤害人之意思而生致死之结果者，即应就其结果担负责任，所谓结果犯是也。故纵令伤害以后，因自然力之参入以助其伤害所应生之结果者，其因果关系并非中断，申言之，即仍不能解除伤害致死之责任。此案被告人用铁瓢殴伤被害人头颅，业经供认不讳，被害人殒命以后，复经验明致死原因，确系由伤口进风，是被告人伤害之动作与被害人死亡之结果仍不能谓无相当之因果关系，盖伤口进风虽为自然力之参入，然并不能中断因果之联络，其应负伤害致死之责实无可疑。"

本案中，被告人王老么向来在刘小安面馆内当佣工，与被害人潘老三素无嫌隙。因该年三月二十一日，潘老三之叔潘志顺在该面馆请客，应给茶桌钱六百文，该馆伙工傅麻子向其索要，并称无钱即要脱衣，潘老三在旁不平，即骂傅麻子浅见，王老么斥其无理，潘老三随即持茶碗掷向王老么，不中，复赶拢抓殴，王老么顺手拾起铁瓢将潘老三头颅打伤，经刘苗五劝散。四月九日，潘老三因酒醉伤处发痒，抓破伤口，以致进风肿起溃烂，次日抽风殒命，报由毕节县知事验明填单，依《暂行新刑律》第三百一十三条第一款宣告主刑，依第三百一十三条、第四十七条宣告从刑，未决羁押日数并准依律折抵。该县于判决确定后呈送覆判，覆判审认本案并无因果关系，乃将初判主刑部分更正，改依第三百一十三条第三款论以轻微伤害之罪，处三等有期徒刑三年，其余部分予以核准，检察官声明上告到大理院。

大理院不赞同覆判审的见解，指出：本案王老么用铁瓢殴伤潘老三头颅，业经供认不讳，潘老三殒命以后，亦经毕节县知事验明致死原因，确系由伤口进风，是被告人伤害之动作与被害人死亡之结果，仍不能谓无相当之因果关系。盖伤口进风虽为自然力之参入，然并不能中断因果之联系，其应负伤害致死之责殆无可疑。大理院认为，覆判审法律上的见解殊属错误，又初判于未决羁押日数准予折抵，原判予以核准，固无不合，唯初判不引《暂行新刑律》第八十条而误引第四十八条，显系违法判决，原判未予指正，亦属疏忽，检察官上告意

---

① 参见江庸《因奸致死之因果关系》，《法律评论》1923年第8期。

② 相似案件，见大理院民国四年（1915）上字第713号判例，其要旨谓，"凡死亡之结果与伤害之原因，苟有联系关系，即应负刑事责任。而于其死亡之逾越若干时日，则非所问，是旧时辜限之例，已属不复适用"。

旨应认为有理由。

由于大理院初期对于因果关系理论系采取"条件说"的立场,又为限制其论理推演之无穷止境,乃引进所谓的"因果关系中断说",并期救济其适用上违反常识所发生之不当结论及苛酷结果。大理院于本案中所援引的因果关系中断说,系指在因果关系进行中,如有自然事实或他人自由意志之行为等原因之介入,而发生结果时,原有已进行的因果关系即为之中断。[①]而依当时学说,要成立因果关系中断,除须前行为对结果依"条件说"认为有因果关系外,另须以后介入之事实对于结果独立发生因果关系,至于前行为与后发之事实在原因力上共同发生结果者,则为竞合而非介入。

大理院审理结果认为:以伤害人之意思而生致死之结果者,即应就其结果担负责任,此即所谓的"结果犯",故纵令伤害以后因自然力之参入以助成其伤害所应生之结果者,其因果关系并未中断,仍不能解除伤害致死的责任。令人吊诡的是,从学理上言,本案判决文中虽出现"无相当之因果关系"之字眼,然又以因果关系是否发生"中断"作为判断是否具备因果关联者,明显并非采用其后所发展出来的"相当因果关系说",即仍未脱离"条件说"的理论体系。

(三)案例三:被殴结气致死

本案见于大理院民国九年(1920年)上字第91号判例。判例要旨谓:"查本案被害人尸伤,既经第一审验明,委系生前被殴后,因体弱结气以致气绝身死,而上告人加害之情形,复据其在第一审供称:'我就用手打他几下,经人拉散,没想他到家就死了'等语,则被害人之死既与被殴相距仅止片时,又死于被殴结气,固不能谓上告人加害行为与之无相当之因果关系,即不能解除罪责。"

本案上告人称:"氏与月仙争吵之际,仅用手向月仙嘴巴打了一下,并未用脚踢他,彼时曾有袁玉相在场。蒙验月仙尸身,胸膛、乳下以及臁肕被殴成伤,确系袁玉相踢殴所致,兼该月仙既系病躯,与氏争殴后,伊竟擅找日人打用药镏致将元气郁结,以致气绝身死,亦于此案不无关碍,非将一干人证传集覆审或密查不能立见真伪,若判氏一人徒刑五年,氏万难甘服。"辩护人追加意旨亦称:"验断书内载明因体弱结气莫释以致气绝身死,是被害人系因体弱结气而死,实与伤害无因果联络之关系。"

大理院指出:"本案被害人尸伤既经第一审验明,左额角近上有磕伤一处,右肘窝近上有针眼一点,胸膛有拳殴伤二处,左乳近下有拳殴伤一处,左臁肕有脚踢伤二处,委系生前被殴,后因体弱结气以致气绝身死。而上告人加害之情形复据其在第一审供称:'我向他要金镏子,他口出不逊,我就用手打他几下,经人拉散,没想他到家就死了'等语,则月仙之死既与被殴相距仅止片时,又死于被殴结气,非死于医治之药,固不能谓上告人加害行为与之无相当之因果关系,即不能解除罪责。惟查审判衙门审理刑事案件,本以发现真实为要

---

① 大理院刑事判例中,关于因果关系案件采"条件说"者甚多,如大理院民国四年(1915)上字第73号判例等。

务，被害人被害伤痕既于拳伤以外更有脚踢伤，上告人又仅止自承用手，则当时有无共同加害之人，殊堪推究；虽他人犯罪与否，于上告人犯罪之成立并无关系，而情节重轻要必将犯罪事实切予审明始能断定。原审于此并未注意，遽谓上告人当向月仙拳打脚踢，自嫌于职上之能事尚未悉尽，上告意旨指摘原审未予判明真伪之点，殊难遽谓为无理由。乃将原判决撤销，发还奉天高等审判厅更为审判。"

大理院提及"相当之因果关系"，意味着该判决以有无相当因果关系作为判断基准。①只是，是否可以据此理解为，当时有关因果关系的认定标准，已由"条件说"转向"相当因果关系说"，尚值得探究。所谓相当因果关系说的内涵，通说以为，凡依人类知识的经验为客观的观察，认为在一般情形下，有相同之条件，皆可发生相同之结果者，则各该条件即为发生结果之原因，而均成立因果关系。反之，若在一般情形下，有此条件存在，而认为不一定皆发生此结果者，则该条件不过为偶然事实而已，亦即无相当因果关系。至于认定某一行为是否为发生结果的相当条件，所需观察的对象，当然不限于行为之本体，凡行为当时所存在的具体事实情况，皆须一并加以考察。然而行为当时的情况，往往牵涉甚广，有显而易见者，有不然者，究竟在怎样的范围有决定性的作用，学理上又有主观的相当因果关系说、客观的相当因果关系说以及折中的相当因果关系说等三种不同见解。②仔细观察其后实务的进展，似较偏向采客观的相当因果关系说。

依上述看来，本案被害人与上告人因事口角，上告人怒而挥拳，中被害人身体多处，被害人因体弱结气，以致气绝身死。一般情况下，就挥拳行为本身而论，虽尚不足以致人死亡，然就行为以外所存在环境事实观之，上告人之挥拳数下，确系被害人致死之相当条件。但大理院对于本案因果关系的存否，判断标准到底是采"条件说"，还是"相当因果关系说"，从判决文中并无法清晰得知，不无缺憾。不过，本次判决，大理院对于原判的论罪事实，尤其有无其他共同加害人的参与，原判未能确尽调查职事，认为不合法，而予以撤销发回，可谓明审。

（四）案例四：因奸毒杀本夫

本案见于大理院民国八年（1919年）非字第4号判例。判例要旨谓："查刑律补充条例第七条所谓因奸酿成其他犯罪，自指其他犯罪行为与和奸行为具有相当之因果关系者言之。本案被告人甲与被告人乙相奸及乙和奸各一罪，未经本夫告诉，依法即缺诉追条件，虽甲另与乙相奸，并因恋奸情热共同将本夫丁毒杀，与上列条文之规定相符，然乙与甲和奸及甲与之相奸行为，与甲、乙等之杀人行为不能认为有相当之因果关系，自未便依上列条文论其奸罪。"

据福建高等审判厅原判事实，林细保妻郝氏与王佗通奸有年，嗣为赖有生洗衣复与之成

---

① 大理院的刑事判例中，使用"相当因果关系""相当之因果联络"等作为判断基准的，还有大理院民国四年（1915）上字第758号判例、大理院民国七年（1918）上字第973号判例等。

② 参见洪福增《刑法理论之基础》，（台北）刑事法杂志社1977年版，第112—115页。

奸。七月十五日夜间，赖有生往郝氏家取衣，适王佗与郝氏在房谈笑，因妒口角，旋将郝氏与王佗奸情告知郝氏之本夫林细保。郝氏被林细保斥责，为王佗所知，遂与郝氏密谋将林细保毒害，预购毒药交郝氏收藏。至八月十三日夜间，郝氏乘间将毒药放在冰糖水内，持予林细保饮后肚痛口吐，越数小时身死等语。案经邵武县审，依《暂行新刑律》第二十九条、第三百一十一条、第二百八十九条及《暂行刑律补充条例》第七条、第二十三条第一款，判处执行郝氏死刑，复依《暂行新刑律》第二百八十九条及《暂行刑律补充条例》第七条、第八十条，判处赖有生五等有期徒刑十月，未决羁押日数准予折抵，呈请覆判。原审将县判郝氏罪刑部分撤销，于其杀人一罪，依《暂行新刑律》第三百一十一条处死刑，又于其与王佗、赖有生相奸各一罪，均依《暂行刑律补充条例》第七条，《暂行新刑律》第二百八十九条，各处五等有期徒刑十月，并依《暂行新刑律》第二十三条第一款定执行死刑，赖有生罪刑部分核准。判决确定后，总检察厅检察长提起非常上告。

　　大理院审理后认为："《暂行刑律补充条例》第七条规定，犯刑律第二百八十九条之罪，虽未经有告诉权者之告诉，而因奸酿成其他犯罪时仍应论之。所谓'因奸酿成其他犯罪'，自指其他犯罪行为与和奸行为具有相当之因果关系者言之。本案，被告人郝氏与赖有生相奸及与赖有生和奸各一罪，未经本夫告诉，依法即欠缺追诉条件，虽郝氏另与王佗，并因恋奸情热共同将本夫林细保毒杀，与上列条文之规定相符。然赖有生与郝氏和奸情节，核其行为与郝氏等之杀人行为不能认为有相当之因果关系，自未便依上列条文论其奸罪，乃原判对于郝氏与王佗、赖有生之罪竟均依上列条文及《刑律》第二百八十九条、第二十三条，按照《覆判章程》第四条第三款而为更正之判决，并对于第一审判决赖有生和奸之罪刑予以核准，均属违法。总检察厅检察长于判决确定后据此理由提起非常上告，自系合法。"

　　卷宗显示，检察长之所以提起非常上告，是对处罚二被告通奸罪部分的判决有疑义，呈请大理院对于通奸罪部分进行审判。在本案中，赖有生与杀人计划毫无关联，却因为郝氏与王佗的行为，反而无待本夫之告诉，必须被处罚；而对郝氏来说，等于两个通奸罪都必须接受处罚。核其案情，郝氏与赖有生之间的和奸关系，与郝氏、王佗二人同谋杀死本夫，其间关联性非常薄弱，然赖与郝两人间的通奸行为仍被判有罪。检察长认为，郝氏各与王佗、赖有生间的和奸关系，与郝氏、王佗同谋杀本夫之间并没有关联，盖所谓因奸酿成其他犯罪应限于奸情与其他犯罪之间具有"相当因果关系"者始相符合。

　　细绎检察长提起非常上告的依据，确有其法理在。本案杀人结果的发生，起因于郝氏对本夫心存不满，从而与王佗合谋共同杀夫，此系由于王佗与郝氏的奸情联系，而不是来自郝氏与赖有生间的和奸关系。换言之，郝氏与王佗同谋杀夫的行为不因郝与赖二人间是否另有奸情而受影响。倘赖有生向本夫告密的行为，与本夫被杀的结果不具备相当因果关系，那么，郝与赖之间的通奸关系即无由与杀人结果有所关联。此外，总检察厅的意见，直接提及通奸罪为告诉乃论之罪，告诉权人之告诉是法律上的追诉条件，倘欠缺本夫的告诉，即欠缺法律上的追诉条件。既然不具有法律上的追诉条件，郝与赖的和奸行为又与杀人结果之间并无相当因果关系之存在，自不当判处赖有生的相关罪刑，郝氏因《暂行刑律补充条例》第七条规定所应受的处罚，亦仅止于郝与王之间的通奸行为而已。

　　大理院赞同检察长的见解，在判决书中明确，《暂行刑律补充条例》第七条所谓"因奸酿成其他犯罪，不待有告诉权者之告诉"，系指其他犯罪行为与和奸行为具有相当之因果关系者而言。本案，郝氏与赖有生的相奸罪，并未经本夫之告诉，即欠缺追诉条件。至于郝氏另与王佗通奸，且共同毒杀本夫，此部分虽与《暂行刑律补充条例》第七条之规定相符，然郝与赖二人间的通奸行为，不能认为与杀人行为具有相当因果关系。既然不存在相当因果关系，原审判决中郝、赖的通奸罪责自属违法判决，应予撤销。从判决书内容看来，大理院的推事以"相当之因果关系"为由，试图建立起一套标准，让"因奸酿成其他犯罪"与"不待告诉权者之告诉"两要件之间产生更密切的联结。不足的是，大理院并没有针对所谓"相当之因果关系"的内涵与外延作进一步阐明，而是将是否具有"相当性"，委诸法官自由认定。虽然如此，至少本号判例，将《暂行刑律补充条例》第七条的适用范围作出了较为合理的限缩，仍值得肯定。

四、国民政府最高法院因果关系判例述评

南京国民政府成立之初，各项立法仍属粗疏，因而在司法实务运作上，一仍北洋政府时期大理院的判例要旨。以刑法言，当时虽有1928年"旧刑法"及1935年"新刑法"的问世，然由于其内容大多继受自欧、日等刑事思潮，法规范与社会现实之间仍有一道深深的鸿沟，司法机关必须在其间找到一个媒介点，此时，最高法院的"判例"正好可以充当这个衔接剂。[①]而由于因果关系在刑法法条中并未正式明文，是属于不成文的不法构成要件，全有赖司法机关，尤其是最高法院的判决先例为之作相关阐释，方能为下级法院做出适切的导引。

（一）案例一：被毒杀自缢身亡

本案见于最高法院民国二十九年（1940年）上字第2705号判例。判例要旨谓："原审认定上诉人以毒粑给予某甲服食，某甲回家毒发，肚痛难忍，自缢身死。是上诉人虽用毒谋杀某甲，而某甲之身死，究系由于自缢所致，其毒杀行为既介入偶然之独立原因，而发生死亡结果，即不能谓有相当因果关系之联络，只能成立杀人未遂之罪。"本案因事涉妨害风化，当事人名字均以代号称之。

本案原审判决引用第一审判决记载之事实，认定上诉人乙与已死甲之妻丙通奸有年，因恋奸情热屡谋杀害甲。1929年阴历三月间，上诉人自外买得砒霜毒药，侦知甲于同年五月四日晨刻必经围子岗地方，先将毒药渗入碎米粑内，届时携往等候。及甲、丙经过该地，上诉人乙即以毒粑给予甲服食，乙与丙则均食同样无毒之粑，以为诱食之计使其不疑。甲回家后毒性发作，肚痛难忍，自缢身死。经验明甲尸身，实系生前服食砒毒已发，用帕自缢身死。

据本案共同被告丙所述，上诉人乙与伊通奸多年，如何与其商议买药毒杀甲，乙如何探知甲往李彭氏家挑取粪桶，在围子岗地方等候，将掺有毒药之碎米粑交给甲服食之自白，并证人李彭氏及丙之母丁均称上诉人与丙通奸属实之述词，更参以甲之妹戊所述"我嫂去赶场，我哥甲去挑粪回来，在碾摆了一息，说他肚痛"等语，为其所凭之证据。最高法院核阅

[①] 参见黄源盛《晚清民国的社会变迁与法文化重构》，《法制与社会发展》2020年第3期。

卷宗认为，丙在侦查中述称："十四日，乙拿予我看过，我看见是面子药乌黑色"，在原审之初亦述称："乙把毒药给我，看过的药是黑面，拿盒子装着"，乃于原审续讯时竟改称："当时看那药是黄爬爬的，用鸦片烟盒子装起的"，是其所述眼见上诉人出示毒药之颜色前后已涉两歧，而甲尸身既经验明系服食砒毒已发，用帕自缢身死，则丙前供所述眼见上诉人出示乌黑色之毒药，是否与砒毒之颜色相符，及其前后供述不符之原因，究系何在，殊有再详加推求之必要。最高法院进而指出："本案据一、二两审认定，上诉人以毒粑给予甲服食，甲回家后毒发，肚痛难忍，自缢身死；如果采证无误，则上诉人虽用毒谋杀甲，而甲之身死，究系由于自缢所致。其毒杀行为既介入独立原因而发生死亡结果，即不能谓有相当因果关系之联络，只能成立杀人未遂之罪名，原审竟将第一审论处上诉人杀人既遂罪刑之判决，予以维持，于法亦属有违，应认为有发回更审之原因。"

根据当时主流的相当因果关系理论，乃指依事后立场，客观地审查行为当时的具体事实，认为某行为确为发生结果之相当条件者，该行为即有原因力。至若某行为与行为后所发生之条件相结合而始发生结果者，则亦应就行为时所存在之事实，客观地加以观察，如认为有结合之必然性，则行为与行为后所生之条件，已有相当因果关系联络，该行为仍不失为发生结果之原因；反之，如认为行为后所生之条件，在一般情形下不必皆可与行为相结合者，则仅系偶然之事实，其行为即非发生结果之原因。本案最高法院之判，在判决理由上虽采所谓的相当因果关系说，不过，观其说理，实系沿袭之前大理院时期有关因果关系中断的概念，认为前行为不足为发生结果之原因，而否定其具有相当因果关系之联络。

前已述及，大理院时期的判例绝大多数采"条件说"的立场，然主张"条件说"者，从论理上之因果关系转为法律上之因果关系，自知在结论上失诸过苛，不切实际，乃设因果关系中断之说，借以弥补其缺憾，沿用多时。至1939年以后，最高法院的见解则明显改采相当因果关系说。有疑义的是，在诠释因果关系时，何以最高法院仍不时援用"介入"及"中断"等假说。可见，其仍不免受因果关系中断理论的影响。① 在本案中，最高法院既明示系采相当因果关系说，又认其因果关系因独立原因之介入而中断，其说理明显欠缺前后的一贯性。申言之，因果关系中断理论所欲解决的困难问题，就相当因果关系理论来说，已不会发生，并无再加入讨论的必要。不过，也有论者认为，如果肯认刑法的功能最主要在保护法益的观点，那么，同时肯定条件说与相当因果关系说，可能更符合比例原则之理念而达到刑法理性化的目的。②

（二）案例二：被追捕跃水溺死

本案见于最高法院民国二十九年（1940年）上字第3039号判例。判例要旨谓："被害人

---

① 长期担任日本大审院判事的泉二新熊，在其论著中，一面主张相当因果关系说，一面又主张因果关系中断论。南京国民政府时期最高法院的判决中，大多数采相当因果关系论，同时多涉及"介入"与"中断"问题，可能受其学说影响。参见［日］泉二新熊《日本刑法总论》，（日本）有斐阁1939年版，第307页以下。

② 参见黄荣坚《基础刑法学》（上册），（台北）元照出版有限公司2012年版，第264页以下。

某甲，虽系自己跃入塘内溺水身死，如果某甲确因被告追至塘边，迫不得已，始跃入水中，则依刑法第十五条第二项规定，被告对于某甲之溺水，负有救护之义务，倘当时并无不能救护之情形，而竟坐视不救，致某甲终于被溺身死，无论其消极行为之出于故意或过失，而对于某甲之死亡，要不得不负相当罪责。"

本案被告胡宪生系某煤矿局警务总段警察，于1936年八月初二日，奉命解送窃盗嫌疑人唐本才至该管联保办公处，行至中途托词如厕，乘间逃走，被告跟踪追捕，致唐溺水身死，此为原判决所确认的事实。所应审究者，被告对于唐本才之溺毙是否要负担刑责？最高法院核阅卷宗，据证人颜汉勋在第一审述称："八月初二日民人上集，走在路上看见路警在后边追唐本才，唐本才被追到塘边下去了。"又称："民人不敢去救，因路警说是土匪，在塘边守着。"此项不利于被告之证言，何以不可采信？原判决并未于理由内予以阐明，遽以被告辩称追至半里，因不见唐本才其人即行折回，核与建设委员会某煤矿局代被告申辩之公函所述相符，遂认被告之辩解为可信。这与实施刑事诉讼程序之公务员，就该管案件应于被告有利及不利之情形一律注意之旨，显有未合。

1935年的《中华民国刑法》第十五条规定："对于一定结果之发生，法律上有防止之义务，能防止而不防止者，与因积极行为发生结果者同。又因自己行为致有发生一定结果之危险者，负防止其发生之义务。"学理上将此称为"不纯正不作为犯的防果义务"。经查，该条内容，在1912年的《暂行新刑律》和1928年"旧刑法"中均无明文规定，实创始于1935年的《中华民国刑法》。[1]本案被告追捕唐本才，如果确系追至塘边，唐始跃入水中，则被告对于唐之溺水，依法即负有救护之义务，倘当时并无不能救护之情形，竟坐视不救，致唐终被淹身死。依照上述说明，无论其行为是否出于故意，抑系仅为过失，对于唐本才之死亡，不得不负相当之罪责。原审于本案事实尚未究明，遽即判决，职权能事实有未尽，上诉意旨就此而为指摘，尚难认为无理由。

本案的法理关键点，侧重在刑法评价上，即不作为的因果关系是否与作为相同？学理上，不作为犯可分"纯正不作为犯"与"不纯正不作为犯"两类，纯正不作为犯系纯粹由于其不作为而构成犯罪，不以结果之发生为必要，故无因果关系的问题。但不纯正不作为犯乃以不作为而犯作为的犯罪，此系结果犯，故有讨论因果关系之必要。问题是，不纯正不作为犯，其不作为与结果之间的因果关系要如何判断。依1935年《中华民国刑法》第十五条的规定，成立不纯正不作为犯之因果关系，其要件包括：（1）对于结果之发生，行为人有防止之义务者；（2）行为人有防止之可能者；（3）行为人怠于防止，因而发生一定之结果者。至于防止之义务，虽可由各个法规独立认定，然《中华民国刑法》第十五条第二项设有概括规定，须以法律明文或其精神上有防止之义务者为准。

当时实务上，对于不纯正不作为犯的判定，认为不作为本无因果力，但不作为者如有防止结果发生之作为义务，而违反作为义务时，法律上应准于作为之因果关系予以承认。这就

---

[1] 参见黄源盛《晚清民国刑法史料辑注》，（台北）元照出版有限公司2010年版，第1181页。

是主张，如认为有作为则结果极可能不发生，那么，应认为不作为对结果之发生具有因果关系，即所谓的准因果关系说。而法律上防止之义务本难以一一列举，因此刑法对于消极行为之应负责与其负责之范围明文规定于第十五条第二项。至于在何种情况下始认定应作为以防止结果之发生，此种因果关系实不易证明，充其量为一种可能性的推测而已。虽如此，准因果关系理论的运用却屡见于最高法院判决例中[①]，本案即采如是见解，值得认同。

（三）案例三：因奸致羞愤自杀

本案见于最高法院民国三十年（1941 年）上字第 1614 号判例。判例要旨谓："刑法第二百二十六条第二项关于强奸因而致被害人羞愤自杀之规定，必须有强奸已遂或未遂之事实，及被害人因此事实而羞愤自杀者，始有其适用，如并无此项事实，或虽有此事实，但其自杀并非由于羞愤，而系另有原因者，均不能依该条论罪。"本案因事涉妨害风化，当事人名字均以代号称之。

本案原审认定，上诉人奸淫未满十四岁之女子乙，致令乙羞愤自杀等情，系采取证人司有年之证言为唯一证据，唯查司有年在第一审侦查时供称："吾看见的一男一女坐在黄豆地上，吾说你们把吾黄豆坐坏了，争吵了两句，他们往铁路那边去了。"不过，证人在二审又供述："看见他两人在豆地做苟且之事，甲当时在身上拿一块钱予我拿去洗澡，我未要，我站在那里与甲说话，丙（被害人之父）家派丁、戊、己来追"等语。证人其前后所述已明显不一致。且据上诉人在原审攻击司有年之证言系受丙之贿买，指有王为俭可证，原审对此等情节并未为之传案调查，即丙告诉初状仅称"上诉人诱出被害人，经司有年等盘查，拟藏匿庚家，为庚强迫送还，不料，被害人年轻羞愤投水惨死"等情，并无上诉人对被害人奸淫之主张，而寻找被害人之丁、戊、己亦未供有知悉上诉人奸淫之事，被害人之验断书对于下体更未加以相验，则上诉人有无奸淫被害人之事实，司有年之证言能否足信，均不无审究之余地。最高法院表示，本案原审判决既认定被害人系由上诉人引至庚家，一时哄传乡人聚观，乙因而羞愤，自行潜赴塘内投水身死，则其自杀之原因似纯系受外来之刺激所致，与其奸淫行为尚无直接因果关系，何能遽此即要被告负此罪责，且原审调查上诉人之犯罪证据，显然未尽明确。

1935 年的《中华民国刑法》第二百二十六条第二项规定的关于强奸因而致被害人羞愤自杀之罪，系指先有奸淫事实，因此事实，致使被害人羞愤自杀者而言，如其奸淫事实尚难证明，或虽能证明，又系由他种之原因而自杀者，均不能构成本罪，此为当然之解释。值得一提的是，1935 年的《中华民国刑法》第二百二十六条第二项规定，犯本罪"因而致被害人羞忿自杀或意图自杀而致重伤者，处七年以上有期徒刑"。揆其立法意旨，不外如下两端：（1）特别保护性侵害之被害人。本项犯罪加重处罚行为人，乃因被害人之死亡等加重结果，虽非

[①] 除本案例外，有关不作为犯因果关系存否另有数案，如最高法院民国二十九年（1940）上字第 2975 号判例、最高法院民国三十年（1941）上字第 1148 号判例等。

强奸等罪所导致，而系被害人羞愤自杀所致，但由于强奸等犯罪行为往往易引起被害人羞愤自杀的结果，故特别加重处罚，用以吓阻行为人不敢为强奸等行为，而达到保护被害人之目的。（2）满足社会一般大众的正义情感。本项被害人之自杀或意图自杀而致重伤，只由于一时羞愤所致，与行为人之最初加害行为并无必然的直接关系，而《中华民国刑法》特设加重处罚之规定，无非以被害人之羞愤究由行为人的加害而起，故加重其刑罚，庶可使社会上憎恶此种犯罪的舆情得以平息。

卷证显示，本案之事实真相，原审并未尽调查能事。退一万步说，纵谓被害人确系因被奸而终至羞愤自杀，此种结果并非强奸罪等行为所生必应有的结果，乃被害人因羞愤之故而自为之，是否应由性侵害之行为人负此结果刑责，不无疑义。1935年的《中华民国刑法》由于受到传统中国文化所束缚，认为被害人之所以羞愤而自杀，既系由于被强奸的事实，与强奸罪之间仍存有相当因果关系，故以明文加以规定。然从法理上言，被害人于遭逢他人性侵害犯行后，是否会产生羞愤之心？纵有所羞愤，是否会进而自杀？诸如此类，皆于客观上缺乏前后因果的必然性，就性侵害行为人的主观面言，也无从强指其具有何等预见之可能性。①实际上，1935年的《中华民国刑法》第二百二十六条第二项之规范目的，系沿袭1911年《钦定大清刑律》第二百八十七条第二项。当年的立法理由云："本条第二项之情形，非亲手杀伤，加害人于被害人似异于直接之因果，顾被害人之自杀及伤害，匪惟有独矢之贞心，不甘侮辱，实亦由加害人之肆其强暴，迫而出此。被害之精神不啻受加害人之指挥，故其处罚应与直接之因果无异，此例在现今立法上诚不多见，然以理论及事实而论，在所必有也。"②或许，在清末民初的中国社会，本条项的存在及其立法理由尚可理解；不过，于今看来，本条项在立法论上易滋生存废争议。表面上看，好似针对性侵害犯行之特质而对被害人所设的特别保护规定，但细加思量，恐非如此，盖如此规定，不仅有碍于被害人事后心理复健的努力，甚至有诱导被害人以自身生命换取行为人刑责加重之虞。此外，刑事制裁的前提要件，必须建立在行为人具有可归责性的基础上，本条项之犯罪行为人对于被害人的自杀与否，大多未必能预见加重结果之发生，倘遇此情状，仍要对行为人加重处罚，于犯行追究上，不无抵触刑法上责任原则之嫌。

---

① 理论上，1935年的《中华民国刑法》第二百六十六条第二项的构造与第十七条所设的加重结果犯并不完全相同。学理上，有论者认为，本项系"纯粹之加重结果"或"特别结果之加重犯"，不能适用总则第十七条有关规定之要件。

② 参见黄源盛《晚清民国刑法史料辑注》，（台北）元照出版有限公司2010年版，第155页。本条之法意可上溯自《大清律例·刑律·人命》"威逼人致死"条例文，谓"强奸已成，本妇羞愤自尽者，仍照因奸威逼致死律拟斩监候。其强奸未成，或但经调戏，本妇羞愤自尽者，俱拟绞监候"。该例系雍正十一年所定。参见马建石、杨育裳主编《大清律例通考校注》，中国政法大学出版社1991年版，第809页。相关论文可参考陈惠馨《从清代内阁题本刑科婚姻奸情档案论法律帝国的重建——以强奸未成但经调戏本妇羞忿自尽案例为例》，载陈惠馨《传统个人、婚姻与国家》，（台北）五南书局2006年版，第176—180页。

五、近世刑事思潮中的因果关系与罪责认定

前已屡屡提及，在结果犯中，行为人的行为与结果之间必须具有原因与结果的因果历程联结关系，行为人始须对行为结果负担既遂犯的刑事责任，否则仅须负担未遂犯的刑责或其他罪责。需要进一步探讨的问题是，从比较法史的进程看，在古代东西方社会与近世欧陆、日本乃至英美等刑事法上，是否有类似保辜制度的规范？结果犯中的因果关系究竟应如何认定？用什么标准认定？晚清民国引进的近代欧陆因果关系理论，对于北洋政府时期大理院及国民政府时期最高法院的司法实践产生了何等影响？

（一）域外立法例中类似保辜制度的发展轨迹

因时代精神与社会背景互有差异，各个民族、各个国家关于法律规范及其背后的理论基础，也就分歧互殊。

在东方世界里，日本施行于702年的《大宝律令》与757年的《养老律令》，明显继受自《唐律》的法文化。可惜，这两部律令中的"律"均已亡佚，《养老令》则通过当时的注释书《令义解》被比较完整地保存下来。根据其后发现的断简残篇，仍可见昔日保辜制的身影。例如《九条家延喜式纸背养老律断简》曰："凡斗殴折跌人肢体及瞎其一目者，徒三年。折肢者折骨，跌体者骨差跌失常处。辜内平复者，各减二等。余条折跌平复准之。"同一断简还载有："堪以杀人者，及折人肋，眇其两目。堕人胎，徒二年。堕胎者，谓辜内死即坐，若辜外死者从其本殴伤论。"[①]尽管《养老律令》于11世纪之后在日本徒有其名，而无实际运行，但保辜制仍在形式上维持到1868年明治维新以后，才得以消亡。

至于西方世界，古代罗马法并未在法律条文上规定行为与结果间的关系，而系委由法官自由判断。德国古代法亦然。即使到了中世纪，1532年的《加洛林纳刑法典》亦将杀人与伤害的因果关系，任由专家鉴定。至19世纪初，在欧陆刑法学上，仍仅将因果关系视为各个犯罪（尤其是杀人罪）的部分问题而加以处理，并未将之视为总则上的犯罪论的一般犯罪特征而赋予位置。19世纪60年代之后，由于布里（Buri, 1825—1902）等人将因果性的要素认定为刑法总论上有关行为人之一般要素的犯罪特征，从而将其导入刑法，因果行为论始成为犯罪行为论的中心问题。在司法实务上，因果行为论也被视为重要的问题，而有"因果关系万能"之称。彼时通说认为，因果关系的认定，对于罪名的适用及刑责的出入影响甚大，故应以慎重的态度处理。[②]

查阅近世的刑事立法，对于因果关系的规范相当罕见，少有在刑法典上予以明文列举

[①] 参见［日］泷川政次郎『律令の研究』，（日本）西田书店1966年版，第628—630页。

[②] Menno Hulswit, "A Short History of 'Causation'", *SEED Journal (Semiotics, Evolution, Energy, and Development)* 2004, No.4 (3), pp.16-42. 另参见洪福增《刑法理论之基础》，（台北）刑事法杂志社1977年版，第97页。

者。例如，1871年的《德国刑法》第227条规定："互殴或由数人所为之攻击，致人于死或重伤（第244条）时，参与互殴或攻击者，如其被牵人非无责任，则因为参加而处三年以下轻惩役。前项所揭结果之一之发生，如归因于数个伤害行为，且各个行为非个别而系竞合引起该结果时，对于该伤害行为之一应负责任者，处五年以下重惩役。"1930年的《意大利刑法》使用两个条文规定一般因果关系。第40条曰："依法应认为有罪之情形，如损害之事实与行为之结果无关者，不罚。依法应负防止责任而不加防止者，以故意使其发生论。"第41条曰："事前、同时或事后之犯罪，与犯人之作为或不作为无连带关系者，不得追究其因果关系。事后所犯之罪，仅本身足以确定其发生者，方得追究其因果关系。其事前实施构成犯罪之作为或不作为，适用各该规定之刑罚。事前、同时或事后之犯罪，含有他人之犯罪行为者，适用前二项之规定。"①

比较特殊的是，在英美法系国家，也有类似传统中国刑律保辜制的存在。例如在英美普通法中，有所谓的"一年零一天规则"（year and a day rule）。该规则规定，如果受害人在遭受伤害后，超过一年零一天才死亡的话，便不能以杀人罪起诉加害人，加害人只承担伤害罪的责任。②虽然，在英美法系国家，部分司法区已经废除此规则，但在英国的苏格兰地区③，以及美国的部分司法区④仍予以保留。澳大利亚在1991年废除此规则，而新西兰国会直到2019年才正式通过刑法修正案废除此规则。⑤这表明，即使在近现代科技和医学已甚发达的英美法系国家，依然有类保辜制存在的社会法律文化基础。

（二）民国以来因果关系的抽象学理与概念转换

刑法学是一门以犯罪与刑罚为探讨对象的人文社会学科。近代欧陆法系刑法的特色，在于整个刑法条文与司法实务都建构在一个哲学理论的基础之上。而此种哲学理论往往导引着刑法内涵的形成与发展，并使得刑法的适用对于其释义有法理可循。由于传统中国旧律中的保辜制的确存在着若干局限，在晚清西法东渐的浪潮下终被摈弃；代之而起的是近世欧陆刑法的因果关系理论。因此，除探究保辜制的因果关系外，为明古今之变及中外之异，也有必要附带说明一下近现代以来因果关系理论的衍化。毫无疑问，因果关系是刑法学界的一个重要课题，不法行为与危害结果之间的因果关系是进行刑事归责的依据，但由于它包含的具体问题颇多，很难在学术界或实务界达成一致的共识。如果从自然界或物理界的现象观察，每

---

① 以上《意大利刑法》及《德国刑法》条文，参见蔡墩铭《唐律与近世刑事立法之比较研究》，（台北）学术著作奖助委员会出版社1968年版，第88—89页。

② 参见蔡墩铭《唐律与近世刑事立法之比较研究》，（台北）"中国学术著作奖助委员会"1968年版，第88—89页。

③ 该规则在英格兰和威尔士、北爱尔兰已于1996年被废除。参阅英国政府网站，2022年7月15日。

④ 美国的普通法中目前仍保留有此规则，但实务上多已不再适用。在2001年的 Rogers v. Tennessee 案中，美国联邦最高法院认同了田纳西州最高法院不再适用该条的做法，参见 Rogers v. Tennessee, 532 U.S. 451 (2001)。

⑤ New Zealand's repeal of "year and a day" rule expands liability for homicide, 2022年7月15日。

一结果的原因本就复杂多端，因因相乘，驯至漫无究极。唯刑法上的因果关系，不应如是宽泛。单纯的一行为发生一结果，其因果关系固然十分清楚，但倘若有数行为或数事实同时或先后存在，究竟应如何判断其间的因果关系，进而明确行为人所应负的刑事责任？对此，学说向来啾啾争辩，而其中影响民国大理院及最高法院较甚者，大致有二。

一是条件说，又称等位说、等价值说。此说纯以伦理学的观点为其基础，认为凡理论上所以凑成此结果之条件，均为结果发生之原因。即在一定行为与一定结果之间，如有所谓的"如无前者，即无后者"之关系存在时，则前者之行为，即为发生结果之原因，亦即该两者之间，有因果关系存在，其间纵有其他偶然事实相竞合，也不妨碍因果关系的成立。[①]条件说在当年由于受到德国学者布里的倡议，被德国实务上的判决先例普遍采用。尤其是在1953年8月以前的德国刑法上，由于加重结果犯并无明文规定，该类犯罪是否成立，完全取决于行为与加重结果之间有无因果关系，故条件说极具分量。至于彼时日本，亦流行条件说，尤以法院的见解最为显著。[②]事后看来，此说以论理上只要有条件关系，即可认定刑法上因果关系的存在，以致往往有许多犯罪的结果，原非行为人始料所及，也要归责，这就将因果关系的范围扩充得毫无际限，对于行为人实在过于苛酷。理论上，评价行为人的行为，除条件关系外，另须顾及该行为是否有被刑法评价的必要，而条件说将所有的"条件"皆视为"原因"，涉及过广，显然未重视刑法的评价基准，不无缺陷。因而，有主张用因果关系中断的理论加以调和者。换言之，在因果进行过程中，如有第三人的故意行为或无法预测的异常事实（如自然力）介入时，即可断绝其因果关系。在此情况下，既然存在有因果关系中断之事由，就不具有刑法上的因果关系。

二是相当因果关系说。继条件说之后所发展出来的相当因果关系说，强调因果关系存在与否的认定，认为在社会通念下，相同的条件，均可发生相同的结果者，则此条件与结果之间具有相当的因果关系。反之，若认为某一条件，不可能产生某一结果者，则该条件不过为偶然事实而已，即无相当因果关系可言。要言之，相当因果关系系指无此行为，虽必不生此种损害；有此行为，通常即足生此种损害，是为有因果关系；无此行为，必不生此种损害；有此行为，通常亦不生此种损害者，即无因果关系。[③]

当然，还要进一步追问：究竟应如何认定条件与结果之间具有相当之因果关系？所谓的"相当"，在时间点上，究竟以何时为判断点？从谁的立场去判断？根据什么知识基础做判断？对此，学说又可分为三种。（1）主观的相当因果关系说。此说主张以行为人行为当时所认识或可能认识之事实，作为决定因果关系的基础。如果根据行为人在行为时所认识的情况，通常均会发生相同结果者，行为与结果间就有因果关系存在。（2）客观的相当因果关系说。此说不以行为人的主观认识，而以法官事后的审查，作为判定因果关系有无之基础。亦

---

① 参见谢瑞智《刑法总论精义》，（台北）文笙书局1995年版，第92页。
② 参见［日］牧野英一『刑法总论』，（日本）有斐阁1948年版，第262页。
③ 据牧野英一的考证，日本最早提出相当因果关系说的是泉二新熊，他在1906年出版的『日本刑法论』中采用了相当因果关系说。参见［日］牧野英一『刑法总论』，（日本）有斐阁1948年版，第205页。

即将行为人行为当时所存在的一切情状，依通常人的知识与生活经验作客观判断，如果认定有此行为，均能发生相同之结果者，其行为与结果就具有因果关系的存在。要言之，所谓客观的相当因果关系说，即依客观立场作事后审查，结果有发生之可能者，即有因果关系之成立。（3）折中的相当因果关系说。此说以客观说为基础，另参酌主观说的精神，亦即行为可能发生之结果，依行为当时社会平均一般人所可能认识之情况，以及行为人主观已认识的特殊情况作为基础，如果认为在通常情形下，有此情况，有此行为，均可发生此结果者，因果关系就能成立。①

究其实质，刑法上的因果关系，不同于机械式的或自然界的因果律，它包含了犯罪行为的主、客两面，同时由于其复杂性，恐怕不是单一的主观说、客观说或折中说所可以指称或界定的。如果要强做选择，以上三说，主观相当因果关系说，完全以行为人行为当时主观的认识为基础，将社会上通常人所能认识的部分悉予排除，其结论未免失之过狭。至于折中的相当因果关系说，以行为当时之一般人及行为人在主观上所认识之范围，以认定因果关系。如此一来，因果关系存在与否，将因行为人的主观认识不同而有不同结论，不免与因果关系为客观要素之本质相矛盾，仍有未妥。盖因果关系为客观上之关系，只就客观存在的事实加以判断，而与行为人主观上的认识无关，也与行为人的故意或过失无涉。换言之，行为与结果之间，只要在客观上存在着因果关系的相当性，纵令行为人对行为的原因力欠缺认识，也不影响因果关系的成立，故宜以通常人所能认识的事实为基础而判定，亦即采客观的相当因果关系说，较为妥适。

综上所述，刑法上因果关系理论的发展轨迹和判断方法，可说是20世纪以来学术界与实务界不断争论的课题。因为其中关涉到主观主义、客观主义、社会责任论及道义责任论等立场的不同，加上社会行为论对于犯罪行为构成要件之社会相当性理论观点之运用，精益求精之结果，相关理论遂不断有推陈出新之势，而从以上的观察，约略可窥视其理论演变的梗概。②晚近，在学理上另有所谓客观归责理论者，认为在结果犯的场合，对于结果原因与结果归责宜加以区分，二者应综合判断，先探寻行为人所为的行为与该当结果之发生有无因果关系；若有，即肯定行为人所为乃该当结果发生的原因；再进一步从刑法评价观点，判断行为对于该当结果的发生是否具备客观的归责性。③申言之，其将结果区分为结果原因与结果归责。结果原因的判断，以经验的观点，采用条件说的见解，判断有无经验上的因果关系；结果归责的判断，则以规范之保护目的或范围论的观点，采客观归责理论判断可否将结果的发生归责于行为人之行为。至于究竟应如何适用，因这部分已超出本文所设定的时空论述范围，暂置不论。

---

① 参见陈子平《刑法总论》，（台北）元照出版有限公司2017年版，第168—174页。
② 参见洪福增《刑法理论之基础》，（台北）刑事法杂志社1977年版，第101—131页。
③ 有关客观归责理论与相当因果关系的实质关系，参见苏俊雄《刑法总论》（第Ⅱ册），作者1997年自版，第107—114页。

（三）因果关系理论对民国刑事司法实务的影响

规范的背后有制度，制度的背后有思想，思想是制度与规范赖以生发的种子。清末民国自继受欧陆法以来，上述有关因果关系的理论也深刻影响司法运作。从司法实践来看，大理院及1939年以前最高法院的判例，绝大多数倾向采条件说的立场。除了前文已论列过的案例，另有下列诸判例：（1）"致死原因既系受毒而病，因病而死，如有下毒之人，自难逃杀人既遂责任。"［大理院民国四年（1915年）上字第73号判例］（2）"伤害致死罪之成立，不仅以伤害行为直接致人于死亡者为限，凡因伤害而生死亡之原因者，皆足构成本罪。被害人之死亡虽由中风、便血所致，而所以惹起中风、便血者，实由于被告人等之伤害行为，本有联络之关系，即不得不负致死之责。"［大理院民国七年（1918年）上字第199号判例］（3）"刑法上伤害致人于死之罪，只须伤害行为与死亡之发生，具有因果联络之关系即属成立，并非以被害人因伤直接致死为限。即如伤害后，因被追殴情急落水致生死亡之结果，其追殴行为即实施伤害之一种暴行，被害人之情急落水，既为该项暴行所促成，自不得不认为因果关系之存在。"［最高法院民国二二年（1933年）上字第674号判例］（4）"某甲之死既为落水溺毙，而其落水，又为上诉人某乙共同所推堕，其因果自相联络，即使该某甲于落水后，曾一度攀舷欲上，被某乙所击落，上诉人并未有所参与，然某乙之打击，不过共犯排除防果条件之行为，其后死亡结果既仍发生，并无因果中断之可言。"［最高法院民国二七年（1938年）上字第73号判例］

从前文所述大理院的四个案例，以及此处所列四个案例观察，继受欧陆法以来的实务判例见解，在大理院时期的刑事判例中，就先前原因行为对于所生结果责任的认定，曾出现过以有无相当之因果联络、相当因果关系等作为判断基准的表述。乍看之下，这种因果判断的形式，极容易使人以为当时的判例是采所谓的相当因果理论，但是细绎之下，其实仍受彼时德国、日本所流行的条件说的影响，所以我们同时可看到，在这些判决文中，时而援用条件说中因果关系中断或因果关系并非中断、自然力之介入等概念，作为认定关联性有无的推断要件。[①] 及至南京国民政府最高法院成立，初期的判例大致上仍沿袭北洋政府大理院所采的条件说，认为自然力的介入，并不影响因果关系的存在。这尤其见于最高法院民国十九年（1930年）上字第1438号判例："刑法上伤害致人于死罪，指伤害行为与死亡之发生，有因果关系之联络者而言，不惟以伤害行为直接致人于死亡者为限，即因伤害而生死亡之原因，如因自然力之参加以助成伤害应生之结果，亦不得不认为因果关系之存在。"[②] 但是，在司法实务上，为求犯罪结果责任之限制，特别是结果加重责任的社会预见性，期使因果关系责任范围的认定不至于过分扩大，故同时采条件说中的因果中断理论，从而认为，若有非行

[①] 参见苏俊雄《刑法总论》（第Ⅱ册），作者1997年自版，第115—119页。
[②] 类似见解之判例，尚有最高法院民国十九年（1930年）上字第1592号判例、最高法院民国十九年（1930年）上字第1956号等。

为人所能预见之独立原因之介入，即不能谓有相当因果关系。典型的例子如最高法院民国二十四年（1935年）上字第1403号判例："刑法第十七条所谓行为人不能预见其结果之发生者，系指结果之发生出于偶然，为行为人所不能预见者而言。上诉人对于被害人臂臀各部以腰带抽击，原无致死之决心，顾伤害系破坏人身组织之行为，其受伤后因治疗无方而致死亡，究非不能预见之偶然结果，该被害人受伤后既因调治无效身死，上诉人自应负伤害致人于死之罪责。"

到了1939年以后，因整个民国刑法学界有关因果关系的理论改采相当因果关系说，司法实务的风向也随之而转，绝大多数判例明显倾向采相当因果关系说。除前文已解析过的最高法院案例外，另有：（1）"如果某甲并不因被告之杀伤而死亡，实因被告将其弃置河内始行淹毙，纵令当时被告误为已死而为弃尸灭迹之举，但其杀害某甲，原有致死之故意，某甲之死亡又与其杀人行为有相当因果关系，即仍应负杀人既遂责任。至某甲在未溺死以前尚有生命存在，该被告将其弃置河内，已包括于杀人行为中，并无所谓弃尸之行为，自不应更论以遗弃尸体罪名。"[最高法院民国二八年（1939年）上字第2831号]（2）"某甲既因受伤后营养不佳，以致伤口不收，久而溃烂，又因受伤不能工作，以致乏食，营养更形不佳，两者之间具有连锁之关系，即其身体瘦弱及伤口不收，均为致死之原因，则受伤与死亡不能谓无相当因果关系之存在。"[最高法院民国二八年（1939年）上字第3268号]（3）"被告因其妻某氏拒绝同宿，于某日晚乘该氏熟睡之际，用竹竿打其臂部，该氏夺断竹竿，复拾木板打其后腰，经被告之母婶等劝散。该氏负痛气愤，用酒泡服宫粉服食，至天明毒发身死，是被告仅有殴伤其妻某氏之行为，至该氏之死，系由其本人服毒之偶然的原因介入所致，与其伤害行为并无相当因果之联络，则被告对此死亡结果自不应负责。初审判决谓某氏之服毒，系因被告殴打之刺激而起，竟依刑法第二百七十七条第二项，论以伤害人致死罪刑，原覆判审不以判决更正，竟为核准之判决，显系违背法令，本件非常上诉，应认为有理由，至原确定判决既于被告不利，自应予以撤销，另行改判。"[最高法院民国二九年（1940年）非字第48号]（4）"伤害人致死罪之成立，以死亡与伤害具有因果关系者为限。若被害人所受伤害，原不足引起死亡之结果，系因加害者以外之他人行为（包括被害人或第三人）而致死亡，则与加害者之行为，并无相当因果关系，自难令负伤害人致死之罪责。"[最高法院民国二九年（1940年）非字第52号]（5）"刑法第二百七十七条伤害罪，既兼具伤害身体或健康两者而言，故对于他人实施暴行或胁迫，使其精神上受重大打击，即属伤害人之健康，如被害人因而不能自主，至跌磕成伤身死，则其伤害之原因与死亡之结果，即不能谓无相当因果关系，自应负伤害致人于死之罪责。"[最高法院民国三二年（1943年）上字第2548号]

综观以上所列举民国时期大理院及最高法院的诸多个案，显然是从传统中国的保辜制，迈向近世刑事思潮因果关系论的过渡转型之作，标志着中华法系刑法的结束，掀开了继受欧陆刑法的新页，有其因焉，有其果焉。唯判决文中，认定有无因果关系的标准，不管是大理院抑或最高法院，推事们虽透过判决，竭尽心力想把某种事实涵摄进因果关系这个法律概念之中，遗憾的是，在判决书的制作过程中，到底会把怎样的特定事实涵摄进去；因果关系存在或不存在的分类标准到底如何拿捏；因果关系这个法律名词的核心意义为何；有哪些事例是处于边际灰色地带的案例；又如何透过判决先例的建立来拘束后来的判决，凡此诸问，判决理由往往寥寥几笔，全凭自由心证，未曾详加阐明，仍存有相当费人思量的模糊空间，致使无从得悉其间清晰的脉络轨迹。

六、结语

历史的精彩处，在变与不变之间。何以变？如何变？变如何？所谓"变"者，不外乎连续性与非连续性的思考，其中不仅指法典的修订，其他如司法实践、法律思想，乃至法律意识，皆可在探讨之列。揆诸当今习以为常的各种法律概念，并非凭空而生，若追溯其源，或古已有之，或在清末民初历经一番重大变革才引进。从法律继受（reception of law）的视角看，清末的法律变革可说是某一特定的法律文化从一原生社会移转至另一社会，而这种移转的发生乃基于外在压力以及内在需求而不得不然的变迁现象。

法制历史显示，不论古今，也不分中外，凡构成要件上须有结果的犯罪类型，其犯罪结果发生之后，要追究行为人的刑事责任，必须查明行为与结果之间是否存有一定的联系关系。为此，传统中国的刑律中有保辜制的规范，而在近世欧陆刑事思潮中，则有因果关系理论。两者之间虽然有时空的断裂性，却也具有某种程度的类似性，例如，都设有"因果关系中断"的阻断机制，尤其是传统中国旧律，以特别情事的介入，即所谓"他故"的发生，足以断绝加害行为与致死结果间的因果关系。就这一特征而言，与近世刑事理论颇为吻合。

不过，由于时移势易，毕竟它们背后的基础理念各不相同，我们不能完全以今论古，也无法将两者等而视之。保辜虽受制于历史的局限性，但在当时的时空背景及社会条件下，能以客观的经验对因果联络关系加以适度的节制，具有限制滥罚的作用，仍有其一定的实用性与合理性。至于其与近世刑事理论最大的区别则为，传统旧律论定因果关系之有无，完全以时间的经过（辜限）作为标准，采取法定形式主义，未免过于僵固；而近世刑法则纯就实质因素考量，以为因果关系存否的基准，属于不成文的不法构成要件，否定了辜限，体现出因果关系的另一新发展阶段。从此，只问结果和行为之间实际上有无因果关系的联结，而不问相隔多少时日。令人好奇的是，旧律中加害人可以利用辜限为被害人延医调治的保辜义务，在新刑律中则完全不予采纳，是时势所趋，是法理之当然，还是保辜制已名存实亡再无规范价值？颇堪玩味！

（原载《法治现代化研究》2023 年第 2 期，第 1—24 页）

纸面上的统一：传统中国状纸的近代变革

刘昕杰[*]

摘要：状纸是传统中国时期重要的诉讼文书，但在清末之前，都没有关于状纸的全国性统一规则。清末颁行了通行全国的统一状纸规则，规定当事人起诉需提交统一状纸格式的诉状，成为近代司法制度规范化的重要表现。经过民国时期的几次状纸规则改革，状纸的种类和形式渐趋稳定，状纸的印制和发售已经与国家司法权的统一和地方财政收入紧密关联，最终形成了中央计划管理、地方参与分利的状纸制度。状纸制度的变革是近代中国政府权力扩张的集中体现，中央与地方合谋增加收入也加快了该制度的形成。作为近代中国司法统一的重要内容，状纸的形式统一巩固了司法的制度统一。

关键词：诉状格式；诉讼状纸；司法统一；司法收入；近代中国法律转型

引言

状纸是传统社会当事人进行诉讼活动的基础文书，其上记载着起诉的基本信息，也承载着国家指导诉讼活动的意图与规则。基于此原因，学界关于状纸的既往研究主要集中在诉状格式[①]、状纸制作人[②]和状纸费[③]等领域，并借由诉状研究传统社会的诉讼实景。[④]这些研究大多集中于清代，且内容多只涉及诉状的文本和费用，对于状纸本身在近代中国的转型，特别

---

[*] 作者系四川大学法学院教授。

[①] 参见邓建鹏《清朝〈状式条例〉研究》，《清史研究》2010年第3期；江兆涛《清代诉状制度研究》，《黑龙江省政法管理干部学院学报》2013年第5期。

[②] 参见吴佩林《法律社会学视野下的清代官代书研究》，《法学研究》2008年第2期；邓建鹏《清朝官代书制度研究》，《政法论坛》2008年第6期。

[③] 娜鹤雅在研究近代中国"司法费"时论及了状纸费的演变，参见娜鹤雅《旧谱新曲：近代中国审判制度中的司法资源研究》，北京大学出版社2022年版，第21—22、52—57、88—91、100—101页。尤陈俊在研究清代司法陋规时研究了包括状纸费在内的各项规费，并引用清末宣统年间《福建财政沿革利弊说明书》列出了该省各地状纸费收取的详细情况，参见尤陈俊《聚讼纷纭：清代的"健讼之风"话语及其表达性现实》，北京大学出版社2022年版，第179—189页。

[④] 对包括诉状在内的诉讼档案的研究成果较多，此不赘述。对此方面研究现状较为全面的介绍和反思，参见尤陈俊《批评与正名：司法档案之于中国法律史研究的学术价值》，《四川大学学报（哲学社会科学版）》2020年第1期。

是作为一种官纸，其印制、发行和售卖规则的变革，目前学界的研究尚不多见。①本文以近代司法制度中的状纸规则为基础，研究传统状纸的近代化过程，展现近代中国以法律规则引导状纸在纸面上的统一，再通过这种形式统一来巩固司法制度统一的历程。

一、各自为状：传统中国的诉状格式

传统中国没有专门针对诉讼状纸的法律规则，但有学者经过考证后指出，至少从宋代起，就出现了地方官员对状式规则的约束，并一直延续到明清时期，其目的主要是息讼。②至清代，《大清律例》仍未对诉状做出统一明确的规范，各地州县官多自行设立诉讼状式。③这些状式的规则主要表现在约束当事人起诉的各种行为，例如，在状纸上罗列"告状不予受理"的事项。这些事项都是针对起诉行为的规范要件，即倘若不符合诉状罗列的相应要求，则诉状就不会被州县官员受理，诉讼也就不在法律的程序中走向下一个环节。除此之外，单就状纸的印制和发行而言，清代从中央到地方均无明确的法律予以规定。

以目前所存的各地清代基层司法档案来看，清代的诉讼状纸在内容上包括状头、正文和状尾三部分。状头是起诉人的基本信息，正文是固定字格形式的呈词，状尾则多是事先印制好的"告状不准事项"等状式条例的内容。由于清代状式并无全国性的统一规则，不同时期、不同地方的诉状内容自然存在差别。无论是状头的格式，还是状尾印制的状式条例的内容，清代各地县衙诉状的形式和内容都相似而不完全相同。④从各地诉状的形式来看，主要的约束性规则集中在两个方面，即对官代书戳记的要求和对呈词字数的限制。

官代书是官方任命的状纸书写者。受制于当时百姓的识字率普遍较低，诉状很难由起诉人自己书写，为了防止讼师在其中教唆词讼，官方任命若干具有读写能力的人以官代书的身份，承担在状纸上书写诉状内容的工作。每位官代书都有自己不同的印信，印信上有地方官的花押，状纸上需有官代书的印信戳记，如此地方官才会受理该词讼。

限制诉状内容的总字数，其目的在于防止起诉文字冗长夸大，影响理讼效率。这项规则在清代也缺乏法律条文的明确限定，各地的诉状都是通过印刷固定字格的方式来限制诉状字数。就目前所能查询到的清代基层诉讼档案而言，呈词的字格差别十分明显。以咸丰朝时期的情况为例，诉状用纸上所印制的字格，在浙江龙泉县为每竖行25字、共16行（总共400

---

① 侯欣一利用司法档案梳理了民国时期西安状纸变革的个案情况，参见侯欣一《创制、运行及变异：民国时期西安地方法院研究》，商务印书馆2017年版，第153—158页。吴铮强利用龙泉司法档案梳理了民国时期浙江省龙泉县状纸变革的个案情况，参见吴铮强《龙泉司法档案职权主义民事诉讼文书研究》，中华书局2021年版，第80—109页。
② 邓建鹏：《清朝官代书制度研究》，《政法论坛》2008年第6期。
③ 参见江兆涛《清代诉状制度研究》，《黑龙江省政法管理干部学院学报》2013年第5期。
④ 清代各地方衙门所制定的状式条例也不尽相同，不同地方有《状式条例》《词讼条款》《呈状条规》《刑律数条》《告状十四不准》《告状不准事项》《条示放告事宜》等不同称谓。参见邓建鹏《清朝官代书制度研究》，《政法论坛》2008年第6期。

格），在四川南部县则多为每竖行20字、共10行（总共200格）。在此方面不仅有地方的差异，同一地方在不同时期也不一样。例如，四川巴县所印制的状纸总字格数，就在132格至375格之间来回变化，变化周期短则数月，长则数年。台湾淡水厅和新竹县的状纸总字格数，一般为每竖行20字、共16行（总共320格），但这是同治朝以后的情况，在咸丰朝时则可见到每竖行20字、总15行（总共300格）和每竖行20字、总12行（总共240格）两种不同情况。[①]由于缺乏诉状书写字数限制的统一性明确规定，即使各地官员都强调不能并格书写或者超格书写，但在清代各地的司法档案中，都有不遵守字格书写的情况。

诉状的状头、正文和状尾三个部分都需先行印制相关内容和格式，故而标准状纸并不能随处取得，而是由地方官府印制。清代的状纸"最初全沿明制"，"由于纸幅高，不便书写"，"逐渐向矮、宽方向演变"，乾隆朝中叶以后，状纸形式出现了类似本、折的状面，有的题为"状式"（"状式"是标准状纸的意思）。[②]清代的法律没有对状纸的规则做统一的规定，故而各地对于状头、正文字格及状尾内容的要求不一，各地印制的标准状纸在形式上也有所区别。"为了符合各地关于诉状书写的规范，当事人一般需要购入由当地官员制作的格式化诉状用纸。"[③]清初刊本白话小说集《古今奇观》中的"怀私怨狠仆告主"一章，就有"捱到天明，央邻人买状纸写了，取路投长洲县来"[④]的说法。在清代后期，一般是由县衙的承发房负责发售状纸，例如，《遂宁县志》记载称，晚清遂宁县《书吏规费章程》规定，"买取承发房正副状式，仍照前给钱六十四文，小格式给钱十六文"。[⑤]一般情况下，购买状纸和委托官代书在状纸上书写状词内容是一并完成的，例如，《姚安县志》记载，"旧时诉讼，须向署内先购状纸由官代书书词呈递"。[⑥]虽然清代诉讼的规费种类不少，但由于清代"不少原告只是将先下手为强告上一状作为向对方施压的一种手段，即在向衙门递交第一份告状后，便不再积极推动官司往下进行，甚至自己干脆就销声匿迹"[⑦]，这种"官司打半截"的现象减少了许多规费的实际产生，递状时的状纸费和代书费就成为清代后期县衙规费收入的重要来源之一。

不过，除前述清代各地的状纸具体规则各有差异外，在传统的正式诉讼中，程序始终是为解决纠纷的实体问题服务的，故而诉状的各项规则也都普遍存在例外的情况。司法档案中

[①] 以上关于清代状纸字格的统计，参见吴佩林《清代县域民事纠纷与法律秩序考察》，中华书局2013年版，第216—222页。

[②] 参见张我德等《清代文书》，中国人民大学出版社1996年版，第183—184页。

[③] [日]唐泽靖彦：《清代的诉状及其制作者》，《北大法律评论》（第10卷第1辑），北京大学出版社2009年版，第27页。

[④] （清）抱瓮老人辑：《古今奇观》，人民文学出版社1957年版，第535页。

[⑤] 《遂宁县志》，民国18年（1929）刻本，卷八，"补遗"，第25页。另参见苟德仪《清代州县承发房职能考辨——以清代〈南部档案〉为中心》，《西华师范大学学报（哲学社会科学版）》2021年第6期。

[⑥] 《姚安县志》，民国37年（1948）铅印本，卷十六，政典志之二，"司法"，第1页。

[⑦] 尤陈俊：《从当事人的诉讼策略看清代"讼费高昂"书写的话语性特征》，《中外法学》2022年第3期。

的一些实例显示，当事人不购买状纸、不按照格式写状、不找官代书，县衙也可能受理案件并进入正式的诉讼审判程序。基于对个案的综合研判和审理预期，州县官实际行使着灵活处断的权力。

二、形式统一：状纸规则的近代转型

伴随着清末修律学习西方法制的浪潮，光绪三十三年（1907年）十月，清廷法部会同大理院奏请试办诉讼状纸。试办的主要目的是通过规范诉讼活动来统一全国司法，保障诉权。法部在《法部等会奏京师各级审判由部试办诉讼状纸折》中提出，"近世东西各国亦于诉讼书类均莫不有法定状式，以为之程，诚重之也"，而中国各地的呈状格式由于没有经过中央统一，所以"自为风气，参差不齐"，造成"重视法律者，或故为繁苛之条件，使民隐不得上陈"；"重视民隐者，或又弃置不用，听民间随意具呈，授讼师以舞文之渐，甚至一词之入，需费烦多，而官考代书又往往勾串吏差，肆其婪索，种种弊窦，以孳以繁"，"若不将诉讼状纸先行厘定，何以便民情而去宿弊，示颛若划一之规？"[①]在这份奏折中，法部将厘定新式的诉讼状纸与维护司法统一、保障个人诉权联系起来。后两点是清廷修律的关键，故而奏折中所附的《试办诉讼状纸简明章程》很快获准试行。

法部与大理院在《试办诉讼状纸简明章程》的第三条将诉状分为五类：一是刑事诉状，"凡刑事原告于第一审审判厅呈诉者用之"；二是民事诉状，"凡民事原告于第一审审判厅呈诉者用之"；三是辩诉状，"凡民事被告刑事被告于各审判厅呈诉者用之"；四是上诉状，"不论民事刑事控诉上告或抗告者用之"；五是委任状，"不论民事刑事，其委任抱告者于诉状外附用之"。《试办诉讼状纸简明章程》的第四条和第五条分别规定，"诉讼状纸无论何种，每纸定价当十铜元十枚，作为纸张印刷发行等费"，"凡刑事由检察官或司法警察官、营汛兵弁及地方官发觉之案，概由检察官起诉，不用状纸"。《试办诉讼状纸简明章程》的第二条则规定，"诉讼状纸自奏定之日起，所有京师旧式状纸一律停止，其自行任便用纸写呈者概不受理"。但《法部等会奏京师各级审判由部试办诉讼状纸折》中也提道，"有命盗重件急切不及具呈者，仍照常准民喊控，以免延迟"。《试办诉讼状纸简明章程》规定，诉讼状纸的印制机关由中央统一，经费也多缴中央，"每月发行各项状纸若干，应由各审判官署分别咨报申报，以八成解部为纸张等项销费"。[②]

《试办诉讼状纸简明章程》原定试行数月后全国推广，但因各省审判厅成立时间不一，故而试行了两年。直到宣统元年（1909年），各地审判厅大多建立，法部奏请全国施行状纸

[①] 参见《法部等会奏京师各级审判由部试办诉讼状纸折（附清单）》，《北洋官报》1907年第1570期。另参见上海商务印书馆编译所编纂《大清新法令（1901—1911）》（第一卷·点校本），李秀清、孟祥沛、汪世荣点校，商务印书馆2010年版，第385—388页。

[②] 参见《法部等会奏京师各级审判由部试办诉讼状纸折（附清单）》，《北洋官报》1907年第1570期。另参见上海商务印书馆编译所编纂《大清新法令（1901—1911）》（第一卷·点校本），李秀清、孟祥沛、汪世荣点校，商务印书馆2010年版，第385—388页。

通行格式。法部在《奏筹订状纸通行格式章程折》中称,"中国各问刑衙门亦多由公家制成格式,听民陈诉,俾不至有壅遏之虞。惟各直省旧日呈状,率皆自为风气,无一定之成规。其参差不齐不足以谋划一者,患犹小;其规制不备,使胥吏代书得以因缘为奸者,害滋大。且征取费用,限制毫无,任意诛求,尤为民病"。在法部看来,奉天、吉林、黑龙江、直隶、天津等地虽已设立审判厅,且能自定新式状纸,但由于"种类太繁,或命名未审,或程式不一,或价目过重,甚且民刑不为区分,印纸复多苛细,若长此因循,不为法律上正式之规定,诚恐积久相沿,将法庭益为积弊之丛,而诉讼更增需索之苦","各省省城商埠审判厅将于明年成立,尤应预定程式,俾昭整饬,而便遵循"。法部在这次的奏折中认为,"章程在案,查状纸一项,本系臣部行政职权,且印刷分配各事,均派部员经理,自应由臣部专司筹办,是以毋庸会院合并声明"。①

法部在上述奏折所附的《推广诉讼状纸通行章程》中定出八类民刑诉状,再加上限状、交状、领状、和解状,共计十二种。②"各刊印精细花纹,粘贴状纸之上,以杜伪造";"凡刑事由检察官或司法警察官、营汛兵弁及地方行政官发觉之案,概由检察官起诉,不用诉纸。商埠外国人民与本国人民交涉之民刑诉讼,由各国领事官文送者,不用状纸,若函送之案仍令该原告补状呈递。"各种诉状的售价以铜元为本位,若铜元未经通行之处,则以制钱折合计算。"每月发行各种诉状若干,应由各省提法使或按察使,按季分别申部以备稽考。所收纸价,京师则仍照前案以二成留支,以八成解部,外省既另备状纸,应以五成留为司法行政费用,以五成提为本部刊刻印刷之费,即由提法使或按察使按照市价折合银两,于请领第二次状面时即将前次部费搭解,以资补助。"③

值得注意的是,《推广诉讼状纸通行章程》明确将诉状分为"状面"和"状纸"(状内用纸)两部分,状面由法部印制,状内用纸由各省根据法部统一格式印制,两者粘连合为一套。自此时起,传统中国诉状的横向格式被正式摒弃,而改为状面与状内用纸粘合成册的形式。清代状纸中的状头、状尾被状面替代,正文则在状内用纸中,制度上也不再有字格限制和篇幅约束,当事人可根据诉讼情况自行书写状词内容并贴入状面之中。在实践中,囿于百姓识字水平较低,状纸大多交由缮状生或律师等专人缮写,以类似清代官代书的方式限制了诉状内容的冗长和混乱。

《试办诉讼状纸简明章程》和《推广诉讼状纸通行章程》都规定了状纸由官方统一印制,印制机关为印刷局。但与《试办诉讼状纸简明章程》规定诉状用纸"由部指定官设印刷局所

---

① 参见《法部奏筹订状纸通行格式章程折(并单)》,载商务印书馆编译所编《新法令辑要》,商务印书馆1911年版,第736—738页。

② 吴铮强在浙江龙泉司法档案中发现,宣统三年(1911年)新增了保状、结限状两种诉状。参见吴铮强《龙泉司法档案职权主义民事诉讼文书研究》,中华书局2021年版,第82页。但在1922年民国官方文件中,仍称"从前诉讼状纸分为十四种"。参见《书状用纸布告》,载丁察庵编《中华民国十三年编订现行法令全书》,中华书局1924年版,第6页。

③ 参见《法部奏筹订状纸通行格式章程折(并单)》,载商务印书馆编译所编《新法令辑要》,商务印书馆1911年版,第738—743页。

印刷，分交大理院及各审判厅发行之"不同，《推广诉讼状纸通行章程》规定，"各种状面暂由部交官设印刷局制造"，对状内用纸的印制没有严格规定，只是要求各省"遵照刊印""纸式广狭长短务须与状面一律"，其原因是状纸印制量日益增大，中央无力全部印制，而状纸发售可以增加财政收入。状面与状内用纸由中央与地方分别印制，这在某种程度上形成了中央与地方在状纸上的分担与分利。《试办诉讼状纸简明章程》原定状纸费八成解送法部，但1909年以后，由于地方分担了状纸印制，只需要将五成解送中央，其余五成则由地方纳入财政收入。这一惯例从清末延续到整个民国时期。

清末的印刷局由官报局业务扩展而来。清末新政后，各省成立官报局，出版官报，分发至各州县，负责各地官报的采写编辑和印刷发行。为了官报的印制，官报局大多购置了先进的印刷器材，并逐渐利用印刷设备兼办其他印刷业务，报局的功能随之转变为办报与印刷合一，承接官用品、民用品的印刷业务。例如，合并了南洋官报局的南洋印刷官厂在光绪三十三年（1907年）成立，承办官用品、民用品的印刷。[1]由于各省官办印刷局设立的情况不同，状纸印制的情况也有区别。直隶、江西、山东、浙江、广东等较早设立官办印刷局的省份，自《推广诉讼状纸通行章程》颁布后，就由官办的印刷局承担诉讼状纸的印制。例如1907年，山东省巡抚杨中丞"以东省财政支绌，拟设立官印刷局以为筹款之策"，下令"凡公牍、词状、粮串、钱票、证券等类悉由官局印刷"。[2]有些尚未成立官办印刷局的省份，则暂时委托地方官商合办的纸厂承担诉讼状纸的印制。例如宣统元年（1909年）八月，四川总督赵尔巽通饬厘定讼费，规定"凡递状者，须买用官定状格，无论新旧各案，均不准再用旧式呈纸……由官商合股之乐利纸厂专制，分存各属，每套正副二纸，纸费定价六十文"。[3]根据吴佩林对《南部档案》的考证，至少从宣统元年（1909年）十二月开始，四川南部县就已按该年八月颁布的讼费章程行事，因为状式上印有"省城乐利造纸公司承造"的红头小字，且将收费标准刊刻于状纸之上。[4]四川乐利造纸厂于光绪三十三年（1907年）创办于成都，年生产能力为150吨，是四川当时工人规模和全年产值最大的纸厂。[5]伴随着清末民初"国进民退"的浪潮，官方的印刷局开始承揽所有官纸业务，扩大政府的收入。诉状作为官纸当中的一类，被明令纳入官方承揽印刷的范围。宣统元年（1909年）时，四川官报局改名为四川官印刷局，"无论何署局文件，均须由本局承印"。[6]次年，原交由乐利纸厂的诉讼状纸印制业务也由官办印刷局收回，"此项状格选用夹江上白贡川纸"，"其纸质印工亦坚韧精致，价值更减乐利公司五成之一，办理周妥之至，仰即督饬员司赶工印就"。[7]其他省份也有类似

---

[1] 参见陈锋主编《晚清财政说明书》（第5册），湖北人民出版社2015年版，第47页。
[2] 参见《印刷官纸之计划》，《北洋官报》1907年第1476期。
[3]《督宪通饬厘定讼费示文》，《四川官报》1909年第24册。
[4] 参见吴佩林《清代县域民事纠纷与法律秩序考察》，中华书局2013年版，第140页。
[5] 参见上海社会科学院经济研究所轻工业发展战略研究中心编《中国近代造纸工业史》，上海社会科学院出版社1989年版，第91页。
[6]《督宪批本局详请改名四川官印刷局兼办书报事宜文（并原详）》，《四川官报》1909年第29册。
[7]《督宪批官印刷局详遵札制造官状格式样并酌减价值一案文（并原详）》，《四川官报》1910年第14册。

情况，即便有民间造纸厂参与过诉讼状纸印制，也仅持续了短暂的一两年时间。由于官纸印制有利可图，到民国初年，几乎各省的状纸都已经由各地官办印刷局或官纸局承印。

三、由繁至简：状纸印售体制的形成

民国初期，法律体系未能全面构建，对于诉讼状纸无专门规定，各地大多沿用清末状纸，只是去掉了状面上有关清廷的标志。①1914年北洋政府颁布的《县知事审理诉讼暂行章程》重申了起诉需用专门状纸，并在第十四条规定，"前二条诉状及其他诉讼状纸由各省高等检察厅准用《推广诉讼状纸通行章程》"。②因此，在民国政府出台诉讼状纸规则之前，各地基本沿用清末状纸规则的相关规定，且加大了对诉讼状纸的宣传力度，特别强调清末以来的新诉讼状纸与传统状纸的不同之处，就是要"照格填写一定事项，否则概不受理"，"如民事起诉，须购民事诉状，应填写：一、原告之姓名、籍贯、年龄、住居、职业；二、被告之姓名、籍贯、年龄、住居、职业；三、诉讼之事物及证人；四、请求如何断结之意识；五、赴诉之审判厅及陈诉之年月日；六、黏钞可为证据之契券或文书"。③由于政权更替后状面仍须由中央提供，北洋政府司法部于1914年6月起将统一状纸的状面印刷交由京师第一监狱印刷科负责。因"部中需用甚急"，京师第一监狱的印刷科将石印部大加扩充，从铅印部移出并特设工场，"向司法部续领石印机四架，又添购二号石印机一架……三号石印机十二架"，"每日约可印刷状面三万五千张"，"此后部中所需状面无虞不给矣"。④各地也仍将售卖状纸所得的状纸费作为司法收入来源。由于时局混乱，许多地方售卖状纸后未按比例解送司法部，司法部要求各省于1918年起在省高等审检两厅内设司法收入处，专门管理包括诉讼状纸在内的司法收入，并按规定比例将款项及时解送司法部。

1920年6月20日，民国时期的第一部《诉讼状纸规则》公布，基本沿用清末状纸章程的规定，规定了同样的十四种状纸，其中，民事状纸的售价为三角、刑事状纸的售价为二角，单位为银币。⑤1922年8月2日，北洋政府发布《书状用纸布告》，将状纸尺寸规则予以公布，不再由官方统一印制发售，而是由"当事人遵照式样自备"。⑥这是近代状纸改革中唯一一次短暂地取消状纸官方发售制度。未及一年，到了1923年6月27日，北洋政府司法部公布《诉讼状纸规则》，规定"人民于司法衙门有所陈诉者，无论民事刑事，一律用诉讼状纸"。这部《诉讼状纸规则》把诉讼状纸分为十六种，并制定了收费标准。这十六种状纸包括十种民刑事诉状，即民刑事的诉状、辩诉状、上诉状、抗告状和委任状，以及"限状

---

① 参见吴铮强《龙泉司法档案职权主义民事诉讼文书研究》，中华书局2021年版，第99—100页。
② 《县知事审理诉讼暂行章程》，《司法公报》1914年第7期。
③ 莘民：《诉讼须知》，《申报》1920年10月7日第16版。
④ 参见《京师第一监狱印刷科历年办事情形述略》，《司法公报》1920年第122期。
⑤ 参见《诉讼状纸规则》，载《民国十年编订现行法令全书》（上册），1921年印行（印行者不详），"第二编 司法"，第151—153页。
⑥ 参见《书状用纸布告》，吴佩林《清代县域民事纠纷与法律秩序考察》，中华书局2013年版，第216—222页。

（凡经官署给予期限者用之）、交状（凡向官署交案者用之）、领状（凡向官署具领者用之）、保状（凡向官署具保者用之）、结状（凡向官署具结者用之）、和解状（凡民事两相和解者用之）"。1923年的《诉讼状纸规则》恢复了官方印制发售制度，"刑事状银币二角，民事状三角，限状、交状一角，领状、保状、结状和和解状三角"，"每银币一角按通用大银币十分之一计算，如以铜币或他种货币折合，依各地市价定之，收支一律"。①

1923年的《诉讼状纸规则》赋予了各省增收状费的权力，规定"所定各种状费，该管高等厅处长官得因必要情形拟定额数，呈请司法部核准后增收，但增收数目民事状纸不得逾原额一倍，刑事及民刑事通用之状纸不得逾原额五成"。各地根据此规则纷纷提高标准，例如，京师高等检察厅对每套银币三角的民事类状纸都加收三角，原每套银币二角的刑事类状纸都加收一角，每套银币三角的和解状加收一角。②加征状纸费最初只是京师、山东等一些省份为解决司法费支绌而采用的救济之方，但1924年后北洋政府司法部决定将状纸费加征办法通行全国。③不过，这部《诉讼状纸规则》与当时的民刑诉讼条例的规定多有冲突，尤其是所分的十六种状纸与当时的民刑诉讼条例不相符，给当事人辨别状纸用途增加了很多困扰，故而时人多有批评。④

南京国民政府成立后，司法部先是于1927年12月14日公布《诉讼状纸规则》。这部规则基本上与北洋政府公布的《诉讼状纸规则》无异，只是明确了除各级法院外，县司法公署和兼理司法各县署也有权管理诉讼状纸的收费事宜。⑤由于1923年公布的《诉讼状纸规则》一直存在较大争议，南京国民政府司法部1927年公布的这部沿袭前者主要内容的《诉讼状纸规则》，仅仅实施了一年，就被五院制改组后的南京国民政府司法行政部于1929年2月公布的《司法状纸规则》替代。1929年南京国民政府司法行政部公布的《司法状纸规则》，是近代中国最为成熟和全面的状纸规则。

1929年公布的《司法状纸规则》的一个重大改变，就是将诉状简化为民事状和刑事状两种，"民事状每套国币六角、刑事状每套国币三角。每角按国币十分之一计算，如以铜币或他种钞币折合者，依各地市价定之，进出一律"。状面仍由司法行政部制造颁发，各省高等法院院长或首席检察官依照状纸定价先解送五成，向司法行政部具领。"状内用纸由各省高等法院院长或首席检察官分别配制，状面与状内用纸黏合处应加盖戳记，并应于末页加盖发售机关之戳记"。1929年公布的《司法状纸规则》对当事人自备状内用纸进行了规定，明确提出"状内用纸如不敷用，得由具状人按照原状尺寸自行备纸增加页数，但接缝处应由具状

---

① 《诉讼状纸规则》，《河北省政府公报》1928年第18号。
② 参见《京师法院实行增加诉讼状纸价目》，《法律周刊》1923年第8期。
③ 参见娜鹤雅《旧谱新曲：近代中国审判制度中的司法资源研究》，北京大学出版社2022年版，第101页。
④ 参见公直《对于诉讼状纸规则之我见》，《法律评论》1923年第6期；公直：《对于诉讼状纸规则之我见（续）》，《法律评论》1923年第7期。
⑤ 参见《诉讼状纸规则》，载国民政府法制局编《增订国民政府现行法规》，商务印书馆1929年版，第112—113页。

人盖章或捺指纹"。虽然1929年公布的《司法状纸规则》规定了司法状纸应按定价出售，非经司法行政部核准，不得加减，但20世纪30年代开始物价飞涨，许多地方都只能溢价发售状纸，例如，上海各法院出售司法状纸，按民事状每套九角、刑事状每套四角五分出售，售价增加了五成。①

1942年8月，抗战时期的重庆国民政府司法部修正了《司法状纸规则》，主要是根据货币贬值的情况将状纸售价提升了三倍多，即民事状每套国币二元、刑事状每套国币一元；同时根据国内战争形势，不再要求状内用纸由各省院长或首席检察官配制，而是"状内用纸由各省高等法院依照司法行政部颁定格式配制之，但在非常时期得指定商店制售前项用纸，诉讼人亦得依式自行备制"②，进一步扩大了当事人自行准备状内用纸的权利。

但是，提高后的状纸售价仍不能适应当时飞涨的物价。1944年2月，重庆国民政府司法行政部又颁行了《司法状纸加价令》，称"查迩来物价飞涨，本部印制之民刑事状面印工纸价均极高昂，其寄发各省包扎所用之布纸以及邮资人工各费，有超过前此数十倍或竟至百倍者"，"以现在民事状每枚售价二元、刑事状每枚售价一元，合算各项所费成本，公家赔累甚大"，"值此抗战期间，国家支出浩繁，自应增价发售，裨裕国库收入"。因此，从1944年3月1日起，民事状每枚加价八元变成售价十元，刑事状每枚加价四元变成售价五元。原有刊印价格的状面，没有发出者，在正中加印新价格，已发出者，由各高等法院暨所属各院县照旧贴用，在状心第一面的左下边加盖木戳"奉令民／刑事状加价八／四元自三十三年三月一日起发售国币拾／伍元"字样。③1948年国民党币制改革后，从该年9月1日起，诉状收费按金圆计算，民事诉状每份售价一元，刑事诉状售价五角。不久后，南京国民政府司法部将诉状纸改用小型纸张，民事诉状的售价降低为六角三分，刑事诉状的售价降低为三角三分。上海等地随即按新价出售，但绝大部分地区直至1949年底仍未采取新式的小型状纸。

民国时期状纸的状面，初期是由京师第一监狱印刷科印制，南京国民政府时期交由上海商务印书馆代印，后转由上海商务印书馆出资的南京京华印书馆承印。南京京华印书馆在抗战期间迁址重庆，改组后由杜月笙等控股，因仪器先进且与政府关系良好，常年承揽印花税票和库券支票等官方票据的印制。④京华印书馆所印制的状面分正、反两面，正面顶部印有"提倡国货是总理民生主义的实行"，上部为孙中山像、国旗党旗及总理遗嘱，中部为"司法状纸"、"刑事状"或"民事状"、"司法行政部颁行"字样，下部为国民党中央党部建筑照及"中央党部部址"字样，底部为承印单位信息，左下角为状纸售价，一般附近会加盖加价说明。状面的反面为"普通注意事项"和"特别注意事项"，普通注意事项的主要内容为司法状纸和印纸的相关规定，而特别注意事项则是对状纸书写的说明。状面的颜色为蓝色或红

---

① 参见徐佐良《论诉讼状纸宜平价发售》，《申报》1939年5月29日第13版。
② 参见《司法状纸规则》，载司法院编译处编《（新订）国民政府司法例规补编》，司法院秘书处1946年印行，第438页。
③ 参见司法行政部编《司法法令汇编》（第1册·民事法令），上海法学编译社1946年版，第160页。
④ 参见《京华印书馆》，《工商调查通讯》1944年第338期。

色。虽然状面图案和内容在不同时期略有变动，但大致相似，例如，上海商务印书馆印制的图案为国民政府公署图而非国民党中央党部图。到了民国后期，状面更加简化，不再保留上部的内容，而变成仅有"司法状纸"、"民事状"或"刑事状"、"司法行政部颁行"字样，国民党中央党部图也被替换为国民政府司法行政部图。

除前述这几部主要的《司法状纸规则》外，民国时期还有几部单行法规对状纸进行规范，其中包括前述1944年针对状纸价格的《司法状纸加价令》，以及1945年3月司法行政部颁布的针对战区人民购买状纸不便制定变通措施的《战区各省司法机关贴用司法印纸状纸办法》等。此外，1933年，"伪满洲国"司法部发布《诉讼状纸规则》，规定"民事或刑事诉讼除依法得用言词外，应一律购用"，[①]将状纸的类型分为十六种，与1923年北洋政府《诉讼状纸规则》中的规定相似。1938年，日本侵略者在华北组织的傀儡政权"华北临时政府"法部颁行《修正司法状纸规则》，要求"凡民事或刑事诉讼向司法机关提出书状者，应一律购用司法状纸"，"民事状每套国币六角，刑事状每套国币三角"，此规定的内容与1929年南京国民政府《司法状纸规则》无异。[②]

四、央地合谋：状纸统一的财政动力

状纸由基层的法院或司法处发售。有法院设立售状处，发售给诉讼当事人。例如，上海地方法院就在1927年设立售状处，其"售状处设在二层楼"，"购买民事诉状者，拥挤异常"。[③]但售状处的设立并非法定，有明确法源依据的机构是缮状处，专司诉状的缮写，以免有人代撰诉状从中谋利。因此，没有售状处的地方法院多由收发机关统一售卖状纸。有些地方法院未能设立相关机构，一般由书记员或录事担任售状和缮状之职。地方法院限于人手和机构，运行中大多是售状、写状、收状合并进行。例如，江西宁冈县"于本年一月起，指派录事一名，专负售状、缮状诸事务，遇收状过多，临时雇人助缮"。[④]有的地方未成立新式法院，就以县收发机关承担售收呈状之责。[⑤]

当事人购状写状后，还需要按照相关规定缴纳不同额度的诉讼费用，诉状才能被受理。因此，除遵照定制格式书写状纸外，当事人还需要在状纸上粘贴相应的司法印纸，用以证明自己缴纳的诉讼费用。民国时期关于司法印纸有一套完整的规则，此不赘述。印纸类似邮票，由不同颜色和字样代表不同金额，又称印花，通过邮局统一发售，避免地方法院隐瞒诉

[①]《诉讼状纸规则》，载［日］中根不羁雄编译《满文满洲新六法》，"满洲行政学会"1937年印行，第48页。
[②] 参见《修正司法状纸规则》，《政府公报（北平）》1938年第14期。
[③] 参见《临时法院新设施昨闻》，《申报》，1927年1月10日第9版。
[④]《遵令设置缮状处时期及依照规定办理缮状事务情形祈鉴核由》，江西省档案馆藏，档案号：J018-3-02564，转引自谢超《民国铅山县土讼群体研究——以河口司法档案为中心》，博士学位论文，华东政法大学，2021年，第26页。
[⑤] 参见《订定收发处收售呈状规则》，《锡报》1921年10月4日。

费收入。当事人通过计算诉讼费用，在邮局处购得相应金额印纸，贴于状纸上，连同状纸一并交至法院，诉讼方可正常进行。由于司法印纸与状纸都是诉讼活动的前置程序，两者的规则常常同步颁行，甚或如前述战区审判的临时规定将两者于同部法规颁行。

民国时期，诉讼状纸和印纸的售卖收入是司法收入的主要来源。按照司法状纸规则，司法印纸售价的四分之一和状纸售价的二分之一解送中央作为工本费，所余部分连同缮状费、息金、罚金等，成为民国时期地方法院除财政拨款外的实际收入。状纸费和印纸费虽非巨资，但在基层政府有限的财政收入中也是一笔可观的收入。例如，山西省的司法收入主要依靠罚金和状纸费，1919年的罚金收入为5.5万元、状纸费收入为2.7万元，[①]到1921年，罚金收入升至8.8万元，状纸费收入增长到7.4万元。[②]根据1934年广西的司法统计，在各项司法收入中，除去财政拨付的经常费，讼费收入为6.2万元，状费收入为5.4万元，其余收入远不及此，如罚金收入仅0.5万元。[③]

由于民初以来地方政府的职能不断扩张，而财政收入又无法满足需要，各地政府往往借发售民刑状纸加收行政费用。龙泉司法档案记载的诉状发售价格一直高于中央的规定，甚至达到后者的数倍。[④]河北天津地方法院院长周祖琛在1935年的全国司法会议期间提交了"兼理司法之县政府有于民刑状纸加征行政费用者，拟请严令取消以纾民力案"。他在该议案中指出，地方政府在发售状纸时，"有名为学警补助费者（见河北省饶阳县王兴武诉王景瑞债务案卷内，六月十六日诉状，每状征收一角），有名为学警捐者（见河北献县李赵氏与李庄因家产涉讼，原县呈送二十四年八月十三日上诉状，每状征收一角），有名为实业捐者（见河北省南皮县张志安诉宋贵武行殴县卷内，历次诉状每状征收二角），有名为教育费者（见河北省行唐县张福元诉崔中堃等侵占滩地案，第二审卷内二十四年六月三日诉状，每状征收一角）"，"又闻偏远各县，从前尚有青苗捐、冬防费种种，名目繁多，不胜枚举"，"风闻他省亦间有类似此项情事"。[⑤]还有许多地方附加增收部分作为地方政府公共事务的财政来源，有纳入县议会、县参议会常年费的[⑥]，有纳入学校岁入预算的[⑦]，还有作为公安局建设局用款的[⑧]。

状纸费关乎地方财政收入，一度有扩大适用范围的趋势。1936年，江西南昌地方法院院

---

① 参见《山西省第二次政治统计·司法之部》，载田奇、汤红霞选编《民国时期司法统计资料汇编》（第20册），国家图书馆出版社2013年版，第31页。

② 参见《山西省第四次政治统计·司法之部》，载田奇、汤红霞选编《民国时期司法统计资料汇编》（第20册），国家图书馆出版社2013年版，第468页。

③ 参见《中华民国二十三年度广西司法统计》，载田奇、汤红霞选编《民国时期司法统计资料汇编》（第21册），国家图书馆出版社2013年版，第257页。

④ 参见吴铮强《龙泉司法档案职权主义民事诉讼文书研究》，中华书局2021年版，第94页。

⑤ 参见《兼理司法之县政府有于民刑状纸加征行政费用者，拟请严令取消以纾民力案》，载刘昕杰、陈佳文等整理《民国时期全国司法会议记录汇编》，法律出版社2023年版，第873—874页。

⑥《冀县志》卷十七，民国18年（1929）铅印本，第51—52页。

⑦《南宫县志》卷十，民国25年（1936）刊本，第4、14页。

⑧《沧县志》卷六，民国22年（1933）铅印本，第32页。

长叶在畴曾请示司法院，咨询调解案件是否需要当事人购买统一形式的状纸。司法院以院字1512号解释例回函："应经法院调解之事件，如系以书状声请者，应依《修正诉讼费用规则》第七条第二项缴纳声请费用，并应依《司法状纸规则》第二条、第三条用民事诉状。"即把调解案件也纳入了状纸的售卖范围。有些地方为了扩大状纸的售发范围，违反状纸规则，自行制作行政诉状，限令购用，将呈诉政府的文稿亦限由售状处代缮取酬，用以增加地方收入。[①]

比较极端的情况，是地方通过隐瞒状纸和印纸的收取来截留司法收入。状纸上一旦贴附了统一的司法印纸，地方收取诉讼费用的情况就被上级掌握，相关费用的六成左右就需按时上缴到省，县里只能留取四成左右。为了避免被上级法院发现，四川各地都采取了灵活的处理方式，凡是要上诉的案件就遵守状纸规则和印纸规则，以免受到惩处，而大部分一审审结、不上诉到省的案件，照章收款后不遵守状纸规则和印纸规则，将诉讼费悉数留自用。是以四川《蓬溪县志》记载称，20世纪20年代四川全省有"县署恃吃案费"的谚语。[②]

自20世纪30年代开始，国民政府加强了对地方官员据此图利的管制力度。对于擅制私售状纸的行为，司法院以院字第1636号解释例认定"空白状纸，自不成为文书"，也就不以伪造公文书罪及行使公文书罪入罪，"如有欺骗情形，仅应成立诈欺之罪"。[③]如果是县长擅售状纸，当时一度有是否入罪的争论，司法行政部采不入罪说，"如系检察官方面发现，并应由该首席检察官会同该院院长函请省政府依法惩戒"。[④]1933年，长期不向江苏高等法院请领民刑诉状的睢宁县政府被查出两年多来售用白状，中央公务员惩戒委员会将县长李寒秋降一级改叙，承审员孙维骐记过两次。[⑤]阜宁县县长吴宝瑜在售用白状漏贴印纸被发现后，辩称"实因久历幕，对于一切法令，诸多未谙，现已深知过失，业已备价先行呈领民刑诉状各五百本，印纸五百元，以便如数更换补贴后，当再续领检换，并出具切结，以后绝不再有上项情事发生"，被中央公务员惩戒委员会降二级改叙。[⑥]涟水县县长陈庆瑜被调查后认定"因仍恶习，售用白状，破坏定章，殊属不合"，"因囚粮逾额数达数千元，其白状所得之价，即用以弥补囚粮，并无侵占情事，事后并已更换正式状纸多件，其情不可无可原"，中央公务员惩戒委员会议决对这位县长"减月俸百分之十，期间六月"。[⑦]

在1947年的全国司法行政检讨会议上，财政条件较好的广东派出时任省高等法院首席检察官的张启鸿作为代表，提出废止法院发售司法状纸制度的建议，其理由是随着大众对状纸格式的了解，已经不需要由官方印制状纸来保障统一。他指出，由法院发售状纸"意在增加司法收入"，但"以法院而为商行为，理论上似有不妥"，并且"迩来金融不定，物价狂

---

① 参见《呈诉领依程式》，《申报》1936年5月8日第3版。
②《蓬溪县近志》卷三，民国24年（1935）刻本，第28页。
③ 参见郭卫编《司法院解释例全文》（第2册），上海法学编译社1946年版，第1290—1291页。
④ 参见《县长违背司法状纸规则擅售状纸应受惩戒电》，《法令周刊》1936年第295期。
⑤ 参见监察院秘书处编《监察院公报》1933年第20期。
⑥ 监察院秘书处编：《监察院公报》1933年第20期。
⑦ 监察院秘书处编：《监察院公报》1934年第22期。

升，以一定数额之发售价值应付不可预料之物价暴涨，惴惴然反恐有赔累之虞"。故而张启鸿建议，"由部颁一司法状纸格式及尺度，并限定某种纸料，令各省法院交由当地各纸店普通印制，听人民自由购买"。①该建议最后提交司法行政部参考，然不及采纳，南京国民政府已经垮台。

特别值得一提的是，中国共产党在革命根据地的司法实践呈现出了不同的状态。陕甘宁边区没有关于讼费和状纸费的规定，因为中国共产党认为，"边区的政权是人民自己的政权。边区的司法机关是完全替人民服务的。人民向司法机关告状，除自己使用的旅费及败诉赔偿外，没有任何的司法费的负担。因为边区的司法机关没有什么讼费、送达费、抄录费、申请费、检验费、状纸费等等的征收"。②其他根据地与之类似。也有一些根据地对状纸费进行了明文规定。例如，《晋察冀边区各级法院状纸与讼费暂行办法》规定，"诉讼状纸与诉讼用纸同，由各法院各庭处依式印制，发给当事人应用，不论刑事民事，每张按所需工料费收价"，"诉讼当事人购买状纸后，得自撰缮，或报告事实及理由，请求司法人员记录"。晋察冀边区的状纸式样无状面，为横向竖格纸，仅有"民刑事状纸"和"某某法院或司法处"的字样。③《晋察冀边区行政文员关于颁发各级法院状纸与讼费暂行办法的命令》指出，规定状纸的目的在于"逐渐建立各种必要的司法工作制度（如比较健全的记录、统计，比较完善的卷宗、档案等），以便组织事务，克服零乱现象"。④总体上看，革命根据地的状纸规则充分贯彻了党的群众路线，基本不收费或者只收取工本费，也不会通过缮状等环节变相收取其他费用。革命根据地的这些规则，与南京国民政府那种状纸费与财政收入紧密关联的情况形成了鲜明的对比。

五、司法统一：状纸变革的时代主题

"司法统一"一直是近代中国司法进程中的关键词。在部门规则方面，中央司法行政机关制定《司法例规》，统一全国司法活动；⑤在案件裁判方面，司法院和最高法院推动判例制度和解释例制度，形成自下而上的统一法律适用。⑥而以状纸为代表的司法文书的统一，则是统一司法形式的重要表现。

自清末到民国时期，状纸规则日益完善，实现了从传统状纸向近代状纸的改变。从诉讼

---

① 参见《拟请废止法院发售司法状纸案》，载刘昕杰、陈佳文等整理《民国时期全国司法会议记录汇编》，法律出版社2023年版，第1334页。
② 参见《陕甘宁边区司法概况》，载张希坡编《革命根据地法律文献选辑》，[第三辑·第二卷陕甘宁边区（上）·第2分册]，中国人民大学出版社2018年版，第475页。
③ 参见《晋察冀边区各级法院状纸与讼费暂行办法》，载韩延龙、常兆儒编《革命根据地法制文献选编》（中卷），中国社会科学出版社2013年版，第941—944页。
④ 参见《晋察冀边区行政文员关于颁发各级法院状纸与讼费暂行办法的命令》，载韩延龙、常兆儒编《革命根据地法制文献选编》（中卷），中国社会科学出版社2013年版，第940—941页。
⑤ 参见刘昕杰《〈司法例规〉的编纂与近代中国法律汇编的意义》，《当代法学》2023年第3期。
⑥ 参见刘昕杰《成文法背景下的判例实践——近代中国最高审判机构判例汇编与实效》，《法学研究》2021年第5期；刘昕杰：《律例体系的黄昏：民国司法院解释例的汇编、运行与转型》，《社会科学战线》2023年第4期。

状纸的形式上看,清代各地状纸相似而不同。清末制定了全国推行的统一状纸形式,相较于旧式的横式状纸,新式状纸区分状面和状心,状面的前、后仍印制相关诉讼规则,沿袭了传统状头、状尾的功能,状内用纸不再有总字数的强制性规定。不过,由于诉讼话语的改变,能够准确使用"法言法语"提出诉讼请求者需要经过系统的法学教育,所以仍需有专人缮状。从诉讼状纸的功能来看,传统诉状的息讼作用逐渐隐去,与状纸相关的规费由私人收取变成了国家依法收取状纸费,原有的小政府变成了大政府,潜规则变成了显规则。

时人概括诉讼状纸改革时称:"清季状纸,仅定有格式,仍由人民自行备置;民国状纸,则无论依新旧规则,均需由官署编制发售。"①这一评论指出了近代诉讼状纸规则的变化趋势,即从传统诉讼状纸缺乏全国统一规定,到清末诉讼状纸完成了外在格式的统一,再到民国时期建立起了中央计划管理、地方参与分利的统一诉讼状纸体制。伴随着近代一系列的司法改革,状纸费成为民国时期地方政府或地方法院收入的重要来源。地方不能自行印制状面,状面由地方层层向上级申领,且诉讼的进行须以中央印制的印纸贴附其上,借助这一张小小的状纸,中央就掌握了各地诉讼案件的数量和收入。通过统一诉讼状纸,中央对司法的控制触及国民政权所及的各省各县,并通过追究擅自印制状纸等违法活动,展现出对地方司法行政活动的集中统制。就此而言,诉讼状纸的统一,虽然只是"纸面上的统一",但实际上则是国家司法行政权的统一,是近代司法体制全面重建后全国司法体制再度由中央政府全面掌握的体现。在此过程中,中央政府通过法律推动纸面的统一,纸面的统一又从根本上推动和巩固了制度的统一。

状纸制度的统一,依托于中央对地方的权力控制。以涉外诉讼的状纸使用为例,清末《通行章程》规定了华洋诉讼中领事可以公文送达起诉而不需用状纸;民国初年,各省对于外国人提起诉讼是否需要使用统一状纸规定比较混乱,取决于各省对规则的理解和地缘情况。1920年,直隶高等审判厅明令,"华洋诉讼民事案件如系由洋商直接起诉,应饬令照用状纸"。②1921年,东省特别行政区高等审判厅认为,"为便利俄人起诉起见,准其自用状纸"。③1927年,江苏交涉公署办理华洋民事上诉时,强调"需购用司法状纸"。④南京国民政府成立后,各地几乎不再有关于状纸适用规则的单独规定,除涉领事裁判权外,华洋诉讼案件也均遵照我国诉讼法"具状声诉"。⑤

统一状纸改变了当事人的旧有惯习,政府采取了许多办法促进人民理解新的统一规则。

---

① 公直:《对于诉讼状纸规则之我见》,《法律评论》1923年第6期。
② 参见司法部编印《改订司法例规》,司法部1922年印行,第1461页。
③ 参见司法部编印《改订司法例规》,司法部1922年印行,第1483页。东省特别区为近代中国东北的一个特别行政区,原为中东铁路的附属地,治权在清末被俄国窃取。1920年10月,北洋政府收回该区域司法权,颁布《东省特别区域法院编制条例》。根据该条例,东省特别区"设立高等审判厅一处,地方审判厅一处,并于铁路沿线设地方分庭若干处"。参见司法部参事厅编《收回俄国法院监所记》,《司法公报》1921年第143期。
④ 参见《华洋上诉案件须购诉讼状纸》,《申报》1927年7月10日第15版。
⑤ 参见上海法政编译社编《诉讼程式大全》,上海法政编译社1929年版,第193—206页。

一是从中央到地方多次发布饬令、公告、须知等，呼吁人民遵守新的状纸规则，否则不受理诉讼。1909年，安徽官纸印刷局通饬该省各地，"惟事系创举，乐从者固不乏人，观望者亦所难免，若非明定实行期限仍无以收划一整齐之效"，根据远近分别划定时限六月一日和七月一日的期限，"以后如有状式不遵用者，控诉概不受理，公牍不遵用者，文件概不批阅。即邮局递寄禀词，倘非购用新定状式，亦概置之不理"。①与此同时，核验状纸成为法院收状机构的法定职能。1911年，湖北制定的《湖北各初级检察厅收状处规则》规定，"收状处置录事一人查阅外来诉状，如非法部颁定状纸，应另呈递诉状人买纸另写再收"。②民国时期的许多诉讼手册和教材，也都专门罗列章节对状纸作出说明和解释。③通过自上而下的反复宣传，到民国后期，"司法状纸之格式尺度几乎尽人皆知"。④二是通过制度改革，一再简化状纸类别和形式，便于民众使用。清末民初的状纸有十多种，但实践中只有民、刑诉状是最常领用的状纸。由于状纸类型过多，百姓常有混淆，甚至一度认为向官府呈文都需要用状纸。⑤《司法印纸规则》出台后，只保留了诉讼中最常用的两种状纸（民事状纸和刑事状纸），便利了当事人，也促进了统一状纸的接受与普及。

对于地方政府而言，统一状纸带来了稳定而合法的财政收入，使得地方有动机大力推动新制度的落实。清末以来的改革，让地方政府承担了越来越多的社会管理职责，但由此带来的管理成本却无法在新的财政体系下得到平衡。以狱政改革为例，西方"文明"的徒刑方式，彻底地改变了传统刑制低成本的运作方式，不仅给地方带来兴建新式监狱所需的巨额开支，而且大量在押囚犯的囚粮筹措，也成为许多地方政府财政不济、寅吃卯粮的原因，前述几位后来被监察院惩处的县长先前留存状纸费的动机都源于此。以状纸、印纸为对象的司法改革措施，将传统诉讼中的规费合法化为政府收入，激发了地方政府推动新政的动力。中央通过司法制度的统一实现司法收入的统一，地方则依赖于中央新政开拓新的合法收入来源，从而丰裕基层财力，实现治理功能的有效延伸。司法状纸的统一，从财政角度来说，是中央和地方"合谋"拓展收入的展现。

当然，国民政府虽然全力推行状纸统一，但一直也有例外的规定。前述几部司法状纸规则中都提出了"言词诉讼"可不采用状纸，在制度上保障了公民，尤其是那些不识字公民的诉权。1913年，大理院在上字第233号判决例中便认为，"从前，州县受理诉讼向无一定之程式"，对于以"言词起诉者"，承审官若认为可以受理，则"虽未具状，亦不得谓该件诉讼之进行即为违法"。⑥1915年，大理院在上字第421号判决例中强调，"民事之诉状如系程式

---

① 参见《官纸印刷局详请实行官纸日期文》，《安徽官报》1909年第52期。
② 《湖北各初级检察厅收状处规则》，《湖北官报》1911年第54期。
③ 参见王蔚章《现行民刑诉讼程序辑要》，中华书局1933年版，第44页。
④ 参见《拟请废止法院发售司法状纸案》，载刘昕杰、陈佳文等整理《民国时期全国司法会议记录汇编》，法律出版社2023年版，第1334页。
⑤ 参见《人民向司法部递呈不得误用民刑状纸文》，载商务印书馆编译所编《最新编订民国法令大全》，商务印书馆1924年版，第1598页。
⑥ 参见郭卫编著《大理院判决例全书》，吴宏耀、郭恒、李娜点校，中国政法大学出版社2013年版，第784页。

违法"①，则审判衙门可命当事人依法补正后受理。在统字第 1422 号解释例中，丙方代理律师以原判甲方诉讼时"未用状纸及委状，亦未缴纳保证金"为由，主张原判无效，大理院则以"未交讼费，未用讼状，均可补充"为由予以回复。②至南京国民政府时期，司法院在解释例院字第 1243 号规定，自诉书状仅漏列被告年龄与特征的，尚不能遽以起诉程序违背规定为由予以驳回。③解释例院字第 1480 号则规定，若法人提起自诉时违反规定，未在自诉状内记载其代表人姓名，法院可命其补正。④

20 世纪 30 年代，国民政府不得已在战区设立巡回法院作为二审机构，以保障战区人民的诉权，并制定了《战区巡回审判办法》（司法行政部 1938 年 12 月公布施行），针对战区诉讼中的状纸作出特殊规定。根据该办法的第八条，诉讼关系人虽未备用状纸，巡回审判推事仍应受理民事诉讼案件，并免缴诉讼费用。1937 年，山西高等法院请示司法行政部，此条文是否适用于追溯一审的状纸问题，因为当时一审仍需要适用状纸规则。司法部认为，"巡回审判制度，意在便利战区人民，若依通常情形命其补正，势必往返费时，多所困难，为体恤战区人民起见，似可无庸令其补正"。但因为涉及对法律的扩大解释，司法行政部呈请至司法院，司法院以院字第 2467 号解释例作出回复，认为该办法虽"专指第二审程序而言，但为贯彻该条之精神起见，巡回审判推事发见当事人在第一审起诉时未购用状纸，或未缴诉讼费用，亦无须命其补正"。⑤这从法律上免除了战区人民起诉时购买统一状纸和印纸的要求。

结语：纸面上的意义

传统中国的司法，实质是一种解决纠纷的行政职能，虽然也有较为稳定的运行机制，但在官府与当事人的互动过程中充满较大的随意性，其目的是保障官府能够较为自由地完成纠纷的解决，以重塑社会秩序。近代中国的司法改革，以收回治外法权为直接目的，因此有明确的改革参照物，即时人通过各种途径所知晓的西方司法制度。这一制度与传统中国司法制度的运行存在较大的差异，诸如司法本身的界域划分是否清晰，司法人员是兼职或专职，是更多倚仗口头命令或者书面命令，等等。借用马克斯·韦伯（Max Weber）的概念，近代中国的司法改革是要实现从"家产制"向"科层制"的变革，而"科层制的无所偏倚（impartiality）意味着平等（equality）意义上的公正（fairness），但也意味着标准化（standardization）"。⑥在近代中国的司法变革中，相较于其他领域的标准化与规范化，"纸面上"的改变无疑是最容易的，它既容易做到，又容易被看到。状纸变革走向"纸面上的统

---

① 参见郭卫编著《大理院判决例全书》，吴宏耀、郭恒、李娜点校，中国政法大学出版社 2013 年版，第 784 页。
② 参见郭卫编著《民国大理院解释例全文：第 1 号至第 2012 号》，吴宏耀、郭恒点校，中国政法大学出版社 2014 年版，第 1072 页。
③ 参见司法院参事处《司法院解释汇编》（第 6 册），司法院参事处 1936 年印行，第 36 页。
④ 参见司法院参事处《司法院解释汇编》（第 7 册），司法院秘书处 1937 年印行，第 76 页。
⑤《院字第 2467 号解释例》，《司法公报》1943 年第 562—574 期合刊。
⑥ [英] 彼得·伯克：《历史学与社会理论》，李康译，上海人民出版社 2019 年版，第 48—49 页。

一",正是在这一背景下发生的。

如今生活在迈入无纸化和人工智能诉讼时代的我们,恐怕很难以同理心去体会"一纸诉状"在诉讼中的分量。传统社会的造纸成本和识字率,让递交衙门的状纸显得格外正式,它意味着个人在万不得已的情况下与官府发生了关联。近代造纸技术的引入和规模化的格式印制,让状纸实现"纸面上的统一"有了基本的前提。随着小政府扩张为大政府,诉讼至官府逐渐成为私人生活中并不罕见和排斥的事情,司法统一进程的程序规范也日益完善。政府职能扩张带来的开支增长,让地方政府格外重视财政收入,传统状纸有关的规费也就顺理成章地以状纸费等合法形式出现,地方政府有着足够的动力推动统一状纸规则的落实。在此种背景下,传统中国时期各地方"各自为状"的状纸,在制度上完成了统一。中央通过统一状纸规则和状纸费的分配机制,掌握了来自最基层的司法数据,从而强化了对全国司法制度的统一掌控。概言之,制度的统一带来状纸的统一,而状纸的统一又巩固了制度的统一。只不过,在内外交困的近代中国,虽然在规范上建立起了一套现代诉讼体系,其运行的内在逻辑是否真正摆脱了传统中国的诉讼文化,抑或只是完成了规范化的包装而仅有"纸面上"的形式意义,也一直是见仁见智的问题。[①]无论如何,在通过诉状所载的文本内容分析近代中国法律转型之外,状纸本身的形式变革也应该是一个研究近代中国法律转型的重要视角,甚至在某种意义上,形式比内容还重要,因为"任何形式都要传达出一种远远超出形式自身的意义"[②]。

(原载《法学家》2023年第6期,第43—56页)

[①] 参见刘昕杰《实用型司法:近代中国基层民事审判传统》,《四川大学学报(哲学社会科学版)》2011年第2期。不同的观点,参见唐仕春《北洋时期的基层司法》,社会科学文献出版社2013年版,第9页。

[②] [美]鲁道夫·阿恩海姆:《艺术与视知觉》,滕守尧、朱疆源译,四川人民出版社1998年版,第74页。

明清法律体系本相考辨

——论"律例法律体系"说的缺陷和"典例法律体系"说成立的理据

杨一凡*

摘要： 围绕如何表述明清法律体系的问题，目前法史学界有"律例体系""典例体系"等不同见解。对"法律体系"的内涵和界定标准理解不一，是造成认识分歧的根本原因。"律例"说忽视了"法律体系"定名应遵循"名从法定""名从立法本意"、与法律编纂实际相一致的原则，存在立论依据难以自圆其说、忽视"律"的法律地位变迁、误读"会典"与"律"纲目关系、以刑事法律体系代替一代完整法律体系等缺陷，因而不能成立。明清法律编纂实际和明清"当时人"有关"典例"的论述表明，这一历史时期统治者始终是按照以典为纲、以例为目的指导思想和立法框架完善法律体系的，《会典》是国家的最高法典，刑律入典，《会典》统领各法，例是国家法律的核心内容，其本相是"典例法律体系"。

关键词： 法律体系；律例体系；典例体系；"会典"与"律"的关系

近年来，法史学界围绕如何表述明清法律体系这一疑题，提出了多种不同见解，其中，"律例法律体系"说（以下简称"律例"说）和"典例法律体系"说（以下简称"典例"说）影响较大。"律例"说认为，律、例是明清的主要法律形式，律例体系是前代律令体系的自然接续；"典例"说认为，明清变革传统的律令体系，以《会典》为国家最高法典，刑律入典成为《会典》组成部分，例是法律的核心内容，建立了以《会典》为纲、以例为目的新法律体系。这两种见解分别被不少学者认同和引用，各说各话，很难达成共识。

准确表述明清法律体系，是关系到能否正确阐述明清法律制度和法律思想的重大问题。近 8 年来，笔者先后发表了 5 篇文章，[①]就明清典例法律体系及与此相关的《大明会典》《大清会典》的性质等问题陈述见解，本人认为，"典例法律体系""律例法律体系"二者的内涵有很大区别，分别表述的是以"典"为纲的完整法律体系和以"律"为纲的刑事法律体系。

---

* 作者系中国社会科学院荣誉学部委员、法学研究所研究员，西北大学法史创新工程首席专家。

[①] 杨一凡：《明代典例法律体系的确立与事例的功能》，载吴玉章主编《中国法律史研究》，社会科学文献出版社 2016 年版，第 3—38 页；杨一凡、宋北平主编：《大清会典》（康熙朝），凤凰出版社 2016 年版；杨一凡：《明代典例法律体系的确立与"令"的变迁——"律例法律体系"说、"无令"说修正》，《华东政法大学学报》2017 年第 1 期；杨一凡：《质疑成说，重述法史——四种法史成说修正及法史理论创新之我见》，《西北大学学报（哲学社会科学版）》2019 年第 6 期；杨一凡：《〈明会典〉性质考辨——"官修典制史书""行政法典"说驳正》，《政法论坛》2022 年第 1 期。

"典例法律体系"是在修正传统的"律令法律体系"的基础上，依据明清时期的法律编纂实际和"名从法定""名从立法本意"的定名原则，对这一历史时期法律体系的概括，而"律例"说存在诸多缺陷，难以成立。本文着重就为什么不宜把明清法律体系界定为"律例法律体系"做进一步论述，同时简要论证坚持"典例"说的理据。

一、"律例"说立论的缺陷

明清"律例法律体系"的提法，在学界流传时间较长，包括笔者在内的许多学者在多年前的著述中也曾援用过。2016年以来，"律例"说受到质疑，很多学者已摒弃不用，但另有一些学者仍坚守此说，[1]有的学者比较系统地阐述了"律例"说的立论依据，[2]有的学者在维持"律例"说的基础上，提出了明清法律体系"律、典—例"说。[3]持"律例"说学者的论述，总体观之，其立论依据主要有二：一是认为"律"与"例"是明清法律的主要结构要素，定名"律例法律体系"可显示与此前的"律令法律体系"存在前后接续的关系；二是列举了一些明清"当时人"论述"律例"的言论，认为把明清法律界定为律例法律体系符合"名从主人"的定名原则。然而，结合法律体系的内涵和定名标准，认真考察明清法律的编纂实际和全面分析明清"当时人"有关"律例""典例"的论述，却无法证明"律例"说的立论能够成立。

（一）"法律体系"的内涵及"律例"说阐释的偏颇

对"法律体系"的内涵和界定标准理解不一，是造成明清法律体系认识分歧的根本原因。因此，正确阐述"法律体系"的概念和构成要素，是探讨如何正确表述明清法律体系的必要前提。

何为"法律体系"？从秦汉到明清，凡是国祚较长的王朝，都不断地健全本朝的法律制度。古人虽未使用"法律体系"这个概念，但各朝的法律、法典的编纂都有明确的"体系"意识，比如，以"大法""常法""变通法"和不同法律形式区分效力层级，魏晋以后各代确立的"以典为纲""纲目分明，纲举目张""成一代完典"等一整套完善国家法律制度的指导原则，明清有关"典例""律例"及其相互关系的理论等，并以这些立法思想为指导，形成了体系性的立法成果。"法律体系"不是中国古代法律的法定用语，而是今人研究法史中，对历史上不同时期或某一朝代全部法律规范组合形成的结构系统的现代表述。

"体系"是一个科学的概念，其含义是若干事物或相互联系的系统按一定的特定功能和内部联系组合而成的整体。自然界的体系遵循的是自然法则，而人类社会的体系则要复杂得

---

[1] 刘志松、王兆辉：《清代监察体制运行的制约与反制约关系——以"照刷文卷"律为例》，《西南大学学报（社会科学版）》2020年第3期；李富鹏：《改造"律例"——晚清法律翻译的语言、观念与知识范式的近代转化》，《政法论坛》2019年第6期。论述或援引明清"律例法律体系"的论文还有几篇，此处不再一一列举。

[2] 刘笃才：《明清事例与律例法系》，法律出版社2021年版。笔者作为刘先生好友，曾为该书作序。

[3] 李琛：《明清法律体系的形成和确立》，硕士学位论文，云南大学，2021年。

多，可以说大到宇宙，小到一事一人乃至微尘，都有其构成体系。按照现代法学理论，"法律体系"是一个特定的术语，表述的是呈静态的法律本身的体系构成，通常是指一个国家的全部现行法律规范分类组合形成的体系化的有机联系的统一整体。构成"法律体系"的基本要素有三：一是覆盖全部现行法律规范；二是法律门类齐全，分类组合形成体系化的有机联系，最高法典与门类分支体系之间，能够明确体现纲目和效力层级关系；三是结构严谨，内部协调，并充分体现主要法律形式及其表述成果。三要素中缺少任何一个，都无法构成"法律体系"。界定某一朝代或某一历史时期的法律构建是何种体系，不仅要符合构成法律体系的三大要素，而且必须与法律编纂实际完全一致。

对照法学界公认、通用的有关"法律体系"概念、内涵的界定，"律例"说存在重大缺陷。法律形式是法律规范的外在表现形式，以主要法律形式表述的立法成果构成法律体系的核心内容，毋庸置疑，在界定"法律体系"时，其定名应体现主要法律形式。对于"律例"说强调法律体系定名要体现"主要结构要素"这一点，笔者没有异议。但此说关于界定"法律体系"的论述，有五点需要讨论。第一，明清时期"律"的内涵是什么？它是刑律的专称还是一代法律规范的总称？第二，如果说"律例"二字能够代表当时国家的全部法律规范，为什么除《大明律》《大明律附例》《大清律例》等刑律外，其他上百部重大法律、法典没有以"律"命名？第三，表述刑律之"律"与吏、户、礼、兵、工诸例，可否构成有机联系的体系？第四，该说承认"会典"是法律形式，那么"会典"与"律"是何关系？为何主要结构要素或主要法律形式要把"会典"排除在外？第五，明清法制变革后，最高法典已由元以前各代"令典""律典"两典并存变为"会典"，认为"律例法律体系"是"律令法律体系"的自然接续的逻辑推理能否成立？"律例"说没有涉及，实际上也回答不了上述五问，它界定"法律体系"的概念、内涵，显然同"法律体系"的通说不完全吻合，并忽视了"法律体系"的界定还须符合覆盖全部法律规范、体现"法律体系"结构内部纲目关系等重要要求，其立论的科学性需要重新审视。

（二）"律例"说偏离了"名从法定""名从立法本意"的法律体系定名原则，其立论与依据相悖

持"律例"说的学者在论证其说得以成立的理由时，提出了法律体系定名应"名从主人"的见解，并列举了一些"当时人的言论"作为立论的依据。笔者在《质疑成说，重述法史》一文中，针对"诸多古代法律用语、概念理解不一，名称使用混乱"的问题，提出"古代法史研究中使用学术概念有必要坚持两个原则：一是凡今人能够读懂的古代法律术语，最好仍使用古人的法言法语，不必用西方现代法律用语替代；二是如果阐述有些古代法律现象、法律问题的概括只能借用现代法律术语才能表达清楚，使用现代法律术语表述时，概念的内涵、外延应古今完全一致"。[①]"名从主人"的定名原则，与我们的见解是相通的，强调的都是概念定名必须尊重历史。

---

① 杨一凡：《质疑成说，重述法史——四种法史成说修正及法史理论创新之我见》，《西北大学学报（哲学社会科学版）》2019年第6期。

在包括法律文献在内的许多明清史籍中，"典例""律例"作为法律用语频频出现，当时人有关诠释"典例""律例"含义及论述典与律、例关系的文字比比皆是。"律例"说在未厘清几种法律用语内涵的情况下，以"律例"二字为法律体系定名，其论断缺乏可靠性。应该说，提出"名从主人"的定名原则，其本意是好的，但存在判断标准过于笼统、确定性较差的瑕疵。笔者认为，要使明清法律体系的定名名副其实，有必要将"名从主人"定名原则细化，改为以"名从法定""名从立法本意"为定名原则，使定名标准更为精确。法定名称是古人的法言法语，是立法者本意的体现，故"名从法定"是确定法律体系定名的首要标准。法史研究中，只有在没有法定称谓的情况下，才采用"名从立法本意"这一补救方法为法律体系定名。

从明、清两代朝廷颁行的法律看，凡是以"律""律例"命名的法律，如《大明律》《大明律附例》《大清律集解》《大清律集解附例》《大清律例》《大清律续纂条例》《大清律纂修条例》等，都是刑事法律，"律"是指刑法正条，"例"是指辅律而行的刑例。法律名称是经过严格的立法程序确定的，每一称谓都有特定的内涵和外延，并表述该立法成果的法律效力及在法律体系中的地位。"律例"作为皇帝钦准的法定用语，只在刑事立法中使用，表明立法者的本意是以"律例"表述刑事法律规范。

从明清人选辑、汇辑、注释的法律文献看，凡是以"律例"为书名者，如《律解附例》《大明律例》《鼎镌大明律例法司增补刑书据会》《大明律例释义》《大清律例增修统纂集成》等，收入的都是与刑律、刑例相关的文献。名实相符，是古人编纂典籍遵循的基本要求。"律例"作为"律"与"例"二字的连用，只在编纂刑事法律文献中使用，表明明清人眼中的"律"是指刑法正条，"例"是指刑例。

查阅明清皇帝撰写的律序、发布的制律制例圣旨和臣工有关纂修《大明律》《大明律附例》《问刑条例》《大清律例》《大清律续纂条例》《大清律纂修条例》的题奏，也都是把"律例"解释为"刑名""谳狱之法"。洪武三十年（1397年）五月发布的明太祖《御制大明律序》云："朕有天下，仿古为治，明礼以导民，定律以绳顽，刊著为令，行之已久。奈何犯者相继，由是出五刑酷法以治之，欲民畏而不犯。"①此《序》把律的功能确定为以"五刑酷法"惩治奸顽。雍正三年（1725年），雍正皇帝为修订《大清律》颁布的上谕曰："朕自临御以来，钦恤刑狱，每遇法司奏谳，必再三覆核，惟恐稍有未协，又念《律例》一书，为用刑之本，其中条例繁多，若不校订画一，有司援引断狱得以意为轻重，贻误非小，特命纂修馆刻期告竣。"②此上谕以"用刑之本""有司援引断狱"表述《大清律例》的性质和功能。现见的明清时期以修订律例为核心内容的皇帝圣旨、臣工题奏文书有上百种，都把"律"解释为"刑律"，"例"解释为"刑例"，"律例"解释为"刑律"与"刑例"，或刑法的总称。这些文书作为当时指导立法的权威文件，充分体现了立法者的本意。

有些持"律例"说的学者列举了一些明清人有关"律例"的言论，作为支撑其观点的

---

① 朱元璋：《御制大明律序》，载杨一凡点校《皇明制书》（第三册），社会科学文献出版社2013年版，第811页。
② 姚雨芗、胡仰山：《大清律例会通新纂》，清同治刻本，《世宗宪皇帝上谕》，第1页a。

依据。然分析这些言论，都是关于刑事法律的论述。如《明史·刑法志》载，嘉靖十五年（1536年），诏"自后有犯辜限外人命者，俱遵律例议拟，奏请定夺"；①隆庆三年（1569年），大理少卿王净言："问刑官每违背律例，独任意见。"②又如，《福惠全书》载："问拟者，问其所犯之由而拟其罪也。拟罪，原有一定之律例，律乃一代之典章，例为因时之断制。"③清代名幕汪辉祖撰《律例不可不读》一文云："律例，实为折狱之本。"④这些记述指称的"律例"，都是指刑律、刑例。也有一些关于"律例"的论述，从字面上看不出是专指刑法，但考察其言论的背景，大多是涉刑之论，仅有极少数言论是从广义的"法"的角度论述刑律与刑例的关系。

也有学者以"律例馆"名称为据，推导出清代是"律例法律体系"。其实，只要考察律例馆沿革始末，就可明白此论有悖事实。《钦定皇朝通典》记："初，顺治二年特置律例馆，敕修律官撰定律书，四年书成，名曰《大清律集解附例》。其后次第刊修，皆特简王大臣为总裁，以各部院通习法律者为提调、纂修等官，凡额设十有八人。乾隆七年始，以其馆并隶刑部，复改定员额如今制焉。"⑤道光三年（1823年）十二月初二日大学士曹振镛等题奏的"议覆"云：各衙门均有则例馆，刑部有律例馆，各部堂官遴选勤慎谙练之员，派充提调。⑥详阅有关记载律例馆的清代史籍可知，律例馆起初是为编纂《大清律集解附例》而设，早期虽兼管过各部条例的编辑，但以承担纂修律书为主责。清乾隆七年（1742年）后，清朝各部院署分别建立了则例馆，律例馆划归刑部，专司刑例的纂修，清后期定期修例制度废止后，司职侧重议驳刑部案件、拟写说帖等刑部日常司法活动。"律例馆"的沿革史和馆名，只能证明它以编纂刑事法律和办理刑部事宜为基本职责，而推导不出"律例"二字可作为一代法律的总称。

综上所述，"律例"说的立论与凭借的依据自相矛盾，难以自圆其说。其论证只能表明，"律例"二字的含义是指刑律、刑例，"律例"只能用来表述刑事法律体系。

（三）"律例"说忽视了明清法制变革中刑律地位的变迁，曲解了"会典"与"律"二者的纲目、主次关系

持明清法律体系"律例"说的学者，也承认《会典》是法律形式，但认为律、例是主要法律形式。这一论断在界定主要法律形式时，忽略了明清时期国家最高法典的编纂较之前代发生了重大变化，也忽略了刑律地位的变迁，颠倒了"会典"与"律"二者的纲目、主次关系。与晋、唐、宋诸朝律典、令典同为国家最高法典的情况不同，明朝的国家最高法典，前

---

① 《明史》卷九十三《刑法一》，中华书局1974年版，第2290页。
② 《明史》卷九十三《刑法一》，中华书局1974年版，第2290页。
③ 黄六鸿：《福惠全书》卷十二《问拟》，清康熙三十八年金陵濂溪书屋刻本，第1页a。
④ 徐栋辑、丁日昌选评：《牧令书辑要》卷七，清同治七年江苏书局刻本，第2页b。
⑤ 乾隆敕撰：《钦定皇朝通典》卷二十五《职官》，第17页a、b。又见万有文库本《十通》，商务印书馆1935年版，第11172页。
⑥ 《嘉庆道光两朝上谕档》第28册，清道光三年十二月初二日，第459页。

期为《诸司职掌》，中后期为《会典》。《大明律》先是编入《诸司职掌》，后又编入《大明会典》。清承明制，以《会典》为国家最高法典，五朝《大清会典》的编纂体例虽前后有所变化，但《会典》是国家根本大法的地位始终未变，《大清律例》是《大清会典》下位法的地位始终未变。康熙、雍正《会典》仿照明万历《会典》，典例一体合编，将《大清律》全文收入。乾隆《会典》及《会典则例》按照"已刊刻颁行"诸书"只备参考，无庸复载"的编纂原则，未收入《大清律》；①嘉庆、光绪《会典》典文只载经久可行的现行典章，而把《大清律》律文及附例收入《会典事例》。由此可见，《大明律》《大清律》始终是国家大经大法《会典》的组成部分，是《会典》之目。

这里还应指出，明、清两代提高了律后所附条例的法律地位，司法审判中"律"的效力较之唐宋律也发生了微妙变化，《大明律附例》《大清律例》作为刑事法律的代表，由律、例表述的立法成果构成。明代的《问刑条例》作为《大明律》律后附例，刑例与刑律具有同等法律效力。清代的《大清律续纂条例》《大清律纂修条例》，作为《大清律》律后附例，与律文具有同等法律效力。明清律后附例条款众多，如明嘉靖《问刑条例》为385条，万历《问刑条例》为382条，与《大明律》正文的460条相比仅少70余条。清乾隆五年（1740年）《大清律》正文为436条，律后附例为1042条；其后清朝曾23次修例，律后附例条数越来越多，同治九年（1870年）修例后，律后条例达1892条，刑例条目远远超过律文。现存的大量刑案表明，明清司法审判多是以刑例为判决依据，刑例的法律效力往往在律文之上。鉴于律后附例系"变通法"，嘉庆、光绪两朝把《大清律例》编入《会典事例》。"律"作为刑法正条，在审判活动中的功能较之唐宋已大为降低。在明清法律体系中，《大明律》与《大明集礼》《宪纲》《宗藩条例》《军政条例》等"常经之法"属于同一层级，《大清律例》与各部院则例属于同一效力层级。刑律属于国家基本法律，已失去了国家最高法典的地位。

史籍中有关明清人论述《会典》及"律""例"在法律体系中地位的记载，汗牛充栋。《世经堂初集》作者徐旭旦云："《会典》为一代礼乐刑政之总"；②山西道监察御史陈紫芝康熙二十六年（1687年）"请修礼书疏"云："《会典》总括六部，为本朝法度之书"；③《大学衍义补》作者丘浚云："夫律者，刑之法也"；《穆堂初稿》作者在论述刑律、刑例与《会典》的关系时说："律、例特会典之一端，专以为处分谳决之用，而会典所载兵、农、礼、乐齐治均平之大经大法，部、院、寺、监之职守，咸在非律例所得而及也"；④《东华续录》载："若各部之则例，其大纲固皆《会典》等书之支流，余裔亦道之"；⑤《桥西杂记》载："六部、院、寺皆有则例，越数年或十年重加增定，然宏纲巨目，《大清会典》一书已括其大恉，则例特其繁文耳。"⑥综述明清人有关典、律之论可知，就法典内容构成而言，"会典"规范国

---

① 杨一凡、宋北平主编：《大清会典》（乾隆朝），凤凰出版社2016年版，《凡例》，第1页。
② 徐旭旦：《世经堂初集》卷二十六"典宪颁守"，清康熙四十六年刻本，第9页a。
③ 贺长龄：《皇朝经世文编》卷五十四《礼政一》，清光绪十二年思补楼重校本，第16页b。
④ 李绂：《穆堂初稿》卷三十三《典例全编序》，清道光十一年奉国堂刻本，第7页b、第8页a。
⑤ 朱寿朋：《东华续录》（光绪朝）卷六十六，清宣统元年上海集成图书公司刻本，第21页a。
⑥ 叶名澧：《桥西杂记》，清同治十年滂喜斋刻本，第29页a。

家各项根本制度，为"一代完典"，"律"为"会典"之一端；就典、律表述的立法成果在法律体系中的地位而言，典为"大经大法"，律为"常法"；就两种法律形式的主次和包容性而论，"会典"为纲，为主，"总括纲领"，覆盖和包容"律"于其内，律为目，为次，表述刑事法律规范。显然，以"律例"表述明清法律体系，是以目代纲、以偏概全。

二、以"律例"表述明清法律体系的后果：多数法律被排除于"体系"之外

也有学者认为，把明清法律体系界定为"律例法律体系"或"典例法律体系"，只是命名方式的不同，实质并无区别。其实不然，"典例"与"律例"虽一字之差，却是关系到能否全面揭示明清法律的面貌、法史研究能否走出"以刑为主"误区的重大问题。以"律例"表述明清法律体系的直接后果，是把大多数法律排除于"体系"之外。

其一，从《会典》确认的法律门类结构看，绝大多数门类被排除在法律体系之外。《会典》是明清典章制度的总汇，采用"官领其事，事归于职"[①]"因事分类，因类分年"[②]的编纂体例。阅各《会典》目录，明清法律门类构成一目了然（见表1）。

表1 明清《会典》门类构成

《会典》名称	正德《会典》	万历《会典》	康熙《会典》	雍正《会典》	乾隆《会典》	嘉庆《会典》	光绪《会典》
门类数	94	104	48	50	42	59	60
同名门类	主要有宗人府、吏部、户部、礼部、兵部、刑部、工部、都察院、通政司、大理寺、翰林院、六科、詹事府、太常寺、太仆寺、光禄寺、鸿胪寺、国子监、钦天监、太医院等。							

从明清《会典》门类的构成看，少则42门，多则104门，刑事与非刑事法律互不统属，规范中央各衙门活动规则的部门法分别自成一个子体系，刑事法律只是诸子体系之一。刑部门下除收入律文和律后附例外，还收入刑部职掌、陪都刑部职掌和司法审判规则、囚人管理、狱制等方面的基本法律制度。从立法数量上来看，刑事法律仅是国家法律规范的一部分。如把明清法律体系概括为"律例体系"，不仅把刑部门之外的法律排除在外，还把刑部门下规范司法行政的法律规范排除在体系之外。

其二，朝廷颁行的国家基本法律，绝大多数被排除在外。明代颁行的近20种重要法律中，只有《大明律》《大诰》《问刑条例》是刑事法律。朝廷为完善国家法制，不仅编纂了国家大法《大明令》《诸司职掌》和《大明会典》，还为了确保国家大法规定的各项基本制度得以有效实施，制定了多种"常经之法"，就代表性的法律而言，《大明集礼》《洪武礼制》《孝慈录》《礼仪定式》《稽古定制》《节行事例》是规范礼仪制度的法律；《皇明祖训》是明太祖朱元璋给子孙制定的"家法"；《宗藩条例》是有关管理宗藩事宜的法律；《宪纲》系风宪官职守、纪纲禁例及对违反纪纲者如何处理的法律规定；《吏部条例》是处理各类官吏违碍事

---

① 万历《明会典》，中华书局1989年版，《御制大明会典序》，正德四年十二月，第1页。
② 杨一凡、宋北平主编：《大清会典》（康熙朝），凤凰出版社2016年版，《凡例》，第1页。

例的规定;《军政条例》是有关清理军政、勾补,编发军役、根捕、起解逃军方面的规定和禁例;《学校格式》是国子监和府州县学学规;《教民榜文》是规范老人、里甲理断民讼和管理乡村事务的法律。所有这些重要法律都不是刑事法律,也没有以"律""例"命名,如把明代法律体系概括为"律例体系",这些国家基本法律就无法被纳入。

清代立法之健全,为历朝之冠。清代颁布的法典和重要法律,除康熙、雍正、乾隆、嘉庆、光绪五朝《大清会典》和《大清律例》外,代表性的基本法律有数十种。宫廷管理类法律有:《钦定宗人府则例》《钦定宫中现行则例》《钦定王公处分则例》《钦定八旗则例》《钦定宗室觉罗律例》《钦定总管内务府现行则例》等。吏部类法律有:《钦定吏部则例》《钦定吏部处分则例》《钦定吏部铨选满官则例》《钦定吏部铨选汉官则例》等。户部类法律有:《钦定户部则例》《九卿议定物料价值》《钦定户部鼓铸则例》《钦定户部军需则例》《漕运则例》《钦定户部漕运全书》等。礼部类法律有:《大清通礼》《钦定礼部则例》《钦定学政全书》《钦定科场条例》等。兵部类法律有:《钦定中枢政考》《钦定兵部处分则例》《钦定军器则例》《督捕则例》《钦定武场条例》等。工部类法律有:《钦定工部则例》《工程做法》等。其他院、寺、监制定的法律有:《都察院则例》《钦定台规》《理藩院则例》《蒙古律例》《回疆则例》《国子监则例》《通政使司则例》《大理寺则例》《太常寺则例》《光禄寺则例》《詹事府则例》《鸿胪寺则例》《翰林院则例》《钦天监则例》等。这些重要法律都不是刑事法律,与《大清律例》无统属关系,其中,各部院则例中全面规定本部门活动规则的法律,与《大清律例》处于同一效力层级,如把清代法律体系概括为"律例体系",朝廷颁行的绝大多数重要法律都会被排除在体系之外。

其三,例是明清法律的核心内容,"律例"说把绝大多数定例排除在法律体系之外。明清例的法律形式,主要有条例、则例、事例等。从部门法角度分类,有吏类例、户类例、礼类例、兵类例、刑类例、工类例、都察院例、通政司例、大理寺例等。从法律效力层级区分,有《会典》事例、表述"常法"之例、"变通法"之例。《会典》事例是国家"大经大法"的组成部分,与典文是具体制度与根本制度的关系。明代颁行的以"条例"命名的重要法律,清代各部、院、寺、监例,是国家的基本法律,属于"常法"之例。因时因事随时颁布的各种定例,如明代的事例、单个通行条例、主要用于表述食货等方面管理的标准和运行规则的则例、以榜文形式公布的各种榜例;清代的事例、单个通行条例和章程等,其功能是补充国家基本法律的不足,属于权宜性质的"变通法"之例。由于国家事务千头万绪,新问题层出不穷,需要适时立法予以规范,致使颁布的"变通法"性质的各种定例浩瀚,刑例仅为诸例之一,这就决定了它所占比重较小。现存的明清《会典》事例和条例汇编文献,表明这一论断是成立的。

表2 7种明清事例、条例文献中刑例所占比重

文献名	吏例	户例	礼例	兵例	刑例	工例	都通大等例	条例总数	刑例所占比重(%)
正德《会典》事例	389	1559	925	648	152	312	846	4831	3.15
万历《会典》载续编事例	431	1485	706	1487	76	424	382	4991	1.52

续表

文献名	吏例	户例	礼例	兵例	刑例	工例	都通大等例	条例总数	刑例所占比重（%）
《条例备考》	90	98	82	890	84	37	193	1474	5.70
《增修条例备考》	179	196	111	281	80	23	192	1062	7.53
乾隆《上谕条例》	2322	2253	1185	1469	2260	299	0	9788	23.09
嘉庆《四季条例》	265	69	61	121	364	27	12	919	39.61
光绪《会典事例》①	11161	15578	16287	10693	5826	6332	17141	83018	7.02

注："都通大等例"指六部以外的都察院、通政司、大理寺和其他衙门定例。

表2所列7种法律文献中，《会典事例》是在删定大量制例文书的基础上，以"足法万世"为取舍标准，编入的只是能够长久适用或参用、具有"补法"性质的事例。《条例备考》②《增修条例备考》③是现存的系统记载明代条例的两部典籍，收入的均是经久长行的单个通行条例。清江苏布政司衙门辑刊的乾隆《上谕条例》、嘉庆《四季条例》，收入的都是当时中央各衙门颁行的单个通行条例。这些文献收入的条例、事例，都是明清有代表性的单个通行定例，其中，刑例占制例总数的比重，最高者为39.61%，最低者为1.52%。

明清时期，朝廷为不断完善法制，颁行了上百种具有"常经之法"性质的条例、部院则例，还针对层出不穷的新问题，适时立法，颁行了数十万件属于"变通法"性质的各类事例和单个条例、则例。笔者也曾查阅过多种明清条例、事例汇编文献，基本上都是以非刑事法律为主，刑例所占比重从百分之几到三分之一，多寡不一。如果以"律例"表述明清法律体系，势必把绝大多数定例排除在法律体系之外。

三、明清法律体系本相：典例法律体系

尊重历史，尊重立法本意，符合法律编纂实际，这是研究古代立法必须遵循的基本原则。从这一认识出发，全面考察明清时期法律编纂状况和明清人有关"典例"的论述，可知这一时期的法律体系的本相是"典例法律体系"。

明、清两代的立法，始终是按照以"典"为纲、以"例"为目的总体法律框架进行的，这一法律体系从初创、确立到不断完善，历时500余年，大体经历了三个重要发展时期。

---

① 数据引自彭凯翔、林展《从例的修订看清代治理模式：以〈大清律例〉〈会典事例〉为主的分析》，《清史研究》2020年第6期。
② 佚名：《条例备考》，载杨一凡编《明清条例选编》，社会科学文献出版社2022年版。
③ 翁遇汝、史继辰等：《增修条例备考》，日本尊经阁文库藏明万历二十五年刻本。

(一) 改"令"为"例"和颁行《诸司职掌》,是创建典例法律体系的两大举措

明王朝开国之初,太祖朱元璋为革除前代法律形式和称谓混杂、法令冗繁的弊端,变革传统的律令法律体系,在法律体系创新方面有两个重大突破。一是简化法律形式,注重制例,以"例"代"令",自洪武元年(1368年)正月颁布《大明令》后,所有法律不再以"令"命名,凡"变通法"均冠以"例"的称谓,"例"从此提升为国家的主要法律形式;二是汇令典、律典为一典,洪武二十六年(1393年)颁行的《诸司职掌》,把《大明律》门目收入刑部门下,形成了国家典章制度合编,实现了法典"整齐划一"。对于明初最重要的几部法律在法律体系中的地位,明人程敏政做了这样的概括:"仰惟我高祖高皇帝,以武功定海内,以文德开太平,其所以贻谋垂宪者,有《皇明祖训》以著一代家法,有《诸司职掌》以昭一代治典,有《大明集礼》以备一代仪文,有《大明律》以定一代刑制。"[①]也就是说,《诸司职掌》是居于"一代治典"地位的国家大法,而《大明律》是"一代刑制",与《大明集礼》等法律一样,是《诸司职掌》的"下位法"。《诸司职掌》的颁行,标志着魏晋以来令典、律典并行的法律编纂模式为"会典"所代替。经这两项重大变革,初步形成了以典为纲、以例和其他法律为目的法律体系。在新法律体系中,《诸司职掌》是国家的"大经大法",明太祖于洪武年间颁行的《大明律》《大明集礼》等12种法律为"常经之法",以例命名的事例、则例、条例、榜例为"变通法"。由于明朝之初,法制新创,立法经验不够成熟,明太祖颁行的12种成法名称各异,规范性较差,但以《诸司职掌》一典替代魏晋以来的令典、律典,以"例"代替诸多法律形式,为传统律令法律体系转化为典例法律体系奠定了基础。

(二) 正德《会典》的颁行,标志明代典例法律体系基本框架的定型

自洪武中后期至正德初,《诸司职掌》一直被各级衙门奉为国家大法,遵行百余年之久,正如正德《会典》书前"凡例"云:"本朝旧籍,惟《诸司职掌》,见今各衙门遵照行事。"[②]随着社会发展和职官制度的变化,明朝"衙门名目、制度改革、官员品秩、事体更易",又多与国初不同,《诸司职掌》已无法适应治国需要,天顺、成化和弘治前期,要求增修《诸司职掌》"成一代完典"的呼声越来越高。弘治十年(1497年),明孝宗命纂修官始修《大明会典》,十五年(1502年)十二月书成,凡180卷。但未及颁行,明孝宗去世。明武宗继

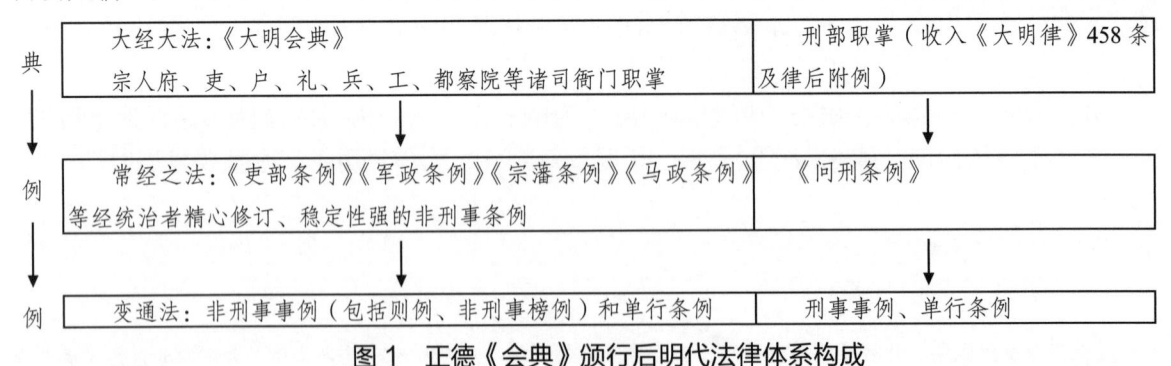

典	大经大法:《大明会典》 宗人府、吏、户、礼、兵、工、都察院等诸司衙门职掌	刑部职掌(收入《大明律》458条及律后附例)
↓	↓	↓
例	常经之法:《吏部条例》《军政条例》《宗藩条例》《马政条例》等经统治者精心修订、稳定性强的非刑事条例	《问刑条例》
↓	↓	↓
例	变通法:非刑事事例(包括则例、非刑事榜例)和单行条例	刑事事例、单行条例

图1 正德《会典》颁行后明代法律体系构成

---

① 程敏政:《篁墩集》卷十,明正德二年刻本,第10页b。
② 万历《大明会典》,中华书局1989年版,《弘治间凡例》,第5页。

位后，于正德四年（1509年）五月，命大学士李东阳等重校，六年（1511年）颁行天下，世称"正德会典"。《大明会典》以《诸司职掌》为纲，整合明太祖颁行的12种法律和仍能行用、参用的条例、事例，分述中央各衙门职掌和活动规则，把《大明律》458条收入，全面地规范了国家的各项基本制度。它的颁行，标志着明代典例法律体系框架基本定型。明代中后期的立法，基本上都是按照这一法律体系框架进行的。

明神宗万历十三年（1585年）颁行的重修《大明会典》，是在正德《会典》的基础上修成的，内容大同小异，其与正德《会典》不同之处，一是采取典例一体合编体例；二是增补了弘治十六年（1503年）至万历十三年事例；三是编纂技术和规范有新的提高。从万历到明末，明代典例法律体系的框架始终未变。

（三）清代典例法体系的发展和完善

清朝之初，百废待兴，统一中国的战争还在进行，统治者在无暇精心制定法律的情况下，曾行用《大明会典》条款。康熙时期，战事基本结束，健全国家法律制度被提上朝廷的议事日程。明代创建的以《会典》为纲、以例为目筑构法律体系的做法，为清廷所继受。自康熙朝纂修首部《大清会典》后，雍正、乾隆、嘉庆、光绪四朝又续修《会典》，世称"五朝会典"。康熙、雍正《会典》仿照明万历《会典》，采取典、例一体合编体例，乾隆、嘉庆、光绪《会典》，仿照明正德《会典》，采取典例分编体例，又将《会典》事例（或《会典》则例）单独编纂成书，嘉庆、光绪《会典》又增设了《会典图》。尽管《大清会典》的编纂体例和《会典》事例的功能前后有所变化，但《会典》作为国家根本大法的地位始终没变，以《会典》为纲、以例为目完善法律体系的传统没有变。

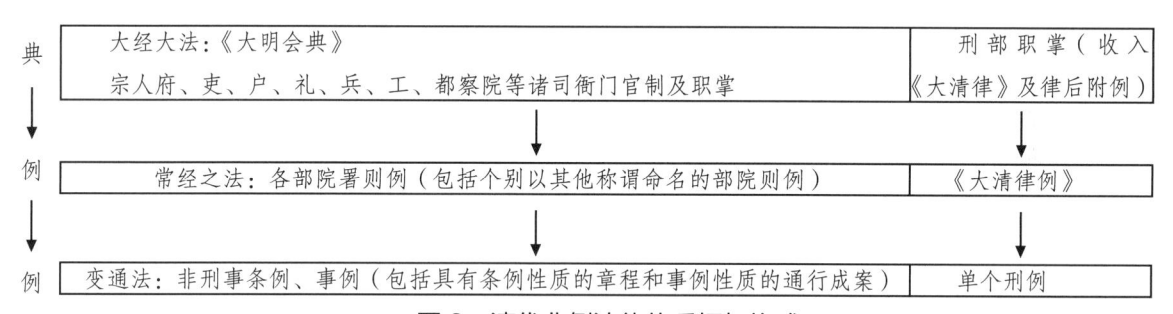

典	大经大法：《大明会典》宗人府、吏、户、礼、兵、工、都察院等诸司衙门官制及职掌	刑部职掌（收入《大清律》及律后附例）
例	常经之法：各部院署则例（包括个别以其他称谓命名的部院则例）	《大清律例》
例	变通法：非刑事条例、事例（包括具有条例性质的章程和事例性质的通行成案）	单个刑例

图2 清代典例法律体系框架构成

清代典例法律体系按其构成大致可分为三个层次，《大清会典》是国家典章制度的总汇，详细规定了中央文武衙门的编制、职掌、官员品级、统属关系和各项根本制度，朝廷制定的其他法律不能与之冲突，是在法律体系中居于"大经大法"地位的最高法典。中间层次由各部、院、寺、监则例和《大清律例》构成，用以规定各种具体制度和实施措施，是在实务中可以直接应用且稳定性较强的"常经之法"，属于国家基本法律。第三层次是未经统一编纂但具有一定效力的皇帝谕旨和各中央机构议准的条例、事例、章程和通行成案等，属于"变通法"。清代典例法律体系较之明代的创新和变化，一是提高了则例在国家法律体系中的地位，将其由"变通法"提升为"常经之法"，并扩大了则例的适用范围，用以表述中央各衙门的活动规范，则例是《大清会典》的实施细则和国家基本法律；二是降低了条例在法律体系中的效力层级。明代中后期以条例表述"常经之法"，国家制定的重要法律冠以"条例"称谓，而清代的条例，其性质属于"变通法"，用以表述通行性质的定例。

把明清法律体系定名为"典例法律体系"，是对两代法律编纂实际的客观概括，这种表述与明清人的认识是一致的。考察中华古籍中"典例"二字的含义及通常用法，详阅明清典籍中有关"典例"的论述，可知把明清法律界定为典例法体系，不仅符合立法者本意，也与"当时人的言论"相吻合。

在中国古代，"典""例"都是多义字。"典"有法典、典籍、准则等多义；"例"有类比、仿照的准则及规程条例等多义。"典例"作为"典""例"二字的连用，至晚在南北朝时期已经出现。《宋书》卷十七载："《起居注》，晋武有二丧，两期之中，并不自祠。亦近代前事也。伏惟至尊孝越姬文，情深明发，公服虽释，纯哀内缠。推访典例，则未应亲奉。有司祗应，祭不为旷。仰思从敬，窃谓为允。臣等参议，甚有明证，宜如所上。"①"推访典例"中的"典"，应是指礼典，"例"是指成例。鉴于"典""例"二字当时只是偶尔连用，还不能说"典例"一词在南北朝时期已成为法律用语。唐宋元时期，条例、则例、事例成为表述权宜、变通之法的法律形式，与法律形式的发展变化相适应，"典例"作为法典之"典"和定例之"例"二字的连称，在一些文献中逐渐出现，②然使用的次数相当有限。直到明代，随着改"令"为"例"和以典为纲、以例为目法律体系的创立及不断完善，"典例"作为《会典》典文与事例的合称，或用以表述"典""例"两种法律形式的合称，才被广泛运用。

明清史籍中，有关"典例"的记载屡见不鲜，仅《明实录》《国榷》《清实录》《度支奏议》《东华录》《清续文献通考》6书中，"典例"一词就出现了104次。综合分析上百种明清文献中有关"典例"的记述，可知这一时期"典例"的含义，除极少数文献将《会典》事例简称为"典例"外，作为"典"与"例"二字的连用，通常是在表述三种意义时使用。

一是用以表述《会典》的编写体例和内容构成。如清光绪《会典·凡例》云："我朝《会典》，经康熙、雍正、乾隆、嘉庆时四次奉敕纂辑，乾隆十二年圣谕以典、例无辨，始命区《会典》则例各为之部，而辅以行。嘉庆《会典》因之，于《会典》之外，别编事例，并附《图说》，各自为卷，互资考证。此次奉旨修，除《图说》、新增《凡例》外，典例仍以典为经，例为纬，一遵上届体裁。"③这段文字中的"典"，是指称《会典》典文，"例"是指称《会典》事例，"典例"是《会典》典文与《会典》事例的合称。

二是用以表述国家法律体系中《会典》与以"例"命名的其他法律规范的关系。如明

---

① 《宋书》卷十七《志第七》，中华书局1974年版，第469页。

② 如《唐会要》卷六十一载，唐宪宗元和四年（809年），"监察御史元稹劾奏徐州节度使王召，传送故监军使孟昇丧柩还京，给券乘驿，仍于邮舍安丧柩，有违典例"（《唐会要》卷六十一，中华书局1955年版，第1062页）。又如，王与撰《无冤录》卷下"检验骨殖无定例"载，元成宗大德四年（1300年），"刑部议得：自来亦无捡骨定例参详，合依已行事理，详情区处。已经行下本路，依上施行去讫。今据见申，不见凭何典例？"（清嘉庆十七年自刻宋元检验三录本）。

③ 崑冈等修，吴树梅等纂：光绪《大清会典》，景印《续修四库全书》第794册，上海古籍出版社2003年版，《凡例》，第8页上栏。

思宗崇祯三年（1630年）八月十五日圣旨："奏辞禄米，自是前王体国忠忱，今王以养赡不敷请复原额，谊应给与。但所比晋、周等府奉皇祖屡旨'后不为例'，秦藩兼以进封，是否典例允协，还着会同礼部详查，确议具奏。钦此。"查记载这则圣旨的户部于崇祯三年八月十二日题《初覆秦王请复常禄疏》，事情的原委是，崇祯二年（1629年）初，秦王谊漶奏称，诸藩王"俱岁禄本色一万石"，而秦府"本色五千石，折色五千石，较之诸藩迥异矣，臣祖秦宣王怀埢于嘉靖四十四年间奏辞常禄一千石"，因"后生齿浩繁，家口众多"，请求"复原辞常禄一千石"。户部查得，《大明会典》内开载："秦王岁支禄米一万石，米钞中半兼支。嘉靖四十四年奏辞本色一千石，岁支九千石，本色四千石，折色五千石"；又查得万历年间，鲁、荣、吉、蜀、益等王府以"养赡不敷，比例奏讨原辞常禄"，神宗皇帝颁恩例钦准给予，又屡旨"后不为例"。对于秦王谊漶的奏请，户部和皇帝都倾向于"谊应给与"，但又顾虑再颁恩例与《会典》规定不合，故皇帝发此圣旨，令户部与礼部确议，覆准秦王疏请"是否典例允协"。① 显然，思宗圣旨所说"典例"，"典"是指《大明会典》，"例"是指朝廷于《会典》之外发布的优恤宗藩的定例、事例，"典例"是《会典》与《会典》之外相关例的合称。

三是作为国家法律规范的代称。如弘治十六年（1503年）九月庚辰，致仕吏部尚书尹旻卒。《孝宗实录》记其生平，赞尹旻"仪观瑰奇，神采英发，有才略，善断大事。凡经铨注，虽稠人小吏，既久犹识其名，奸伪无所售，而课功核实，一以典例"。② 此句中的"典例"，非指某一特定的法典、定例，而是泛指国家法律规范。明弘治初刊印的丘浚撰《大学衍义补》，在论述"典"与"例"的关系时云："法者，祖宗所制百世之典；例者，臣僚所建一时之宜。法所不载，而后用例可也。"③ 也就是说，"典"即"法"，"例"是"法"的补充，"典例"是国家法律规范的总称。又如顺治皇帝于十八年（1661年）三月十七日"谕吏部等大小各衙门：国家纪纲法度，因革损益，代有不同，必开创之初，筹画精详，贻谋弘远，所定典例，可以垂之奕世，永行无弊"。④ 这段话中所说的"典例"，"典"不是指称某一具体法典，而是以"典"这一法律形式表述的法典类立法成果的泛称；"例"不是指称某一具体法律、法规、法令，而是以"例"这一法律形式表述的立法成果的泛称；"典例"是泛指以"典""例"两种法律形式及其表述的立法成果。

综观明清典籍，"典例"作为"典""例"二字连用的法律用语，除作为《会典》事例"的简称及用以表述《会典》典文与《会典》事例的关系外，泛称意义上的"典例"，"典"是"法典"或"典"这一法律形式的代称，"例"是"定例"或"例"这一法律形式的代称，故也常被作为国家法律规范的代称使用。鉴于以"典例"概述国家法律规范，在明、清两代已普遍使用，因此把明清法律体系表述为"典例法律体系"是符合历史实际的。

---

① 毕自严：《度支奏议》卷一百一十九，明崇祯刻本，第61—66页a。
② 《明实录·孝宗实录》卷二百零三，台湾"中研院"历史语言研究所1962年版，第3780—3782页。
③ 丘浚撰：《大学衍义补》卷一百零三，上海书店出版社2012年版，第21页。
④ 《清圣祖实录》卷二，顺治十八年三月十七日，中华书局1985年影印本（第1册），第54页下栏。

四、余论

中国古代的法律，典、律、令、例等各种法律形式并存，吏政、食货、礼仪、军政、刑事诸法并存，中央立法与地方立法并存，有机组成以官法同构的众多部门法为经、法律形式为纬的完整法律体系。国家法律体系由大大小小的若干分支体系组成，刑法系诸法之一端。"律例法律体系"的内容构成是以刑事律典为纲、以刑例为目，用其表述明清刑事法律体系是合适的，但若以"律例"概括国家全部法律规范，则是以点代面，失于偏颇。

回顾多年的明清法史研究，出现了不少常识性错误。《诸司职掌》是明朝前期国家大法，内含《大明律》门类，论者却将其性质误判为"行政法律"；明正德、万历《会典》把《大明律》列入其内，清康熙、雍正《会典》把《大清律》列入其内，清嘉庆、光绪《会典事例》将《大清律例》列入其内，论者却将《大明会典》《大清会典》性质界定为"行政法典"；清朝颁行的通行条例有数万件，三分之二以上系非刑事定例，论者却将其性质说成"专指刑事法规"；明清成案既有司法成案，又有行政公务类成案，且后者占绝大多数，论者却将其性质断定为"司法判例"。为什么学界对这些明显有悖法律常识的错误竟长期未察觉？究其原因，就是"律例"说作为传统"以刑为主"说在表述明清法律体系上的体现，被人们盲目视为符合逻辑、不受质疑的定论，面对浩瀚的明清法律史资料，只关注刑事法律文献，忽略对丰富多彩的各种法律的研究。若跳不出"以刑为主"的窠臼，就难免对许多重大法律问题的认识产生误判。

古代法律和法律文化精华与糟粕并存。近年来，挖掘传统法律优良成分古为今用，成为法史研究的热点，但到目前为止，这一探讨仍停留在泛泛而论阶段，未见有多少可供实践参用的成果。这与未能正确阐发古代法律体系有直接关系。就明清法律中的精华与糟粕而言，刑事、礼仪类法律受儒家纲常礼教影响甚深，较之其他诸法，糟粕相对较多，能够供现代法治建设借鉴的精华相对较少。"律例"说把刑事之外的绝大多数法律排除在外，引导人们把研究的视野局限于刑事领域，而对行政、经济、军事、文化教育诸方面法制建设的经验与教训漠不关心。如此自缚手脚，舍大求小，不仅使法史研究走不出困境，反而导致挖掘古代法律优良成分古为今用的路子越走越窄。

实事求是地还原历史本相，以"典例法律体系"的大视野审视明清法律，不仅两代立法概况清晰可见，还会发现其中蕴藏着丰富的立法智慧和可启迪后人之处。明清法律体系的效力层级由"大法""基本法""变通法"三个层次构成，与当代中国法律体系的效力层级相似。以"典"统"例"，立例贵依典意；以例为目，补典辅典，纲目结合，纲举目张，是明清法律体系的构建原则。明清人为贯彻这一原则创立的"典例"相互关系理论、修例制度、改进编纂体例和立法技术等一系列成功做法，对于完善当代中国法律体系仍有借鉴价值。明清在建立健全各部门法律体系过程中，也多有新创。在变革食货法律体系方面，明朝在各地自然条件千差万别和未制定统一的食货法典的条件下，因地制宜，以则例表述经济、财政、金融管理的标准和实施细则，较好地调整了各种复杂的社会经济关系，保障了国家财政收入；清朝在乾隆年间颁行了首部食货基本法即《户部则例》，确立了以《会典》户部为纲、以《户部则例》为食货基本法、以食货例为"变通法"的新食货法律体系，并在清中后期一直被遵行。在健全地方法律体系方面，明朝注重颁行地方条约；清朝广颁章程，极大提升了地方立法的规范性，并通过倡导民间自治组织制定民间规约，使地方自治制度得到了较好落实。在严密吏政法律体系方面，明清通过制定《吏部条例》《吏部则例》及多种法规，细化了对官吏的管理和监督；清朝多次纂修《处分则例》，把行政处分从刑罚中分离出来，使惩治违纪、渎职行为的法律措施更加得当。此外，明清在构建刑事、军政法律体系方面，清朝在构建少数民族法律体系方面，也多有成就。所有这些完善典例法律体系的经验，都值得我们认真总结。

多年来，学界对于如何认识明清法律体系争议颇多，除"典例""律例"说外，还有"礼法""官法同构""律令""律、典—例"等说。关于"礼法"说、"官法同构"说的瑕疵，已有学者撰文做了评论，[①]本文不再赘述。这里仅就与固守明清法律体系"律例"说密切相关的"律令""律、典—例"说做一简论。"律令"说认为，"律令"是前辈学者对古代中国法律体系的概括，明清文献中以"律令"作为法律称谓这一现象并未中断，继续沿用"律令体系"的提法，可体现中国古代法律体系传统的一贯性。"律、典—例"说认为，明清法律体系由"律—条例"刑事法律体系、"典—则例"非刑事法律体系构成，二者合称为"律、典—例"法律体系。此两说都有其立论依据，其中也不乏真知灼见。但对照法律体系内涵和构成的三大要素，可知这两种见解存在明显缺陷。其一，既然明、清两代立法已改"令"为"例"，除洪武元年（1368年）正月初一颁布的《大明令》外，所有法律都不再以"令"命名，明清法律文献中的"律令"有其特定的内涵，一般多是《大明律》《大明令》二者的合称，硬把明清法律体系概括为"律令体系"，就背离了历史实际。其二，"律、典—例"说否认《会典》在明清法律体系中是居于纲的地位的最高法典，否认《会典》与刑律存在纲目关系；以"律—条例"表述刑事法律体系，忽略了刑事事例的存在；以"典—则例"表述非刑事法律体系，忽略了未以"典""则例"命名的许多国家基本法律和非刑事条例、事例等法规法令的存在。明清统治者编纂《会典》的意图，就是融诸典于"一典"，形成以《会典》为纲、全国统一的法律体系。以"律、典—例"表述明清法律体系，不只存在未能覆盖全部法律规范的缺陷，而且使人无法理解"律—条例""典—则例"这两种法律体系之间有何必然的联系，也与两朝的立法宗旨大相径庭。

全面考察表述明清法律体系的诸说，只有"典例法律体系"的表述，既符合"法律体系"的概念和构成要素，又与当时的立法实践完全一致，因此，把明清法律体系界定为"典例法律体系"是恰当的。

在重新认识明清法律发展史过程中，各抒己见，畅所欲言，是学术探讨走向深入的表现，也意味着勇于争鸣的良好学风正在形成。笔者之见，亦系一家之言，正确与否，敬请方家指正。我们深信，学界通过反复研讨、争鸣，必将攻克如何正确表述明清法律体系这一难题，形成共识。

（原载《世界社会科学》2023年第1期，第142—160页）

[①] 郑智：《中国古代法的"体系"论衡》，载《法律史评论》2022年第1卷，社会科学文献出版社2022年版，第7—8页。

认真地对待秋审

——传统中国司法"正当程序"的新诠释

陈新宇 *

摘要：Derk Bodde 和 Clarence Morris 认为，秋审是一种不同于西方的"正当程序"的命题，具有丰富的诠释空间。从宪制意义上看，通过秋审，中央与地方之间建立起了更加紧密的联系，一方面可以促进全国司法的统一适用，另一方面得以改变律典确定法定刑主义带来的量刑僵化的弊端。在秋审中，刑部与各省之间不同于常规的审级关系，通过秋审各种《不符册》可以发现，刑部对于各省的不同意见，常采取"内商"的方式更加谨慎地处理，改判率并不算高。在刑部内部的会议上，既尊重当家堂官的意见，在决策时亦有民主的色彩，保持了一种权威与民主的平衡。

关键词：秋审；正当程序；《不符册》

一、引言

美国学者 Derk Bodde 和 Clarence Morris 在其名著《中华帝国的法律》中曾指出传统中国司法的特质，"覆审制度，尤其是有关死刑案件的秋审、朝审，可以说是人类智慧的杰出成果。无疑该制度复杂、规定烦琐，也许过于仪式化，很可能浪费大量人力，但毕竟创制了一种有别于我们的'正当程序'，值得中国人骄傲和自豪"。[①]该书出版于 1967 年，尽管当年受限于资料等原因，Bodde 和 Morris 对秋审某些环节的认识未必准确，[②]但作为一部由资深

---

* 作者系清华大学法学院教授。

[①] See Derk Bodde and Clarence Morris, *Law in Imperial China : Exemplified by 190 Ch'ing Dynasty Cases*（Translated from the Hsing-an hui-lan）*with Historical, Social and Juridical Commentaries,* Cambridge, Massachusetts: Harvard University Press, 1967, p.142. 中译本可见［美］D. 布迪、C. 莫里斯《中华帝国的法律》，朱勇译，江苏人民出版社 1995 年版，迄今已经多次重印，中信出版社也有该书中译本。Bodde 亦有翻译为博德或卜德。

[②] 此处引出一个学术典故：当年 Bodde 曾在哈佛大学演讲谈清代的司法，对秋审中的重要环节"勾决"理解有误，认为是"皇帝用朱笔在死罪人犯的名单上画一个大圈，名字被朱笔扫到的人便该处死"，并对听众提问，"清代刑事程序从传讯、初审、覆审，一步一步十分严密，为什么到了最后竟由皇帝如儿戏似的决定了罪犯的生死？"法史专家张伟仁先生作为唯一一位中国听众就在现场，其为自己回答不出博德的问题和不了解清代刑事程序感到羞愧，这一事件在很大程度上促成了张伟仁从国际法转向法律史研究。而关于"勾决"这个问题也在后来张伟仁回到"中研院"史语所工作，在查阅"三法司"档案中得到解决——"'勾决'一事，档案中有不少题本对'勾'前的程序有详细的叙述，而'勾'这一动作并非皇帝以朱笔在死刑人犯名单上画一个大圈，而是将每个应予处死之人的姓名上分别作一'勾'号，然后又在勾到本的首幅以朱笔写明'这所勾的某某某、某某某【将被勾之名一一抄录出来】著即处决，余著牢固监候'。这些步骤当然是为了确切防止误行勾决而设计的，十分谨慎细密，绝非儿戏"。参见张伟仁《学习法律的一些问题》，载《法制史研究》第十期，中国法制史学会、"中研院"历史语言研究所主编，2006 年 12 月。

汉学家[1]和中国法专家[2]通力合作的作品,《中华帝国的法律》在学术史上理应有一席之地,对传统中国司法这一议题具有比较客观理性的认识,从比较法的视野提出"秋审是一种不同于西方的'正当程序'"的命题具有"接着讲"的丰富诠释空间。

秋审是一种中国传统文化理念与制度规范相互融汇、发展演进的产物,包括天人合一观念下的秋冬行刑("孟秋之月……戮有罪,严断刑"[3];"赏以春夏,刑以秋冬"[4])、德(仁)政理念下的录(虑)囚、慎刑与集议("罪疑惟轻,功疑惟重。与其杀不辜,宁失不经"[5];"疑狱,氾与众共之。众疑,赦之"[6])、天理国法人情三位一体规范意识下的衡平司法("秋审衡情"[7])、大一统集权观下的人主专断("使杀生之机,夺予之要在大臣,如是者侵"[8])等。

其制度雏形是明代在霜降后会审重囚的朝审,"天顺三年,令每年霜降后,三法司同公、侯、伯会审重囚,谓之朝审,历朝遂遵行之"。[9]清承明制,建立了以京内即"刑部现监重囚"为对象的朝审和以京外即"直隶各省重囚"为对象的秋审,制度规范更臻完备,"自顺治十年,始行朝审之例。令每年于霜降后十日,将刑部现监重囚,引赴天安门外,三法司会同九卿、詹事、科道官逐一审录。若有司称冤并情可矜疑者,奏请减等缓决,其情真者,具题请旨处决。至直隶各省重囚,比照在京事例,令督抚各官将情真应决、应缓,并有可矜、

---

[1] Derk Bodde(1909—2003)是哈佛大学文学学士(1930年)、荷兰莱顿大学汉学博士(1938年),宾夕法尼亚大学教授。曾在中国生活和学习多年,著有《古代中国的神话》《中国思想西传考》《中华帝国的法律》《北京日记》《剑桥中国秦汉史(第一章)》《中国思想、社会和科学:前近代中国科学技术的智识与社会背景》《托尔斯泰与中国》等一百余篇(本)论著。See Douglas Martin, "Derk Bodde, 94, a Longtime Scholar on China", *The New York Times,* Nov.13, 2003;蔡慧清:《德克·卜德与中国文化》,《湖南社会科学》2006年第2期。中国学界对Bodde最为熟悉之处,是其曾将冯友兰先生《中国哲学史》两卷本翻译成英文,介绍给西方学界。

[2] Clarence Morris(1903—1985)是科罗拉多大学法学学士(L.L.B. 1925年)、哥伦比亚大学法学硕士(L.L.M. 1926年),宾夕法尼亚大学法学院教授。其对中国法有浓厚兴趣,曾与Derk Bodde和宾夕法尼亚大学的另外一位汉学教授W. Allyn Rickett共同开设一门中国法律思想的课程,也是美国当代中国联合委员会下设的中国法委员会三名创设委员之一。See Jefferson B. Fordham, "Clarence Morris", *University of Pennsylvania Law Review,* Vol. 121, No. 3(Jan. 1973), pp. 419—422。

[3] 《礼记正义·月令》,李学勤主编《十三经注疏》(标点本),北京大学出版社1999年版,第518—521页。

[4] 《左传·襄公二十六年》,李学勤主编《十三经注疏》(标点本),北京大学出版社1999年版,第1044页。

[5] 《尚书正义·大禹谟》,李学勤主编《十三经注疏》(标点本),北京大学出版社1999年版,第91页。

[6] 《礼记正义·王制》,李学勤主编《十三经注疏》(标点本),北京大学出版社1999年版,第412页。

[7] 关于"秋审衡情"的探讨,可见孙家红《清代的死刑监候》,社会科学文献出版社2007年版,第216—263页。

[8] (清)王先慎:《韩非子集解·三守第十六》,钟哲点校,中华书局2018年版,第121页。

[9] 《明史·刑法二》,《历代刑法志》,群众出版社1988年版,第532页。

可疑者，分别详审，开列具奏，候旨定夺，名曰秋审"。①

拙文将在当前更为充分的秋审史料②和代表性研究③的基础上，展开进一步的探讨。主要从法律程序的视角，通过数据统计等实证方法，以秋审各种《不符册》为中心，考察中央与地方关系，探究在秋审中刑部与各省意见不一致时，刑部内部如何进行协商和决策等问题。拙文的基本框架是，首先，介绍秋审制度建立和完善的两个关键要素即死刑监候和逐级审转覆核，解读清代死刑条目数量激增的原因，指出秋审是逐级审转覆核制下的一种特别程序，是处理中央与地方关系的重要一环。其次，通过秋审各种《不符册》，梳理地方秋审主导的督抚与中央秋审主导的刑部之间如何衔接，出现不同意见如何处理的相关程序，分析《不符册》中刑部最常见的表达方式"内商"的意涵，介绍刑部内部的两种会议即司议和堂议。复次，对刑部会议进行实证研究，对457个秋审案件的改判率进行统计，指出刑部改判率不算太高，分析其原因；对《不符册》代表性案例进行个案深描，指出当家堂官的作用在决策时不应被夸大。最后，在余论中进行总结与拓展。

---

① 《大清会典》（康熙朝），卷之一百三十，刑部二十二。关于清代朝审、秋审确立的具体时间，亦有史料认为是顺治元年（1644年），"顺治元年，刑部左侍郎党崇雅奏言：'旧制凡刑于重犯，自大逆、大盗决不待时外，余俱监候处决。在京有热审、朝审之例，每至霜降后方请旨处决。在外直省，亦有三司秋审之例，未尝一丽死刑辄弃于市。望照例区别，以昭钦恤。'此有清言秋、朝审之始"。（《清史稿·刑法二》，《历代刑法志》，群众出版社1988年版，第584页）

② 例如，杨一凡主编的《清代秋审文献》（全三十册，中国民主法制出版社2015年版）是迄今关于秋审最为丰富翔实的资料汇编；杨一凡主编的《清代判牍案例汇编》（乙编，全五十册，社会科学文献出版社2019年版）中收入了秋审各种《不符册》等重要资料。

③ 例如，孙家红《清代的死刑监候》（社会科学文献出版社2007年版）；宋北平《秋审条款源流考》（社会科学文献出版社2009年版）；郑秦《清代司法审判制度研究》（第五章"清代的秋审制度"，湖南教育出版社1988年版）；那思陆《清代中央司法审判制度》（第四章第五节"秋审"，北京大学出版社2004年版）；沈厚铎《秋审初探》（《政法论坛》1998年第3期）；Meijer, M. J. "The Autumn Assizes in Ch'ing Law"（*T'oung Pao*[通报], Vol. 70, No. 1/3, 1984）；伊藤洋二『清代における秋審の実態』（『中央大學アジア史研究』第11號，1987年）；高遠拓兒『清代秋審制度と秋審條款——とくに乾隆·嘉慶年間を中心として』（『東洋學報』第81卷第2號，1999年）、『清代秋審制度の機能とその實態』（『東洋史研究』第63卷第1號，2004年）等系列论文；赤城美恵子『中国清代の朝審および秋審の研究——監候事案の処理と差等化をめぐって』（日本東北大学博士学位论文，2004年）、『可矜と可疑——清朝初期の朝審手續及び事案の分類をめぐって』（日本《法制史研究》第54号，2004年）等系列论文；陶安あんど『明代の審録—罪名例の伝統にみる朝審と秋審制度』（日本《法制史研究》第50号，2000年）；中村茂夫『秋審余滴』（日本『愛大史学』第8號，1999年）等。其中，高遠拓兒教授在『清代秋審制度の機能とその實態』、『刑部左侍郎薛允升と「各省留養不符冊」——清末の当家堂官のことば』（『アフロ·ユーラシア大陸の都市と社会』，中央大学出版部2020年版）、『法部右侍郎沈家本と「各省留養不符冊」』（『中央大學アジア史研究』第44號，2020年）等文中使用了《不符册》，主要是探讨情实与缓决的界限，薛允升、沈家本在秋审中的表现等问题，但与拙文的研究旨趣、论证方法和个案讨论等不同。

二、秋审的制度要素：死刑监候和逐级审转覆核

有清一代，秋审的建立和完善需要具备两个关键要素，一个是实体法层面上，传统死刑在执行方式上区分了监候与立决；一个是程序法层面上，传统司法确立了逐级审转覆核制[①]。

死刑监候即绞监候、斩监候，秋审适用的对象是被拟判绞、斩监候的囚犯。传统死刑的执行至晚从唐代开始，已经有普通犯罪类型"（秋后）处决"和特殊犯罪类型（谋反、谋叛、谋大逆、恶逆、奴婢部曲杀主等）"（决）不待时"的区分，[②]前者维持了秋冬行刑的惯例，后者则及时惩治了罪大恶极者，是传统法制经与权的综合体现。明代律例体系开始明确区分"监候"和"立决"，"律应监候者，注秋后处决于其下，未注者则为立决，例文则分别著其应处之刑焉"。[③]清代沿袭了这种"监候"和"立决"的区分，"顺治初定律，乃于各条内分晰注明，凡律不注监候者，皆立决也；凡例内不言立决者，皆监候也"。[④]

依据沈家本的统计，唐律死罪二百三十三事；宋代死罪二百九十三，包括沿用唐律的《宋刑统》和后来编敕增加的死罪六十；明代死罪二百八十二，包括明律死罪二百四十九（凌迟十三、斩决三十八、绞决十三、斩候九十八、绞候八十七），杂犯死罪十三（杂犯斩四、杂犯绞九）和《问刑条例》死罪二十。[⑤]有清一代，情况有所变化，顺治时律例内真正死罪凡二百三十九条，杂犯斩绞三十六条；[⑥]但依据乾隆五年《大清律例》"总类"，死罪四百四十二，

[①] 本文将近完成时，发现郑秦教授已经对清代的司法体制有"逐级审转复核制"的凝练概括。参见郑秦《清代司法审判制度研究》，湖南教育出版社1988年版，第153页。

[②] 依据《唐律疏议》"立春后秋分前不决死刑"，唐代普通犯罪类型的死刑需在秋冬执行，特殊犯罪类型的死刑虽然可以在立春到秋分之间执行，但在特定的时日月份，仍然不能执行。"诸立春以后、秋分以前决死刑者，徒一年。其所犯虽不待时，若于断屠月及禁杀日决者，各杖六十。待时而违者，加二等。【疏】议曰：依狱官令：'从立春至秋分，不得奏决死刑。'违者，徒一年。若犯'恶逆'以上及奴婢、部曲杀主者，不拘此令。其大祭祀及致斋、朔望、上下弦、二十四气、雨未晴、夜未明、断屠月日及假日，并不得奏决死刑。其所犯虽不待时，'若于断屠月'，谓正月、五月、九月，'及禁杀日'，谓每月十直日，月一日、八日、十四日、十五日、十八日、二十三日、二十四日、二十八日、二十九日、三十日，虽不待时，于此月日，亦不得决死刑，违而决者，各杖六十。'待时而违者'，谓秋分以前、立春以后，正月、五月、九月及十直日，不得行刑，故违时日者，加二等，合杖八十。其正月、五月、九月有闰者，令文但云正月、五月、九月断屠，即有闰者各同正月，亦不得奏决死刑。"（《唐律疏议》卷三十，刘俊文点校，法律出版社1998年版，第613页）

[③] 董康：《秋审制度第一编》，杨一凡主编《清代秋审文献》（第三十册），中国民主法制出版社2015年版，第501页。

[④] 《清史稿·刑法二》，《历代刑法志》，群众出版社1988年版，第574页。

[⑤] 参见（清）沈家本《死刑之数》，《历代刑法考（附寄簃文存）》（三），邓经元、骈宇骞点校，中华书局1985年版，第1248—1249页。但依据其《唐死罪总类》统计（《历代刑法考（附寄簃文存）》（三），第1253—1267页），唐律的死刑有斩八十九条、绞一百四十三条，总数应为二百三十二条。两处数据对比，前者多一条，稍有出入。

[⑥] （清）沈家本：《虚拟死罪改为流徒折》，《历代刑法考（附寄簃文存）》（四），邓经元、骈宇骞点校，中华书局1985年版，第2028页。

包括杂犯绞罪六条、杂犯斩罪七条、实犯监候绞一百四十五条、实犯监候斩一百三十九条、立绞二十五条、立斩一百三条、凌迟处死十七条；①依据嘉庆朝《大清会典》，死罪六百四十四，包括杂犯绞者六、杂犯斩者八、实犯绞监候者二百一十三、实犯斩监候者一百七十九、立绞者五十七、立斩者一百六十、凌迟处死者二十一；②依据光绪朝《大清会典》，死罪八百一十三，包括杂犯绞者六、杂犯斩者六、实犯绞监候者二百六十六、实犯斩监候者二百一十二、立绞者七十一、立斩者二百二十二、凌迟处死者三十。③通过数据对比，可以看到，相对于唐宋明时期死罪相对较少且数量比较接近（三百以下），清代初期的死罪维持了这一趋势，但从乾隆朝起，数量有了较大提升（四百以上），并且到了清末增加幅度甚巨（比乾隆朝增加近一倍）。正如董康指出，"清承明制，自世祖迄世宗，无大变更，至乾隆以后，死刑之条例较多"。④

对历代死刑条目数量演变规律的解读，不能简单地理解为清代的刑法越来越严酷，原因有两点。第一，清代死刑存在着名实不符的现象。首先，绞、斩监候经过秋审，即便是最严重的"情实"者，如果没有被勾到，也不会被处死，最终被执行死刑者只占较小比例，"每年实予勾决者十不逮一，有死罪之名，无死罪之实"。⑤其次，存在着大量"虚拟死罪"的情况，例如戏杀、误杀、擅杀，虽然《大清律例》规定是绞监候，但在经过秋审后皆入缓决，最终减为流刑；⑥董康也指出，《秋审条款》的"矜缓比较门"又名"虚拟死罪"，符合该门的犯罪最终只是被执行徒流刑。⑦因此，以实际执行死刑而言，在政治正常而非全国性战乱时期，清代死刑的数量没有像死刑条目数据变化那样夸张。

第二，清代对死刑犯的处理更加制度化、规范化。唐代对死刑犯的录囚覆奏，结果更多是出自君主的特权裁断，不具有确定性，例如，唐太宗曾经允许死罪者三百九十人回家，等待第二年秋才执行，结果囚徒都按期回来，太宗因为其诚信而赦免了他们，但该事例正如沈家本所评价，"此其纵之还也，乃出于一念之仁而非以其罪之可恕，其来归而悉原之也，乃出于非常之特恩，亦非以其真有可原，欧阳永叔所谓违道而干誉也"。⑧明代通过朝审开始对死刑监候者

---

① 参见《大清律例》（乾隆五年）卷四十六，郑秦、田涛点校，法律出版社1999年版，第859—907页。
② 《钦定大清会典》（嘉庆朝）卷四十一，刑部·尚书侍郎职掌一。
③ 《钦定大清会典》（光绪朝）卷五十四，刑部·尚书侍郎职掌二。
④ 董康：《清秋审条例》，杨一凡主编《清代秋审文献》（第三十册），中国民主法制出版社2015年版，第400页。
⑤ 《修订法律大臣沈家本等奏进呈刑律草案折》，《大清新法令》（第一卷），李秀清、孟祥沛、汪世荣点校，商务印书馆2010年版，第459页。董康也谈到秋审"每年案件虽多，情实者不逮十之一也"，董康：《前清司法制度》，何勤华、魏琼编《董康法学文集》，中国政法大学出版社2005年版，第351页。
⑥ 参见（清）沈家本：《虚拟死罪改为流徒折》，《历代刑法考（附寄簃文存）》（四），邓经元、骈宇骞点校，中华书局1985年版，第2029页。
⑦ 参见董康《论秋审制度与欧美减刑委员会》，何勤华、魏琼编《董康法学文集》，中国政法大学出版社2005年版，第342页。
⑧ （清）沈家本：《赦考》，《历代刑法考（附寄簃文存）》（二），邓经元、骈宇骞点校，中华书局1985年版，第797页。董康也认为，"唐律降虑之特权事属偶然，沐此宽典，百不获一"。《秋审制度第一编》，杨一凡主编《清代秋审文献》（第三十册），中国民主法制出版社2015年版，第502页。

予以类型化处理，分为"情罪可矜疑""有词当再问""情真应决"三类，① 到了清代，其类型更趋完善，初期区分为"情实""缓决""矜""疑"四类，雍正以后加入"留养承祀"，凡五类，② 同时在实践中形成、发展出秋审条款和秋审成案等重要法源，使得法律适用更具有确定性。

从适用区域上看，明代朝审最初适用于北京，再推行到南京，弘治二年（1489年）以遣官审录的方式推广到各省。③ 清代秋审模仿朝审，从直隶发展到全国，并在康熙五年（1666年）改变以往通过巡按御史或者三法司官员外出审录的方式，④ 真正定型为一种中央与地方保持一致、分工有序的常规制度。有清一代，能够在更大的疆域内推行适用秋审，反映出其国家治理能力的提升，在司法方面的重要标志是确立了以案件性质和刑罚轻重区分不同类型，不同行政级别具有各自权限，大体是轻罪由州县自理，重罪由中央核准的逐级审转覆核制度。秋审成为这种司法制度下的一种特别程序，从宪制的意义上讲，秋审正是处理中央与地方关系的重要一环。

逐级审转覆核制是一套通过案件分流、层级分权、文书（例如，循环簿、题本、奏折等）和规制（例如，审限、驳案等）等方法、手段构建的制度，其具体细节，正如史料所记载，"各省户、婚、田土及笞、杖轻罪，由州县完结，例称自理。词讼每月设立循环簿，申送督、抚、司、道查考。巡道巡历所至，提簿查核，如有未完，勒限催审。徒以上解府、道、臬司审转，徒罪由督抚汇案咨结。有关人命及流以上，专咨由部汇题。死罪系谋反、大逆、恶逆、不道、劫狱、反狱、戕官，并洋盗、会匪、强盗、拒杀官差，罪干凌迟、斩、枭者，专折具奏，交部速议。杀一家二命之案，交部速题。其余斩、绞，俱专本具题，分送揭帖于法司科道，内阁票拟，交三法司核议。如情罪不符及引律错误者，或驳令覆审，或径行改正，合则

---

① 参见（明）王樵《方麓集》，收入《景印文渊阁四库全书》第1285册，（台湾）商务印书馆2008年版，第116页。

② 参见《清史稿·刑法三》，《历代刑法志》，群众出版社1988年版，第584页；刚毅将其分为"情实""缓决""可矜""留养""承祀"五类[参见（清）刚毅辑《秋谳辑要》卷一，杨一凡主编《清代秋审文献》（第九册），中国民主法制出版社2015年版，第233页]；沈家本根据会典将其分为"情实""缓决""可矜""留养承祀"[参见（清）沈家本《叙雪堂故事》，徐世虹主编《沈家本全集》（第二卷），中国政法大学出版社2010年版，第365页]。

③ 参见董康《秋审制度第一编》，杨一凡主编《清代秋审文献》（第三十册），中国民主法制出版社2015年版，第495—496页。

④ 这一演变过程的重要历史细节，可见（清）薛允升著述、黄静嘉编校《读例存疑重刊本》（第五册，成文出版社1970年版，第1240页）："《律例通考》云：'按：朝审及直隶秋审，始自顺治十年。先准刑部差司官二员，会同该抚按审奏。十三年改差三法司堂官，前往直隶，会同该抚按审题。十四年停遣三法司堂官，照旧差司官二员，会同审录。各省秋审定于顺治十五年，各该巡按，会同该抚及布按二司等官，照在京事例，分别实缓，并有可矜可疑者，于霜降前具奏。顺治十八年，覆准巡按已裁，在外秋审，该抚照例举行。康熙五年题准，直隶地方差遣司官永远停止，即明律所云直隶去处，从刑部委官云云也。'"又可见（清）吉同钧《新订秋审条款讲义》[杨一凡主编《清代秋审文献》（第三十册），中国民主法制出版社2015年版，第235页]，"顺治十年京师设朝审，直隶始设秋审，十五年各省遍设秋审，由刑部差司官二员会同该抚按审奏，后改差三法司堂官会审。康熙五年停止差遣，由各省巡抚举行"。

如拟核定。议上立决，命下，钉封飞递各州县正印官或佐贰，会同武职行刑。监候则入秋审"。①可以看到，在该制度之下，在秋审之前，经过初步的审理和覆核，地方的督抚对案件判处绞、斩监候的意见得到中央的三法司和皇帝的认可。②接下来进行的，便是通过秋审，对其究竟属于情实、缓决、可矜、可疑和留养承嗣哪一类别做出进一步的裁判，并最终确定具体的刑罚。

三、《不符册》所见的秋审程序

清代秋审包括地方秋审与中央秋审两个层面。作为地方秋审主导的督抚与作为中央秋审主导的刑部之间如何衔接、当双方意见不同如何处理，构成了传统法律程序极富特色的一端，秋审文书类中的《不符册》就是反映这一过程的重要载体。所谓"不符册"，指刑部将"内外意见不同，实缓互异者，提出另为一册"。③本部分以秋审各种《不符册》为基础，梳理其过程，归纳其要点。

首先，对于在规定时间之前题结，进入该年秋审的案件，④刑部与各省分别根据案情，各自给出实、缓、矜、疑等法律意见。需要指出，在这一阶段，刑部与各省之间不同于之前常规审级制度下串联式的你方唱罢我登场，而是并联式的齐头并进。其间具体细节，就刑部而言，"每年正月书吏摘录死罪原案节略……订为一册，分送学习司员，先用蓝笔勾点，酌拟实缓可矜，加以批语，谓之初看；次由堂派资深司员覆用紫笔批阅，谓之覆看；复由秋审处坐办提调各员取初看、覆看之批，折中酌议，又用墨笔加批，谓之总看。总看看后呈堂公阅，各加批词，注明实缓。"就各省而言，"每年二、三月先由臬司拟定实、缓、可矜详由，督抚覆勘。勘后，督抚会同藩司、各道，择日同至臬署，亲提人犯，当堂唱名，然后确加看语，于五月以前具题咨部"。⑤可以看到，此一阶段花开两朵，刑部内部完成了其由资浅到资深、由司员（学习司员、资深司员、秋审处坐办提调）到堂官（尚书、侍郎）多个层级的审阅，既层层递进，又保持独立；各省则先由专门负责司法的官员按察使司（臬司）提出意见

---

① 参见《清史稿·刑法三》，《历代刑法志》，群众出版社1988年版，第583页。

② 其大致的流程和文书措辞如下：（1）地方督抚以"某某依律（或例）拟斩（或拟绞）"上报；（2）皇帝以"三法司核拟具奏"要求刑部、大理寺和都察院给出意见；（3）三法司如果同意地方意见，刑部领衔以"某某依某律（或例）拟斩（或拟绞）监候，秋后处决"上报；（4）皇帝如果同意，以"某某依拟应斩（或绞）著监候，秋后处决"下旨；（5）刑部咨行地方督抚将"某某监候在案"。

③（清）吉同钧：《新订秋审条款讲义》，杨一凡主编《清代秋审文献》（第三十册），中国民主法制出版社2015年版，第236页。

④ 在一般情况下，"凡斩、绞监候应入秋审案件，俱按该省题结日期截止。云南、贵州、四川、广东、广西封印日截止，福建正月三十日截止，奉天、陕西、甘肃、湖南、湖北、江苏、江西、浙江、安徽二月初十日截止，河南、山东、山西三月初十日截止，直隶三月三十日截止，新疆、察哈尔六月三十日截止。本部现审七月十五日截止，如遇下半年闰月，以七月三十日截止计算。题结在截止日以前，归本年办理；如题结在截止日以后，归次年办理"。（清）刚毅：《秋谳辑要》卷一，杨一凡主编《清代秋审文献》（第九册），中国民主法制出版社2015年版，第225页。

⑤（清）吉同钧：《新订秋审条款讲义》，杨一凡主编《清代秋审文献》（第三十册），中国民主法制出版社2015年版，第235—236页。

后，再以督抚、布政使司（藩司）、按察使司等省级主要官员共同会审人犯的方式，给出了地方秋审的结论，并在规定期限内报送给刑部。在此基础上，刑部将双方的意见进行对照，如果各省的"后尾"，即"督抚酌定实缓勘语"，与刑部司批、堂批不一致，便有了秋审处为此专门制作的《不符册》，[①]为下一阶段的司议、堂议做好准备。

目前可见的秋审各种《不符册》包括直隶、安徽、浙江、云南、广西、贵州、四川、陕西、广东、湖广、奉天、山东、山西、江苏、热河等省的秋审案件，根据其列出的内（刑部）外（各省）意见对照，至少存在着以下14种不符的类型，分别为：内实外缓、内商外缓、内商外实、内缓外矜、内商矜外缓、内商外缓留、内商矜外矜、内矜外缓、内矜外缓留、内缓外缓留、内商留外缓留、内商矜留外缓留、内缓外缓承、内商承外缓承。[②]可以看出，地方督抚的意见比较明确，基本是给出实、缓、矜、留具体的意见，个别例外比如"外缓留""外缓承"，表明存在"缓决"和"留养"或"承祀"两种意见并存，其指的是秋审人犯既符合"缓决"的条件，同时又存在着"留养"或"承祀"的可能性，需要督抚进一步查明情况，再咨部核办。例如，《浙江省不符册》的傅升等人越狱一案，浙江巡抚梁宝常奏称，"（傅升）乘机脱监，并未随同助势。傅升他物吓殴壹伤适毙……入于缓决。再傅升到案时据供父母俱年逾柒拾，兄弟成废，正在查办留养。该犯脱监仍依常律，自应循例办理。现饬诸暨县查明传集保邻亲族人等讯取保结，由府审明解司审详覆看。应俟详解到日，由臣提讯明确，另行咨部核办"。[③]

与各省的意见比较，刑部的意见则多不明朗，"内商"是其一种最常见的表达方式。14种内外不符类型中，有关"内商"的就有8种，而且归入该类的案件比例远远超出刑部有明确意见的案件比例。例如，《直隶省不符册》共26个案件，分别是"内实外缓"1个、"内商外缓"20个、"内商外实"1个、"内缓外矜"3个、"内商矜外缓"1个，"内商"类的有22个，约占84.62%；《安徽省不符册》共32个案件，分别是"内商外缓"26个、"内商外缓留"2个、"内商外实"1个、"内商矜外矜"3个，"内商"类达到100%；《浙江省不符册》共19个案件，分别是"内实外缓"1个、"内商外缓"16个、"内商外缓留"1个、"内商矜外缓"1个，"内商类"有18个，约占94.74%。[④]这意味着刑部内部对案件如何定谳存在着商榷意见，需要进一步协商解决，可以说，"内商"折射出即便在法律专门机构里，在法律专家各自的眼中，

---

① 参见（清）刚毅《秋谳辑要》卷一，杨一凡主编《清代秋审文献》（第九册），中国民主法制出版社2015年版，第226页。关于各省的"后尾"，亦有称为"外尾"，参见（清）吉同钧《新订秋审条款讲义》，杨一凡主编《清代秋审文献》（第三十册），中国民主法制出版社2015年版，第236页。与此相对应，刑部司官的意见，称为"部尾"，参见董康《论秋审制度与欧美减刑委员会》，何勤华、魏琼编《董康法学文集》，中国政法大学出版社2005年版，第343页。

② 参见《各省不符册》《秋审不符册》《各省留养不符册》，杨一凡主编《清代判牍案例汇编》（乙编，第三十八——四十三册、第五十册）。

③ 《各省不符册》，杨一凡主编《清代判牍案例汇编》（乙编，第三十八册），社会科学文献出版社2019年版，第532—533页。

④ 三省的《不符册》收入《各省不符册》，杨一凡主编《清代判牍案例汇编》（乙编，第三十八册），社会科学文献出版社2019年版。

同案同判仍存在着不小的难度，需要以更谨慎的方式来进行处理。

其次，围绕着《不符册》的内外不符和刑部内部暂时无法取得一致意见，刑部在七月份举办两种会议进行集体协商。第一种是司议，七月中在秋审处举行，由该处的提调、坐办等参加；第二种是堂议，七月底在白云亭举行。需要指出的是，虽说是堂议，实际上除刑部的堂官即尚书、侍郎之外，之前司议的秋审处人员也一起参加，因此更准确地讲，应该是吉同钧所讲的"堂司合议"。两种会议的结果会以小方签的方式粘贴在《不符册》各案的上栏。[①] 这一阶段有两点值得特别注意，一个是会议结果采取多数决议的方式，一个是权威专家即当家堂官的作用。根据董康的说法，会议乃"从多数定最后处分，轻重均适者，取决于当家堂官"。[②] 所谓"当家堂官"，指尚书、侍郎中"指麾一切者"，在刑部的语境下，"亦有侍郎当家者，赵舒翘、沈家本之在刑部，皆以深明旧律，为尚书所不及，实权乃渐集于侍郎。概因其人而生权力也"。[③] 或许可以说，刑部内部会议的议事方式，兼顾了民主与权威，颇有某种在司法民主协商基础上集中的特质。司议人员能够有机会参与堂议，可以充分与尚书、侍郎反馈、沟通意见，同时既能发挥各堂官中因专业能力而有重要话语权的当家堂官的决断作用，又避免其作为少数意见时推翻多数意见。[④]

最后，在刑部完成司、堂会议后，就进入一般人更为熟悉的秋谳大典，其术语叫"秋审上班"，即八月份在金水桥西由九卿、詹事、科道会同详核，具题上奏。正如亲历者沈家本所描述，"八月上旬，九卿等会于天安门外金水桥西朝房，以各省秋审起数，按其实缓矜留逐案唱报。其与外拟不符，另行改拟之案，即将应改缘由朗诵。如九卿等有商签，应准应驳之处亦加朗诵，俾众共闻。议既定，将情实、缓决、可矜、承祀留养各犯分拟具题，恭候钦定"。[⑤] 在秋谳大典颇具仪式感的背后，从程序角度值得注意的是参与者事先获得相关材

[①] 参见董康《前清司法制度》，何勤华、魏琼编《董康法学文集》，中国政法大学出版社2005年版，第352页；（清）吉同钧：《新订秋审条款讲义》序，杨一凡主编《清代秋审文献》（第三十册），中国民主法制出版社2015年版，第236页；（清）刚毅：《秋谳辑要》卷一，杨一凡主编《清代秋审文献》（第九册），中国民主法制出版社2015年版，第226—227页。

[②] 参见董康《前清司法制度》，何勤华、魏琼编《董康法学文集》，中国政法大学出版社2005年版，第352页。

[③] 参见徐珂《清稗类钞》（第三册），中华书局2010年版，第1313页。董康也指出，"惟尚、侍六人内仅有一人系本部司官出身者，亦称当家堂官"，《清代秋审条例》，杨一凡主编《清代秋审文献》（第三十册），中国民主法制出版社2015年版，第437—438页。

[④] 董康就指出，当家堂官"占最少数恐无形而推翻司议，乃令司议之提坐并加于内，决以多数，亦尊重法家之专诣也。"《清秋审条例》，杨一凡主编《清代秋审文献》（第三十册），中国民主法制出版社2015年版，第437—438页。

[⑤] （清）沈家本：《叙雪堂故事》，徐世虹主编《沈家本全集》（第二卷），中国政法大学出版社2010年版，第365页。

料及其时间的问题。主要有两种，一个是招册，包括原案材料、刑部看语和督抚看语，①乾隆二十八年（1763年）根据山西道御史戈涛的奏请，要求将招册于秋审上班前十五日分发给参与秋审的各衙门；②一个是改事方签，即刑部会议后专门刊订成册的改判看语，道光五年（1825年）根据御史万方雍的奏请，要求将改拟各案看语汇齐缮刻，于秋审上班前五日分送给九卿、詹事、科道。③改事方签包括五种情形，分别是：（1）改实者；（2）例实情轻从宽声叙者；（3）服制情重从严声叙者；（4）实缓在疑似之间酌缓归入汇奏者；（5）关系矜缓及留养承祀，酌有改动者。④从改事方签的内容，可以看到《不符册》最终成果的转化形式。上述材料和时限要求的目的，在于使参与秋审的各类人员能够事先充分了解案情和裁判理由，在仪式化的基础上实质性地进行覆核。

虽然御史们要求刑部提前合理时间分送招册的类似奏折在嘉庆朝多次出现，甚至光绪朝仍可以得见，⑤证明其执行效果并不如意，但这类诉求正是努力促进九卿等会审更加合理化的表现。从光绪十八年（1892年）御史文灐奏请于上班前十日分送招册，刑部的回应"从前本以前十日为期，后应缮刻改事看语，须一并分送，遂以前五日为期，历年办理，并无迟误"⑥来看，在道光五年（1825年）御史万方雍奏请后，招册很可能确定为在会审前五日与改事方签一并分送。实践中的案例，乾隆三十五年（1770年）福建省陈招弟因殴死汤宋氏本夫汤乃明毁尸灭迹一案，关于奸妇汤宋氏如何处理，福建巡抚温福将其定为情实，刑部改为缓决，九卿等会审仍以其不知情拟以缓决，参与会审的吏部尚书託庸、都察院左都御史素尔讷专门联袂上奏提出异议，认为应该以情实定案，而温福同样上奏坚持之前的意见。⑦光绪二十九年（1903年）江苏陆来蒽强占郭改子为妻一案，都察院两位给事中熙麟和潘庆澜在会

---

① "有司决囚等第"律下的条例一："秋审时……刑部将原案及法司看语，并督抚看语，刊刷招册，送九卿、詹事、科道各一册"，（清）薛允升著述、黄静嘉编校：《读例存疑重刊本》（第五册），（台湾）成文出版社1970年版，第1239页。

② 参见（清）沈家本《叙雪堂故事》，徐世虹主编《沈家本全集》（第二卷），中国政法大学出版社2010年版，第373、376页。

③ 参见（清）沈家本《叙雪堂故事》，徐世虹主编《沈家本全集》（第二卷），中国政法大学出版社2010年版，第376页。

④ 参见董康《清秋审条例》，杨一凡主编《清代秋审文献》（第三十册），中国民主法制出版社2015年版，第439页。

⑤ 参见（清）沈家本《叙雪堂故事》，徐世虹主编《沈家本全集》（第二卷），中国政法大学出版社2010年版，第373—375页。御史们要求招册"十数日前""半月以前""前十日"等分送，刑部则以工作量大等理由进行辩解，根据这些材料，现实中招册分送的时间往往是"会审前一二日""距上班日期三四日""前五日"等。

⑥ 参见（清）沈家本《叙雪堂故事》，徐世虹主编《沈家本全集》（第二卷），中国政法大学出版社2010年版，第375页。

⑦ 参见（清）沈家本《叙雪堂故事》，徐世虹主编《沈家本全集》（第二卷），中国政法大学出版社2010年版，第391—393页；《秋审事宜并历年上谕》，杨一凡主编《清代秋审文献》（第一册），中国民主法制出版社2015年版，第281—285页。

审中认为刑部所拟"情实"过重，分别上折提出异议。①这些个案可以折射出九卿等会审并非仅仅仪式化的过场，同样存在不同意见与激烈争执。辩证地讲，如果九卿等会审时没有过多的异议，也正是刑部在经过内部多层审核后，所拟意见确实达到情罪允协的表现。

四、刑部会议的实证研究

（一）数据统计：457个秋审案件的改判率

根据《各省不符册》《秋审不符册》《各省留养不符册》的数据统计看刑部最终对督抚意见的改判情况。需要指出的是，这里采取的标准是刑部明确改变了督抚关于案件类别的意见，如缓决改情实、可矜改缓决、缓决改可矜等情形，但不包括督抚提出缓留或缓承，刑部最终只同意缓决的情形（例如，"内商外缓留""内缓外缓留""内缓外缓承"），因为刑部只是对督抚提出的复合意见（缓决或留养、缓决或承祀）做出明确指示，并非严格上的改判。以下共有4组数据。

1. 道光二十七年（1847年）《各省不符册》的情况是共139个案件，改判24个，②包括直隶26个案件，8个改判；③安徽32个案件，2个改判；④浙江19个案件，2个改判；⑤云南13个案件，1个改判；广西15个案件，2个改判；⑥四川34个案件，9个改判。综上，该年的改判率：24/139≈17.27%。

2. 光绪九年（1883年）《各省不符册》的情况是共215个案件，改判36个，⑦包括云南3个案件，2个改判；四川57个案件，有7个改判；⑧陕西10个案件，3个改判；广东9个案件，1个改判；湖广32个案件，7个改判；奉天27个案件，7个改判；山东34个案件，2个改判；⑨山西16个案件，2个改判；浙江9个案件，1个改判；安徽8个案件，3个改判；江苏10个案件，1个改判。综上，该年的改判率：36/215≈16.74%。

---

① 参见董笑寒、孙燕京《秋审个案与清末司法审判》，《南京社会科学》2013年第2期。
② 杨一凡主编：《清代判牍案例汇编》（乙编，第三十八册、第三十九册），社会科学文献出版社2019年版。
③ 另外有1个（吕幅案）属于"内商外缓"，刑部最终在"照缓"的基础上进一步指示"不准减等"。
④ 另外有2个（袁应修案、陈小印案）属于"内商外缓留"，刑部最终在"照缓"的基础上进一步指示"不（准）留"。
⑤ 另外有1个（傅升案）属于"内商外缓留"，刑部最终在"照缓"的基础上进一步指示"不准留"。
⑥ 统计时将杨志刚、杨亚长案（同案犯）归入改判的案件，具体结果是杨志刚照缓、杨亚长改实。
⑦ 杨一凡主编：《清代判牍案例汇编》（乙编，第四十册、四十一册、四十二册），社会科学文献出版社2019年版。与道光二十七年《各省不符册》的情况不同，光绪九年《各省不符册》大多数案件的文书中看不到司议、堂议的具体意见（小方签），只能根据其目录页（案犯人名的汇总）的案犯人名下所附的堂议改判结果进行统计。但像贵州、直隶、江西、热河四省，无论是正文的案件文书还是目录页皆无相关记录，因此无法统计。
⑧ 《四川省不符册》目录页的案犯人名中黄济碌、杨葵生、刘鲜五3人的案件文书在正文中没有找到，因此根据正文实际出现的案件文书统计案件数量。另外，有1个（叶氏案）刑部意见是"拟驳"。
⑨ 《山东省不符册》目录页（案犯人名的汇总）中有华二红薯、杨僖仔、韩呕、王抢仔4个案件所附的堂议结果因为涂抹或者字迹模糊无法辨认，但可以确定不是改判类的"改某"（如改实、缓、矜）字样。

3. 光绪五年（1879年）并七年（1881年）《秋审不符册》的情况是共56个斗杀类案件，4个改判，①该类案件的改判率：4/56≈7.14%。

4. 光绪九年（1883年）《各省留养不符册》的情况是共47个留养类案件，2个改判，②该类案件的改判率：2/47≈4.26%。

尽管案件样本相对有限，只涉及457个案件，但通过上述数据统计，仍然可以窥见：（1）整体上刑部的改判率不算太高，最高是17.27%，在特定类型案件中甚至更低，只有4.26%。或者可以说，刑部在很大程度上尊重各省的意见。（2）对暂定"内商"的案件，在经过司议、堂议之后，才有推翻督抚判决的明确意见，③考虑到在《不符册》中"内商"案件的比例最大，可以说刑部主要通过会议，确保了改判的合法性。（3）央地比较，地方督抚的有利条件是可以当面审讯案犯，更方便了解案情，中央刑部的优势是作为专业机构更熟悉相关政策、规则与成案，这应是以书面审为主的刑部采取集议这种更为谨慎方式的主要原因之一。

（二）个案深描：当家堂官的作用

董康的《清秋审条例》附录中收入光绪年间《不符册》的"刨窃浮厝尸棺"和"火器伤人"两起案件，④晚清律学大家沈家本在刑（法）部侍郎⑤任上，皆有参审。这两起案件，皆

---

① 杨一凡主编：《清代判牍案例汇编》（乙编，第三十九册），社会科学文献出版社2019年版。

② 杨一凡主编：《清代判牍案例汇编》（乙编，第四十三册），社会科学文献出版社2019年版。光绪九年《各省留养不符册》的情况是其正文的案件文书看不到司议、堂议的具体意见，目录页（案犯人名的汇总）的案犯人名下，"内商外缓留"类有2个案件（汪歪歪案、王小栓案）添附有堂议"改实"字样；同时，"内缓外缓留"类的22个案件、"内缓外缓承"类的1个案件，下面虽然没有添附信息，但推测刑部应坚持了原来"内缓"意见，没有接受督抚关于"留养""承祀"的建议，可以看出刑部对于留养、承祀采取了非常谨慎的态度，轻易不会接受，一个原因很可能就是留养、承祀的减刑幅度很大。另外，《清代判牍案例汇编》（乙编，第五十册）有光绪三十三年的《各省留养不符册》，但没有任何司议、堂议信息，因此无法进行统计。

③ 例如直隶26个案件，会议之前有明确不同意见的4个（"内实外缓"类1个、"内缓外矜"类3个，会议也维持了之前的刑部意见），会议之后增加4个（"内商外缓"类"改实"3个、"内商矜外缓"类"改矜"1个）；安徽32个案件，会议之前全部是"内商"，会议之后增加2个（皆"内商外缓"类"改实"）；浙江19个案件，会议之前有明确不同意见的1个（"内实外缓"类，会议也维持了之前的刑部意见），会议之后增加1个（"内商矜外缓"类"改矜"）。

④ 董康：《清秋审条例》，杨一凡主编《清代秋审文献》（第三十册），中国民主法制出版社2015年版，第461—473页。以下关于案件内容的引用，出处皆来自此。需要指出的是，董康的标题是"光绪二十八年不符册二起"，但实际上只有第二个案件才是光绪二十八年朝廷同意进行秋审的案件，第一个案件发生在光绪三十年，光绪三十二年朝廷同意进行秋审，三十三年进行秋审，并不是光绪二十八年的秋审案件。董康可能在标记时间上有误，因此笔者改为"光绪年间"。另外，董康在第一个案件的按语中说"此起系在清光绪三十四年废止碟枭等刑之后"，这也是有误的，实际上清末废止凌迟、枭首等重法是在光绪三十一年（1905年）。这或许跟《清秋审条例》成书是在1942年，董氏记忆有误有关。

⑤ 第一个案件秋审的时间在清末官制改革之后，这时刑部已经改为"法部"。

包括了司看、覆看、总看、各堂官批语和方签，内容完整，正是考察秋审中当家堂官作用的重要材料。本部分以第二个案例"火器伤人"作为主要分析的样本，同时辅以第一个案例"刨窃浮厝尸棺"加以论证。

该案发生在光绪二十二年，光绪二十九年进行秋审。根据地方秋审中直隶总督袁世凯会审，案情是案犯李小锅携带洋枪受雇给村人看护未成熟的庄稼，该夜二更时本案被害人冯三桐赴地查看，正在睡觉的李小锅听到庄稼响动，出来察看，星光下看到地里有人，当向喝问，冯三桐未答。李小锅怀疑是贼人，开枪致伤其脊背倒地。与李小锅一同看管庄稼的梁小本从熟睡中被枪响惊醒，出来查问，李小锅答说有贼，邀他一起去看，见到冯三桐受伤殒命，该犯李小锅复又丢弃尸体，尸体被找回。

关于本案，直隶的意见是"火器杀人李小锅应情实，惟确出疑贼误伤致毙，历有免勾成案，应请由部援案，归于声叙办理"，也就是将其归入情实类，同时因为事出有因，参考以往的成案，虽然被拟为情实但在皇帝勾决时会予以免勾，因此请刑部在将其定为情实的同时，上奏时援引成案，专门说明其特殊情况。

这个案件在刑部，司看（初看）、覆看皆很简略，都是二字"拟实"，总看的批语基本与直隶观点一致，即认为事发原因是"疑贼起衅并无别故"，同时从法源角度"向有声叙成案"，其意见是"似应于黄册出语内妥为声叙，以冀邀恩免勾，谨记候核"。所谓"黄册"，是一种刑部针对情实、有关服制类型的人犯，专门制作，供皇帝审阅的名册，[①] 也就是说，秋审处的总看认为可以定为情实，同时声叙。

刑部堂官共四人写了批词，顺序依次是荣大人、沈大人、孚大人和胡大人，根据资料可知，他们分别是刑部尚书荣庆、刑部左侍郎沈家本、刑部右侍郎孚琦和胡燏棻。[②] 从各人批词可以看到，沈家本作为当家堂官，表现出两个特征：（1）批词的篇幅最长，沈家本的批词共217字，而其他人分别是荣庆22字、孚琦2字、胡燏棻72字，相距比较悬殊。（2）虽然在此阶段堂官们是各自批阅，但从其批语中专门提到沈家本名，显然有的堂官已经事先参考了沈家本的批词，例如，荣庆批词有"此案情节沈堂按察直省，知之甚悉"、胡燏棻批词有"阅沈堂所批"。上述两个特征，同样也出现在第一个案例"刨窃浮厝尸棺"里。

沈家本主要通过指出该案供词的初供和现供不同，从事实层面提出质疑，"就现供情形而论，衅起疑贼，秋审向得声叙，惟此案初此供词，该犯与死者之妻有奸，经死者查知禁绝，后与死者相遇，触起前嫌，将其轰毙，有梁小本作证。该犯亦供梁小本帮同抬尸，到省后梁小本坚不承认抬尸情事，该犯供亦拟移，驳回覆审。梁小本旋在保病故，该犯供遂翻异。死者之妻不认与该犯有奸，又无可以质证之人。二次招解，复经驳审，终无确供，最后方以现供定案"。即是说，通过供词比对，李小锅火器杀人案的动机存在两种可能性，一种是依据初供主观恶性很大的报复杀人，一种是依据现供主观恶性要低得多的疑贼误杀，但因

[①] "情实并有关服制人犯，由刑部缮写名册，纸用粉敷，墨书粉上，谓之黄册，以备御览。"（清）吉同钧：《新订秋审条款讲义》序，杨一凡主编《清代秋审文献》（第三十册），中国民主法制出版社2015年版，第237页。

[②] 参见钱实甫《清代职官年表》（第一册），中华书局2019年版，第321、527、725页。

为关键证人梁小本不幸病故，案件在事实上只能存疑。这给秋审带来了难题，即便不同动机都可以定为情实，但声叙与否，到了将来皇帝勾决的阶段，仍然会有生死之别的差异，"盖估毫无不得已而各此议结，于罪名虽无出入，而秋审则大有关系"。在此沈家本表现出非常谨慎的态度，没有明确给出自己的答案，而是提出了两种方案，"应否照现讯情形，准其援案声叙？抑或以初供情形不好不准声叙之处记核？初供两已删除，无可究结矣"。如果从措辞看，他似乎倾向于第一种方案。

在沈家本提出供词前后不一引发的事实存疑问题后，荣庆在批词中指出，"若就初供，似难声叙"，胡燏棻对此也有回应，并进一步指出案件存在其他恶性的情节，"该犯在直隶初供，案属因奸，即使初犯删除，无可究结，该犯将死者轰毙后，复将其尸掷入井内，殊太残忍，未便声叙，记实候核"。而孚琦的批词最为简单，只有"记实"二字。从这些批词可以推出，沈家本之外的三位堂官，其意见都是"记实"并且"不声叙"。

根据方签，司议的结果是维持了此前总看的意见，即拟情实并声叙，"谨按此起火器杀人例实，是以照实。惟疑贼确属有因，向有声叙成案，自应于黄册内出语声叙"。但是到了最终堂议，其结果却是推翻了司议，代之以简单五个字"照实不声叙"。虽然堂议简白，无法直接看出其中讨论的情况，但从本案的情形看，初看、覆看的"记实"与其他三位堂官的"记实不声叙"，代表其基本立场，如果他们在会议上仍然坚持初心，那可以推测最终的堂议结果，更应该是多数意见而非当家堂官的一己之见。

如果说"火器伤人"案中沈家本的意见相对模糊，上述推测或可商榷，那么不妨对照另外一起案件"刨窃浮厝尸棺"。该案地方秋审，贵州巡抚庞鸿书的意见是"情实"。刑部方面，司看（初看）、覆看皆是"拟实"，总看则给出了"酌缓归入汇奏办理"或"（拟实）于黄册内妥为声叙"两种意见；三位堂官，法部尚书戴鸿慈的意见是"酌缓候核"，左侍郎绍昌的意见是"酌缓汇奏"，右侍郎沈家本的意见是"缓决，归汇奏办理"，可以说，三人拟"缓决"意见是一致的。但方签所见的司议、堂议结果却都是"照实声叙"。也就是说，即便是最初三位堂官各自的意见一致，在堂司合议时也可能会发生变化，初看、覆看与总看的司员在最终会议上同样会发挥重要作用。

因此，综合两案可以窥见，在秋审中，当家堂官在法理诠释（第一个案例）[①]或者事实发现（第二个案例）方面有过人之处，一定程度上可以影响身边同僚，但在最终决策时其未必有决定性的力量，对此不能过分夸大其作用而忽视刑部内部集议时的民主性因素。

五、余论

钱穆先生曾指出，"其实中国历史上以往一切制度传统，只要已经沿袭到一百两百年的，也何尝不与当时人事相配合。又何尝是专出于一二人之私心，全可用'专制黑暗'四字来抹杀？"[②]有清一代，如果秋审建制从顺治十年（1653年）起算，到宣统三年（1911年）伴

[①] 董康认为，沈家本在该案的批词"足备折狱之龟鉴也"。《清秋审条例》，杨一凡主编《清代秋审文献》（第三十册），中国民主法制出版社2015年版，第468页。

[②] 钱穆：《中国历代政治得失》，九州出版社2014年版，第2页。

随清廷覆灭而结束，其历史已经有258年，如果追溯到明代天顺三年（1459年），则时间更长。依据秋审程序，在九卿等会审之后，情实的人犯在皇帝勾到之前，还有刑科给事中的三覆奏。乾隆十四年（1749年），这位秋审参与度甚高的皇帝在将秋审从三覆奏改为一覆奏时，留下一段意味深长的话，正可以与钱穆的话遥相对应，"朕每当勾到之年，置招册于旁，反覆省览，常至五六遍，必令毫无疑义。至临勾，必与大学士等斟酌再四，然后予勾，其啻三覆已哉？"[1]

需要指出的是，秋审作为一种 Derk Bodde 和 Clarence Morris 所说的"正当程序"，不同与季卫东教授《法律程序的意义》中提出的"现代程序"这一重要概念的意涵，[2]但仍可在某种程度上对此做一点补充。在传统中国的语境里，从宪制意义上看，通过秋审这一逐级审转覆核制下的特别程序，中央与地方之间建立起了更加紧密的联系。传统死刑通过"监候"的方式，在清代数量上有了形式而非实质上的大幅度提高，使得更多的案件需要经过中央刑部的覆核。在这一过程中，一方面可以促进全国司法的统一适用，避免地方不同，标准不一；另一方面得以改变律典的确定法定刑主义带来量刑僵化的弊端，[3]使得司法个案可以通过就事论事的"决疑术"方法，以集体会议形式，[4]达到情理法相结合更为公平妥善的结果。

在秋审中，刑部与各省之间呈现出中央与地方关系的另一种样态，不同于常规的审级关系，而是分别根据案情，各自给出实、缓、矜、疑等法律意见，是一种并联式的状态。通过秋审各种《不符册》可以发现，刑部对于各省不同意见的态度，不同于常规制度下驳案时的咄咄逼人，而是较为平和，不立即否定，常采取"内商"的方式更加谨慎地处理，亦在很大程度上尊重各省意见，改判率并不算高。在刑部内部的会议上，既尊重当家堂官的意见，在决策时亦有民主的色彩，保持了一种权威与民主的平衡。

在清末变法中，伴随新刑律草案的出台和官制改革的启动，死刑监候不复存在，司法独立取代了集议会审，秋审失去了其制度空间，伴随清廷覆灭退出了历史舞台。今天在此"发思古之幽情"，最后但并非最不重要，需要自省的是无论借鉴抑或批判，都需要避免"为赋新词强说愁"或"月是故乡明"式的偏执与偏颇。

（原载《中国政法大学学报》2023年第1期，第151—163页）

---

[1]（清）沈家本：《叙雪堂故事》，徐世虹主编《沈家本全集》（第二卷），中国政法大学出版社2010年版，第367页。

[2] 参见季卫东《法律程序的意义——对中国法制建设的另一种思考》，载季卫东《法治秩序的建构》，中国政法大学出版社1999年版；这篇重要论文的简编，可见《中国社会科学》1993年第1期。

[3] 即便在采用具有一定量刑空间的当代，在面临特殊的案例，例如2006年的"许霆案"时，仍然会面临情轻法重的难题。在古代立法里，往往是一行为对应一固定的刑罚，这种情法之间的矛盾更加突出。

[4] 除了刑部内部的司议和堂议，九卿等的会审采取法律专家（以刑部为代表）和非法律专家集体讨论的方式，也使得案件可以听取法外人士的意见，增加对情理等因素的考量。

晚清礼法之争前后关于习惯的认识和争论

邓建鹏*

摘要：晚清礼法之争时期，礼教派和法理派在驳斥对方或为自己辩护时，"认真对待风俗习惯"成为支撑各方观点的重要言说和本土资源。然而，此前历代政法实践长期存在移风易俗的传统，习惯在王朝固有治理模式中常被视作改造或排斥的对象。习惯在晚清礼法之争中凸显其重要性，主要原因是礼教派以新法不合风俗习惯作为反对法理派的重要武器。在具体言说中，礼教派将纲常伦理置换了风俗习惯的内涵。法理派则参照西方重视习惯的立法与法制传统，试图以地方习惯作为立法资源和对礼教派的回应，并主持推动了大规模的习惯调查。不过，争论的双方都认同自上而下的国家主义立法模式，因此，习惯在近代立法与司法实践中影响有限。

关键词：礼法之争；习惯；礼教派；法理派；礼；晚清

一、礼法之争前政法传统中的习惯

近四十年来，中国清代习惯的法律地位和功能等问题逐渐引起学界热议。关于习惯在清朝及近代政法中的作用和功能，诸如美国学者包恒（David C. Buxbaum）及黄宗智、日本学者滋贺秀三及寺田浩明、法国学者巩涛（Jérôme Bourgon）、中国学者张晋藩及梁治平等知名法律史研究者做了重要贡献。[1]各位学者对清朝至民国初年习惯问题的争论及法学解析，对

---

* 作者系中央财经大学法学院教授。

[1] 参见 David C. Buxbaum, "Contracts in China During the Qing Dynasty: Key to the Civil Law", *Journal of Oriental Studies*, Vol. 31, No. 2, 1993, pp. 195—196；[美]黄宗智《法典、习俗与司法实践：清代与民国的比较》，上海书店出版社 2003 年版；[日]滋贺秀三《清代诉讼制度之民事法源的考察——作为法源的习惯》，范愉译，载王亚新、梁治平编《明清时期的民事审判与民间契约》，法律出版社 1998 年版，第 54—96 页；[日]寺田浩明《关于清代土地法秩序"惯例"的结构》，王莉莉译，载刘俊文主编《日本中青年学者论中国史》（宋元明清卷），上海古籍出版社 1995 年版，第 651—673 页；[法]巩涛《失礼的对话：清代的法律和习惯并未融汇成民法》，邓建鹏译，载邓建鹏主编《清帝国司法的时间、空间和参与者》，法律出版社 2018 年版，第 197—233 页；[法]巩涛《地毯上的图案：试论清代法律文化中的"习惯"与"契约"》，黄世杰译，载邱澎生、陈熙远编《明清法律运作中的权力与文化》，（台湾）联经出版公司 2009 年版，第 215—254 页；Jérôme Bourgon, "Rights, Freedoms, and Customs in the Making of Chinese Civil Law, 1900-1936", in William C. Kirby ed., *Realms of Freedom in Modern China*, Stanford University Press, 2004, pp. 84-112；张晋藩《清代民法综论》，中国政法大学出版社 1998 年版；梁治平《清代习惯法：社会与国家》，中国政法大学出版社 1996 版。

理解清代习惯/习惯法问题以至当代中国的习惯颇有助益。不过，在晚清礼法之争前后，习惯受官方重视的程度及其在立法中的地位有着显著差异，此为多数研究者所忽略，本文试图分析其原因。

学者林端以法社会学家和法律多元主义者的观点为例，他们多认为，习惯是广义上的法之一，出身法学的韦伯也拒斥了"只有国法才是法律"的说法，他认为，法律是一个正当秩序，透过一个为它而专设的强制机构，以强制为其保障者。换句话说，凡设有强制机构的社会团体皆有其法律，家有家法，帮有帮规等，国法只是诸法的一种。①但是，中国长期正统思维并非如此。秦汉以来，官方思维中，风俗习惯是被国法礼教改造的对象。早期法律思想家提出："故圣人之为国也，不法古，不修今，因世而为之治，度俗而为之法。故法不察民之情而立之，则不成。"②"法，非从天下，非从地出。发于人间，合乎人心而已。"③据之，国家立法似乎应参照民情民心，重视风俗习惯这一社会自生规范，本在情理之中。然而在立法实践中，则如学者所述，春秋战国时期各国公布的成文法具有强烈政治功效，立法创制的色彩相当重。在汉唐以后，民间民事习惯上升为国家制定法相当困难。除在家庭婚姻、继承等少数方面外，法律和民间民事习惯有相当差别。虽然国家法律对家庭婚姻、继承方面有相应规范，这些规范更多是礼教影响下的产物。④

在秦的政法实践中，诸如睡虎地秦简《语书》称："古者，民各有乡俗，其所利及好恶不同，或不便于民，害于邦。是以圣王作为法度，以矫端民心，去其邪避，除其恶俗。法律未足，民多诈巧，故后有间令下者。凡法律令者，以教道（导）民，去其淫僻，除其恶俗，而使之之于为善也。"⑤统治者以改革风俗习惯者自居，他们用国家法律（法律令者）引导人民去除淫僻、消除恶俗、使之向善。在这种思维模式下，国家法和官僚针对风俗习惯，持居高临下、轻视甚至否定的态度。

早期国家治理方式有排斥地方风俗习惯之意。《史记》称："乐者，所以移风易俗也。"⑥这无意间道出，作为治国之器的礼乐，与基层社会的风俗习惯处于对立面。彭林认为，整齐风俗，引领社会走向"道一风同"的境界，自古是中国人面临的重要课题。比如，汉武帝下诏，要求通过"广教化"达到"美风俗"的目的，提出为了加强全国的文化认同，也为了提升民众的文化素质，治民者需要整齐风俗。挽救风俗败坏的局面，则应如孔子所说："安上治民莫善于礼，移风易俗莫善于乐。"通过礼乐实现移风易俗。⑦儒家德治思想的核心是主张

---

① 林端：《儒家伦理与法律文化：社会学观点的探索》，中国政法大学出版社2002年版，第5—6页。
② 《商君书·壹言》。
③ 《慎子·逸文》。
④ 参见郭建《中国古代民事法律文化基本特征概述》，载韩延龙主编《法律史论集》（第2卷），法律出版社1999年版，第63—65页。
⑤ 睡虎地秦墓竹简整理小组编：《睡虎地秦墓竹简》，文物出版社1990年版，第13页。
⑥ （西汉）司马迁：《史记》卷一百三十《太史公自序》，中华书局1959年版，第3305页。
⑦ 参见彭林《礼乐教化何以能移风易俗》，载林习珍、罗运环主编《家风·政风·民风——荆楚文化与公民伦理道德礼仪规范》，人民出版社2016年版，第69—71页。

"明教化民"。董仲舒通过论性，肯定了教化的可行性，也突出了教化的重要性，把"明教化民成性"的责任赋予皇帝。在董仲舒的心目中，王即"承天意以成民之性为任者也"，国家最高领袖也应是天下人的精神导师。①此类思维模式对后世影响深远。

唐朝曾任刑部尚书的白居易指出："王者发号施令，所以齐其俗，一其心。俗齐则和，心一则固，人于是乎可任使也。"②统治者以国法礼教为标准，令各地风俗习惯整齐划一，使民众便于治理。德国汉学家宾格尔认为，在唐代，不存在人民在皇命以外通过习惯形成法律规则的可能性。即便存在这样的可能性，这些经由习惯形成的法律规则，不管是和钦定法律效力相同也好，还是与意义稍逊的所谓的法的效力相同也罢，这种规则本身都是错误的。法的概念由"礼"发展而来，唐代的法作为国家重要的核心政治工具，与其他国家相较，规模更大。习惯法规范无法具备法的上述特征，习惯既不具有类似于法的拘束力，也不属于法的概念范畴，而是从属于社会秩序的其他范畴。③

上述对待风俗习惯的官方态度在元明清时期延续。元朝皇帝发布圣旨，要求"训敕在位之人劝课农桑，兴举学校，宣明教化，肃清风俗……窃取古人富而教之之意，定拟到人民合行事理，名曰《善俗要义》，凡三十三件，盖将使之劝农桑，正人伦，厚风俗……仰各处正官、教官及社长、社师人等照依备去事理，以时训诲社众"。④永乐七年（1409年），明成祖对北京耆老称："朕为古先帝王之治天下，以安民为务，而安民之道以教化为先。是以上下相承，风俗淳厚，天下和平。"⑤清代官员通过教化，将移风易俗作为治理民众的重要政务。形塑地方风俗习惯是官僚集团实现社会治理与控制的重要途径。康熙帝效仿元朝《善俗要义》与明朝《圣谕六条》，拟定《圣谕十六条》交由全国民众诵读。雍正帝以此为基础编写《圣谕广训》，将"十六条"扩展为万字长文，成为清代统治者以礼制国法教化风俗人情的手段。《圣谕广训》强调"明礼让以厚风俗"，目的是"叫人要拿实力去行礼教，把风俗都要化做淳厚的意思"。⑥照官方通俗解释，"那个礼明了，自然有个孝子顺孙、义夫节妇、贤人君子出来。一乡出了几个人，那一乡的风俗自然好了"。⑦不仅如此，雍正还创设出"观风整俗使"这一官职，大致成书于道光年间的小说《儿女英雄传》借小说家言解释此职："当朝圣人早照见欲化风俗，先正人心；欲正人心，先端人望。便在朝中那班真正有经济学问的儒臣中密简了几员，要差往各省，责成整纲饬纪，易俗移风，因此特命了这官一个衔名，叫作观风整俗使。"⑧

---

① 参见赵世超《中国上古统治思想演变略述（二）——以天人关系为中心》，《陕西师范大学学报（哲学社会科学版）》2021年第6期。
② 傅云龙、吴可主编：《唐宋明清文集》（第一辑"唐人文集"卷三），天津古籍出版社2000年版，第1410页。
③ [德]卡尔·宾格尔：《唐法史源》，金晶译，商务印书馆2023年版，第62—63页。
④ 《吏学指南》（外三种），杨讷点校，浙江古籍出版社1988年版，第343页。
⑤ 《明实录·太宗实录》卷九十二。
⑥ 周振鹤撰集：《圣谕广训：集解与研究》，顾美华点校，上海书店出版社2006年版，第343页。
⑦ 周振鹤撰集：《圣谕广训：集解与研究》，顾美华点校，上海书店出版社2006年版，第85页。
⑧ （清）文康：《儿女英雄传》，泽润点校，凤凰出版社2008年版，第674—675页。

君主移风易俗的意图自康熙年间以来得到诸多地方官以至知识精英的贯彻。①康熙年间，山西省交城县知县、著名循吏赵吉士称："自宪台莅任，善政善教既布四方，仁言仁声不遗下邑。每次宪示远颁，恳切淋漓，虽至愚读之，无不悔悟；即顽者听之，罔不感动。卑职每奉一示，除张挂外，尤恐未遍。随即发刊装刷成帙，凡乡耆里保人等，各给一本，使之父教其子，兄教其弟。每逢朔望，卑职率绅士亲为讲劝。迄今载余，风渐移俗渐易。"②乾隆年间，名吏陈弘谋采择前人各种教化的言论，汇为《训俗遗规》一书，希望地方官"苟能持此以化导，或就事指点，或因人推广。而士民众庶翻阅之余，观感兴起，父诫其子，兄勉其弟，莫不群趋于善而耻为不善之归。将见人心日厚，民俗日淳，讼日少而刑日清，用以仰副圣训于万一，是固日夕期之而不敢不自勉者也"。③嘉庆二十三年（1818年），皇帝曾解释"人心""风俗"同王朝命运的关联："人心之正，风俗之醇，则系于政教之得失。其间消息甚微，系于国脉甚重，未可视为迂图也。……民志定，民心正矣。凡我君臣，当以忧盛危明之心，不为苟且便安之计。其于风俗之淳薄，尤当时时体察，潜移默化，整纲饬纪，正人心以正风俗。"④礼教国法是正风俗的重要工具。乾隆元年（1736年），云贵总督尹继善奏称："化民成俗莫善于礼，绥猷敷正礼制为先。"他建议，责成地方官以宋儒朱熹的《家礼》为教本，"明白晓谕，实心化诲，并令学臣教官训饬士子敬谨遵行"。⑤迟至清末，浙江巡抚增韫仍称："窃维化民之道，礼教为先。"⑥清后期，设立义学，以礼化民为官员正风俗的途径之一。时人谓："方今各省大宪贤者在位，咸以化导人心培养元气为事。监司郡守及州县诸君，亦咸有化民成俗之盛心。……教化行而后人心正，人心正而后风俗醇。氓之蚩蚩，自幼习闻孝弟忠信礼义廉耻之训。"⑦这些君臣上下的表达，均说明官方长期将礼仪教化、纠正人心、变革风俗、治理好转具有相通的内在逻辑。

综上，在官方认识中，地方风俗习惯与主流意识形态长期处于对立面，应以国法礼教规训之。国家立法在民事生产与生活方面多失于疏漏，在国法所不及的领域，往往依靠风俗习惯调控。此时作为规则的习惯，实质上仍与法律相互作用。论者谓，习惯的功能局限在特定区域的熟人之间，日常纠纷一旦适用于陌生人或者标的较大的纠纷时，或者当事人可能提出

---

① 学者谓，明末清初的一些士人（如顾炎武、黄宗羲、孙奇逢）鼓吹以礼治社会对抗失序的社会，主张以"礼"抗"俗"。清廷把礼治作为官方正统思想，使礼获得了制度性的支持。从17世纪中期以来，"俗"每每成为被勘正或改革的领域。参见王汎森《权力的毛细管作用：清代的思想、学术与心态》，北京大学出版社2015年版，第45—77页。

② （清）赵吉士：《牧爱堂编》，郝平点校，商务印书馆2017年版，第141页。

③ （清）陈弘谋（辑）：《训俗遗规》"序"，乾隆七年刊，培远堂藏板。

④ 《清史稿》卷十六《仁宗本纪》，中华书局1977年版。

⑤ 参见中国第一历史档案馆编《乾隆初年整饬民风民俗史料（上）》，《历史档案》2001年第1期。

⑥ 《浙江巡抚增韫覆奏刑律草案有不合礼教民情之处择要缮单呈览折》，载故宫博物院明清档案部编《清末筹备立宪档案史料》（下册），中华书局1979年版，第856页。

⑦ 参见（清）余治《得一录》卷十《义学·州县捐设义学议》，清同治八年苏城得见斋刊本。

正式诉讼请求，就可能失灵。①虽然风俗习惯填补部分国法空白，对规范基层民众生活生产交往有重要意义，但其在司法传统中的影响有限。寺田浩明认为，地方官判案时并不都受当地惯例的制约，而是针对具体情况，加以"恶俗、恶习"等评价，同时注重各地人们的现实生活习惯。地方官在更多情况下虽然认为某种惯例是"恶俗"，但还是暂且根据当地的惯例做出判决。地方官自己也深入社会，针对恶俗，积极地颁布一些附带刑罚规定的告示，以此为手段，随时积极介入，力图禁止或加以改变惯例本身。②这与前述秦律的姿态近似。在这种传统下，习惯至多为官员司法审判时可资参考的地方性知识，而非必然具有拘束力的地方性规则。

但是，为修订新法，晚清朝廷推动全国性民商事和诉讼事习惯调查，无论是以沈家本为代表的法理派，还是以张之洞和劳乃宣为代表的礼教派，在各自言说中均强调风俗习惯是评判新法合理性的重要标准。这一时期，风俗习惯在官僚集团心目中的地位何以发生重要变化？

二、礼法之争时期官方视野中的习惯

晚清修律时期，习惯开始受到官方重视。学者指出，光绪二十八年（1902年）二月，清廷决定修律，在刘坤一等人会保沈家本、伍廷芳修订法律的奏折中，强调了"风土人情"对于制定民法、刑法的重要性。③不过，当年清廷发布的变法上谕只交代了两个问题：其一，修订新律应"参酌各国法律，悉心考订，妥为拟议"，要求立法者注重研究、参考外国法；其二，变法目标是"务期中外通行"，新律既要符合国际通行标准，又要符合中国实情。④新法在中国通行，前提之一是符合国情。但本国实际情况是什么？上谕并未言明，这为后来争论双方寻求本土资源——风俗习惯的支撑埋下伏笔。

接下来数年间，清代高层官员涉及立法应参酌习惯的论说甚多。光绪三十二年（1906年），沈家本向朝廷呈交《刑事民事诉讼法（草案）》，朝廷将草案发交各省封疆大吏审议。一些大吏的反对声浪成为礼法之争先导，其中尤以时任湖广总督张之洞为代表。他认为草案"大碍民情风俗"，原因是其"袭西俗财产之制，坏中国名教之防，启男女平等之风，悖圣贤修齐之教，纲沦法斁，隐患实深。……恭绎谕旨，殷殷以现在民情风俗为念，仰见圣虑周详，曷胜钦服。夫立法固贵因时，而经国必先正本。值此环球交通之世，从前旧法自不能不量加变易，东西各国政法可采者亦多，取其所长补我所短，揆时度势，诚不可缓。然必须将中国民情、风俗、法令源流通筹熟计，然后量为变通，庶免官民惶惑，无所适从。外国法学家讲法律关系，亦必就政治、宗教、风俗、习惯、历史、地理一一考证，正为此也"。⑤张之洞

---

① 参见［美］罗伯特·C. 埃里克森《无需法律的秩序——邻人如何解决纠纷》，苏力译，中国政法大学出版社2003年版，第114—115页。
② 参见［日］寺田浩明《关于清代土地法秩序"惯例"的结构》，载刘俊文主编《日本中青年学者论中国史》（宋元明清卷），上海古籍出版社1995年版，第651—673页。
③ 参见刘广安《传统习惯对清末民事立法的影响》，《比较法研究》1996年第1期。
④ 参见张生《清末民事习惯调查与〈大清民律草案〉的编纂》，《法学研究》2007年第1期。
⑤ 参见（清）张之洞《遵旨核议新编刑事民事诉讼法折》，载苑书义、孙华峰、李秉新主编《张之洞全集》（第三册），河北人民出版社1998年版，第1773页。

依据上谕，认为外国立法参酌风俗习惯，中国立法亦应据民情风俗量为变通。但"十里不同风，百里不同俗"，风俗习惯各有不同，他所谓立法据民情风俗变通，实非基层社会的风俗习惯。光绪三十三年（1907年），大理院正卿张仁黼奏称："国之所与立者惟民，一国之民必各有其特性，立法者未有拂人之性者也。西国法学家，亦多主性法之说，故一国之法律，必合乎一国之民情风俗。"①这类言说一方面大大扩展了"法自君出"的正统思维，另一方面将风俗习惯在立法中的重要性提升到新高度，与此前官僚集团致力于"明教化以正民俗"②的固有治理策略不可同日而语，但未明确风俗习惯的具体内涵。

1907年《大清新刑律草案》制订之际，法理派与礼教派间爆发重大争论。在争论中，风俗习惯的重要性被进一步凸显。针对法理派沈家本制订的刑律草案，礼教派首领之一、时任京师大学堂监督劳乃宣将本国风俗民情作为反对新刑律草案的重要依据。他提出："今外国之俗重平等，而中国之俗重伦常，周孔之教深入人心者已数千年，所谓久则难变也，骤以外国平等之道施之，其凿枘也必矣。夫修订新刑律，为立宪之预备也，立宪以顺民心为主，则刑律之修，可不以合乎中国人情风俗为先务哉？"③在劳乃宣的言论中，风俗习惯（中国人情风俗）被置换成周孔礼教。当时在宪政编查馆兼职的陈宝琛专门著文批评法理派，他认为："夫法律不能与惯习相反者，立法上之原则也。……中国之刑法在世界上本为独立一种法系，其所在即在注重伦常礼教，与他国法律异趣。改良刑律止（只）可择吾国旧法之不合于理者去之而已，不当一一求合于外国法律，而没吾国固有之文明。"④劳乃宣及陈宝琛视礼教生于风俗，并将礼教与民情风俗统一起来，背后的逻辑是新法不合风俗习惯，因此也不合礼教。劳乃宣所述"中国之俗重伦常"，"中国之俗"等同于正统伦常，并非地方上的风俗习惯。与礼教派的观点相左，一些国法条文常常与习惯相反，如后文论及的"禁立异姓子为嗣"法条与"异姓为嗣"习惯背离，又比如长期被国法评价为恶俗的"招夫养夫"。⑤

面对礼教派的质疑，法理派同样强调风俗习惯的重要性。早在光绪三十一年（1905年），沈家本会同伍廷芳向清廷奏设法律学堂时就提出："伏思为学之道贵具本原，各国法律之得失既当研厥精微，互相比较，而于本国法制沿革以及风俗习惯，尤当融会贯通，心知其意。"⑥后来沈家本编纂《大清新刑律草案》时，特强调其"审察现时之民俗"。⑦沈家本提

---

① 《大理院正卿张仁黼奏修订法律请派大臣会订折》，载故宫博物院明清档案部编《清末筹备立宪档案史料》（下册），中华书局1979年版，第834—835页。
② 《吏学指南》（外三种），杨讷点校，浙江古籍出版社1988年版，第343—344页。
③ 劳乃宣：《新刑律修正案汇录》第二十四页，载《桐乡劳先生遗稿》，丁卯（1927）冬日桐乡卢氏开雕本。
④ 陈宝琛：《陈阁学读劳提学及沈大臣论刑律草案平议》，载《桐乡劳先生遗稿》"附录"第三十三页，丁卯（1927）冬日桐乡卢氏开雕本。
⑤ 参见郭栋《"招夫养夫"与"带夫改嫁"：陋俗到美德嬗变的法理逻辑》，《当代法学》2022年第1期。
⑥ 参见李贵连编著《沈家本年谱长编》，山东人民出版社2010年版，第119页。
⑦ 参见《修订法律大臣沈家本奏刑律草案告成分期缮单呈览并陈修订大旨折》，载故宫博物院明清档案部编《清末筹备立宪档案史料》（下册），中华书局1979年版，第846页。

出，修订法律馆负责"修订各律，凡各省习惯有应实地调查者，得随时派员前往详查"。[1]该建议于光绪三十四年（1908年）获朝廷批准。在法理派的主导下，当年开启了民商事习惯调查。1909年，在江苏一带调查民商事习惯的法律修订馆纂修朱汝珍谓："今编制商法，不取裁外国则反乎从同之倾向，徒取裁外国不与吾国习惯相应，恐又不利于推行。敝馆先从事调查，实虑及此。……行商皆有同业规条，团体所集，恒能自为裁判，扩而充之，即为吾国商法之泉源。"[2]此后在催促苏州总商会及时上报商事习惯时，他又称："考各国商法，虽取从同，然有与固有习惯相违者，亦不得不偶从习惯。敝馆未事起草，先事调查，正是此意。"[3]法理派通过实践中的努力，试图以立法顺乎国情（风俗习惯）作为反驳礼教派的有力途径。

　　法理派视风俗习惯为立法的本土资源，原因之二当是受到欧洲列强法制传统的影响。[4]学者指出，1804年的《法国民法典》（"拿破仑民法典"）统一了法国的民法，该法典的重要组成部分之一是习惯法。[5]受西方惯有思路以及殖民者统治策略影响，晚清至民国初期，英国殖民者治理香港与山东威海卫，都有遵循当地习惯并以之为判决依据的惯行方式。1840年以后，英国人攫取香港、威海卫等地，在相当时期内保留及适用清代甚至北洋政府、南京政府时期的各种刑事、民商事的实体、程序法律、习惯。中国传统法律和习惯中的某些规范经英国等国家用西方法理学解释和阐发，由原本松散和不确定的风俗、惯行或习惯一跃而成为理性、明确且具有可操作性的具体制度。[6]同样是受西方法制（特别是法国）传统影响，晚清以来日本殖民者统治朝鲜时，亦收集当地习惯作为民事审判的法渊和依据之一。[7]英租威海卫殖民政府审案时邀请熟悉中国法律及习惯的人充当顾问。[8]1880年，葡萄牙驻澳门总督

---

[1] 参见李贵连编著《沈家本年谱长编》，山东人民出版社2010年版，第224页。

[2] 华中师范大学历史研究所、苏州市档案馆合编：《苏州商会档案丛编》（第一辑），华中师范大学出版社1991年版，第248页。朱汝珍由沈家本所奏派，参见李贵连编著《沈家本年谱长编》，山东人民出版社2010年版，第241页。

[3] 华中师范大学历史研究所、苏州市档案馆合编：《苏州商会档案丛编》（第一辑），华中师范大学出版社1991年版，第256页。

[4] 有国外学者认为习惯在欧洲法律传统中具有重要作用，甚至认为其是近代欧洲法律传统特有。参见［法］巩涛《失礼的对话：清代的法律和习惯并未融汇成民法》，邓建鹏译，载邓建鹏主编《清帝国司法的时间、空间和参与者》，法律出版社2018年版，第201—206页。

[5] 参见李浩培"译者序"，载《拿破仑法典（法国民法典）》，商务印书馆1979年版，第1—2页。

[6] 参见苏亦工《中法西用：中国传统法律及习惯在香港》（第二版），社会科学文献出版社2007年版，第3—4、150、212—219页。

[7] See Marie Seong-Hak Kim, "Law and Custom under the Chosŏn Dynasty and Colonial Korea: A Comparative Perspective", *The Journal of Asian Studies*, Vol. 66, No. 4 (Nov. 2007), pp. 1067-1097. Marie Seong-Hak Kim, "Customary Law and Colonial Jurisprudence in Korea", *The American Journal of Comparative Law*, Vol. 57, No. 1 (Winter, 2009), pp. 205-247.

[8] See Carol G.S.Tan, *British Rule in China: Law and Justice in Weihaiwei* 1898-1930, Wildy, Simmonds & Hill Publishing, 2008, pp. 184-220.

贾沙拉颁令，澳门华人风俗中"所有民间习尚偏好者，均仍听其便"，以示尊重华人风俗。至1909年，葡澳政府批准施行《华人风俗习惯法典》（或译《澳门华人习俗之条例》）。[①]在诸如印度尼西亚等地，英国殖民者汇编当地习惯法以实现对当地的统治。[②]立法时重视风俗习惯为列强的普遍做法，这为法理派奠定了正当性与合法性。只是，参酌什么样的习惯倒是一个问题。

三、习惯与礼教内涵的辨析

光绪三十二年（1906年），朝廷上谕称："法律大臣沈家本等奏《刑事民事诉讼各法拟请先行试办》一折，法律关系重要，该大臣所纂各条，究竟于现在民情风俗能否通行，著该将军、督抚、都统等体察情形，悉心研究，其中有无扞格之处，即行缕析条分，据实具奏。原折单均著交给阅看。将此各谕令知之。钦此。"收到该上谕后，张之洞认为，该法律"大率采用西法，于中法本原似有乖违，中国情形亦未尽合，诚恐难挽法权，转滋狱讼，谨为我皇太后、皇上剀切陈之。《书》曰：'士制百姓于刑之中，以教祗德'。汉臣班固有言：名家者流，原于礼官。盖法律之设，所以纳民于轨物之中，而法律本原实与经术相表里，其最著者为亲亲之义，男女之别，天经地义，万古不刊。乃阅本法所纂，父子必异财，兄弟必析产，夫妇必分资，甚至妇人女子责令到堂作证，袭西俗财产之制，坏中国名教之防"。[③]张之洞的长篇大论深值分析。

上谕要求封疆大吏据中国"民情风俗"，研究《刑事民事诉讼法》可否通行。但什么是"民情风俗"，上谕未明确其内涵。在张之洞的条分缕析中，"民情风俗"即是经术，"亲亲之义，男女之别"，民情风俗与礼教等同，礼教是评判新法的核心标准。劳乃宣针对《修正刑律草案》批评沈家本时，直言："天下刑律无不本于礼教，事之合乎礼教者，彼此自相安无事。其不合礼教者，必生争端。"[④]礼教派反对新法的理由不外乎家族伦理本位与父权、夫权。这些人士多为当时社会权贵，其不愿失去在既存秩序下的利益或期待利益。[⑤]礼教派的观点一方面包括继续维持道德入法的传统（比如"无夫奸"入罪的支持），另一方面则更多是维持等级尊卑的规则体系，固化卑幼义务。劳乃宣等人的论说，目的显然不是推崇习惯在立法中的应有地位，而是将礼教包装进风俗习惯（国情）的话语中，以新法不合国情为由，反对西法平等、自由和权利等原则。

[①] 参见何志辉《近代澳门司法：制度与实践》，中国民主法制出版社2012年版，第96—102页。
[②] 参见[美]克利福德·吉尔兹《地方性知识：阐释人类学论文集》，王海龙、张家瑄译，中央编译出版社2000年版，第266—267页。
[③] 参见（清）张之洞《遵旨核议新编刑事民事诉讼法折》，载苑书义、孙华锋、李秉新主编《张之洞全集》（第三册），河北人民出版社1998年版，第1772—1773页。
[④] 劳乃宣：《声明管见说帖》，载《桐乡劳先生遗稿》，丁卯（1927）冬日桐乡卢氏开雕本。
[⑤] 参见黄源盛《晚清继受外国法中"无夫奸"存废的世纪之争》，载高明士编《东亚传统家礼、教育与国法（一）：家族、家礼与教育》，华东师范大学出版社2008年版，第212页。

风俗习惯的内涵被保守派置换为礼教。在西式法律框架下，将礼教纳入中国风俗习惯的言说中，成为晚清保守官僚思维的路径依赖，是用以抵御、更改和置换一些重要西方法律原则（如权利平等、父子异财）"入侵"中土的依据和策略。因此，争论的两派所论述的中国国情分为两部分，一为礼教，即统治者向来用以治国的伦理纲常；二为风俗民情，即地方上的风俗习惯。礼教派选择前者，法理派重视后者。礼法之争前，官方舆论宣传中这两者多处于对立状态，以纲常伦理改造风俗习惯成为国家统治策略的常态。礼法之争时期，调查各地习惯成为法理派修订新法的重要资源，礼教和风俗习惯在官僚思维中表面上融合一致。但是，两派对于风俗习惯的理解迥然不同。法理派主导的习惯调查表明，其对风俗习惯的认识深受西方近代法制传统影响，并不等同于礼教。

而张之洞和劳乃宣等人强调的"人情风俗"，并非社会衍生的风俗习惯。针对1907年沈家本等先后奏上修订法律馆编纂之《刑律草案》，时任军机大臣兼掌学部的张之洞认为，该草案不合君臣之伦、父子之伦、夫妇之伦、男女之别和尊卑长幼之序。[①]后者均是官方推崇的国法礼教的核心内容。受此类固有思维影响，其他保守官僚的言论和张之洞如出一辙。光绪三十四年（1908年）十二月，浙江巡抚增韫称："此项新定刑律草案，经修订法律大臣采取各国之成规，详考中国之沿革，发明注意诠述理由，纂订至为详博。惟改革之初，必须适合风俗人情，方足以垂永久而资遵守。……中国风俗，各干犯伦常，败坏名教，既为人心所同恶，即为国法所不容。今草案伤害尊亲致成残废，贷其死罪，将使伦纪纲常，翻然废弃，则忤逆之徒，罔知儆畏，非所以安上而全下也。……以上数端，妨害礼教民情，及于民间之生命财产，大有关系，此外与中国风俗人心，宽严轻重，互有出入之处，以及语涉疑似者甚多。"[②]

风俗习惯包括少部分伦常纲纪，但有极其丰富的内容，涉及规范庶民生活、生产与交往秩序的诸多重要规则，它们也成了晚清民商事、诉讼事习惯调查的重要组成部分，明显不可能仅等同于伦常名教。在保守官僚影响下，宣统元年（1909年），清廷总结各省督抚对新刑律草案意见而发布的上谕称："惟是刑法之源，本乎礼教。……中国素重纲常，故于干名犯义之条，立法特为严重。良以三纲五常，……实为数千年相传之国粹，立国之大本。"[③]宣统二年（1910年）十二月资政院第一次常年会上，议员蒋鸿斌称："关于伦理、关于礼教，是

---

① 参见黄源盛《法律继受与近代中国》，（台北）元照出版有限公司2007年版，第204页。
② 《浙江巡抚增韫覆奏刑律草案有不合礼教民情之处择要缮单呈览折》，载故宫博物院明清档案部编《清末筹备立宪档案史料》（下册），中华书局1979年版，第856—857页。保守官员将纲常和风俗习惯等同的言说很多。如江西巡抚称："至于纲常所系，风俗所关，断未容以舍己徇人，自堕其千百年相传之礼教。"《江西巡抚冯汝骙奏刑律草案不合伦常民情各条择要缮单呈览折》，载故宫博物院明清档案部编《清末筹备立宪档案史料》（下册），中华书局1979年版，第876页。当时安徽巡抚冯煦、直隶总督杨士骧等亦以"民俗、国情""人情风俗、礼法政教"等同，作为评判新刑律的重要指标。参见高汉成《大清刑律草案签注考论》，载张生、高汉成主编《法律史学人的坚守与追寻》，社会科学文献出版社2019年版，第336—337页。
③ 《修改新刑律不可变革义关伦常各条谕》，载故宫博物院明清档案部编《清末筹备立宪档案史料》（下册），中华书局1979年版，第858页。

刑法上的根本。……这个五伦，这个就（是）根本。"①此类表述与前述固有思维并无差异。这份上谕评判新刑律的标准，把风俗习惯极为丰富的内容简化为礼教，却从根本上忽略了礼教与习惯曾长期对立的政法传统。

综上，礼教派借风俗习惯一类的话语包装伦常纲纪，对地方风俗习惯实无兴趣。有学者认为，相对于清末礼法之争，历史法学派主张的相关性或许更高。因为历史法学派强调风俗习惯的重要性，认为法律如同语言，均为民族精神之显现，这一点与强调礼俗和民情的礼教派立场显然更为接近。②如前所述，礼教派之所谓风俗习惯，实为三纲五常，与历史法学派强调的扎根于真正民族精神的大众习俗相去甚远。官僚集团推崇的周孔之教与地方习惯基本风马牛不相及，礼教核心内容源自西周时期周公"制礼作乐"，经其整顿之后的礼仪制度，多用于规范西周时期的贵族，并不针对"凡夫俗子"，此所谓的"礼不下庶人。"故而，在晚清保守派对抗西方近代法制前，少有将周孔礼教与风俗习惯互相置换的观点非常罕见。有现代学者认为，习惯/习惯法等同于礼，③这种论说或受礼教派影响，忽视了两者本质差异。风俗习惯是民众多次重复博弈自生的地方性规则，这些规则蕴含的公平、正义原则与国法礼教的某些原则（如杀人偿命、欠债还钱）有重合之处，但差异甚多。在中国长期传统社会，官僚阶层总试图通过国法礼教改造地方风俗习惯，从而实现从"礼不下庶人"到"礼下庶人"的全面规制。

礼经汉儒董仲舒的改造，实质内容出现很大变化。论者谓，儒家的礼是基于人类情感而人为创制的规范体系，顺乎人情、合乎人性。不合人情、扭曲人性、违反人道的所谓"礼"不是原典儒家所倡导的礼。秦汉以后形成的"礼教"殊多戕逆人性、背反人情之处，与孔孟之道大异其趣。④孔孟时期，礼制注重不同等级尊卑秩序间相对的"双向义务制"——"君仁臣忠""父慈子孝"；汉以后，礼制强化卑幼向尊长承担绝对的"单向义务制"——"君要臣死，臣不得不亡"。三纲五常是礼教在国法中的核心，有很强的官方拟制建构的特色，与主要在自然秩序中形成的习惯不同。习惯类似当代法学家所谓的"社会规范"。论者谓，社会规范是给缺乏有组织、有意识的个人管理的情况下出现并存续的行为规律性贴的标签。这些行为常规源自个人理性自利行为的互动，这里的自利被广义地理解为驱使人们在所有生活领域里进行合作的自我利益。⑤在明清时期，"禁立异姓子为嗣"为刚性的法律规定，基层社会则长期通行"异姓为嗣"，这是礼教国法和习惯对立的典型。在制订《大清民律草案》时，沈家本用"风俗之习惯"为"异姓为嗣"辩护——"现在编纂嗣续法，承继一事，可否略为变通。凡异姓亲属之有服制者，准其承继为嗣，其无服制仍不准承继，以示限制。……而推之民间

---

① 《资政院议场会议速记录——晚清预备国会论辩实录》，李启成点校，上海三联书店2011年版，第657页。
② 参见梁治平《礼教与法律：法律移植时代的文化冲突》，广西师范大学出版社2015年版，第59—60页。
③ 参见马小红《礼与法：法的历史连接》，北京大学出版社2004年版，第78页。
④ 参见苏亦工《中国法律传统的断裂与衔接》，载《华中法律评论》编委会编《华中法律评论》（第1辑·第2卷），华中科技大学出版社2008年版，第209页。
⑤ 参见[美]埃里克·A.波斯纳《法律与社会规范》，沈明译，中国政法大学出版社2004年版，第10页。

风俗,其以亲属承继者,又为习惯之事,必不至窒碍难行也。"①论者谓,沈家本将与国法相反的"异姓为嗣"归为一种"风俗之习惯",然后将"风俗之习惯"作为这种行为合法性的来源,以改革"禁令异姓子为嗣"的法条。②

综上,法理派为了使修订的法律能接纳西方法律内涵,赋予新法在中国的正当性,避免礼教派的反对,亦试图从风俗习惯中寻找支持。新法与礼教派的理念多有冲突,礼教派试图将礼教与风俗习惯等同,以本土国情作为反对新法的支撑,要求新法包容礼教的内核。然而,对于制定新法,双方虽然都认同"认真对待风俗习惯",但是两派均未明确界定"风俗习惯"的应有内涵,并围绕这一概念的共同内涵针锋相对地辩论。他们只是借用相似语词和概念,实则"鸡同鸭讲",开展各自论说。他们关于风俗习惯的不同理解表明,双方对风俗习惯的认识是两个几乎没有任何交集的"平行世界"。这一点为近年诸多学者所忽略。

四、习惯在近代立法中的地位和局限

受诸如立法"顺应民情、本乎习俗"思路及西方法制传统影响,晚清至民国时期,立法者强调习惯的重要性,将习惯视为"法"的渊源之一。比如,《大清民律草案》第一条规定:民事,本律所未规定者,依习惯法;无习惯法者,依条理。南京国民政府颁布的《中华民国民法典》第一条规定,无成文法者依习惯,无习惯依法理。③立法者对习惯的正视影响了当时的司法实践。有学者统计晚清《各级审判厅判牍》认为,运用习惯作为判决的主要法源的案件共有十一个,占整个民事案件的14%。④虽以习惯做法源判决民事案件的比例不大,其确定性程度亦不如成文法,但同礼法之争前习惯在政法传统中的地位相比,已是很大变化。

不过,由于礼教派人士大都位高权重,其观点对《大清民律草案》影响很大。《大清民律草案》立法原则之一为"求最适于中国民情之法则"。"亚欧礼教之殊,人事法缘于民情风俗而生,自不能强行规抚。是编凡亲属、婚姻、继承等事,除与立宪相背,酌量变通外,或本诸经义,或参诸道德,或取诸现行法制,务期整饬风纪,以维持数千年民彝于不敝。"⑤最终,《大清民律草案》在亲属与继承等中保留了中国传统,但这些传统因素并非风俗习惯或民情风俗,而是礼教这一政治传统的内容。学者谓,民律草案亲属编、继承编中对旧制的保留,似乎不能说成是尊重习惯风俗,因为其内容毋宁是古典国家固有的、统一的,甚至已经是成文化的礼教礼制,而不是近代语境下的习惯法。⑥

---

① (清)沈家本:《历代刑法考》,邓经元、骈宇骞点校,中华书局1985年版,第2120—2121页。
② 参见杜正贞《民国法律、诉讼和社会语境下的"习惯"——以"异姓承嗣"为例》,载中国社会科学院近代史研究所法律史研究群编《近代中国的法律与政治》,社会科学文献出版社2016年版,第55页。
③ 参见邓建鹏《中国法制史》,北京大学出版社2011年版,第388页。
④ 参见李启成《晚清各级审判厅研究》,北京大学出版社2004年版,第168—169页。
⑤ 谢振民编著:《中华民国立法史》,张知本校订,正中书局1937年版,第900页。
⑥ 参见陈新宇《陈说新语》,九州出版社2020年版,第28页。

受礼教派影响，法理派的民律草案修订没有突破礼教藩篱，也未很好地吸收消化民事习惯调查的成果。1923年，杨元洁为《中国民事习惯大全》作序时指出："溯自前清变法之初，醉心欧化，步武东瀛，所纂民律草案，大半因袭德日，于我国固有之民事习惯，考证未详，十余年来，不能施行适用。"①论者谓，因为民事习惯调查进展缓慢，将本国民事习惯转化为成文法存在着立法上的困难，致使编纂民律草案的过程中，难以将调查所得的民事习惯采纳为法典条文。再者，清末立法者都具有西方法学教育背景，将外国民法条文拼合成本国法也更为容易。宣统三年编纂的《大清民律草案》实际上是由外国法与本国制定法及传统礼制拼合而成，而本国民事习惯对民律草案的编纂几乎没有产生任何直接影响。②"清末民初民事习惯对民法典制定的作用相当有限，法律只是国家的产物而不是社会的产物，只是从统治者们的政策和价值中自上而下移动的产物而不是从整个社会的结构和习惯自下而上发展而来的产物。"③因此，清末与民国民事立法时虽调查了全国习惯，但大部分习惯并未反映到民法中，晚清以来习惯并未如在西方国家那样受到同等重视，习惯依旧缺乏确定的拘束力，它多是司法官员参照考虑的事实。法官遵照、考量或重视习惯，主要是为了有利于平息纠纷，案结事了。同前清类似，法官甚至可以适用与之对立的其他原则或习俗。

以祭田为例，学者认为，对传统中国用于祭祀祖先的祭田，"永远不能典卖"是一般习惯。民国初期大理院在判决中却采取了与该习惯冲突的另一原则，即祭田在必要情形下可由各房全体实质性处分，并将这一原则看作适应当时社会的惯例。这样的判例实质上是打着尊重习惯的旗号，用近代法理改造习惯。④当时的地方审判厅对待习惯亦有类似做法。1912年，一当事人援引当地习惯，提出家庭对家庭成员个人引发的债务不承担责任。但是，直隶高等审判厅推翻了该习惯。在此，习惯不管多么古老，亦不能替代法律。⑤巩涛统计分析，在1912年至1919年民国大理院作出的两千个民事判决中，参考习惯的不及5%；多达25%的判决表明对习惯的限制或者反驳，当习惯阻碍商业交易和经济发展时，法官必须忽略习惯甚至禁用习惯；在人们认为本应是习惯法的核心领域（比如继承），习惯更是被驱逐出去。总而言之，在大理院民事判决中，习惯被援引为据仅占极少的一部分，它们几乎没有什么约束

---

① 载施沛生编：《中国民事习惯大全》，上海书店出版社2002年版。
② 参见张生《清末民事习惯调查与〈大清民律草案〉的编纂》，《法学研究》2007年第1期。
③ 张洪涛：《近代中国的"以礼入法"及其补正——以清末民初民事习惯法典化为例的实证研究》，《比较法研究》2016年第2期。
④ 参见李启成《法律近代化过程中的外来规则与固有习惯——以祭田案件为例》，《中国社会科学》2008年第3期。
⑤ See Man Bun Kwan, "Custom, the Code, and Legal Practice: The Contracts of Changlu Salt Merchants in Late Imperial China," in *Contract and Property in Early Modern China*, edited by Madeleine Zelin, Jonathan K. Ocko, and Robert Gardella, Stanford University, 2004, pp.282-283. Man Bun Kwan 以直隶长芦盐商契约及纠纷为例，认为清代习惯对司法的效力相当有限，习惯被官员允可才能进入司法实践。

力。[1]这一见解与前述关于祭田研究的结论近似。长期以来，官僚集团对习惯的漠视与改造企图，使这种自生规范易受冲击。

习惯的另一问题为其内涵与外延不易界定。风俗有良风与恶俗，并非所有风俗习惯都有合理性、正当性。此外，所谓"风俗习惯"，多为地方事实与社会规范的混合体，从中抽象出具有约束力的规范（习惯法），成为判决的依据，尚有相当远的距离。从有的当事人的角度来看，某些习惯可能属于过分、违背情理甚至无理取闹。晚清民事习惯调查过程中，有调查员直接评价某些习惯为恶习。比如，安徽全椒、来安等地"田地、房屋之卖买，契内虽书明价已清楚，而民间仍有找价之风习，甚至一找再找，纠缠不休，每至年关拉驴牵牛，或耸令老朽卧食受业之家，虽经县署再四标禁，而积习相沿，未能尽绝。……实为不良习惯"。[2]湖南第一高等审判厅调查员称，湘西买卖山地若未注明"阴阳一并在内"则买主不得进葬的风俗为恶习。[3]安徽庐江县知事评价田主对佃户未及时缴纳税粮不负责任为"不良习惯"。[4]安徽青阳、霍邱县两县知事称当地典当习惯"实非善良习惯"。[5]对于江西上犹、安远等县买卖不动产契价空格不填的习惯，调查员认为，这习惯是在将来必须投税之时，始将其契价空格任意减价补填，"相沿莫改，视为故常，诚陋俗也"。[6]可以设想，此类习惯虽在当地流行，一旦进入官方领域（如司法），必将受排斥或否决。[7]官方长期贬斥风俗习惯，加之近代复杂的政治与立法环境，使得立法者缺乏西方那种将习惯条理化、理性化的法律技艺。

巩涛指出，民国初年大理院及后来最高法院弥补法律（源自西法）意图与中国社会实情时，并非通过援引习惯法，20世纪30年代的习惯调查未曾提及，至1936年民法典甚至要求

---

[1] See Jérôme Bourgon, "Rights, Freedoms, and Customs in the Making of Chinese Civil Law, 1900-1936", in *Realms of Freedom in Modern China*, edited by William C. Kirby, Stanford University Press, 2004, pp.105-106. 另一学者亦指出，从民国初年的司法实践来看，以习惯作为判决的规范性依据，在有关判决录中并不多见。参见王志强《民国时期的司法与民间习惯——不同司法管辖权下民事诉讼的比较研究》，《比较法研究》2000年第4期。

[2] 参见前南京国民政府司法行政部编《民事习惯调查报告录》，胡旭晟、夏新华、李交发点校，中国政法大学出版社2000年版，第548页。

[3] 参见前南京国民政府司法行政部编《民事习惯调查报告录》，胡旭晟、夏新华、李交发点校，中国政法大学出版社2000年版，第349页。

[4] 参见前南京国民政府司法行政部编《民事习惯调查报告录》，胡旭晟、夏新华、李交发点校，中国政法大学出版社2000年版，第538页。

[5] 参见前南京国民政府司法行政部编《民事习惯调查报告录》，胡旭晟、夏新华、李交发点校，中国政法大学出版社2000年版，第570页。

[6] 参见前南京国民政府司法行政部编《民事习惯调查报告录》，胡旭晟、夏新华、李交发点校，中国政法大学出版社2000年版，第538页。

[7] 当然，也有调查员对一些习惯给予正面评价，例如，调查员认为，吉林省扶余县"房倒烂价"的习惯不惟与善良风俗无所违反，其解纷之处，亦足供法律参考。参见前南京国民政府司法行政部编《民事习惯调查报告录》，胡旭晟、夏新华、李交发点校，中国政法大学出版社2000年版，第40页。类似评价，同上书第41页。

禁用或限制援用习惯。①这种状况可以在南京国民政府的立法理由中找到缘由。民国《民法总则编立法原则》立法解释指出："惟我国幅员辽阔，人口最多，各处所受之影响不同，社会及经济上种种进步、种种组织，未必到处能与其他种种进步及组织，并驾齐驱。结果所致，各省各区域之风俗习惯大相悬殊，且根深蒂固，牢不可拔者有之。且此等习惯，多因各地特殊情形，均有特殊之适用。一旦废除之，殊非易事。故对全国应划一遵守之事项，拟规定为强制条文，间有各地不同不能划一之事项，拟规定为任意条文，或不规定之，而暂委之于习惯。"②这一解释道明，当时国家立法有废除习惯的倾向，之所以"暂委之于习惯"，在于中国地域广大之故。职是之故，习惯在立法与司法中得到尊重，不过是权宜之计。

南京国民政府时期，胡汉民是训政立法的灵魂人物。胡汉民法律思想的核心内容为"国家社会本位"，这个法律观很快一统天下。胡汉民认为，立法应以国家社会利益为最高原则。故立法要站在国家、社会和集体原则的立场上，首先为整个国家谋利益。当个人与国家利益冲突时，法律应维护国家权益，限制乃至牺牲个人的权利。"牺牲个人的部分，以成就民族和国家"是其"国家社会本位"法律观的核心。这种法律思想在公法上的具体表现便是"国家至上"。以国家整体的自由，或以无限制的权力，限制甚至剥夺人民自由权利。③这种看似新颖的法理念，实质回归老传统！

在这种思维的支配下，1928年，国民党中央政治会议通过的十九条民法立法原则，其中第一条规定："民法所未规定者依习惯，无习惯或虽有习惯而法官认为不良者，依法理。"④法官被赋予审查习惯合法性与正当性的权力，因此，习惯与法律不具有同等地位。当时"民法总则起草说明书"进一步指出："习惯之效力，欧美各国立法例本自不同。我国幅员辽阔，礼俗互殊，各地习惯，错综不齐，适合国情者固多，不合党义违背潮流者亦复不少，若不严其取舍，则偏颇窳败，不独阻碍新事业之发展，亦将摧毁新社会之生机，殊失国民革命之本旨。"⑤照此，当时执政者的意识形态（党义）对习惯持排斥态度，在司法实践中，习惯依旧只是法官可资参考的事实，而非必然具有拘束力的规则。1929年，时任中华民国立法院院长的胡汉民在演讲中指出："因为我们知道我国的习惯坏的多，好的少。如果扩大了习惯的适用，国民法治精神更将提不起来，而一切政治社会的进步，更将纡缓了，如果那样一来，试问我们如何去推行我们的主义与政策呢？……政治会议也因为看到我国社会上不良的习惯居多，所以不肯扩大它的作用。"⑥胡汉民主导的立法机构对习惯的负面评价与传统官僚集团一贯做法暗合，直接影响了立法与司法实践。

---

① See Jérôme Bourgon, "Rights, Freedoms, and Customs in the Making of Chinese Civil Law, 1900-1936", in *Realms of Freedom in Modern China*, edited by William C. Kirby, Stanford University Press, 2004, pp.107-108.
② 胡长清：《中国民法总论》，中国政法大学出版社1997年版，第399—400页。
③ 参见武树臣《中国法律思想史》，法律出版社2004年版，第357—363页。
④ 谢振民编著：《中华民国立法史》，张知本校订，正中书局1937年版，第910页。
⑤ 谢振民编著：《中华民国立法史》，张知本校订，正中书局1937年版，第913页。
⑥ 胡汉民：《新民法的新精神》，载吴经熊、华懋生编《法学文选》，中国政法大学出版社2003年版，第434页。

在传统时代，法律乃统治者颁行、用以控制社会的工具，先秦法家学派中多有类似言论。比如，"夫刑者所以禁邪也，而赏者所以助禁也。……故刑戮者所以止奸也，而官爵者所以劝功也。"[①]"法者，编著之图籍，设之于官府，而布之于百姓者。"[②]类似地，曾任唐朝刑部侍郎的韩愈称："是故君者，出令者也；臣者，行君之令而致之民者也。"[③]正统观点视制事立法乃王者之政。上述法律观具有典型的国家（君主）主义的特征，恰与新时代"国家社会本位"主义暗合。此理念亦得到重要学者的认可，梁启超称："立法者国家之意志也。昔以国家为君主所私有，则君主之意志，即为国家之意志，其立法权专属于君主固宜。"[④]他进一步认为，"我国数千年，为君主专制国，其法律惟采单纯的命令主义。举凡君主下一诏敕，其效力直普及于国内"。[⑤]法学家梅仲协对此概括为：民国以前，所谓狭义之法律，一本统治者之意向，著为典帙，颁下有司，以作牧民之准绳，而众庶黎元，皆处于被动的受治地位，不能参与法律之制定。[⑥]

因之，长期以来，国法依君主意志创制，远非民俗民情民意民风的表达，多非习惯的重述。这种立法实践从君主/国家治理需要出发，所立之法未必顾及风俗习惯，甚至与风俗习惯不兼容，直至排斥风俗习惯。如学者所述，就民事案件而言，没有任何机关有意发展出一套具有私法性质的规则，也不存在任何使判例得到统一的机制。习惯绝不可能结晶为一套具有实定性的规范体系，尽管有若干片段的成文法条可供参考，结果，所谓习惯也只能主要停留在"情理"这一非实定性规范的状态中。[⑦]国法与习惯在法律体系中向无并立的位置，习惯不属于法的范畴。

在这种狭隘的法律观中，几乎只有统治者颁行的律令才被定义为"法"。受此思维长期支配，虽然礼法之争的双方皆在争夺解释风俗习惯的话语权，二者对风俗习惯内涵的解释大异其趣，但是，他们对自上而下的立法模式并无异议，一致认同国家主义的法律观。在这种法律观下，任何规范只有打上国家烙印才能被视为法律，国家（或君主）是制定法律的唯一

---

① 《商君书·算地》。

② 《韩非子·难三》。

③ （唐）韩愈：《原道》，载《韩昌黎文集校注》（第2版）卷一，马其昶校注，马茂元整理，上海古籍出版社2014年版，第17页。

④ 梁启超：《论立法权》，载范忠信选编《梁启超法学文集》，中国政法大学出版社2000年版，第15页。

⑤ 梁启超：《论中国成文法编制之沿革得失》，载范忠信选编《梁启超法学文集》，中国政法大学出版社2000年版，第167—168页。

⑥ 参见梅仲协《民法要义》，中国政法大学出版社1998年版，第7—8页。虽然诸如嘉庆朝张五纬称："律例者，本乎天理人情而定。"参见（清）张五纬《未能信录》卷一"原起总论"。光绪朝法部郎中吉同均称："《大清律》者，乃历代相传之法典，斟酌乎天理人情，以治中华礼教之民，犹外国之有习惯法、普通法也。"（清）吉同均：《乐素堂文集》，闫晓君整理，法律出版社2014年版，第131页。但这类言论不能改变律例主要维护三纲五常这一价值观、代表统治者自身利益而人为创制这一事实。

⑦ ［日］滋贺秀三：《清代中国的法与审判》，熊远报译，江苏人民出版社2023年版，第324页。滋贺秀三关于习惯未能上升为法条的论断非常准确，但他的研究始终未曾解释何以如此，颇为遗憾。

473

权力主体，垄断立法权。国家主义的法律观凸显了在推动法制完善的过程中，国家起着自上而下的建设作用。有学者认为，礼教派的法律源自风俗习惯，源自风俗习惯的法律因此是发现的，而非创生的，主要为自下而上的过程。①这种观点恐怕并无充分证据支持。学者认为，传统中国的礼教，恰恰很少在民间习惯的层面呈现，民间习惯更多时候反而是游离乃至背离于礼教的，由习惯的融入维系礼教恐怕也是一厢情愿的。②如前所述，礼教派只是借用"风俗习惯"这样的语词与抽象概念，与具体区域的特定风俗习惯关系不大，目的是维护固有纲常伦理，他们倡导的人为创制的规则很少是自下而上发现的。

这种立法传统与政治变革、收回治外法权等政治需求相辅相成，很难顾及基层社会的民风民情和民众要求，这决定了习惯在近代法律中的地位有限。论者谓，习惯难以制度化地进入我国制定法，是由国家行政主导法律运行模式使然，这种法律运行模式具有国家问题取向，形成的是一种单向度的自上而下的沟通机制。③现代中国习惯与法律的这种关系，仍在深层次上受传统影响。研究者检索1949年10月至1998年3月国家相关机构制定的2500件"所有现行有效的法律和行政法规以及重要的司法规范性解释"，发现大量制定法强调要培养、养成、调整、改革某些习惯。立法机关似乎总是以法律塑造和改造原来的某种习惯，这在改革开放之前制定的规范性法律文件中更为明显。只有一部制定法两次明确提及以习惯作为其立法规定的根据，极少数制定法说到要考虑民众习惯。综上说明，中国当代制定法一般是轻视习惯的。④

五、结语

习惯长期未曾纳入国家法律框架中，在官僚集团的认识中，习惯是被改造的对象。经历晚清数年间的礼法之争，习惯突然被争论双方重视起来。不同政见的高层官员在关于风俗习惯的重要性方面，表面上有意无意地统一了不同认识，是否符合风俗习惯成为评判法律草案合理性的重要标准，习惯在立法中的地位短时间似乎迅速崛起。然而，针对朝廷要求新法"中外通行"、符合国情的要求，礼教派只是借用"风俗习惯"，包装固有法律的核心原则——纲纪伦常，并无在立法中重视风俗习惯的本意。作为回应策略，法理派同样使用"风俗习惯"及相关语词，并在西方法制传统影响下，主导习惯调查。但受国家主义或社会本位主义的传统法律观长期影响和支配，为满足自上而下的立法模式、国家治理与社会控制目标，风俗习惯仍然是被改造的对象，习惯多被置于国法的对立面。因之，习惯在近代以来立法与司法中的影响力依旧有限。

（原载《华东政法大学学报》2023年第1期，第167—179页）

---

① 参见梁治平《礼教与法律：法律移植时代的文化冲突》，广西师范大学出版社2015年版，第98页。
② 陈颐：《制作"习惯"：近代民法典编纂的习惯调查》，《史学月刊》2023年第1期。
③ 参见张洪涛《习惯在我国制定法中制度命运的制度分析——兼与苏力教授商榷》，《法制与社会发展》2009年第5期。
④ 参见苏力《当代中国法律中的习惯——一个制定法的透视》，《法学评论》2001年第3期。

"天下无讼"价值追求的古今之变

陈景良*

摘要："天下无讼"的价值追求是中华法系精神和智慧的集中体现。中华传统文化认为，伦理是社会生活的基点，人的本质为伦理人，处理人与人的关系应以伦理为前提。以伦理为基点，以天下为方法，以无讼为旨归，视君王和官吏为实现"天下无讼"的责任主体，借助文言文和白话文两类文体传播"无讼"义理，通过司法制度和民间调解等多重路径践行"天下无讼"价值追求，是中国人处理纠纷的特有智慧。虽然在近代以来遭遇了崔东壁、熊十力等人基于内在理路的强烈批判，也有着因应时代之需和外在冲击而发生的主体、理念与模式之变，但"天下无讼"之价值追求仍有着历久弥新的"变化中的不变"。这背后就是中国人认知内外世界、处理内外纠纷的独特的思维逻辑与行为方式。此种逻辑与方式既以早期中国司法理念为文化基因，又有着新的社会历史条件下赓续传统、焕发活力的时代动因，是理解中华法制文明、重塑新型中华法系的一把"锁钥"。

关键词：天下无讼；伦理人；中华优秀传统法律文化；中华法系；习近平法治思想；新时代理性人

习近平同志指出："中华法系凝聚了中华民族的精神和智慧，有很多优秀的思想和理念值得我们传承。"[①]党的二十大强调："把马克思主义思想精髓同中华优秀传统文化精华贯通起来、同人民群众日用而不觉的共同价值观念融通起来。"[②]"天下无讼"的价值追求正是中华法系精神和智慧的集中体现，也是中华优秀传统法律文化的精华价值所在。"天下无讼"既是中华民族的古老价值理念，也是中国古人在社会治理中追求这一理念的话语表达与历史实践，是中国人自古至今追求社会秩序和谐完美的理想表达与价值追求。它在本质上是一种社会化的话语表达，是对伦理社会中伦理人之道德理想的价值预设，当然也包含相应的秩序构造。学界以往多有关于如何把握讼、无讼、息讼、健讼之内涵，[③]怎样认识无讼、息讼、健讼等史料所折射的

---

* 作者系中南财经政法大学法学院教授、法律文化研究院院长。

① 《习近平著作选读》第二卷，人民出版社2023年版，第379页。

② 习近平：《高举中国特色社会主义伟大旗帜 为全面建设社会主义现代化国家而团结奋斗——在中国共产党第二十次全国代表大会上的报告》，人民出版社2022年版，第18页。

③ 近年来的代表性成果参见方潇、段世雄《讼卦之"讼"辨正》，《法制与社会发展》2011年第5期；李平：《重估中国法文化中的"讼"——以〈周易·讼〉卦为中心》，《苏州大学学报（法学版）》2021年第2期。近代学者熊十力也曾表达过不同于主流观点的对于"讼"的独特看法，下详。

中国古代社会性质，尤其是宋元明清社会的性质，①以及如何通过教化而理讼，通过调解而治理等问题的讨论。②然而，把"无讼"与"天下"概念联系起来，论证"天下无讼"价值追求的话语表达与历史实践，进而阐释其古今变与不变的规律，在学界尚未得见，本文试论之。

一、中国古代"讼""无讼""天下"的概念内涵

在中国传统法律文化中，与治国理政和司法活动密切相关的概念主要有以下几个：一是"讼"，二是"争讼"，三是"诉讼"，四是"无讼"，五是"天下"。欲阐释"天下无讼"价值追求的古今之变，进而揭示其蕴含的精神和智慧，沟通国家治理的"古今之理"，必须先对其中的文字内涵及意义延绵予以揭示。

（一）"讼"与"无讼"

《说文解字》曰："讼，争也。从言，公声。"学界通常认为，"讼"字不见于甲骨文，至西周《盂鼎》等铭文始见，战国《包山楚简》所见字形与西周铭文相似。据西周铭文所记之事，"讼"字已有较为稳定的含义，是指将当事人所争之事诉于公庭以求公断。③但若从人的生活原理出发，就"讼"字所具有的"人之欲望不能满足，必然会争"的文化含义而言，早在文字出现以前，"讼"字的原始含义便已出现于中国上古社会人的生活中。这种原始含义集中体现在《易经》讼卦，亦即《周易》六十四卦第六卦，其卦象为上乾下坎，或称坎下乾上。④《易经》位居群经之首，思想博大精深，其成书年代渺不可考，但所记之事确乎大多

---

① 直到今天仍有学者认为，古今中国社会是一个伦理社会，参见谢遐龄《中国社会是伦理社会》，上海三联书店2017年版；翟学伟：《中国人行动的逻辑》，生活•读书•新知三联书店2017年版。有关天理、国法、人情关系的讨论，代表性成果有费孝通《乡土中国》，南方出版社2020年版；瞿同祖：《中国法律与中国社会》，商务印书馆2010年版；梁治平：《法意与人情》，中国法制出版社2004年版。至于明清社会到底是否是诉讼社会，学界一度形成讨论热潮。近有学者指出，史料关于"健讼"风俗的记录，未必是历史的实际，可能是一种话语建构。但若不辨明各地各类史料记载的"健讼"风俗何者为假、证据为何的话，则前番批评本身也是一种话语建构，并不能驳倒明清社会是诉讼社会的基本判断。此间代表性成果集中参见［日］夫马进编《中国诉讼社会史研究》，范愉、赵晶等译，浙江大学出版社2019年版；尤陈俊：《聚讼纷纭：清代的"健讼之风"话语及其表达性现实》，北京大学出版社2022年版。

② 通过教化而理讼是古老悠久的中国传统，"虞芮让畔"和"甘棠听讼"是其经典故事。今人代表性研究成果参见徐忠明《情感、循吏与明清时期的司法实践》，上海三联书店2009年版。关于调解解纷的研究成果亦是丰富多彩。民事诉讼法学者多从西方"非诉解纷"的视野看待中国的民事调解传统与现行的大民事调解制度，而真正把民事调解视为中国古代司法正义之体现，且做到勾连古今中西之理的研究成果，参见［美］黄宗智《清代以来民事法律的表达与实践》（三卷本），法律出版社2014年版。另见萧公权《调争解纷：帝制时代中国社会的和解》，载《萧公权全集》（第9册），（台北）联经出版事业公司1983年版，第91—152页。

③ 参见李平《重估中国法文化中的"讼"——以《周易•讼》卦为中心》，《苏州大学学报（法学版）》2021年第2期。

④ 金景芳、吕绍纲：《周易全解》（修订本），上海古籍出版社2017年版，第96页。下引《易经》均据此书。

发生在西周初期之前。大体来说,《易经》是先贤通过观察自己生活与身体特征,反思自然变化规律,从而总结出的一套生活知识与人类智慧。①讼卦下坎上乾,乾代表天,自东向西而运转,坎代表地,水势东流入大海。二者各循其道,本属自然。先贤既以自然运行规律来解释社会生活现象,便把讼卦反映的天地相逆而行之现象,敷衍为人世间因争而起的讼事,进而将讼与争讼、狱讼等,统统视为逆天而行的不吉之象。既然人们在生活中要化凶为吉,官府在治理社会乃至为政治国之方略上,便不会鼓励人们相互斗争,而是主张相让相与。

需要指出的是,中国古人对讼卦的解释,自西汉以来详细而又深刻,但多是从讼本为生活所需,并不必属凶兆出发,主张若遇圣明公断,当事人适可而止,即为中吉,若当事人不知适可而止,则必致险恶而成终凶。②换言之,因为食色乃男女正常之欲,由此引起纷争,也实在难免。如果说排在讼卦前一位的需卦表明饮食之欲乃人之必需的话,那么由欲望之需不能满足而起争讼之讼卦,自然也是生活之所需,这正是延绵相须之理。至于不知止而好胜则终成凶象,实为人世间不吉之事,亦为古圣贤所不鼓励。故金景芳、吕绍刚释讼卦谓:"讼,是与人争辩是非曲直而待裁决,亦既诉讼的意思。《序卦传》认为'饮食必有讼,故受之以讼'。人人需要饮食,饮食必然引起纷争,所以讼卦次需卦之后",进而认为"有一个思想贯穿全卦,就是争讼是坏事,不争讼最好"。③

依据金景芳、吕绍纲的解释,参酌许慎和孙诒让之说,可将"讼"与"诉讼"之内涵概括如下。第一,讼卦作为六十四卦之一,从人的生活原理出发,认为因欲望不能满足而引起的讼与讼争,是正当合理的。第二,讼既可以发生在二人之间,即所谓因争而起的争讼,也可发生在个体自身,即所谓自讼。二人争讼必是因欲望不能满足或遇冤屈而起,而自讼就是自己责备自己。④第三,《易经》主张以辩证与变化的眼光对待争讼,并非完全排斥。姑且不论原初就不正当不合理的需求,即便是赢得了正当合理的诉求,也不要意气用事,把事情做得过头,否则便会自取其辱,此即卦象所说的终凶。第四,讼卦的象辞与象辞既是对卦之吉凶判断,又是依据人之德行(道德)而说理。"一个人若忠实诚信,遇有意不得伸的阻难,能戒惧谨慎,能不争讼便不争讼。"⑤第五,就人之常情而言,言讼必以胜为吉、败为凶,但古人对讼卦的解释旨在强调好坏吉凶是可以转化的。所以讼卦之义理虽未从根本上否定争讼,甚至认为这是正当合理的,但从发展变化的道理看,讼之所起并非美事,无论哪一方获胜都会伤和气。因此,中国文化总的来说是不鼓励争端的。既然古老的讼卦义理崇尚无讼为人伦之大美,那么其后的孔子讲"听讼,吾犹人也,必也使无讼乎",便是水到渠成的自然之理。第六,除《易经》讼卦之"讼"所包含的价值外,郑玄在为《周礼》作注时,还

---

① 金景芳、吕绍纲:《周易全解》(修订本),上海古籍出版社2017年版,第96页。
② 参见《十三经注疏》(上),上海古籍出版社1997年版,第24页。
③ 金景芳、吕绍纲:《周易全解》(修订本),上海古籍出版社2017年版,第96、102页。
④ 参见金景芳、吕绍纲《周易全解》(修订本),上海古籍出版社2017年版,第97页。
⑤ 金景芳、吕绍纲:《周易全解》(修订本),上海古籍出版社2017年版,第96页。

把"讼"与财货之争相联系，并将其与"告以罪名"的"狱"相对照。①这虽然并非现代意义上的"民刑之分"，却是中国古人对事分轻重、错分大小、法分层次的初步认识。第七，讼卦中的"讼"字尽管含有诉讼与不鼓励争讼之意，乃至视无讼为最高价值理想，但这只是根据讼卦义理所做的解释，原始卦辞中并无"诉讼"与"无讼"之两分。就中国古代立法与司法实际而言，实体法与程序法因无明确区分，故唐以前，相当于现代程序法意义上的诉讼立法，多被称作"告劾"。《唐律》有"斗讼"篇，把讼与斗殴伤人之事编在一起，《宋刑统》因之。元人编《经世大典》，其中《宪典》有"诉讼"之篇。②明、清两朝因加强集权之需，变更了唐宋立法体例，改十二篇为七篇，即名例之下六事律分立。直到清末变法修律，诉讼作为有别于实体的程序法才得以单独编撰而呈独立之势。

综上而言，从文化发生学原理以及文字学两个角度来看，《易经》讼卦之"讼"的初始含义，是指天向西转、水往东流，二者逆向行驶，本是自然之规则。释之以义理，则是说人因欲而争，本是正当合理的。但若不适度而止，即争强好胜，即便赢了，也可能由吉转凶，不是好事，故中国先贤总的价值取向是：最好是无讼，其次有讼适可而止，通过调解公断而止讼，最不好的是意气用事，一争到底，害人害己，影响和谐。讼为正当，争讼当止，无讼是价值理想。

（二）"天下"之观念

《易经》讼卦之义理，是中国先贤对自然之理与人事现象的文化把握，其核心要义为以和为贵、尚和不争。作为价值追求，追求无讼的主体又是谁呢？在笔者看来，首先是君王，即王权的拥有者；其次是各级官吏。由于中国古代的王权概念，既指向秦以前的夏、商、周三代之王，又指向秦汉之后的历代皇帝，而与王权相联系的最能反映中国人特有文化特征的，是传统中国数千年连绵不绝的"天下一家，王者无外"观念。因而我们可以推论出，中国人所说的"无讼"观念，可以进一步表达为"天下无讼"。虽然在古籍中找不到"天下无讼"的直接用例，但从《易经》群经之首的定位，"讼"与"无讼"的义理以及"无讼是求"的治理实践出发，"无讼"理想总是与"天下"秩序密切相关，君王和官吏是"天下无讼"价值追求最主要的实现主体，当然也是其最主要的责任主体。

可"天下"又是什么呢？是指中国，还是指宇宙、世界，还是指向形而上的哲学思考？从历史记载看，传统中国的"天下"观念，首先体现在《尚书》与《易经》中。邢义田先生认为，"天下"二字首见于《尚书·召诰》，其原文是，"其惟王位在德元，小民乃惟刑用于天下，越王显"。③在中国历史上，武王伐纣是一重大历史事件。它不仅标志着殷商之灭亡、周之兴起，更标志着早期中国文明由巫神之治转向德教之治，对其后数千年的中华文明形态影响至深至广。以"仁、义、礼、智、信"为核心的儒家人伦道德文明，就是在赓续周初德教

---

① （清）孙诒让：《周礼正义》（第六册），中华书局1987年版，第2748、2750页。

② 参见陈景良《元朝民事诉讼与民事法规论略》，载韩延龙主编《法律史论集》（第2卷），法律出版社1999年版，第153—207页。《经世大典》已不存全貌，今人只能从《元史·刑法志》中知其大概。

③ 参见邢义田《天下一家——皇帝、官僚与社会》，中华书局2011年版，第94—95页。

文明基础上发展定型的。这即是说，"天下"所具有的文化含义，是从西周初期经孔孟到汉唐宋元明清，连绵不绝发展而来的，且其核心是尚德崇教，追求以德服人的王政。

实际上，"天下"一词有多种面向，很难通过简明定义穷尽其丰富内涵。大概来说，首先，"天下"由先民朴素的方位观念发展而来，[①]后来发展为"王者无外，天下一家"的文化观念。[②]其次，"天下"可以是地理观念：先指王权所居的京畿以及向天子纳贡的四方诸侯所在地，后扩展至王侯以外的周边及至蛮夷地区，这即是史书中所表达的王服、五服、九服之地理范围。[③]在此意义上，"天下"如同"中国"一词所表达的地理概念一样，既有初始所指的京师王侯之地，又是不断变化乃指范围随王朝兴替而逐渐缩小或扩大的地理概念。[④]再次，"天下"可以与古代中国王朝的朝贡制度相联系。最后，"天下"还可以是中国人的一种情怀，一种形而上的无限想象。《易经》解释"太极"谓："太者大也，至大无外；极者，小也，至小无内。"可见"太极"既为宇宙天地人类产生之本源，又是世间万物川流不息、周而复始、无穷无尽之变化运行规律。在诗人的生活世界与民间文学作品里，它又可以表示"四海之内皆兄弟"的世界认知。

若论本文主旨，我们需要确定在何种层面使用"天下"一词。可以确定的是，当我们把"天下无讼"视为一种话语表达，进而作为一种价值追求时，此时的"天下"之概念，是一个超越中国历史具体朝代的文化性概念，也是一种极具中国历史特色的秩序观念综合体。它可指"王者无外，天下一家"，亦可指"普天之下，莫非王土；率土之滨，莫非王臣"，又可指"居中而治，文德化民"，更可指"大道之行，天下为公"，最后，它还可以是学者所概括的一个抽象概念。这正如日本学者渡边信一郎所言："所谓天下，正是超越了郡县，诸侯国地域性统合的领域性统合体，是概念性地表现前近代中国之国家的词语。"[⑤]这个概念又可作为中国古人认识和分析问题的方法论。[⑥]即是说，从天下去理解世界，把世界看作政治主体。这意味着，必须以高于或大于国家的视野去理解世界政治。这既是中国古人的智慧，也是当代中国人的大国风范，如"人类命运共同体"观念。这意味着，"天下"概念的实指是历史的，所指是古典中国的，能指是理论预设的。这种"天下"观念的意义在于，它把世界（天下）看作一个整体，用博大的胸怀把一个现实纷攘的外在世界化约为内部问题，解决的方法是化解而非征服，这就消解了西方文化哲学中内部秩序与外部世界二元对立所带来的冲突问题。在中国人眼里，武力征服是次要的，和合才是最高的价值所在。

---

① 参见冯时《文明以止——上古的天文、思想与制度》，中国社会科学出版社2018年版，第168—208页。
② 梁治平：《为政——古代中国的致治理念》，生活·读书·新知三联书店2020年版，第50页。
③ 参见邢义田《天下一家——皇帝、官僚与社会》，中华书局2011年版，第94—100页。
④ 参见葛兆光《历史中国的内与外》，香港中文大学出版社2017年版，第5—11页、第28—29页；葛兆光：《何为"中国"：疆域民族文化与历史》，牛津大学出版社2014年版，第38页、第41—42页；葛兆光：《宅兹中国——重建有关"中国"的历史论述》，中华书局2011年版，第44页。
⑤ ［日］渡边信一郎：《中国古代的王权与天下秩序》（增订本），徐冲译，上海人民出版社2021年版，第10—11页。
⑥ 对此亦可参考赵汀阳《天下的当代性：世界秩序的实践与想象》，中信出版社2016年版，第1—4页。

就此而言,"天下无讼"之"天下"实有三层含义。中国传统文化观念所包含的秩序性表达,是"天下无讼"之天下的第一层含义。但欲透彻理解"天下无讼",必须诉诸具体的历史实践。在中国历史具体朝代中,实现"天下无讼"的主体性制度依托是王权体系,亦即皇帝与各级官僚。它们必须是实体而有所特指,与此对应的天下概念必然要落实到具体的朝代之中,此时的天下是指某个朝代有效统治的具体区域,因为它只能在王权所到的地域中推行某种制度与具体措施。这正是"天下无讼"概念中天下的第二层含义。但所谓有确切的实指,实为一个历史的动态表达。"天下无讼"中的"天下",固然是指具体地域,但在中国历史进程与古典文献中,天下所指向的地域并非固定不变,而是如同中国一样,是变动而不固定的。这就是"天下无讼"概念中"天下"的第三层含义。厘清这三层含义,我们就会明白,"天下无讼"价值追求中的"天下",首先是一种含义丰富且极具中国文化特色的秩序观念,具有至大无外的文化想象力。在此种想象中,"天子居中而治"、"王权无外"、"文德泽被天地万物"、"以天下观世界,消解纷争,追求'中和'",是"天下"观念四个特有的历史文化维度。进而,将天下秩序观念落实到"无讼"的价值追求层面,它必须通过现实中的政治实体及其官僚机构中的各级官吏,在具体的时空中去努力实践。此时的天下之所指就必须从秩序观念的想象中脱离出来,而变为具体的指代,甚至是某一个时空下的制度或措施。

二、"天下无讼"价值追求的话语表达与历史实践

"天下无讼"表达的是古代中国的一种价值追求,是中国文化以文德治天下、崇礼尚和的人文品质与博大情怀,也是一种秩序理想。在古代中国,"天下无讼"价值追求的"实现"有着实指意义与具体路径。这里所说的"实现",是指落实的主要方法与对官员品格的核心要求,而非全部方法与要求。

(一)何谓"话语表达"?

从中华早期文明到清末西学东渐,我国五千多年的文明史上确实有着一个历久不衰的传统,这就是尚和合(止争讼)、求无讼,以至于四海康宁、天下安定、国祚永昌。众所周知,这是一种秩序理想而非历史事实。理想是一种话语表达,事实只是这种理想的部分落实。之所以用"话语表达"[①]一词来描述"天下无讼"的价值追求,主要有三层考虑:第一,试图通过"话语表达"一词,揭示构成"天下无讼"一词的两个基本元素,亦即其文字与文体特征,从而进一步辨析这些特征下的讼、争讼、天下无讼的法意内涵与价值取向。第二,从文化发生学的原理来看,话语表达作为一种言说,它所揭示的是中国先贤对人之本性与人之关系究竟为何的理论假设,反映的是中国文化的思维逻辑。这种思维逻辑的最大特征是,预设人的本质属性是人伦道德,人与他人的关系是共存共生(而非他人即地狱)。换言之,中国

---

① "话语表达"是现代学者使用的一个词,古代并无此词,也无"语言表达"之用例。古人常用的词是"言语",不是"语言",更非"话语"。不过,我们可以用"语言"借指"言语",再用"言语"指代"话语",以阐发文中主旨。

人的本质是伦理人,每个伦理人的存在都以其他伦理人的存在为条件。在孔子眼里,伦理教化为治世良方。我与他人的初始关系是伦理性而非政治性。①正因为如此,才有可能在一个伦理人组成的世界里,通过教化减少纠纷、杜绝犯罪乃至实现无讼。第三,话语表达揭示的是某种人类价值理念实现的过程,而不是理念到达的终点,更不是否定历史中各种诉讼纠纷的真实存在,当然也不是无视现实生活中的各种矛盾。它的意义在于确立中国人司法理念的历史与逻辑起点,建立起中国人的诉讼行为模式与司法文明形态。

所谓的"话语表达",是说话语只不过是表达人类思想的外在形式。所谓外在形式,是指文字特点与文体特征。就此而言,既然在中国传统文化中,记录话语、表达思想的主要是方块汉字,文体为文言文,那么它们在外在表达"讼"之观念与"天下无讼"价值追求之际,有什么法律文化原理上的重要特征与意义呢?

首先,就语言文字与人伦文化的关系而言,人伦文化先于语言文字。中国的文字主要是方块汉字,其基本语素是以单音节词为主体的表意系统。②以甲骨文字为源头的汉语言文字,经西周秦汉到三国两晋唐宋元明清,一直流传使用到今天。其间,虽有春秋战国时期东方六国文字的出现,但经秦统一后,文异形、字异声的六国文字便逐步消失,有的不为后人所知,有的深埋于地下。③直到今天,我们使用的文字一直是以甲骨文为源头的西土文字。④语言与文字都是用来表达思想、促进交流的工具。只不过中国语言文字的最大特点在于,它最早是用来满足人与神的交流需要,到后来才用于满足人与人的文化交流需要,其间经历了由神到人到以人为本的重大转折。相应地,中国语言文字记载的思想,以及由此固化的语言文化内涵,都被赋予了中国人特有的人伦道德含义。⑤

其次,从语言文字二者之间的发生学关系而言,语言先于文字而生。语言除满足人之生活所需之外,到了高级文明政治共同体阶段,它还要表达思想。思想只有被记载下来,才能传承与稳定,这就非要用文字将其固化不可。先民认识事物、表达思想的语言,如果仅靠发声,是很难流传下来的。这是因为,一方面,各族群语言的发声是极为不同的,直到现在也是如此。另一方面,先民也不可能有现在的录音设备与技术条件。因此,仅靠语言传承思想是不行的,这就必须要用文字固化早期先民用发声来表达的思想。而且只有依靠统一的文字,才能把发声不同、表意相同的各种语言,固化为我们直到今天都能理解的思想与意义。

最后,文字可以固化语言所表达的思想,但是想要形成一以贯之的传统,在中国文化中,就必须落实为文言文这一文体形式。文言文作为古代中国语言表达的文体形式,同现代使用的白话文文体,既有联系,又有很大区别。他们的联系是都是以单音节或双音节的词为语素,而非以拼音为语素,故以中国汉字为特征的文言文,现在的读书人经过学习也大都能

---

① 参见赵汀阳《第一哲学的支点》,生活·读书·新知三联书店2017年版,第173页。
② 参见郭永秉《九个汉字里的中国》,上海文艺出版社2019年版,绪言第1页。
③ 参见裘锡圭《文字学概要》,商务印书馆1988年版,第1页。
④ 参见王国维《观堂集林》(上册),中华书局1959年版,第305—307页。
⑤ 参见冯时《中国古文字学概论》,中国社会科学出版社2016年版,第32—37页。

读懂并理解。它们的区别是,文言文简洁深奥且典雅优美的特质,是现代大多数知识人可欣赏但不能熟练使用的。现代中国人所用的成语典故多来自文言文,一旦用白话文,便尽失其风采。

中国人特有的文字与文体,稳定且持久地表达着中国文化最早的民族记忆与文化传统。这一特征同样在作为"话语表达"的"讼"之观念与"天下无讼"价值追求上显现出来。先就"讼"之观念的文字表达而言,"讼"的文字表达经历了从语言、符号到象形、形声、会意,从占卜通神到法天则地,从赋予吉凶到圣人效之以寓文教的转变过程。①《易经》六十四卦中并无"争卦"与"狱卦",但这不表示中国先民在早期社会生活中没有认识到"争"与"狱"的事实性存在及其合理性。因为争由欲望而起,"狱"与"刑"相连。天下有争则必讼,讼不知止而发展为伤天害理之命案,则必妨碍社会秩序,王者必须处理。《易经》第五卦"需卦"与第二十一卦"噬嗑",正体现了此种前因后果。至于争讼为凶,不鼓励相争的价值含义,则是通过义理解释而赋予的价值。这既是中国文化之源,也是中华法系中的法意理念,且是最古老的法文化元素,更是中华民族最遥远的历史记忆。它塑造着中国人的文化心理与行为方式,是中华民族的魂魄。

再就"天下无讼"价值追求的文体形式而言,依据不同的标准,可以对文体形式作出不同的分类。我们通常以文章的体裁,亦即以文章的表达形式及其特征为标准,把文章分为记叙文、议论文、说明文、应用文、散文等类别。但这只不过是现代文学常用的分法。若论古典之文体,以是否为规范书面语为准,则可分为文言文体与口语文体(现在的白话文)两大类。文言文里进而有骈体文与散文之别。我们这里区分古典中国"话语表达"的两种文体,旨在借此讨论:当我们说"天下无讼"的价值追求是一种话语表达时,古代中国究竟是以何种文字体裁来传承"讼"之观念,又以怎样的传播方式来推动贵族上层与民间社会共同铸造无讼为尚、以和为贵的价值追求的?我们对此的基本回答是,正是古典中国特有的文字与文体,共同形塑了中国人尚和止讼乃至无讼是求的价值观念。

在此不妨以文言文与口语体两种文体类型为线索,对"天下无讼"的价值追求在传统中国文化中的传播路径与特征略做分梳。既有研究对此是关注不够的,先就文言文而论。其一,《十三经注疏》以合乎古文言规范的形式及注和疏的经学家法,把中华法系中尚和求同、息讼止争的法意,凝聚成古典中国立法与司法的精神指导与法律原则。其结果是,皇帝的敕令诏旨或国家的法典律例,皆以文言之体,塑造着王权以及最高治理层的法律意识,尤其是秦汉以后,诸法典皆出自儒臣之手;②至于传统司法,亦大都以"刑轻讼简"为尚,注重"天理、国法、人情"的平衡艺术。其结果是影响各级官府的士人阶层,即士大夫群体。其二,士人文集书判和官箴书,特别是刑名幕友所传幕学著作,也大都依文言文体,传播着息讼与无讼的理念,进而固化各级官僚群体的法律意识,左右他们的行动逻辑。其结果是影响古代中国中层官员的司法实践。再就口语体而言,宋代的评话,明清的小说,特别是《三言二拍》和《图民录》,乃至民初《申报》所载《息讼歌》,都以特有的艺术风格影响着社会中下

---

① 参见黄寿祺、张善文《周易译注》(卷九),上海古籍出版社2004年版,第520页。
② 参见瞿同祖《中国法律与中国社会》,商务印书馆2010年版,第350—351页。

层人士的生活观念与行为方式。其结果是，落第士人以及民众最易接受此价值观念。

（二）如何"历史实践"？

回看古典中国的历史进程，"天下无讼"的价值追求，往往是通过具体人员职责以及特定解纷机制等方式来实践和实现的。

依据历史文献的记载，早在西周时期，国家便设置了"调人"的职位，专门负责对民众之间的仇怨加以调解。《周礼·地官·司徒》谓："调人掌司万民之难而谐和之。"[①]春秋时期，孔子曾通过案件的处理，践行他的"无讼"价值观。《荀子·宥坐》称："孔子为鲁司寇，有父子讼者，孔子拘之，三月不别。其父请止，孔子舍之。"从秦汉到明清，两千多年的历史进程中，既有国家层面减少讼累、追求和合的制度设计与司法程序，也有活跃于民间社会且发挥重要作用的各种非官方调解人员及其调解形态。就前者而言，自汉代以来，政平讼理，美风俗、兴教化，一直是帝国各级官员为政的崇高目标，尤其是被视为民众生活细事的婚田之讼，通常都是以息讼、教化为宗旨，以官方调和或调处的方式结案，这被学界称为"教谕式的调停"。[②]著名学者萧公权说："中国在相当早的时候，就已采用和解来解决争端，以避免纠纷的人群以兵戎相见，并避免对簿公堂。整个帝制时代长达两千年以上的历史，都延续着这种办法。"[③]就后者而言，因时代与地区不同，非官方的民间调解人的称呼方式与作用机制各有不同。民间生活、商业组织乃至工农士商生活的方方面面，都以减少讼累、力争和合为鹄的。这即是说，在帝制中国，社会结构中有各种各样的"和解"方式，以用来化解纠纷。这些方式，既有制度化的，譬如司法中的"无讼""劝和""休和""调和"等，也有非制度化的，譬如"讲和茶""和平烟斗"等，不一而足。

萧公权曾举典型案例，颇能反映中国人化解纠纷、追求和合乃至无讼的价值观念。据说在很久以前，两个老朋友兼邻人之间发生了一起债务纠纷，最后以"劝和茶"方式解决，平息了双方的愤懑，也引起了众乡亲的喝彩。事情的经过是，甲、乙二人是好朋友，其中一人向另一人借了一笔不大的款项。由于二人关系很熟，借款时既未立字据，也未说明何时还清、以何种方式还款。问题出在债主的儿子身上，因为这个儿子是一个"浪荡子"。当其得知债务人近期出售农作物获利，有能力偿还债务时，便未经父亲同意而假借父亲之名，要求债务人还钱。此时的债务人信以为真，未暇思考，便把钱还给了债主的儿子。债务人自以为清偿了债务，其实这个儿子不务正业，并未把钱交给父亲。事情败露后，债主很生气。由此，债主与债务人之间发生了纠纷。债主认为债务人必须重新还钱，因为自己没有得到这笔本应该还给他的钱。而债务人则认为，借款已经如数还过，不能再还第二次。因此老朋友变成了"冤家"，一直争吵不已。为了化解这个纠纷，二人同意由邻里中的领袖人物召集众邻及当事人来到茶馆，进行调和。领袖人物与众人商议后，认为此事债主和债务人均有过错。

---

① （清）孙诒让：《周礼正义》（第二册），中华书局1987年版，第1024页。

② 参见［日］滋贺秀三《清代中国的法与审判》，熊远报译，江苏人民出版社2023年版，第243页以下。

③ 参见萧公权《调争纠纷：帝制时代中国社会的和解》，载《萧公权全集》（第9册），（台北）联经出版事业公司1983年版，第119页。

债务人不应鲁莽地把钱还给债主的儿子。债主的过错在于事先没有警告债务人他的儿子不务正业，不能代表他，更不能把钱还给他的儿子。鉴于双方过错及二人原来的关系，处理的办法是，首先，建议债主竭力从其儿子处索回那笔款项，索回多少是多少。其次，要求债务人不是还，而是重新借给债主一笔相当于原有债务数额的款项，待受款人有能力时再偿还给债务人。这样处理的理由一是鉴于二人都有过错，二是因为债主、债务人的情况有变。原来的债主现在的日子过得紧张，而原来的债务人现在的情况已经变好。这样的处理既修复了二人已破裂的关系，又解决了现实生活中的问题，还减少了讼累。虽不完全合乎法律，却也合乎情理，是中国人解决纠纷、追求和谐的特有方式，其中的智慧正是"无讼"价值追求的生活缩影。①

三、"天下无讼"价值追求在近代以来的转型变迁

柳诒徵先生说："清季迄今，变迁之大，无过于法制。综其大本，则由德治而趋法治，由官治而趋民治，潆洄激荡，日在蜕变之中。而世界潮流，亦以此十数年中变动为最剧。吾民竭蹶以趋，既弃吾之旧法，以从欧美之旧法，又欲弃欧美之旧法而从彼之新法，思想之剧变，正日进而未有艾。"②自清末官制改革到辛亥革命爆发，清廷进行了大规模的变法修律活动，延续数千年的中华法系逐步解体，以西方现代法治文明为代表的权利观念开始引进中国，随之而来的是包括司法理念在内的一系列变化。至于以儒家人伦道德为基础的"天下无讼"价值追求，也或早或晚地面临着理论上的批评，遭逢着实践中的剧变。

（一）崔东壁与熊十力的批判

"天下无讼"的价值追求并非没有遭遇过任何质疑。毕竟，这是一种价值预设。既然涉及价值问题，就不可避免会有主观认识差异。生活在乾隆中后期至嘉庆初的崔东壁（崔述），就曾对先秦以来的"无讼"价值追求进行了激烈的批评。这位担任过两地县令的崔东壁，可谓自孔孟以来两千多年中第一个公开站出来反对"无讼"价值追求的帝国官员暨儒家士大夫。③他说："自有生民以来，莫不有讼。讼也者，事势之所必趋，人情之所断不能免者也。"④这是符合《易经》讼卦义理的判断。他认为，"讼之事也久矣。舜避尧之子于南河之南，天下诸侯讼狱者，不之尧之子而之舜。鲁叔孙昭子受三命，季平子欲使自贬，昭子朝而命吏曰'婼将与季氏讼，书辞无颇。'唐虞之时何时也，诸侯犹不免于讼；昭子，贤大夫也，亦不能以无讼。然则是讼也者，圣人之所不责而亦贤者之所不讳也"。⑤他的《讼论》一文，

---

① 案情参见萧公权《调争纠纷：帝制时代中国社会的和解》，载《萧公权全集》（第9册），（台北）事业联经出版公司1983年版，第145—146页。
② 柳诒徵：《中国文化史》（下册），中国书籍出版社2022年版，第1137页。
③ 参见陈景良《崔述反"息讼"思想论略》，《法商研究（中南财经政法大学学报）》2000年第5期。
④ 顾颉刚编订：《崔东壁遗书》，上海古籍出版社1983年版，第701页。
⑤ 顾颉刚编订：《崔东壁遗书》，上海古籍出版社1983年版，第701页。

是他回顾幼时所见以及担任罗源、上杭这两个东南沿海县域之县令的心得体会。在崔东壁看来，传统的息讼观念是社会治理的败乱之道，"无讼"之价值追求是"博世之美名"，其实有害于百姓。一个有为的政治官员，应该勇于担当，认真理讼断狱，分清是非，不能空喊高尚的口号。片面追求以德化民、使其无讼，反而会招致祸乱。①崔东壁生活的时期，正是乾嘉之际。当时英国工业革命已爆发100余年，西方世界发生了天翻地覆的变化。不仅科学技术发展得日新月异，就是思想的历史进程，也不可与以往同日而语。

继崔东壁之后，再次强烈批判"无讼"价值追求的，并非清末修律大臣及其之后的民初大理院推事乃至南京国民政府法典的制定者（因为他们多是在西方文明的冲击下接受权利理论进而改变"无讼"价值追求的），而是一生未曾出过国门的熊十力（1885—1968）。这位新儒学宗师，虽一生道路坎坷，思想却是夐夐独造，性格实为桀骜不驯。熊十力从中国文化的内在理路返本开新，鲜明反对"无讼"价值追求。他说："从来《易》家，多以讼为恶名，则由误以讼为诉讼之讼。而不知讼者争义，乃指愚弱者对于凶暴之一种抗争（须知，言斗争，必指愚弱对于凶暴而言。若强陵弱，智欺愚，则名为侵害，岂可以斗争名之乎？）未可以讼为恶名也。"②这是一种独特的见识。熊十力慧眼独具所看到并强调的，是讼卦之中的重要价值观念，这就是"义"，而不是"利"。这既不同于中国古代解释讼卦的主流观点，也不同于西方法治理论背景下的诉讼理念。熊十力看到的是"讼"背后的"义"，他正是基于此点而反对"息讼"的。至于修律大臣及其后来者，则是因为他们认可诉讼活动背后的逻辑是新兴的个人权利。然而，大音注定希声，曲高往往和寡，熊十力的独特见解并未受到实践的重视。从清末变法修律，到民初大理院援引《大清现行刑律》"民事有效部分"创制类似判例的判决要旨，再到南京国民政府的司法实践，修律大臣及其后来者都在试图以权利保护为宗旨，以西方形式理性主义法律为典范，③想要把所有的诉讼纠纷与解决之道都纳入法律体系的框架之内（当然这注定是徒劳的）。尽管传统中国"天下无讼"价值追求下的调解制度与机制，得以通过各种形式保留下来，④但在观念思维已受西学支配的社会形态下，法政精英的行动逻辑已然发生了较大转变，进而导致近代以降的中国司法在主体、理念和模式等层面发生重大变化。

（二）主体、理念与模式之变

崔东壁、熊十力的思想脉络与材料方法，仍未脱儒家典籍的窠臼，与以权利为中心的现代司法理念不可同日而语。"天下无讼"价值追求的真正变化，仍在清末变法修律及以后。若从变的视野考察，自清末至1949年中华人民共和国成立，此间重大变化宜从主体之变、理念之变、模式之变三方面述论之。

---

① 顾颉刚编订：《崔东壁遗书》，上海古籍出版社1983年版，第702页。
② 熊十力：《读经示要》，上海古籍出版社2019年版，第333页。
③ 参见黄宗智《过去和现在：中国民事法律实践的探索》，法律出版社2009年版，第132页。
④ 参见黄宗智《清代的法律、社会与文化：民法的表达与实践》，法律出版社2014年版，总序第3—4页。

最基础和根本的是司法主体之变。但讨论司法主体之变，必须立足于对司法主体本质属性的理论预设。所谓对主体的预设，乃是指在一定的文明形态或者说社会历史条件下，如何预设某种情境中的人之本质属性，如何认识人与人之关系基础，如何据此进行日常生活等。具体到司法情境中，就是说受特定社会结构与文明形态的限定，关于谁是司法活动的主体，在不同的社会历史条件中有着不同的认知和预设。在以周（公）孔（子）价值观念为核心的儒家文明形态下，人的本质属性被设定为伦理道德，人是伦理人，人与人的关系首先是具体家庭条件下的父母子女关系，尤其是以血缘关系为纽带的父子关系，这是家庭关系的基石。进而由家庭推向社会，由人推向自然，皆可以伦理关系视之。伦理关系讲亲情，重爱有等差，尽管它可以超越为"民胞物与"的至爱价值，但基础仍是爱有等差。在伦理关系中，每个人都是具体的人，不是抽象的人。人的价值，只有在具体的角色意识与伦理网络中，才能显现其意义。换言之，那种"原子式"的抽象的个人观在中国传统社会中，是不可能存在的，也是不可想象的。在中国的社会历史进程中，因生活所需，一个人不可能不与财产打交道，譬如成人、结婚、生子、继承、死亡，等等。但这些只能生发出基于儒家互惠性伦理的"权利"事实，而不可能长出个人自主性的"权利"观念。[①] 以伦理生活为治世良方，是理解中国传统文化的"锁钥"，也是孔孟思想的核心价值。自先秦乃至明清，虽然治道中充盈着仁政仁爱的理念，行政与司法中也崇尚"人命关天"，追求和谐的价值，但此种文明形态下的历史实践中，司法的主体只能是各级政府中的官员，不可能是日常生活中的"芸芸众生"，更不可能是人民大众。实现"天下无讼"之价值追求的行动者，虽然可以在社会生活中表现为非官方机构中的各类人员，并且他们也发挥着重要的作用，但就整个社会结构而言，他们只不过附着在整个帝国体制中的微末枝节，不可能从根本上超越以官员为主导的政府控制司法的体制。中国共产党领导的新民主主义革命法制实践则不同。从工农民主政权到抗日民主政权，再到人民民主政权，虽然各个时期的革命任务不同、策略不同，司法机构也有所不同，但有一个主线是共同的，这就是运用法律固定革命的胜利成果，立法司法走群众路线，并以保障工农大众的权利为宗旨。其中典型的司法模式是，20世纪40年代革命根据地陕甘宁边区政府"马锡五审判方式"的创立。这个模式下的司法理念与审判实践，虽然保留着传统中国"无讼"价值追求中的调解休和机制，但在这个形式相同的外壳下，其理念与司法主体已完全更新，即理念从"无讼"到"有讼"（权利），主体则由官员（士人）到人民。以人民作为司法的主体，立法司法走群众路线，这是中国共产党人不同于古代中国，也不同于近代以来移植西方法律的一系列政权的司法理念上的鲜明特征。

司法主体之变集中反映了司法理念之变。"人民"一词作为近现代中国的重要新概念，由以毛泽东为代表的中国共产党人集大成式地提出和阐释。"人民"原本是一个政治概念，与阶级划分理论密切相关联，后来经过革命历史事件的磨炼与发展，成为一代中国共产党人思想体系的要素。在新民主主义的革命司法实践中，"天下无讼"价值追求的理念与主体，虽然发生了重大变化，但这个变化是中国共产党人的创造性转化，而非简单粗暴地否定。例如，

[①] 参见李启成《帝制中国的"权利"辨析——从"治道"角度的分析》，《清华法学》2019年第1期。

1944年11月5日,习仲勋在陕甘宁边区绥德分区司法会议上说:"司法工作是人民政权中的一项重要建设,和其他行政工作一样,是替老百姓服务的","我们司法工作者,既是为老百姓服务,就应该站在老百姓中间,万不能站在老百姓头上","司法工作如果不从团结老百姓、教育老百姓方面着眼,只会'断官司''写判决书'的话,即使官司断得清楚,判决书写得漂亮(实际不可能办到),则这个'断官司'和'判决书'的本身,仍将是失败的,因为它和多数人民的要求相差很远。要达到上述目的,必须普及民间调解运动","我们的司法工作方针是要团结人民,教育人民,保护人民的正当权益。越是能使老百姓邻里和睦,守望相助,少打官司,不花钱不误工,安心生产,这个司法工作就越算做得好"。[①]在这段讲话中,我们看到一条明晰的变化线索:在"息讼"理念下追求"天下无讼"的司法主体,即各级司法官员(所谓的"大老爷"),经过中国共产党人革命实践的改造洗礼,已变成了工农民众,再由工农民众变成人民,人民是司法的主体,也是国家的主人。与此番主体之变相适应的是"天下无讼"价值追求的创造性转化,即司法理念之变。这个转化既是创造性的,也是融合固有传统的守正创新,更是在接受近代权利与民主理念的基础上,将马克思主义基本原理与中国革命具体实际相结合的产物。其鲜明的时代特色是,吸收近代以来权利与民主的时代营养,不再固守强调"息讼"、不讲权利,只求"无讼"、不讲法制的旧司法理念,而是在保障以工农民众为主体的人民的民主与财产权利基础上,创造性地提出"司法为民""方便群众""能动司法""追求和谐"等司法新理念。[②]

"天下无讼"价值追求的主体之变与理念之变,虽是根本的,却又是抽象的,是由中国共产党人领导的新民主主义革命法制的内在价值所决定的。这个价值体系通过新型法制的革命实践,必然在司法活动中展现为一种新的物化形态,即司法模式之变,这里面包括司法程序与司法知识之变等。近代中国新型司法体系由清末肇始,北京民国政府与南京国民政府继其后,其鲜明特征是移植西方形式理性主义法典编纂体系,特别强调司法审判的程序化与司法专业人员的精英化。这对于一个沉浸于儒家文化,程序与实体、民事与刑事没有严格区分的古老司法传统来说,不啻于千年未有之变,自然是一个正确的法制变革方向。问题在于,这种过分强调程序化与专业化的司法模式,不但从本质上说是资产阶级意志的反映,而且就其过于烦琐的司法程序以及过度深奥的法律用语来说,也是脱离中国社会实际,很难为中国的老百姓所接受的,更谈不上司法为民。正是在新民主主义司法新理念的指导下,中国共产党人创立的以马锡五审判方式为代表的新型法制,不仅改变了清末以来的西方化司法模式及其审判程序,也创造性地转化了以"天下无讼"之价值追求为基础的古代中国的司法模式及其审判程序,这就是我们所谓的司法模式之变。这个创建于20世纪30年代至40年代的新司法

---

① 习仲勋:《贯彻司法工作正确方向》,载《习仲勋文选》编委会编《习仲勋文选》,中央文献出版社1995年版,第9—11页。

② "能动司法"与"司法为民"虽然是晚近一段时期的司法政策,但其深深植根于新民主主义的革命司法实践中,也是毛泽东思想体系中的光荣传统。为了真正理解中国共产党领导的新民主主义革命时期创立新型法制的重大意义,笔者把贯穿新民主主义法制与社会主义法制司法实践的主线,概括为以人民为主体的"能动司法""方便群众、群众满意""追求和睦,司法和谐"新模式。

模式，最大的特征是：一方面，注重简化审判程序，强调司法为民，提高审判与调解相结合；另一方面，推崇法治精神，强调审判独立，减少行政干预。这与"天下无讼"价值追求下的古代中国司法模式，显然是有很大不同的。这种不同之处的最大表现是，在继承传统中国解纷机制中求和合、重恤刑与尚无讼等理念的基础上，接纳新兴的现代权利观念，创造性地形构了旨在修复"受害者"与"被害者"社会关系的"恢复性"司法正义观。此种新型司法正义观也是新型法制的基础。由此生发出来的司法福泽，直到今天仍在滋养着我们的司法实践。

四、新时代中国"天下无讼"价值追求的变与不变

观念与时俱进，价值则变中有恒。党的十八大以来，中国特色社会主义进入新时代，中国特色社会主义法治也进入全面依法治国新征程。以习近平同志为核心的党中央高度重视法治在治国理政中的作用。2020年11月16日，习近平同志在中央全面依法治国工作会议上发表重要讲话指出："中华法系凝聚了中华民族的精神和智慧，有很多优秀的思想和理念值得我们传承。出礼入刑、隆礼重法的治国策略，民惟邦本、本固邦宁的民本理念，天下无讼、以和为贵的价值追求，德主刑辅、明德慎罚的慎刑思想，援法断罪、罚当其罪的平等观念，保护鳏寡孤独、老幼妇残的恤刑原则，等等，都彰显了中华优秀传统法律文化的智慧。"[①]这些重要论述，为我们认识"天下无讼"的价值追求提供了科学的方向指引。

具体来说，纠纷是人类社会生活的普遍现象，古今中外概莫能外。但如何看待纠纷、处理纠纷，不同文明形态下的社会认知与解纷机制并不相同。自周孔以来，数千年的中华文明，对于由讼而生的纠纷的看法及其解决之道，形成了一以贯之的传统，这就是追求"天下无讼，以和为贵"。这种解纷传统的价值预设是，人的本质属性是伦理人，伦理道德是社会生活的基石，人与人的关系必以伦理道德为前提，社会秩序的构建不是契约下的界限分明、权利本位，而是相与相让的伦理亲情。在现实生活中，人是有欲望的，资源都是有限的。无尽的欲望与资源的不足构成了冲突的根源，由此而来的各类形态的纠纷，自然难以避免。尽管秦汉之后的古代中国政府，都在奉行着荀子"隆礼重法"的国家治理传统，但社会生活秩序的建立却依然以息讼无讼、追求和合为价值理念基石，这既是社会结构所然，也是中国文化个性所在，更是中国人处理纠纷、看待诉讼的独有视角。这里面浸透着来自远古《易经》的宝贵辩证思维。诚如前述，《易经》为群经之首，郑玄在《易赞》和《易论》中说："易一名而含三义，易简，一也；变易，二也；不易，三也。"[②]循此辩证思维，我们可以充分认识"天下无讼"价值追求在新时代中国的变与不变，进而纵论古今司法文明形态下中国人对于诉讼的认知与理念，揭示文化与生活背后的思维逻辑与行为方式，并以一条主线一以贯之。为此，我们要以古今文化对人的思考为历史与逻辑的起点，分而论之。"天下无讼"价值追求的主体之变、理念之变、模式之变之所以发生，除受制于社会结构之外，更主要是对人的属性及其关系的思考发生了变化。

先论其变。为了保持历史的延续性，我们的视野仍须在过去与现实中流连忘返、穿梭来回。

---

①《习近平著作选读》第二卷，人民出版社2023年版，第379页。
②《十三经注疏》（上册），上海古籍出版社1997年版，第7页。

以此观之，自清末民初到中华人民共和国成立，这是中国数千年未有之变局。受西方现代法治文明之影响，国共两党都在立法与司法的两方面实践中，对人的属性以及人与人关系的价值预设进行了改变。就清末到民初再到南京国民政府而言，随着现代权利观念的兴起，南京国民政府的民商法律体系，其编纂的指导思想与价值假设，都是不再把人视为道德人，而是理性人。随之而来的人与人之间的关系前提也不再是伦理，而是以个体平等、男女平等为基础的权利义务关系。在此法律架构内，纠纷的解决机制，自然有所变化，息讼被诉讼取代，"天下无讼"的价值追求也必然成为明日黄花，保障权利才是全新的价值追求。这种变化也在革命根据地的新型法制中体现出来，只不过中国共产党人领导下的新型法制，在对旧法制进行改造和创新的同时，还以极大的勇气，改正自己的错误，并在向历史与世界各民族优秀法制文明学习的过程中，建立完善发展中国特色社会主义法治体系，在中华民族伟大复兴中重塑着中华法系的灵魂。

重塑是对历史的总结，也是正在进行的过程。在此过程中，新时代中国的社会主义法治文明，对人之属性进行了三重改造，由此形成了"天下无讼"价值追求的又一重大变化，即强调人民司法、主张司法为民，并在此宗旨下追求司法和谐，这完全是一个崭新的法治理念。所谓三重改造，是说中国共产党人在领导新民主主义革命与社会主义革命、建设和改革的历史进程中，从三个方面重塑了了人的价值预设。其一，将传统中国文化下的旧伦理道德之人改造为新伦理道德之人，最显著的法治成果是革命根据地时期，为发动群众，保障妇女及广大工农权益而制定的《婚姻法》《劳动法》等。其二，改造了清末至南京国民政府时期的法律体系对人之属性的价值预设，将其由以个体本位为基础的理性人，改造为新民主主义法制形态下的具有"实践理性"的人。其三，在中国特色社会主义新时代，对人之属性的价值预设进行进一步改造。经过这种改造，我们的人民既非旧文化中的道德人，也非自由市场经济条件下的"纯粹理性人"，而是以新时代先进文化（如社会主义核心价值观）为导向，以宪法与民法典为保障的，既强调权利，又倡导和睦的"新时代理性人"。正是因为确立了这个"新时代理性人"的价值预设，才实现了数千年来"天下无讼"价值追求的真正转型升级。

再说不变。我们所谓"天下无讼"价值追求的不变，并非说新时代中国司法是固守传统而一成不变的，而是说在守正创新或曰返本开新的视野下，新时代中国司法以及"天下无讼"价值追求一直保持着"不变中有变，变中有不变"的恒定文化基因。以习近平法治思想为根本遵循，以党的二十大报告提出的"两个相结合"为认识论和方法论准则，在马克思主义中国化时代化的新征程上，法治理论既需要结合法治实践，也需要结合中华优秀传统法律文化。"天下无讼"价值追求中的"以和为贵"理念以及此种价值追求背后中国人的思维逻辑与行动方式，正是支撑这数千年文化传统"变化中的不变"的亘古恒常。

质言之，每个古老民族的记忆中，都保留着文明形态的原始基因。这个基因或可通过特定文字与书籍，内化为民族的思想观念，或可通过物化形态表现为生活方式层面的礼乐彝器、绘图画绣、殿堂庙宇，亦可化约为绵延不绝的价值追求。"天下无讼"价值追求正是由此而来，其既影响着国人的逻辑思维，也塑造着国人的行为方式。"天下无讼"价值追求从远古走来，历经过风雨，铸造着现实，影响着未来。影响和承载这种价值追求的社会结构与外部形态或许会不停变迁，但它的精神内核早已植根于国人的心灵世界，亘古而不变，历久而弥新。

（原载《政治与法律》2023年第8期，第32—45页）

由律学检视明代商业法律的建构和运作

邱澎生*

摘要：16世纪以后，在长程贸易扩张与国内市场成长的大趋势下，明代不少经济发达城镇出现了较多的商业纠纷，尤其是在客商与牙行之间，涉及"牙佣"中介费用、货款债务、度量衡、储货、运输、合伙等不同种类。或是由商人私下协调解决，或是呈控各级地方政府变成商业诉讼。大趋势下，一些地方政府也或快或慢地因应市场经济而修改政策与法令。诸如路引、商税、海船税、编审行役、盐业官专卖等影响民间商业行为的相关财税政令，均受到不同程度的冲击与调整。而作为判案必须遵循的《大明律》以及各朝新增的《问刑条例》或"附例"等法律条文，仍是影响明代商业案件调解与审判的重要因素。但是，政策政令或多或少反映在明代法条的修改过程中，以下基于几部明代律例注释书，分析明代"律学"的发展及其特色，并针对其中涉及商业的法律规范，勾勒明代律学于其中展现的法律推理方式，借以检视明代涉及商业的法律规范建构和运作。研究说明，事实并非论者习称传统中国法律为所谓"民、刑不分、诸法合体"等粗率术语所能概括。

关键词：律学；明代；商业纠纷；牙佣；法律运作

在16—19世纪，中国发生了长程贸易扩张与国内市场成长的经济增长。[①]这个经济增长大趋势引发商业纠纷与司法机制的更多互动，并加大对当时经济发达地区的冲击力道，特别是在沿长江、大运河等全国商业交通主干道的特定城镇，职司审判工作的在地官府有更多机会面对日益增加的不同类型商业纠纷。以位居全国经济中心地位的江南地区而论，农业生产力提升、手工业发展以及各类商业扩张，致使这个地区吸引更多商业人口聚集，也连带促成更多商业交易，[②]进而引发更频繁的商业纠纷。16—18世纪，许多江南城镇都出现越来越多外来客商，他们与本地牙行围绕着"牙佣"中介费用、债务、度量衡、储货、运输等，产生各类商业纠纷。这些商业纠纷或由商人私下协调解决，有些则由商人呈控至各级地方政府，

---

* 作者系上海交通大学人文学院特聘教授。

[①] 对晚明以下中国全国长程贸易与国内市场的分析与估计，参见吴承明《中国资本主义与国内市场》，中国社会科学出版社1985年版，第217—246、247—265页；李伯重：《十九世纪初期中国全国市场：规模与空间结构》，《浙江学刊》2010年第4期。

[②] "二熟制、一夫十亩、男耕女织"带动所谓"江南农民经济模式"，进而推动晚明以后江南农业生产力逐步提升，参见李伯重《江南农业的发展（1620—1850）》，王湘云译，上海古籍出版社2007年版。各类输出与输入江南的商品种类与数量，可见范金民《明清江南商业的发展》，南京大学出版社1998年版。

演变为许多与"契约"（contract）或"侵权"（tort）有关的诉讼。①政府在面对全国各地市场经济不同程度发展的大趋势时，也自觉或不自觉地因应并调整既有的财税政策，诸如路引、商税、海船税、编审行役、盐业官专卖等影响民间商业行为的政令，都受到不同程度冲击与调整，并或多或少反映在明代法律条文的增修与删改过程中。②

当然，明代职司地方审判官员众多，官员之间行政能力与法律素养精粗有别，不能一概而论，但相对说来，作为判案必须遵循的《大明律》以及自宣德以下各朝新增的《问刑条例》或是"附例"，基本上仍是影响当时商业案件调解与审判的重要因素。明代留下的案件记录数远不如清代，很难由有限案例去概论当时的商业诉讼。本文以几部明代律例注释专书为对象，分析其中较多涉及民间商业行为的法条，检视明代涉及商业诉讼的法条内容，勾勒这些法条如何呈现并建构相关的法律推理，以提供对明代商业法律运作方式的若干观察。

"法家"之律学：明代法律注释书籍的演变

明代政府公布的具有法律规范性质的文字或典籍颇为多样，但若以处理全国广大民众诉讼活动的法律规范而论，则仍以明太祖洪武三十年（1397）公布的《大明律》最为根本。同时，至少自宣德年间以后，中央政府便在既有的律文之外，将历朝陆续增添的各种《问刑条例》或"附例"的法条内容进行整理与公布，并试图将其有机地联结到《大明律》的既有框架。至迟在明代中期的弘治年间，律、例的结合关系已更加明确，进而演变成"律、例合刊"法典专书形式的《大明律例》。这个由《大明律》演变为《大明律例》的过程，也可谓明代中央政府一系列立法与修法努力的结晶。

"例"是一种既补充"律"而又有别于"律"的法律规范，其发展并不始于明代。③早在北宋时期，"例"即有较显著发展。北宋政府曾汇整一些较通行的"例"文，由官员讨

---

① 晚明以至清代前期各类商业纠纷越来越多，相关研究可见范金民《明清商事纠纷与商业诉讼》，南京大学出版社2007年版；邱澎生《由苏州经商冲突事件看清代前期的官商关系》，（台湾）《文史哲学报》1995年第43期。

② 相关研究可见邱澎生《由市廛律例演变看明清政府对市场的法律规范》，台湾大学历史学系编《史学：传承与变迁学术研讨会论文集》（1998年），该文亦收入邱澎生《当法律遇上经济：明清中国的商业法律》，（台湾）五南图书出版公司2008年版，第9—54页；童光政《明律"私充牙行埠头"条的创立及其适用》，《法学研究》2004年第2期。

③ "律"是中央政府正式公布的法典，在司法过程中具有极高地位。但为应付不同案件缺乏适当律条以供援引的情形，早自汉代即出现了"决事比"，即以"类推"方式扩大现有法条的适用范围。唐代称为"比附"，其时至少有"罪名比附""加减等比附"以及"通例比附"三类（参见戴炎辉《唐律通论》，台湾"编译馆"1964年版，第14—18页）。此外，用以解决无律可援困境的其他法律适用方式，则还有两类：一是由皇帝颁布"令、制、敕"，规范既有律文未能规定充分的行为；二是由地方官在实际判案过程中，根据相关律文发展出补充性的解释和罚则，这就是"例"。"例"经流传通用后，便逐渐形成某种可直接归类在相关律文规范事项下，类似律文性质的成文法条。这使"例"较"比附"具备更像"律"等级的司法援用性。当"例"越积越多，中央政府便会做出反应，有时下诏禁止，有时则删削增订，由皇帝明令颁布，与原有律文一体施行。

论、皇帝认可之后，正式承认某些判例的正当性，并将其编成例文汇编并颁布，供各级官员援用。[①]到明代，"例"又有进一步发展。要注意的是，在明代法律系统里，用来补充或变动"律"的规范内容者，原本是"榜文"，而不是"例"。明初皇帝即常通过发布"榜文"来改动"律"的法律规范，但越到后来，以"例"补充"律"的趋势越发明显，最后"例"终于取代"榜文"在法律位阶的原本地位，甚至在司法案件援引法律过程中，逐渐取得类似"律"的重要法律位阶。

学者曾依明代"律、例、榜文"在司法审判中的位阶性与关联性，将明代法律略分为三个时期：第一期包括洪武、永乐两朝，是"以榜文为主，以律为辅"；第二期包括仁、宣、英、景四帝，此期是"以洪武三十年所定律为主（包含《律诰》所载准赎死罪律九条）"，但"例的合法性仍有问题"；第三期则包括宪宗以至明末，这是真正"以例辅律"的时期。[②]这三期明代法律体系的变化，基本上反映着"律"与"例"关系的变化。

要之，随着明代中期以下"例"的数量越来越多，"以例辅律"的律、例关系，也变得更加明确；中央政府定期整理删削例文，划定其与原有律文的关系，已成为当时法律制度的重要发展趋势。"例"文数目越积越多，到万历十三年（1585）刑部尚书舒化奉命修辑例文时，明代"例"文已被整理公布为382条。[③]晚明例文越积越多及中央政府定期整理、增删并公布例文的办法，往下开启了清代更加明确的"律、例并行体制"。[④]

面对460条律文以及其后越增越多的例文，如何有系统地解释这些法条，以使全国职司审判官员能于定罪量刑时不产生严重的轻重出入？这给予明代法律注释活动颇大的发展空间。随着明代法律注释活动的发展，逐渐形成这类书籍生产领域与消费市场上的一些专门作者，其中还出现一些知名的律注家，他们传世的法律注释作品，不仅流传于有明一代，甚至还对后来清朝的法律注释学产生一定程度的影响。在分析明代法律注释书籍如何解释商业相关法条之前，也需要对明代法律注释学的发展做些介绍与分疏。

明代法律注释学并不始于民间，而是由官方发动，同时，明太祖对普及法律知识有极大兴趣，这对明代法律注释学发展应该也发挥不小的影响。朱元璋希望民众熟悉中央政府公布的法律，而对制订并推广明代法律表现得颇为积极。明太祖在《御制〈大明律〉序》中曾提

---

① [日] 川村康：《宋代断例考》，《东洋文化研究所纪要》第126册，东京大学东洋文化研究所1995年版，第107—160页；郭东旭：《论宋代法律中"例"的发展》，载邓广铭、漆侠主编《中日宋史研讨会中方论文选编》，河北大学出版社1991年版，第260—272页。

② 黄彰健：《明洪武永乐朝的榜文峻令》，载《明清史研究丛稿》，（台湾）商务印书馆1977年版，第237—286页。

③ 《明史》卷九三《刑法志一》，（台湾）鼎文书局1981年新校版，第2287页。对明代各朝修订与公布例文的详细考订，以及详列72种明代律例相关刊本、钞本的书名和版本资料，参见黄彰健《明代律例汇编》，台湾"中研院"历史语言研究所1979年版，"序言"，第1—123页。

④ 瞿同祖：《清律的继承和变化》，《历史研究》1980年第4期；苏亦工：《明清律典与条例》，中国政法大学出版社2000年版。

及"法在有司,民不周知"一段文字,①具体反映朱元璋希望民众可以因为知晓法条内容,而能不再轻易犯法的某种愿望或是焦虑。

在朱元璋于全国范围推广"乡饮酒礼"并积极设立"申明亭"的过程中,②为了让民众与官员熟悉法律,中央政府明令全国地方长官鼓励并且组织地方里老,每逢朔望,召集乡民,讲读包括"上谕六条"、《大明律》等包括基本法条在内的官方文书。甚至在《大明律》的《吏律》编"公式"门内,还特别设有《讲读律令》的专门法条,规定全国"百司官吏""务要熟读讲明律意";此条法律还规定了罚则:上级官员按期考试,"若有不能讲解、不晓律意者",初犯者,罚薪水一个月,"再犯,笞四十","三犯,于本衙门递降叙用";至于"百工技艺诸色人等",则设有鼓励措施,若能熟读通晓律意,即可于初犯过失罪刑时,"并免一次"。③朱元璋还立法规定:民间若是收藏有《大诰》等宣扬民众务宜遵守法律的专门书籍,即可以针对特定的较轻罪名,予以减罪一等。同时,朱元璋更下令对《大明律》进行解释,或是为求增加司法官员援用的方便性而予以改编,乃于洪武三十年(1397)公布《大明律》的同一年,又再编一部《大明律直引》。④

自朱元璋下令编刊《大明律直引》以来,明代法律注释书籍即代有专家出现,其间虽有相互传承影响甚至搬写抄袭之处,但不乏内容与体制的创新。有学者以较宽松的标准,统计目前已知书名以及实际现存的明代"律学著作",谓其"共有一百零一部";学者进而将明代101部律学著作,与清代"一百六十余部"律学著作合并观察,从而区分为八个类别,分别是:辑注类释本、考证类释本、司法指导类释本、便览类释本、图表类释本、歌诀类释本、不同朝代法典比较类释本、特定法律原则与概念专著性释本。⑤这套统计数字与分类方式,虽然有细究的空间,但基本点出明代法律注释书籍数目与种类都有甚为可观之处。

任何书籍的分类方法都有局限性,明代法律注释书籍也难能例外。但为配合本文分析脉络,笔者拟将明代法律注释书籍按照出版者的不同身份,予以区别成为"官刻本、家刻本、坊刻本"三大类。

前述《大明律直引》是政府下令编辑并印行的"官刻本"。终明之世,官刻本种类很少,除朱元璋外,明代其他皇帝似乎没有太多这方面的意愿或爱好;至于中央政府与各级地方政府,也少有以政府名义出版法律注释书籍。因此,占明代法律注释书籍分量最多者,仍是

---

① 《御制〈大明律〉序》,载雷梦麟《读律琐言》(第1册),明嘉靖四十二年(1563)重刊,(台湾)学生书局1986年影印本,第2页。

② 邱仲麟:《敬老适所以贱老———明代乡饮酒礼的变迁及其与地方社会的互动》,台湾"中研院"《历史语言研究所集刊》第76本第1分,2005年3月。

③ (明)姚思仁:《大明律附例注解》卷三,北京大学出版社1993年版,第282—283页。

④ (明)唐枢:《法缀》,载杨一凡编《中国律学文献》(第一辑第四册),黑龙江人民出版社2004年版,第670页。但由唐枢描述这部法律注释书的大意看来,其内容似乎又与今日学者整理刊印的《律条直引》有差距〔杨一凡编:《中国珍稀法律典籍集成》(乙编第一册),科学出版社1994年版,第665—858页〕,需再考索。

⑤ 何勤华:《中国法学史》(第二卷·修订本),法律出版社2006年版,第202、209页。

"家刻本"与"坊刻本";而且,越到 16 世纪晚期,"坊刻本"在种类与总数上越占主要地位。不过,即使不若"坊刻本"后来在数量上占优势,"家刻本"这类由明代官员或士大夫以个人名义编辑、撰著乃至出版的书籍制作传统,仍有重要的内部发展脉络,值得先做分疏。

明代前期最有名而且影响最大的"家刻本"法律注释专书,应数张楷的《大明律疏议》(或称《律条疏议》),约出版于明成化三年(1467)。[1]正如书名所明示:《大明律疏议》是作者张楷有意仿效《唐律疏议》的精神与体例编辑撰成的一部明代法律注释书。

明初制定法律时,本就曾有努力通过《宋刑统》《唐律疏议》等书籍试图接续唐律的法律传统。直至明代中期,许多专精法律知识的官员与士大夫仍能阐述这一法律继承传统。如谓"三代下法律,至唐独精,故本朝之律,于唐为不甚远"的明初"江阴严氏",即是当时的唐律专家,撰有《刑统辑义》与《刑统辨例》两部专书,以供明初制律时参考。[2]张楷代表的仍是明初崇敬并且继承唐律的法律传统。

虽然张楷是以私家身份注释法律条文,但《大明律疏议》仍很严谨地遵守《大明律》全部 7 编、30 门与 460 条的法律条文分类与顺序,在刻印各条律文项下,原则上都以"疏议曰""问曰、答曰"以及"谨详律意"三种体裁对该条法律进行某种"三层式"注释。"疏议曰"相当于对律文内容进行逐节、逐段、逐句的一种文义解释;"问曰、答曰"是以自问自答体裁引申既有律文所做的一种虚拟式判例解释;"谨详律意"则是表达作者对该条法律立法宗旨的规范化解释。

张楷的《大明律疏议》"三层式"注释体例,基本上未被以后明清注释家普遍承继,许多后出的明代法律注释书籍,尽管也严格遵守《大明律》460 条律文的结构与顺序,却多不实行张楷采用的"三层式"注释方法,"精要"反而变成许多"家刻本"法律注释家强调的重点。

有趣的是如何强调自己作品的"精要"。这可以有两种表面看似不同但却实际一体两面的不同编印体例:一是强调综合诸家法律注释内容的"集解式"注释体,正德年间出版的胡琼《大明律集解》[3]、万历年间的《大明律集解附例》,为其中显例;二是强调"扼要式"甚或是"与他人不同的独见式"注释体例,如嘉靖年间出版的应檟《大明律释义》[4]、雷梦麟

---

[1] (明)倪谦:《成化三年序》,(明)张楷:《律条疏议》,明嘉靖二十三年(1544)黄岩符验重刊本,载杨一凡编《中国律学文献》第一辑第二、三册。尽管本书后来约于明嘉靖二十三年(1544)再由监察御史黄岩重印,但依然是官员以个人身份而非官府名义刊行的"家刻本",参见张伯元《张楷〈律条疏议〉考》,载《律注文献丛考》,社会科学文献出版社 2009 年版,第 186—204 页。

[2] (明)唐枢:《法缀》,载杨一凡编《中国律学文献》(第一辑第四册),黑龙江人民出版社 2004 年版,第 698—699 页。

[3] 何孟春:《书九峰胡侍御〈律解〉后》,明正德十六年(1521),胡琼《大明律集解》(内页书名也作《律解附例》),据日本藏明刊本照相复印本,台湾"中研院"历史语言研究所傅斯年图书馆藏。

[4] (明)应檟:《大明律释义》,载杨一凡编《中国律学文献》(第二辑第二册),黑龙江人民出版社 2005 年版。

的《读律琐言》，乃至于万历年间刊行的王樵《读律私笺》①、王肯堂《律例笺释》②，可为其中代表。无论是"集解式"还是"扼要式、独见式"的注释体例，这些家刻本法律注释家，其实都因身处明代社会已然累积较多种类的法律注释书籍之时，不能无视其他法律注释家的存在，不仅需要响应别的作者不同意见，同时也有必要帮助读者自当时书籍流通市场上的众多法律注释书中挑选出最为精要的法律注释内容。

相对而言，"集解"是明代后期法律注释书籍更为流行的体裁。③除强调收集取舍众家法律注释之长的特点，"集解"还渐渐与"附例"连称，这也是明后期"家刻本"法律注释家为便利读者因应明代中央政府积极整理与公布"例"文的法律体制变革，从而形成的新法律注释书籍出版体例。"集解"律文注释以及整并律文与"附例"的新"家刻本"法律注释书籍，在这两类出版体例的共同作用之下，王肯堂《律例笺释》异军突起。王肯堂《律例笺释》针对460条律文的全部附加"例"文，逐条进行释义，这种宏大企图心引起后代律注家与当代法制史学者更多瞩目。

不仅《律例笺释》对460条律文的全部附加例文进行了逐条释义，王肯堂本人还是一个对法学、唯识宗佛学、医学乃至书法极感兴趣并富有研究的博学作家，④在解释《大明律·名例律》编的"称日者以百刻"条律文内，他在交代既有法律注释家对一天划分为"一百刻"法律时间单位的同时，又加以下按语："今按西洋历法，一日九十六刻，每时皆为八刻矣！较《大统历》少四刻者，总以十二时为盈缩耳。"⑤这反映了晚明耶稣会士与王肯堂等士大夫交往的历史潜移默化地影响到当时明代既有的法律注释传统。

至于官刻本与家刻本之外的"坊刻本"，是由民间书商出资印行的另一大类明代法律注释书籍，极有自身特色。诸如《三台明律招判正宗》、《一王令典》（又名《大明律例全书》）、《新刻全补新例明律统宗》、《刑台法律》（又名《鼎镌六科奏准御制新颁分类注释刑台法律》）等众多坊刻本法律注释专书，⑥书名通常甚长，或是取名"全、补"等，多强调该书内容丰

---

① （明）王樵：《读律私笺》，明万历二十三年（1595）九月王樵序刊本，北京图书馆藏。
② （明）王肯堂：《律例笺释》，据明刊本拍摄微卷，北京图书馆藏；何勤华对此部重要明代律例专书内容有较好简介，见《中国法学史》（第二卷·修订本），法律出版社2006年版，第272—291页。
③ 张伯元：《〈大明律集解附例〉"集解"考》，《华东政法学院学报》2000年第6期，后收入张伯元《律注文献丛考》，社会科学文献出版社2009年版，第267—281页。
④ 王肯堂生平及其学术兴趣相关研究，参见王重民《王肯堂传》，《中华医史杂志》1951年第2期；邱澎生：《有资用世或福祚子孙：晚明有关法律知识的两种价值观》，（台湾）《清华学报》第33卷第1期，2006年1月；连文萍：《一甲不预，则望馆选——王肯堂的科名与万历科举世风》，（台湾）《成大中文学报》第58期，2017年9月。
⑤ 王肯堂：《王仪部先生笺释》，四库未收书辑刊编纂委员会编《四库未收书辑刊》（第一辑第25册），北京出版社1997年版，第327页。
⑥ 《三台明律招判正宗》，据明万历三十四年（1606）刊本摄制；《一王令典》（又名《大明律例全书》），据明刊本照相复印；《新刻全补新例明律统宗》，据日本藏明刊本照相复印。上述三书均藏于台湾"中研院"历史语言研究所傅斯年图书馆。《刑台法律》（又名《鼎镌六科奏准御制新颁分类注释刑台法律》），影印明末刻本，载郑尧臣辑《海王邨古籍丛刊》，中国书店1990年版。这里只是略举数种"坊刻本"法律注释书籍，仍未窥全貌。

富的独特性,可谓带有促使读者更愿购买的广告宣传意味。这些坊刻书的更重要特色,还表现在"两栏式"的编排体例上,①即在每页篇幅最长主体的"下栏"部分录入明代律文、例文以及以不同注释体例做成的律文解释;在每页较短篇幅的"上栏",分类收入与律文相关的"告示、判语"等内容。要之,就是要在一页文字之内,尽量挤入更多内容,这种排印方式似乎是要让购书的读者,可以一次读到超多分量的内容,像是要让读者享受到以较少金钱购入更多有用商品的某种促销手法。

由明初"官刻本"到明中期以降的"家刻本、坊刻本",法律注释书籍的撰著与出版体例不断演进,其实也可视为兼具累积、继承、取舍与创新法条解释相关知识的发展历程。至于这些法律注释书籍的主要读者,不妨引用明正德十六年(1521)何孟春为胡琼《大明律集解》写的出版后记,此文强调,这是一部"可以资刑官用法之书"。②对于全国众多职司审判官员以及作为官员后备队的每年新增大量士人,《大明律集解》可以作为"刑官用法"的重要参考书籍,这正是作者撰写与书商刊行这类明代法律注释书籍,能够用来吸引读者的最大功能或是"卖点"。

明朝嘉靖年间曾经担任刑部官员的唐枢,对雷梦麟撰著并约于明嘉靖三十年(1551)成书的《读律琐言》,做出兼具正、反两方面内容的评论:从正面看待,唐枢强调此书,"详释而互述,欲检以应用,甚便","雷部郎梦麟,可谓勤于明谳矣!"称扬此书有利于全国法官判案时可以正确而方便地援引法条,点出雷梦麟批注明代法律能够令读者"检以应用,甚便",肯定雷梦麟在法律解释方面可谓"勤于明谳"的深厚功力;而唐氏又语带保留:"间有训义处,尚宜商之,则无尼于事推也。"③含蓄点出自己并不完全同意雷梦麟对明代法条的全部解释,但也不忘澄清这只是《读律琐言》的瑕疵,并不妨碍判案时的"事推",有如是在声明:读者善用此书,并自行留意即可。

唐枢对《读律琐言》兼具正、反两面评论的方式,多少也能回答何以明代出现这么多种法律注释专书的疑问。明初以后,政府并不出版由官方"拍板定案"的法律注释书籍,然而,全国众多职司审判官员于判案时又有希望正确援引法律规范的实际需要,这便为众多法律注释家提供了一个颇大规模的书籍生产与消费市场,致使书籍市场经常存在许多"家刻本"与"坊刻本"的法律注释书籍。这些法律注释家在面对明代460条律文以及数量更多的附属例文之际,纷纷推出自己深信可以帮助读者深入理解,并且能够正确援引相关法条的法律注释专书。

---

① 这种"两栏式"的编排体例,与晚明诸如《折狱明珠》《按律便民折狱奇编》《新镌订补释注霹雳手笔》等"讼师秘本"的法律书籍也十分类同,对讼师秘本"两栏式"体例的介绍,参见邱澎生《真相大白?明清刑案中的法律推理》,熊秉真编《让证据说话———中国篇》,(台湾)麦田出版公司2001年版,第135—198页。

② 何孟春:《书九峰胡侍御〈律解〉后》,胡琼《大明律集解》(内页书名也作《律解附例》),据日本藏明刊本照相复印,台湾"中研院"历史语言研究所傅斯年图书馆藏。

③(明)唐枢:《法缀》,载杨一凡编《中国律学文献》(第一辑第四册),黑龙江人民出版社2004年版,第710页。对《读律琐言》所做较好简介,参见何勤华《中国法学史》(第二卷·修订本),法律出版社2006年版,第267—272页。

对于许多律注家而言，法律条文的真实意义，总是在等待着更好的诠释。这个法律注释书籍的生产与消费风气，直接延续到清代。18世纪的知名法律注释家沈之奇为这种等待更好法律注释专书的风气，提供了一个颇为有效的概括，"律文简严，意义赅括。《名例》固诸律之通例，而诸律亦互有应照。必深思寻绎，始能融会贯通，非浅尝泛涉可以尽其意义也"，明白指出"融会贯通"法律条文的困难与挑战。沈之奇接着说："解律之书，如《管见》《琐言》《折狱指南》《刑书据会》《读法须知》《辩疑》《疏议》《法家衷集》《律解》《笺释》诸家，各有发明，尚未详尽，且多穿凿附会。奇采辑诸家者十之五，出于鄙见者半焉。其有诸家谬误之处，为世所遵信者，间为指出，请正法家。"[1]沈氏一口气列出十种明代最有名的法律注释书籍，如数家珍，但又不忘指明：这些书籍虽然"各有发明"，但"尚未详尽"，甚至"多穿凿附会"。

在沈之奇这段言论里，当然也存在明清出版界流行的"自我营销手法"，借以彰显自己这部书籍的优长之处。然而，这段迹近营销广告词的背后，仍然反映沈之奇作为法律注释家的强烈身份自觉：用沈氏自己的话来说，身居当时所谓"法家"的行列，比起其他儒家士大夫而言，并不需要自惭形秽；作为一位专精法律注释学的法家，沈氏认为，注释法律条文是一项严肃的学术事业。由此脉络来看，从明至清，众多律注家之间长期累积而"各有发明"的法条注释工作，已然构成了明清法律文化的一个重要学术传统。法律注释家对彼此相互承继而又"各有发明"的法律学术传统，可谓有所自觉。

值得注意的是，当时可谓这股"各有发明"的法律注释风气推波助澜者，还有另外一种颇为流行的"祥刑"论述：借由深入理解法律条文的精义，可以探究出法条与法典蕴含并且贯串着"仁慈、仁政"的真实意含；借由讲解清楚法律条文背后足以反映"仁慈、仁政"原理、原则的真实意旨，既能有效防范胥吏欺瞒官员、滥用法律而苦虐百姓，[2]还能有助于职司审判的官员避免自身沦为用法严苛的"酷吏"。

如同18世纪初蒋陈锡为《大清律集解》所作之序传达的论点：律文乃传自"先王"，是"所以遏恶安良、惩忿窒欲，以维礼之不逮"。因而，法律的真实意图，其实是"不得已而用刑，犹惧刑之滥也"，法条总是"设为轻重等差，以严其界限"，故而法律基本内容乃是："其文似密，其意实甚宽，盖非所以死民，而所以生民也"；法律书籍也因此成为有助于官员士大夫修养仁民爱物的重要凭借："有司牧之责者固不可一日无此书，虽士君子，皆当置一通于座右，以为修身立命之助"；不懂法律的"生民"而非"死民"之立法精神，则便会变成"读律而止悉其文，不求其意，鲜有不为酷吏者"，为不做酷吏，需要好的法律注释书籍，"此批注之万不容已也"。[3]

---

[1] 沈之奇、洪皋山增订：《大清律集解附例》（第一册）《自序》，北京大学出版社1993年版。
[2] 何孟春：《书九峰胡侍御〈律解〉后》，胡琼《大明律集解》，据日藏明刊本照相复印，台湾"中研院"历史语言研究所傅斯年图书馆藏。
[3]（清）蒋陈锡：《叙》，载沈之奇《大清律集解附例》，怀效锋、李俊点校，法律出版社2000年版，第6页。

可以这么说，对明清法律注释家而言，批注法律条文既能防范吏胥滥法作弊，又能使官员自己远离"酷吏"恶名，而这两种作用都能保护无辜百姓的身家性命与财产安全。这套有关法律注释"万不容已"的论述背后，主要仍是一种寓"仁慈"真意于法律条文中的"祥刑"观念。①这种观念当然也可以倒过来，成为加强法律注释家珍视彼此"各有发明"的法律文化传统。

至于明代法律注释家如何定位自己钻研法条而形成的一种身份上的自我认同呢？不妨借用王樵《读律私笺》对明代《户律编·课程门》法条的新创性而作的一句评介："历代法家，未有其目。"王肯堂《律例笺释》完全沿用此句评介的用辞。②在王樵与王肯堂这些明代法律注释家口中，他们自居的"法家"，已经不是先秦诸子申不害、韩非之流的"法家"，而是一群专精法律知识并且具备儒家"祥刑"精神的法律学术群体。

法律注释家对明代商业相关法条的诠释

对明代法律涉及商业纠纷的条文做批注，也可纳入前节分析明代法律注释传统的内容。一些法律注释家曾经针对明朝法律与商业相关律文与例文，在承继之前律注家注释内容的同时，又添入自己"各有发明"的新解释。

公布于明洪武三十年的460条《大明律》律文，一般划分为30卷，全部条文分别纳入"名例律、吏律、户律、礼律、兵律、刑律、工律"七编；每"编"卷数有异，除"名例律"只收法条而不再细分"门"类外，其他六编都再区别出数目不等的"门"类。若将"名例律"视为单独的一编与一门，则《大明律》共计包括七"编"以及30个"门"类，总计460条律文；在各"编"各"门"之内，则收录了条数不一的律文。明代全国各地官员调处与审理商业案件，其最相关法条主要应是集中明律《户律》编的七个门类，以及《兵律》《刑律》等编的某些相关条文。由于《兵律》《刑律》相关条文的规范主要涉及商业案件的司法诉讼程序，并非规范商业行为本身，笔者将在讨论《户律》编所涉及商业相关条文时，附带一并说明。

《户律》编总计包含95条律文，分别纳入"户役、田宅、婚姻、仓库、课程、钱债、市廛"七个门类，包括律文条数多寡有异：系于"户役"门者15条，"田宅"门者11条，"婚姻"门18条，"仓库"门24条，"课程"门19条，"钱债"门3条，"市廛"门5条。①同时，随着明代中央政

---

① 明清"祥刑"法律观念的发展，以及强调要以"哀矜、慈祥"等心态阅读法律知识的相关研究，可见邱澎生《当法律遇上经济：明清中国的商业法律》，（台湾）五南图书出版公司2008年版，第71—83页；邱澎生：《律例本乎圣经：明清士人与官员的法律知识论述》，（台湾）《明代研究》2013年第21期；张小也：《儒者之刑名——清代地方官员与法律教育》，林乾主编《法律史学研究》第一辑，中国法制出版社2004年版，第173—195页；徐忠明：《读律与哀矜：清代中国听审的核心概念——以"官箴书"为素材》，载徐忠明、杜金《传播与阅读：明清法律知识史》，北京大学出版社2012年版，第148—168页等。

② （明）王樵：《读律私笺》卷五，北京图书馆藏，第1页上。王肯堂《律例笺释》也沿用父亲王樵"历代法家，未有其目"这句评论，引见（明）王肯堂《王仪部先生笺释》，载四库未收书辑刊编纂委员会编《四库未收书辑刊》（第一辑第25册），北京出版社1997年版，第412页。

府其后公布例文增多，新增例文也慢慢附入各自相关律文的门类之内。以明万历十三年（1585）刑部尚书舒化领衔奏定公布的新增总共382条例文统计，则共有68条"条例"被分别编入《户律》的七个门类。②因此，《户律》编原本95条律文，加上新增的68条条例，这些从属于《户律》编七个门类共计163条律文与例文，可视为当时足以作为规范商业活动的相关法条。

然而，以《大明律例》"户律编"的163条法条作为商业法律规范，其实还是有些笼统，或可称为广义的商业相关法条；也可再做限缩成62条，此或可称为狭义的商业相关法条。

以明万历十三年（1585）奏定新增382条例文为准，则16世纪后半叶明代涉及商业的法律条文，特别集中于"课程""钱债""市廛"与"田宅"四个门类；若更详细考察四大门类当中的律文与例文，则还可将其区分为两大块：其一，《户律》的"课程""钱债""市廛"三个门类，共包括27条律文以及这三个门类所属的28条例文；其二，"田宅"门（共有11条律文）的"盗卖田宅""典买田宅"这2条律文及其所属的5条例文。③若以如此两大块方式概括，可更准确地说，明代约有62条（29条律文、33条例文）涉及商业活动的法律条文，其条文数量约占16世纪《大明律例》全部842条法律（460条律文与382条例文）的14%。

另外，还可以律文包括例文数量的不同，来判定该条商业律文的"活跃程度"。如"钱债"门共计包括"违禁取利""费用受寄财产"与"得遗失物"三条律文，但在新增例文的过程，"得遗失物"一直没有附加任何例文，而"违禁取利"律文共计附入6条例文，"费用受寄财产"则附入1条例文。以此而论，则"违禁取利"律文相关商业规范的"活跃程度"，可能在"钱债"门内为最高，"费用受寄财产"次之，"得遗失物"律文则不活跃。

在"市廛"门包括的五条律文中，"私充牙行埠头""市司评物价""私造斛斗秤尺"与"器用布绢不如法"四条律文，都没有添入任何专属例文，但"把持行市"律内则新增了9条例文。④同理，"把持行市"在"市廛"门内的商业相关法律规范中，"活跃程度"最高。

"课程"门的19条律文，虽然主要规范农业田赋以外的其他政府财税收入，但因为涉及盐、茶、商税征收，并关系到海外贸易的税务行政，故而这些法律规范会影响民间商品流通，也会对市场行为施加一定程度的作用力量。

---

① 《大明律集解附例》第1册，影印明万历年间浙江官刊本，（台湾）学生书局1970年版，第5—6页。一般明代法律书籍都对这95条《户律》编律文如此分项统计，但王肯堂《律例笺释》记载内容又稍有不同：系于"户役"门者15条，系于"仓库"门者24条，其余五门条数则相同，参见（明）王肯堂《王仪部先生笺释》，载四库未收书辑刊编纂委员会编《四库未收书辑刊》（第一辑第25册），北京出版社1997年版，第271页。

② 这里取自明代法律注释家的统计，参见（明）姚思仁《大明律附例注解》，1993年影印本，第34页。

③ 为方便对明代共计62条涉及商业相关律文与例文做分析，笔者此处根据学界现常用的《大明律例》新校标点本作统计与标示：《大明律》，怀效锋点校，法律出版社1999年版，第55—56、77—86、371—372、381—388页。

④ 应该注意的是，笔者是以怀效锋点校《大明律》附录《问刑条例》的明代例文为基础，并依据王肯堂《律例笺释》纳入"市廛"门五条律文的全部附属例文为依据，因而得出只有"把持行市"律添入九条例文。若按照黄彰健《明代律例汇编》以及薛允升《读例存疑》两书考订，则明代"市廛"门并不仅是"把持行市"律列有九条例文，"私充牙行埠头"与"市司评物价"两条律文也都各附有一条明代例文，而这两条明代例文的基本内容与相关出处，详参见邱澎生《当法律遇上经济：明清中国的商业法律》，（台湾）五南图书出版公司2008年版，第49、50页。

在"课程"门的19条律文内，规范盐业者占14条（其中有12条律文都以"盐法"为命名，另外两条律文则分别名为："监临势要中盐""沮坏盐法"）。盐业以外的剩下5条律文则命名为："私茶""私矾""匿税""舶商匿货"与"人户亏兑课程"。19条律文的附属条例分布情形则是："盐法"包含7条例文，"私茶"收入4条例文，"匿税"有1条例文都涉及政府对列举课税商品在财政与商业事务的相关规范。

最后，"田宅"门包括11条律文，但只有"盗卖田宅"与"典买田宅"两条律文与土地交易的商业活动较有关联。增列例文情形则是："盗卖田宅"律列4条例文、"典买田宅"律添1条例文。

以下按照"钱债""市廛""课程"以及"田宅"四门类的商业相关法律条文，分析明代法律注释家的法律解释相关内容与特色。

（一）"钱债"门：欠债是否都得还钱？

欠债还钱，是古往今来人类社会维持物质生活运作的基本原则。商业活动增多之后，欠债还钱的社会习俗与法律规范，更是保障并扩大市场安全与信用机制的基础。这方面法律规范已至少成形并结晶于《唐律》这部法典。如王樵《读律私笺》注释明律"钱债"三条律文，即先对唐律相关法律进行了追溯："唐《杂律》中，有受寄物费用、负债违契不偿、负债强牵掣畜产、良人为奴婢质债，并得宿藏物、得阑遗物，凡六条"，并对明律"钱债"门三条律文，何以与唐律六条律文先后次序稍异以及整体律文数量有别，一并做出比较与评价："国朝以负契不偿者既有坐，则违禁取利者尤宜首科，故以此为首。而违契不偿以下三条，即以附之。又增入监临官吏举放钱债，及豪势之人以私债强夺去人孳畜产业，与准折人妻妾子女之文，比旧更为详备。余仍其旧，以为今篇。"[1]王肯堂《律例笺释》基本完全继承父亲王樵此段比较与评论，只将最后"以为今篇"四字改为"今因之"。[2]

明律"钱债"门第一条律文是"违禁取利"，律文内容甚长，正如王樵所说，应是综合了唐律"负债违契不偿、负债强牵掣畜产、良人为奴婢质债"三条律文，并加入"监临官吏举放钱债、豪势之人以私债强夺去人孳畜产业、准折人妻妾子女"三方面内容。这条律文主要规范的对象，即如律文第一句所说："凡私放钱债，及典当财物，每月取利，并不得过三分。年月虽多，不过一本一利。违者，笞四十。以余利计赃重者，坐赃论。罪止杖一百。"[1]律文

---

[1]（明）王樵：《读律私笺》卷六，第5页。唐律《杂律》收入所谓"受寄物费用、负债违契不偿、负债强牵掣畜产、良人为奴婢质债、得宿藏物、得阑遗物"六条律文的内容，参见《唐律疏议》卷二六，刘俊文点校，法律出版社1999年版，第521—524页。

[2]（明）王肯堂：《王仪部先生笺释》，载四库未收书辑刊编纂委员会编《四库未收书辑刊》（第一辑第25册），北京出版社1997年版，第421页。尽管王肯堂对于"钱债"门的"总论"完全继承王樵《读律私笺》，但对于"钱债"门三条律文的后续注释，王肯堂则比王樵丰富甚多；至于"钱债"门陆续添入的7条例文，更是《律例笺释》才有讨论，《读律私笺》对例文完全未做任何诠解。有学者曾比较明律"典雇妻女"律文注释，得出结论是，王肯堂注释"内容已经大为扩展"并且"对律文重加诠解，既详尽又通俗"（何勤华：《中国法学史》（第二卷·修订本），法律出版社2006年版，第276页），笔者赞同。

此节的基本立法意旨是：欠债固然需要还钱，放债也可收取利息，但是，债权人不能毫无底线地在本金之外增加利息。政府为收取利息制订了每月三分的上限标准，也就是每个月利息不能超过3%，同时，不管双方议定债务关系可以持续多久（"年月虽多"），债务利息绝不可以超过本金（"不过一本一利"）。①

雷梦麟注释"违禁取利"律文这段文字，写得更加详细，并举出一个债务例证："如借本钱一百贯"，则按律文规定，"每月取利钱三十文"即是政府制订的利息上限，而这一百贯本钱产生的利息上限即是一百贯，依此时间计算，在债务一旦持续到"三十三个月零十日"，利息即自动停上，因为利息"不过一本一利"。按雷梦麟计算，"三十三个月零十日"一到，"利钱与本钱相停"，利息不能再算；②同时，债权人"若出三十三个月零十日之外"还有收取利息，则需要"追一本一利"，把债权人向债务人非法多取的利息，依法"追"拿回。③

王肯堂注释了"一本一利"，还对此条法律的正当性纳入了社会与经济方面的意义："放债、典当，本所以相济。若取利无禁，实所以相病矣！故凡民间私放钱债，及与人典当财物，每月取利，不得过三分。"④债权人向债务人收取利息，其实符合民众"相济"的良善用意，但若利息太高而超过债务人负担，变成了"相病"的债务与债权关系，政府即应推出"每月取利，不得过三分"之类的立法。同时，王肯堂还将"违禁取利"规定的"一本一利"，联系到明律《名例》编"给没赃物"律的规定："所谓赁钱虽多，不得过其本价之意耳"，显示了王肯堂贯串明代法律全部条文的功底。

"违禁取利"律文第二节则针对"监临官吏"在自己辖区（"所部"）之内"举放钱债"与"典当财物"等行为，提出禁令并施加"杖八十"的罚责。这些违法放债或接受他人典当财物的官员，若还涉及"违禁取利"行为，则会依六赃中的"不枉法赃"予以处罚，必须将所得赃款，归还给借钱或是典当财物的债务人（"追余利给主"）。⑤王肯堂注释此节律文时，针对有其他注释法律者提出违犯此条律文的官吏可有机会"准罪还职"，他提出了反对意见："凡文官、吏典，犯赃入己，俱为行止有亏。散货于民而取利，且应罢职，况监临而举债者乎！"⑥由法律文义及王肯堂的注释来看，地方主政官员借钱向地方民众收取利息，或是接受

---

① 《大明律》，怀效锋点校，法律出版社1999年版，第82页。

② （明）王肯堂：《王仪部先生笺释》，载四库未收书辑刊编纂委员会编《四库未收书辑刊》（第一辑第25册），北京出版社1997年版，第422页。明律《名例》编"给没赃物"律的"各不得过其本价"相关规定，可见《大明律》，第13页。

③ （明）雷梦麟：《读律琐言》，怀效锋、李俊点校，法律出版社2000年版，第196页。

④ （明）王肯堂：《王仪部先生笺释》，载四库未收书辑刊编纂委员会编《四库未收书辑刊》（第一辑第25册），北京出版社1997年版，第421—422页。

⑤ 《大明律》，怀效锋点校，法律出版社1999年版，第82页。若按明律"六赃"罪刑规定，以"不枉法赃"计罪，则非法所得金额超过"一百二十贯"者，将处以"流刑"，参见《大明律》，怀效锋点校，法律出版社1999年版，第467页。

⑥ （明）王肯堂：《王仪部先生笺释》，载四库未收书辑刊编纂委员会编《四库未收书辑刊》（第一辑第25册），北京出版社1997年版，第422页。

民众典当财物以收取当息，在当时都是严重的罪刑。

若是考虑"违禁取利"律文有关"监临官吏"不得"于所部举放钱债"及"典当财物"相关规定的影响，则按照法律或是政治运作习惯，明、清两代地方官员是否可将自身钱财或财物存放在钱庄、当铺或其他地方金融机构，乃至于他们是否能将地方政府公款放在金融机关生取利息？就法论法，这些似乎都是有趣的历史疑问。①

相较而论，"违禁取利"律文第一节、第二节内容，大多偏重规范平民或"监临官吏"等债权人可否以及如何收取利息的问题，至于"违禁取利"律文第三节内容，则主要针对"负欠私债，违约不偿"的债务人。

针对债务人欠款金额，此节律文按照"五贯以上、五十贯以上、二百五十贯以上"三种欠款额度的高低区间，先界定拖欠债务时间必须超出"三月以上"，然后分别处以"笞一十、笞二十、笞三十"的三种基本刑度。当欠款超过三个月，则再依照每多一个月为基期，债务人若仍未还款，即依原本三类刑度再往上"加一等"。然而刑度加等，各有其上限：三种欠款额度的债务人，无论欠款超过多少个月，其刑度最多都不能超过"笞四十、笞五十、杖六十"的上限。当然，债务人的所有欠款金额，都必须"追本利"清偿还给债权人。②

"违禁取利"后半截律文的规范重点又回到债权人，针对拥有债权的"豪势之人"，若他们不向官府提出债权诉讼，而径自采取任何形式的暴力讨债，律文做出了由"杖八十、杖一百"到"加二等"乃至"奸占妇女者，绞"的处罚，③不仅保障债务人的基本人身安全，也准许在债权人采取了某些恶劣行为的情况下，为补偿债务人损失，债务人不仅可以"人口给亲"与受伤害亲人团聚，并可享有"私债免追"的待遇。④

针对暴力讨债"准折人妻妾子女"，以及"奸占妇女"恶劣行径的"人口给亲"律文规定，王肯堂做了一段法律问答："或云：债折人口，亦给亲，谓何？盖因典雇人妇女，及和娶人妻妾，在法，且皆离之。况以逋贷准折人之伉俪，岂容不给还而已也！"⑤这里是举证了明律《户律编·婚姻门》的"典雇妻女"律，妻女遭前夫或父亲典雇给他人时，一旦查获此类犯罪行为，妻女依法将与后夫"离异"。王肯堂此处引用"典雇妻女"律的"离异"律文，与"违禁取利"的"人口给亲"律文相互比较，也可谓隐然采用了唐律"入罪，则举轻以明重"的法律文义解释学方法，既然"准折人妻妾子女、奸占妇女"抵债之犯行要比"典雇妻女"犯行为重罪，则当然也可依后者"离异"规定而让前者实行"人口给亲"的法律措施。

"违禁取利"律文其后添入了六条例文，王肯堂都做了注释。限于篇幅，笔者只介绍此

---

① 若以19世纪清代重庆地方为例，政府官员将地方政府公款借给当铺，借以收取利息并举办公务，已经是颇为常见的地方行政与财政制度，相关档案可参见四川省档案馆藏"巴县档案·道光朝"，档案号：No. Qing06-07-00458、00467、00471、00477、00643、01007、01010。
② 《大明律》，怀效锋点校，法律出版社1999年版，第82页。
③ 《大明律》，怀效锋点校，法律出版社1999年版，第60页。
④ 《大明律》，怀效锋点校，法律出版社1999年版，第82—83页。
⑤ （明）王肯堂：《王仪部先生笺释》载四库未收书辑刊编纂委员会编《四库未收书辑刊》（第一辑第25册），北京出版社1997年版，第423页。

律的第六条例文，此例规范债权人不得擅自跳越审级规定而往上级衙门控告债务人。针对债权人越诉以及上级官员准许债权人越诉，第六条例文只简单写出两种处理方式，而未明列其相应的具体刑责：越诉债权人"俱问罪，立案不行"，以及准许越诉上级官员"一体参究，私债不追"。王肯堂注释此条例文，清楚写出此条例文规范两项违法行为的具体律文，方便读者回查相关律文的具体刑责：债权人"越赴抚、按、三司告者，问'越诉'"，指的是依大明律《刑律编·诉讼门》的"越诉"律治罪，此律按犯罪人不同情节，而科以"答五十"或"杖一百"刑责；至于上级官员准许越诉"听从施行者"则"问'违制'"，依大明律《吏律编·公式门》的"制书有违"律治罪，处以"杖一百"刑责。①

"钱债"门第二条律文是"费用受寄财产"，有如规定侵犯他人委托财物是否以及如何进行处罚，律文基本规定是：行为人若无过失责任时（"其被水火、盗贼费失，及畜产病死，有显迹者"），不必承担赔偿责任（"勿论"）；但若行为人"费用"受委托财物，甚至还"诈言死失"假借名义而故意侵占他人委托财物，将分别依照"坐赃"与"窃盗"的各"减一等"进行刑罚，同时，还要"追物还主"。②王肯堂针对律文处罚的"诈言失死"刻意侵占委托财物犯行，直言这是"依诓赚律"科刑的结果，③也就是采用了明律《刑律编·贼盗门》的"诈欺官私取财"律，因为律文后段有句"若冒认及诓赚局骗、拐带人财物者，亦计赃，准窃盗论，免刺"，④故而王肯堂以"诓赚律"简称此条法律，这也有利于读者通贯《大明律例》全部法条内容。

"费用受寄财产"律文只曾添入一条例文，但其内容却颇值得留意。"费用受寄财产"律文只规范"凡受寄人财物畜产而辄费用者"，针对的是一般民众，然而，倘若是亲属之间发生委托财物遭到侵占情况呢？要不要依照当时法律通则而"减轻"尊长或是"加重"卑幼此类"费用受寄财产"的犯行呢？这便是此条例文的规范重点。

明朝判定刑罚时，家长偷窃卑幼财产的行为，可以减轻刑度。但若家长将卑幼亲属委托财产挪为自用，则"费用受寄财产"律文新增例文："亲属费用受寄财物，并与凡人一体科罪，追物还主，不必论服制递减。"⑤由此看来，到了16世纪前期，明朝法律已然针对"亲属费用受寄财产"犯罪行为，引入了"不必论服制递减"的新原则。

王肯堂《律例笺释》对这条明代新例文做出解释："寄托财物，多系亲属"，若是都"以服制减罪"，则将导致"负者众矣"的不利局面，王肯堂因而赞成此条修法内容，"故与凡人一体科之"。⑥可以这么说，王肯堂援引了经济与道德方面的理由，担心当时民间"寄托财

---

① （明）王肯堂：《王仪部先生笺释》，载四库未收书辑刊编纂委员会编《四库未收书辑刊》（第一辑第25册），北京出版社1997年版，第423页。至于大明律的"越诉"与"违制"两条律文，则分别查见第174、37页。

② 《大明律》，怀效锋点校，法律出版社1999年版，第83页。

③ （明）王肯堂：《王仪部先生笺释》，载四库未收书辑刊编纂委员会编《四库未收书辑刊》（第一辑第25册），北京出版社1997年版，第424页。

④ 《大明律》，怀效锋点校，法律出版社1999年版，第144页。

⑤ 《大明律》，怀效锋点校，法律出版社1999年版，第385页。

⑥ （明）王肯堂：《王仪部先生笺释》，载四库未收书辑刊编纂委员会编《四库未收书辑刊》（第一辑第25册），北京出版社1997年版，第424页。

物，多系亲属"的现状，会因为旧有法律规定此类犯行可以"以服制减罪"，而加剧了赖账和"借而不还"的社会问题，因此，此条新修例文确实有其合理性。

尽管16世纪前期通过的"亲属费用受寄财物，并与凡人一体科罪"新例，到清雍正年间又改回尊长费用卑幼寄托财物可以减刑的版本，①但由明代修例可以看到：政府在既有道德考虑与新的经济局势之间，其实也有一段辩论和争执的过程。早在明嘉靖九年（1530）的七月，即有刑部官员建议修改此条新例，希望将"亲属费用受寄财物"修改成为可比"凡人受寄费用财物"更加轻微的罪刑，其修法理由如下："亲属费用受寄财物，不过因其所无而偶用之，其情本轻。至于相盗，则利其所有而侵盗之，其情本重。今情之重者，虽无服，得减凡盗一等；而情之轻者，即有服，反概拟于凡人之律。人情、律意，胥失其平。臣等以为：亲属费用受寄者，止拟不应杖罪，似为情法允当。今方纂修会典，乞即附入为令。"②这是以大明律内部条文之间的一致性问题（"律意"），结合亲属受寄财物经常只是情节轻微（"因其所无而偶用之"），用以质疑"亲属费用受寄财物，并与凡人一体科罪"新例的规定。但是，终明之世亦未修改此条例文，直至大约百年之后的清雍正年间，才以类似明嘉靖九年官员提议修法理由，而让亲属费用受寄财产可以"按服制减罪"甚或是"不坐罪"。

（二）"市廛"门：政府如何保护及规范市场秩序？

"市廛"门五条律文的名称，依序是"私充牙行埠头""市司评物价""把持行市""私造斛斗秤尺""器用布绢不如法"，基本内容都可视作政府欲对市场交易秩序进行保护与规范的规定。

"私充牙行埠头"反映政府意欲借助"诸色牙行"及"船埠头"两类民间商业经营者来保障市场秩序的基本安全，要求两类商人必须要由"有抵业人户"充任，"官给印信文簿，附写客商、船户住贯姓名，路引字号，物货数目，每月赴官查照"，③既反映明初制订的"路引"要求从事长程贸易的客商请领以备查验的特殊制度，也为城镇市场从事中介工作的各行业"牙行"，以及遍布全国水陆码头协助客商雇请船户、骡户、挑夫行业等交通运输业者的"埠头"，提供了两类职业存在的法律基础。④透过这两类人物稽查外来客商或不知名旅行者，反映政府对政权稳定的关心，正如王肯堂所做的法律诠释，"可以防察客商、船户意外之变"，⑤

---

① 清律将此条例文改为："亲属费用受寄财物，大功以上及外祖父母得兼容隐之亲属，追物给主，不坐罪。小功减三等，缌麻减二等，无服之亲减一等，俱追物还主。"参见《大清律例》，张荣铮、刘勇强、金懋初点校，天津古籍出版社1993年版，第271页。

② 《明世宗实录》卷一一五，台湾"中研院"历史语言研究所1962年校印本，第2737—2738页。

③ 《大明律》，怀效锋点校，法律出版社1999年版，第84页。

④ 明清时代的船行"埠头"，在全国商业运输活动当中，会以所谓"写字"制度促成客商与船户之间签订承揽契约，相关讨论可见 Ts'ui-jung Liu（刘翠溶）, Trade on the Han River and Its Impact on Economic Development, c.1800-1911, Taipei: The Institute of Economics, Academia Sinica, 1980, pp.28-32；邱澎生：《由市廛律例演变看明清政府对市场的法律规范》，载台湾大学历史学系编《史学：传承与变迁学术研讨会论文集》，第325—326页。

⑤ （明）王肯堂：《王仪部先生笺释》，载四库未收书辑刊编纂委员会编《四库未收书辑刊》（第一辑第25册），北京出版社1997年版，第425页。

用以保障商人旅途基本安全。许多地方政府也经常透过牙行代征商业税收,牙行因而既是政府维持市场秩序的依凭并助力代征商税,又在许多商业发达地方起到降低市场交易成本的作用,兼有满足市场交易需求以及协助政府财税征收的双重功能。

由于市场交易经常颇有利润可图,牙行在全国各地也逐渐成为本地权势人物竞逐充任的职业,如何解决恶劣牙行对各类商业经营与商人安全带来的危害,成为"把持行市"法律条文着眼处罚"贩鬻之徒,通同牙行,共为奸计,卖物以贱为贵,买物以贵为贱"的操作方向,因而"把持行市"律在明代新增九条例文的过程中,打击不法牙行是其中重要内容,特别是涉及朝贡与互市制度运作的市场交易秩序,立法保障在京城参与朝贡互市以及在北方边境"马市"交易的各地"夷人、番夷",更是"把持行市"九条例文意图规范的重中之重。①在注释"把持行市"例文有关辽东"马市"的内容时,有些法律注释家则直接抒发了自己对例文与当时现实政治局势的反差:"开市之法,或启边衅,今已难行矣!"②反映了对时局的忧心。

至于"市司评物价"律文,基本继承了前代政府采用"时估"与"和买"来满足自身对民间财货需求的制度设计。律文写道:"凡诸物行人,评估物价,或贵或贱,令价不平者,计所增减之价,坐赃论。入己者,准窃盗论,免刺。"③可见政府采取"时估"按期调查本地不同主要商品的"市价",地方官即据此所谓"市价"向民间商人进行"和买"。明初制订"市司评物价",仍是以"编审行役制"将各行业从业者的所谓"行人",一律编入相关册籍,轮流充当"行头",要求各行业"诸物行人"在"行头"指挥与负责下,按照"时估"市价提供政府"和买"该行业经营的商品。④然而,大约从明代中期开始,在商业发达的地方,负责评定物价者由诸物"行人"慢慢变成"牙行人",明初"编审行役制"及其运作之下的铺行"行头"开始越来越不成为地方政府仰赖"和买"的当然人选。⑤

---

① 《大明律》,怀效锋点校,法律出版社1999年版,第386—388页。
② (明)雷梦麟:《读律琐言》,怀效锋、李俊点校,法律出版社2000年版,第203页。
③ 《大明律》,怀效锋点校,法律出版社1999年版,第84—85页。
④ 这种"编审行铺"或是所谓"当行"制度,仍可见于晚明某些地方政府的例行施政,如16世纪成书的《宛署杂记》,即对明初的"当行"制度有清楚的描述:明初"悉城内外居民……编为排甲,而以其所业所货,注之籍。遇各衙门有大典礼,则按籍给值役使,而互易之,其名曰户。或一排之中,一行之物,总以一人答应,岁终践更,其名曰当行。然实未有征银之例。后因各行不便,乃议征行银"。(明)沈榜编著:《宛署杂记》卷一三《铺行》,北京古籍出版社1983年版,第103页。有关这项制度的运作沿革,可见Lien-sheng Yang(杨联陞),"Government Control of Urban Merchants in Traditional China", Tsing Hua Journal of Chinese Studies, Vol.8, No.1-2, 1970, p.195;傅筑夫:《中国工商业者的"行"及其特点》,载《中国经济史论丛》(下册),生活•读书•新知三联书店1980年版,第387—492页等研究。
⑤ 晚明江南地区某些州县,"禁革铺行、禁革行役"成为地方官强调的某项施政重点,这现象反映在现存一些碑刻史料里:如明崇祯四年(1631)《苏州府为永革布行承值当官碑》记录"永革铺行"禁令,苏州知府为维持禁令而再次重申:日后"但有仍寻铺行、仍用团牌,口称官(缺二字)票借用"者,"许诸人首告,差役究,遣官听参"(苏州博物馆、江苏师范学院历史系、南京大学明清史研究室合编:《明清苏州工商业碑刻集》,江苏人民出版社1981年版,第53页)。这方面主题的相关研究可见[日]佐藤学『明末京师の商役优免问题について』,(东京)『集刊东洋学』1980年第44期;佐藤学『明末清初一地方都市における同业组织と公权力———苏州府常熟县"当官"碑刻を素材に』,(东京)『史学杂志』1987年第96编第9号。

这个变化虽然缓慢，但却可能隐约并且颇为有趣地反映在明代法律注释书内。例如，约于明弘治年间刊行的《大明律直引》与正德年间刊行的胡琼的《大明律解附例》，皆未专以"牙人"解释"诸物行人"，但自嘉靖年间以后通行的明代法律注释书，对于"诸物行人"的解释，就开始较明显地以"牙人"来解释"行人"，如嘉靖年间出版的应槚的《大明律释义》，在解释律文的"凡诸物行人，评估物价"，即写道："诸色行人，如米行、猪行之类牙人。"①万历年间，无论是高举的《大明律集解附例》，还是姚思仁的《大明律附例注解》，在纂注或注解中，都直接将"凡诸物行人"律文解释成"诸物行人，谓诸色货物本行之牙人""凡诸色货物牙行人"。②

王肯堂注释"市司评物价"律文，更是极自然地写道："物货价值，高下不一，官民贸易，评估随时。须凭牙行评议，以能知其实也。"③这里也是再明显不过，协助官府评定公平物价的"行人"，已由"诸物行人"变成了"诸物牙行人"。可以这么说，这是有关政府如何采购民间各类重要商品的一场无声无息的制度变迁，其过程虽然较少出现在某政府明文宣布的诏令，也没有法条文字的明显变动，就只是在"诸物行人"四字中间加入一个"牙"字而已，即反映了明初"编审行役制"悄然退出官方采购流程，取而代之的是各行业的牙行。

（三）"课程"门与"田宅"门：对特定商品的财税与商业规范

"课程"门收录的法律规范，主要涉及政府对特定商品的财政与商业规范。一方面，政府将"食盐、茶、矾"列为官方专卖商品，处罚民间私自贩卖与买食者；另一方面，政府则针对"卖酒醋之家"的作坊主与商家、"泛海客商"以及售卖其他货品的"客商"，还有协助客商储存与转售商品的"沿港土商、牙侩之家"、承包政府每年额定商税的包税人、负责征收商税的各级官吏，对上述所有相关人等的逃税、漏税与督税不力行为，列出不同程度罚则。与此同时，"课程"法律规范也对"其造酒醋自用者"，④对民间"自用"酒醋者做出"不在此限"的免刑声明。

食盐专卖制度可谓"课程"门的重中之重，在"课程"门的31条法律（19条律文、12条例文）当中，与盐业相关者至少有21条（14条律文、7条例文），约占全部条文数量的68%。这21条盐业法律条文，详细列出对民间私自贩卖、买食"私盐"行为的处罚，对各级文武官员、盐徒团伙、灶丁、客商、牙行、仓库业者、妇女这些涉及"私盐"买卖人物，则分别规定了不同情境与程度的刑责。

例如，一般贩卖私盐者要处以"杖一百，徒三年"，但若贩私盐者随身"带有军器"，则

---

① （明）应槚：《大明律释义》卷一〇，杨一凡编《中国律学文献》（第二辑第二册），黑龙江人民出版社2005年版，第537页。

② （明）应槚：《大明律集解附例》卷一〇，杨一凡编《中国律学文献》（第二辑第二册），黑龙江人民出版社2005年版，第898页；（明）姚思仁：《大明律附例注解》，北京大学出版社1993年版，第456页。

③ （明）王肯堂：《王仪部先生笺释》，载四库未收书辑刊编纂委员会编《四库未收书辑刊》（第一辑第25册），北京出版社1997年版，第425页。

④ 《大明律》，怀效锋点校，法律出版社1999年版，第80页。

刑度"加一等",而若是面临查捕私盐时民众"拒捕",便要处以"斩"刑。至于特殊情况,如民众不是贩卖而是自己"买食私盐者",刑责便减为"杖一百",但一旦由自己食用变成"顺便"转售旁人,即律文所谓"因而货卖者"则将加重其刑,又变为与一般贩卖私盐者一样的"杖一百,徒三年"。再如"妇人有犯私盐"的女性从事贩卖私盐情况,并不一定是处罚妇女本人,而是规定"若夫在家,或子知情,罪坐夫男";除非家中"有夫而远出"或是"有子幼年",才要"罪坐本妇"。[1]

同时,"私盐"也可能是由官方许可贩卖"官盐"的客商做销售,所以法律规定,"不许盐、引相离",若客商贩卖官盐时不能提供官方颁发相应数量的"盐引"作为凭证,也以"私盐"论处其刑责。盐商贩卖官盐有营销范围,一旦将"有引官盐"售出盐引规定贩卖地区,也将视为贩卖"私盐",必须"杖一百"。还有,若是贩卖官盐的客商不重视食盐质量,如"将官盐插和沙土货卖者",将对该犯盐商处以"杖八十"的刑责。[2]

比较而论,盐业相关条文数量的密集性,以及盐业律文占"课程"门19条律文的优势地位,都可谓明代法律的新创,并基本都被后来的《大清律例》继承。[3]有关明代盐业律文的新创,不少明代法律注释家都已留意到,他们指出,明代立法时极为重视私盐问题,并对相关律文的立法意旨做出一些解释。如应槚的《大明律释义》引用张楷《大明律疏议》的说法:"国朝鉴前代之缺,以盐课之利,贪窃者多,故设为一切之制。"[4]明代法律注释家解释盐业律文,反映盐税在明代政府作为仅次于田赋的第二大财政来源之事实,而为保障盐税稳定,不让众多"贪窃者"觊觎、侵吞这项重要财税,故而订立多条法律规范,加强防阻盐税收入受"私盐"等多种多样非法食盐流通的不利影响,以保障政府的盐税收入。

针对"课程"盐法相关律文的特征,法律注释家应槚有一段颇有启发性的概括说明:"私盐行,则官盐阻。国家待盐以足边用,故为法不得不严。犯者不计赃,即杖一百,徒三年。"[5]这段概括说明至少包含三项重点:其一,政府盐业立法重心在于打击私盐以利官盐流

---

[1]《大明律》,怀效锋点校,法律出版社1999年版,第77—78页。

[2]《大明律》,怀效锋点校,法律出版社1999年版,第79页。明清"私盐"是个复杂问题,食盐虽然属于政府管制生产与垄断销售的特定商品,但却因为各种不同类型的"私盐"大量流通,而使盐业市场基本处于一种"不完全竞争市场"状态,相关重要研究参见Ts'ui-jung Liu(刘翠溶),"Features of Imperfect Competition of the Ming-Ch'ing Salt Market",张小也《清代私盐问题研究》,社会科学文献出版社2001年版;杨久谊《清代盐专卖制之特点——一个制度面的剖析》,台湾"中研院"《近代史研究所集刊》2005年第47期;黄国信《区与界:清代湘粤赣界邻地区食盐专卖研究》,生活·读书·新知三联书店2006年版等。

[3]此后到清朝雍正年间中央政府公布新修《大清律例》时,虽然仍以"盐法"为律文标题继承明律"课程"门12条律文内容,但却将明律12条"盐法"律文整并为一条,从而使"课程"门律文由总共19条变成8条,参见《大清律例》,张荣铮、刘勇强、金懋初点校,第6页。

[4](明)应槚:《大明律释义》卷八,杨一凡编《中国律学文献》(第二辑第二册),黑龙江人民出版社2005年版,第515页。

[5](明)应槚:《大明律释义》卷八,杨一凡编《中国律学文献》(第二辑第二册),黑龙江人民出版社2005年版,第517页。

通。其二，盐业立法的主要目标，是想保障盐税收入，以支撑"边用"的国防经费开支。其三，相对于其他不法所得的"赃"物与"赃"款，贩卖私盐所得之"赃"，其不法所得基本不受"六赃"一般性限制，即既不需要辨别非法财货所得的六种不同类型［所谓"监守盗赃、（官员或主守者）枉法赃、常人盗赃、窃盗赃、（官员或主守者）不枉法赃、坐赃"］，也不管非法所得财货的价值高低（由一贯以下至五百贯以上），[①]只要属于一般情况的贩卖私盐者，便不受"六赃"法律原则的限制，一律处以"杖一百，徒三年"的刑罚。应椟澄清的私盐罪行"犯者不计赃，即杖一百，徒三年"，可谓直指贩卖私盐罪行在明代"按赃计罪"刑罚体系当中的某种例外性存在。

至于"监临势要中盐"律文，则规范了盐业行政事务，特别针对"监临官吏"与"权势中人"，试图将这些人物介入商人"纳钱粮"预买"盐引勘合"的"侵夺民利"行为，制订了相应的罪名与刑罚。很明显地，这里所说的"民利"，基本是指那些以公钱预先向政府购买盐引而参加"开中法"，代替政府贩卖食盐的商人利益。设计这条法律的主要用意，应是意图保障盐商购入"盐引"在其所属行盐地界贩卖官盐的合法权益。

值得注意的是，王肯堂的《律例笺释》在注释"监临势要中盐"这条律文时，使用了类似今日法律解释学所谓的"历史性释义"，追溯此条律文的重要历史背景："宋时以用兵乏饷，初令商人输刍粟塞下，继听商人输粟京师，皆优其值而给以盐，谓之折中，此中盐之始。"这是对明代盐业行政重要制度"开中法"的沿革所作的历史溯源，构成此条律文解释的相关内容。他甚至还对此条律文进行某种"规范性释义"，[②]对当时盐业行政提出公开批评："商资国用，民食官盐，商民两利。若监临、势要得中盐，则侵夺民利矣！此买窝、卖窝之弊所以百出，以致盐法不行，因而病国。皆权势之人为之也，不重为之法，严为之禁，岂能绝哉！今商人赴边上纳之制已隳，而势要侵利之习如故，如因事而奏请盐引、乘急而报中粮草，皆阻坏之端也。"[③]这基本是为盐商的合法权益请命，以"商资国用"结合"民食官盐"的所谓"商民两利"为要求，既论证商人可以协助政府增加盐税，并让百姓买到质量良好而且价格合理的官盐，这些都是盐商的重要贡献。王肯堂呼吁政府莫再纵容"权势之人"侵夺"民利"，莫要继续陷入"盐法不行"因而"病国"的不利局面。与此同时，也清楚说明万历后期的"商人赴边上纳之制"已然损坏的盐业制度亟待改革。

整体来看，无论是明朝万历十三年（1585）汇编公布新例，还是万历四十年（1612）王肯堂出版《律例笺释》，在这些新增法条与法律注释出现之时，晚明的盐商专卖制度改革虽

---

① 参见《附六赃图》，《大明律》，怀效锋点校，法律出版社1999年版，第467页。

② 有关现代法律体系如何界定不同类型的"法律文义解释"，以及法律文义解释与"类推适用"之间的重要区别，参见王泽鉴《举重明轻、衡平原则与类推适用》，载王泽鉴《民法学说与判例研究》（第八册），1996年台湾自印本，第1—98页；王文宇：《论类推适用与法律解释》，载《民商法理论与经济分析》，（台北）元照出版有限公司2000年版，第279—300页。

③（明）王肯堂：《王仪部先生笺释》，载四库未收书辑刊编纂委员会编《四库未收书辑刊》（第一辑第25册），北京出版社1997年版，第418页。

在研拟与讨论之中，但基本仍未完全确立。[1]尽管仍是以"开中法"盐业制度的运作为主要背景，王肯堂注释"监临势要中盐"对盐业制度提出的公开批评，可能有其批判的具体对象；当时有机会阅读《律例笺释》此条注释的官员，应该也能由王肯堂此条法律释义，闻知他想批评的"权势之人"究竟指谁。要之，在以前述"历史性释义"与"规范性释义"注释法条的同时，王肯堂只差没把"侵夺民利"与"病国"的"权势之人"的名字清楚写出来而已。[2]

食盐之外，茶与明矾也是政府明令管制贩卖的商品。"课程"门的"私茶"与"私矾"两条律文，基本内容都是将未向政府纳税而私自贩卖这两种商品的犯行，一律视"同私盐法论罪"。[3]王樵的《读律私笺》注释"私茶"与"私矾"两条律文，都是基本引用《大明会典》相关内容作说明，特别是对"私茶"注释内容极为详细。王樵首先对何谓"私茶"作了考察与界定："洪武初，定茶法。官给茶引，赴产茶府州县。凡商人买茶，具数赴官纳钱给引，方许出境货卖。每引照茶一百斤，不及引者，谓之畸零，别置由帖付之。量地远近，定以程限。"之后还详细铺陈文献，说明贩卖"私茶"如何等同贩卖"私盐"的各类犯行与罚则。[4]在笔者看来，王樵"私茶"律注文字其实显得有些冗长，让此条注释有点像"数据汇抄"；等到王肯堂撰写《律例笺释》，便对王樵此条律注做了精简，让注释内容更能够配合"私茶"律文。[5]与《读律私笺》相比，王肯堂对注释应该算是"后出转精"吧。同时，与王樵注释"私矾"律文只是引用《大明会典》相关内容不同，王肯堂还添加了他对此条律文立法主旨的一段阐明："盖矾利虽微，务隶于官，若听私煎，则不惟亏国之课程，而且，起民之争夺，故设此律以禁之。"[6]

在注释"私茶"律文之外，王肯堂也对四条新出的"私茶"例文作了相关解说。特别是其中的第四条例文，内容涉及对"做造假茶五百斤以上者"的"本商"及"转卖之人"进行

---

[1] 要等到万历四十年（1612）王肯堂出版《律例笺释》之后，晚明才确立了由"官专卖"转变为"商专卖"的制度改革，其间的制度变迁历程与不同解释，参见徐泓《明代后期的盐政改革与商专卖制度的建立》，《台湾大学历史学系学报》1977年第4期；徐泓《明代灶户阶层分化与盐业生产型态的变迁》，载《圣明极盛之世：明清社会史论集》，（台湾）联经出版公司2021年版，第501—536页；卜永坚《盐引·公债·资本市场：以十五、十六世纪两淮盐政为中心》，《历史研究》2010年第4期；卜永坚《商业里甲制———探讨1617年两淮盐政之"纲法"》，《中国社会经济史研究》2002年第2期等系列论文。

[2] （明）王肯堂：《王仪部先生笺释》载四库未收书辑刊编纂委员会编《四库未收书辑刊》（第一辑第25册），北京出版社1997年版，第375页。

[3] 《大明律》，怀效锋点校，法律出版社1999年版，第80页。

[4] （明）王樵：《读律私笺》卷五，北京图书馆藏，第2下—4上页。相较王樵注释"私茶"律文的详细，雷梦麟《读律琐言》对"私茶"律文则注释完全阙如［（明）雷梦麟：《读律琐言》，怀效锋、李俊点校，法律出版社2000年版，第191页］。

[5] （明）王肯堂：《王仪部先生笺释》，载四库未收书辑刊编纂委员会编《四库未收书辑刊》（第一辑第25册），北京出版社1997年版，第418—419页。

[6] （明）王肯堂：《王仪部先生笺释》，载四库未收书辑刊编纂委员会编《四库未收书辑刊》（第一辑第25册），北京出版社1997年版，第419页。

处罚，①但例文只列出"发附近、发边卫"充军等不同刑责，王肯堂则予以补充："假茶卖出，依'诓骗'，计赃准窃盗论。如造而未卖，止拟'违制'。"②直接写出例文刑责究竟基于《大明律例》何条法律，这条注释便能帮助读者对《大明律例》全部法条形成更加通贯性的理解。

大明律"课程"门的后面三条律文："匿税""舶商匿货"以及"人户亏兑课程"，分别针对全国范围内的客商、"卖酒醋之家""泛海客商"，以及协助客商储存与转售商品的"沿港土商、牙侩之家"、承包政府每年额定商税的包税人，还有"茶盐运司、盐场茶局、税务、河泊所"等各级负责征收商税的官吏，详列上述人等的逃税、漏税、督税不力行为的罚则。

明朝政府征收商税的行政能力，基本应是极为有限，其中原因很多，但难以合理计算商人货品真正价值以订出公平税率，大概是其中关键原因之一。明初规定，包含商人在内的民众与军人，凡旅行与贸易"出百里之外"者，都要先取得原居地官府颁发的"路引"（或称"文引"），③但这个制度在明代中期基本已不再有人遵守，只留律文仍空存《大明律例》而已。即使是在"路引"制度有效运作的时代，这种官方通行凭证也不一定能够如实反映商人贸易贩卖商货的真实价值。商人经过税关地方要如何合理申报商税呢？王肯堂注释"匿税"律文时，提供了一个或许来自他亲身观察的解释："匿税多出告发"，故而"匿税"律文才有商人逃匿之税"以十分为率，三分付告人充赏"的文字。④

也许是鼓励告发带来极大流弊，"匿税"律也新添一条例文，重申"但系纳税去处，皆令客商人等自纳"，这是要由商人自己申报商品的真实价值，再按政府现有税率课征，并且例文对"结党把持，拦截生事，掀扰商税者"，处以最高可至"枷号二个月、发附近充军"的严重刑责，远比"匿税"商人本身遭受"答五十"而物货"一半入官"的罚责高出甚多。制订这种条例，多半是有矫治当时各地商税征收"告发充赏"制度流弊的考虑在内吧！

值得注意的是，正是因为商税不容易订出真实而公平的课征标准，加上各地商业荣景与商货流通状况都难免常有变动，中央政府很难全盘掌握不同税关与城镇各类商税总量的真实变化，连带致使地方政府更能自行决定每年商税上缴中央与上级地方政府的比例，也让商税逐渐成为统理商业繁荣城镇地方政府的重要税入。关于此点，17世纪明崇祯年间出版的佘自强《治谱》，在对当时"门摊税"这类商税如何有助地方政府施政的问题上，不禁大力称赞："商税到处不同，有出之各市镇铺户者，有一人卖一货即纳数钱者，亦有出自牙行者，名为月钱。各处支用不同，有解上司，有申作本处书手工食。总之，正数外尚有余者，买作社仓

---

① 《大明律》，怀效锋点校，法律出版社1999年版，第384页。

②（明）王肯堂：《王仪部先生笺释》，载四库未收书辑刊编纂委员会编《四库未收书辑刊》（第一辑第25册），北京出版社1997年版，第419页。

③ 《大明律·兵律·关津门》的"私越冒度关津"与"诈冒给路引"两条律文，分别规定"凡无文引私度关津者，杖八十""凡不应给路引之人而给引……并杖八十""若军民出百里之外，不给引者，军以逃军论，民以私度关津论"，《大明律》，怀效锋点校，法律出版社1999年版，第118页。

④（明）王肯堂：《王仪部先生笺释》，载四库未收书辑刊编纂委员会编《四库未收书辑刊》（第一辑第25册），北京出版社1997年版，第420页。

及一切修废之事，甚妙！"①《治谱》这部官箴书对于地方施政要务的详细勾勒与有效建言，也像清代黄六鸿的《福惠全书》那般丰富而实用，余自强以"甚妙"描写商税对地方公务支持的贡献，应该也是反映16世纪以后市场经济发展对明朝政府施政的一种直接影响。

"匿税"规定对国内客商与"卖酒醋之家"逃漏税的罚则，"舶商匿货"则针对"泛海客商"及港口"土商、牙侩之家"等仓储、报关业者进行税务规范，然而，两条律文刑责轻重有别，"匿税"罚责为"笞五十，货物、酒醋一半入官"，"舶商匿货"对逃漏税的海商罚责则是"杖一百"物货并入官。依明代五刑体系的等级高低，"杖一百"要比"笞五十"高出五个刑罚等级，这很容易引起娴熟五刑体系的律例注释家的兴趣。雷梦麟的《读律琐言》给出一个商人获利程度不同的解释，"匿税者，其利微，故笞五十而（财货）半罚之"，然而"舶商匿货"者，"其利大，故杖一百而全罚之"。②王肯堂也对两条律文刑责轻重何以不同加以讨论，但他很可能是因为不能苟同雷梦麟上述"利微、利大"的看法，才特别做了此条批驳："舶商匿货之罚，浮于匿税者，严中国、外蕃之辨，非专为其利也！"同时，王肯堂还留意到，对于检举客商匿税以及舶商匿货的告发者，两条律文所订奖赏办法也有所不同："匿税"律规定，"于入官物内，以十分为率，三分付告人充赏"，而"舶商匿货"则是"告获者，官给赏银二十两"，何以律文做此不同规定呢？王肯堂对"舶商匿货"律文注释写道："充赏不言入官之物，而言官给银，亦以其番物故耳。"③若为王肯堂两段律文注释强做解释，则他应是认为，"番物"这类由舶商带来中国的"外番"商货，必须要与中国土货分别对待，或许也可能有国防安全的考虑。

"田宅"门的"盗卖田宅"与"典买田宅"两条律文，基本涉及对民间田土、房屋各种涉及买卖与典当的交易行为，以及"盗卖、盗换易、冒认、虚钱实契典买、侵占"田宅等非法诈骗行为应当如何分别处置，④可谓关系土地所有权与使用权的法律规范，也涉及政府征收土地交易"过割"必须交纳"契税"的相关规定。在解释"典买田宅"律时，王肯堂认为，相关律文可谓反映"不过割之罪，重于不税契者"。他的理由是，"诚以民间册籍难清结，赋役难核实，皆由过割不明之故"，而他观察民间交易田宅之所以不常主动"过割"产权，主要原因则是"多由卖主留难掯勒"，大概是卖主想要留供日后"找赎"多向买家索取卖价，或许这也是时人对民间土地产权交易的一个观察。

至于"典买田宅"一条例文涉及的"告争家财田产"，可谓民间常见司法诉讼，王肯堂解

---

① "商税门摊地方"条，余自强：《治谱》卷一〇，《续修四库全书》（史部第753册），上海古籍出版社1997年版，第617页。晚明商税对政府施政的重要地位有所提升。

② （明）雷梦麟：《读律琐言》，怀效锋、李俊点校，法律出版社2000年版，第193页。

③ （明）王肯堂：《王仪部先生笺释》，载四库未收书辑刊编纂委员会编《四库未收书辑刊》（第一辑第25册），北京出版社1997年版，第420页。不过，极有意思的是，王肯堂还是将雷梦麟那类说法，稍微改写放在"舶商匿货"律文注释的最后一小段："前言匿税，其利小，故笞而半罚。此言匿货，其利大，故杖而全罚。"[（明）王肯堂《王仪部先生笺释》，载四库未收书辑刊编纂委员会编《四库未收书辑刊》（第一辑第25册），北京出版社1997年版，第420页] 但王肯堂并未指明这是雷梦麟或是其他律注家的说法。

④ 《大明律》，怀效锋点校，法律出版社1999年版，第55—56页。

释此例时也一并评论：针对此条例文提及这类争讼案情，必须"验有亲族写立分书已定，出卖文约是实者"，称赞其立法内容甚佳，诚属"至当不易"，"分书"与"出卖文约"这两项书面证据正是理讼关键，"听讼者一本于是，则民间告争之弊，未有不杜者也"。①但看来似乎有些过于乐观了，因为查验证据经常需要较高成本，这对地方官审案实务会造成较多问题。

此外，在"盗卖田宅"律的四条例文里，还有两条分别涉及矿场与山林地的开采问题，特别是针对北京近郊"西山一带"民间"开窑卖煤、凿山卖石、立厂烧灰"，政府立法禁止民间这些私自开采行为，例文呈现出晚明政府仍未找到合法支持民间矿业开发以兼顾经济民生与首都政治安全两全其美的办法，而王肯堂等法律注释者也似乎尚未留意这类民间经济对社会经济与政府财政的重要性。不过，"盗卖田宅"规范北京西山一带煤厂的这条新例文，还是反映当时北京都市人口增加引发的燃料与建材缺乏，从而促成"煤窑、凿石场、烧灰厂"等相关采矿行业发展的实况。②法律条文针对社会经济新现象而着力保卫政治秩序安全，也可视为当时经济对法律规范的另外一种影响方式。若从立法角度看，则明代中央政府将新兴的矿业经济纳入"田宅"门既有法律规范之内，也是当时中国的一种"法律调适"方式。要之，明代法律注释家都颇赞扬《大明律》优良长处，有些注释家也很肯定《问刑条例》或"附例"内容，不过，这并不表示他们都完全同意既有律例的全部内容，有些注释家会针对特定法条提出异议并建议修订法条文字，如所谓"似宜改此二字"或是"似亦未妥"，③都属此例。

结论

随着16世纪以后中国长程贸易与国内市场成长，当时商业城镇所在的地方官府，也难免需要面对各类和"契约"或"侵权"有关的更多商业案件，从而不同程度地介入调解并或做出裁决。这些包含牙行与客商债务问题在内的种种商业纠纷，有些由商人自行协调解决，有些则由商人呈控地方政府。另外，中央政府面对全国各地程度有别的市场经济发展大趋势，也自觉或不自觉地因应调整了既有的路引、商税、海船税、编审行役、时估和买、盐业官专卖等影响民间商业行为的财税与市场管制政令，并且或多或少地反映在明代法律条文增修与删改的过程。

本文分析明代法律注释书籍相关内容，当然不能全部反映明朝政府应对市场经济以及不同地方官审理商业案件的变化全貌，然而，依据由明代几种法律注释书对商业相关法律做成的诠释，笔者也可提供一些粗浅观察。

法律注释家肯定构成明清所谓"法学专家"的重要一环，而明清中国法律专业人士的数

---

① （明）王肯堂：《王仪部先生笺释》，载四库未收书辑刊编纂委员会编《四库未收书辑刊》（第一辑第25册），北京出版社1997年版，第375页。

② 明、清两代北京居民用煤引发的燃料问题，参见邱仲麟《人口增长、森林砍伐与明代北京生活燃料的转变》，台湾"中研院"《历史语言研究所集刊》第74本第1分，2003年3月。

③ （明）王肯堂：《王仪部先生笺释》，载四库未收书辑刊编纂委员会编《四库未收书辑刊》（第一辑第25册），北京出版社1997年版，第604、621页。

量成长与质量提升，都可能构成明清司法体系内部"就法律论法律"专业知识与法理解释能力提升的重要制度基础。有学者指出，19世纪后期，中国因为社会动荡加剧因而致使法律运作效能降低乃至酷刑横行、司法腐败的现象，绝不能上推至18—19世纪前期的中国司法概况。①笔者以为，16世纪明代后期国内政局大致稳定，应该也与19世纪后期混乱局势不同。已有学者指出，我们不应低估明清全国幕友以及部分擅长法律知识的中央与地方官员，他们因为不同机缘与工作需要而熟读法条，并长期培养了可以较好援引法条、诠释法条以及施展法律推理的能力，因而在相当程度上，这些法律专业人士确实具有将众多法条规定字词与相关内容融会贯通，并将各类案件转化成为符合明清律例规范框架的卓越能力，②笔者以为，这项观察很可以上溯到16世纪明代法律注释家的身上，也展现在他们对明代商业相关法律的解释内容里。

巩涛（Jérôme Bourgon）观察清代司法实践，还同时概括了一项重要现象：正因为具备转化各项案件符合既有法条规定的卓越能力，明清中国的法律专家总是想着如何能够"针对种种不同的民间习惯与社会现实情境做出裁减或是重塑，以使其更好地融入《大清律例》之中"。这种法律推理方式的流行，使得明清中国法律是"以牺牲法理的复杂性与精确性为代价，转而追求法律的同一性（uniformity）与通贯性（comprehensiveness）"；巩涛以为，也正因为上述原因，传统中国法律乃不可能出现欧洲法律中的"民法"（civil law）或是"私法"（private law）的法律范畴。毕竟，在那些熟悉法律条文的官员与幕友心中，各地民间习惯所反映的"风俗"从来都是需要被政府改革的对象（所谓的"正风俗"），"风俗"基本上不会倒过头来作为官员正视、吸纳并据以改革既有法律条文的关键理由。所以，明清中国便也从来没能出现欧洲法律史上的"习惯法"（customary law）、"民法"或"私法"。③

这种明清中国没有"习惯法"的解释脉络有其一定道理，我们的确应该正视明、清两代

---

① 步德茂（Thomas M. Buoye）：《司法档案以及清代中国的法律、经济与社会研究》，邱澎生译，《法制史研究》2003年第4期；徐忠明：《依法判决：明清时期刑事诉讼的一个侧面》，载《案例、故事与明清时期的司法文化》，法律出版社2006年版，第301—323页。

② Jérôme Bourgon, "Uncivil Dialogue: Law and Custom Did not Merge into Civil Law under the Qing", *Late Imperial China*, Vol.23, No.1（June2002）, pp.50-90.

③ Jérôme Bourgon, "Rights, Freedoms, and Customs in the Making of Chinese Civil Law, 1900-1936", in William C. Kirby edited, *Realms of Freedom in Modern China*, Cambridge, Mass: Harvard University Press, 2004, pp.87-90. 尽管欧洲与中国法学有着巩涛指出的差异，但在19世纪近代欧洲法律发展之前，欧洲法律学家与明清律学家在解释法律的方法上有很多共通之处。不仅欧洲法学有类似中国法学"干名犯义、亲属相容隐"等法律规范内容，更重要的是：双方其实都在努力寻求如何同时兼顾法律与"自然秩序/儒家道德"之间的"外部一致性"以及法律条文的"内部一致性"。要之，明清律学追求所有法条要能"符合刑罚的尺度"，而罗马法注重程序法以及对权利请求给予救济。参见梅凌寒（Frederic Constant）《控告与社会等级：中国律学内法律连贯性及法律类别的确立》，尹子玉译，载周东平、朱腾主编《法律史译评》（第六卷），中西书局2018年版，第179—200页。

包含法律注释家在内各种法律专家的重要作用，这些法律专家具备诠释既有法律规范的深厚素养，并且还有剪裁、融会或是转化司法个案差异，以求能够有效弥缝乃至填补既有法条规范不足的一定能力，这些由众多法律专家构成的一套法律诠释传统，十分不同于"习惯法"出现在欧洲的特殊历史情境。中国很早即有中央政府颁行并且通行全国的统一法典，因而，即使不用费力也能采集各地不同的商业习惯并将其努力融入新的民法典或商法典，许多法律注释家的作品也能颇为有效地帮助中央与各地司法官员尽量统一其法律见解，并对各类商业案件做出既尊重商业契约、商业习惯而又大致并不违反当时法律规定的判决。

然而，笔者以为，包含法律注释家在内的法律专家确实具有维护全国统一法律规定的卓越能力，但这并不必然妨碍这些法律专家对各地商业习惯的支持与维护。由"市司评物价""把持行市"等涉及市场制度法律的变动，以及王肯堂对"亲属费用受寄财产"例文做出的经济性解释，都可以看出明代律注家因应现实经济环境变动而做出部分相应的法律解释。更重要的是，若由"17、18 世纪江南棉布商标讼案"等后代史实看来，地方官审理仿冒棉布商标"侵权"案件，其实也会采用商人整理得来的商业习惯：如所谓"苏松等郡布业甚伙，但货有精粗长短之不齐，惟各立字号以分别。故从前盛行之字号，可以租、顶、售（卖）"。①地方官经过考虑之后，经由官府判决书的有机裁剪，在司法判决里带入了商人诉状整理的上述商业习惯，并还进一步将其作为通行于苏州与松江地方的商业"成案"。可以这么看，这些包含棉布商标与销售行为在内的商业习惯，其实很可能出诸商人委任能力高强讼师采择之后而纳入商人诉状之内，而且，在聘请讼师制作有效诉讼文书的同时，商人也经由联合提呈诉讼，或是经由自己捐款成立的会馆、公所团体组织，对地方官展开游说与说服工作。这些商人申请司法救济的联合诉讼与结社行动，在当时历史条件的适当使用之下，完全可与法律注释家、幕友等法律专业人士的成长，共同构成一种并行不悖的互动关系，也因而构成明清中国"法律多元性"（legal pluralism）的重要组成内涵。

要之，尽管中国直至清末变法之前，都未出现独立的民法与商法，但这并不代表法律与经济之间的互动关系不曾在 16 世纪之后中国出现有意义的变化。明代法律注释书籍有关商业法条注释内容演变，也可部分反映这个历史事实，而这个历史事实固也并非论者习称传统中国法律为所谓"民、刑不分、诸法合体"等粗率术语所能概括。

（原载《江海学刊》2023 年第 2 期，第 203—221 页）

---

① 上海博物馆图书资料室编：《上海碑刻资料选辑》，上海人民出版社 1980 年版，第 86 页。

优秀论文提要荟萃

【"中华法系"辨正】

作者马小红，中国人民大学法学院教授、博士生导师。

全文原载《上海政法学院学报（法治论丛）》2023年第6期。

"中华法系"是在近代比较法研究中出现的概念，是近代学者对中国古代法的阐释。清末民国时期学界在对中华法系的研究中见仁见智，未能形成共识，致使"复兴中华法系""建树新中国法系"的主张不了了之。

1."中华法系"概念的由来与发展。中国学界一般将"法系"划分之说，最早追溯到日本的法学家穗积陈重。他认为，世界的法律可以划分为五大"法族"，即"印度法族""支那法族""回回法族""英国法族""罗马法族"。这里的"法族"即为"法系"，"支那法族"即为"中华法系"。

穗积陈重划分"法族"（法系）不是为了客观地陈述不同地区和国家法律的不同样貌，其目的在于为当时的日本法律变革提出方向并寻求出路。通过"五大法族"的比较，穗积陈重提出了日本法律改革的目标是弃中学西，向罗马法系靠拢。

将"法系"观点较早引入中国的梁启超对中华法系的价值判断处于矛盾中。一方面，他以中华法系在五大法族中能独有一席之地而自豪。另一方面，他又认为中华法系私法全付阙如，已然落伍，应该抛弃。

2.中华法系的内涵与民国研究状况之分析。民国时期许多学者提出了复兴中华法系的主张。但是，主张复兴的学者大多并不拒外排异，他们"复兴"有着特定的含义，即借助传统，改造旧法，建设一个以中国文化为主体的"新中华法系"。除持有"复兴""重建"主张者，还有学者持有另一种主张，认为中华法系已经成为"过去"，充满了"幼稚""愚昧"，完全没有必要留恋。

"新中华法系"既缺乏系统的理论阐述，也没有系统地解释"新"从何来，新旧融合成了新旧杂陈，难以形成有效的指导实践的理论，这也许就是复兴中华法系的思潮在民国时期不了了之的原因。

3.20世纪50年代后有关中华法系研究状况之分析。20世纪50年代后有关中华法系的研究，有两点值得我们注意。

第一，中国台湾学者的反思。陈顾远认为中国的固有法系"非毫无一顾的价值"。但"欲恢复固有法系之全盛地位殊不可能"。他进而认为"中华法系"这一"旧有之名词"不应成为排斥"欧美之法制形态"与"现有法律体系"的壁垒。

第二，大陆学界20世纪80年代后的研究。80年代以后，关于中华法系的研究基本被纳于中国古代法的研究领域而归于学术。研究者大都认为中华法系具有诸多的与现代法治暗合或相通之处。但自鸦片战争以来中华法系逐步瓦解，已然成为"过去"。所以中华法系研究的学术属性远远大于实践意义。

其实，与"新中华法系"比较，习近平总书记有着更为科学的表述，即"中华法系是在我国特定历史条件下形成的，显示了中华民族的伟大创造力和中华法制文明的深厚底蕴"，"只有传承中华优秀传统法律文化，从我国革命、建设、改革的实践中探索适合自己的法治道路，同时借鉴国外法治有益成果，才能为全面建设社会主义现代化国家、实现中华民族伟大复兴夯实法治基础"。

【辛亥革命时期中国租界法制之变化与反思】

作者王立民，华东政法大学功勋教授、博士生导师。

全文原载《当代法学》2023年第5期。

中国租界是鸦片战争以后，根据中外不

平等条约，由列强、外国侨民通过租地取得土地使用权并进行管理的城市自治区域。中国租界法制是由中国租界制定或认可，仅在本租界内实施的城市区域法制。共有英国、美国、法国、德国、意大利、奥地利、比利时、俄国、日本9个国家，在中国的上海、天津、汉口、广州、厦门（包括鼓浪屿）、九江、镇江、重庆、苏州、杭州10个城市，建立了27个租界及其法制。中国租界法制从1845年建立至1945年彻底退出历史舞台，前后历经百年时间。其中辛亥革命时期是中国租界法制发展的一个重要节点，有值得探究与反思之处。

论文共分为三个部分，分别从辛亥革命时期中国租界法制发生的变化、变化的主要原因和对变化的反思等视角进行论述。

辛亥革命时期中国租界法制发生了前所未有的变化，突出表现在立法、行政执法与司法方面。在立法方面，其内容侧重于抵制辛亥革命。包括：禁止宣传辛亥革命；阻止革命队伍壮大；惩处与清政府为敌的外国人等。在行政执法方面，破坏辛亥革命的执法空前活跃。其中，涉及收集关于辛亥革命的情报；抓捕、押运革命军人；打击为辛亥革命募捐的人员等。在司法方面，中国租界的司法权迅速膨胀，中国的司法权进一步被削弱。具体表现为：司法区域管辖权、司法官任命权、案件审判管辖权、案件终审权、司法机关经济权等都有所膨胀。

辛亥革命时期中国租界法制发生变化的主要原因是三个。第一个原因是洋人普遍对辛亥革命怀有偏见。他们认为，这一革命以推翻清政府为目标，会影响到自己的"蛋糕"，损害自己的利益，故从法制上对辛亥革命加以抵制、破坏。第二个原因是中国租界对权利的扩张怀有野心。中国租界一直试图扩大自己的权利，使其成为"国中之国"，不受中国政府的管辖，在中国为所欲为，而在法制上的扩张是一种实质性扩张。第三个原因是清政府的腐败与辛亥革命时期出现的权力"真空"。这都使中国租界有机可乘，得寸进尺，贪得无厌，特别是在辛亥革命时期，导致法制发生前所未有的变化。

从辛亥革命时期中国租界法制的变化中，还可以得到一些反思。第一，辛亥革命时期，中国租界宣称"中立"的实质是支持清政府。这一时期，中国租界宣传"中立"，但在革命力量比较弱小而清政府势力强大的情况下，不支持辛亥革命，就是对清政府的支持，中国租界就是如此，它们的"中立"只是一个挡箭牌。第二，辛亥革命时期中国租界法制的变化具有普遍性。这一时期，中国各个租界的法制都发生了变化，是一种普遍现象，都扮演了抵制甚至破坏辛亥革命的角色。第三，辛亥革命时期中国租界法制变化的影响。这种影响十分明显，突出表现在这样两个方面。第一方面，中国租界华人支持辛亥革命的运动受到压制。辛亥革命以推翻清政府专制统治、建立民主共和国为目标，中国租界华人为此而欢欣鼓舞，欲积极支持。然而中国租界法制的种种限制，压制了他们的支持热情与行动。第二方面，中国司法权在中国租界几乎丧失殆尽。在中国租界设立会审公廨之初，中国的司法权在其中还保留一些，但在辛亥革命时期，这些权利几乎丧失殆尽，会审公廨成为租界控制的司法机关。总之，辛亥革命不仅是中国近代史上的一场伟大革命，也是中国租界法制演变史上的一个重要节点。

【明清典例食货法律体系考论】

作者王若时，西北大学法学院讲师；杨一凡，中国社会科学院荣誉学部委员，中国社会科学院法学研究所研究员，西北大学法史创新工程首席专家。

全文原载《广东社会科学》2023年第2期。

"食货"一词，在中国古代曾长期作为经济、财政、金融的统称。与现代的"经济法"的概念比较，古代"食货法"的内涵更为宽泛，具有经济、财政、金融、行政诸法结合的特征。为客观反映古代经济、财政、金融立法的本貌，避免造成与现代经济法定义混淆，本文采用"食货法"这一概念。

明清是古代食货立法最为发达的时期，也是典例食货法律体系创立、不断完善的时期。明朝食货立法较前代的重大进展，是建立了以最高法典户部为纲、以食货例为目的食货法律体系。

明初创立的典例食货法律体系，是在吸取魏晋至元代食货立法的基础上形成的，法律体系的框架也沿袭前代，即以"法典"规定国家基本食货制度，以"变通法"性质的食货令、例作为国家基本食货制度的实施细则。明初食货法律体系变革较之前代的进展，除了改"令"为"例"及法律规范性水平有较大的提高外，新的变化主要是以下两点：其一，最高法典中的食货类、目更加齐备，法律规范的包容量更大；其二，则例成为食货立法的重要法律形式。

食货法体系作为国家法律体系的分支，是随着国家法律体系的发展变化而不断完善的。明初创立的以《诸司职掌》户部为纲、食货例为目的食货法律体系，于正德六年(1511)首部《明会典》颁行后，内容构成为之一大变，演进为以《会典》户部为纲的食货法律体系。这一食货法律体系延续到明末未改，并为清代前期所继承。

乾隆四十一年颁行的《户部则例》，是中国历史上首次编纂的食货基本法，它的行用，意味着清代典例食货法律体系发生了新的变化，即法律体系中法律规范的位阶、效力层次，由两个层级发展为三个层级。最高层级：以《会典》户部为食货体系之纲，其中《会典》户部典文总括纲领，规范基本食货制度，《会典则例》户部侧重记具体事例及其沿革，二者构成户部会典体系；中间层级：以《户部则例》为基本法律，并以各食货专书规定赋役、漕运、盐政、税收等事务细则补《户部则例》之疏漏，共同构成《会典》确认的基本食货制度的实施细则；最低层级：以食货条例、事例、章程等为变通之法，及时应对食货事务管理中出现的新问题。

乾隆四十一年颁行《户部则例》和确立新的食货法律体系以后，直至清末，清代食货法律体系框架未曾变化。清中后期主要是通过健全下述三个方面的立法，进一步完善了食货法律体系：其一，纂修《会典》户部事例，完善食货法律制度；其二，15次续修《户部则例》，完善食货制度的实施细则；其三，适应食货管理制度的新变化，颁行食货章程。

中国古代的食货立法，无论是重要性及立法总量，都远远超过刑法。传统法律和法文化精华与糟粕并存，刑事法律受儒家礼教纲常影响颇深，糟粕相对较多；食货法律作为务实应用型法律，则受儒家"三纲五常""礼治"思想影响较小，能够供后人借鉴的优良成分较之刑法为多。历代在食货事务管理中形成一系列食货立法、执法指导思想，不断完善食货立法和法律体系的经验，各种有针对性的食货管理的成功措施，是中华法律宝库的瑰宝，具有很高的借鉴价值。

【清代命案检验不实问题探析】

作者王晓斐，安徽大学徽学研究中心硕士研究生。

全文原载《中国司法鉴定》2023年第3

期。

"狱事莫重于大辟，大辟莫重于初情，初情莫重于检验。"案件检验结果，特别是命案检验结果的正确与否对于司法审判的公正性会产生重要作用。表面上看，清代命案检验不实问题主要指仵作亲自提交的验尸结果或案卷中呈现的仵作检验结果与案件实情不符；但就实际情况而言，除仵作外，多方群体都会直接或间接地影响检验结果在案卷中的呈现内容，进而造成命案检验不实。清代命案检验不实主要包括以下3种类型：仵作误验、错验或受贿，官员干预检验过程或捏造检验结果，民众诬告仵作检验不实。

在仔细梳理案例集、实录等相关文献资料之后可以发现，与传统简单将检验不实的原因归结为仵作受贿或仵作能力不足的观点不同，清代出现命案检验结果与实际情况不符情况的原因是多方面的，它是社会政治、生活等多种因素的集合体。首先，仵作作为检验结果的主要参与者，由于是"贱业"出身，文化水平较为低下，相应的职业培训也常流于形式，常缺乏基本检验的知识和能力。部分仵作身处简僻之地，命案之事偶有发生，检验工作经验十分缺乏。而官员虽本应对仵作出具的检验结果进行监督和鉴定，但许多官员实则对检验知识知之甚少，其长久所学的儒家经典并不能直接应用于州县的命案审理，虽配备有《洗冤录》《福惠全书》等官箴书便于案件的查验，但繁重的政务也很难令其细细研读，甚至案发现场也少有涉足，自然也就很难分辨检验报告的真实性。其次，部分民众为了维护个人利益，常会试图贿赂仵作和官员。面对生活的重担，仵作和官员正常的薪俸常会使其囊中羞涩，很难抵御金钱的诱惑。再加上官员为了避免案件的扩大化、规避因案件逾期、转审中迟延、逾限、命案发回重办、转运犯人等问题所导致的责罚、维护官场的潜规则以及避免因此带来的不必要支出，常会对检验结果表述模糊化甚至篡改，仵作即使对此有所不满，也很难违抗官员的意见，因而客观上使得检验不实情况常有发生。最后，中华文明中司法传统一直强调"情、理、法"兼顾的适当性与合理性，在传统观念与"救生"思想的影响下，许多官员试图用儒家的仁爱思想去以"情"折人，尽可能以和为贵，抚逝救生，也会导致出现检验不实的情况。

为解决这一问题，清廷早在《大清律例》里面以"检验尸伤不以实""官吏受财""诬告"等一系列法律对检验结果可能涉及的步骤加以规范。而后在具体实践中又先后采纳秦勇、黄叔琳、吴应龙、苏昌等官员的意见试图完善相应的制度。但就实际效果来看，由于清代命案检验不实问题是在社会制度规划与治理实践的摩擦碰撞中产生的，是清代许多社会政治与生活问题交织而成的产物，清朝为避免检验不实制定的各类规定并未从根本上解决制度上的弊端。受现实影响，相关制度在实践过程中并未得到很好的贯彻执行，甚至仅仅流于形式，许多官员、仵作和民众出于各种目的，依旧选择与法律背道而驰，进而使得案卷呈现多种亦真亦假的检验不实情况。

【中国古代经济法溯源】

作者王煜宇，西南政法大学金融法治研究院教授。

全文原载《西南大学学报（社会科学版）》2023年第2期。

"经济法从哪里来"即经济法的产生问题，是研究经济法其他一切问题的起点。长期以来，学界普遍认为19世纪末20世纪初是经济法产生的时间坐标，近代资本主义是经济法产生的历史背景，"中国古代并无经济法"成为中国经济法学界不约而同的默认共识。然而，经济法既不是在廓清自然经济、计划经济、市场经济的时候才出现的，也不是在提出经济法概念的时候才产生的，更不是在经济法被承认为独立部门法的时候才存在的。经济法是一定边界空间秩序下经济生产和经济生活的法律表达，中国得天独厚的地理条件决定了中华民族"稼穑为本，耕读传家"的生产生活方式，"耒耜之利，以教天下"的生产生活方式又从根本上决定了国家经济法和经济政策的主要内容和性质特点，中国古代经济法自古就客观存在，历来都是中华法系的重要组成。无视经济法的客观性和特殊性，机械地以西方近现代经济法的概念和形式为衡量标准，致使中国经济法学历史虚无、边界模糊、理论空泛、实践虚化。摆脱中国经济法的"困境综合征"，需要从"中国经济法从哪里来？"的根本性问题出发，寻根固本，正本清源。

首先，古代中国特殊的地理环境和历史条件从根本上决定了中国古代经济法的调整内容和调整方式。调整内容方面，中国古代经济法以土地所有权法律关系、农时历法与农业环境保护法律关系、农业生产监督管理法律关系和农业宏观调控法律关系等农业经济关系为调整对象。在"适宜农耕"的地理环境和"善于农耕"的历史条件的共同支配下，具有根本全局性、社会公共性和脆弱依赖性的农业经济关系成为古代中国国家存在和社会发展的经济基础。因此，以土地所有权为核心的农业经济关系便成为古代中国法律最集中、最频繁、最深入、最持久的"干预"对象。调整形式方面，灵活多样的责任形式、归责原则和责任承担方式与丰富多元的法律渊源构成了古代经济法充分有效的调整方式。法律渊源不仅表现为《礼》《章》《典》等综合法典，《法》《课》《式》等单行经济法规以及《令》《诏》《制》等经济政策，还表现为《唐律疏议》等司法解释以及农时历法等农业习惯。责任形式涵盖"死无赦"等经济人身重刑、"赀盾"等经济罚金责任和"没收"等经济行政责任；归责原则包括"不觉减等"的无过错责任、"知情同罪"的过错责任；责任承担方式既有"与同罪"的连带责任，也有"封赎耐"的转换责任。

其次，中国古代经济法特殊的调整目标、内容和方式决定了其本质属性和显著特点。"国家干预"和"以农为本"是中国古代经济法的本质属性。古代中国在形成之初就认识到农业对于民族生存发展的决定性意义，中国古代经济法不断通过对农业经济关系的干预强化农业资源配置管理，通过对商人和商业的抑制和监管实行"重农抑商"。根本适应性、超前科学性、长期稳定性和历史封闭性是中国古代经济法不同于中国当代经济法和西方近代经济法的显著特征。中国古代经济法表现出与社会生产生活方式之间的根本适应性，其调整目标、内容和方式以及经济法思想和经济立法颁行呈现出超前科学性，成文法的体系性保证了中国古代经济法的长期稳定性，而固守"以农为本"的调整目标和"重农抑商"的干预传统将中国古代经济法锁定在封闭的历史循环之中，面向新的生产关系的边际调整和替代转换无法获得制度承认和支持，使其逐渐成为阻滞生产力发展和生产关系演进的制度障碍。

因此，以农业经济关系为调整对象的中国古代经济法，不仅是"中国经济法从哪里来"的当然正解，也是世界历史上最早系统体现国家干预经济思想的法律体系，为西方经济法及相关学科的产生和发展提供了历史依据和法律借鉴。而简单地将中国经济法"从哪里来"的答案锁定在近现代西方，轻率地将近现代西方研究术语和研究方法奉为中国经济法的学术渊源和理论基础，经济法学无法建立其应有的学科独立性，造成中国经济法与中国历史的疏远、与中国经验的隔阂、与中国实践的脱节。溯源中国古代经济法，重新发现经济法的中国渊源，重新认识经济法的中国问题，重新归纳经济法的中国理论，重新明确经济法的中国使命，可以增进中国经济法学研究的主体维度、历史向度与实践深度，缓解其所面临的"去经济法学化"的"巨大困境"，为中国经济法"向哪里去"指明方向。现代化的中国经济法，应当是与中国的自然时令、地理条件、资源禀赋和谐共生的"绿色"经济法，而不是盲目鼓励资本收益，机械维护短期回报，涸泽而渔、焚林而猎的"灰色"经济法；应当是与中国人的价值观念、生活方式、文化传统协调适应的"人本"经济法，而不是生硬截断历史传统，刻板复制西方模式，人为客体、技术至上的"物化"经济法；应当是长远谋划产业战略，科学设定市场界限，着力推进社会公平的"社会"经济法，而不是消极放任资本力量，被动依赖市场机制，空洞许诺经济民主的"资本"经济法；应当是立足中国问题，面向世界实践，吸纳古今智慧，凝聚"中国特色"的"开放创新"经济法，而不是脱离中国现实，隔离中国历史，执迷西方理论，因循西方路径的"封闭守成"经济法。发展"绿色""人本""开放创新"的中国特色社会主义经济法，不仅是经济法现代化的本质需求，也是时代赋予中国经济法的历史使命。

【徽州"健讼"现象的历史实态与文本书写】

作者叶成霞，安徽大学徽学研究中心博士研究生；刘伯山，安徽省政府参事，安徽省中国特色社会主义理论体系研究中心安徽大学研究基地研究员、博士生导师。

全文原载《江淮论坛》2023年第2期。

徽州"健讼"的记叙自宋代起多见于正史、文集、奏疏、方志等文献，近几十年来，徽州的讼案文书也多有发现。因而，学术界多判定传统徽州是一个"健讼"的社会。

笔者通过对历史文献资料的再梳理，在考察了历时性发展的时间逻辑和共时性存在的空间逻辑，及厘清了涉讼案件的主要类型后，发现"健讼"现象在徽州历史上确实存在，但却有一定的时空、种类限定。具体来说，徽州"健讼"现象在时间发展上不具有全程一贯性，虽然早在北宋时即已出现了徽州人"好讼""喜讼"的记载，但并没有形成徽州人"健讼"的普遍社会风气，徽州的"健讼"之风应当是形成于明成化、弘治之际，延续至清代早中期为止。徽州"健讼"现象在空间分布上也不具有全域共同性，古徽州包括六邑，即歙县、休宁县、婺源县、祁门县、黟县、绩溪县，区域内部错综复杂，传世文献中关于徽州"健讼"的记载，更多的是指休宁县和歙县两邑的"健讼"，而于其他四邑则涉之甚少。徽州涉讼案件的种类相对而言也比较集中，"累讼不休"的是风水祖坟地之争，"不直不已"的是名分等级之争，这两类案件最为徽州人敏感，涉讼最多，动静最大，最为体现徽州人的"强讼"与"健讼"。

不仅如此，有关徽州"健讼"文本书写本身还或多或少含杂撰述者的认知、立场、态度。确切地说，许多书写者作出了徽州"健讼"之评价并非建立在徽州其时当地真实的诉讼情形基础之上。在徽州"健讼"的文本书写中，最多的是出自任职于徽州的外籍官员之手，既包含着希望民众安静省讼的心态，又蕴藏着对民间细故激进的价值评判，更夹杂着他们对自身执政能力所进行的种种辩护，一般多是感觉判断大于理性判断、价值判断大于事实判断。还有的是出自徽州本土士绅之口，多是出于对外籍官员任职徽州的劝勉和对其执政能力与治理水平的评价，当然也包括对徽州民众谆谆告诫的一面，其中多有自己的语境，大都是基于主观情感层面的价值评判，有着非常显著的书写意图和立场。

事实上，在传统社会，为减少争讼案件的发生，无论是中央政府、地方官府，抑或是徽州民间组织，无一例外都从道德情理和社会控制两大方面展开"抑讼"努力，限制乡民的争讼行为。既竭力颂扬"忍让克制"和"无讼"的道德理想，又对被视之为恶风陋俗的"健讼"行为严加禁止和打击，从而维护乡土社会秩序的正常运转。徽州民众出于诉讼时间成本和经济成本等多重的考量，也倾向于选择源于徽州社会内部的解纷机制加以解决。该机制本着"礼法兼治"的基本原则，对既已产生的矛盾与纠纷分协商议和、调解与仲裁、鸣官诉讼这三道程序来化解和解决，绝大多数矛盾和纠纷在告官之前经过了第一、二道程序后即已化解，最后涉讼的已经很少，并且有些案件即使步入了第三道程序，徽州人还会进行"息讼"的努力，争取以调解而结案。"抑讼"氛围与"息讼"机制的存在，有效保证了"健讼"现象在徽州不会长时段地和普遍性地发生与存在。

历史上的徽州确实多有诉讼发生，但这未必就是"健讼"；历史文献上多有关于徽州"健讼"的文本书写，但这未必就是历史情实。传统徽州社会整体上仍然是一个良序稳定的社会，对徽州"健讼"问题需要我们做出各种具体的分析才能把握实态。

【宋代"特许越诉法"：中华法系行政诉讼之独例】

作者吕志兴，西南政法大学行政法学院教授、博士生导师；汤东澍，西南政法大学行政法学院研究生。

全文原载《学术界》2023年第2期。

至少从唐代起，法律对百姓不按审级起诉的"越诉"行为严行禁止，北宋中前期沿用此规定。但自北宋末年起至南宋末年，皇帝不断颁布制、敕，特许百姓对路、州、县地方衙门及官吏不履行法定职责，或滥用职权，侵犯百姓合法权益的行为"越诉"，可直接向该官吏所在衙门的上级司法机关或监察机关越级起诉。这些特许越诉的制、敕，宋朝人称作"一时越诉指挥"，在南宋初年其数量即多达一百余条，南宋中后期继续颁布，条文更多，实际上形成了一项专门的、特殊的诉讼制度——"特许越诉法"。

宋代"特许越诉法"规定的越诉对象主要是路、州、县地方衙门及官吏在司法中的违法行为，土地管理中的违法行为，租税收纳中的违法行为，政府采购及官物出卖中的违法行为，勒索百姓或乱摊派等违法行为，奖赏、减免债务及赈灾中的违法行为，侵占百姓财物的违法行为等违法的具体行政行为引起的纠纷。不涉及民事纠纷和刑事纠纷，也不涉及立法、外交等抽象行政行为。特许越诉制、敕一般先说法律规定的路监司、州、县的具体行政行为应当如何，或者说路监司、州、县存在的违法的具体行政行为的情形，后面说今后"如违"，"听越诉""许越诉""许人越诉""许人户越诉""许亭户越诉""许受扰人越诉""许充役之家越诉"等，表明特许越诉诉讼主体恒定，皆是民告官，这与当代行政诉讼法的特征最为相似。另外，特许越诉诉讼具有审查具体行政行为合法性的功能。由此可见，宋代"特许越诉法"在性质上属于行政诉讼制度。

宋代"特许越诉法"规定的诉讼程序，在证据方面，有物证、书证、证人证言、勘验笔录、鉴定意见等种类，与民事、刑事诉讼无异，但其有特别规定，表现出以下特点：第一，特许越诉案件由州府、监司、御史台、尚书省、枢密院管辖，管辖机关级别高；第二，行政诉讼管辖机关主要是监察机关，行政诉讼与行政监察制度紧密相连；第三，由前述两点所决定，与当代行政诉讼相比，宋代行政诉讼无论在审理还是执行上，其力度都要强大得多。

宋代"特许越诉法"的颁行具有重要意义，表现如下。第一，它是宋代法制的一项创举，也是中华法系行政诉讼制度之独例。宋以前的各朝代都禁止越诉，宋以后的元、明、清三朝也都禁止越诉，准许越诉的规定则再未看到元、明、清有相关记载。故宋代"特许越诉法"不仅是宋代法制的一项创举，而且空前绝后，是中华法系行政诉讼制度之独例。第二，它彰显宋代法制为中国古代法制完备程度和文明程度的最高峰。宋代法律非常完备，并且各方面都贯穿着分权和制衡的先进理念，加上行政诉讼制度和依法行政的先进理念，彰显宋代法制达到前所未有的先进水平，为中国古代法制完备程度和文明程度的最高峰。第三，它表明宋代法制居于当时世界领先水平。宋代行政诉讼制度形成于12世纪左右的北宋后期及南宋中前期，较西方的行政诉讼制度的出现早五个至七个世纪。加上完备的行政制度、诉讼制度、监察制度、民事制度，足以表明，宋代法制居于当时世界领先水平。最后，宋代将行政诉讼与监察制度结合，加强对官吏的监督及其违法行政行为的惩治，对当前我国的法治建设有一定的借鉴意义。

【清末变通新疆命盗案件章程探析】

作者伏阳，新疆大学法学院教授、博士生导师。

全文原载《北华大学学报（社会科学版）》2023年第1期。

清政府统一新疆之初，因俗制宜，保留了较浓厚的民族习俗，民事案件、情节轻微的刑事案件的司法裁判大都依据习惯法。一方面，新疆南疆地区各城阿奇木伯克等凡遇枷责轻罪人犯案件可自行办理，仍令他们禀明驻扎大臣存案备查；另一方面，这种混用清律和"回疆旧例"，两种法律体系的并存，不符合清朝大一统的政治格局。随着清朝在新疆统治的巩固，司法也得到统一。咸丰、同治年间的"查经拟罪"案对英蕴等多名参赞大臣的查处，表明清廷维护国家司法统一的坚定立场。

1884年新疆建省，以省治取代了伊犁将军统辖下的军府制。随着札萨克制、伯克制的废除，新疆的司法制度得到统一。清末新疆经历了内乱及阿古柏匪军的入侵，社会秩序较混乱，为稳定社会形势，新疆首任巡抚刘锦棠在司法领域采取了一些变通性的做法，即变通办理命盗案件，系为稳定新疆政局采取的权宜之计。

新疆建省时期，巡抚刘锦棠认为新疆按照清律统一程序办理命盗案件条件不成熟，请求简化命盗案件办理程序，从速处决重大命盗案件案犯，稳定社会秩序。刘锦棠在新疆建省前后三次上奏折要求变通命盗案件章程，主张简化程序，不通过刑部等覆核，直接处决命盗案件案犯。刑部从慎重民命、维护国家司法统一的角度出发，对于新疆变通办理命盗案件起初并不同意。但在刘锦棠的再三坚持下，最终清廷同意了变通新疆命盗案件章程，并施行了三十多年之久，直至宣统元年，法部奏请将新疆命盗案件归复秋审旧制。

光绪七年四月初十日，刘锦棠上奏"新疆命盗案件请暂行变通办理折"，他以新疆地处边荒，情形与内地迥异为由，请求暂行变通新疆命盗案件，"以期妥速而归简易"。他认为新疆地处边远，又处草创时期，立法宜简易，重大案件应"勒审勒结"，才能起到警示作用。由于刑部未同意变通新疆命盗案件章程，光绪十一年二月十二日，刘锦棠再次上奏"新疆命盗重案难照内地旧制遵部议拟办折。"光绪十二年九月十八日，刘锦棠第三次上奏："新疆人命重案恳暂准变通办理折"。奏折仍以新疆地处极边，迥异内地为由，要求变通处理命盗案件，并说明新疆官吏司法水平较低，人命案件如照旧章办理，由刑部等法司审核，并追究错判责任，地方官吏受追责面太大。

变通新疆命盗案件章程破坏了国家司法权的统一，中国古代长期实行的流罪以上案件须报中央司法机构覆核，死刑须向皇帝奏报并经皇帝勾决才能执行的司法程序遭到破坏。从新疆奏报判结的罪情重大命盗案件看，除吐鲁番等地距省城较近州县审理的案件，案犯等押解到省城由臬司和巡抚亲自审讯外，新疆南路距离省城较远州县的命盗案件，案犯只押解至道一级审讯，臬司和巡抚并未亲自提审案犯，只对案件进行书面复核，即将各案首犯批饬就地正法。清朝实行逐级复核审转制度，上级在复核案件时如有异议，可以驳回重审或改发别州县更审，这本身就是对下级机关审判错误的救济程序，同时强化下级官员审理案件的责任心，对于提高审判质量无疑是有益的。变通命盗案件章程的做法，损害了案犯司法权利救济保障和案件审理质量。

【《唐六典》的制度描述与礼乐文明新经典的建构】

作者刘后滨，北京航空航天大学人文与社会科学高等研究院、法学院教授。

全文原载《齐鲁学刊》2023年第5期。

《唐六典》是唐玄宗开元年间编纂的一部典制文献，比照《周礼》，益以今制，宰相领衔，题名御撰。全书按照开元《职员令》的篇目顺序，从《三师三公尚书都省卷第一》到《三府督护州县官吏卷第三十》，分为30卷。编纂体例是"以令式入六司，象《周礼》六官之制，其沿革并入注"。具体做法是以官司统领职官，以职官编次令式，间以大量小字注文说明前史职官沿革和唐代制度变化，卷首罗列机构职员。全书贯通梳理了唐以前的职官沿革，高度凝练了唐前期不断变化中的各项制度，且对后代的制度建设产生了深远影响。其对制度的描述方式本身就是开元时期制度建设的重要组成部分，是制礼作乐背景下建构新经典的一次尝试，且对唐宋间制度转型发挥着重要的规制作用。

关于《唐六典》的性质，历来聚讼纷纭，或称之为行政法典，或视之若官修类书，还有学者将其看成一部制礼作乐语境下的制度典章或径称之为礼典。在史学界的研究中，经过陈寅恪、严耕望、汪籛、陈仲夫、吴宗国、张弓等几代学者的接力探索，充分吸收国外学者尤其是日本学者如内藤乾吉等人的相关研究成果，已经认识到此书"虽然包含了正在变化中的各种制度，但不是作为当时政治运作遵循的法典"，不再生硬地将《唐六典》直接视为唐代开元时期实际行用制度的静态记录。从编纂宗旨及其提供的制度构建核心概念与制度书写经典范式来看，《唐六典》可界定为站在历史转型关键节点上编纂完成的总结历史、面向未来的制度建设纲领性文献。这部当时以《开元六典》为名的"唐典"，编修出来后要获得如同《周礼》在儒家经典体系中那样的尊崇地位。这也是唐代以礼学为中心的经学转型的一个重要组成部分。

《唐六典》对前史职官沿革和本朝制度

演进的总结，除了编纂文献以营造盛世，还有一个重要目的，即借助《周礼》的典范作用，对正在深层转型的制度做出方向性的探索，尤其着重于通过典制文献的编纂建立起维护君主至高权威及保障皇权有效行使的体制机制，具有鲜明时代特征和思想内涵。《唐六典》既有制度史料汇编的价值，也有某种意义上作为行政法典的可供引用的意义。但是，其对前史职官沿革和本朝制度演进的提炼总结，并非史料和法令的简单汇编；对制度转型的描述和发展方向的探索，亦非现代学术语境中的行政法典可以概括。它是一部兼具制度通史、法令摘编和制度设计蓝图的纲领性文献，包含了有关制度演变的史料、史实与史论。

《唐六典》的制度描述围绕着四个维度展开：选择性收录并提炼律令格式、借用经典文献中的语汇并赋予新义、以事任为中心梳理前史职官沿革以区别于类书、以律令官制的框架融汇新的制度元素并统摄唐前期的制度变革。

《唐六典》编纂的一个重要背景是中国中古国家政务运行体制从律令官制到使职体制的深层转型。开元时期新事务和新问题大量出现，在传统的律令体制内进行机构和职官员额的扩充已无空间，因事而设的使职差遣开始朝着体系化方向发展。在这个制度深层变革的历史转折点上，玄宗君臣就在探索下一步的制度变革出路，《唐六典》应运而生。《唐六典》虽然没有明确提供开元以后唐朝制度转型的实际路径，但是建立起了制度建设的典范和基准。北宋不同时期依托《唐六典》开展的制度建设举措，正是唐宋间制度转型的一些重要关节点。

【延安时期少捕、慎押的历史考察及当代启示】

作者刘全娥，西北政法大学法治学院教授；刘晨雨，浙江省宁波市海曙区人民检察院检察官助理。

全文原载《江苏警官学院学报》2023年第2期。

少捕慎诉慎押是对党和国家长期以来坚持的惩办与宽大相结合、区别对待政策的继承和发展，是对宽严相济刑事政策的深化、具体化。回溯红色司法，延安时期即已开始探索少捕、慎押的司法制度。

在法制初创的延安时期，少捕、慎押司法观念的形成具有特定背景。首先，镇压与宽大相结合刑事政策在边区的确立以及边区刑事案件结构的转变，形成了边区少捕、慎押刑事政策的实践基础。其次，艰苦、恶劣的生存环境，使得边区有着保护劳动力、发展生产力的迫切需要，存在着尽可能减少在押人员的现实需求。最后，毛泽东、谢觉哉等边区领导人物对审慎行使逮捕权、减少人员羁押的指示，以及外来法学知识分子开展的司法正规化运动，成为推动边区少捕、慎押司法观念形成并付诸实践的直接动力。

少捕、慎押司法观念在边区立法中有一个渐次推进的过程。具体而言，少捕、慎押司法观念先确立于《陕甘宁边区施政纲领》中，进而通过《陕甘宁边区保障人权财权条例》《刑事诉讼条例草案》等对刑事强制措施进行系统化、规范化，边区高等法院也发布了具体指导实施少捕、慎押的命令、指示。因此，延安时期有关少捕、慎押的司法观念初步实现了立法化，法律渊源多样，相关规定详细。

少捕、慎押在边区司法活动中得到了一定程度的落实，呈现出丰富的实践形式。一是严格逮捕的程序。边区初期，存在着刑事强制措施权配置混乱、实施程序较为随意的问题。对此，边区先后颁布多个法律文件对逮捕权进行周详的规定，明确逮捕权由司机关行使，即使在个别例外情形下由其他机关逮捕的，也必须于24小时内将人犯及证据移交司法机关处理。《边区高等法院1938年至1944年刑事案件判决书汇集》的50份判决书中载明逮捕程序的有34案，显示出边区刑事诉讼活动中遵守法定逮捕程序，并通过严格的程序避免逮捕的随意性。二是明确羁押的要件。为进一步明确审前羁押应具备的条件，边区高等法院专门发布了"羁押被告人应注意事项"的命令，明确刑事被告人非有"无一定住所者""有逃亡之虞者"等四种情形不得羁押。对于不符合这四项情况，属于情节较轻寻常案件的被告人，则准其转为"交保"的刑事强制措施，无须羁押。前述刑事判决书汇集中钟化鹏、张佐汉等7人滥用职权妨害公务相互涉讼一案即为实例。钟化鹏因妨害公务被延安市公安局逮捕送往延安市地方法庭，法庭认为情节较轻，未予羁押，公安局亦于次日释放，后钟化鹏被判处苦役四月，缓刑半年。三是创设刑事和解程序。边区1943年颁布《陕甘宁边区民刑事件调解条例》创设并提倡刑事和解，有效缓解了边区司法资源紧张的难题，减少了涉讼在押人员。刘聚先盗窃宋作藩粮食案、李贞富控告李思明等违法行为案等都运用刑事调解程序结案，大量轻刑事案件就地化解。

借鉴延安时期红色司法经验，当代刑事司法中也应当及时更新观念，贯彻新时代枫桥经验，时刻契合社会需求，完善不捕、不押后相关配套制度规范，充分发挥刑事和解程序在弥合社会矛盾中的作用，使少捕慎诉慎押刑事司法政策行稳致远。

【宋代流人量移考】

作者刘安迪，厦门大学法学院博士研究生；周东平，厦门大学法学院教授、博士生导师。

全文原载《学术月刊》2023年第8期。

流人量移，初见于唐代开元年间，发展于两宋之际，是指被流放至遐方绝域的罪犯，遇赦或依法律规定，从流放地向量移中心分阶段移近的制度。宋人谓之"该恩原赦，则量移近里州军"。

相较于唐，宋代流人量移的法律体系已十分完善，一般法与特别法共同规制的局面逐渐形成。其中，流人量移的一般法律依据，由立法机关经过立法程序颁布，通常适用于域内全体宋人，包括律、敕、令、格、式和例六种形式。特别法律依据则由皇帝颁布，适用于特定时空范围内的特定之人，包括尚未经法定程序上升为一般法的诏书与赦书。当一般法与特别法相抵牾时，特别法往往具有优先适用的效力。

宋代流人若想"节级移近"，不仅需要以恩赦为前提条件，还需满足主体和时间条件。根据流人类别的不同，适格主体条件亦有所不同。例如流刑犯需满足特定流放地、特定数量、特定犯罪情节等条件，编配犯则需满足特定年龄、特定家庭情况等条件。而时间条件主要包括法定和指定两种。法定时间条件规定，除在途逃亡或停留的配人以外，一般在途或入配所籍的流人遇赦，皆可适用量移。指定时间条件是皇帝命令文书中规定的特殊时间限制，为可变期间。

符合上述条件的流人，多经中央与地方官吏共同确定量移地点后，交由地方官吏实际执行，一般以流放地为起点，向量移中心按里程移近。而关于量移中心与里程的确定，在不同时期存在不同的规定。宋初，流人量移仍然沿用唐代量移的执行规则：以京师为中心移近。天圣九年（1031），宋人立法允许南州原籍流人，向南量移。至此，量移中心出现原籍和京师并用的情况。不过，以京师为中心的量移，仅适用到宋徽宗大观初年。此后，移至近乡成为量移的固定执行方式，并在宣和二年（1120）写入法律。即便如此，宋人对量移中心的修改仍未停止。绍兴五年（1135）以后，宋人又前后两次修改量移中心。一是宋高宗取消原籍的中心地位，规定流人应向判决地迁徙。二是宋孝宗采纳张津言的意见，将量移中心改回京师，并以此适用至宋朝灭亡。此外，在宣和二年以前，量移的里程多由刑部自由取裁。宣和二年，《移放格》正式规定量移里程的计算方式，即将量移地与量移中心间的距离，除以放还所需要之分，得到每次量移的里数长短。

宋代流人量移的发展，始终以最初的立法目的——宽宥与刑罚节俭为指导。在吸收宽刑慎罚刑事政策的基础上，承袭唐代遇赦量移的一般性规定。在吸收前人将"天下观""差序格局"与量移制度设计结合的基础上，沿用以京师为中心，逐级移近的执行方式。同时，为适应刑罚发展、时局变迁，平衡制度设计理想与执行现实间的偏差，宋人不断推动流人量移制度化进程，在法律依据、适用条件与实际执行等方面展开立、改、废活动。总而言之，宋代流人量移制度的完善，缓和了严酷刑罚与儒家恤刑观、佛教轻罪轻刑惩罚观之间的矛盾，促使宋代流刑体系既具有严惩重犯的惩罚功能，又具有促进罪犯改造的社会功能。流人量移的制度化以及流刑的军事化，亦为明清后世边疆战事频发，兵力流动需求增加提供一个可借鉴的法律制度框架。

【北洋政府时期中国传统社会家族制度的法律转型】

作者刘盈皎，北京航空航天大学法学院讲师。

全文原载《中国农史》2023年第2期。

中国传统社会，家族制度一直是维护基层社会基本秩序的有效手段。北洋政府时期，在特殊的历史背景下，被认为行将就木的中国传统家制却在社会的实际运行中仍旧发挥着重要作用。该时期，整个社会法制呈现混乱失序的状态，但立法建设始终未曾中断。基于稳定社会基本秩序的需要，对传统家族制度进行法律层面的改造成为该时期屡次立法尝试的重点领域。该文着重考察北洋政府时期为适应新的社会状态，调整新的社会关系，中央政府针对传统家制在法律层面所做的改造工作。

1. 中国传统家制在北洋政府时期的社会形态。中国传统家制是维系中国传统社会运行最重要的因素。北洋政府时期，在自给自足的农业经济走向解体，尊卑有序的阶级结构逐渐崩溃，人文思想的刻意误读被徐徐澄清的历史背景下，中国传统家制再无力以原有的面貌稳固庞大的国家机器，家族在政治上的意义随着社会性质的变化而逐渐弱化。新形势下，中国传统家制长期存在的基础及其所呈现的积极性逐渐成为阻碍社会进步与发展的消极因素，就其内部而言，主观上有变革的必要性，从外部环境的变化而言，客观上有变革的必然性。但是，该时期传统家制的流弊虽已凸显，将其完全瓦解的条件却尚不成熟，西方革命式的变革方式也不适用于中国，传统事物的惯性使家制在新的环境中仍具有存续性。内外因素的综合作用下，对传统家族制度进行渐进式的法律变革成为了一条较为稳妥的转型路径。

2. 北洋政府对传统家制转型之法律应对。北洋政府时期，面对传统家制在新的历史时期呈现的转型局面，根据社会需求和新型法律观念传播、法律关系建立的要求，北洋政府结合立法尝试以及司法实践，在政治权力所能发挥的有效范围内将法律应对集中在了家族社会功效的改造、女性法律地位的有限改良、家族内部权利义务关系的调整这三个方面。

在家族社会功效的改造方面，主要体现在通过法律文本维护基层社会的家族管理模式，通过司法实践肯定传统家制仍具社会功效。同时，中央政府还通过法律文本引导家族管理模式向社会本位转变，再通过司法实践细化家族组织权限分配。通过法律手段，基本完成了对传统家族社会功能的近代化改造。

在女性法律地位方面，立法机构依然认可、继承传统法制中的一些保守制度。虽然彼时男女平等的观念蔚然成风，政府也希望通过法律文本的更新赋予女性更多法律权利，但无论从立法还是司法实践上，该时期对女性法律地位的改良均十分有限。

在家族内部权利义务关系的调整方面，法律文本重新确立身份继承的合法性，对家族制度下的财产关系进行调整，通过司法实践明确家族内部的财产关系。

总体来看，中国传统家制的基本精神在北洋政府时期的法律文本与司法实践中得到了一定程度的保留，但是，这种保留并非简单的"三纲五常""尊卑有差"之残存，更不是"同居共产"的家族扩大，而是顺应时代要求及社会现实的取长补短。虽然该时期对中国传统家制的法律变革存在着不足与缺憾，但法律规范及司法实践已经在最合理的范围内较为有效地解决了传统与现代的矛盾，使社会基层秩序在复杂的社会环境中实现了基本稳定。

【唐律"义疏"中的"无罪"：表意、解释及其限度】

作者刘晓林，吉林大学法学院教授、博士生导师。

全文原载《华东政法大学学报》2023年第2期。

《唐律疏议》中典型的"无罪"是作为特定行为人及其行为的法律评价结果而出现的，立法者一般以"无罪"表达针对特定行为人及其行为的态度。从表述形式来看，"无罪"的表意基础在于"罪"，与"有罪"相对。唐律乃至中国古代刑律中的"罪"可"加"亦可"减"，也就是说，"罪"可以量化、可以计算；结合"死罪""流罪"等针对具体刑种与刑等的表述，以及律内详细的刑等加减计算标准与规则，"无罪"自然也是"无刑罚"，或可更加准确地表述为"无具体刑种与刑等的适用"。从律条结构来看，所有内容皆出现于"义疏"，这一方面表示着此种表述形式及其表意特征形成于唐代制作"义疏"的过程中，另一方面表达了立法者通过相关叙述与评价补充与完善律文内容的"二次立法"意图。

《唐律疏议》中的"无罪"全部出现于"义疏"，多用作解释"不坐"与"勿论"，意图在于"更新"甚至"替换"沿袭前代的立法语言，由此实现立法者的特定意图。仅就"无罪""不坐""勿论"各自的表述形式来看，"无"强调"没有"，侧重于客观描述；"不"与"勿"强调"不要"，侧重于主观判断。两者之间的差异明显，若将具体表意置于唐律条文及其所针对的行为人的评价，"没有罪责"与"不予追究"显然存在质的差异。而结合唐律"义疏"中以"无罪"解释"不坐""勿论"，以及通过"不坐"解释"勿论"的内容，此种解释的理论旨趣就比较明显了，即实现"不论处—不坐罪—没有罪"的理论分层，将立法针对行为人及其行为的法律评价进行区别。

注律者以"无罪"解释其他术语，一方

面以其表意为限度，另一方面也无法超越传统刑律的立法体例。也就是说，立法者以"无罪"解释"不坐""勿论"，只能在"无罪"所表达的含义范围之内实现特定意图，而立法者的解释亦无法超越唐律立法在技术与体例方面的若干局限。表达具体刑种与刑等是唐律中的"罪"较为主要的用法，"坐"亦有此种用法。因此，"死罪""斩罪""绞罪"与"死坐""绞坐""斩坐"未见得有表意方面的本质差别，以"无罪"解释"不坐"也只能是在"不坐罪"的基础之上表达为"没有具体刑种与刑等的适用"。而唐律立法的叙事方式是针对特定行为人如何处罚做出描述，虽然条文中同时列举了行为人与行为，但以行为人为中心的叙事方式非常清晰，而所谓的"准五服以制罪"也是以行为人为中心而展开的，因为血缘、等级、身份都是针对行为人而言。在此限度之内，立法者虽然通过"无罪"表达了"没有"的含义，但始终无法清晰表达现代刑法理论中"非罪"或"出罪"的内涵。当然，最后仍需明确的是，唐律"义疏"中的"无罪"所表现出的在刑事违法性与有责性等抽象层面欲做判断的立法意图与理论尝试可能是同为立法语言的"不坐""勿论"不具备的。

【汉文帝刑期改革——《汉书·刑法志》所载规定刑期文本与胡家草场汉律对读】

作者李天虹，武汉大学简帛研究中心教授、博士生导师。

全文原载《江汉考古》2023年第2期。

2018年11月，荆州胡家草场墓地12号西汉墓发掘出土大量简牍，包括律令、历日、医方、日书、簿籍、遣策等七类文献。该墓年代不早于文帝后元元年（前163年），且应与后元元年相去不远。从初步整理看，胡家草场汉律简属于文帝前元十三年（前167年）刑制改革之后的文本，是目前所见有关此次改革的最早、最直接的文字资料。其中四枚简是有关刑期的规定，非常重要。（下引简文为宽式，编号为出土号）

罪人狱已决，髡城旦舂以上盈四岁，为鬼薪白粲；为鬼薪白粲一岁，为隶臣妾；为隶臣妾一岁，免为庶（1606）人。完城旦舂，及四月丁巳以前之刑城旦舂盈三岁，为鬼薪白粲；为鬼薪白粲一岁，为隶臣妾；为隶臣妾一（1554）岁，免为庶人。鬼薪白粲盈三岁，为隶臣妾；为隶臣妾一岁，免为庶人。隶臣妾盈二岁，为司寇；为司寇（1553）一岁，及司寇二岁，皆免为庶人。其日未备亡，及诸有罪命鬼薪白粲以上，不自出（1557）。

这一规定与《汉书·刑法志》记文帝改制规定刑期文本相对应，当是据文帝改制诏令而修定的律条，也是诏令入律的实例，确证文帝改制确立的刑罚序列是髡钳城旦舂、完城旦舂、鬼薪白粲、隶臣妾、司寇，刑期依次为六年、五年、四年、三年、二年。西北悬泉汉简T0309③出土的以律减罪文书可能表明，宣帝时期髡钳城旦舂已经调整为五岁刑，其时依然执行刑等递减的服刑方式，不过具体规定发生了变化，这种变化应该与刑期调整有关。

《刑法志》"作如司寇"一语是女性司寇的专称，这一称谓最早当出现于文帝改制之时，属于对司寇这一等级刑徒称谓的规范，不过其时依然以"司寇"作为男女司寇的统称。《刑法志》"及作如司寇二岁"的"作如司寇"，可能脱漏了"司寇"的重文号，连上下文原本应作"司寇一岁，及作如司寇、司寇二岁，皆免为庶人"。如学者所说，颜师古注鬼薪白粲刑期文句原属于正文，不过其中的"隶臣"可能本作"隶臣妾"，后来"妾"字讹脱，颜注因而增加"隶妾亦然也"诸字。

《刑法志》、胡家草场汉律均指出两种不得用令的犯罪行为，比照可知，无论相关内容还是规定，律文对诏令都作有较大调整和细化。首先，《刑法志》的两种犯罪行为是刑徒逃亡或再犯罪，主体都是现役犯。胡家草场汉律的两种犯罪行为，前者是刑徒逃亡；后者则是已命的在逃罪犯，主体与前者不同。其次，胡家草场汉律对"不用令"增加了"不自出"的限定，对犯罪者分鬼薪白粲以上、隶臣妾以下两个等级区别对待。"不自出"的限定，说明律文鼓励自首，可在一定程度上视作有从轻倾向。这一倾向，与对"四月丁巳以前之刑城旦舂"不再像《刑法志》那样区分禁锢与否、一并"如完城旦舂岁数以免"，可以合观。

胡家草场汉律表明，中国古代法制史上具有重大意义的文帝刑制改革，以文帝十三年四月丁巳（前167年4月20日）为时间节点而正式开启。史籍将除肉刑法系于五月恐怕有误。《刑法志》"前令之刑城旦舂"指改制令生效之前的肉刑城旦舂，改制后其刑期比照完城旦舂来执行，与髡钳城旦舂无涉。改制令生效后，依旧制当判定为肉刑城旦舂的，则易以髡钳城旦舂。今本《刑法志》可能在"罪人狱已决"之后，讹脱了髡钳城旦舂的刑期。

【清代刑部说帖的撰写及司法权威的生成】

作者李明，华中师范大学历史文化学院副教授。

全文原载《清史研究》2023年第2期。

"说帖"一词的本义之一是指条陈、建议书一类的文书。法律建议书含义上的"说帖"出现于明代中叶后。到了清代，按照道光朝时人的看法，刑部说帖这时至少包括这两类公文，其一是三法司中的大理寺或都察院针对刑部办理的疑难案件展开意见磋商时，刑部所出具的意见说明。由于刑部在三法司中"部权特重"，并且由于皇帝对刑部专业意见的经常性支持，三法司就案件展开的意见交锋渐次减少，这部分的说帖在清代后期数量已大为减少。其二是刑部针对地方递至中央需要覆核的案件需要改或者驳而出具的意见说明。从说帖制作的过程环节来看，说帖是刑部各司针对疑难案件而拟具的办理意见，提供给律例馆覆核参考，对于疑难之案，各本司的说帖是律例馆进一步拟具说帖呈堂定夺的基础，说帖的形成是刑部下属各司经办案件的产物。随着时间的推移，这一公文运转的程序在实践中也逐渐起了变化。至迟到了光绪六年，刑部各司的疑难案件，一概交到了律例馆来处理，省去了以往说帖往还商榷的过程环节。律例馆拟具说帖的职能，愈往后愈见重要，说帖在清代汇抄或刊行时多以"律例馆说帖"命名，并不是因为它悉数出自律例馆之手，而是因为说帖由律例馆抄录，存贮在律例馆，成为律例馆修例时的储备素材。

乾隆四十九年刑部开启了汇辑编纂刑部说帖文献的先河，当时刑部尚书胡季堂将旧案交由律例馆查核编辑，命名为"说帖"，此后，对刑部说帖的整理刊行代有接续。不论是中央的刑部官员，还是地方的各级司法官员，无不重视对刑部说帖的收集、整理、抄纂甚至刊印。刑部说帖的"权威性"，一方面是清代律例体系下"案"的实际价值的凸显；另一方面更为直接的原因是，刑部说帖出自刑部刑名知识与经验丰富的精英之手，他们之中的很多人同时又是官方定期修例立法活动的直接承担人。刑部说帖中的一部分借此纂入律例，其余"存馆备查"的说帖，辨析疑难，仍不失其参考价值。地方各级司法工作者引颈渴慕中央的司法例案材料，希望借此例案的学习揣摩，能够使案件在地方定罪量刑时减少因失出失入而遭到刑部在覆核时的驳斥。说帖出自对地方案件进行审核并定夺意见的刑部官员之手，是刑部之内其他司员和地方司法官员用以揣度案件轻重、辨疑释难、提高刑名素养的第一手素材，这些无疑增加了刑部说帖的价值。说帖不能在叙案判决中，拿到台面上来加以援用，但无疑，说帖是在通行、成案、例这数者之中最原始的有关案件的文本，后三者均可从说帖发展而来。

刑部说帖谨严精致，逻辑论证严密，体现出了较高质量和水准。各级司法工作者之所以重视说帖的价值，乃在于他们在处理新遇案件时，说帖作为打通灵感的桥梁，使他们在着手把案件事实与条文含义进行双向的拉近时，获得恰宜的切入点，这些是刑部说帖在司法实践中虽不能援用但得到广泛应用的内在逻辑。刑部说帖在乾、嘉朝汇辑时多按时间先后编排，至道光朝后，编纂体例发展为按律例次序，以方便检览。刑部说帖文献在汇辑编纂、予以使用的实践中，也注意剪裁或添补关键信息，以及逐渐改进体例，以便利于应用，扩大了说帖文献的受用面，这些也助推了刑部说帖文献"权威性"的生成。

【唐前律典的历史书写与谱系制造】

作者李俊强，湘潭大学法学学部教授。

全文原载《学术月刊》2023年第6期。

李悝制《法经》，商鞅以之相秦，改法为律；萧何以秦《法经》为基础，增事律三篇而成《九章律》；魏晋修律以《九章律》为蓝本，增加篇目成《新律》及《泰始律》。这是唐初所定《唐律疏议》与《晋书·刑法志》对古代律典沿革的大致描述。

而经过系统梳理传世文献并辅之以出土文献，我们发现，文献所揭示的李悝、商鞅与《法经》及萧何与《九章律》之间的关系应该是：其一，李悝在历史上活跃的时间要早于商鞅，其在魏文侯时曾主持魏国变法，主张"尽地力之教"，魏国得以富国强兵。对商鞅的思想养成及政治实践产生影响。其二，商鞅在秦国主持变法，奠定了秦国强大之基，"为秦开帝业"。但他并未修定统一的法典，众多出土的秦简牍也可佐证此；秦律令的内容虽然十分丰富，但尚无法典化。其三，萧何在捃摭秦律令基础上，厘定而成汉律确有其事，但名称不详；《九章律》应非源于公权命名，而是由律学家删削注解"汉律"过程中，约定俗成的学术作品名称，《汉书·艺文志》未收录；其后失传，具体内容不详。其四，《法经》首现于历史书写之中，应是《魏新律序》所引用，反而晚于《九章律》的出现时间。

综合以上推论，该文认为，李悝撰《法经》六篇，商鞅以《法经》相秦，并"改法为律"，至汉萧何捃摭秦法（法经）"作律九章"这一律典传承谱系并不存在。此谱系的制造始于魏晋修律，延续于南北朝的法典化进程，成熟于唐初律典修定与《晋书·刑法志》的编纂。应是刘邵、杜预等律学家与臧荣绪、魏收及唐修《晋书·刑法志》众史官层累制造而来。

西汉末至东汉之世，是很多理念整合融通的时代。政统与治国理念确定后，思想界亟须董理其思想渊源与理论脉络，做到沿革清晰与渊源有自。于是，作伪、制造理论谱系之风开始出现。这也是王充在《论衡》中开列《语增篇》《儒增篇》《艺增篇》，抨击"学术造假"的历史语境。可是，此风在政统的裹挟下，非但没有衰歇，反而愈演愈烈，至魏晋南北朝之时，儒、道、释诸家都热衷制造自己的"道统""释统"。正是在此风气影响下，律学人士与修史之官也着手制造律典谱系。此谱系是有意为之的历史书写，不能以信史待之。

胡宝国曾言：" 历史上很少有突如其来的变化。感觉上的突如其来，大都是因为我们对此前的情形缺乏深入的了解。" 恰可用来解释学界对习以为常的律典谱系的认知。从《商君书》所见商鞅学说及《史记》所载其行事可知，"商鞅变法"之"法"绝非仅指法律，更非《法经》可以涵括。商鞅乃政治家，而非律学家，其变法是重大政治事件，牵涉范围很广，不能化约为简单的法律变革。后人附会，才有"改法为律"之说。这种书写无疑矮化了"商鞅变法"。究其实，对政治家而言，法律固然必不可少，但绝非核心关注点。对商鞅、李斯等法家巨子而言，法律仅是其政治举措的一端而已。律学家们则不同，往往以传授律学为终身志业，此乃其身家性命所系，之所以制造律典谱系，其苦心孤诣旨在突出律典与法制的重要性。

【秦汉法律规范下的家庭秩序】

作者李婧嵘，湖南大学法学院副教授。

全文原载《社会科学战线》2023年第12期。

此文利用简牍资料，考证与还原秦汉法律规制下所呈现的家庭内在秩序，以挖掘秦汉法律构建家庭秩序的内在法律逻辑与法理含义，进而探寻其背后的历史意义与社会价值。文章注重探寻秦汉法律的内在逻辑并从整体社会意义上来理解其规范下的家庭秩序，有利于以法律规制的原有形式开展广泛集中的讨论，并弥补法律史出土简牍资料分散、匮乏的问题。

战国秦孝公时，在经济发展、社会阶层分化的社会背景下，商鞅变法，以家族改革与分户令促进家庭的分解及家庭结构的变化。发展至秦汉时期，父子兄弟同居共财、三世同堂的联合型家庭成为主流的家庭结构，以夫妻为中心的核心家庭也普遍存在。由维护家庭关系的秦汉法律规定来看，秦汉法律重视家庭中的伦常观念和等差秩序，并积极维护子女对尊长的孝亲责任。然而，秦汉时期的生杀予夺之权已为君主及政府所掌握，法律并不容许家庭内任意杀伤行为的发生。

此外，因婚姻具有养育子女、维持家庭存续与社会发展的功能，秦汉法律维护家庭内的一夫一妻制及夫妻关系。在秦汉法律介入的家庭秩序中，妻子地位低于丈夫，丈夫对妻子具有一定的惩治权。婚内通奸行为侵害家庭的婚姻秩序且违背当时的社会伦常与道德，秦汉法律也注重约束夫妻贞操方面的忠诚义务，并以刑罚强力来预防、惩罚奸非行为，借此维护家庭内部的婚姻关系。

由对简牍材料的讨论可见，秦汉致力于建构家庭内的法秩序，并以刑罚强制来保障家庭的伦理道德。文章通过分析秦汉法律维护家庭秩序背后的法律逻辑与考量，寻绎其历史意义与社会价值，主要体现在以下三点。

第一，以法家理念治国的秦及汉初统治者不可能割裂传统伦理、脱离当时的现实情况，他们也需在制定法律时功利务实地考虑传统的家族观念与道德伦理，乃至自觉地运用法律来维护家庭内尊卑有别、上下有序的礼秩序，进而实现其政治理想，并构建稳定的社会治理秩序。

第二，法律是对其所处历史时期内社会政治结构与行政管理模式变迁的客观反映。秦汉王朝借助法律维护家庭的敦睦秩序，正是适应个体家庭成为国家基本构成单位的历史变化和社会需要，法律稳固家庭秩序有利于实现维持国家社会秩序的目的。

第三，因秦汉法律的首要目的在于保护国家安定和社会秩序，法律对于家庭的保护必然有其限度。因此，秦汉法律虽然致力于维护家庭秩序，但若维护家庭秩序反而有损国家秩序，则家庭利益需让位于国家利益。若父权与君权、家庭秩序与国家秩序并行不悖之时，秦汉法律积极维护父权及家庭秩序，若两者出现冲突且不可两全之时，则君权优先于父权，国家秩序重于家庭秩序。

由文章分析来看，秦汉为个体小家庭摆脱宗族成为社会主体单位的定型期，中国传统社会逐渐形成家国同构的内在秩序。与之相应，秦汉法律保障个体家庭的独立与发展，并维护家庭内的孝亲伦理与礼制秩序。这一方面折射了秦汉法律维持家庭秩序与伦理的法律逻辑与意义，另一方面也反映了家庭秩序对维护秦汉国家秩序的社会意义。

【唐律断罪引律令与罪刑法定的实现】

作者李麒，山西大学法学院教授、博士生导师。

全文原载《山西大学学报（哲学社会科学版）》2023年第4期。

唐律"断罪引律令"是依法裁判的表现。依法裁判是实质，引用律文是形式，唐律"断罪引律令"是实质和内容的结合，是罪刑法定的要求。关于引用律文，唐律在律、令、格、式不同法律形式之间的关系和引用顺序方面有具体规则。唐律要求"断罪引律令"，否则应当承担司法责任，是为确保法律得以忠实实施、实现罪刑法定的重要设置。

在中国，罪刑法定被很多人认为是舶来品，是近代的产物。然而早在晋朝的时候，刘颂就指出："又律法断罪，皆当以律令正文，若无正文，依附名例断之，其正文名例所不及，皆勿论。"（《晋书·刑法志》）其思想与近现代罪刑法定相差无几。又如唐律明确规定"断罪皆须具引律、令、格、式正文"，至少从字面上看，与近现代罪刑法定之法律表述相近。唐律确立了"断罪引律令"的原则，要求断罪必须依据法律正条之规定，必须具引律令格式，排斥习惯法作为刑罚罚则的渊源，体现了以成文法作为裁判基本依据的罪刑法定精神。唐律设立了"不应得为"罪，使得在特定情形下，也可能依据习惯法来判案，这一点有损于罪刑法定。唐律"断罪无正条"规定"诸断罪而无正条，其应出罪者，则举重以明轻；其应入罪者，则举轻以明重"，确立了类推制度。其主要目的是防止放纵罪行，但也有一定的出罪功能，且通过严格的适用条件和类比方法来限制司法官滥用比附。唐律原则上禁止法律溯及既往，如《狱官令》就规定"犯罪未发，及已发未断决，逢格改者，若格重，听依犯时格。若格轻，听从轻法"，坚持以行为时的法律为断罪依据；不过，在新法有利于被告人时，可适用新法；但是，决不允许司法官故意地或者过失地通过适用新法或者旧法，使被告人判处更重的刑罚。唐律通过总则与分则结合的方式，明确了各种犯罪的构成要件和法定刑，遵循了罪刑法定之明确性要求。

唐律既从正面要求断罪引律令，又从反面规定违反该要求的司法官员的司法责任，旨在比较有力地维护罪刑法定。唐律规定，犯罪的人，都有适当的法律条文予以适用，如果不完整地引用律条的正文，就会导致背离和错误。因此，凡定罪处刑都须依据律条的正文来进行，都要完整地引用相应的律、令、格、式正文。如违反具引律令要求的，处笞刑三十。如果出现一条律文中包含数个罪事的情况，允许只引用犯罪人所犯之罪的定罪处罚部分，而不需引用该条全部律文。例如，依照《名例律》的规定，两项以上的犯罪同时被发觉的，只以其中最重一项罪论处。对因赃致罪的，屡次犯罪的，累加处罚。如属虽然犯两项以上罪，并不是因赃致罪的，允许审判官员只引用两罪具发的律文定罪处刑，不需要再引用以赃致罪的条款。

唐律断罪引律令的原则，确立了律、令、格、式作为裁判案件的主要依据的地位，明确了制敕、比附只是作为特定情况之下的判案依据，也基本上未提及判例和习俗在判案依据中的地位。《唐律疏议·职制》"事应奏不奏"条疏文说："应奏而不奏者，谓依律、令及式，事应合奏而不奏；或格、令、式无合奏之文及事理不须闻奏者，是'不应奏而奏'。"本条确立了引述法律规范的次序。即司法官员在定罪科刑时，主要遵循"律为先，令式为后""格为先，令式为后""一断于律"的引述原则。律作为基本的刑法规范，具有普遍的效力，所以"一断于律"。令、式本身都不是刑法规范，不规定刑罚内容。在唐律中特别是疏议部分不少地方援引令、式的规定，是为了结合令、式规定的具体内容，来补充、明确律条规定的犯罪构成，阐明律条所针对之行为样式和保护的法益。

对唐律断罪引律令与罪刑法定关系讨论，是在法治现代化的新时代用比较的眼光来审视、重思中国传统法律文化的一种思维方式。这既不是"古来有之"的随意附会，也不是中西差异、传统与现代之分、落后与进步之别的简单的二元对立。它实际上提供了一个我们看待中国传统法律文化的新维度。

【宋代御史监察制度的运行机制与现代借鉴】

作者杨文涵，中南财经政法大学刑事司法学院硕士研究生；余绪鹏，上海应用技术大学马克思主义学院副教授。

全文原载《六盘水师范学院学报》2023年第2期。

中国古代社会，对官员进行有效监督是历代统治者的关注点，合理、高效的监督机制不仅能够促使官员恪尽职守、正确用权，还能加强统治者对官员的控制，强化中央集权。易言之，对官员的监督是中国古代社会运转与政权发展的主线之一。中国古代监察模式形式各异、独具特色，其中宋代的御史监察制度极具代表性，在历史嬗变过程中发挥了承上启下的重要作用。"承上"，表现为在制度设置上沿袭唐制，仍将御史台分为台院、殿院和察院，负责监察六部，发挥着整饬吏治的重要作用；"启下"，体现在宋代统治者结合现实需要着重改革御史的选任与考核制度，形成了制衡机制。

宋代御史监察制度的运行机制主要由六察制度与互察制度组成。其中，宋代御史六察制度在沿袭唐代基本组织架构的基础上对具体内容进行了创新，主要体现在：一方面，优化监察官之间的内部分工，使监察官之间的工作量保持相对均衡，在北宋后期已发展为两人监察一部；另一方面，扩大监察官的监管范围，六察官的监察范围事实上包含了京师所有机构。宋朝还设立了独特的互察制度，赋予其他官员监督御史的权力，通过不同性质权力之间的牵制关系实现对御史的制约，主要包括来自尚书省和中书省的行政监察以及来自御史台长官、台谏官的监察系统内部督查。宋代御史的选任与考核也更为严格，在考核方式上确立定期考核与日常考核两种方式，在考核内容方面将治事、劝课与抚养作为主要标准，同时明确了严格的法定责任，形成了科学的选官制度以扩大人才储备。

"以古为镜，可以知兴替。"在我国监察体制改革进入"深水区"的现况下，宋代御史监察制度的运行机制对有效提高现代监察效率、加强廉政建设，进一步实现权力平衡的应然转向具有重要借鉴意义。目前，我国监察体制主要存在以下三方面问题。第一，职业准入制度不够完善。对监察官政治素养的要求与其职责定位不相匹配，专业知识能力要求不足，缺乏对实践经验的规定。第二，权责范围有待明晰。在职务犯罪的调查过程中，检察机关与监察机关的权力存在交叉重合，并且《监察官法》在法律责任设置方面过于原则化，实际适用存在阻碍。第三，监督制约机制有待健全。虽然《监察官法》原则上要求监察官接受监察系统内部监督以及组织监督、民主监督、舆论监督等外部监督，但由于内部监督的同体监督性质和监察机关办案过程的封闭性与秘密性，实际监督效果可能并不理想。有鉴于此，在深化我国监察制度改革的过程中应当充分吸收宋代御史监察制度运行的宝贵史料，注重取长补短，更好地适应我国现行监察体制的发展需求。具体而言，我国在深化监察体制改革的过程中应当着重关注几点：其一，优化监察官遴选制度，提高监察官准入门槛，将政治能力、专业能力与实践经历作为重要参考，探索由上级监察机关从县、市一级择优晋升的渠道；其二，合理界定监察官的权责范围，检察机关的侦查权是对法律适用、执行和遵守情况的全过程监督，监察机关的调查权则更多体现在提起公诉前专门核实监察对象的违纪行为，二者存在体系互补的关系。监察官本质上属于国家司法工作人员，其失范行为应承担相应的行政责任与刑事责任；其三，要以多元渠道推进监察权的结构性平衡，通过吸纳不同监督主体、采用多元束权方案的方式充分保障同体监督和异体监督的有效性，同时又要保持监察机关的主体独立性与履职独立性，以此实现设权与控权平衡。

【从受财枉法罪立法制度的嬗变看中国法律近代化】

作者张亚飞，山西财经大学法学院副教授；李美霖，山西财经大学法学院硕士研究生。

全文原载《湖北工程学院学报》2023年第5期。

该文选取唐、宋、清三代，以相应时期的律法条文为典型分析中国古代受财枉法罪的立法特征以及罪刑变迁，重点阐述清末、民国时期的近代受财枉法罪立法制度。通过对历朝历代的法典《唐律疏议》《宋刑统》《大清律例》《大清新刑律》、1928年《中华民国刑法》、1935年《中华民国刑法》《官吏犯赃治罪法》等具体法典条文的深入挖掘和剖析，从中国近代受财枉法罪立法角度出发，对惩治官吏受财枉法犯罪历史进行纵向比较研究，从而认识近代惩治官吏职务犯罪在不同历史时期的变化规律，反映中国法律近代化变迁，同时为我国当代刑法中惩治职务犯罪提供参考和借鉴。

"枉"意为不直，违法曲断，可引申为不遵守法律。受财枉法，顾名思义，是官吏收受当事人的财物枉法裁判的行为。以现代刑法理论的视角分析，"受财"是一个独立的犯罪行为，"枉法"是处罚犯罪行为。受财枉法罪的存在反映了社会的矛盾与冲突。历朝历代统治者均曾试图通过法律手段遏制弄权、贪污、受贿等行为，以保持社会正义与稳定从而维护皇权统治。然而，官吏受财枉法这种犯罪行为始终存在，因为其本质上反映了权力和财富分配不均问题，也是阶层差异和社会矛盾的深刻根源。关于受财枉法罪的研究学者大多集中在对某一个朝代或者某个时期贪污罪、受贿罪的分析或者其惩罚措施，针对受财枉法罪的罪刑变迁研究阙如。该文以古代受财枉法罪的罪刑变迁为主线，从受财枉法罪的犯罪缘由出发，立足于立法与司法实践来厘清晚清民国时期受财枉法罪的实况，探析立法和司法的断裂和融合，以史为鉴，更好地维护当今社会秩序、政治稳定，以保障人民群众的合法权利。

在中国历史发展的长河中，赃罪是各朝代法律的一个重要组成部分，与中华法治文明相随，综观唐、宋、清、民国时期，无一不体现了以事实为基础，理法合一，德主刑辅，明刑弼教，以法律为准绳，依律断罪，惟良折狱，奉公去私的执法理念。早在秦汉时期就已经有受财枉法罪相关概念的记载，"枉法"与"受赇"息息相关，而且通常将二者一起使用，即"受赇枉法"等，也是本文中"受财枉法"的固定表述形式，诸多因素均促进了受财枉法罪的形成。首先，受财枉法罪虽说是官僚制度的产物，但与社会生产方式也是密不可分的，它伴随着社会生产方式的改变而不断地被改进、完善。其次，贪污腐败的存在是不可避免的，任何一个中国古代政权都无法彻底杜绝这种现象。随着时间的不断推移，受财枉法的罪名逐渐变得更加具体化。

在中国古代，尤其是在唐朝以及宋朝时期立法和司法实践中，受财枉法罪成为最常见的罪名之一。《唐律疏议》中"枉法"出现 93 次，涉及律文 31 条，《名例》《职制》《户婚》《贼盗》《诈伪》《断狱》《杂律》7 篇中都有记载。针对受财枉法和不枉法，处罚行为有所不同，受财枉法更重一些。首先，官员收受财物枉法裁判，所受财物值绢一尺处杖一百大板，每一匹加刑一等，满十五匹处绞刑。对虽然收受诉讼当事人的财物，但是在处断判罚上并没有为此枉法的情形，所受财物值绢一尺处杖九十大板，每二匹加刑一等，满三十匹处加役流。应该领受国家体给的官职要一一载明在关于"俸禄"的律文中。倘若是法律条文所没有载入的，都是没有俸禄的流外官职，没有俸禄的官员受收他人的财物，按照有俸禄的官员减刑一等，受财枉法的，满二十匹绢值就判处绞刑；受财没有枉法的，满四十匹加役流。所以官员有无俸禄也被考虑在量刑处罚情节中，对于无俸禄的官员处罚更为宽松。

宋朝受财枉法罪在沿袭《唐律疏议》基础上稍有变化，对于利用职务之便谋取私利、监守自盗的官员惩罚更重，对于没有俸禄的官员收受贿赂有枉法、不枉法及事前、事后之分。

《大清律例》对于受财枉法罪的规定按主体进行了分类，有"官吏受财""坐赃致罪""因公擅科敛""在官求索借贷人财物"等。而《钦定大清刑律》对于"斡旋受贿""因公科敛"官员的亲属或利益相关人求索财物变相受贿、索贿这四项没有规定。《大清律例》对于官吏受财枉法罪的定罪量刑精细明确，对受财枉法者、不枉法者和有禄人、无禄人准枉法和准不枉法分别做了详细区分；而《钦定大清刑律》仅以加重处罚简单笼统规定一笔带过。

针对官吏受财枉法罪的处罚，《大清律例》比《钦定大清刑律》设刑更重，前者按照受财贪赃的数额问至死刑，而后者仅仅以科二等或者三等有期徒刑而已，对官吏受财枉法罪的最高刑有死刑和有期徒刑之别。清末修律时期之后，刑法修订是维护司法独立，收回法外职权，而民国时期国内外形势风云变幻，北洋政府在继承清末司法改革遗产基础上不断推进中国法律近代化。

综观古往今来受财枉法罪的立法制度变迁，有进步，亦有反复、倒退，可以看出法律近代化历程的道路是"披荆斩棘"之路。回首中国古代辉煌的法律道路，正是通过先贤们不断地冒险、试错，最终形成具有中国特色的近代中国法律体系。中国近代法律体系建立展现了中国法制从传统到现代的转型，在日新月异的今天，要通古今之变，明中西之异，究当世之法，以情、理、法合一的理念践行良法善治，坚持"四个自信"，在立足本国国情的前提下，既要吸收大陆法系和英美法系的法治精华，更要传承和发展中华法系的内涵，把中国优秀传统法治文化融入中国现代法治。

【唐代"成案"概念史考】

作者陈灵海，上海师范大学哲学与法政学院教授、博士生导师。

全文原载《学术界》2023年第12期。

"成案"一词首见于《唐律·职制律》"稽缓制书官文书"条疏议（651年），又见于韩愈《蓝田县丞厅壁记》（815年）。

宋代至明代的司法领域中，发生过许多关于"拘"还是"不拘"成案的激烈论争。清代则出现了大量作为案例汇编的"成案集"。近年来，随着文献的刊印和研究的深入，上述历史已日益为学界所熟知。但有一个问题仍悬而未决：唐代以前文献中未见"成案"一词，在《唐律疏议》中孤星般地出现1次后，直到160年后的韩愈文章中才再次出现，其后直至唐末五代文献中又渺无踪迹。

这是一个极反常的现象。法学常识告诉我们，法律概念应当是立法时的常用语汇。假如"成案"是唐代的常用词汇，何以如此突兀，从唐初至宋初的300多年中，只在韩愈文章中惊鸿一现呢？此非"文献佚失"可以解释，必然另有原因。学界对此长期未能给出合理解释。唐初颜师古（581—645年）、北宋宋祁（998—1061年）分别注解《汉书》"具狱"一词出现的分歧，为破解上述悬案提供了线索。宋注认为颜注不够准确，"具狱"其实就是"成案"。

根据宋注对颜注的非议，可作以下推测：唐初尚未出现"成案"这一法律概念，《唐律》"稽缓制书官文书"条疏议中的"成案"当为"案成"之误。对此，《唐律》"公事失错自觉举"疏议、"徒流送配稽留"疏议提供了强有力的内证，唐代及以前"案成"的频繁使用则提供了大量外证。"成案"一词的首创者应为韩愈，最早出自《蓝田县丞厅壁记》。北宋前期，该词用法趋于稳定，为宋祁的注解提供了语言环境，而这种环境是颜师古不具备的。上述推测为《唐律》何以出现"成案"一词、宋祁何以非议颜师古注、宋代"成案"何以承续韩愈而非《唐律》的用法等疑难问题提供逻辑贯通的解释。

另，《译注日本律令》六《唐律疏议译注篇》之《职制律》由八重津洋平先生译注，其中"稽缓制书官文书"条疏议中两处"成案"均写作"案成"，与此文的结论不谋而合，惜未见任何引注和说明。

【继承与变革——中华法系在日本近世的发展】

作者陈煜，中国政法大学法律史学研究院副教授。

全文原载《东南大学学报（哲学社会科学版）》2023年第5期。

日本自隋唐开始，就用中国法改造传统日本法，形成了以"大宝律令""养老律令"为代表的法制体系，从而由原先的部民时代进入了律令时代，也因其法制的"唐化"，日本成为中华法系的重要成员之一。但是随着时代的发展，律令制法律体系逐渐式微，自1186年镰仓幕府创设，直到1867年明治维新开始，在长达近700年的时间之内，"武家法"始终是日本法的主流。

日本的近世，一般就是指江户幕府时代，虽然依旧处于武家法统治时代，但是由于江户幕府具有不同于此前镰仓、室町幕府的特色，故而虽然所定法律体系为武家法，但是已经与此前的幕府时代大不相同。江户幕府的治理不同于镰仓室町者在于：首先，在经济上，大力提高幕府经济地位，削弱各藩经济实力；其次，在行政管理上，完善幕府官僚体制，并加强对各藩的监督控制；最后，在思想意识形态上，幕府大力弘扬儒学，以朱子学为正统，并作为幕府的官学。

与行政治理相配合，德川幕府也比较重视法制建设。德川时代的法律制度，除了在幕府法中体现出幕府"中央集权"的某些倾向之外，基本上仍旧是中世武家法的延续。但综合武家法的主要组成部分——幕府法和部分藩法，我们可以看到，德川法制始终存在着对中国法的继承，主要体现在以下三个方面。

第一，在法律思想上，德川幕府各时期的法制，都受到中华法文化的影响，法律条款体现了浓厚的儒家精神色彩。第二，在具体法律措施上，德川法对中华法文化中的大量制度进行了借鉴、模仿。与上述在条款中明列或者体现儒家抽象法律原则不同，这是在具体措施上的制定和推行。这一点，尤其在八代将军吉宗时期，得到显著体现。第三，在法律编纂及系统化水平上，也逐渐吸收中国律例法编纂的精义。将江户幕府代表性法律《公事方御定书》《大明律》的立法过程作一比较，就会发现，两者有极大的类似之处。

至于到幕府末期，因幕府对各藩控制力的减弱，许多强藩大名，更是直接仿照明清律例制定该藩的藩法，如熊本藩的《御刑法草书》、和歌山藩的《国律》、土佐藩的《海南律例》，等等。

但如前所述，德川法制本质上依然是武家法，而不是隋唐化的"中国法"。表现在：第一，就法律体系整体来看，德川法制是不统一的，这和以多元统一为核心特征的隋唐明清的中国法差距较大；第二，从幕府立法的针对性来看，主要致力于对幕藩关系的规定，其中心要义在限制各藩的权力，是幕府"强干弱枝"的原则规定，这和中国法中"一君万民"的立法重心，是完全不一样的；第三，就法律的颁布和运行情形看，幕藩法都是处于秘密状态之中，这和中国法"布之于众"的做法相差甚远。

这套法律体系，和日本其他文明成果一样，具有极为鲜明的个性。然而中华法系的发展，其主流模式就是各国在继承中国法的基础上加以变革。日本近世的德川法制的发展，提供了中华法系发展的一个非常典型的例证。它昭示着只有在继承法律传统的基础上再加以适时变革，法系才能具有生命力。

【民国初年商事裁判的法源位阶考辨】

作者郑显文，上海师范大学哲学与法政学院教授、博士生导师。

全文原载《比较法研究》2023年第6期。

"法律渊源"是一个十分复杂的概念，它随着法律的发展演变而发生变化。日本学者滋贺秀三指出："无论在哪个国家的法制史研究中，关于法源的研究都是必不可少的，甚至可以说法制史研究首先是从法源的论述开始的。"在私法领域，学术界对法源的认识一直存在较大分歧，这说明法源是一个十分复杂的概念，对法源的研究应根据不同法律体系、不同国家的法律传统、不同历史时期的法制状况等各种因素进行综合考察，不能一概而论。商法是世界各国产生最早的法律之一。自从人类社会出现了商品生产和商品交换，就出现了商事法律，但商法作为统一商法法典的出现，最早是1807年的法国商法典。受到商法特殊性的影响，尤其是在商行为、物权、债法等领域，商法与民法存在很大的差异。加之商法受到该国商事习惯、营利本质等众多因素的影响，商事法律的法源呈现出了复杂多样的特征。

清末民初是中国法律发生重大变革的时期，在这一法律转型的过程中，商事法律的移植和制定充当了先锋官的角色。中国近代商事法源的规定始于清末，1908年修订法律馆聘请日本法学家志田钾太郎协助起草了《大清商律草案》，明确规定了商事法律的法源。1912年中华民国成立后，先后仿效大陆法系国家的德国、日本等国的立法例，实行民商分立的私法二元制模式，即在编纂民法典的同时，也着手进行商法典的编纂。北洋政府统治时期，民法典迟迟没有颁行，直到1926年才完成了"民律二草"的拟定工作，商事法律仅颁布了一些普通商事法律和商事特别法，商事法律体系尚未完全建立，立法者对商法的法源也没有明确的规定，各级司法机关在审理民商事案件时经常缺乏明确的法律依据，只能根据契约、商事习惯、判例、法理等任意法源进行裁决，商事法源呈现出了复杂多样的特征。因此，在探讨民国初年的商事法源时，应关注审判机关审断商事案件的裁判依据，认识到商事法律具有开放的、动态的自我更新和完善机制。

通过对民国初年的商事裁判文书进行分析和解读，文章认为民国初年商事裁判的法源顺位如下。第一，根据制定法优先的原则，北洋政府时期颁行的商事特别法和普通商事法律，居于优先的法源顺位。第二，为了体现私法自治的原则，基于双方合意而订立的契约优先于商事习惯，其法源顺位居于商事制定法之后。第三，在民国初年，由于商法体系尚未完全建立，商事习惯是各级审判机关和各地商会商事公断处进行裁判的重要依据，商事习惯居于契约之后，成为民初年商事裁判广泛适用的法源。第四，1912年中华民国成立后，民法典一直没有颁布，清末制定的《大清现行刑律》"民事有效部分"、北洋政府制定的《典当业条例》等是民国初年的民事法律规范，也是民国初年解决商事纠纷的民法法源。第五，大理院是北洋政府时期最高的审判机构，大理院作出的判例和解释例，其法律依据虽源于法理，但与法理又有明显的不同，大理院的判例和解释例经常被各级审判机关援引，已具有司法解释的性质，司法解释也是民国初年商事裁判的法源。第六，在民国初年的法律实践中，各级审判机关审理商事案件时，通常"先依法律所规定，无法律明文者，依习惯法；无习惯法者，则依条理"。民初所谓的"条理"通常是指法理，法理也是民国初年的商事裁判适用最多的法源。

【明代廷杖的表达与实践】

作者赵天宝，西南政法大学行政法学院教授、博士生导师。

全文原载《厦门大学学报（哲学社会科学版）》2023年第5期。

1.明代廷杖的程序表达。明代廷杖的程序可以分为决定程序与施行程序两个阶段。其一，明代廷杖的决定程序。明代廷杖的决定程序系指如何作出廷杖处罚的一套规则。廷杖虽为法外之刑，但形成了一套较为固定的廷杖决定程序：皇帝下令廷杖且口头发出"驾帖"；司礼太监书写"驾帖"并盖好印信；锦衣卫持送"驾帖"至刑科给事中处签批；行刑校尉凭此签批"驾帖"执行廷杖之罚。其二，明代廷杖的施行程序。明代廷杖的施行程序是指明代廷杖如何得到具体贯彻执行的一套规则。明代廷杖执行程序大致如下：司礼太监监刑，文武官员围坐两侧，锦衣校尉维持现场秩序，围观百姓凝目注视，受杖人被几名校尉拖拽至午门前剥裤露臀摁倒在地，两名锦衣校尉轮流按数行杖。

2. 明代廷杖的具体运行。其一，廷杖的适用概况。廷杖自明太祖到明世宗为止，除了建文、永乐、宣德、弘治四位皇帝未实施廷杖外，其他皇帝均不例外。明朝廷杖的具体适用呈现为三个阶段：洪武—天顺时期的萌芽及兴起阶段，成化—嘉靖的盛行及滥用阶段，隆庆—崇祯时期的没落及消亡阶段，其中正德帝和嘉靖帝时期是廷杖适用的高峰期。其二，廷杖的适用主体。所谓廷杖的适用主体，是指具体作出廷杖决定的主体。根据前述廷杖的定义，廷杖的适用主体显然是王朝的最高统治者——皇帝，是廷杖适用主体的常态。廷杖的适用主体还有一种变异的形态，即由权臣或权宦作出。其三，廷杖的适用对象。廷杖的适用对象是指廷杖之罚所指向的客体，就是那些受杖的官员。明代廷杖的适用对象主要是针对处于六、七品的低级官吏，中央部门官员占据绝对多数，且以科道官占比最多。其四，廷杖的适用类型。廷杖的适用类型是指执行廷杖之罚的具体种类。明代廷杖有确定数目的适用种类包含七种：杖一百、杖八十、杖六十、杖五十、杖四十、杖三十、杖二十，而且未确定数目的廷杖适用的案例数量更大。此外，还有一人遭受多次受杖的实例。其五，廷杖的适用理由。所谓廷杖的适用理由，即行为人因犯何错而受杖。可分为如下几类：一是正当性理由。二是争议性理由。三是私利性理由。四是随意性理由。其六，廷杖的适用结果。廷杖的适用结果是指受杖人的杖后去向。具体可分三类：杖死，杖后复职和杖后并罚。其中杖后并罚是廷杖适用结果的常态，包括四种：杖后夺俸、降俸；杖后谪官、谪戍、流放；杖后革职、除名、削籍；杖后下狱。

3. 明代廷杖的双重功能。其一，廷杖的意向功能。所谓意向功能，是指施杖者积极追求的功能。首先是惩罚功能。惩罚功能是廷杖处罚的直接指向，目的是通过对违规犯上施以身体、财产及资格权利的剥夺或限制从而实现被破坏的社会秩序尽快恢复。其次是威慑功能。主要针对旁观者。旁观者比受杖群体人数更多，更能传递最高统治者通过廷杖所要展示的内心欲求，从而确保皇帝的最高权威。再次是教化功能。通过廷杖的公开处罚和残酷执行场景，触动旁观者那根敏感的神经，使官员们不敢违规犯上而民众不敢以身试法的一种被迫守法心理。其二，廷杖的意外功能。所谓廷杖的意外功能，是指出乎施杖者意料之外而释放的功能。首先是激励臣节功能。廷杖的公开性与严酷性同时也激发了一大批士臣不畏被杖、视死如归地接连疏谏。这种激励臣节的功能的产生有如下两个理由：一是社会舆论的同情与褒奖；二是追求生命终极意义的实现。其次是避祸失节功能。廷杖之罚确实展演了摧残臣吏肉体、折辱士人尊严的双重面向，轻则致使言路遭塞、大量治国人才流失；重则导致士林精神堕落，动摇了明朝皇权统治的根基。

总之，廷杖所致的明代社会及政治灾难，于今依然值得为政者深思镜鉴。

【刚性—柔性宪法概念在中国的传播】

作者胡晓进，中国政法大学人文学院教授。

全文原载《中外法学》2023年第4期。

刚性宪法与柔性宪法系学术界通行的一种宪法分类的方式，这一概念由英国学者、政治家詹姆斯·布赖斯在1884年的讲座中提出，并在1901年出版的《历史与法学研究》中进行了详细而系统的阐述。成文宪法与不成文宪法之分的概念困境，是布赖斯提出刚性—柔性宪法概念的理论背景。另一个背景，则是为了从理论上回应托克维尔（Alexis de Tocqueville）的质疑。布赖斯不认同托克维尔关于"英国根本不存在宪法"的提法，为了驳斥和超越托克维尔的"偏见"，为柔性宪法和英国宪法辩护，1870年至1883年，布赖斯三度访问美国，完成《美国平民政治》一书。与布赖斯持同样立场的还有他的好友戴雪，较之于布赖斯的相关著作，戴雪《英宪精义》发挥了更大的传播作用。

刚性—柔性宪法概念随着近代"西学东渐"的浪潮从西方传入中国，进入中国知识界的话语体系。19世纪末20世纪初，中国知识分子阅读和转译的日文版布赖斯著作，成为刚性—柔性宪法传入中国的第一条路径。从20世纪初开始，当时从英美留学归来的青年学者从英文直接阅读和翻译布赖斯的相关著作，成为刚性—柔性宪法概念传入中国的第二条路径。

民国国会制宪前夕，王宠惠印行讨论宪法方案的长文《中华民国宪法刍议》，认为刚性宪法是世界大势所趋。张东荪猛烈批评王宠惠的《宪法刍议》和他所草拟的宪法草案。王、张二人就刚性与柔性宪法概念展开的激烈论争，成为1913年和1916年宪法起草委员会讨论的重要议题，中国未来宪制前途的争论日趋激烈。

随着留学日本、欧美的学者回国执掌法科教席，民国各大法学院逐渐放弃直接使用日文教科书，转而采用中国学者自己编撰的法科讲义。借助法科大学（包括法学院）和法学教科书（讲义）渠道传播，是刚性—柔性宪法概念在民国时期传播的第一种途径，也是传播范围最广、受众群体最多的一种途径。第二种途径是借助宪法学与政治学类专著，在知识分子中间传播。第三种途径是各类期刊上发表的讨论刚性—柔性宪法概念的专题论文。

由于时间久远，当代中国学界并不十分清楚刚性与柔性宪法概念的历史起源及其进入中国的途径，致使当今中文宪法教科书在介绍这一重要宪法概念和分类时，普遍存在着时间与人物错置现象，甚至将刚性—柔性宪法概念与成文宪法和不成文宪法概念相混淆，误以为成文宪法与不成文宪法概念也同样出自布赖斯。为了避免以讹传讹，有必要辨明刚性—柔性宪法的历史起源，厘清其在中国的传播过程和发挥的作用。

近些年，随着日本修改宪法的呼声不断高涨，日本右翼希望突破和平宪法框架，日本学界和政界组织专题讨论，将意大利宪法学家重新梳理布赖斯刚性宪法概念的专著翻译成日文出版，发表运用刚性宪法概念讨论修宪问题的论文。刚性宪法与柔性宪法概念再次引起国际学界重视，显示出持久的生命力与现实意义。综合历史背景与现实关怀，文章希望刚性—柔性宪法概念亦能裨益于中国宪法基本概念研究。

【中国传统死刑观探析】

作者姜晓敏，中国政法大学法学院教授；张文韬，中国政法大学法学院博士研究生。

全文原载《上海政法学院学报（法治论丛）》2023年第6期。

在中国传统死刑的制度、思想乃至更广泛意义上的文化背后，存在着一定的价值观念基础。中国传统死刑观是中国传统法律文化的重要组成部分，可以从四个具有代表性的方面予以把握：法律观、治理观、亲伦观以及自然观。对中国传统死刑观的考察，既有助于推进相关领域的学术研究，又有助于在传统的观照下开展对现实的考察。

就中国传统死刑文化中的法律观而言，首先，明德慎罚是其重要内容，古代中国人很早便提出了"慎刑"的理念方针以规范量刑，避免不当的死刑处分造成无可挽回的后果，出于审慎司法的目的，帝制中国的统治者还建立了一系列死刑配套制度，诸如申诉、复审、直诉、会审、死刑复核等，以示对死刑判决的审慎态度。其次，除了通过司法程序上的特殊设置来彰显对待死刑案件的审慎态度，历代统治者还在国家成文法典中对一些涉及死刑案件的特殊群体予以特别处理，体现了中国传统死刑制度背后深厚的人本主义情怀与儒家思想基础，"矜恤人命"的"恤刑"思想也成为中国传统死刑观的重要内容。复次，"法自君出"可谓中国传统法律的重要特征，彰显了皇权之于传统中国法律秩序的重要意义，死刑的制度与司法运作作为中国传统法律体系中尤为重要的一部分，自然也在整体意义上服从于"法自君出"的特征，体现为皇帝对于死刑最终裁量权与赦免权的掌控。最后，尊卑有别的等级制也影响着包括死刑制度与文化在内的中国传统法律的方方面面，不仅体现在立法上，也体现在法律适用上。

就中国传统死刑文化中的治理观而言，首先，刑罚与教化的关系是中国古代儒家思想的重要命题，公开行刑、"与众弃之"的死刑文化恰恰包含了以刑罚教化一般民众守法向善之意，符合"明刑弼教"的治理观，"象刑"理论也体现了这一点。儒家思想对于中国传统法律与政治秩序的另一重要影响是德治与仁政理念的确立，对"德治"与"仁政"的追求，自然而然地反映在了中国传统刑法文化中，"化死为生"的祥刑思想及其影响下的频繁的大赦活动正是这一理念的体现。对"无讼"的追求是统治者追求"德政仁治"的一种具体面相，这样的追求有利于减少死刑的判决与执行，从而使司法的过程更加严格谨慎。

中国传统亲伦观念对中国传统法律的渗透是全方位、深层次的，自然也影响了作为中国传统法律重要组成部分的死刑制度及观念。其中，具有代表意义的主要有四个方面：亲亲相隐、存留养亲、宽纵复仇与族诛连坐。

中国传统死刑观念始终保存了许多对天人关系、人与自然关系的思考，并且反映在了具体的制度与思想中。中国传统死刑文化中自然观最重要的体现，是传统中国天人感应、顺时而杀的思想观念，尤其明显地体现在死刑执行时间上。执行死刑与大赦活动的仪式也都体现了中国古人对自然与天人关系的思考。

透过中国传统死刑的制度、思想乃至更广泛意义上的文化，我们可以对包括法律观、治理观、亲伦观以及自然观在内的中国传统死刑观念开展切片式的考察，在裨益学界有关中国传统死刑与法律文化研究的同时，也有助于明晰我们的传统，并在传统的观照下考察当下的现实。

【从明刑到隐刑：收所习艺与清季旧律刑罚改革】

作者姜翰，吉林大学法学院讲师。

全文原载《当代法学》2023年第4期。

光绪二十六年（1900），以慈禧太后为首的清廷发布"变法"上谕，以此开启了包括修订法律在内的晚清新政，也开启了中国刑罚的近代化历程。在此过程中，"收所习艺"成为不可忽视的本土资源。"收所习艺"源自光绪二十八年（1902）护理山西巡抚赵尔巽关于流配刑罚的改革方案。他从军、流、徒刑之弊端出发，提出各省通设罪犯习艺所的主张，其核心举措即是收所习艺。赵尔巽的相关构想，实际上是在保留徒、流等刑罚之名的基础上，改变刑罚之实。收所习艺成为徒、流等刑的实际执行方式。

伴随收所习艺的逐渐定型，它成为推动其他刑罚变革的刑罚资源。笞、杖刑变革中，罚金刑以替代者的身份成为新的正刑。在此过程中，收所习艺扮演了罚金替代刑的角色，在制度层面解决了罚金刑无金可罚的执行困境。删除重法中，收所习艺在其中大多也扮演了替代刑的角色，进一步推动了刑罚体系的革新。《大清现行刑律》确立了罚金刑、徒刑、流刑、遣刑、死刑的刑罚体系，除死刑外，均与收所习艺关系密切。收所习艺以替代刑的形式嵌入罚金刑体系之内，通过直接或间接适用，既解决了无金可罚的现实困境，也缓和了对罚金刑适用于部分重犯的批评和指责。徒刑、流刑、遣刑虽然名称各异，但在具体执行方面，均改为工作。放眼《现行刑律》的刑罚体系，无论是作为替代刑还是执行刑，收所习艺基本取代了传统五刑的主体地位，也进一步缩小了不同刑罚等级之间的差距。换言之，《大清现行刑律》建立了以收所习艺为支撑的新五刑体系，标志着自由刑体系的初步成型，在事实上推动了刑罚的近代转型。

收所习艺作为清代刑罚的内生性调整，逐渐由地方的权宜之计发展、完善为全国性的制度设计，并得以普遍推广。收所习艺的制度与实践也成为清季变法修律，尤其是刑罚演变过程中不可忽视的本土资源。这一过程并非一蹴而就，也非完全效法西制，它不过是清代内在动力推动下长期刑罚改革的最终呈现，其背后则是刑罚策略由"明刑"向"隐刑"的转变。"明刑"策略以"标记"为核心，以罪犯的身体作为展示国家刑罚运作与权威的载体，通过刑罚执行的公开化与仪式化，向社会公众展示刑罚的严厉后果，以实现对潜在犯罪者的威慑。"隐刑"策略以"监禁"为核心，监禁过去的服务性、保障性、附加性等性质得以改变，直接成为刑罚的具体样式和内容。伴随监禁成为主要的刑罚方式，一方面，是"明刑"策略下刑罚景观的消失；另一方面，刑罚带来的肉体痛苦也一并成为历史。相较于"明刑"策略试图通过威慑使人不敢犯罪，"隐刑"策略则试图通过教育使人不愿犯罪。因此，收所习艺的侧重点并不在于如何惩治罪犯，而在于如何改善再犯问题。所以罪犯的身体不再成为权力烙印的载体，反而成为罪犯改造的基础和支撑，对身体的折磨和压迫已经不合时宜，而思想教育与职业培训成为刑罚实施的新内容。刑罚策略的转变固然受外部因素的影响和驱动，但同时也反映出清代在应对旧有刑罚失灵时的能动性和主体性。刑罚策略的变迁有其内在驱动力，而非仅仅是对外部压力的应对之举，内在驱动力一定程度上决定了法制变革的深度与广度。

【中国古代"老幼妇残"的刑事法保护及其当代传承】

作者聂友伦，华东师范大学法学院副教授，日本名古屋大学法学研究科外国人研究员。

全文原载《政治与法律》2023年第8期。

党的二十大报告指出，在法治社会的建设中，必须弘扬社会主义法治精神，传承中华优秀传统法律文化。中华法系汇聚了许多优秀的法律思想与理念，其中对老幼妇残的刑事法保护贯穿中国古代，是中华法系最具特色的规范安排之一。为更好传承以保护老幼妇残为代表的中华优秀传统法律文化，该文对相关传统律令怎样展开、蕴含何种制度原则、当代法制的传承情况以及未来又该如何赓续等问题进行了初步探讨。

古代刑律对老幼妇残的保护规定包括刑

罚免除、刑罚减轻、刑罚易科、刑事处遇优待及其他特殊保护等内容。首先，刑罚免除的雏形为周朝的"三赦之法"。春秋战国时期相应制度逐渐完善，该时期的"悼耄免刑"规则基本为后世所沿袭并在朝代流变中不断成熟。其次，为贯彻"恤刑"精神，刑罚减轻及易科对不符合免刑条件的老幼妇残做出了较其他犯罪者更宽缓的处置。如《宋刑统》中专门规定了对老幼妇残使用"折杖法"的减轻办法，以解决刑罚折杖后对弱者仍然过重的问题。在刑罚易科方面，以罚代刑的收赎由于惩罚力度不大，成为老幼妇残免除实刑的重要途径。再次，在刑事程序中古代刑律规定了适用于老幼妇残的宽和措施，如免予逮捕、不用戒具等，体现了对老幼妇残的刑事处遇优待。最后，古代刑律还通过加重侵害老幼妇残的犯罪者责任及存留养亲制度完善对老幼妇残的特殊保护。

由于中国古代悯老恤幼、怜妇矜残的观念以价值观的形式嵌入了伦理道德，统治者在建章立制时必须将保护老幼妇残纳入考虑。这些具体考虑在实际运用中逐渐形成了贯穿立法、司法、执法全过程的基本原则，主要包括恤刑慎杀原则、从宽处理原则与特殊保护原则。首先，恤刑慎杀原则的观念基础是保护老弱的社会共识和天人感应说对统治者的心理强制，对老幼妇残的刑罚减免和处遇优待即为其直接体现。其次，作为恤刑慎杀自然延伸的从宽处理原则，早在《唐律疏议·名例》中便有适用该原则的理由阐述，其对象为那些在实体上必须施以刑事制裁、然而因其人身性质更适宜作较为宽缓之处置者。最后，特殊保护原则是对被追诉人之外的刑事案件被害人、证人乃至第三人等的老幼妇残的保护，在汉武帝全面采取"德主刑辅"的治国方略后，对老幼妇残的特别保护更是获得了基本原则的地位。但囿于封建专制的时代背景，上述原则最终需为稳固统治让步。

我国法制围绕上述原则构建了保护老幼妇残的系列制度，成为刑事法治中的突出亮点。首先，通过多种措施完善了实体机制和法律程序中对老幼妇残的保护，前者如减免刑事责任，后者如法律援助与强制辩护制度。其次，对受犯罪影响的老幼妇残人群规定了大量特殊保护措施，这与传统刑律奉行的特殊保护原则相通。尽管我国法制在保护老幼病残方面取得了显著进步，但社会条件的变化要求相关的刑事法规定应进一步改进。未来可通过扩张刑事责任减轻的适用对象范围、明确对不宜长期羁押者的处置办法、严格规制侵害老幼妇残的犯罪行为等举措，完善老幼妇残保护的刑事法体系，为该群体提供更加全面、具体、有效的法律保障。

【为中华法系"诸法合体"正名——基于对清代《户部则例》的考察】

作者栗铭徽，北京化工大学马克思主义学院副教授。

全文原载《河南财经政法大学学报》2023年第6期。

相比于"礼法结合""家庭本位""综合治理"之类的评语，"诸法合体"在被列为中华法系或中国古代律典一个主要特征的同时，也面临着一个较为尴尬的局面，即它长期以来是被当作一种消极的评价，被视为古代法"落后性"的表现，是中华法系的"缺点"而非亮点。这种简单地以西方现代法学概念为本位审视中国传统法律、在缺乏论证的情况下对后者的某方面特征做出的贬责性解读，未必能够符合传统中国法律生活的真实状态，也会助长人们对中国传统法制文明的误解与疏离。

以往研究在讨论中华法系"诸法合体"

问题的时候，仅将以刑事法为主体内容的"律典"，如《唐律疏议》《大清律例》，作为考察对象。在这种情况下，即使大家能在律典"诸法合体"与否的问题上达成共识，也还需要对其他代表性法律形式进行研究，毕竟律典并非中华法系的全部。另外，律典内容规定虽然广泛涉及政府与社会事务的诸多方面，也包含一定数量的行政类、民事类、诉讼类、经济类的法规，但主要由禁止性规范构成，即主要用刑事手段调整社会关系，这又加深了人们对中华法系的"诸法合体"就是"以刑为主"乃至"严刑重罚"的刻板印象。

清代法制是中国传统法制的完备形态。清代各门类法律中，由户部衙门负责编纂的《户部则例》以部头最大、修订最频繁、内容最丰富、涉及法律门类最多而对国家法制建设的影响最为突出。在体现清代国家与社会的综合治理、展示中国古代法"诸法合体"特征的形成背景与运行机制、消解人们对中华法系"刑法独大"的印象、更好地彰显中华法系的综合性与系统性等方面，《户部则例》可以弥补律典的局限与不足。通过对《户部则例》的观察与分析，可以在一定程度上纠正乃至破除人们对中华法系"诸法合体"特征的误解与偏见，进而可以对传统中国法律作出更为恰如其分的公正评价。

《户部则例》以行政类、经济类法规为主体，民事类、刑事类、军事类法规混杂其间，具有"诸法合体"的特征。其成因除了古今"法律部门"划分依据的不同，还包括乾隆初年法律编纂制度的变化，以及清代"权力集中""综合治理"的政体特点。不过，虽然存在不同法律冲突抵牾的个案，但从整体上看，"诸法合体"的《户部则例》与清代其他法律部门的面貌、功能显然不同，它们可以做到各司其职、明确分工、默契配合、有效衔接，彼此间形成了有机联系的统一整体。那些由"诸法合体"导致的看似交错重叠的条文，经过当时人们的加工取舍，不仅有其合理的用途，还在某些方面发挥着积极的作用。从某种意义上讲，"诸法合体"是一种蕴含着巧妙构思的专门设置，它没有破坏，而是增进、完善了包括《户部则例》在内的清代不同法律部门功能的发挥及其彼此间的分工与契合。中国古代法"诸法合体"这一特征具有自身的合理性，不能以其缺乏现代性而简单否定。

【分司之后：宋代州级法官责任分等制度流变探析】

作者贾文龙，河北大学宋史研究中心研究员。

全文原载《河北大学学报（哲学社会科学版）》2023年第6期。

唐代形成了中国古代法官责任追究制度的典型形态，四等官（主典、判官、通判、长官）制度是中华法系中法官责任制度的代表，其主要内容是以最先提供错判意见的司法人员为首罪，错判人员的上级为第二从，其他及下级以次每等递减刑罚一等。童光政《唐宋"四等官"审判制度初探》(《法学研究》2001年第1期)以唐代为重点对"四等官"审判制度进行了深入研究。

宋代法官责任追究制度继承了唐代的四等官制度，并将法吏纳入四等官责任与处罚体系，将失入死罪作为法官责任的重点追究部分，并细化为已决罪犯3名、2名、1名和未决四种情况。

宋代在州级审判中实行鞫、谳、判分司制度，使四等官责任制度中又蕴含了审讯、检法、判决的权力制衡因素，也使四等官的内涵发生重大变化：宋代"主典"内涵虚泛化，"判官"既包括鞫司，也包括谳司，这是分司化的表现。"通判"则名实分离,"长吏"的内涵扩大化,幕职官执行拟判之实,通判官沿袭"通判"之名,与知州同为州级长官。

宋代州级分司机构中的责任划分中,"鞫司"(亦称"推司""狱司")中的司理参军因负责刑事审问,常成为被追究法律责任的主体;录事参军多负责民事审判,则很少被追究司法责任。司法参军为"谳司",掌"议法断刑",其职责有章可循,很少有因检法不当而被追究司法责任。宋朝州级幕职官可以称为"判司",负责草拟初步判决意见以供长官定断,很少独立承担拟判不当的责任。宋代州级司法中依次追究审讯、检法、拟判和判决等环节的司法责任,宋代州级法官责任追究制度从唐代等级制演变为环节等级制。

唐代四等官制度是各类职官通用的行政问责模式,问责路径依照行政流程而呈现自下而上的模式。宋代州级法官责任制度遵循从属官开始,后至长吏的自下而上的认定顺序,依照审讯、检法、拟判和判决的环节顺序而展开。泉州录事参军张寻失吴诰死罪案、王蒙正故入林宗言死罪案、楚州官吏坐失入徒配卖私盐凡五十六人案、知泉州富直柔误杀流罪囚案说明宋代州级司法问责路径依照鞫司、谳司、判司与长吏的顺序,这是按照司法权力的内在运行规律而形成的自前而后的问责模式。

与唐代法官责任制度相比较,宋代州级法官责任制度将分等制与分司制结合起来,其运行模式的科学与完善程度呈现相当大的历史进步,使中华法系中"司法隶属于行政"的主流法官责任追究模式出现了重大变化。明、清王朝取消了鞫谳分司制度,"同僚犯公罪"罪名又重新回到唐代自下而上的追究模式,将四等官分为吏典、首领官、佐贰官和长官,明确以吏为首承担法律责任,自吏向上逐级追究法律责任,但对法吏的惩处趋势渐重而对法官的惩处趋势渐轻。

在中国法律史的视野中,比较宋代与唐、明、清时期的四等官制度,可以说后世都是沿袭了唐代分等制的法治精神,但宋代州级法官责任制度将分司式与分等制相结合,创造了更为完善与科学的样式与形态,宋代因而成为中国古代法官责任追究制度的历史高峰。

【礼法断层在近代的发生学——兼论礼与法的接轨】

作者顾涛,清华大学历史系教授、博士生导师。

全文原载《史学月刊》2023年第6期。

传统的"礼"与现代的"法"之间,横亘着一道深壑。有必要回到礼法断裂的历史现场,有必要勘查礼与法的断裂在近代思想界是如何造成的,两者间的断层究竟有多深。

晚清修订新律引发的礼法之争,酿成了礼与法之间不可弥合的坎。法理派拿"道德—法律"这一界说范畴,将传统的"礼"与"法"强硬切割开来,这一思维方式当然来自欧美的政治类型学,礼教派与法理派的冲突本质上是一种中西法律观念间的分歧。此后,又经过五四反礼教思潮前后二十余年的剧烈震荡,传统的"礼"与现代的"法"之间出现一道鸿沟。

严复在1902年至1913年所译孟德斯鸠《法意》,提供了从观念史角度审视此问题的一个典型标本,借此可进一步寻找隐秘在礼法断裂背后的爆破点,即造成断层的动力来源。清末礼法之争中暴露出来的中西方法律传统间的冲突,在严复翻译《法意》的心路历程中得到了纤悉必具的展现。这一张力使严复"旬月踟蹰",在孟德斯鸠"礼学四分"(宗教、法典、仪文、习俗)的类型学框架基础上,严复接受了孟氏将"礼"的精义与"俗"相合,将"法"的界定与"制"相应的深层思路,最终将"礼"从"法"的概念中割裂出去,形成"法制""礼俗"两分的理论框架,由此构成礼法断层的理论来源。

进一步追溯思想根源,在严复翻译《法意》之前,黜"礼"隆"法"的观念已有过相当长一段时间的积淀与发酵。东亚礼教批判的开闸者,当数"明治维新之父"——福泽谕吉。福泽《文明论概略》(1875年)中的礼教批判,采用明显的扬此抑彼式推论思路,彰显出心性道德论的一面,刻意贬抑了制度典章的一面,其主观目的是要为西方的政治学说腾出空间,以输入"洋学"为现代化的唯一路径。福泽谕吉在日本所掀起的激烈的礼教批判浪潮,对晚清至五四时期的中国思想界产生了深层次的诱发、解锁和冲击效应,黄遵宪、梁启超、章太炎、吴虞、鲁迅等无不受其影响。

五四之后,黜"礼"隆"法"的学术生态逐渐形成一种趋势,在西方中心主义多角度、多层次的辐射与影响下,礼法之间的鸿沟益趋宽深。魏特夫(Karl A. Wittfogel)的"东方专制主义"和列文森(Joseph R. Levenson)的"将儒学送进博物馆"是其中具有代表性的观点,在核心逻辑上他们无不是将制度层面的"礼",视作西方移植过来的"法"的绊脚石,其背后挥之不去的实际上正是那张若隐若现的"福泽罗网"。

要改变这一学术生态,首要的一步就是要在现代法学的学理框架中重审"礼"的传统,将这个混合体中具有现代性的资源掘发出来,并给予法理学意义上的合理解释,也就是寻找到传统与现代学术体系对应和连接的口,可称之为礼法接轨。就此学术界也有过一些可贵的探索,早在1919年,胡适就提出礼的作用相当于"家庭、社会、国家的组织法",也就是宪法。胡适之后,说礼相当于自然法者有之,说礼对等于习惯法者有之,说礼类似于民法者有之,近来又有张千帆、马小红等再度试图将礼与宪法接榫。各家方案普遍呈现出因学理铺垫不足而榫口对不准的问题。要想突破这一困境,唯一的路便是直面礼治本身。解析与开发的路径固然可以分学科、分层次、分类别,但是研究者必须对这个杂糅的混合体有足够的体认,把握住礼治的整体性和内在活力,从而在研究中融入一种突破学科局限的努力。

【中国传统土地法律文化中的思想意蕴】

作者柴荣,北京师范大学法学院教授、博士生导师;陈泽,北京师范大学法学院博士研究生。

全文原载《上海政法学院学报(法治论丛)》2023年第6期。

中国古代社会是建立在以农业为核心的自然经济基础之上的,土地法律文化也就成了国家法律制度和思想层面关注的重要问题。土地分配的公平,土地资源的开发和保护以及土地诉讼中的"恤孤扶弱"都直接与农业的发展、农民的土地权益保障和农村的稳定繁荣密切相关。中国古人在长时间的农业耕作活动中,积累了丰富的经验,形成了大量宝贵的法律思想和规范体系,并由此构成了中国优秀的传统土地法律文化。其中,"限田均地"中的土地公平思想、"敬天重农"中的土地保护思想以及土地诉讼中的"恤孤扶弱"思想,都从不同的层面关注到了土地利用和诉讼中的公平、持续性和恤孤扶弱等重要问题,有效地推动了传统社会农业的发展,维护了国家和社会的稳定。

"限田均地"中的土地公平思想作为中国传统社会倡导的共同理想,其自身在发展的过程中超越了单纯制度规范层面的意义,不断与政治、文化相结合,扩大自身的价值。历朝历代的思想家和政治家也都在井田制、均田制和限田制的实践中努力尝试,试图通过"限田均地"的思想指导和制度构建来实现土地公平。从生态哲学的角度来看土地在农业生产中的重要地位,应该将土地作为扩大后的道德共同体中的一员,深刻把握农业与自然环境的紧密联系。而这种联系与地位,自然而然地体现为先民在夜以继日的耕作中总结的"重农敬天"中的土地保护思想。这种思想又在国家治理和生产生活的实践中凝聚为社会通识,并指导了中国传统社会的土地法律建设和实践。此外,在中国传统社会中,存在于血缘继承和市场流通之下的土地往往会成为诉讼的重要标的,随之而来的土地权益的维护也就成为土地诉讼最核心的目标。其中,如何保护处于弱势地位的孤幼权益就成了古代法律制度关注的重要问题。在儒家"德主刑辅,以礼率刑"法律思想的指导下,中国传统社会产生了"恤孤扶弱"的土地诉讼思想,通过定罪量刑和刑罚执行以及国家、亲邻监护等层面的特殊照顾,实现礼与法的现实衔接。

通过法律文化的视角来分析这些宝贵的本土思想资源,可以让我们更好地认识到当代中国土地法律制度的历史逻辑和文化根基。习近平总书记曾多次指出土地在乡村振兴和农业农村现代化进程中的重要地位,并且在继承传统土地法律文化的基础之上,创造性地形成了关于农村土地问题的重要论述。这些重要论述对于公平和土地资源保护的强调与"限田均地""重农敬天""恤孤扶弱"等中国传统土地法律文化中的思想意蕴高度契合。因此,只有充分认识中国传统土地法律文化及其中的思想意蕴,将不同时期、不同人物的思想片段贯穿起来,把握其中的发展逻辑,形成完整清晰的理论框架,才能正确揭示中国传统土地法律文化中的整体思想结构与体系演进规律,从而为新时代的土地法治建设贡献宝贵的历史经验。

【清代都察院监察的常规与非常规:弹劾制度的程序、实践与权力关系】

作者黄心瑜,北京大学国际法学院博士后。

全文原载《青海社会科学》2023年第1期。

清代都察院的弹劾制度一直以来都被视为皇帝监察官僚的重要手段之一。监察制度在我国拥有悠久的历史。从战国两汉起,监察官和监察机构的记载就见于史料。唐宋年间,帝制中国的监察制度基本定型,后世延续的分道巡察和台谏分立肇始于此时期。明代,监察机构的权力达到顶峰,御史代天子巡方,拥有"大事立奏,小事立裁"的权力。清初都察院承明制,此后逐步进行改革,包括取消巡按、科道合一,以及对"风闻奏事"的限制等。这些改革之后,清代都察院监察官的活动范围和权力锐减。他们要以数十人的规模,通过弹劾制度,维持对帝国上下两万官员的监察任务。面对此项几乎不可能完成的任务,清代都察院的弹劾制度在实践中形成了何种面相?

该文首先列举乾隆四十七年震动朝野的国泰、于易简贪污勒派案。此案属于高度政治化的一类案件,充分展现了清代都察院弹劾案件的复杂面相。在弹劾一般程序的提出、调查、议处三个环节当中,皇帝、监察官和其他官员在此程序之中,暗自角力,以达成各自的政治目标。受制于不同政治压力、皇帝、监察官和其他相关官员的行动、策略，以及行动者之间复杂的权力关系共同塑造了都察院弹劾制度的实践面貌。此案展现了弹劾程序如何被政治化，并被利用以达成特定的政治目的，反映了皇权在弹劾过程中的直接介入和对结果的控制。

与国泰、于易简案相对，同样在提出、调查、议处的都察院弹劾一般程序当中，来自乾隆嘉庆朝的 602 个弹劾案展现的是完全不同的实践面相。在提出环节，都察院监察官自由裁量权看似非常大，但在实践中偏好"安全"的弹劾理由。调查环节不适用于所有案件，只有在皇帝命令开启调查才能发生。议处环节通常由吏部、兵部或者都察院执行，只议定受弹劾官员的处分，罪与非罪在议处之前就已决定。只有极为重大或者特殊的案件，才会由皇帝任命特别的机构或者大臣承担。在绝大部分的常规弹劾案中，皇帝扮演了"橡皮图章"的角色，弹劾程序由官僚主导，既有规范、官僚惯性和固定程序是舞台的主角。

因此，该文认为，实践中清代都察院的弹劾案可以被分为常规和非常规两种类型：常规案件中监察官指控的罪名较轻，议处官员依例行事，监察机制起到例行纠错的作用；而在非常规案件当中，政治因素和皇帝的个人意志决定案件的走向，监察机制展示威慑的功能。实践中两种类型案件的共存，正是清代皇帝的专制权力和官僚的"隐权力"之间处于紧张的平衡关系的体现。拥有至高无上专制权力的皇帝，无力亲自干预所有案件，只能"抓大放小"，主导小部分非常规案件的查办。而在大部分常规的案件当中，监察官和相关部门的官员作为职业官僚，依仗于专业信息、既定规范和程序，通过"隐权力"使得弹劾案件达到预定结果。

皇帝和官僚之间的权力关系表现为一种紧张和复杂的互动。皇帝通过法律和制度框架形塑弹劾流程，同时官僚系统在实际操作中也试图利用自身的信息和资源优势来影响弹劾的方向和结果。该文通过对清代都察院弹劾制度的深入分析，揭示了政治与法律制度如何在历史上交织影响，以及这些互动如何塑造了中国封建时期政府的监督和控制机制。

【爵刑之间：秦及汉初的二十等爵与刑罚特权】

作者黄海，中国社会科学院法学研究所助理研究员。

全文原载《浙江大学学报（人文社会科学版）》2023 年第 8 期。

"爵赏"与"刑罚"是中国古代国家治理之中非常重要的两种手段，二者在日常治理的过程之中有所交集，并有具体规定对此进行规范，该文的研究主题便是探讨秦汉时期爵赏系统与刑罚系统之间的此种规范，即与爵位相关的刑罚规定。秦汉时期的爵赏系统为二十等爵制，二十等爵中的爵位可以通过战功获得，拥有爵位者可以在社会生活中享受各方面的特权，而刑罚优待正是其中之一。该文对秦汉时期的此类规定进行具体研究，并对其缘起进行讨论。

秦汉时期与爵相关的刑罚规定主要有"爵减"、"爵免"、"爵赎"与"夺爵"四类。"爵减""爵免""爵赎"主要是对有爵位之人在刑罚上予以优待的规定，"夺爵"则作为刑罚或处罚使用。在四类规定中，"爵赎"在之前的研究中多被解为"以爵赎罪"，或笼统地一笔带过，并未对其做出更加明确的解释。该文通过分析，提出了"爵赎"当是"因为爵位而得以用赎刑替代本刑"这一崭新观点。

受到《汉旧仪》"秦制二十爵，男子赐爵一级以上，有罪以减"这一记载的影响，历代学者基本认为在秦汉时期，刑罚的产生必然造成爵位的降低或消失。上述四类规定的适用也的确均会造成爵位的变动。但是值得注意的是，秦汉时期刑罚的产生并不绝对意味着爵位的降低或消失。例外情况仍然是存在的，这与传统印象有所不同。通过岳麓秦简五中的"解爵除赀赎"令可知，当事人在被处以赀赎之刑的情况下，其爵位仍然可能不发生变动。

秦汉时期与爵相关之刑罚规定的制度基础是二十等爵制，而二十等爵制是伴随着集权体制的形成出现的。二十等爵制脱胎自春秋战国时期出现的"以功授爵"之制，这种制度的出现与宗法制向集权制过渡过程中的军队体制转变具有密切的关系。战国时期，随着集权体制的成型，旧有的贵族私人武装趋于瓦解，各国统治者逐渐将军队完全收归中央管辖，并以爵位奖励有功，以提高军队战斗力。二十等爵制正是秦人在这一社会背景下使用的制度，这一制度极大地提高了秦国军队的战斗积极性，并帮助秦人最终一统天下。

【清代法典编纂理念之沿革——以刑典为中心的考察】

作者黄雄义，武汉大学马克思主义学院讲师。

全文原载《法学评论》2023年第3期。

中华民族历来有着浓厚的尚典传统和丰富的编典实践，是为"必有一代之典，以成四海之治"。清廷在法典编纂上有着不绌于前世的执着与热忱，尤其是其刑典，远绍唐律，近承明律，创律例合编之体例，清末之修又兼融西法而开启中华法制近代化之路。终清一朝，刑典经历了多次大型编纂，每一次编纂，对先圣前作多有传袭，在体例内容上又有新的变化。这般"变"与"不变"，须归因于法典背后繁复的理念更迭。

顺治律：效法明律以应急。顺治律作为清朝第一部完整的成文法典，从一开始就切实贯彻了"效法明律以应急"之意，是清廷统治者为了应对开国之初稳固统治的迫切之需而无奈仿照明律制定的一部专制刑典。面对王朝更迭之际的重重乱象，顺治帝与多尔衮在编纂刑典过程中多次申明"效法明律"的理念，是如《御制〈大清律〉原序》所述："详译明律，参以国制，增损剂量，期于平允。"顺治律的体例结构、律文内容，相较于大明律仅删除、移动、微调、增加了个别条款，实乃大明律之翻版。

康熙则例：因时制宜以求治。伴随国初乱象的渐趋消散以及政权的日益稳固，刑典的编纂理念亦发生明显变化。康熙年间的《刑部现行则例》更注重法的适应性，一以贯之的是"因时制宜以求治"。这一理念从康熙帝发布的圣谕即可充分得见。比如，"故律例繁简，因时制宜""间有损益，亦皆因时制宜，期臻尽善""务使物阜民安，政成化洽，以庶几于古帝王协和风动之治"。《刑部现行则例》的体例、内容以及修订模式，亦都呈现出鲜明的"因时"特色，为后来的律例合编奠定了基础。

雍正律：析异删繁以画一。素以勤政著称的雍正帝临御之后，"绍守丕图，深怀继述"，毅然决定继续康熙年间悬而未果的修律工程。雍正律的核心编纂理念可归结为"析异删繁以画一"，实质上是对顺治律和康熙则例的系统全面梳理，聚焦解决律例彼此抵牾和文字表达繁冗的问题，希冀通过内容统一化和形式简约化的双重升华，实现刑典整体"画一"的核心目的。在此基础上编纂而成的雍正律，在整体一致性、内容精确性、表达简洁性等方面取得了显著进步，诸多条例堪称"立法之善"。

乾隆律：随时酌中以尽善。自号"十全老人"的乾隆帝着实为完美主义者。对于《大清律例》之编纂，乾隆帝秉持追求极致完美的精神，希望从根本上革除既有刑典的大小弊病，通过适时修纂让律例总是处于一种"宽严得中"的状态，从而达到"至公至当"的"尽善"境界。综观乾隆律，无论是结构抑或内容，较之前人之作，确实更为周详齐备，可谓有清一代最为完善、最具代表性的刑典。"高宗运际昌明，一代法制，多所裁定"，此言不虚。

宣统律：兼采中西以图变。乾隆之后的百余年，刑典处于高度稳定的状态，"未遑改作"。迨至清末，内忧外患，清廷无奈之下遂思变法。相较于之前多部刑典，宣统律的编纂不仅需要考虑律例本身的各式漏洞，还需要考虑来自国门之外的诸多因素。故此，修律必须"兼采中西"，在时代变革中寻求延续统治的良策，妥善处理好"变法"与"袭旧"的关系。循此编纂理念而成的宣统律，彰显出鲜明的时代风格，是中国刑法近代化的里程碑之作。

【清律"财产犯罪"体系的比较法阐释】

作者谢晶，中国政法大学法学院副教授。

全文原载《学术月刊》2023年第10期。

财产犯罪既是现代刑法、刑法学中的重要类罪，也是一类古老的犯罪，即使在尚不存在"财产犯罪"概念的时代，也可能觅得其"雏形"或相关犯罪。我国传统时代向无"财产犯罪"概念，"盗律""六赃"都并非现代意义的"财产犯罪"，然而传统律典之中并不乏可被视为"财产犯罪"的诸种律条。它们分列于盗律以及盗律之外的其他篇章，并事实上也形成了某种程度的"体系"。

古今中西法律之间的差异不啻霄壤。但就"财产犯罪"，古今中西之间异中有同、同中有异。重视"异"忽略"同"、关注"同"无视"异"，都难以发掘出各比较对象的特质及得失。目前学界对中国传统"财产犯罪"的研究就存在这样的问题，未能做到古今中西之间的有效勾连、贯通与比较。该文在古今中西贯通比较之下，以多元、平等的目光看待相关法律，避免简单套用，揭示以《大清律例》为代表的我国传统律典独特的"财产犯罪"体系及其立法技术和价值取向，研究结论如下。

清代财产犯罪体系是没有"财产犯罪"的"财产犯罪"体系。以《大清律例》为代表的我国传统时代律典并无现代意义上的"财产犯罪"概念及其相应的罪章。但借助比较法的视野对其进行再度观察，便会看到其中存在可被归类于"财产犯罪"的诸多律条，亦即涉及侵犯财产的条文，它们通过"暗线"的方式在事实上勾连起了"财产犯罪"的"体系"。这一体系的核心律条是窃盗律。该律详细规定赃数和对应的罚则，其他律条便以此"犯罪与刑罚的阶梯"为标准，通过参照或参照之后加减等，排列各自的"阶梯"。

此外，所谓"以"或"准"窃盗论的律文规范的不是窃盗行为本身，但由于情相同或迹相涉，便将窃盗律的罚则"阶梯"作为各律罚则的基准加减适用，由此形成各律自己的罚则"阶梯"。"以"、"准"字例的主要作用是"解决烦琐地另定罚则的立法弊病"、维系清律"财产犯罪"体系的"暗线"。这些律条规定的行为并非盗行为，故未列盗律之中，但它们都与侵犯他人财产相关，于是将它们用"以"或"准"的"暗线"联系、沟通起来。也正是由于这些律条都与侵犯他人的财产相关，又有"暗线"相连，于是形成了一种事实上的"财产犯罪"体系。

这一"体系"在"以""准"字例勾连的"横向暗线"之外，还用"六赃"的"纵线"搭建起更丰富的层次。"六赃"虽与"赃"有关，但并非都是主动侵犯他人财产，其中属于"财产犯罪"体系的是监守盗、常人盗、窃盗、坐赃四者。"以"、"准"的"横向暗线"与"六赃"的"纵线"交错形成了层次丰富的清律"财产犯罪"体系。

现代的财产犯罪体系，乃是一"去体系"之体系。西方历史上的各财产犯罪，在现代刑法法益观念的影响之下，被"简化为平行侵犯单一利益"的一类犯罪，从而发生了模糊各罪界限、财产犯罪"去体系"的现象，并影响及于我国现行《刑法》。但《刑法》最新的司法解释又试图区分各罪，但区别之时未充分顾及各罪之间的平衡与协调，忽略了体系解释，在规则逻辑与价值取向两个层次均出现混乱。

《大清律例》未将各"财产犯罪"置于同章，却通过立法技术实现了"财产犯罪"各律之间的协调，这一立法技术即该文详论之"以"、"准"字例以及《六赃图》。横向上，先用"以"、"准"的方式，把各律因所涉财产而勾连起来，接着借助加减等的手段，充分权衡"财产"之外的其他值得立法考量的价值取向；纵向上，《六赃图》中相关的"四赃"阶梯亦是对"财产"之外的其他价值取向的权量。在这一纵横交错的体系下，以窃盗律为中心，各律"统而有分，分而不乱"，既可观照位于不同篇章之中与侵犯财产相涉的各律，实现"财产"之间的协调，又能平衡财产之外的其他价值取向，从而构筑起事实上层次丰富且均衡的"财产犯罪"体系，避免了单纯依靠解释而容易忽略体系解释的问题。

【去官不原：中国传统法律行政终身问责制的宋代表达】

作者潘萍，河海大学法学院副教授，南京师范大学博士后。

全文原载《江海学刊》2023年第1期。

为了保障政务活动的顺利开展，中国传统社会赋予官员在职务履行过程中享有一定的豁免权，较为典型的是形成了公罪流以下的犯罪在去官时可以免除行政责任和刑事责任。但是，在"明主治吏不治民"思想的指导下，传统中国极为重视对官吏履职行为的监督和追责。综观历朝律书，均是以官吏渎职罪为核心内容。尤其是随着国家治理能力的提升和专制主义中央集权的加强，对于部分公务犯罪行为，官员需要终身问责，即"去官不原"。"去官不原"在具体诏敕和司法实践中，多表述为"去官不原减""去官不原免""不理去官""去官不免"等，都表达着官员触犯某一犯罪时，不以去官原减罪责之意。官员特权与限制之间的张力构成了中国传统法律行政终身问责制发生、演变的内在线索。在沿袭和发展唐代去官原免规制的基础上，宋代通过诏敕等重点发展完善了以"去官不原"为核心的行政终身问责制。

北宋立朝之初，在唐武宗制书的基础上，《宋刑统》规定情理难容的公罪须终身问责。这一规制为中国传统法律行政终身问责的产生发展奠定了基础。不过在熙宁变法之前，关于"去官不原"的诏敕多是界定何种情况构成"去官不原"，以充实"情理难容"这一笼统性概念的内涵，即使有相关规制也是零星的。直至神宗熙宁年间，为了在全国范围内推行变法举措，宋代颁行了大量涉及"去官不原"的诏敕，涵盖国家治理的各个领域，以行政终身问责制敦促官员慎重用权，加强专制主义中央集权、维护国家统一和安全、保障国家经济利益、维护基层百姓权益和促进司法公正。熙宁变法之后，关于废除"去官不原"规制的讨论层出不穷。尤其是元祐更化时期，从地方到中央纷纷要求修正不以去官赦降原减诸条。但是在律法层面大量废除"去官不原"规制后，宋代统治者却发现行政效率明显降低，不利于政令的实施，有碍国家治理。又加之"去官不原"规制本身符合提高行政效率和国家治理集权化的需要，历任统治者特别是徽宗绍圣时期又在一定范围内予以恢复，并根据现实需要，颁行了大量的新的相关诏敕。

就有效敦促官员慎重用权、维护专制主义中央集权而言，"去官不原"规制有利于维护宋朝的统治秩序。"去官不原"的犯官多以"违制罪"论处，而"违制罪"设置的初衷就是维护皇权和专制主义中央集权。并且二者也多"不以去官赦降原减"，这也是宋朝君权强化的具体表现之一。不过需要注意的是，"去官不原"规制虽然是宋代君权强化、专制主义中央集权加深的缩影和应激性措施，但是同时也契合了传统中国国家治理集权化的发展方向。

【敦煌契约文书担保责任制度论析】

作者穆永强，兰州理工大学法学院副教授、文化遗产法研究所所长；王锐，兰州理工大学法学院研究生。

全文原载《天水师范学院学报》2023年第4期。

1900年敦煌藏经洞发现的契约文书主要反映了唐末五代宋初时期敦煌地区社会经济生活样貌。传统契约是古代社会保障民间交易安全的重要手段，唐末五代宋初时期敦煌借贷契约与买卖契约所呈现的担保责任制度体现了民间契约自治与国家合理规制之间的利益平衡关系。敦煌契约文书中的"官依政法，民从私契"惯用语表明，民间契约习惯法与国家制定法在民间契约实践治理问题上形成合作互补关系。敦煌契约文书中的"任依私契，官不为理"惯用语表明，官府通常不干涉民间契约的订立与履行，除非契约当事人有"违契不偿""契外掣夺"等触犯国家法律相关规定之行为。

敦煌契约文书担保责任形式具有多样性，敦煌借贷契约的担保形式有四种。一是债务人质典动产或不动产。二是债权人在债务人负债不还的情况下牵掣其家资杂物牛畜。唐宋国家法律规定，债务人负债不偿，债权人有权牵掣债务人的财物，以私力扣押达到强制履行债权的目的。牵掣必须先报官听断，且不得超过原债务额，否则以坐赃罪论处，即唐律所规定的"诸负债不告官司，而强牵财物，过本契者，坐赃论。"三是保人代偿，即唐《杂令》中所规定的"如负债者逃，保人代偿"。四是役身折酬，即以劳务抵债担保，在债务人"家资已尽，无力偿债"的情况下，债权人拘禁债务人本人及其户内男口，以债务人或其家内男子的劳务代偿债务。

敦煌买卖契约担保责任制度包括物的瑕疵担保、权利瑕疵担保和恩赦担保。物的瑕疵担保是指确保交易标的物本身没有任何影响交易正常进行的瑕疵，如标的物的质量是否符合交易要求；权利瑕疵担保是指确保买卖标的物所有权无瑕疵，即除了出卖人以外，没有第三人对交易标的物主张所有权，以避免盗赃物、遗失物在市场上流通，确保交易的稳定性和安全性。恩赦担保又称抵赦担保，即契约当事人在契约中约定，即使在契约履行中，国家颁布了恩赦敕令，契约依然有效，从而排除国家恩赦敕令对民间契约效力的干预。

敦煌契约文书担保责任制度由当时政治、经济、文化发展状况所决定，体现了自然经济、家族主义及熟人社会的历史文化特色。敦煌出土契约文书证实，唐末、五代、宋初时期我国已形成"契约自治""诚信交易""平等协商""公平交易""违约赔偿"等根植于本土社会经济土壤的传统契约制度与文化。敦煌契约文书担保责任制度所蕴含的"私契自治""诚实守信""平等协商""私力救济与公力救济相互补充"等传统法文化资源具有重要的启示意义与现代价值。习近平总书记指出："研究和弘扬敦煌文化，既要深入挖掘敦煌文化和历史遗存背后蕴含的哲学思想、人文精神、价值理念、道德规范等，推动中华优秀传统文化创造性转化、创新性发展，更要揭示蕴含其中的中华民族的文化精神、文化胸怀和文化自信，为新时代坚持和发展中国特色社会主义提供精神支撑。"我们应坚持中华优秀传统文化创造性转化与创新性发展的理论观点，坚持把马克思主义基本原理同中国具体实际相结合、同中华优秀传统文化相结合，深入阐释和传承敦煌契约蕴含的中华优秀传统法律文化精髓，推进新时代社会主义法治文化建设进程。

索 引

索 引

习近平法治思想，3，4，6，7，8，26，78，97，98，116，150，189，219，220，225，226，236，270，475，489

马克思主义，3，4，6，7，27，28，30，37，47，69，98，101，116，132，157，168，171，187，194，195，197，200，216，217，226，230，233，242，255，262，270，277，332，333，334，475，487，489，535，545，551，555

马锡五审判方式，116，151，152，198，202，243，283，486，487

天圣令，69，110

无讼，37，39，97，100，106，233，475，476，477，478，480，481，482，483，484，485，487，488，489，523，543

不平等条约，11，18，20，272，518

日伪，14

中华文明，37，103，148，156，171，178，181，219，220，231，478，488，520

中华民国民法，16，20，21，114，118，188，366，373，376，377，378，379，380，381，382，469

中华优秀传统法律文化，3，5，7，8，26，27，28，40，68，69，70，72，93，95，97，98，99，103，104，105，109，147，148，150，151，157，160，170，184，194，221，225，228，232，233，235，236，244，255，265，266，267，475，488，517，544，555

中华法系，26，28，34，35，40，53，55，68，70，72，74，76，77，78，88，93，94，95，97，98，99，101，103，104，105，106，111，150，151，156，160，168，170，171，177，178，206，219，220，221，226，228，229，230，232，233，247，265，269，287，386，410，475，482，484，488，489，517，521，523，524，538，539，544，545，546，547

中华法治文明，70，78，103，104，109，156，160，164，195，232，233，245，246，247，248，537

中国共产党，4，68，95，96，103，115，116，133，152，154，171，194，197，198，199，200，201，202，234，250，267，277，284，292，305，332，333，334，335，336，337，339，340，341，342，344，345，424，475，486，487，489

中国自主法学知识体系，68，70，103，104，115，116，186，194，195，202，225，226，227，233，234，247，248

中国法律史学会，103，104，136，147，148，150，160，184，185，189，190，193，194，195，210，212，213，219，221，226，228，230，231，232，234，235，237，238，245，252，261，262，263，264，279，281，282，283，285，287，288

中国特色社会主义，3，4，7，8，26，28，68，70，105，115，116，170，171，189，191，195，200，201，229，233，236，237，255，257，262，330，475，488，489，522，555

户籍，42，43，174，373

孔子，30，39，135，157，168，183，211，278，460，477，481，483

甲骨，42，51，52，53，54，57，59，60，61，63，64，67，224，476，481

立宪，124，187，268，333，462，464，467，469

礼法之争，115，167，392，459，460，463，467，468，469，473，474，547

民本，29，31，37，42，104，488

民法典，97，107，131，132，133，135，136，138，240，259，266，373，377，378，465，469，470，471，474，489，514，540

出礼入刑，97，100，105，488

刑部，112，113，143，173，175，187，316，317，359，396，399，433，435，438，439，440，444，445，446，448，449，450，451，452，453，454，455，456，457，458，461，473，492，496，499，504，524，525，528，531，532，551

地方治理，41，42，43，44，45，46，47，48，49，50，158，172

地方档案，42，44，123，175

成文法，16，20，35，53，54，67，99，110，128，159，176，182，183，229，271，348，350，357，358，359，380，424，460，469，470，473，491，521，534，543，551

会典，111，112，150，166，179，215，217，232，429，431，433，434，435，436，437，438，439，440，441，442，443，446，448，449，504，509，519

会审公廨，14，179，518

创造性转化、创新性发展，7，26，69，70，72，109，116，147，152，197，219，225，228，232，239，245，261，555

讼师，42，166，270，413，415，496，514

均田制，125，549

近代法制，12，13，15，18，19，21，22，23，25，124，166，170，281，282，467，468

辛亥革命，11，16，20，95，99，114，484，517，518

判例法，20，160，348，350，357，359，360

沈家本，55，93，96，100，104，119，153，154，167，172，237，238，241，268，278，385，386，446，447，448，449，452，453，455，456，457，458，463，464，465，466，468，469

现代化，3，7，13，14，22，27，41，42，46，51，68，70，85，91，92，94，95，96，98，101，103，104，108，115，116，136，147，148，150，170，173，174，190，194，197，198，202，208，239，240，242，243，245，246，252，253，255，256，265，325，394，411，475，517，522，535，548，549

国家社科基金，7，11，22，26，51，59，60，61，62，64，78，198，201，221，236，265，266，267，268，289

国家治理，7，26，27，41，42，46，49，50，65，76，104，106，112，148，181，182，210，229，230，240，245，266，267，449，460，473，474，476，488，549，550，553，554

国家治理体系和治理能力现代化，27，41，42，245

制礼作乐，468，525

制敕，123，124，128，535

岳麓秦简，36，38，52，55，57，58，59，62，65，121，122，222，223，249，271，551

依法治国，3，4，5，6，68，164，226，252，320，326，488

金文，42，47，48，51，52，53，54，55，56，58，59，60，61，63，64，67，223，224

法典化，28，32，34，35，53，54，55，56，78，132，470，532

法律文化，3，5，8，26，27，28，37，40，68，69，70，72，76，78，86，88，93，94，96，97，98，99，100，102，103，104，109，116，136，147，148，150，151，152，154，157，160，163，167，168，169，170，172，173，176，178，184，185，194，195，205，206，210，212，213，214，219，220，221，225，226，227，228，231，232，233，235，236，237，238，244，245，254，255，256，259，261，264，265，266，267，272，273，274，279，283，292，321，328，383，385，392，406，411，442，459，460，475，476，481，488，497，498，517，535，542，543，544，548，549，555

法律体系，14，26，27，28，32，34，40，65，66，67，69，70，72，75，76，77，111，112，135，148，149，150，159，170，171，172，174，177，184，185，199，222，223，262，263，273，349，359，383，418，429，430，431，432，433，434，435，436，437，438，439，440，441，442，443，473，485，489，492，508，517，518，519，521，524，527，537，538，539，540，543

法律适用，35，39，62，66，71，85，94，111，113，114，154，177，192，211，263，271，323，324，326，347，348，352，353，355，358，359，360，361，362，363，364，365，374，424，449，491，536，543

法律语言，14，154，172，285

法律渊源，20，21，109，118，351，521，526，539

法律儒家化，27，29，30，33，34，108，169，184，185

法家，30，31，32，34，42，88，98，101，103，104，107，108，168，181，182，183，231，278，279，452，473，491，497，498，533

治外法权，101，113，130，145，208，427，474

学科体系、学术体系、话语体系，3，78，171，194，200，247

宗族，39，42，49，57，123，140，271，534，367，368，370，372，382

审判制度，14，61，202，328，330，360，362，412，419，427，446，447，546

官制，42，43，53，61，106，112，119，122，124，140，169，172，191，232，279，327，438，439，455，458，484，526，535，546，547

革命根据地，7，103，115，116，140，151，152，155，160，168，194，195，196，197，

198，200，201，202，203，204，234，250，252，254，269，281，283，335，338，339，340，343，424，486，489

鸦片战争，11，12，25，130，517

秋审，96，97，98，100，145，211，259，444，445，446，447，448，449，450，451，452，453，454，455，456，457，458，524

保辜，38，97，115，239，384，385，386，387，388，389，390，391，392，393，394，395，405，406，410，411

律令，28，30，31，32，33，34，38，39，40，52，54，55，56，58，59，60，62，66，68，69，70，71，72，73，74，75，76，77，78，96，109，110，111，119，122，125，126，128，129，149，153，158，166，211，222，223，258，278，279，312，368，371，386，389，393，405，429，430，431，438，443，460，473，493，526，530，532，534，535，538，544

律师制度，14

律学，50，69，99，114，130，132，133，134，138，150，153，164，167，178，185，187，188，200，205，206，207，208，211，215，217，230，237，238，240，242，261，263，267，279，390，393，415，455，464，490，491，493，494，496，497，498，506，507，513，532，533

恤刑，35，38，93，94，98，432，488，528，543，545

根据地，7，94，97，103，115，116，151，152，154，155，160，168，194，195，196，197，198，199，200，203，204，234，250，252，254，269，332，334，335，336，337，338，339，340，341，342，343，344，345，346，424，456，486，489

监狱制度，14，217

监察，5，44，65，94，97，104，109，111，121，145，164，219，232，241，242，269，270，271，291，338，342，350，423，426，430，434，440，494，523，524，535，536，549，550

党的二十大，3，26，49，68，98，103，104，，106，147，148，96，219，239，245，265，475，489，544

租界法制，11，12，13，14，15，16，17，18，19，20，21，22，23，24，25，95，99，114，517，518

唐律，28，29，34，35，38，39，56，58，68，69，70，71，72，73，74，75，76，77，78，79，88，93，94，96，99，104，105，109，110，111，122，128，148，172，176，210，221，238，249，261，262，263，264，274，282，285，287，291，368，369，372，386，387，388，389，390，391，392，393，405，406，447，448，478，491，494，500，502，521，529，530，532，534，535，536，537，538，545，546，551，554

唐律疏议，29，35，56，68，69，70，73，75，76，79，88，93，94，148，172，261，262，263，282，368，386，387，388，447，494，500，521，529，532，535，536，537，538，545，546

基层治理，41，42，43，46，49，228，229，245，265，267

领事裁判权，113，353，425

清末法制改革，12，19，150

情理，28，38，39，119，152，153，154，165，179，212，240，242，243，354，374，375，395，458，460，471，473，484，523，553

铸刑鼎，32，54，182，183

敦煌吐鲁番文书，42，43

简牍，28，42，47，48，49，51，52，53，54，56，57，59，60，62，63，65，66，67，69，70，71，72，73，74，75，96，104，106，108，109，121，122，127，166，167，180，221，222，223，235，249，255，256，265，267，270，278，530，532，533

新时代，3，4，7，8，26，27，28，35，39，103，104，105，116，148，152，156，158，171，189，190，194，195，196，202，225，226，228，233，236，240，243，245，252，254，257，262，266，473，475，488，489，527，535，549，555

德主刑辅，31，42，279，488，537，545，549，